가족상담 임상핸드북

| **박태영** 저 |

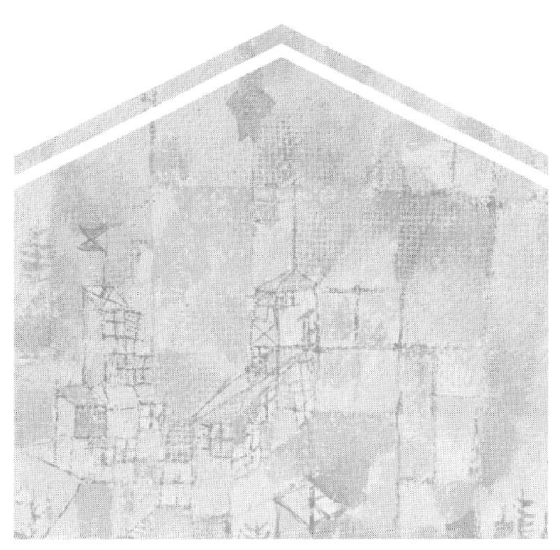

학지사

머리말

저자는 가족치료와 가족상담이라는 과목을 1996년부터 지금까지 가르치고 있는데, 이 두 과목의 제목과 내용이 뚜렷이 구분되지 않는 경우가 많다. 가족치료 과목에서는 가족치료와 관련된 모델 혹은 이론을 주요 내용으로 다루고, 가족상담 과목에서는 가족과 관련된 문제들(예: 이혼, 재혼, 다문화가족, 가정폭력, 외도 등)을 다룬다. 이와 같은 견해에 준거하여 2022년 3월에는『가족치료이론과 실천』을, 올해는『가족상담 임상핸드북』을 출간하게 되었다. 이 책은 곧 정년퇴임을 앞두고 지금까지의 가족치료 임상 내용을 총정리하고 한국 가족들에게 적용 가능한 가족치료 모델을 개발하고자 하는 목표로 쓰게 되었다.

이 책을 쓰면서 가족치료 관련 임상 사례를 구글 스칼라를 통하여 조사해 봤을 때 이 책에서 다루는 16개의 장에 대한 가족치료 사례에 관한 논문을 찾기가 정말 어려웠다. 가족치료 임상이 가장 발달한 미국에서조차 가족치료 임상 사례를 발견하기는 하늘에서 별 따기와 같았다. 이 책에서 다루고자 하는 주제에 관한 양적 연구는 많았으나, 가족치료 관련 사례연구는 거의 없었다.

이 책에서는 저자가 약 30년간 가족치료를 하면서 가장 많이 접해 온 문제를 중심으로 문제 영역을 선정하였고, 가능하면 각 문제 영역에서 최근의 연구들과 가족치료이론뿐만 아니라 개인심리치료 이론 또는 프로그램을 포함하기 위해 많은 노력을 하였다. 그럼에도 불구하고, 앞서 언급하였다시피 16개 장과 관련한 국내외 임상 사례연구를 포함하기까지 많은 한계가 있었다. 다소 아쉬운 것은 각 장에 대한 임상 사례를 채택하는 과정에서 다른 연구자들의 사례를 활용하지 않고 오로지 저자의 가족치료 사례를 활용하였다는 점이다. 제1장에서는 한국의 통합적 가족치료 모델을 소개하였으며, 제2장부터 제17장에서는 가능한 한 많은 참고문헌을 통하여 최근의 치료이론까지 소개하였지만, 이 책에서 인용된 모든 사례는 제1장에서 소개한 저자의 한국적 가족치료 모델을 적용한 사례를 중심으로 전개하였다. 이런 점에서 독자들은 모든 사례가 문제 영역이 다를 뿐 접근 방식은 똑같다며 식상하다고 느낄 수도 있을 것이다. 그럼에도 불구하고, 저자는 많은 임상 경험을 하게 되면 치료사가 적용하는 가족치료 이론 또는 모델이 다양화되기보다는 좀 더 단순화될 것이라고 본다.

예를 들면, 16개의 문제 영역 장을 저술하면서 모든 문제 영역에 관계없이 반드시 언급되는 치료이론은 인지행동치료이론이었다. 과거부터 현재까지 가장 기초적이면서도 핵심적인 이론은 내담자 또는 가족의 문제가 무엇인지에 대한 인지(인지이론)가 핵심이고, 결국 문제를 해결하기 위해서는 행동의 변화, 즉 언어의 변화(행동주의이론)가 핵심이라는 것이었다. 그렇지만 저자는 가족치료이론을 정신역동적 대상관계 가족치료이론과 MRI의 의사소통이론, 즉 프로이트(Freud) 또는 밀턴 에릭슨(Milton Erickson)의 관점으로 볼 수도 있지 않을까 싶다. 앞에서 말한 인지행동주의이론을 통하여 저자는 가족치료에서 내담자의 문제를 인식 또는 인지하기 위해서는 내담자 가족들의 문제 이면에 전이 그리고 문제를 해결하려고 시도해 왔던 의사소통 방식에 대한 인식이 필수라고 본다. 마지막으로, 내담자의 문제를 해결하기 위해서는 이와 같은 두 가지 개념에 대한 인식과 더불어, 결국에는 내담자와 가족구성원들이 지금까지 문제를 해결하기 위하여 시도해 왔던 역기능적인 의사소통 방식이 아닌 성공적이거나 새로운 의사소통 방식으로의 전환, 즉 행동의 변화가 필요하다. 그렇지만 이와 같은 과정에서 반드시 인지이론과 행동주의이론이 명확히 구분될 수 있다고는 보지 않는다. 정리하면, 저자는 모든 문제 영역에서 큰 틀에 대한 접근법을 볼 때 인지이론 안에는 전이(대상관계이론), 의사소통 방식(MRI 의사소통이론)을 넣고, 행동주의이론 안에는 의사소통 방식을 넣을 수도 있다고 생각한다.

물론 이와 같은 분류가 별 의미가 없을 수도 있지만, 저자는 이 책을 준비하면서 가족치료이론에 대한 적용이 이와 같이 분류될 수도 있겠다고 생각하였다. 또한 저자는 가족치료사가 내담자에게 적용하는 가족치료이론을 명확히 이해하고 일관성 있게 적용하는 것이 매우 중요하다고 생각한다. 따라서 독자들은 이 책의 사례에서 내담자의 문제는 달라도 적용하는 이론 또는 모델이 똑같다며 비판하겠지만, 이 책의 사례들에서 초지일관된 체계론적 가족치료 임상 사례를 볼 수 있을 것이다. 또한 치료사들은 많은 가족에서 나타나는 문제의 양상이 각기 다르지만 문제의 원인은 비슷하게 귀결된다는 사실에 공감할 수 있을 것이다.

이 책의 제1부에서는 저자가 현재 개발 중인 한국의 통합적 가족치료 모델을, 제2부에서는 요즘 가장 많이 늘고 있는 이혼가족, 재혼가족, 다문화가족을, 제3부에서는 외도, 가정폭력, 집단따돌림, 자살을, 제4부에서는 알코올중독, 도박중독, 인터넷 게임중독을, 제5부에서는 우울증, 조현병, 공황장애, 성기능장애, 섭식장애, 틱장애를 다룬다. 아마도 가족치료사들은 이 책에서 다루는 문제 영역들이 자신들이 다루는 문제들과 많이 중첩된다고 생각할 것이다. 아무쪼록 이 책에서 다루는 내용이 독자들의 임상 영역에 조금이라도 도움이 되기를 간절히 바라며 머리말을 마친다.

이 책의 편집을 맡아 주신 연구실의 이은형 박사과정 선생님과 세밀한 교정을 해 준 사랑하는 아내 장경미 여사에게 감사하다. 이 책을 출판하게 해 주신 학지사 김진환 사장님 그리고 꼼꼼히 교정을 봐 주신 조은별 선생님의 노고에도 진심으로 감사드린다.

2023년

박태영

차례

제1부

부부 · 가족상담 이론적 준거틀

제1장
한국의 통합적 가족치료 모델

1. 이론적 배경

저자가 현재 개발 중인 한국의 통합적 가족치료 모델(가칭)은 28년간 1,500가족 이상의 문제가 있는 가족들에게서 발견한 핵심적인 요인들에 대한 치료 모델이라 볼 수 있다. 여전히 수정해야 할 부분이 많다고 생각되지만, 부족하더라도 미완성된 모델을 이 장에서 제시하고자 한다.

한국의 통합적 가족치료 모델은 가족생활주기이론, 정신역동적 대상관계 가족치료이론, 애착이론, MRI의 의사소통이론, 머레이 보웬(Murray Bowen)의 가족체계이론을 근간으로 한다. 저자는 임상 경험을 통하여 이와 같은 이론을 중심으로 질문함으로써 내담자 문제에 대한 전체적인 조망을 할 수 있다는 점과 내담자들이 자신의 문제를 저항하지 않고 인식할 수 있음을 볼 수 있었다. 저자는 다섯 가지 이론에 대한 간단한 서술과 이 이론들을 접목한 다섯 가지의 가족치료 사례를 중심으로 한국의 통합적 가족치료 모델을 설명하고자 한다. 또한 이 다섯 가지 이론을 다시 촉발 요인과 잠재 요인으로 분류하였고, 이와 같은 분류가 사례개념화를 위하여 도움이 될 것이라 생각하여 다섯 가지 사례를 중심으로 이 두 가지 요인을 설명하려고 한다. 특히 저자는 가족치료를 하면 할수록 내담자와 가족구성원들의 의사소통 문제와 미분화 문제 그리고 원가족과의 해결되지 못한 감정이 현재의 핵가족과 타인에게도 전이되는 경우를 너무 많이 보게 된다. 따라서 남편이 원가족과 걸린 사례, 부인이 원가족과 걸린 사례, 부부 모두 원가족과 걸린 사례를 촉발 요인(사건-가족생활주기 이론)과 잠재 요인(전이-정신역동적 대상관계 가족치료이론, 애착관계-애착이론, 문제를 해결하려고 시도해 온 역기능적인 표현 방식-MRI의 의사소통이론, 미분화-머레이 보웬의 가족체계이론, 효와 시집 문제-사회적 · 문화적 요인)으로 분류하여 통합적으로 설명하고자 한다.

2. 주요 개념

1) 촉발 요인

(1) 가족생활주기상의 위기 또는 사건

가족생활이란 결코 직선적이지 않고 지속적인 상호작용적 과정이지만, 직선적인 시간의 영역 안에 존재한다. 다세대적인 관점에서 가족들이 가족생활주기 단계를 통해 움직이는 것처럼 세대들은 서로의 삶에 영향을 미친다(McGoldrick, Preto, & Carter, 2015).

모든 가족은 가족생활주기의 단계를 반드시 거치며, 각 단계에서 다음 단계로 넘어갈 때 적응상의 문제가 발생할 수 있다. 이러한 적응상의 문제가 심각할 경우 가족은 엄청난 스트레스를 받게 되며 가족 문제의 촉발 요인이 될 수도 있다. 따라서 치료사는 내담자의 가족 문제를 사정할 경우 반드시 그 가족이 처해 있는 가족생활주기상 문제점을 탐색해야 한다. 치료사는 내담자의 문제나 증상이 발생하기 전 가족이 가족생활주기상에 어떤 위기 또는 사건이 있었는지 사정한다. 동시에 이와 같은 위기 또는 사건으로 인한 가족구성원들의 의사소통 방식을 탐색하여야 한다.

2) 잠재 요인

(1) 전이

전이는 한 사람의 감정, 생각 그리고 소망이 과거에 알았던 사람과 유사한 사람에게 투사될 때 발생하게 되는데, 한 사람이 다른 사람을 과거에 중요했던 사람인 것처럼 느끼고 대하게 된다(Hamilton & Hamilton, 1988). 치료사는 가족구성원들의 무의식적인 전이를 탐색해야 하며, 이 과정을 통하여 치료사뿐만 아니라 내담자 및 가족구성원들이 내담자의 문제가 현재 핵가족 가족체계 내에서의 갈등뿐만 아니라 부부의 원가족으로부터 발생했던 옛날의 갈등과 어떻게 연결되고 있는지 인식해야만 한다.

실제로 부부 또는 가족 치료를 하다 보면, 부부의 어린 시절 부모-자녀관계로부터 내면화된 문제가 해결되지 못하여 결혼 후에 배우자뿐만 아니라 자녀들과 문제가 발생하는 경우를 비일비재하게 마주한다. 따라서 치료사가 내담자의 문제를 해결하기 위해서는 내담자의 원가족과의 미해결된 문제들을 다루는 것이 현재의 배우자관계와 자녀관계의 회복에 더욱 빠른 효과가 나타난다.

(2) 내적 작동 모델

유아는 양육자(주로 부모)와의 상호작용 경험을 근간으로 하여 자신과 타인에 대한 일련의 표상들을 축적한다. 볼비(Bowlby, 1969)는 유아가 어머니와의 상호작용을 통하여 자신에 대한 상보적 모형을 형성하고 어머니가 자신에게 소통하고 행동하는 방식으로 자신의 내적 작동 모델을 형성한다고 보았다. 볼비(Bowlby, 1988)는 초기 경험의 애착 패턴을 내적 작동 모델이라고 정의하였으며(Fall & Shankland, 2021), 내적 작동 모델은 생애 첫 몇 년 사이에 형성되어 영향력 있는 인지 구조로 구축된다고 보았다. 따라서 내적 작동 모델은 기대와 그 기대에서 나오는 행동 모두에 영향을 주기 때문에 상호작용에 영향을 받을 뿐만 아니라 영향을 줄 수도 있다(Wallin, 2007). 또한 볼비(1988)는 내적 작동 모델이 고정적인 것이 아니라 영아와 양육자의 상호작용적 경험과 변화된 관계나 지각을 통하여 지속적으로 개선될 수 있는 잠재력을 가지고 있다고 보았다.

(3) 시도된 해결책(역기능적인 상호작용 의사소통 방식)

MRI의 의사소통 모델에 의하면 가족들에 의하여 문제를 해결하기 위하여 시도해 온 해결책, 즉 상호작용적인 의사소통 방식이 문제를 해결하는 게 아니라 오히려 문제를 유지시키거나 악화시킨다고 보았다(Watzlawick, Weakland, & Fisch, 1974). 따라서 치료사는 지금까지 시도한 해결책을 발견하여 새로운 말과 행동으로 표현하게 한다.

(4) 자아분화

자아분화는 자신과 타인과의 관계에서 감정적으로 반응하지 않고 사고와 감정을 분리할 수 있는 능력이자 타인과의 관계에서 자신과 타인을 분리해 상대방의 의견에 좌우되지 않고 가치관과 신념에 따라 자신의 입장을 명확히 하면서 친밀한 관계를 유지할 수 있는 능력을 뜻한다. 커와 보웬(Kerr & Bowen, 1988)은 원가족에서 분화가 잘 이루어지지 않은 사람은 원가족과의 해결되지 않은 정서적 애착 문제로 인하여 결혼하고 나서도 부부와 자녀와의 관계에서 원가족에서의 미분화된 관계 특성을 반복하게 된다고 하였다. 따라서 보웬의 가족치료는 가족구성원들을 미분화된 가족자아 집합체로부터 분화시켜 확고한 자아를 확립하고자 한다.

한국은 가족문화 특성상 성인 자녀나 결혼한 자녀의 자아분화에 많은 어려움이 있다.

(5) 한국의 가족문화

① 효(孝)와 정(情)

불교와 유교 사상에서 뿌리를 두고 있는 한국은 가족중심주의로 인하여 개인을 중시하기보다는 개인이 속한 가족을 하나의 단위로 보고 가족관계를 매우 중요시하였다. 한국은 이러한 문화로 인하여 가족 내에서 효와 정을 매우 강조하였다. 효는 부모를 잘 섬기는 것을 의미하며, 우리는 특히 효를 가장 중요한 가치로 여겨 왔다.

정(情)이란 사회적 맥락에 따라 공감, 연민, 동정심, 정서적인 밀착의 혼합을 의미하며, 정은 사회적 관계를 풍요롭게 하며 인간적으로 만든다.

남자가 결혼 후에도 효와 정에 얽매여 어머니로부터 분리가 안 된 문제는 부부관계에 치명적인 영향을 미치고, 아내는 한이 맺히면서 점차 화병을 겪게 된다. 이러한 화병은 우울증을 유발하고 자녀 양육에 부정적인 역할을 한다.

② 한(恨)과 화병

한이란 몹시 원망스럽고 억울하거나 안타깝고 슬픔으로 인해 응어리진 마음을 의미하는데, 억압받거나 학대받은 한국인들이 자신의 슬픔을 표현하지 못하고 속으로 삭혀 두통을 비롯한 여러 가지 심리적 · 신체적 증상을 갖게 되는 것을 의미한다. 이런 한이 축적되어 한국인들에게 화병(분노장애)이 생기게 되었다(Chung et al., 2015; Min, 2009). 화병은 가족집단주의와 여성에 대한 체계적인 억압과 차별을 가진 유교주의가 특징인 전통적인 한국문화와 사회의 맥락 안에서 발달하였다(Lee et al., 2012). 화병의 증상들은 현재 DSM-5(American Psychiatric Association, 2013)의 '고통의 문화적 개념 용어 해설'에 포함되어 있다. 화병의 직접적인 원인은 원가족과의 갈등 및 배우자와의 부부갈등이며, 갑작스러운 정서적 쇼크보다는 만성적인 갈등으로 인해 발생한다. 특히 한국 여성들은 조화로운 인간관계 혹은 가족관계를 위하여 분노를 더 억압하였고, 자신들의 삶을 주도적으로 살 수 없었기 때문에 한이 쌓여 화병이 발생하였다.

③ 고부갈등과 부부관계

고부갈등으로 야기되는 부부 문제는 한국 부부에게 가장 공통적으로 나타나는 문제라고 볼 수 있다. 한국의 어머니들은 아들이 결혼했음에도 여전히 자녀의 삶에 관여할 권리가 있다고 생각하며, 실제로 대부분의 어머니가 자녀의 결혼생활에 개입하는 것을 자녀를 돌보는 일이자 의무이고, 심지어 사랑이라고 생각한다. 이처럼 결혼한 아들과 어머니 사이의 미분화는 며느리와 시어머니 간의 심각한 문제를 야기할 수 있다. 더군다나 결혼한 아들이 부모를 모시는 것은 좋은 의도임에도 불구하고, 그들의 동거는 아들의 결혼생활에 치명적으로 부정적 영향을 미칠 수 있다. 더군다나 홀시어머니인 경우는 아들의 부부관계를 최악으로 치닫게 할 수도 있다(최준식, 2002; Kim, 1996; Yasuda, Iwai, Chin-Chun, & Guihua, 2011). 실제로 한국 부부들이 핵가족 중심으로 생활하고 있음에도 불구하고 확대가족, 특히 시집의 영향은 여전히 크다. 특히 고부간의 갈등은 부부갈등의 중요한 요인으로 작용하고 있으며, 한국 부부의 문제 중 70~80%가 시집과 관련이 있다(Kim & Ryu, 2005; Park & Park, 2019; Park & Park, 2019).

3) 체계론적 관점과 가계도

(1) 체계론적 관점

지금까지 촉발 요인으로서 가족생활주기상의 위기 또는 사건과 잠재 요인으로서 전이, 내적 작동 모델, 시도된 해결책(역기능적인 상호작용 의사소통 방식), 자아분화, 한국의 가족문화를 서술하였다. 가족들은 순조롭게 항해를 하다가도 어느 시점에서 문제 또는 증상이 발생하게 되는데, 그 이면에는 반드시 전이, 내적 작동 모델, 자아분화, 가족문화가 뒤엉켜 있고 역기능적인 상호작용 방식으로 가족 문제나 증상이 악화된다. 따라서 치료사는 체계론적인 관점과 함께 가계도를 통하여 촉발 요인과 잠재 요인 간의 관계를 명확히 볼 필요가 있다.

(2) 가계도

가계도는 내담자 가족구성원의 구성, 이름, 성별, 나이, 형제 위치, 인종, 생일, 종교, 직업, 사회경제적 상태, 결혼, 이혼, 질병, 사망, 과거와 현재의 사건들에 대한 정보와 관계 갈등, 단절, 삼각관계, 관계 변화, 체계 내의 핵가족 및 확대가족 구조와 정서적 과정, 정서 유형, 각 배우자의 확대가족과의 융합 정도 그리고 패턴을 보여 준다(Frame, 2000; Nichols & Davis, 2016). 따라서 치료사와 내담자는 가계도를 통하여 내담자의 3세대 이상의 가족관계를 통해 전수되는 패턴을 확인할 수 있다. 이와 같은 가계도 탐색 과정은 내담자로 하여금 자신의 상황을 객관적이고 이성적으로 대응하게 하여 명확하게 인식하도록 한다.

3. 치료 목표

한국의 통합적 가족치료 모델의 치료 목표는 치료사가 내담자의 문제 또는 증상과 관련하여 발생한 사건 또는 위기를 통하여 문제 또는 증상 이면에 걸려 있는 잠재 요인들[전이, 내적 작동 모델, 시도된 해결책(역기능적인 상호작용 의사소통 방식), 자아분화, 한국의 가족문화]이 내담자의 문제와 증상에 어떻게 연결되고 있는지를 인식하고 궁극적으로 관계 변화를 추구하는 것이다. 특히 치료사는 내담자와 가족구성원들에게 현재 문제를 해결하려고 시도했던 방식이 3세대를 통하여 어떻게 내려오고 있는지 인식하게 한다. 또한 내담자와 가족구성원들에게 부부 또는 부모의 원가족 가족문화를 이해시키면서, 이러한 가족문화를 자아분화와 연결시킨다. 그리고 치료사는 전이와 의사소통 방식의 패턴에 초점을 두고 내담자와 가족구성원들에게 질문을 하며, 이 두 가지 요인이 어떻게 상호작용하고 있는지를 깨닫게 한다.

4. 치료 과정과 순서

1) 치료 과정

치료사는 다음과 같은 과정으로 치료를 진행한다.

① 내담자의 문제 또는 증상을 파악한다.
② 내담자의 문제 또는 증상을 촉발한 사건 또는 위기를 탐색한다.
③ 내담자와 가족구성원들이 문제를 해결하려고 시도했던 역기능적인 의사소통 방식을 파악한다.
④ 내담자와 가족구성원 간의 내적 작동 모델을 탐색한다.
⑤ 내담자 또는 내담자 부모의 자아분화 문제를 한국의 가족문화와 연결시킨다.
⑥ 내담자와 가족구성원들에게 원가족과의 해결되지 못한 감정으로 인한 전이와 원가족에서 사용했던 의사소통 방식을 연결해 가족 문제를 통찰할 수 있도록 한다.
⑦ 전이와 의사소통 방식에 대한 명확한 인식 및 통찰 과정을 통하여 새로운 의사소통 방식을 시도한다.
⑧ 가족 문제에 대한 내담자 가족의 인식 전환과 의사소통 방식의 변화로 인한 가족

관계의 변화를 확인한 후 종결한다.

다음은 치료 과정에 대한 구체적인 사례(최춘화, 배영윤, 문혜린, 박태영, 2021)를 들어 설명하겠다.

(1) 내담자의 문제 또는 증상을 파악

우울증을 겪고 자살 시도를 한 내담자(아내)가 치료사를 찾아왔는데, 치료사는 내담자에게 자신의 문제 또는 증상이 무엇인지 질문하였다. 치료사는 내담자에게 "무슨 문제로 저를 찾아오셨나요?" 또는 "상담을 통하여 어떤 문제를 해결하고 싶으신지요?"라고 질문하였다. 이에 내담자는 자신이 얼마 전에 이혼하여 더 이상 살고 싶지 않다고 하였다.

(2) 내담자의 문제 또는 증상을 촉발시킨 사건 또는 위기 탐색

치료사가 내담자에게 "우울증을 겪게 하고 자살 시도를 하시게 된 사건이나 위기가 있었나요?"라고 질문하자, 내담자는 남편의 끊임없는 외도로 엄청난 스트레스를 받았다고 하였다. 남편은 아내가 보는 앞에서 여직원을 포옹하였고, 결혼 전 교제했던 여성을 자신의 공장에 취직시켜 애인관계를 유지하는 등 외도 문제로 끊임없이 부부갈등을 악화시켰다.

(3) 가족구성원 간의 문제를 해결하려고 시도했던 역기능적인 의사소통 방식을 파악

아내는 남편의 의견에 늘 반대하였고, 남편을 무시하였으며, 남편의 잘못을 지적하였다. 이러한 아내의 역기능적인 의사소통 방식으로 인하여 남편은 아내로부터 수용받지 못한다고 느꼈다. 한편, 남편은 매사에 아내를 탓하고 비난하였으며, 화가 나면 물건을 부수거나 아내를 폭행하였다. 이러한 남편의 역기능적인 의사소통 방식으로 인하여 아내는 늘 불안하였고 자신의 속마음을 표현하지 못하였다. 남편과 아내의 문제를 해결하려고 시도했던 방식이 오히려 서로를 자극하여 문제를 악화시키고 있었다.

딸: 엄마는 아버지의 의견에 항상 반대했어요.

아내: 나도 지금 생각을 해 보니까 남편을 따뜻하게 안아 주지는 못했던 거 같아요. 그리고 따지기만 했었지.

딸: 아버지는 항상 어머니 탓을 해요. 동생이 잘못된 것도 다 엄마가 양육을 잘못했기 때문에 지금 저런 문제가 있는 거라고.

아내: 남편이 공장할 때 전화기를 한 10개는 부쉈던 것 같아요. 제 이빨도 주먹으로 한 대 쳐 버려서 부러졌어요.

(4) 내담자와 가족구성원 간의 내적 작동 모델 탐색

① 내적 작동 모델

부부는 모두 원가족에서 불안정한 애착관계를 경험하였다. 내담자는 친부모의 이혼으로 젖을 떼기도 전에 새어머니에 의해 양육되었다. 내담자의 친아버지는 음주와 바람기가 있었고 가정에 무책임하였기 때문에 내담자는 원가족에서 보살핌과 배려를 받지 못하였다.

아내: 나를 낳아 얼마 안 돼서 핏덩어리를 줬다고 그런 것 같은데, 나는 사랑이라는 것 자체를 못 느끼고 살았지요.

아내: 아버지가 집에 돈을 안 갖다 줬어요. 술과 여자 문제로 탕진해 버리시고.

남편은 초등학생 때부터 동생들과 함께 가난한 할머니 손에 맡겨져 눈칫밥을 먹으며 성장했고 할머니와 사는 동안 부모가 연락을 하지 않고 생활비도 주지 않아 사실상 방임된 생활을 하였다.

부부는 원가족에서 사랑을 받지 못하였기 때문에 상대방을 배려하는 방법을 못 배웠다. 이처럼 내담자와 남편 모두 부모와의 불안정한 애착 문제와 해결되지 못한 감정으로 인하여 배우자에 대한 내적 작동 모델이 작동하고 있었다. 이와 같은 부부의 내적 작동 모델로 인하여 두 사람 간에 전이가 발생하였다.

② 전이

아내는 무서웠던 친아버지의 모습과 유사한 남편의 모습에 두려움을 느껴 남편에게 속마음을 표현할 수 없었다. 남편 또한 친어머니를 연상시키는 아내의 강하게 밀어붙이고 대드는 모습에 질려 버렸다. 부부는 원가족에서 자신의 부모와 해결되지 못한 감정을 상대방에 대한 전이 감정으로 느끼고 있었다.

(5) 한국의 가족문화와 자아분화 연결

여기서는 세 개의 사례(한국인 남편과 중국인 부인, 한국인 남편과 일본인 부인, 한국인 부인과 미국인 남편)를 통하여 한국의 가족문화와 자아분화를 설명하고자 한다.

한국인 남편과 중국인 부인의 사례에서 한국의 효 사상과 가부장적인 문화로 인하여 분화가 안 된 남편은 아내에게 시부모를 공경하고 남편에게 복종하라고 강요하였다.

남편: 우리가 부모님을 공경하고 아내는 나에게 복종해야 된다고 말하면 전혀 들으려고 하지 않아요. 아내는 아침 해 주고 방 청소하고 그래야 하는데 아내는 전혀 그러지 않아요.[1)]

한국인 남편과 일본인 아내의 사례에서 남편은 아내가 시집 식구에게 예의가 없고, 시어머니에게 지나치게 강하게 표현하는 것에 대한 불만을 가지고 있었다.

남편: 시집 식구를 만나러 가면 항상 불안하고 돌아올 땐 거의 싸워요. 시어머니도 아내를 불편해하시고, 화가 많이 나 계세요.[2)]

한국문화와 미국문화의 차이점은 집단주의와 개인주의로 구분될 수 있다. 한국인 아내가 친정과 정서적으로 융합되어 있는 것은 원가족의 정서적 특징이기도 하지만 한국의 집단주의의 특성으로도 볼 수 있다. 또한 미국인 남편이 이성적으로 대처하는 모습은 남편의 개별화된 가족문화와 미국의 개인주의 문화에 영향을 받은 것으로 볼 수 있다.

■ 부인의 가족문화(집단주의 문화)

남편: (처)부모님이랑 살면서 아내가 스트레스 받는 걸 (미국인) 남편이 감당해야 할 책임이라고 생각하고 내가 견뎌야 한다고 생각하는 것 같아요.

■ 남편의 가족문화(개인주의 문화)

부인: 내가 화가 나는 이유는 당신은 공부만 하고 부모님, 경제적인 문제 모두 다 신경 안 쓰고 너무 차분해 보이고 행복해 보여서.[3)]

---

1) 이 인용문은 Park, T. Y., & Park, Y. H. (2019). Living with an in-law and marital conflicts: A family therapy case study. *Journal of Asia Pacific Counselling, 9*(2), 73-89에서 발췌하였다.

2) 이 인용문은 Park, T. Y., & Park, Y. J. (2019). Contributors influencing marital conflicts between a Korean husband and Japanese wife. *Contemporary Family Therapy, 41*(2), 157-167에서 발췌하였다.

3) 이 인용문은 Shim, D. Y., Lee, D. B., & Park, T. Y. (2016). Familial, social and cultural factors influencing panic disorder: Family therapy case of Korean wife and American husband. *The American Journal of Family Therapy, 44*(3), 129-142에서 발췌하였다.

(6) 현재의 의사소통 방식과 전이 문제를 원가족과 연결

① 원가족에서 전수된 표현 방식 설명

치료사는 부부가 역기능적인 표현 방식을 사용할 수밖에 없는 원인을 원가족에서 전수되어 내려오는 과정을 통하여 설명한다. 예를 들면, 치료사는 남편을 따뜻하게 포용하지 못했던 아내의 방식은 친정 부모로부터 학습된 방식이고, 폭력적인 원가족 분위기에서 성장한 남편은 화가 날 때 아버지의 폭력적인 방식이 나올 수밖에 없다고 설명한다.

■ 아내-친정 부모의 표현 방식

아내: 나도 생각을 해 보니까 따뜻하게 안아 주지는 못한 것 같아요. 따지기만 했었지, 서로 문제점을 편하게 해결하지 못했던 것 같아요.

치료사: 해결하는 방법을 배우지 못했기 때문에 모르시는 거죠. 친정 부모님 모두 안 되는데.

■ 남편-시아버지의 표현 방식

치료사: 화가 나거나, 속상하고 기분이 언짢았을 때 아버지가 엄마를 폭행했던 방식이 그대로 나올 거라고 보는 거죠.

남편: 그렇기는 하더라고요.

② 전이 감정 설명

치료사는 부부에게 배우자의 모습에서 자신의 원가족과 해결되지 못하였던 감정을 재경험한 것을 설명한다. 치료사가 부부에게 전이 개념을 설명해 줌으로써, 부부는 부부갈등을 자신의 문제로 보는 것이 아니라 다세대 전수 과정으로 이해하여 오해를 풀고 죄책감에서 벗어날 수 있다.

■ 남편의 전이

치료사: 어머니(부인)께서 친정엄마의 쇳소리 나는 강한 방식을 사용하였다면 시어머니 방식과 같다는 거죠. 받아 주지 못하고 툭툭 쳐내고 애들 앞에서 더군다나 무안 줬더라면. 남편은 시어머니의 방식과 유사한 방식을 사용하는 아내에게 질려 버렸을 수 있다는 거예요.

남편: 어느 순간 (아내한테서) 제 어머니 모습이 보였어요. 그게 보이니까 정이 딱 떨어지더라고요. (아내가) 얘기만 하면 악을 쓰고 대들면 그 모습에서 제 어머니를 보는 것 같아서요.

■ 아내의 전이

치료사: 어머니(아내)께서 친정아버지의 외도하는 모습이 너무 싫었으면 남편의 바람피우는 모습을 용납 못하셨을 거라고 보는 거예요.

치료사: 친정아버지가 자녀들을 보호해 준 분이 아니었는데 남편도 부인을 보호해 주는 역할을 하지 않아 다시 친정에서의 삶이 재연되고 있어요. 남편이 나를 보호해 주지 못하고 무시하고 지적할 때 아내는 견딜 수 없을 거라는 겁니다.

딸: 엄마가 그러더라고요, 아빠 앞에 가면 말이 안 떨어진다고.

치료사: 자기 아버지같이.

딸: 그렇죠. (엄마는) 아빠가 무서운 것 같아요.

(7) 새로운 의사소통 방식 시도

① 새로운 의사소통 방식 지도

치료사는 부부에게 지금까지 부부가 사용했던 비효과적인 의사소통 방식이 원가족에서 전수된 것과 같이 자녀에게도 전수될 수 있다는 것을 인식시키면서 서로 마주 보며 솔직한 대화를 하도록 시도한다.

■ 비효과적인 의사소통 방식 설명

치료사: 아버님께서 당연히 어머니나 자녀분들이 알아듣겠지라고 생각하시는데, 아버님의 명확한 의사를 전달 못 받는 경우가 있거든요. 아버님께서 좀 더 자세히 말씀을 해 주신다면 아버님 의도를 더 정확히 알 수 있지 않을까 싶어요.

■ 효과적인 의사소통 방식 제시

치료사: 어머니가 힘든 것을 내놓게 되면 자녀들 또한 어머니 눈치 보지 않고 솔직히 내놓을 수 있다는 거죠.

자신과 배우자에 대한 부부의 인식 변화가 행동, 즉 의사소통 방식의 변화로 이어졌다. 아내는 남편과 갈등 상황이 발생했을 때 남편의 잘못을 따지던 방식 대신에 먼저 자신의 잘못을 인정하는 방식을 사용하였다. 남편 또한 아내에게 속마음과 자신의 의사를 구체적으로 표현하였다. 따라서 부부는 효과적인 의사소통 방식을 사용하여 문제를 해결할 수 있었다.

(8) 가족관계의 변화 확인 후 종결

① 의사소통 방식의 변화

치료사는 부부가 자신과 배우자의 불안정한 애착과 내적 작동 모델, 그로 인한 전이 감정 및 역기능적인 의사소통 방식에 대한 인식과 의사소통 방식의 변화로 인한 관계 변화를 확인하게 한 후 종결한다.

■ 부부관계 변화 확인

남편: 다른 때 같았으면 (아내가) 자기주장을 강하게 하는데, 얼마 전에는 내가 이렇게 하자고 하니깐 따라오더라고요.

남편: 내가 요즘은 (아내에게) 더 설명을 하죠. 그러면 (아내가 나를) 이해하려고 하는 것 같아요.

2) 치료 순서

(1) 부부 또는 커플 치료

한국의 통합적 가족치료 모델 적용에 대한 치료 순서는 부부치료냐 가족치료냐에 따라 달라진다. 부부치료의 경우에는 먼저 치료를 의뢰한 사람부터 시작한다. 예를 들어, 남편의 문제(예: 알코올 문제, 외도 문제 등)로 아내가 내방하였을 때 치료사는 아내에게 남편의 문제와 관련된 촉발 사건 또는 위기에 대해 질문한다. 한편, 촉발 사건 이면에 내재되어 있는 역기능적인 의사소통 방식과 자아분화 수준, 내적 작동 모델, 원가족과의 해결되지 못한 감정과 배우자 및 자녀와의 전이 문제, 아내와 시집과의 갈등, 남편과 처가와의 관계를 탐색한다.

여기서 중요한 것은 아내가 남편 문제 때문에 상담을 요청했더라도, 아내 또한 남편과의 관계에서 걸리는 자신의 의사소통 방식과 친정 식구들과 해결되지 못한 감정에 대한 통찰과 이러한 해결되지 못한 감정이 남편과 자녀와 어떻게 연결되고 있는지 명확히 이해해야 한다. 보통 아내와의 개인상담 회기는 부부 문제의 심각도에 따라 달라지는데, 일반적으로 1회기를 1시간 30분 정도로 잡았을 때 최소 2번, 최대 4번 상담한다. 물론 문제의 심각도에 따라 혹은 아내의 요청에 따라 회기가 더 늘어날 수도 있다. 여기서 중요한 것은 아내가 남편과의 갈등 이면에 자신이 친정과의 관계에서 오는 전이와 자신과 원가족의 의사소통 방식을 명확히 통찰하고 인식하는 것이 중요하다. 특히 치료사는 아내에게 자신이 문제를 해결하려고 시도했던 방식이 친정부모의 문제를 해결하려고 시도했던 방식이라는 것을 통찰하게 한다. 그렇게 되면 아내는 자신이 남편과 충돌할 때 시도했던 방식이 전혀 도움이 안 되는 자신의 부모 중 한 사람이 사용하던 방식임을 저항 없이 받아들이게 된다. 이와 같은 방식은 남편 또는 자녀들에게도 똑같이 적용된다.

치료사는 가계도를 활용하여 아내의 원가족에 대한 전반적인 정보를 기록하면서 아내의 친정부모 및 형제관계, 만약 결혼한 형제들이 있다면 그 형제들의 부부관계와 자녀관계 및 아내의 양쪽 조부모와 양쪽 부모 형제들의 가족관계까지 조사한다. 치료사가 내담자와 가족구성원들과 함께 이 작업을 하는 이유는 이와 같은 전체적인 정보를 파악할 시 전이와 의사소통 방식이 어떻게 전수되는지 볼 수 있기 때문이다. 이 작업은 그 무엇보다도 중요하다. 치료사의 숙련 정도에 따라 질문 순서가 달라질 수 있는데, 치료사는 아내의 친정과 시집의 관계를 연결시키면서 남편과 자녀의 관계성을 살펴야 한다. 이렇게 되면 아내가 개인상담을 통하여 남편의 문제 또는 부부 문제에 대한 핵심적인 요인인 전이, 문제를 해결하려고 시도했던 의사소통 방식의 패턴과 내적 작동 모델을 보게 되면서 부부 문제와 자녀와의 관계를 볼 수 있게 된다.

이 과정을 통하여 아내가 남편의 문제로 상담을 함에도 불구하고 자신의 친정 문제뿐만 아니라 시집 문제로 인하여 남편이 아내에게 걸리는 문제를 좀 더 명확히 연결시켜 볼 수 있다. 따라서 아내가 부부 문제에 대한 전체적인 그림을 명확히 그릴 수 있을 때까지 남편상담으로 넘어가서는 안 된다. 아내가 남편의 문제 또는 부부 문제에 대해 자신과 관련된 것들을 인식하게 된 후에 이와 똑같은 과정으로 남편상담이 이루어진다.

이처럼 아내와 남편의 개인상담을 통하여 각자가 배우자와 걸린 문제를 체계론적인 관점에서 이해를 하고 나서 부부상담을 진행한다. 부부상담 횟수는 문제의 심각도에 따라 달라진다. 상담은 최소한 2번 이상 해야 하며, 종결에 가까워지면 1주 한 번에서 2주에 한 번 혹은 4주에 한 번 정도 하면서 종결에 대한 내담자의 불안을 서서히 감소시킨다. 다음에 나오는 한국의 통합적 가족치료 모델을 적용한 다섯 가지 가족치료 사례 중 '1) 한국인 남편과 일본인 부인의 부부갈등 가족치료 사례(남편이 걸린 사례)'는 부부만 치료한 사례이다.

(2) 가족치료

가족치료를 진행하는 방법은 부부(커플)치료와 동일하나 가족치료는 자녀 문제 또는 부부 문제로 상담을 받을지라도 문제 이면에 부부가 원가족과의 해결되지 못한 관계가 심각할 경우에 가능하면 시부모 또는 처부모까지 함께 상담을 받는다.

다음의 '2) 남편을 폭행하는 부인에 대한 사례(부인이 걸린 사례)'에서는 부인이 친정아버지의 외도로 인하여 친정어머니를 대신하여 친정아버지와 대리싸움을 하였다. 따라서 친정부모와 관계를 회복하는 것이 부부관계 회복에 도움이 될 수 있기 때문에 치료사는 친정어머니와 두 남동생을 상담에 참여시켰다. 이 사례에서는 부부상담을 진행하면서 친정어머니와 두 남동생에 대한 개인상담을 하였고, 그 후에는 친정어머니와 부인, 남동생들과 부인을 상담하였다.

'3) 아들학대 가족치료 사례(부부가 걸린 사례)'에서는 부인이 아들을 학대하는 이면에 친정부모와의 해결되지 못한 감정이 남편과 남편을 닮은 아들에게로 이어지고 있었기 때문에, 부인의 개인상담 후에 아들상담과 부인과 아들에게 상담을 실시하였다. 또한 치료사는 친정부모와 개인상담을 하였고, 그 이후에 친정부모의 부부상담과 친정아버지와 부인, 친정어머니와 부인, 친정부모와 부인을 상담하였다. 또한 남편이 효자였기 때문에 치료사는 시어머니와 개인상담을 하여 아들과의 분리 작업을 진행하였다. 결국 치료사는 부부가 원가족과 걸려 있는 문제를 해결하는 것이 부부 문제를 완화시키면서 부인이 아들의 학대를 방지할 수 있다고 판단하여 상담 범위를 확대하였다.

'4) 미국인 남편과 결혼한 한국인 부인의 공황장애 가족치료 사례(부부가 걸린 사례)'에서는 부부 모두 원가족과 걸려 있었지만, 미국인 남편은 원가족과 상담할 수 없는 상황이었다. 부인이 친정부모와 애증관계에 있었기 때문에 치료사는 친정어머니의 개인상담과 부인과 친정어머니 상담을 진행하였다.

'5) 분노조절이 안 되는 남편에 대한 가족치료 사례(부부가 걸린 사례)'에서는 부부 문제뿐만 아니라 자녀 문제까지 함께 발생하였는데, 이 사례에서는 남편, 자녀 그리고 부인 각각의 개인상담을 거쳐서 두 자녀 2인상담, 부부상담, 두 자녀와 어머니, 두 자녀와 아버지(남편) 그리고 4인 전체 가족상담을 진행하였다.

이처럼 한국의 통합적 가족치료 모델에서는 각 가족구성원의 개인상담을 마치고 가족구성원 간의 의사소통 방식과 전이 문제 그리고 내적 작동 모델에 초점을 둔 질문에 대하여 가족구성원들이 진술하면서 스스로 또는 치료사의 설명으로 가족 문제를 근본적으로 통찰하는 과정을 거친다. 개인상담을 통하여 각 구성원들은 가족 문제를 이해하면서 2인 1조, 3인 1조, 4인 1조, 심지어 5인 1조의 상담을 통하여 새로운 의사소통 방식을 연습하는 과정을 통해 관계의 변화를 경험하게 된다. 따라서 가족 문제의 심각성과 가족구성원들의 수에 따라 상담 횟수는 달라진다. 다음에서는 앞서 언급한 다섯 가지 가족치료 사례를 통하여 이 모델이 어떻게 적용되는지 기술하겠다.

5. 통합적 가족치료 모델을 적용한 다섯 가지 가족치료 사례

가족치료를 하다 보면 저자는 부부 모두가 앞에서 말한 애착 문제와 전이 그리고 의사소통 방식이 걸린 경우, 또는 부부 중 한쪽이 더 많이 걸린 경우를 본다. 따라서 여기서는 세 가지 유형, 즉 남편이 문제가 더 많이 걸린 경우, 부인이 문제가 더 많이 걸린 경우, 양쪽 모두가 걸린 경우로 나누어 설명하겠다.

1) 한국인 남편과 일본인 부인의 부부갈등 가족치료 사례(남편이 걸린 사례)*

이 사례에서 한국인 남편(첫째 아들, 31세)의 원가족을 살펴보면, 남편이 초등학교 1학년 때 아버지는 외국으로 일하러 떠난 후 1년 만에 연락이 두절되었고, 어머니가 경제적인 책임을 지고 있었다. 남편은 초등학교 5학년 때까지 어머니와 남동생과 함께 외가에서 살았다. 남편이 초등학교 5학년 때 어머니는 남편을 외가에 맡기고 남동생만 데리고 분가하였다. 어머니는 일을 하지 않을 때 남자와 술을 마시기도 하였다. 이러한 상황들은 남편과 어머니의 관계를 악화시켰으며, 남편은 어머니로부터 사랑을 받아 본 적이 없다고 느꼈다. 반면, 동생은 어머니와 밀착관계를 형성하였고 요즘도 남편과 동생은 가끔 사소한 일로 다투었다. 남편은 어려서부터 어머니가 동생을 편애하고 자신을 소외시켰다고 생각하였는데, 결혼 후에는 과거에 자신이 어머니와 남동생에게 소외된 것처럼 현재 아내와 아들이 자신을 소외시킨다는 느낌(전이)을 가지고 있었다.

일본인 부인(35세)은 어려서 부모의 별거 경험이 있었고 어머니가 일을 하고 무직인 아버지가 집안일을 도맡아 하였다. 부인은 부모와 긍정적인 관계를 유지하고 있었다. 친정부모는 부인(딸)의 결혼 과정에서 사위를 못마땅하게 여겼고, 부인의 결혼생활을 걱정하였다. 치료자는 상담 1회기는 부부, 2회기는 부인, 3회기는 남편, 4회기는 부부를 대상으로 상담을 진행하였다.

---

* 이 사례는 Park, T. Y., & Park, Y. J. (2019). Contributors influencing marital conflicts between a Korean husband and a Japanese wife. *Contemporary Family Therapy*, *41*(2), 157-167에서 발췌하였다.

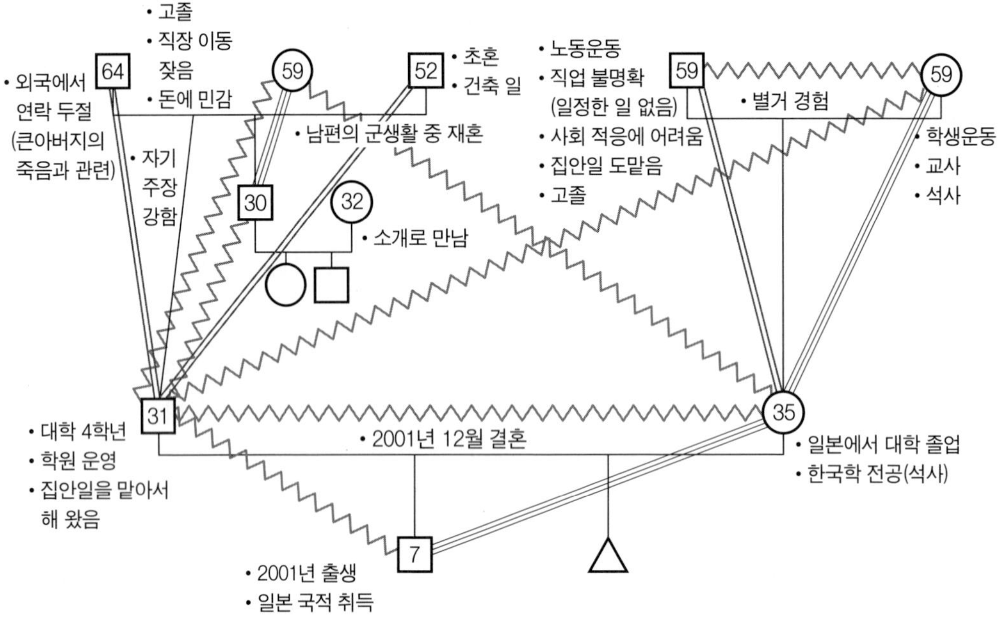

[그림 1-1] 가계도

(1) 촉발 사건: 세 가지 사건

다음과 같은 세 가지의 사건이 부부갈등을 촉발한 것으로 나타났다.

첫째, 일본에서 자녀가 출생했을 때 부인과 장인과 장모가 남편을 집안에 들여보내지 않았던 사건이 있었다.

둘째, 부인이 일본에서 한국에 귀국하기 전에 남편에게 유리젖병, 아기 면이불과 면방한복을 부탁하였는데, 남편이 고무젖병, 나일론이 섞인 이불과 방한복을 장만한 것을 보고 부인은 남편이 자녀를 보호할 수 없는 사람이라고 판단하였다.

셋째, 남편이 집에 들어오면 부인이 남편의 음식과 자녀의 음식(예: 후리가케와 딸기)을 구별하여 남편이 아들의 음식을 못 먹게 하였다([그림 1-2] 참조).

(2) 잠재 요인

잠재 요인으로서 부부갈등에 영향을 미친 세 가지 요인은 다음과 같다.

첫째, 개인적 요인이 부부갈등과 관련이 있는 것으로 나타났다. 개인적 가치관의 차이로 부부는 음식과 옷, 교육, 돈 쓰는 방식 그리고 양육 방식에서 차이가 있었다. 기대감의 차이로 부인은 집안일을 혼자 하는 것에 불만을 갖고 있었고 도움을 주지 않는 남편을 비난하였다. 반면, 남편은 시어머니에 대한 아내의 대우에 불만을 가지고 있었으며, 고집스럽고 비판적인 부인이 한국에서 인간관계를 맺는 기본적인 문화인 정이 없다고 여겼다. 또한 부부는 갈등에 대해 서로 의견 차이를 갖고 있었다. 남편은 부부갈등을 회피하였고, 아내는 싸우더라도 부부갈등을 즉각 해결해야 한다고 생각하였다.

둘째, 가족 요인을 들 수 있다. 비판적인 친정아버지의 영향으로 아내는 남편과 시집을 비판하였다. 일본인 아내는 집단주의 가치관보다는 개인주의적 가치관을 강조하였다.

셋째, 사회문화적 요인으로서 시집-처가와의 갈등은 부부갈등을 일으켰다. 남편은 시집을 방문하는 것에 대한 아내의 부정적인 태도에 불만이 많았으며, 부부는 시집을 방문할 때마다 말다툼하였다. 한편, 아내와 시집 간의 갈등은 아내의 원가족문화와 관련이 있었다. 친인척과 단절된 아내는 남편의 확대가족을 자주 방문하는 것을 이해할 수 없었고, 비판적인 어머니의 영향을 받은 아내는 종종 남편을 비난하였다. 이와 같은 사회문화적인 차이가 결국 부부싸움으로 이어졌다. 서구적 개인주의 가치관을 수용하는 일본 사회에서 성장한 아내는 집단주의보다 개인주의를 중요시하였으며, '효도'를 구시대적이고 비민주적인 것으로 여겼다. 또한 아내의 지나친 결벽증적인 면이 부부갈등과 고부갈등에 영향을 미쳤다. 일본은 한국보다 청결을 더 중요시하는 것으로 알려져 있는데, 이런 문화적 차이가 아내의 결벽증적인 청결을 설명할 수 있다.

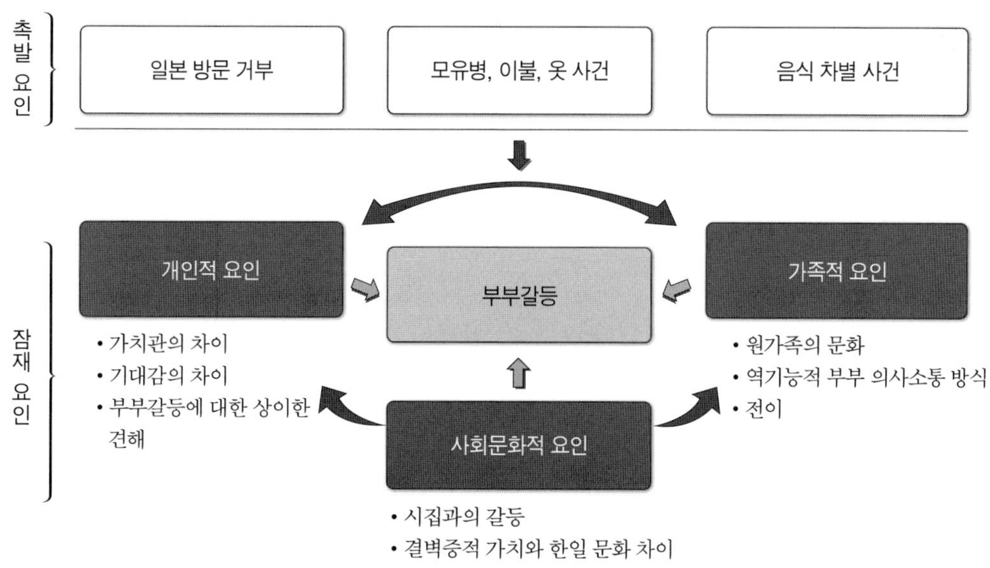

[그림 1-2] 부부갈등에 영향을 미친 요인에 대한 네트워크

2) 남편을 폭행하는 부인에 대한 가족치료 사례(부인이 걸린 사례)*

이 사례의 남편(44세)은 부인의 폭력으로 어려움을 겪고 있으며 가능하면 결혼생활을 유지하고자 하였으나, 부인(42세)은 남편과 이혼을 원하였다. 부부는 결혼 6년 차이며 자녀는 없다. 남편은 부부상담을 통하여 부부싸움의 원인을 알아보고자 치료사를 방문하였다. 부인은 남편과 살다가 미쳐 죽어 버릴 것 같다고 하며 상담을 원하지 않았으나 결국 상담에 참여하였다.

부인에 의하면 남편은 부인을 항상 떠 보는 듯한 의사소통 방식을 사용하였고 명확하게 표현을 하지 않았는데, 이러한 표현 방식은 시어머니가 사용하는 의사소통 방식과 유사하다고 하였다. 남편은 과거의 일까지 끄집어내는 부인의 의사소통 방식이 너무 힘들다고 하였다. 부인은 친정아버지의 외도로 인하여 어려서부터 아버지와 갈등관계를 가지고 있었고 어머니를 대신하여 아버지와 싸웠다. 아내의 아버지는 가부장적이었고 분노조절이 안 되었는데, 부인도 아버지처럼 분노조절이 안 되었다. 그러나 아내의 어머니와 두 남동생은 모두 온순하였다. 아버지는 딸(부인)이 어렸을 때부터 “모든 것이 네 잘못이다. 너만 우리 집에서 문제야! 너만 고치면 돼!”라고 하였다. 남편 또한 아내의 아버지처럼 부인에게 엄격하였고 비난하였다. 남편은 친정아버지처럼 부인에게 “당신이 문제야! 당신만 가만히 있으면 돼!”라는 식이었다. 부인은 아버지의 비난하는 방식을 닮은 남편 때문에 분노를 조절할 수 없었고, 그럴 때 나오는 방식이 바로 폭력이었다. 여기서 아내는 아버지와 해결되지 못한 감정이 남편과 이어지는 것(전이)을 볼 수 있다. 아이러니하게도 남편은 부인에게서 자기 어머니의 분노조절이 안 되는 모습을 본다고 하였다. 또한 남편은 13년간의 유학 생활로 인하여 어머니와 오랜 세월 떨어져 있었음에도 불구하고 어머니와 분리가 되지 못하였다. 남편은 고부갈등 상황에서 시어머니 편을 들었고 부인의 이야기를 무시하였다. 부인은 남편이 시어머니 편을 들고 자신을 배려하지 않는 모습 속에서 아버지와 싸울 때 자신의 편을 들어 주지 않았던 어머니와 동생을 모습을 떠올리게 되었다(전이). 이와 같은 상황에서 분노조절이 안 되는 부인은 남편에게 아버지의 역기능적인 표현 방식을 사용하여 부부관계가 더욱 악화되었다.

---

* 이 사례는 Park, Y., Cho, S., & Park, T. Y. (2022). Intimate partner violence in a heterosexual marriage: Case study of a Korean couple. *Autralian & New Zealand Journal of Family Therapy, 43*(4), 475-495에서 발췌하였다.

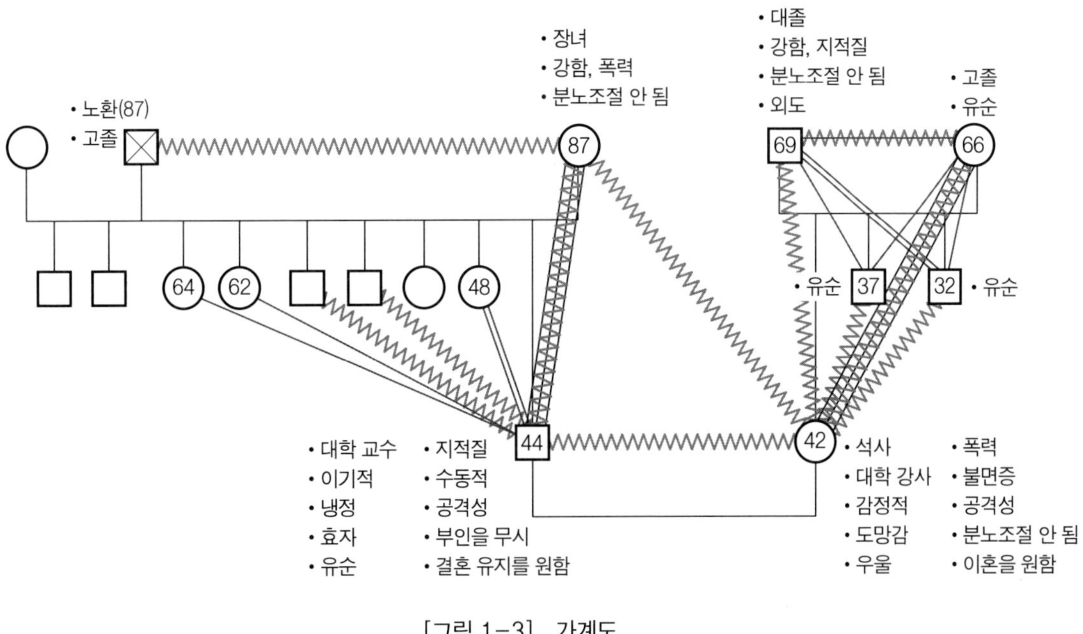

[그림 1-3] 가계도

3) 아들학대 가족치료 사례(부부가 걸린 사례)*

이 사례 가족은 부인(34세), 남편(36세), 아들(6세), 딸(2세)로 구성되었다. 부인은 아들에게 폭언과 폭력을 행사하였고 이로 인해 아들 역시 감정조절이 되지 않았다. 부인의 어머니 역시 자녀(부인)에게 폭언과 폭력을 행사하였다. 부인의 어머니는 시집과의 갈등과 남편과의 갈등으로 인한 스트레스로 인해 자녀들을 매우 폭력적인 방법으로 양육하였다. 부인의 친정아버지는 가정에 무관심하였고, 이기적이었으며, 딸(부인)을 어렸을 때부터 간헐적으로 성추행하였다. 하지만 부인은 어머니에게 아버지의 성추행 사건뿐만 아니라 자신의 감정을 한 번도 표현해 본적이 없었다.

부인은 자신의 아버지와는 달리 자상하고 순진했던 남편에게 호감을 가지고 결혼 생활을 시작하였으나, 결혼 후 가정에 무관심하고 이기적인 아버지와 매우 유사한 남편에게 실망감을 느꼈다. 부인은 아들을 임신했을 때 잔소리와 간섭이 심한 시어머니로 인해 극심한 스트레스를 받았다(아들의 불안과 애착 문제). 한편, 남편은 부모의 부부갈등으로 인하여 어머니와 밀착관계를 유지하였고, 이로 인해 남편은 시집과 관련된 부인의 스트레스를 이해하지도, 배려해 주지도 못하였다. 또한 남편은 다혈질적인 아버지와 여

* 이 사례는 박태영, 심다연(2014). 학대행위 중단을 위한 가족치료적 접근 방법과 효과성에 대한 사례연구. 아동복지학, 48, 1-31에서 발췌하였다.

동생과 갈등이 심했는데 부인의 분노조절이 안 되는 모습에서 자신의 아버지와 여동생의 모습을 보았다(전이). 한편, 부인은 친정어머니와 시집과의 갈등에서 친정아버지가 친정어머니 편을 들어 주지 않고 항상 친정어머니를 야단치는 모습과 가사를 전혀 도와주지 않고 TV만 보는 모습을 남편에게서 볼 때(전이) 분노조절이 안 되었다. 심지어 부인은 아버지의 이기적인 모습을 가진 오빠와도 관계가 안 좋았고, 어려서부터 원가족에서 자신이 소외되었고 무시당하였다고 생각하였다. 부인은 남편의 외모와 행동을 닮은 아들에게 남편을 연상하였다(전이). 아내는 어머니가 자신에게 한 것처럼 남편을 닮은 아들에게 폭언과 폭력을 사용하였다. 남편은 상황을 모면하기 위해 슬쩍 넘어가는 방식을 사용했는데, 이러한 남편의 의사소통 방식은 부인의 아버지와 유사하여 부인의 분노를 유발하였다(전이와 부부간 문제를 해결하려고 시도했던 역기능적인 표현 방식).

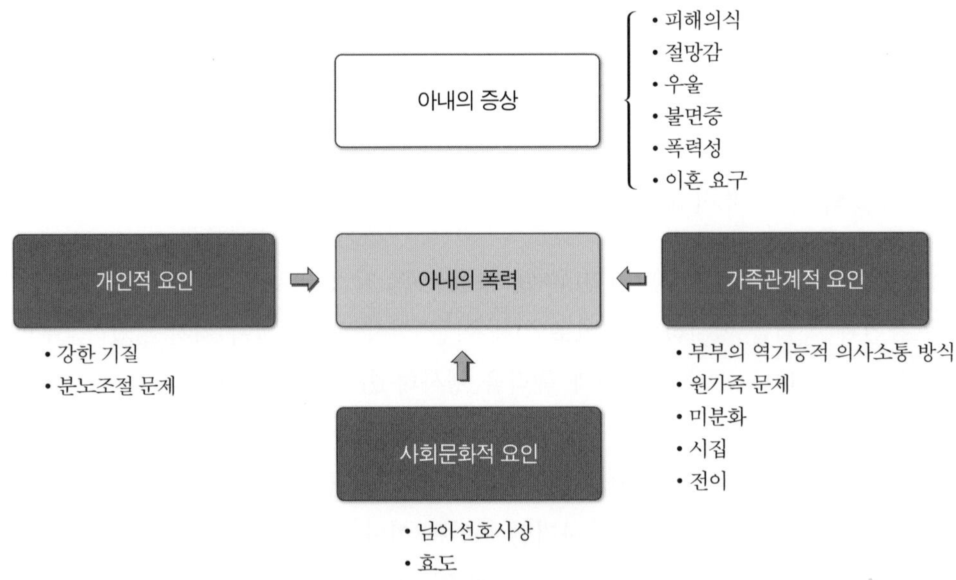

[그림 1-4] 남편폭행에 영향을 미친 요인에 대한 네트워크

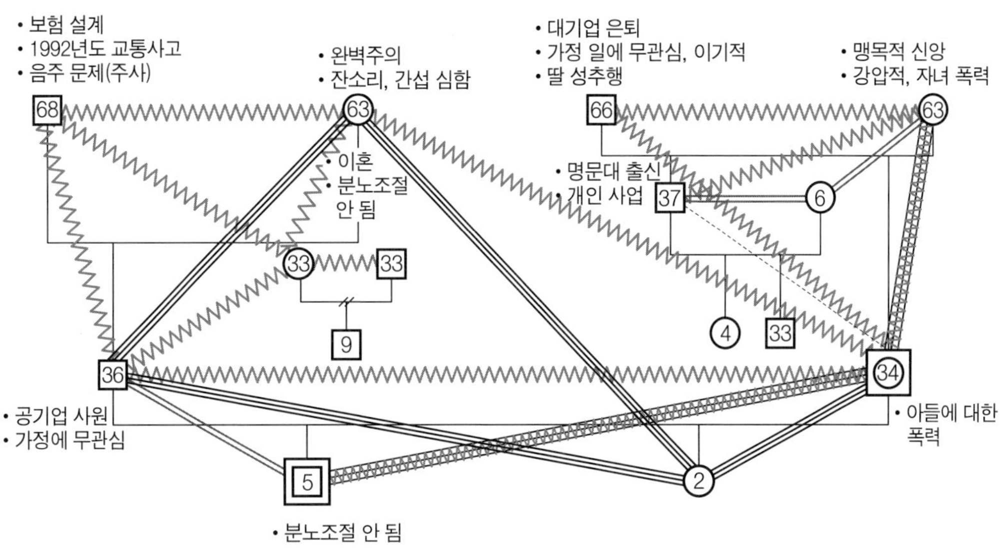

[그림 1-5] 가계도

4) 미국인 남편과 결혼한 한국인 부인의 공황장애 가족치료 사례(부부가 걸린 사례)*

부인은 결혼식 날 공황 증상이 발생하였다. 부인이 공황장애가 발병하기 전에 촉발 요인으로 아버지의 외도, 어머니의 거액의 사기 사건, 부모의 결혼 반대가 있었다. 부인은 어린 시절부터 강압적이고 냉정한 친정어머니와 예민하고 미성숙한 친정아버지의 부부갈등을 목격하였으며 부모의 갈등 상황에서 항상 불안을 느꼈다. 부인의 친정아버지도 과거에 공황장애를 경험하였다. 부인은 친정아버지를 닮아 성격이 예민하고 감성적이었는데, 어머니는 자신의 남편에 대한 스트레스를 남편을 닮은 딸(부인)에게 풀었다(전이). 한편, 친정어머니는 딸에게 자신의 방식을 강요하였고 자신을 닮은 아들과 차별하였다. 특히 부인은 화가 났을 때 남편의 이성적이고 냉정한 모습에서 친정어머니의 모습(전이)을 보았고, 이로 인하여 부인은 분노조절이 안 되었다.

미국인 남편 또한 아내의 분노조절이 안 되는 모습에서 자신의 어머니와 누나의 모습(전이)을 보았는데, 그럴 때 남편은 자신의 아버지의 이성적이고 냉정한 대처 방식으로 아내를 대하였다. 남편의 어머니와 누나는 분노조절이 안 되었는데, 이와 같은 모습이

* 이 사례는 Shim, D. Y., Lee, D. B., & Park, T. Y. (2016). Familial, social and cultural factors influencing panic disorder: Family therapy case of Korean wife and American husband. *The American Journal of Family Therapy, 44*(3), 129-142에서 발췌하였다.

장인과 아내의 분노조절이 안 되는 모습과 유사하였다. 반대로 남편의 이성적이고 냉정한 모습은 장모와 처남과 유사하였다.

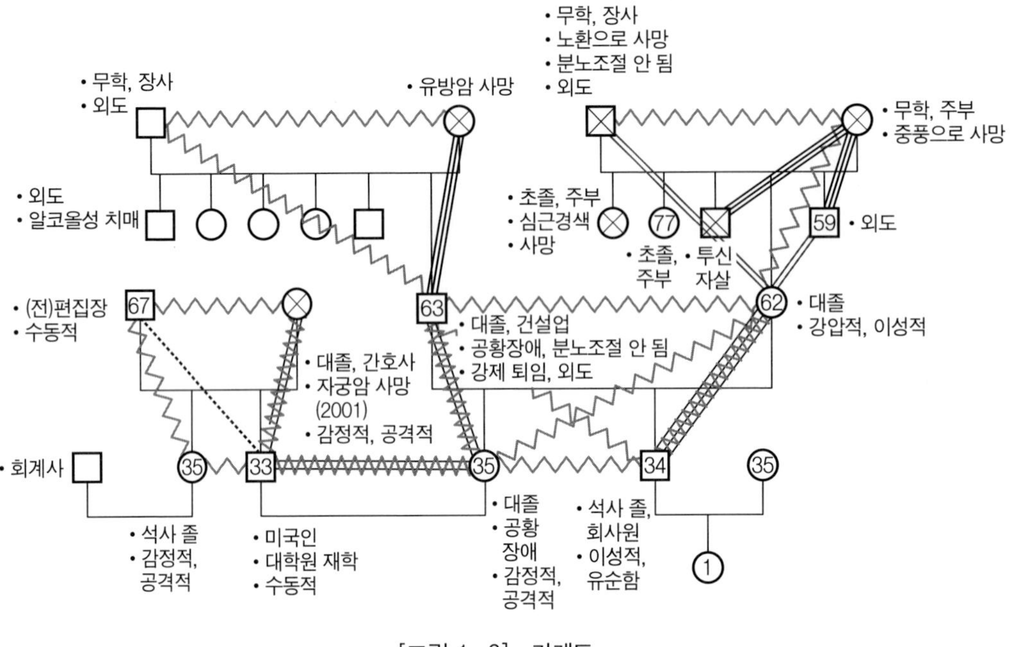

[그림 1-6] 가계도

한편, 부인은 자신의 어머니와 정서적인 소통을 하지 못하였고 어머니에 대한 부정적인 감정을 가지고 있었으며, 어머니에게 걸려 있는 감정이 어머니를 닮은 남편과 연결되었다. 남편 또한 자신의 어머니와 누나의 분노조절이 안 되는 모습을 닮은 아내와 연결되고 있었다(전이).

5) 분노조절이 안 되는 남편에 대한 가족치료 사례(부부가 걸린 사례)*

이 가족치료에 참여한 가족구성원은 남편(40세), 부인(40세), 딸(11세), 아들(7세)이었다. 남편은 평소에는 온화하고 자상하지만 화가 나면 포악해지는 이중적인 성격을 가진 지킬과 하이드를 연상하게 하였다. 남편의 아버지는 매우 권위적이고 폭력적이었다. 남편은 어렸을 때 아버지로부터 폭력을 당하였고, 어머니와 3명의 누나들은 포악한 아버

* 이 사례는 Park, T. Y., & Shim, D. Y. (2014). Case study on family therapy for Korean husband with Jykell and Hyde personalities. In *American Psychological Annual Convention Program 2014* (p. 205). Washington DC, USA의 자료집에서 발췌하였다.

지로부터 남편을 보호해 주지 못하였다. 이처럼 학대하는 아버지와 가족관계로 인하여 남편은 기성세대의 과도한 권위주의에 대한 반감을 가지고 있었고, 부당한 대우를 못 참았다.

부인은 어린 시절 큰언니가 방에서 끓는 물을 담은 솥을 놓친 바람에 다리에 심한 화상을 입었다. 그 사건 이후로 아내의 어머니는 딸(큰언니)에게 과할 정도로 폭언과 폭력을 일삼았다. 어머니는 다른 자녀들에게는 친절하였으나 화가 났을 때는 큰언니를 학대하였다. 또한 어머니는 의부증이 있어서 자신의 남편을 끊임없이 괴롭혔고, 심지어 남편(아버지)과 큰딸이 성관계를 하였다는 망상을 가지고 있었다. 이와 같은 망상장애와 분노조절이 안 되는 어머니로 인하여 부인은 늘 어머니에 대한 불안을 가지고 있었다. 부인은 친정을 탈출하기 위해 결혼을 하였다. 그러나 결혼 이후 부인은 자신의 어머니처럼 분노조절이 안 되는 남편으로 인하여 불안하였다(전이). 자녀들 또한 부모갈등으로 인하여 불안하였고 딸은 남편의 성격과 유사하고 아들은 부인의 성격과 유사하여 부모갈등의 패턴과 유사하게 남매도 갈등관계에 있었다(전이).

이 사례에서도 역시 남편이 자신의 아버지와 걸렸던 관계와 어머니와 누나들로부터 보호받지 못하였던 상황이 부인이 남편과 처형이 충돌하는 상황에서 자신의 언니 편을 들어줄 때, 남편은 아내에 대한 전이를 경험하였다. 부인 또한 남편의 분노조절이 안 되는 모습 속에서 늘 불안하였던 어머니를 보게 되면서 아버지의 의사소통 방식을 사용함으로써 남편을 자극하였다.

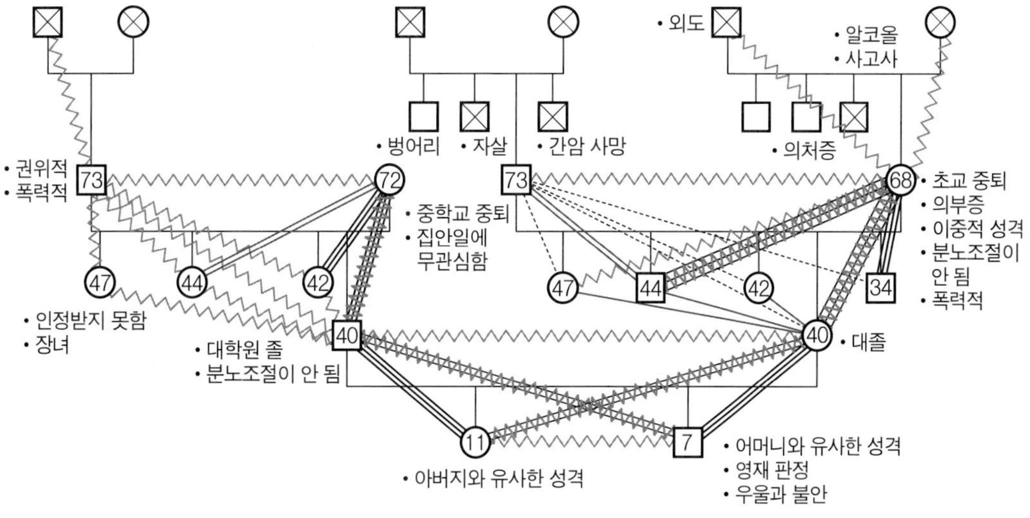

[그림 1-7] 가계도

6. 요약

지금까지 가족생활주기이론, 정신역동적 대상관계 가족치료이론, 애착이론, MRI의 의사소통이론, 보웬의 가족체계이론을 근간으로 한 한국의 통합적 가족치료 모델을 소개하였다. 이 이론들에 근거한 주요 개념들을 촉발 요인과 잠재 요인으로 분류하여, 촉발 요인으로는 가족생활주기상의 위기 또는 사건, 잠재 요인으로는 전이, 내적 작동 모델, 시도된 해결책(역기능적인 상호작용 의사소통 방식), 자아분화, 한국의 가족문화(효, 정, 한, 화병), 체계론적 관점과 가계도를 설명하였다. 또한 저자는 5개의 가족치료 사례를 통하여 한국의 통합적 가족치료 모델이 어떻게 적용되었는지를 보여 주었다. 또한 저자는 가족치료 과정에서 원가족과의 관계에서 해결되지 못한 것으로 인한 불안정한 애착관계와 전이 감정이 의외로 중요하다는 것을 깨달았다.

참고문헌

박태영, 심다연(2014). 학대행위 중단을 위한 가족치료적 접근 방법과 효과성에 대한 사례연구. **아동복지학**, 48, 1-31.

송성자(2001). **한국문화와 가족치료: 해결중심 접근**. 법문사.

송성자(2004). **가족과 가족치료(제2판)**. 법문사.

윤태림(1970). 韓國人. 玄岩社.

최상진(2011). **한국인의 심리학**. 학지사.

최준식(2002). 무교의 가족치료적 기능에 대한 단상(斷想). **가족과 가족치료**, 10(1), 131-144.

최춘화, 배영윤, 문혜린, 박태영(2021). 이혼 부부의 재결합을 위한 통합적 가족치료 사례연구. **한국가족복지학**, 68(1), 185-217.

한규석(1991). 사회심리학 이론의 문화특수성: 한국인의 사회심리학 연구를 위한 고찰. **한국심리학회지: 사회 및 성격**, 6(1), 132-155.

American Psychiatric Association. (2013). *Diagnostic and statistical manual of mental disorders* (5th ed.), Washington, DC: American Psychiatric Publishing, Inc.

Bowlby, J. (1969). *Attachment and loss* (Vol. 1). Attachment. New York: Basic

Bowlby, J. (1988). *A secure base: Clinical applications of attachment theory*. London: Routledge.

Chung, S. Y., Park, Y. J., Kim, J. W., & Park, Y. B. (2015). Validation of the Hwa-Byung

Scale and its relationship with cardiovascular autonomic function. *European Journal of Integrative Medicine, 7*(4), 409–416.

Fall, E., & Shankland, R. (2021). The mediating role of dispositional mindfulness in the relationship between parental and romantic attachment. *Journal of Adult Development, 28*(2), 126–137.

Frame, M. W. (2000). Constructing religious/spiritual genograms. In R. E. Watts (Ed.), *Techniques in Marriage and Family Counseling*. (pp. 69–74). Alexandria, VA: American Counseling Association.

Hamilton, N. G., & Hamilton, M. G. (1988). *Self and others: Object relations theory in practice*. New York: Jason Aronson.

Kerr, M. E., & Bowen, M. (1988). *Family therapy in clinical practice*. New York: Aronson.

Kim, B. L. C., & Ryu, E. (2005). Korean families. In M. McGoldrick, J. Goirdano, & N. Garcia–Preto (Eds.), *Ethnicity and family therapy* (pp. 349–362). New York: The Guilford Press.

Kim, M. H. (1996). Changing relationships between daughters–in–law and mothers–in–law in urban South Korea. *Anthropological Quarterly, 69*(4), 179–192.

Lee, J., Min, S. K., Kim, K. H., Kim, B., Cho, S. J., Lee, S. H., …… & Suh, S. Y. (2012). Differences in temperament and character dimensions of personality between patients with Hwa–byung, an anger syndrome, and patients with major depressive disorder. *Journal of Affective Disorders, 138*(1–2), 110–116.

McGoldrick, M., Preto, N. G., & Carter, B. (2015). *The expanded family life cycle: Individual, family, and social perspectives* (5th ed.). New York: Pearson.

Min, S. K. (2009). Hwabyung in Korea: Culture and dynamic analysis. *World Cultural Psychiatry Research Review, 4*(1), 12–21.

Nichols, M. P., & Davis, S. D. (2016). *Family therapy: Concept and methods* (11th ed.). New York: Pearson.

Park, Y., Cho, S., & Park, T. Y. (2022). Intimate partner violence in a heterosexual marriage: Case study of a Korean couple. *Autralian & New Zealand Journal of Family Therapy, 43*(4), 475–495.

Park, T. Y., & Park Y. H. (2019). Living with an in–law and marital conflicts: A family therapy case study. *Journal of Asia Pacific Counselling, 9*(2), 73–89.

Park, T. Y., & Park Y. J. (2019). Contributors influencing marital conflicts between a Korean husband and Japanese wife. *Contemporary Family Therapy, 41*(2), 157–167.

Park, T. Y., & Shim, D. Y. (2014). Case study on family therapy for Korean husband with

Jykell and Hyde personalities. *In American Psychological Annual Convention Program 2014* (p. 205). Washington DC, USA

Shim, D. Y., Lee, D. B., & Park, T. Y. (2016). Familial, social and cultural factors influencing panic disorder: Family therapy case of Korean wife and American husband. *The American Journal of Family Therapy, 44*(3), 129–142.

Wallin, D. J. (2007). *Attachment in psychotherapy*. New York: Guilford Press.

Watzlawick, P., Weakland, J. H., & Fisch, R. (1974). *Change: Principles of problem formation and problem resolution*. New York: Norton.

Yasuda, T., Iwai, N., Chin-Chun, Y., & Guihua, X. (2011). Intergenerational coresidence in China, Japan, South Korea and Taiwan: comparative analyses based on the East Asian social survey 2006. *Journal of Comparative Family Studies, 42*(5), 703–722.

제 2부

다양한 가족과 부부 · 가족상담

제2장
이혼가족

1. 서론

오늘날 한국에서 이혼이 흔하지만, 한국문화는 여전히 이혼을 일탈적이며 많은 사회문제의 원인이라고 보는 관점을 고수하고 있다. 더 많은 사회에서 이혼을 수용한다 할지라도 이혼을 해야만 하는 상황일 때에만 할 수 있는 비정상인 것으로 보고 있다. 현실은 결혼이 사회제도인 것처럼 이혼 또한 사회제도이며, 결혼을 계속하는 한 불만족스러운 결혼의 대안으로 이혼을 선택하게 될 것이다(Ahrons, 2016).

한국은 오랫동안 이혼을 금기시하는 문화를 가지고 있었고 1970년대까지 세계 최저 수준의 이혼률을 유지하였다. 1970년대에 0.4건이었던 조이혼율[1)]은 1990년대 이후 서서히 증가 추세를 보이면서 외환위기 때인 1997년에 2.0건을 기록하며 가파르게 상승하였고, 2003년 3.4건으로 최고 정점에 도달한 후에 다소 하향화되면서 2018년에 2.1건의 조이혼율을 보였다(통계청, 2020). 통계청(2020)의 인구동태통계에 의하면 2019년 한 해 11만 831쌍이 이혼하여 46.3%의 이혼율과 22.7%의 재혼율을 보였다. 이와 같은 추세는 하루 평균 303쌍이 이혼하는 결과이다. 이는 전년 10만 8,684건보다 2,100건 증가한 추세이고, 조이혼율은 2.2건으로 전년보다 0.1건 증가하였다.

한국과 비교하여 미국에서는 매년 거의 100만 가정이 이혼을 하고 있다(Centers for Disease Control and Prevention, 2009). 미국의 경우 첫 결혼의 약 50%가 이혼을 하며(Gladding, 2018), 이와 같은 이혼이 결혼생활 15년 안에 발생한다(Bramlett & Mosher, 2001, 2002). 실제로 두 명의 자녀를 둔 가정이 이제는 더 이상 전형적인 미국가족이라고 말할 수 없다(Emery & Dinescu, 2016; Wagner & Diamond, 2017). 그런데 '가족'이란 여러 가지 의미를 지닌 하나의 단어로, 부모들이 법적으로 결혼하지 않은 상태에서 자녀를 양육하거나 생물학적 부모들이 이혼을 하고 서너 명의 부모가 합의하여 그들의 새로

1) 조이혼율: 인구 천 명당 이혼 건수를 나타내는 지표

운 배우자들과 함께 자녀를 양육하기도 한다(Emery & Dinescu, 2016).

최근 한국은 일본처럼 황혼이혼이 급증하고 있다. 일반적으로 이혼은 결혼 지속 연수가 길어질수록 줄어드는데, 이와 같은 추세는 새로운 변화라 볼 수 있다. 2017년 이혼통계에 따르면, 혼인 지속 기간 20년 이상의 이혼이 31.2%로 가장 많았고, 그다음 혼인 지속 기간 4년 이하의 이혼이 22.4%를 차지하였다. 혼인 지속 기간이 30년 이상인 부부의 이혼도 꾸준히 증가하고 있다. 2017년 평균 이혼 연령은 남자 47.6세, 여자 44.0세로 평균 연령이 계속 늦춰지고 있다(권수영 외, 2020; 통계청, 2018). 2017년 기준으로 미성년 자녀가 있는 부부의 이혼은 5만 100건으로 전체 이혼의 47.2%를 차지하였다. 이혼 사유는 성격 차이(43.1%), 경제 문제(10.1%), 배우자 부정(7.1%), 가족 간 불화(7.1%), 학대(3.6%), 기타(20.6%), 무응답(8.4%) 순으로 나타났다. 이혼의 형태로는 협의이혼이 78.3%, 재판이혼이 21.7%를 보였다(권수영 외, 2020; 통계청, 2018). 한편, 2019년 상담통계(한국가정법률상담소, 2020)에 의하면 상담소에서 진행하는 이혼상담은 총 4,783건으로 이 중 여성이 남성에 비해 약 3배 이상 상담 건수가 많았다.

이혼과 관련된 가족치료 사례연구로는 「가족생활주기에 따른 가족체계의 해체와 재결합 과정에 대한 연구」(최춘화, 문혜린, 배영윤, 박태영, 2021), 「이혼 부부의 재결합을 위한 가족치료 사례연구」(최춘화, 배영윤, 문혜린, 박태영, 2021), 「이혼 의향이 있는 목회자 부인에 대한 가족치료 사례분석」(박태영, 김선희, 2013), 「이혼 위기에 있는 부부에 대한 가족치료 다중사례연구」(박태영, 김선희, 유진희, 안현아, 2012), 「갈등으로 인한 이혼위기를 경험하고 있는 부부의 부부치료 사례연구」(박태영, 조지용, 2011), 「부모의 이혼진행과정에서 내면화·외현화 문제를 보이는 아동의 가족치료 사례연구」(박태영, 문정화, 2010a), 「이혼위기로 인한 부인의 우울증과 아들의 학습문제 해결을 위한 가족치료 사례연구」(박태영, 문정화, 2010b), 「이혼위기에 있는 결혼초기 부부에 대한 부부치료 사례연구」(박태영, 김태한, 김혜선, 2009), 「이혼: 가족치료의 실패인가?」(박태영, 2007) 등이 있다.

2. 이혼에 영향을 미치는 부부갈등 요인

이혼을 초래하는 부부갈등에 영향을 미치는 요인으로 배우자에 대한 이해와 수용의 부재, 부부간의 기능적이지 못한 의사소통 방식, 갈등에 대한 미숙한 대처 방식, 원가족과의 미해결된 문제 그리고 배우자의 외도 등이 있다(권정혜, 채규만, 2000; 박태영 외, 2012; 박태영, 문정화, 2013; 유순희, 정민자, 2018; 조지용, 박태영, 2011; 황민혜, 고재홍, 2010;

Bertoni & Bodenmann, 2010; Birditt et al., 2010; Fallah et al., 2019; Harris, 2018). 남녀가 결혼을 하여 부부체계를 재조정하는 과정에서 각자의 원가족문화의 차이는 결혼 초기 부부간의 상호작용 과정에 많은 영향을 미치고 부부갈등을 야기한다. 특히 부부가 상대방과의 차이를 수용하지 못하고 기능적으로 대처를 하지 못하는 경우에는 결혼관계가 파국에 이를 수도 있다(김혜정, 2008; 박태영, 김태한, 김혜선, 2009).

남현순, 전영주, 황영훈(2005)은 이혼을 야기하는 부부갈등에 영향을 미치는 요인으로 부모와 자녀 간 정서적인 미분화, 원가족문화의 차이를 들었다. 김정옥(2011)은 개인적인 특성보다도 원가족의 차이가 부부갈등의 더 중요한 요인이라고 하였다. 박태영과 문정화(2013)는 이혼 위기 부부의 부부갈등 요인으로 부부간의 원가족 문화 차이, 원가족과의 미분화, 원가족 경험에 따른 역기능적인 갈등 대처 방식을 들었고, 이혼에 영향을 미친 요인으로는 시어머니와 시집 식구, 친정어머니의 부정적인 역할을 꼽았다. 이처럼 확대가족과 같은 외적인 개입이 이혼 결정에 많은 영향을 줄 수 있다(김수정, 2003).

또한 부부간의 의사소통과 대처 방식이 부부관계와 밀접한 관련이 있다(박태영 외, 2012; 박태영, 문정화, 2013; 조지용, 박태영, 2011; Ledermann et al., 2010). 부부 가운데 한쪽이 비난과 같은 역기능적인 의사소통 방식을 사용하면 배우자 역시 같은 의사소통 방식을 사용하기 때문에 부부간 부정적인 의사소통 방식의 상호성은 부부갈등을 증폭시킨다(황민혜, 고재홍, 2010). 불안정한 애착 스타일은 배우자에게 집착하는 대처 방식을 사용하여 만성 갈등을 일으키고, 이는 성적 불만족과 폭력으로 이어지며 갈등을 악화시킨다(Fallah et al., 2019). 한편, 226쌍의 부부를 대상으로 한 버토니와 보덴만(Bertoni & Bodenmann, 2010)의 연구에서 결혼에 만족하는 부부는 불만족하는 부부에 비하여 더욱 타협적 · 절충적이며, 덜 폭력적 · 회피적 · 공격적인 갈등 형태를 보였다. 즉, 부부간의 의사소통과 대처 방식에 따라 부부관계가 좌우되며, 결혼관계에 만족하는 부부는 더 안정적인 대처 방식을 사용함으로써 긍정적인 시너지 효과를 경험하게 된다.

그런데 한국은 서양과 다른 가부장적 문화로 인해 이미 핵가족화가 진행되었음에도 확대가족문화가 잔존하는 특성을 가지고 있다. 이와 같은 문화적 특성으로 인해 원가족 요인이 부부갈등의 중요한 요인으로 나타났다(임유진, 박정윤, 김양희, 2008; 하상희, 정혜정, 2008). 이혼 위기에 처한 부부들은 원가족과 미분화되어 핵가족 내에서 부부 하위체계를 적절히 형성하지 못하고 원가족 경험에서 기인된 역기능적 대처 방식을 사용하게 된다(박태영, 문정화, 2013; 조지용, 박태영, 2011). 이와 같이 원가족의 정서적 체계와 기능은 부부갈등의 발생과 대처 방식에 영향을 줄 수 있다(박태영 외, 2012).

3. 이혼가족의 가족생활주기와 이혼의 영향

이혼의 충격은 다양한 요인에 따라 변할 수 있다. 이러한 요인들에는 연령, 자녀 수, 가족의 재정 상태, 사회 지지체계(예: 확대가족), 이혼에 대한 가족구성원들의 인식 등이 포함되며, 이러한 신념들은 종종, 문화, 종교, 성(gender)과 관련된다(Wagner & Diamond, 2017). 그런데 가족생활주기 관점에서 이혼은 가족구성원에게 어떤 변화와 함께 득실이 존재하며 혼란이 나타난다. 이혼하기 전에 가족 변화가 언급되어야 하며, 이혼하는 가정이 순항하기 위하여 다루어야 할 발달과업이 있다. 따라서 이혼하는 가족구성원들이 발달 단계에 있어서 새로운 생활로 진입하기 전에 신체적 · 정서적 상실감과 변화를 경험하기 때문에 이들은 또 다른 가족생활주기 단계를 거쳐야만 한다(McGoldrick, Carter, & Garcia-Preto, 2011). 이혼하는 가족 또는 이혼한 가족의 경우에 정서적 긴장이 정점을 이루는 시기는 다음과 같다.

- 별거나 이혼을 하겠다고 결심한 시점
- 가족과 친구에게 이혼 결심을 알린 시점
- 재정과 아동양육권/아동면접권에 대해 논의가 된 시점
- 실제로 헤어진 시점
- 법적 이혼이 성립한 시점
- 별거한 배우자나 전 배우자가 재정적인 일 혹은 자녀의 일로 만나는 시점
- 자녀가 모두 졸업하고, 결혼하여 그들의 자녀를 갖거나 병든 시점
- 각각의 배우자가 재혼하고, 이사하며 병들거나 사망한 시점

이혼하는 과정에서 나타나는 감정은 일차적으로 정서적 이혼의 작업, 즉 결혼생활로부터 자신을 되찾는 과정과 관련된다. 각각의 배우자는 상대편 배우자와 결혼생활에서 바랐던 희망, 꿈, 계획과 기대를 회수해야만 한다. 이것은 잃어버린 것에 대한 애도와 자신과 배우자, 자녀, 확대가족에게 있어서 상처, 분노, 비난, 죄책감, 수치심 그리고 상실감을 다루는 것을 요구한다. 특히 이혼 중에 있는 가족들과의 임상 경험에 비춰 볼 때 가족구성원 간의 단절은 정서적으로 해롭다. 따라서 치료사는 이혼 중에 있는 배우자들이 협조적인 부모로서 계속 관계를 맺고 자녀와 친부모 그리고 조부모와 가능한 한 최대한의 접촉을 갖게 해야 한다(Carter & McGoldrick, 1988). 한편, 이혼은 전통적인 가족생활주기의 흐름을 방해하며 그 주기를 회복하는 데 최소 2년 이상의 시간이 소요된다.

이혼의 정서적인 문제를 충분히 해결하지 못한 가족들은 수 년 동안 정서적으로 곤경에 처한 상태로 남아 있을 수도 있다. 별거나 이혼 과정에서 각 배우자는 결혼이 실패할 때 후견인 문제, 자녀 방문, 경제적 문제와 같이 자신들이 해야 할 부분을 타협할 필요가 있다. 이혼 후 가족은 사회관계를 재구축하고 부모자녀관계를 재형성하는 힘든 과업을 맞게 된다(Ahrons, 2016).

이혼은 당사자뿐만 아니라 이혼을 경험하는 자녀들의 문제와도 직결된다. 원가족에서 부모가 이혼했을 경우 부부의 이혼 가능성 또한 더 높은 것으로 나타났다. 25년간 이혼가정의 자녀들을 종단연구한 월러스테인, 루이스, 블레이크슬리(Wallerstein, Lewis, & Blakeslee, 2000)의 연구에서 부모의 이혼을 경험한 자녀들은 그러한 고통스러운 경험을 겪었음에도 불구하고 부모의 이혼을 경험하지 않은 자녀보다 높은 비율로 이혼하였다. 부모의 이혼을 경험한 자녀들은 상실감, 우울감, 막막함, 불신감, 죄책감, 두려움, 분노 등의 심리적 · 정서적 어려움을 경험하며(김기화, 양성은, 2016; 전보영, 조희선, 2016; 주소희, 2015; D'Onofrio & Emery, 2019; Leys et al., 2020; Potter, 2010), 인지 발달이 저해되고(Moroni, 2018), 청소년의 경우에 문제행동 가능성이 증가하며(Maschi, Bradley, & Morgen, 2008), 성인 자녀는 약물중독의 위험에 더 많이 노출되기도 한다(Windle & Windle, 2018). 이뿐만 아니라 부모의 이혼을 경험한 자녀는 애정결핍을 호소하며, 대인관계에서도 두려움이 앞서고 이성을 선택할 때도 비교적 모호한 기준을 통해 선택하며(전보영, 조희선, 2016; Wallerstein, Lewis, & Blakeslee, 2000), 나아가서 부모의 이혼에 대한 경험은 자녀 양육에도 영향을 미침으로써 삶의 전반에서 지속적으로 부정적 영향을 나타낸다(김동주 외, 2017; 전보영, 조희선, 2016).

이혼하는 부부의 자녀들은 이혼하지 않은 부부의 자녀들과 비교하여 권위적인 인물에 대하여 더 반사회적이고, 과잉행동화가 나타나며, 더 충동적이며 순종하지 못하고 더욱 공격적이며 더 의존적인 행동과 더 많은 불안을 겪고, 더욱 의기소침하며, 동료관계에서도 더 많은 어려움을 겪는다(Robinson, 1994). 또한 이혼가정의 청소년은 양부모가정의 청소년에 비하여 가정에 대한 만족도가 낮았으며, 불안/우울, 위축, 신체 증상, 사회적 미성숙, 주의집중 문제, 비행, 공격성이 높게 나타났다(조경미, 주혜주, 2003). 특히 처음 이혼을 한 1~2년 사이의 과정은 많은 스트레스와 혼란이 나타나는 기간이다. 왜냐하면 많은 사람이 이혼 직후보다 1년 후에 더 많은 스트레스를 받기 때문이다. 이 기간 동안 이혼한 사람들은 절망감을 느끼고 사기가 많이 저하된다(McGoldrick, Anderson, & Walsh, 1989). 그렇지만 장기적인 연구에 따르면, 대부분의 사례에서 이혼 후 2년이 끝나는 시기에서 현저한 회복 단계를 보여 주었다(Hetherington, Law, & O'Connor, 1993).

이혼 후 1년간 자녀들은 가장 부정적인 행동으로 반응하나 연령과 성별에 따라 그 반응이 다르게 나타난다. 아들은 평소보다 과잉행동하는 경향이 있으나 딸은 부정적 경험을 내면화함으로써 우울증에 걸리기도 한다. 일반적으로 학령 전 아동들은 부모가 집을 떠나간 사실에 놀라며, 그들의 자아중심적인 특성 때문에 죄의식을 느낀다. 학령기 자녀들은 부모의 이혼 상황을 이해하고 이혼이 자신들의 잘못이 아니라는 것을 알지만, 가족의 붕괴가 자신들의 삶에 미칠 충격에 많은 걱정을 한다. 사춘기 자녀들은 일반적으로 자신을 버린 한쪽 부모나 양쪽 부모에게 분노를 느낀다(Kaslow, 1981). 이혼 과정에 있는 대부분의 당사자는 극도의 긴장 상태에서 정서적으로 심한 갈등관계에 있으며, 이러한 관계로 인하여 당사자들은 이혼 합의, 아동양육권, 위자료, 재산 분할 및 이혼 후의 역할 분담 등의 당면 과제를 대화를 통하여 합리적으로 해결하기가 어렵다(신성자, 2000).

이혼은 전형적으로 거주지의 변화, 생활 수준의 감소와 관계 구조의 변화를 포함한다. 옥선화, 남영주, 강은영(2006)의 이혼자들과의 심층 면접 결과에 따르면, 그들은 이혼을 긍정적으로 보기보다는 부정적으로 인식하였다. 이 연구의 참여자들은 이혼 사실이 타인에게 알려질까 봐 종교 모임이나 단체 모임에 가는 것을 자제하였고 사회관계망이 축소되었으며, 이와 같은 사회관계망 축소는 이혼 당사자뿐만 아니라 이혼자의 부모에게도 영향을 미치고 있는 것으로 나타났다.

아론스(Ahrons, 2016)는 이혼하는 가족들이 겪는 공통적인 다섯 단계의 전환 과정을 발견하였다. 첫 번째, 세 가지의 전환(개인적인 인지, 가족 메타인지, 체계적 분리)이 파괴되는 정서적인 분리 과정의 핵심을 이룬다. 두 번째, 두 가지의 전환(체계적 재조직, 체계적 재정의)이 가족의 재조직 과정을 이룬다. 비록 이 다섯 가지의 전환이 이상적인 발달 단계 안에서는 순차적으로 나타난다고 할지라도 이와 같은 전환은 일반적으로 중복된다. 이혼 과정을 겪는 동안 가족들은 개인적으로 많은 상처를 받지만, 역설적이게도 이러한 과정들은 개인의 성장을 가장 많이 발달시킬 수 있는 시간이기도 하다(Ahrons, 2016). 또한 전 배우자들이 상호적으로 지지적인 공동부모 역할을 제공하고, 양쪽 부모들과 지속적으로 관계를 맺는다면 대부분의 가족은 적응할 수 있는 능력을 보여 준다(Amato, 2010).

〈표 2-1〉 이혼가족의 가족생활주기 단계

<table>
<tr><th>단계</th><th>과업</th><th>태도전환 선제 조건</th><th>발달상의 과제</th></tr>
<tr><td rowspan="4">이혼</td><td>이혼 결정</td><td>• 부부관계를 해결할 수 있는 능력이 없음을 인정</td><td>• 결혼 실패에 자신의 책임이 있음을 인정</td></tr>
<tr><td>가족해체 계획</td><td>• 체계의 모든 부분을 위한 실행 가능한 준비</td><td>• 자녀양육권, 방문, 경제 문제에 대한 협조
• 확대가족과 이혼 문제를 상의</td></tr>
<tr><td>별거</td><td>• 협력적인 공동부모관계를 지속하고 자녀에 대한 공동적인 재정적 지원
• 배우자에 대한 애착을 해결하기 위한 노력</td><td>• 원가족의 상실에 대한 슬픔
• 부부관계와 부모-자녀관계 재정의 및 재구성과 별거에 대한 적응
• 확대가족과의 관계 재조정과 배우자의 확대가족과의 관계 유지</td></tr>
<tr><td>이혼</td><td>• 정서적 이혼에 대한 노력과 상처, 분노, 죄책감 극복</td><td>• 원가족 상실에 대한 슬픔과 재결합에 대한 환상을 포기
• 결혼에 대한 희망, 꿈, 기대를 회복
• 확대가족과 관계 유지</td></tr>
<tr><td rowspan="2">이혼 후</td><td>자녀를 양육하는 한부모</td><td>• 재정적인 책임을 유지하고, 전 배우자와 부모로서의 만남을 지속하며 전 배우자 및 전 배우자의 가족과 자녀들의 만남을 유지</td><td>• 전 배우자 및 전 배우자의 가족과 융통성 있는 방문을 주선
• 자신의 재정적 재원을 재구축
• 자신의 사회적 관계망을 재구축</td></tr>
<tr><td>자녀를 양육하지 않는 한부모</td><td>• 전 배우자 및 자녀에 대한 재정적 책임감과 부모로서의 관계를 유지하고 자녀들을 양육하는 부모관계를 지지</td><td>• 자녀와 효과적인 부모관계를 지속하는 방법 찾기
• 전 배우자 및 자녀에 대한 재정적 책임감 유지
• 자신의 사회적 관계망 재구축</td></tr>
</table>

출처: McGoldrick, Preto, & Carter (2016), p. 413.

4. 이혼가족을 위한 개입 방법

이혼하는 부부의 중재를 위한 방법에는 집단심리교육 예방 프로그램, 이혼중재 그리고 이혼치료와 이혼교육이 있다(Emery & Dinescu, 2016; Lebow, 2015).

1) 집단심리교육 예방 프로그램

예방 프로그램에서는 내담자가 무엇을 기대하는지, 전형적으로 일어나는 문제들을 어떻게 잘 다룰 것인지에 대한 가이드라인을 제공하는 이혼 과정을 가르친다. 이혼을 경험하고 있는 성인, 자녀 그리고 가족들을 위한 많은 프로그램이 이혼 과정에 긍정적인 영향을 미치고 공동부모화와 같은 영역에서 잠재적인 문제들을 완화시킨다(Braver, Hipke, Ellman, & Sandler, 2004; Pedro-Carroll, 2005; Silliman, Stanley, Coffin, Markman, & Jordan, 2002).

2) 이혼중재

이혼 분쟁 처리 방식 중 가장 확실한 형태는 이혼중재이다. 이혼중재(Divorce Mediation)란 이혼하는 배우자들에게 재정적인 문제에 대한 분쟁, 자녀 지원, 자녀양육권 그리고 각각의 부모와 함께하는 시간 등과 같은 이혼과 관련된 법적인 문제에 대한 차이를 해결할 수 있도록 돕는 공정한 제삼자와 함께 만나는 것을 의미한다(Emery, 2011; Lebow, 2015). 중재는 대부분 엄격하게 비밀이 유지되며(예: 중재 안에서 토의된 문제는 소송에서 사용될 수 없다), 중재자는 결정권이 없다. 중재자는 부부간의 의사소통을 촉진하며 부부가 분쟁을 해결할 수 있도록 조언한다(Emery & Dinescu, 2016). 전형적인 중재 과정은 부부가 함께 문제를 정의하기 위하여 만나는 것을 포함하며 협상 시간은 2시간이 걸린다(Lebow, 2015). 경험적인 근거에 따르면, 중재가 이혼분쟁의 50~75%를 해결하고 법정청문회를 감소시키며, 소송과 비교하여 이혼하는 배우자의 더 높은 만족도를 보이고, 이혼 비용을 절감시키는 것으로 나타났다(Emery, Otto, & O'Donohue, 2005). 미국의 경우 주로 정신건강 전문가 혹은 변호사로 구성된 이혼중재자는 전문적인 학위를 가질 필요는 없다(Emery & Dinescu, 2016).

3) 부부치료와 이혼교육

부부치료는 치료사들이 심리치료에서 가능한 전형적인 중재 전략에 관여할 수 있다는 면에서 예방이나 중재와는 다르다. 전통적으로 부부치료사들은 내담자들이 이혼하기로 결정했을 때 변호사에게 의뢰한다. 이혼하는 배우자들은 반드시 법적 조언이 필요하며 힘든 전환 과정을 통한 정서적인 관계 지도도 필요하다. 부부치료사는 가족들이 재협상하도록 도울 수 있는 최고의 위치에 있을 수 있으며, 치료관계를 끝내기보다는 조심스럽게 전환을 고려해야만 한다(Emery, Sbarra, & Grover, 2005). 최소한 부부치료사는 부모의 갈등으로 인하여 야기된 문제점과 양쪽 부모와 자녀들의 관계를 지지하는 데 있어서 부모의 협력에 대한 장점을 강조하면서 이혼이 어떻게 자녀들에게 영향을 미칠 수 있는지 교육해야 한다(Emery & Dinescu, 2016). 이혼교육(divorce education)은 많은 대안 중 하나인데, 이혼교육은 자녀들의 욕구에 대한 인식과 이혼에 대한 준비를 시킬 수 있다(Sigal, Sandler, Wolchik, & Braver, 2011).

르보(Lebow, 2015)는 이혼치료에 있어 치료사가 전환하는 과정에서 가족들의 명확한 임무에 대한 통합적인 접근을 해야 한다고 조언하였다. 이혼하는 내담자들에 대한 부부 · 가족치료의 주요 초점은 가족 재구조화를 촉진하고, 명확한 경계선과 역할을 가진 새로운 두 개의 핵가족 구조를 수립하고, 공동부모 사이에 건강한 의사소통을 촉진하는 데 있다(Wagner & Diamond, 2017). 이혼하는 과정에서 치료를 받는 가족들은 갈등과 혼란의 기간을 경험한다. 종종 새로운 한부모가족으로 전환하는 과정에 대한 준비가 부족하고, 이혼에 초점을 둔 부부 · 가족치료는 빈번한 격변과 전환이 일어나기 때문에 복잡하다. 따라서 치료사는 이혼 과정을 통하여 내담자들이 가족전환에 적응할 수 있도록 명확한 구조를 제공해야만 한다. 이혼치료의 가장 중요한 치료 목표는 가족에게 융통성과 적응성을 격려하면서 빠른 변화의 시간 내에 안정감을 제공하는 것이다(Wagner & Diamond, 2017). 다음은 르보(Lebow, 2015)의 이혼치료에 대한 내용을 요약한 것이다.

(1) 이혼치료의 목표 설정

이혼치료에서 가장 중요한 것은 목표 설정이다. 일반적으로 이혼하려는 부부들은 서로 다른 목표(예: 한 배우자는 이혼하기를 원하고 다른 배우자는 이혼을 원하지 않는 경우, 또는 자녀양육 문제, 방문 횟수 등)를 가지는 것이 일반적이다. 따라서 치료 목표에 대한 협상은 중요하다.

(2) 이혼치료에서의 전략

① 치료적 계약 세우기

이혼치료에 있어서 명확한 계약을 하는 것은 매우 중요하다. 모든 치료에서 비밀보장이 예상되지만, 비밀보장에 대한 특별한 제약은 분명히 인정되어야만 한다. 치료를 시작할 때 사인된 동의서와 함께 비밀보장에 대한 한계를 언급해야 하고 인정해야만 한다.

② 치료적 연합 수립하기

치료사가 각각의 배우자와 연합(alliance)을 수립하는 것은 이혼치료에 있어서 근본적이나 이는 어려운 일이다. 대부분의 사례에서 성공적인 연합을 수립하기 위해서는 각각의 배우자와 비심판적인 관계를 맺는 것이 좋다.

③ 심리교육

이혼에 대한 심리교육은 이혼에 있어서 개입의 초석이다. 심리교육의 중요한 초점은 다음과 같이 세 가지가 있다. 첫째, 이혼하는 가족에게 나타나는 감정과 행동의 범위이다. 둘째, 자녀들이 있는 부부들과의 심리교육에서는 자녀들의 전형적인 반응에 중심을 둔다. 여기서 가장 유용한 심리교육적 메시지는 부모들이 자녀들의 감정과 자신들의 감정을 소통할 수 있는 방법에 두어야 한다. 셋째, 배우자들이 전 배우자들에게 가질 수 있는 감정에 중심을 두는 것이다.

④ 협상

협상은 중재에 있어서 중심적인 요소이나 이혼치료의 중요한 면이기도 하다. 중재자들은 협상을 위한 매우 구조화된 과정을 제공한다. 협상 과정은 처음 문제해결에 영향을 미치는 정서적인 요인들과 행동주의 부부치료의 문제해결 요소를 포함한다.

⑤ 의사소통 방법과 '충분히 좋은' 조합 수립하기

부부가 이혼하면서 부부와 독립된 개인으로서 기본 규칙(재정적 책임감, 함께하는 시간, 의사소통 등)이 변하게 되는데, 이러한 기본 규칙들은 협상되어야 한다. 치료사의 임무는 부부의 삶이 성공적으로 진행되게 하는 것과 자녀에 대한 충분한 조화가 이루어지도록 하는 데 있다.

⑥ 관계를 끊는 기술과 분노관리

심한 충돌 상황에서 부부가 관계를 끊을 수 있는(파혼) 능력은 관계를 맺을 수 있는(약혼할 수 있는) 능력만큼이나 중요하다. 분노관리 기술훈련은 심하게 충돌하는 이혼하려는 부부에게 중요한 전략이다.

⑦ 재속성화와 내러티브 변화

배우자가 상대방의 행동에 대한 가장 나쁜 의미를 부여하는 부정적인 귀인(전형적으로 그러한 행동을 의도적으로, 개인적 결함의 직설법과 내적 통제 소재를 당하기 쉬운 것으로 보는)은 대부분의 이혼하는 부부에게 중요한 역할을 한다. 인지적이고 내러티브적인 치료들로부터의 전략들(신념에 도전하고, 새로운 내러티브를 창조하며, 귀인에 대한 증거)은 이와 같은 패턴들에 대한 해결책을 제공한다.

⑧ 카타르시스

이혼하는 부부는 전형적으로 엄청난 충격과 상처를 받는다. 치료는 그와 같은 강한 감정을 나눌 수 있는 안전한 장소가 될 수 있다. 이혼하는 부부는 그와 같은 감정을 나누는 것을 통해 많은 혜택을 받을 수 있다. 그러나 이와 같은 카타르시스는 부부에 따라 도움이 될 수도 있고 안 될 수도 있다. 갈등이 덜한 부부조차에게도 여러 번 반복된 카타르시스의 경험은 관계를 진척시키기보다는 치료를 끝낼 가능성이 더 높다.

⑨ 결혼생활 되돌아보기

치료를 통하여 결혼생활을 되돌아볼 수 있는 부부는 소수이지만, 어떤 부부들은 오랜 감정을 정리하는 도약의 발판으로 결혼생활에 대한 논의를 활용할 수 있다.

⑩ 개인적 문제를 탐색하기

일반적으로 개인치료에서 자아에 대한 깊은 내면의 감정과 사건에 대한 의미가 탐색된다. 때때로 이와 같은 작업은 부부상담 회기나 각각의 배우자와 함께 제한된 개인상담 회기에서 이루어질 수 있다.

⑪ 자녀와 작업하기

자녀들과의 작업은 항상 자녀의 발달 단계의 맥락 안에서 진행되어야 한다. 설명과 이해는 연령에 따라 달라진다. 이혼은 때로 성인 자녀에게도 엄청난 충격을 주며, 부모와 성인 자녀들과 함께 작업할 때는 유사한 방향으로 진행하는 것이 도움이 될 수 있다.

⑫ 확대가족의 구성원들과 작업하기

원가족과 부모의 새로운 파트너들이 이혼 과정에서 나타나는 갈등 수준에 많은 영향을 미칠 수 있고 영향을 받을 수도 있다. 일반적으로 치료사는 이혼이 단지 배우자 당사자들뿐만 아니라 새로운 파트너들의 확대가족에 의하여 영향을 주고받을 수 있다는 체계적인 관점을 가족구성원들에게 이해시킬 필요가 있다.

5. 이혼 과정에서의 특별한 도전과 준비

1) 자녀양육권과 방문에 대한 어려움

자녀양육권과 방문에 대한 갈등은 가족들이 직면하는 가장 힘든 문제라고 볼 수 있다. 이 갈등을 해결하기 위해서는 정신건강치료 제공자들과 사법체계 그리고 부모 간에 왕래가 별로 없는 '이 정도면 충분한' 부모체계를 위한 목표를 세우는 것 사이에서 협력하는 것이 가장 중요하다. 정신건강치료 제공자들과 변호사들과의 적극적인 협력도 중요하다. 협력은 치료체계에서 발생되는 조정하기 어려운 상황을 극복할 수 있는 가능성을 증진한다.

2) 이혼치료와 사법체계의 접점

이혼은 다양한 장소에서 발생하는데, 사법체계가 그중 하나이다. 특히 자녀양육권 혹은 재정이 심각해지거나 정지되었을 때 사법체계와의 관계가 중요하다.

3) 같은 집에 거주하기

이혼치료에서 맞닥뜨리는 가장 문제되는 상황 중 하나는 이혼 과정이 진행되는 동안 부부가 같은 가정 안에서 거주할 때 발생한다. 이런 경우 각각의 배우자의 기대감을 명확히 제시할 필요가 있고 배우자들이 최소한으로 접촉하며 갈등이 최소화될 수 있도록 하여야 한다.

4) 폭력

한쪽 배우자 또는 양쪽 배우자들이 폭력의 경험을 가지고 있을 때는 상담 회기나 상담 회기 밖에서 부모들 사이의 접촉을 최소화할 수 있는 수단이 고려되어야만 한다. 이런 경우에 치료사는 배우자의 안전을 강조해야만 한다.

5) 이혼 부부치료로부터 개인치료로의 전환

이혼치료 후에 개인치료가 필요할 수도 있다. 이혼한 배우자가 개인치료를 원하는 경우조차 개인치료를 받는 상황에서 윤리적인 딜레마를 충분히 고려해야 한다. 이와 같은 이행은 전이와 역전이(특히 결혼 종결이 치료사의 실패로서 보일 수 있을 수도 있다)를 통찰할 수 있는데, 그와 같은 잠재적인 전이와 역전이가 조심스럽게 탐색될 필요가 있다.

6. 사례

1) 이혼을 결정한 부부치료 사례*

(1) 사례 개요

이 사례의 부부는 시집과의 갈등으로 인하여 부부관계가 악화되어 치료자를 내방하였다. 남편은 매주 시집에 방문하기를 원하였고, 시집에 방문한 후 귀가할 때 부부는 항상 부부싸움을 하였다. 시집에 방문할 때마다 부인은 화가 나서 말을 하지 않았고, 부부싸움 후에는 가출하였다. 또한 부인은 남편에게 폭언과 폭력을 사용하였고, 남편은 부인의 폭력에 대처하기 위해 방어적인 폭력을 행사하였다. 한편, 남편은 항상 늦게 귀가하여 TV를 보면서 대화하였는데, 부인은 남편의 이와 같은 의사소통 방식에 불만이 많았다. 부부는 두 사람 간의 원가족문화에 따른 차이를 좁힐 수 있는 의사소통 방식을 모르고 있었고 양가 부모의 지나친 간섭은 부부갈등을 더욱 악화시켰다. 그러나 부부가 치료 과정에서 새로운 문제해결 방식을 시도하자 변화가 나타났다. 그 이후 부부는 역기능적인 의사소통 방식을 자제하게 되었고 서로의 입장을 배려하는 태도를 보였다. 이를 통해 이혼을 고려하던 부부가 이혼 생각을 접고 점차 부부관계가 편안해졌음을 느끼게 되었으며, 부부싸움이 감소되는 변화를 보였다. 그러나 이와 같은 치료 개입에도 불구하고 11회기 후에 부인과 시어머니가 전화상으로 충돌한 사건으로 인하여 부부는 이전의 부부갈등 패턴으로 퇴행하였으며, 13회기 친정어머니와 부인의 상담에서 최종적으로 이혼을 결정하였다.

---

* 이 사례의 가족치료 과정을 알고 싶다면 박태영, 문정화(2013). 가족치료를 통해 본 부부갈등 및 이혼결정 요인에 관한 연구. 한국가족관계학회지, 18(1), 23-49를 참고하기 바란다.

(2) 부부갈등에 영향을 미친 촉발 요인

이혼위기 부부의 부부갈등에 영향을 미친 촉발 요인은 신혼기 적응 과정에서 나타난 부부간의 원가족 배경 차이, 원가족으로부터의 미분화, 역기능적인 갈등 대처 방식으로 나타났다.

① 부부간의 원가족 배경 차이

부부의 원가족 배경 차이에는 남편의 대가족문화와 부인의 핵가족문화, 부모의 사랑을 받고 곱게 자라 온 부인, 아버지의 사망으로 어머니와 정서적 친밀감이 부재했던 남편, 시집과 친정의 경제적 차이, 부인의 가족과 달리 대가족이 자주 모이는 화목한 시집 분위기, 가족의 외식문화 등이 있었다. 이러한 차이는 결혼 과정에서 서로가 배우자의 원가족 경험을 이해하고 허용하기보다 자신들의 원가족 경험을 중심으로 배우자를 통제하는 방식을 사용하면서 부부갈등이 더욱 악화되는 결과를 초래하였다.

② 원가족으로부터의 미분화

부인은 어머니로부터 지나친 간섭과 구속을 받으면서 자라 왔다. 결혼 후에도 어머니는 딸(부인)에게 거의 매일 전화를 하면서 딸의 결혼생활에 관여하였다. 이러한 어머니의 간섭은 결혼 이후 딸이 부부갈등 및 시집과의 갈등을 겪고 있는 상황에서 더욱 강화되었다. 게다가 부인이 시집 방문을 원하지 않았으나 친정은 수시로 방문하여 이에 남편은 불만이 많았다. 친정부모는 딸(부인)의 부부갈등 상황에서 사위를 나무라고 무조건적으로 딸의 편을 들었다.

남편은 초등학교 4학년 때 아버지가 사망하여 과도한 역할을 해 온 어머니에게 연민의 감정이 있었다. 그리고 아버지가 사망한 이후 외가가 가족생활의 중심이 되었고, 특히 외삼촌은 남편에게 아버지의 역할을 대신하였다. 이로 인해 남편은 자신의 원가족뿐만 아니라 외가쪽 식구들과 친밀한 관계를 형성하였다. 남편은 부인에게 잦은 시집 방문을 요구하였고 부인과 자식보다 시집을 먼저 챙겼다. 게다가 남편은 부부싸움을 하면 어머니에게 고자질하였고, 이로 인해 부인은 남편에 대한 불만이 더욱 증폭되었다. 한편, 시어머니는 가부장적 의식이 강하여 여자가 시집을 왔으면 남편의 뜻을 따라야 한다면서 무조건 아들(남편)의 편을 들었다. 이러한 남편과 원가족의 미분화 양상이 부부갈등을 더욱 악화시켰다고 볼 수 있다.

③ 역기능적인 갈등 대처 방식

남편이 부부갈등에 대처해 온 방식은 부인의 시집 방문과 며느리로서의 도리에 대해 부인의 입장을 배려하지 않고 자신의 기준을 강요함으로써 부인과 충돌해 온 것으로 나타났다. 또한 남편은 고부관계에서 어머니에게 부인의 입장을 대변해 주지 못했고, 오히려 고부갈등을 유발하고 악화시키는 의사소통 방식을 사용하였다. 특히 남편은 시집 문제로 인한 부부갈등 상황에서 부인이 시어머니를 비난할 때 부인을 때리거나 가사 도구를 부수었고 비아냥거리며 욕을 하였다.

또한 남편은 부부갈등을 악화시키지 않기 위해 일방적으로 참거나, 불만을 솔직하게 표현하지 않거나, 외박을 하거나, 의도적으로 대화를 단절하며 부인과 성관계를 하지 않고 포르노를 보았다. 이와 같은 남편의 대처 방식들은 부부갈등을 악화시켰다. 부인 또한 남편과 마찬가지로 남편의 입장을 배려하지 않고 자기주장이 강하였다. 부인은 시집에 가는 것을 거부하였고 남편과 타협을 못하였다.

(3) 가족치료 개입 후 이혼에 영향을 미친 요인

① 시집으로부터의 남편의 미분화

치료자의 개입에도 불구하고 부부가 이혼을 결정하게 된 요인 중 하나는 11회기 상담 이후 남편은 15일 만에 친가를 방문하는 과정에서 자고 오기 싫다는 부인을 배려하여 혼자 친가를 방문하였고 어머니에게 부인은 약속이 있어 오지 못하였다고 거짓말하였다. 그러나 어머니는 아들의 말을 믿지 않고 며느리에게 전화해서 왜 오지 않았는지 추궁하게 되면서 고부가 감정적으로 충돌하게 되었다. 이 사건으로 인하여 남편은 다시 이혼을 결심하게 되었다.

② 이혼을 부채질하는 양가 부모의 개입

이 사례의 이혼 결정은 원가족과 미분화된 부부와 이혼을 독려하는 양가 부모의 과도한 개입에 의한 것으로 볼 수 있다. 시어머니는 남편(아들)의 의견에 순종하지 않고 시집에 자주 오지 않으려는 며느리를 이혼당할 만하다고 하며 질책했으며, 이혼을 막기보다 오히려 독려하였다. 장모도 무조건 딸의 편을 들며 상담 과정에서 딸의 이혼 의사에 동의하였다. 그리고 장모는 평소 사위 앞에서 이혼을 독려하는 말을 자주 사용하였다. 따라서 시어머니와 장모가 자녀들의 이혼을 초래한 것으로 볼 수 있다.

③ 만성화된 부부갈등으로 인한 정서적 고갈

부부는 결혼 전부터 함 사건을 계기로 다투기 시작하였고, 시집 문제로 인한 만성화된 부부갈등은 부부간에 정서적 고갈 상태를 초래하였다. 이로 인해 부부는 대화를 거의 하지 않았고, 애정 욕구가 충족되지 않은 상태에서 점점 부부관계가 소원해졌다. 특히 부인은 남편의 배려를 느끼지 못하였고 자신도 남편을 배려하지 않게 되는 악순환이 일어났다.

④ 지속된 부부간의 역기능적인 의사소통 방식

부부는 결혼생활 동안 긍정적인 부부관계의 경험보다 원가족으로부터의 미분화로 인한 부정적인 경험이 더 많았다. 이로 인해 부부는 기능적인 의사소통 방식을 사용하기보다 역기능적인 의사소통 방식을 더 많이 사용하였고, 이러한 방식은 부부갈등을 더 악화시켰다.

⑤ 배우자의 변화에 대한 기대 욕구와 불신

부부갈등이 만성화되면서 부부는 상대방이 자신의 기대 욕구만큼 변화되기를 바라고 있었고 배우자의 관점을 인정하고 존중하기보다 부정적인 평가를 반복해 온 것으로 나타났다. 이러한 과정에서 부부는 변화가 없는 서로의 모습에 불만을 느꼈고 비난하게 되면서 점차 서로의 변화 가능성을 불신하였다.

⑥ 빈번한 이혼 결심에 대한 의견 표출

그동안 지속되어 온 부부갈등 과정에서 남편은 툭하면 부인에게 이혼 의사를 먼저 표출하였고, 이로 인해 부인은 스트레스를 받았으며 반복되는 이혼 언급으로 인해 부인 또한 홧김에 이혼 의사를 표출해 온 것으로 나타났다. 이렇게 부부가 갈등 상황에서 익숙하게 표현했던 이혼 결심 표출 방식으로 인하여 이혼을 결정하게 되었다고 볼 수 있으며, 이혼 결정 요인에 관한 네트워크는 [그림 2-1]과 같다.

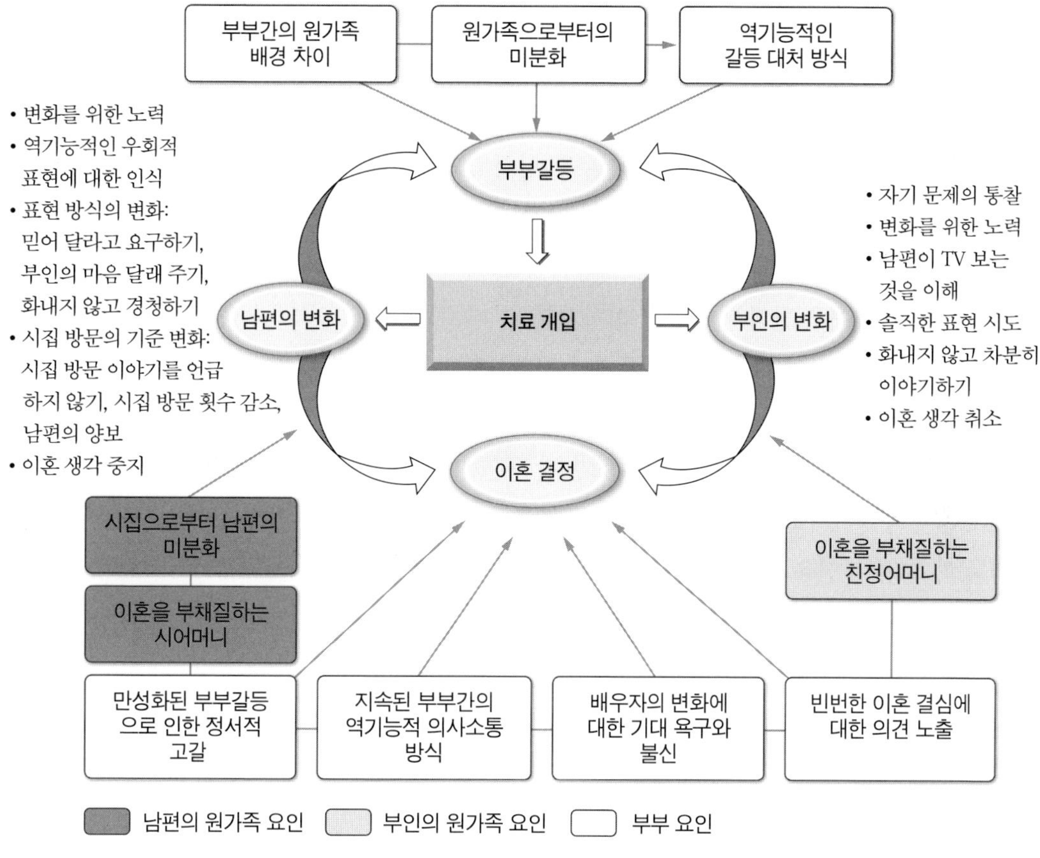

[그림 2-1] 치료 개입의 효과성과 이혼 결정 요인의 네트워크

2) 이혼 위기에 있는 세 부부에 대한 가족치료 다중 사례*

(1) 사례 개요

여기서 소개하는 세 가족은 학사 이상의 학력을 가진 30대 이상의 부부가 1명의 자녀를 두었고, 결혼 기간은 5년 미만의 부부 1쌍과 5년 이상의 부부 2쌍이었다.

A 사례의 부부는 남편이 아버지 및 남동생과 분화가 안 되었고, 부인 역시 어머니와 밀착된 관계이다. 남편은 회유적인 의사소통 방식, 부인은 직설적이며 공격적인 의사소통 방식을 사용하였다. 부부는 서로 무시하는 행동을 하며, 성관계가 불만족스러운 이유가 배우자의 탓이라고 여겼다. 남편은 부인이 계획성 없이 소비한다고 생각하였고 부인과 종교적 갈등이 있었다.

* 이 사례의 가족치료 과정을 알고 싶다면 박태영, 김선희, 유진희, 안현아(2012). 이혼위기에 있는 부부에 대한 가족치료 다중사례연구. 한국가족치료학회지, 20(1), 23-56을 참고하기 바란다.

B 사례에서 남편의 원가족은 참다가 폭발하는 표현 방식을 사용하였으며, 시집에서 큰 며느리와 작은며느리를 차별하였고, 부인은 아버지의 가정폭력과 알코올중독, 외도로 인하여 아버지와 갈등관계에 있었다. 남편은 언어폭력이 상당히 심하였으며 부인을 무시하는 표현 방식을 사용하였고, 부부는 서로 비난하였고 감정이 격한 상태로 부딪혀서 갈등이 증폭되었다. 부인은 신혼 초부터 남편의 회사 업무가 많은 관계로 성관계가 불만족스러웠다. 부부는 자녀 앞에서 서로 욕설과 폭력을 행사하며 편 가르기를 하였다. 또한 부부는 경제 가치관이 매우 달라서 갈등이 심하였다.

C 사례에서 남편의 아버지는 외국에서 행방불명이 되어 생사를 알 수 없었고, 어머니는 재혼을 하여 외조부모가 남편을 양육하였다. 부인의 원가족은 노동운동을 하는 아버지 때문에 어머니가 가장 역할을 하여 부모가 갈등관계에 있었다. 남편은 부인의 표현을 있는 그대로 받아들이기보다는 자의적으로 해석하여 판단함으로써 부부간 의사소통이 원활하지 못하였다. 부인은 남편과의 성관계에 만족하지 못하였으며 불안해하고 외로웠다. 그리고 부부는 자녀를 양육하는 방식이 달라서 충돌하고 있었다.

(2) 이혼위기를 초래한 부부의 갈등 내용

① 배우자에 대한 부정적 태도

■ 서로 불편해하는 부부

A 사례의 부부는 결혼에 대한 목표가 서로 달라서 결혼 후에 불편하였으며, 서로의 노력을 인정하지 않는 부정적인 태도를 갖고 있었다.

■ 서로 무시하는 부부

B 사례의 부부는 서로 과격하게 행동하며 무시하는 태도를 보였다. 남편은 가장 역할을 하느라 고생하는 자신에게 위안이 되지 못하는 부인에게 부정적인 태도를 취했고, 부인은 자신뿐만 아니라 처가 식구들까지 하대하는 남편의 태도를 수용할 수 없었다.

■ 서로 믿지 못하는 부부

C 사례의 부부는 배우자의 기대에 부응하지 못했으며 서로에 대한 배려가 없었다. 남편은 냉장고에 보관된 음식조차 마음대로 먹을 수가 없었다. 부인은 남편과 공감대를 형성할 수 없었고 남편을 믿을 수 없어 이혼을 고려하였다.

② 성생활의 문제

A 사례의 남편은 건강상의 이유로 성관계에 부담이 있으면서도 부인의 소극적인 태도가 불만이었고, 부인도 남편과의 성관계에 불만이 많았다. B 사례의 남편은 신혼 초부터 회사 업무가 과중하여 부인과 성관계를 맺을 시간적 여유가 없었으며, 남편과 부인 모두 성관계에 소극적이었다. C 사례의 부부는 각자 원하는 성관계 스타일이 달라서 성적으로 만족하지 못하였다.

③ 의견 불일치

세 사례 모두 자녀양육 방식과 경제관념의 차이 때문에 부부간 의견이 불일치하여 갈등이 있었고, C 사례의 경우에 남편이 자신의 종교를 부인에게 강요하여 부부간 마찰이 있었다.

■ 자녀양육 방식의 차이

세 사례 모두 배우자의 자녀양육 방식을 인정하지 못하여 갈등을 보였다. A 사례의 부부는 자녀를 양육하는 데 있어 의견이 교류되지 못하였고, B 사례의 부부는 자녀양육을 위한 공동의 노력과 합의점이 없었으며, 자녀를 두고 편 가르기를 하였다. C 사례의 부부는 양육 방식에 대한 가치관이 상이하였고, 남편의 강압적인 자녀양육 방식으로 인하여 충돌하였다.

■ 경제관념의 차이

세 사례에서 공통적으로 부부간에 경제관념의 차이를 보였는데, 부인은 무계획적으로 소비하였고, 남편은 그러한 부인에게 잔소리를 하거나 눈치를 주었다. 세 사례의 남편들은 동일하게 돈에 대한 집착이 강하였다. A 사례에서 남편은 부인이 충동적으로 소비한다고 생각하였고, B 사례에서는 남편이 돈에 집착하여 부인은 경비를 지출할 때마다 스트레스를 받고 있었다. C 사례에서 남편은 물건을 구입할 때 품질보다는 가격만 생각하여 부부갈등을 겪고 있었다.

(3) 이혼위기를 초래한 부부갈등의 영향 요인

세 사례에서 공통되는 부부갈등의 영향 요인은 원가족과의 미분화 그리고 원가족과 부부가 사용하는 역기능적 의사소통 방식이었다. C 사례의 부인을 제외한 5명은 모두 원가족과 밀착관계를 보였다. 원가족과의 밀착관계는 배우자가 원가족을 대하는 태도,

자녀양육 방식 등에서 부부갈등의 소재를 제공하였고 이성적으로 사고하지 못하게 하여 문제해결을 더욱 어렵게 만들었다. 세 사례에서 부부들은 부모세대를 통해 습득된 역기능적 의사소통 방식으로 부부갈등을 더욱 심화시켰고, 특히 부모세대의 역기능적 의사소통 방식 중 내담자에게 부정적인 인식을 주었던 방식이 배우자에게서 유사하게 나타날 때에는 이혼위기를 초래하였다.

① 원가족과의 미분화

A 사례의 남편은 원가족에서 아버지, 동생과 밀착관계를 가지고 있었다. A 사례의 남편은 장애가 있는 부모를 대신하여 어려서부터 과도한 역할을 하였기 때문에 결혼 후에도 아버지와 동생에게 과도한 책임감을 가지고 있었다. 부인은 과도한 역할을 하는 남편이 힘들었으며, 특히 시아버지와 종교 문제로 갈등을 겪고 있었다. 반면, 부인이 친정어머니와 밀착관계를 가지고 있어 남편은 이에 대해 불만을 가지고 있었고 부인에게 친정과 분리되라고 요구하였다.

B 사례의 남편은 처가에 많은 불만을 가지고 있었으며, 특히 장모가 부인에게 좋지 못한 영향을 준다고 생각하였다. 부인은 원가족과의 밀착관계가 심하여 부부갈등이 있을 때 친정으로 갔다. 어머니와 밀착된 남편도 부부갈등이 있을 때 자녀를 데리고 본가로 가 버리는 등 부부 사이의 갈등이 양쪽 집안의 문제로 번질 정도로 문제가 심각하였다.

C 사례에서 남편은 원가족, 특히 부모와 밀착관계를 가지고 부부갈등에 원가족이 개입하거나 갈등의 소재를 제공하는 경향이 있었으나 부인은 비교적 친정어머니와 분화가 잘 되어 현재 관계에 부정적인 영향을 미치는 부분은 없었다. 다만, 부인이 결혼하는 과정에서 친정부모가 결혼에 찬성하지 않았고 일본에 있는 처가를 방문한 사위를 문전박대하는 등 부정적인 태도를 보였기 때문에 이것이 이후 부부관계에 영향을 미쳤다.

② 역기능적 의사소통 방식

A 사례의 부인은 감정이 상했을 때 매우 공격적이었으나 남편은 상황이 격해지면 회피하였다. 남편은 자신보다 다른 사람의 감정을 먼저 배려하여 회유적인 대화 방식을 사용하였다. 따라서 부인의 공격적인 말투는 남편의 감정을 상하게 하였다. 갈등 상황을 피하는 남편의 방식 또한 부인의 분노를 더욱 부추겼다. 그런데 원가족의 표현 방식을 살펴보면 부인의 공격적인 의사소통 방식은 아버지의 말투에 영향을 받았으며 부부관계에서 남편을 존중하지 않고 공격하는 방식은 어머니가 아버지에게 사용하는 방식이었다. 또한 남의 감정을 먼저 배려하는 남편의 방식은 남의 입장을 중요하게 생각하는

아버지의 방식과 유사하였다. 남편의 아버지는 부부갈등 시 어머니에게 폭언하거나 구타하였고 어머니는 회피를 하였는데, 남편 역시 부인의 과격한 반응에 회피하였다.

B 사례의 부인은 감정기복이 심하고 상대방의 반응이 격해질수록 더욱 격한 방식으로 대처하였다. 남편은 부인에게 욕설과 폭력을 사용하였으며 자신의 행위가 폭력이라는 자각이 없었다. 갈등이 심화될 때 부부가 모두 가출하기도 하였다. 이와 같이 남편과 부인의 과격한 방식은 서로에 대한 부정적 인식을 심화시켜 합리적인 대화를 막고 이혼을 하도록 만들었다. 부인은 남편의 폭력과 폭언이 심해질수록 과격하게 대응하였다. 남편은 어머니가 화가 났을 때 사용하였던 물불을 가리지 않는 대처 방식을 학습하여 부인에게 사용하였는데, 원가족에서 가정폭력의 경험이 있었던 부인은 남편의 폭력을 더욱 충격적으로 받아들여 이에 자신의 어머니와 같은 방식으로 대처하였다.

C 사례의 부인은 평소에 남편에게 칭찬하거나 동의해 주는 일이 거의 없었다. 부인은 갈등 상황에서 남편에게 극단적인 표현을 쓰고 있었는데, 그것이 솔직한 것이라고 생각하였다. 반면, 남편은 부인이 동의나 칭찬을 해 주지 않고 자신의 노력을 인정해 주지 않는 것에 불만이 있어도 갈등 상황을 피하고자 평소에 부인에게 이야기하지 않는 편이었다. 그러나 남편은 갈등 상황이 불거지면 과거의 일을 끄집어내어 부인을 공격하였다. 과거의 불만을 이야기하는 남편의 방식은 부인을 자극하였고 부인의 극단적인 표현 방식으로 인하여 남편은 부인을 회피하였다.

(4) 이혼위기에 있는 부부에 대한 치료사의 개입 방법

치료사의 개입 과정은 치료 목표를 설정하고 문제를 심화시킨 시도된 해결책을 탐색한 후, 내담자의 통찰력 강화와 행동 변화를 위한 치료 전략을 사용하여 부부의 역기능적 의사소통 방식을 개선하고 원가족과의 분화 수준을 높이는 것이었다. 치료사는 내담자의 시각에서 치료 목표를 설정하였고, 내담자 부부의 시도된 해결책을 탐색하기 위하여 원가족 탐색과 과정 질문을 사용하였다. 그리고 가족체계를 변화시키고자 부부들의 통찰력 강화 유도를 위하여 적극적 공감과 치료사의 자기개방, 구두점 찾기, 재명명(상대방 입장 대변)의 전략을 사용하였다. 또한 치료사는 내담자의 행동을 변화시키기 위한 전략으로 탈삼각화와 코칭을 사용하였다. 탈삼각화는 부부관계를 강화시키기 위한 방법이고, 코칭은 부부가 문제를 해결할 수 있도록 돕는 방법이다.

① 치료 목표 설정

■ 문제 확인

치료사는 치료 목표를 설정하기 위하여 상담 초기에 내담자들이 주로 호소하는 문제가 무엇인지 확인하고 변화되기를 원하는 것이 무엇인지를 명확히 하였다. 특히, 치료사는 내담자의 진술에 예를 들도록 함으로써 변화가 필요한 점을 구체화하였고 첫 회기에 부부가 함께 상담한 경우 부부 양측의 입장을 각각 진술하게 하였다.

② 시도된 해결책 탐색

■ 원가족 탐색

치료사의 원가족에 대한 탐색은 가계도 작성을 위한 정보 수집을 포함하여 원가족의 분화 수준과 역할, 관계 및 의사소통 방식 등을 중심으로 이루어졌다. 치료사는 이 단계에서 현재 가족에게 일어나는 역기능적인 의사소통이나 역할, 관계 방식 등에 영향을 미친 원가족 요인을 찾을 수 있었다.

■ 과정 질문

과정 질문은 감정을 가라앉히고 정서적 반응에 의해 유발된 불안을 경감시키며 사고를 촉진하기 위한 질문으로, 가족들의 문제에 대한 지각과 관계 유형에 어떤 방식으로 참여하였는지 질문하는 것이다. 치료사는 과정 질문을 사용하여 부부갈등이 일어나는 과정에서 나타나는 의사소통 방식, 관계의 성격 등 상호작용 과정을 탐색하였다.

③ 통찰력 강화 유도

■ 적극적 공감

치료사는 상담 초기에 적극적으로 공감함으로써 내담자가 자신의 입장과 태도를 스스로 개방하고 치료사를 신뢰하여 개입을 쉽게 받아들일 수 있도록 하였다.

■ 치료사의 자기개방

치료사는 필요에 따라 자기개방을 적극적으로 사용하여 내담자의 이해를 촉진하거나 자신의 행동을 수정할 수 있도록 도왔다.

■ 구두점 찾기

부부는 부부갈등의 상황에서 각자 자신에게 유리한 지점에서 대화의 구두점을 찍으며 상대방의 행동을 비난하였는데, 치료사는 세 부부가 중요하게 생각하는 갈등 상황에 각각의 구두점을 찾아줌으로써 내담자가 상황을 다른 관점에서 조망하고 이전과는 다른 행동을 취할 수 있도록 촉진하였다.

■ 재명명

치료사는 기본적으로 내담자에게 공감하면서 라포를 형성하지만 치료의 효과를 얻기 위해서는 내담자의 입장에 반하여 상대방의 입장에서 상황을 다시 조망해 볼 수 있도록 하는 것이 중요하다. 치료사는 내담자의 의견에 반할지라도 필요에 따라 상대방의 입장을 대변함으로써 부부가 각자 배우자의 입장을 이해하여 자신의 행동이나 입장을 변화시키도록 하였다.

④ 행동 변화 유도

■ 탈삼각화

세 부부가 모두 원가족 또는 자녀와 밀착관계를 가지고 부부관계가 소원하거나 갈등관계에 있는 삼각관계를 보였다. 치료사는 이 삼각관계에 개입하여 삼각관계의 위치를 변화시키고 부부의 연대를 강화시키는 방향으로 치료를 진행하였다. 탈삼각화는 불안한 부부관계의 대처 방식으로 삼각관계를 이루어 왔던 패턴을 자각시키고 삼각관계에서 빠져나올 수 있도록 촉진하는 것이다.

■ 코칭

코칭은 내담자들이 직접 가족 문제를 해결하도록 뒤에서 지지하고 조언하는 치료사의 역할을 말한다. 치료사는 상대방의 입장에서 바라보거나 원가족 문제를 통찰하도록 하는 간접적인 방법을 넘어서서 필요한 경우 직접적인 조언을 통해 관계와 행동 변화를 꾀할 수 있도록 개입하였다.

(5) 이혼 위기에 있는 부부에 대한 치료사 개입의 효과성

치료사는 치료 목표를 설정하고 시도된 해결책을 탐색한 뒤 부부들의 통찰을 강화하고 행동 변화를 유도하는 가족치료적 개입을 하였다. 그 결과, 배우자에 대한 부정적 태도는 긍정적 태도로, 부부간의 불만족스러운 성생활은 만족스러운 성관계로 변화되었으며, 부부간 의견이 불일치하는 의사소통 방식은 기능적인 의사소통 방식으로 변하여 치료사 개입의 효과성이 나타났다. 이에 대한 효과 매트릭스는 〈표 2-2〉, 치료사의 개입과 치료 효과에 대한 네트워크는 [그림 2-2]와 같다.

〈표 2-2〉 이혼위기에 있는 부부에 대한 치료사 개입의 효과 매트릭스

구 분	A 사례	B 사례	C 사례
배우자에 대한 부정적 태도 ↓ 배우자에 대한 긍정적 태도	• 부인은 남편이 자신을 생각해 준다는 것을 인정함 • 남편은 부인이 시아버지에게 노력하는 부분을 인정함	• 부인이 남편에게 맞추려고 노력함 • 부인이 밥을 해 주고 청소를 잘해 주게 됨 • 남편이 부인의 과격한 행동에 대한 자신의 책임을 인정함	• 부인은 남편에 대한 인식이 좋아져 남편의 행동에 너그러워짐 • 남편은 집이 편안해짐
성생활 문제 ↓ 만족스러운 성관계	• 부인이 남편을 배려하고 남편이 이에 만족함	• 남편이 시간을 내어 여행을 가고 싶어 함	• 남편과 부인 모두 성관계에 만족하게 됨
의견 불일치 ↓ 의사소통 방식의 변화	• 부인의 내뱉는 듯한 말투가 사라짐 • 남편의 비교하는 방식이 사라짐 • 남편이 부인의 입장을 배려하여 행동 전에 질문함	• 남편이 부인의 말을 들어 주고 긍정적으로 반응하며 인상을 덜 씀 • 부인은 남편의 변화에 대하여 반응을 보임 • 자녀에게 화목한 가정 분위기를 만들어 줌	• 부인의 갑자기 화내거나 목소리가 커지는 표현 방식이 사라짐 • 남편이 갈등 상황에서 자기 의견을 말함 • 남편은 관계 개선을 위해 계속 노력함

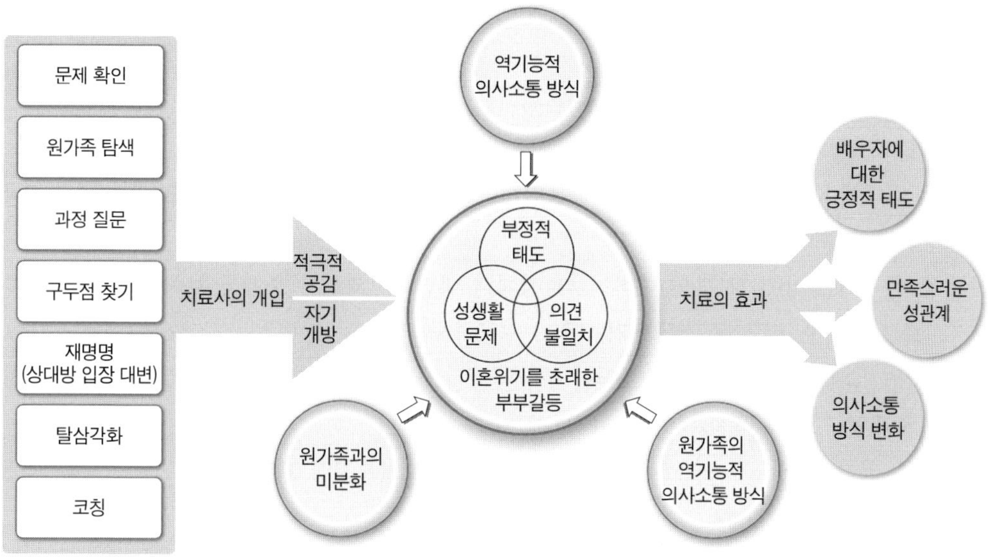

[그림 2-2] 이혼 위기에 있는 부부에 대한 치료 효과 네트워크

참고문헌

권수영, 박태영, 신혜종, 안미옥, 오화철, 이인수, 이진희, 이현숙, 이화자, 전명희, 정병호, 조은숙, 최규련(2020). 한국 가족을 중심으로 한 부부 · 가족상담 핸드북. 학지사.

권정혜, 채규만(2000). 부부 적응 프로그램의 개발과 그 효과에 관한 연구. 한국임상심리학회지, 19(2), 242-275.

김기화, 양성은(2016). 자녀가 경험한 부모 이혼과 부자가족으로의 적응에 대한 질적연구. Family and Environment Research, 54(1), 83-95.

김동주, 이아라, 이주영, 하창순(2017). 부모의 이혼을 경험한 기혼여성의 관계 형성의 어려움과 대처방안에 대한 질적연구. 학습자중심교과교육연구, 17, 27-55.

김수정(2003). 이혼 남성과 여성이 이혼협상 과정에서 경험한 이혼갈등에 관한 연구. 신학과 목회, 20, 413-445.

김정옥(2011). 이혼 전 의사결정단계 부부를 위한 치료 사례 연구. 대한가정학회지, 49(10), 91-100.

김혜정(2008). 가족 간 갈등대화의 구조와 책략 연구: 고부 · 부부간 갈등대화를 중심으로. 인제대학교 대학원 박사학위논문.

박태영(2007). 이혼: 가족치료의 실패인가?. 한국사회복지학회 50주년 기념 2007 세계학술대회자료집. 276-283.

박태영, 김선희(2013). 이혼의향이 있는 목회자부인에 대한 가족치료 사례분석. 한국가족복지학, 18(2), 5-39.

박태영, 김선희, 유진희, 안현아(2012). 이혼위기에 있는 부부에 대한 가족치료 다중사례연구. 한국가족치료학회지, 20(1), 23-56.

박태영, 김태한, 김혜선(2009). 이혼위기에 있는 결혼초기 부부에 대한 부부치료 사례연구. 한국가정관리학회지, 27(3), 93-114.

박태영, 문정화(2010a). 부모의 이혼진행과정에서 내면화 · 외현화 문제를 보이는 아동의 가족치료 사례연구. 한국가족치료학회지, 18(1), 107-130.

박태영, 문정화(2010b). 이혼위기로 인한 부인의 우울증과 아들의 학습문제 해결을 위한 가족치료 사례연구. 한국가족치료학회지, 18(1), 27-61.

박태영, 문정화(2013). 가족치료를 통해 본 부부갈등 및 이혼결정 요인에 관한 연구. 한국가족관계학회지, 18(1), 23-49.

박태영, 조지용(2011). 갈등으로 인한 이혼위기를 경험하고 있는 부부의 부부치료 사례연구. 한국가족치료학회지, 19(2), 41-62.

신성자(2000). 이혼과정에 있는 부모들을 위한 학제간 팀 이혼중재에 관한 연구. 한국가족치료학회지, 8(1), 31-58.

옥선화, 남영주, 강은영(2006). 이혼자들의 이혼 인식에 관한 질적 연구. 가정과삶의질연구, 24(1), 223-235.

유순희, 정민자(2018). 황혼이혼 결정과정에 관한 연구: 근거이론. 한국가정관리학회지, 36(2), 54-71.

이혜진(2010). 협의이혼의 요건과 그 瑕疵에 관한 쟁송절차. 동아법학, 47, 329-359.

임유진, 박정윤, 김양희(2008). 원가족 부모와의 애착 및 심리적 독립심 지각과 신혼기 결혼적응과의 관계에 관한 연구. 한국가정관리학회지, 26(5), 43-154.

전보영, 조희선(2016). 부모의 이혼을 경험한 30-40대 기혼여성의 생애사 연구. 한국가정관리학회지, 34(4), 51-75.

조경미, 주혜주(2003). 이혼가정 청소년과 양부모가정 청소년의 정신 건강, 행동특성에 관한 비교 연구. 정신간호학회지, 12(4), 543-551.

조지용, 박태영(2011). 갈등으로 인한 이혼위기를 경험하고 있는 부부의 부부치료 사례연구, 한국가족치료학회지, 19(2), 41-62.

주소희(2015). 이혼가정자녀의 부모이혼경험과 외상 후 성장에 관한 연구. 한국가족복지학, 49, 97-131.

최춘화, 문혜린, 배영윤, 박태영(2021). 가족생활주기에 따른 가족체계의 해체와 재결합과정에 대한 연구: 이혼과 재결합을 경험한 부부의 가족치료 사례를 중심으로. 한국가족복지학, 68(4), 303-335.

최춘화, 배영윤, 문혜린, 박태영(2021). 이혼 부부의 재결합을 위한 가족치료 사례연구. **한국가족복지학**, 68(1), 185-217.

통계청(2018). 인구동향조사. http://kostat.go.kr

통계청(2020). 인구동향조사. http://kostat.go.kr

하상희, 정혜정(2008). 가족 건강성과 자기분화의 세대 간 전이. **상담학연구**, 9(2), 789-806.

한국가정법률상담소(2020). 2019년도 상담통계.

황민혜, 고재홍(2010). 부부간 결혼가치관 차이, 오해 및 부부갈등: 의사소통의 역할. **한국심리학회지-여성**, 15(4), 779-800.

Ahrons, C. R. (2016). Divorce: An unscheduled family transition. In M. McGoldrick, N. G. Preto, & B. Carter, B. (Eds.), *The expanded family life cycle: Individual, family, and social perspectives* (5th ed., pp. 376-392). New York: Pearson.

Amato, P. R. (2010). Research on divorce: Continuing trends and new developments. *Journal of Marriage and Family, 72*(3), 650-666.

Bertoni, A., & Bodenmann, G. (2010). Satisfied and dissatisfied couples. *European Psychologist, 15*, 175-184.

Birditt, K. S., Brown, E., Orbuch, T. L., & McIlvane, J. M. (2010). Marital conflict behaviors and implications for divorce over 16 years. *Journal of Marriage and Family*, *2*(75), 1188-1204.

Bramlett, M. D., & Mosher, W. D. (2001). First marriage dissolution, divorce and remarriage in the United States. CDC, DHHS Publication No. PHS 2001-125001-0384.

Bramlett, M. D., & Mosher, W. D. (2002). Cohabitation, marriage, divorce, and remarriage in the United States. *CDC, National Survey of Family Growth, National Center for Health Statistics, Series 23*, No. 22, 1-32.

Braver, S. L., Hipke, K. N., Ellman, I. M., & Sandler, I. N. (2004). Strengths-building public policy for children of divorce. In K. I. Marton, C. J. Schellenbach, B. J. Leadbeater, & A. L. Solarz (Eds.), *Investing in children, youth, families, and communities: Strengths-based research and policy* (pp. 53-72). Washington DC: American Psychological Association.

Carter, B. E., & McGoldrick, M. (1988). Overview: The changing family life cycle-A framework for family therapy. In B. Carter, & M. Carter (Eds.), *The changing family life cycle: A framework for family therapy* (2nd ed., pp. 3-28). Boston: Allyn & Bacon.

Centers for Disease Control and Prevention. (2009). Data and Statistics.

D'Onofrio, B., & Emery, R. (2019). Parental divorce or separation and children's mental health. *World Psychiatry, 18*(1), 100-101.

Emery, R. E. (2011). *Renegotiating family relationships: Divorce, child custody, and mediation*. New York: Guilford Press.

Emery, R. E., & Dinescu, D. (2016). Separating, divorced, and remarried families. In T. L. Sexton, & J. Lebow (Eds.), *Handbook of family therapy* (pp. 484–499). New York: Routledge.

Emery, R. E., Otto, R. K., & O'donohue, W. T. (2005). A critical assessment of child custody evaluations: Limited science and a flawed system. *Psychological Science in the Public Interest, 6*(1), 1–29.

Emery, R. E., Sbarra, D., & Grover, T. (2005). Divorce mediation: Research and reflections. *Family Court Review, 43*(1), 22–37.

Fallah, M. Y., Talemi, A. N., Bagheri, M., Allameh, Y., Mazloumirad, M., Zandnia, F., & Ghahari, S. (2019). Attachment styles, marital conflicts, coping strategies, and sexual satisfaction in spouse abused and non-abused women. *Journal of Pharmaceutical Research International, 26*(4), 1–9.

Gladding, S. T. (2018). *Family therapy: History, theory, and practice* (7th ed.). New York: Pearson.

Harris, C. (2018). *Characteristics of emotional and physical marital infidelity that predict divorce*. Doctoral dissertation, Alliant International University. USA.

Hetherington, E. M., Law, T. C., & O'Connor T. G. (1993). Divorce: Challenges, changes, and new chances. In F. Walsh (Ed.), *Normal family processes* (2nd ed., pp. 208–234). New York: The Guilford Press.

Kaslow, F. W. (1981). Divorce and divorce therapy. In A. S. Gurman, & D. P. Kniskern (Eds.), *Handbook of family therapy* (pp. 662–696). New York: Brunner/Mazel.

Kerr, M. E., & Bowen, M. (2005). **보웬의 가족치료이론**[*Family Evaluation*]. (남순현, 전영주, 황영훈 공역). 학지사.

Lebow, J. (2015). Separation and divorce issues in couple therapy. In A. S. Gurman, J. L. Lebow, & D. K. Snyder (Eds.), *Clinical handbook of couple therapy* (5th ed., pp. 445–463). New York: The Guilford Press.

Ledermann, T., Bodenmann, G., Rudaz, M. & Bradbury, T. N. (2010). Stress, communication, and marital quality in couples. *Family Relations, 59*, 195–206.

Leys, C., Arnal, C., Kotsou, I., Van Hecke, E., & Fossion, P. (2020). Pre-eminence of parental conflicts over parental divorce regarding the evolution of depressive and anxiety symptoms among children during adulthood. *European Journal of Trauma and Dissociation, 4*(1), 100102.

Maschi, T., Bradley, C. A., & Morgen, K. (2008). Unraveling the link between trauma and delinquency: The mediating role of negative affect and delinquent peer exposure. *Youth Violence and Juvenile Justice, 6*(2), 136–157.

McGoldrick, M., Anderson, C. M., & Walsh, F. (1989). Women in families and in family therapy. In M. McGoldrick, C. M. Anderson, & F. Walsh (Eds.), *Women in families: A framework for family therapy* (pp. 3–15). New York: Norton.

McGoldrick, M., Carter, B., & Garcia-Preto, N. (2011). Overview: The life cycle in its changing context: Individual, family, and social perspectives. In M. McGoldrick, B. A. Carter, & N. Garcia-Preto (Eds.), *The expanded family life cycle: Individual, family, and social perspectives* (4th ed., pp. 1–19). Boston: Allyn & Bacon.

McGoldrick, M., Preto, N. G., & Carter, B. (2016). *The expanding family life cycle: Individual, family, and social perspectives* (5th ed.). New York: Pearson.

Moroni, G. (2018). Explaining divorce gaps in cognitive and noncognitive skills of children, Discussion Papers from Department of Economics, University of York, No. 18/16.

Pedro-Carroll, J. L. (2005). Fostering resilience in the aftermath of divorce: The role of evidence-based programs for children. *Family Court Review, 43*(1), 52–64.

Potter, D. (2010). Psychosocial well-being and the relationship between divorce and children's academic achievement. *Journal of Marriage and the Family, 72*, 933–946.

Robinson, K. (1994). Which side are you on. *The Family Therapy Networker, 18*(3), 18–30.

Sigal, A., Sandler, I., Wolchik, S., & Braver, S. (2011). Do parent education programs promote healthy postdivorce parenting? Critical distinctions and a review of the evidence. *Family Court Review, 49*(1), 120–139.

Silliman, B., Stanley, S. M., Coffin, W., Markman, H. J., & Jordan, P. L. (2002). Preventive interventions for couples. In H. A., Liddle, D. A. Santisteban, R. F. Levant, & J. H. Bray (Eds.), *Family psychology: Science-based interventions* (pp. 123–146). Washington DC: American Psychological Association.

Wagner, A. C., & Diamond, R. M. (2017). Families and divorce. In S. W. Browning, & B. van Eeden-Moorefield (Eds.), *Contemporary families: At the nexus of research and practice* (pp. 15–18). New York: Routledge Press.

Wallerstein, J. S., Lewis, J. M., & Blakeslee, S. (2000). *Review of the unexpected legacy of divorce: A 25 year landmark study.* New York: Hyperion.

제3장
재혼가족

1. 서론

현대사회에 들어서면서 이혼율의 증가와 함께 재혼 인구 또한 증가하는 추세이며, 오늘날 재혼은 초혼만큼이나 흔하다. 미국의 경우 이혼한 여성의 69%, 이혼한 남성의 78%가 재혼을 하며, 한 해 동안 결혼한 세 부부 중 한 부부(31%)가 재혼한 경우에 속한다(Lamidi & Cruz, 2014).

한국의 경우 1990년에는 전체 결혼 중 재혼이 10%였으나, 2017년에는 전체 결혼 중 22.1%를 차지하였다. 한국의 재혼 증가율은 이혼율 증가와 동반 상승하여 2005년에는 26.1%로 정점에 도달한 후 최근에는 안정세를 보이고 있다(통계청, 2018). 과거에는 사별 후 재혼이 많았으나 최근에는 이혼 후 재혼이 훨씬 많으며, 2005년 기준으로 이혼 후 재혼자가 사별 후 재혼자에 비해 남성은 7.25배, 여성은 7.7배 더 많다(우해봉, 2012). 지난 20년 동안 전체 혼인 건수 중 이혼 후 재혼 비율의 추이를 살펴보면, 남성의 경우 2020년 14.8%로 2000년의 11.5%에 비해 3.3% 증가하였고, 여성의 경우 2020년 15.6%로 2000년의 11.5%에 비해 4.1% 증가하였다(통계청, 2021). 이러한 증가는 최근 급격하게 줄어드는 혼인 건수를 감안했을 때 이혼 후 재혼을 선택하는 인구의 수가 결코 적지 않은 수치임을 보여 준다.

대부분의 이혼한 사람에게 혼자 사는 기간은 아주 짧다. 이혼한 남성들이 재혼하기 전의 중간 간격은 2년 3개월이고, 여성들은 2년 5개월로 나타났으며, 재혼가정의 65%는 계모-생부, 혹은 계부-생모 가정을 형성한다(Pasley & Garneau, 2012). 물론 이와 같은 패턴은 사회계급, 연령, 인종 그리고 성별에 따라 다르다(Bramlett & Mosher, 2001; 2002). 오늘날 가장 많은 재혼 형태는 친자녀가 있는 여성이 결혼 경험이 있거나 없는 남성과 재혼하는 경우인데, 이와 같은 경향은 미국과 유사하다(Bray, 2005).

한국의 경우에 1995년을 기점으로 재혼 여성과 초혼 남성 부부의 수가 초혼 여성과 재혼 남성의 부부의 수보다 많은 현상이 지속되고 있다(권수영 외, 2020; 통계청, 2018). 실제로 오늘날 미국인의 반 이상이 재혼한 가정에서 살고 있으며, 궁극적으로 첫 번째 또는 두 번째 이상의 재혼가정에서 살게 될 것이다(Kreider, 2006). 실제로 의붓자녀들을 둔 첫 번째 재혼가정이 미국 가족의 약 13%를 차지하고 있다(Teachman & Tedrow, 2008). 미국에서는 재혼가정이 가장 일반적인 가족 형태가 되고 있으며, 곧 재혼가정이 초혼가정보다 더 많아 질 것이다(Centers for Disease Control, 2008).

한편, 이혼 후 재혼을 결정하는 인구 중에는 이혼했던 전 배우자와 재결합한 경우도 포함되어 있지만 구체적인 수치에 대한 통계는 이루어지지 않고 있다. 장혜경과 민가영(2002)에 따르면, 이혼 여성의 약 7% 정도가 재결합을 원하고 있다. 또한 한국가정법률상담소(2010)에 의하면, 전 배우자와 혼인신고를 다시 하지 않은 상태에서 동거하는 경우가 10.2%에 달하는 것으로 보아 사실혼 또는 법적 재결합을 통한 재결합 부부가 상당수 있는 것으로 추측된다. 이러한 현황에도 재결합 부부에 대한 사회적 · 연구적 논의가 이루어지지 않고 있다. 이혼 후 재결합 가정에 대한 관심 부족은 국내뿐만 아니라 미국에서도 비슷하게 나타났는데, 빈스톡과 손턴(Binstock & Thornton, 2003)은 재결합을 포함한 이혼 후 여러 형태의 행로에 관심을 두지 않은 점을 지적하였다.

재혼과 관련된 가족치료사례연구로는 「이혼 부부의 재결합을 위한 가족치료 사례연구」(최춘화, 배영윤, 문혜린, 박태영, 2021), 「가족생활주기에 따른 가족체계의 해체와 재결합 과정에 대한 연구」(최춘화, 문혜린, 배영윤, 박태영, 2021), 「분노조절이 안 되는 초혼 남편과 재혼 부인의 결혼초기 부부갈등 해결을 위한 부부치료 사례연구」(박태영, 문정화, 2013), 「재혼가족의 가족갈등 사례분석」(박태영, 김태한, 2010), 「도벽과 거짓말을 하는 청소년 자녀를 둔 재혼가족에 대한 사례연구」(박태영, 2007) 등이 있다.

2. 재혼가족의 가족생활주기

재혼은 가족생활주기의 분열인 동시에 새로운 주기의 시작이 된다. 재혼가족은 이전의 가족생활주기의 형태가 일부분 유지되면서 새로운 가족생활주기를 시작한다. 또한 재혼가족은 부모의 죽음이나 별거와 같은 중요한 상실 경험을 가지고 있으며, 서로 다른 경험, 전통, 가치, 기대를 지닌 사람들이 갑자기 한 가족으로 모여 여러 가지 어려움을 겪는다. 초혼이 두 가족이 합쳐지는 것을 의미하듯이 재혼은 이전의 가족생활주기가 죽음과 이혼으로 붕괴되었던 서넛 혹은 그 이상의 가족들이 얽혀 있는 것을 의미한다

(McGoldrick, Garcia Preto, & Carter, 2016). 재혼가정의 새로운 체계가 새로운 가족구성원들과 변화하는 책임감과 의무들로 인해 재혼하기 전에 형성되었던 이전의 부모자녀관계는 필연적으로 변화를 겪게 된다(Ganong, Coleman, & Jamison, 2011).

재혼하는 전환 단계에 있는 가족의 정서적인 과정은 다음과 같다. 재혼가족은 먼저 새로운 결혼과 새로운 가족구성원에 대한 자신의 두려움, 새 배우자의 두려움, 한 배우자나 또는 두 배우자의 자녀들의 두려움에 접하게 되며, 자녀, 확대가족 그리고 전 배우자의 적대적인 혹은 혼란스러운 반응을 다루어야 한다. 또한 재혼가족은 새로운 가족구조, 역할 그리고 관계의 불명확함을 해결해 나가야 한다. 이 단계에서는 자녀의 안녕에 대한 부모의 강한 죄의식과 걱정 및 전 배우자와의 옛 애정관계(부정적 또는 긍정적인)가 다시 나타난다(McGoldrick & Carter, 2016).

또한 재혼가족에서는 새로운 남편과 아내의 관계보다 부모-자녀의 유대가 우선적으로 취급될 수 있는데 이와 같은 경우에 새로운 결혼의 긴장이 일어나기도 한다. 이혼한 성인은 새로운 관계를 맺는 것에 대한 두려움에 직면하게 된다. 재혼가족에서는 자주 외로움과 갈등을 경험하게 된다(Nichols & Schwartz, 2001). 그리고 재혼가족의 자녀들은 실제적으로 혹은 기억에 존재하는 친부모의 존재로 인하여 새로운 관계 형성에 어려움을 경험할 수 있다. 한편, 자녀들은 동시에 두 가정의 구성원이 될 때 이혼한 부모들 사이의 끝이 나지 않는 싸움에 휘말리는 것을 경험할 수도 있다. 재혼가족에서는 의붓자식에 대한 부모 역할을 떠맡는 데 어려움이 있을 수 있고, 의붓자식들 사이에서 경쟁심과 질투심이 발생할 수 있으며, 친어머니와 새어머니 사이에서 경쟁관계가 발생할 수 있다(Goldenberg, Stanton, & Goldenberg, 2017; Thompson & Rudolph, 1992). 또한 비양육부모와 접촉을 유지하려는 아동의 욕구는 완전한 정서적 단절을 바라는 양육모의 희망을 저해할 수도 있다(Collins, Jordan, & Coleman, 1999).

분노심과 복수심이 이혼 후에도 남아 있다면, 이는 재혼가족의 통합을 수년 동안 또는 영원히 방해할 수 있다. '즉각적인 사랑'을 요구하는 계부모들은 좌절되고 거절당한 느낌을 받을 수 있다. 반면에 서서히 꽃이 피기를 기다리는 재혼가족의 관계는 종종 평생 지속되고 배려하는 사랑의 유대감을 발전시킨다(Pasley & Garneau, 2012). 이혼 후 새로운 가족구조에 적응하는 경우, 가족구성원들이 정서적으로 서로를 허용할 수 있는 새로운 구조가 되기까지에는 최소한 2~3년이 걸리며(Carter & McGoldrick, 1988), 가족응집력이 발달하기까지 3년에서 5년이 소요된다(Papernow, 2015). 또한 재혼가족의 발달은 각각의 단계에서 발생되며, 이를 위해서는 관계의 복잡하고 역동적인 관계망을 재협상하고 재조직하는 것이 필요하다(Visher & Visher, 1988).

이와 같은 재혼가족들에게는 현재의 재혼가정 패러다임의 선명성과 가족 간에 사회적인 지지가 부족함을 인정하도록 하는 것이 필요하다. 치료사들은 재혼가족구성원들에게 이전 가족의 과거 모델을 단념하게 하고, 재혼가족의 특별한 구조를 이해시키며, 자녀들이 가족구성원의 전환 과정에서 안정감을 느낄 수 있도록 융통성이 있는 경계선을 유지할 수 있도록 해야 한다. 한편, 치료사들은 가족구성원들의 경험을 정상적으로 받아들이고 감정이입을 증진할 수 있도록 하위체계를 정의하며, 마지막으로 공동부모 역할을 지원하며 모든 부모, 조부모, 자녀들, 손주들과의 의사소통을 증진할 수 있도록 도와야 한다(Browning & Artelt, 2012; McGoldrick & Carter, 2016).

〈표 3-1〉 재혼가족의 가족생활주기 단계

단계	과업	태도전환 선제 조건	발달상의 과제
재혼	새로운 관계에 들어감	첫 결혼의 상실감으로부터 회복(충분한 정서적인 이혼)	결혼과 새 가족의 복잡성과 불명확성을 다룰 수 있는 준비와 가족을 형성하기 위한 재헌신
	새로운 결혼생활과 가족에 대한 계획	• 재혼에 대한 자신과 새 배우자 및 자녀들의 두려움을 수용 • 다음의 사안에 대한 복잡성과 모호성에 적응하기 위한 시간과 인내가 필요하다는 것을 수용 –다양한 새로운 역할 –경계선: 공간, 시간, 소속감, 권위 –정서적인 문제: 죄책감, 충성심 갈등, 상호성에 대한 욕구, 미해결된 과거의 상처	• 거짓상호성을 피하기 위해 새로운 관계에 대한 개방성 • 전 배우자와 협력적인 재정적 및 공동부모 관계를 유지하기 위한 계획 수립 • 자녀가 두 개의 가족체계 안에서 겪는 두려움, 충성심 갈등 및 소속감을 자녀가 다룰 수 있는 계획을 수립 • 새 배우자와 자녀를 포함시키기 위한 확대가족과의 관계를 재조정 • 자녀가 전 배우자의 확대가족과 관계를 유지하기 위한 계획 수립
	재혼과 가족의 재구성	• 전 배우자와 원가족의 이상에 대한 애착을 정리 • 침투 가능한 경계선을 가진 새로운 가족 모델을 수용	• 새 배우자와 계부모를 포함할 수 있는 가족경계선을 재구성 • 여러 체계를 서로 혼합하기 위하여 관계와 재정적인 조정을 재편성 • 모든 부모, 조부모와 확대가족과 모든 자녀와의 관계를 위한 공간을 마련 • 복합가족의 통합을 증진시키기 위한 추억과 역사를 공유

모든 미래 가족 생활주기 전환에서 재혼가족의 재협상	• 전환된 재혼가족의 발전 관계를 수용	• 자녀의 졸업, 결혼, 죽음, 질병에 대한 변화 • 배우자의 새로운 부부관계, 재혼, 이사, 질병, 혹은 죽음에 대한 변화

출처: McGoldrick, Preto, & Carter (2016), p. 414.

3. 재혼가족의 특징

재혼은 초혼과 달리 혼인 상태와 자녀 유무를 기준으로 재혼가족의 유형에 따라 그 성격이 다르며 매우 복잡한 특징을 가지게 된다. 즉, 초혼과 재혼은 가족관계의 복잡성, 재혼가족성원 간의 서로 다른 가족 역사, 전혼 경험과의 비교 등으로 인한 많은 차이점을 가지고 있다. 특히 재혼 동기의 차이를 살펴보면, 재혼은 초혼의 로맨틱한 동기보다 경제적 문제, 자녀양육 문제, 사회적 압력과 외로움의 해소 등 현실적 이유에 의해 결정된다. 이러한 재혼 동기는 전혼 실패에 대한 재혼에서의 과도한 보상심리, 경제적 문제와 자녀양육 부담의 분담, 외로움에서 도피할 수 있다는 희망 등 현실적으로 불가능한 기대감을 가지는 것으로 나타났다(Ganong & Colemman, 1989a; 1989b; 1989c; 2004). 이는 전혼관계 해소 경험과 이혼 후 혼자되었을 때의 서로 다른 경험에 따라 남녀 간 차이가 있을 수 있다. 이러한 차이는 재혼 후 재혼가족의 갈등 요인이 되어 또 다른 이혼으로 이어질 수 있으므로 충분한 준비의 필요성을 보여 준다.

그러나 대부분의 사람은 초혼과의 차이점을 인식하지 못한 채 충분한 준비 없이 재혼하게 되면서 많은 어려움을 겪게 된다. 특히, 전혼 경험이 있는 배우자의 경우 초혼에서 실패한 가족의 경험과 다른 재혼가족 생활에 비현실적 기대감을 가지게 된다. 따라서 재혼하는 경우 다른 성향의 결혼 상대를 선택하거나 초혼 결혼생활에서보다 의사결정에서 더 많은 책임을 지려는 노력을 하게 된다. 이러한 특징들은 여성들에게 더 두드러지게 나타난다. 즉, 재혼한 사람들은 전혼 생활에서와 다르게 행동할 수 있다. 예를 들어, 더 자유로운 성적 표현, 더 개방된 의사소통, 심화된 동료애 등에 차이가 있는 것으로 볼 수 있다(장현정, 2010). 이는 첫 번째 결혼의 실수를 만회하기 위해 다르게 행동하는 것으로 짐작해 볼 수 있다. 그러나 전혼의 경험이 있는 배우자는 재혼생활과 전혼과의 잦은 비교를 하거나 전혼을 보상받고자 하는 기대감이 충족되지 않았을 때 더 큰 실망감을 가지게 된다. 이와 같은 재혼가족의 구조와 관계상의 복잡성은 재혼가족의 가족

해체를 유발하는 위험 요인이 될 수 있다. 사실, 초혼 이혼율에 비해 재혼 이혼율이 더 높게 나타나고 있으며, 재혼부부의 62.7%가 부부갈등 문제로 상담을 의뢰한 결과는 재혼가족의 가족 해체의 위험을 제시하는 결과로 볼 수 있다(정현숙 외 2000).

4. 재혼가족의 형태

재혼가족의 형태로 한 배우자가 자녀들을 데리고 결혼한 경우, 두 배우자 모두 자녀들을 데리고 결혼한 경우, 자녀들이 완전히 혹은 부분적으로 가정 내에 거주하거나 완전히 분리되어 있는 경우, 새로운 부부가 두 사람의 자녀를 가지고 있을 수도 없을 수도 있는 경우, 재혼부부가 결혼하거나 결혼하지 않고 동거만 하는 경우(점차로 결혼을 하지 않는 경우가 증가하고 있다), 성인 자녀와 손자들을 가진 재혼부부의 경우 등이 있다.

5. 재혼가족의 갈등

1) 가족경계의 모호성

재혼가족은 기능과 관계에서 다른 유형의 가족들과 매우 다르다(Dunn, 1995). 그러한 차이점 중의 하나가 가족경계의 모호성인데, 이것은 가족에 속한 사람과 그렇지 않은 사람이 누구인지 불분명함을 의미한다(Boss & Greenberg, 1984). 가족경계의 모호성은 가족구성원의 상실이나 추가가 갑작스럽거나 모호한 상황에서 발생하는데(Boss, Caron, Horbal, & Mortimer, 1990; Burns, 1987), 의붓자녀들과 같이 사는 재혼한 부부에게 많이 나타날 수 있다(Boss, 1980). 또한 가족경계의 모호성은 가족 스트레스, 역기능적 관계, 우울과 관련성이 높다(Boss, 1980; Burns, 1987). 재혼가족의 모호한 경계는 재혼 남편이 이전 관계에서 자녀가 있을 때에 더 빈번하고(특히 전 부인과 적대적일 때), 재혼부부가 각각 이전 결혼관계로부터 생긴 자녀를 두고 함께 양육할 때에 가장 빈번하다(Pasley & Garneau, 2012). 재혼 후 생긴 자녀가 가족의 통합성을 높인다는 연구(Beer, 1992; Hofferth & Anderson, 2003)도 있지만, 다른 연구들은 재혼 후 생긴 자녀의 출생이 오히려 역할을 혼란시키고 경계의 모호성을 증가시킨다고 본다(Ambert, 1986; Fine, 1995). 가족구성원 간에 대한 명확한 경계선은 가족의 일상적 기능에서 매우 중요하다(Ganong &

Coleman, 2004). 가족경계선에 대한 불분명한 정의는 가족갈등에 대처하는 능력을 감소시키고 안정성을 깨뜨림으로서 가족이 쉽게 해체되도록 만든다(Stewart, 2005).

2) 부부갈등

재혼가족은 결혼 첫 해에 가장 많은 어려움을 경험하며, 첫 2년 내에 이혼 위기가 가장 높은 것으로 나타났다(Bray, 2005). 일반적으로 초혼에서 결혼만족도가 높다가 점차 낮아지는 경향을 보이는데, 재혼에서는 초기 적응의 어려움으로 인하여 결혼만족도가 낮게 시작하여 이후 높아지는 경향을 보인다(Bray, 2005). 재혼가족은 일반가정보다 위기에 처할 가능성이 높을 수 있으므로 재혼가족의 결혼 초기 결혼 적응과 부부갈등 관리는 원만한 결혼생활 유지에 중요하다. 재혼 및 재혼가족의 유형을 구분하는 데는 여러 기준이 있겠지만 일반적으로 공식적인 인구조사에서 사용되는 재혼 유형은 혼인 상태를 기준으로 재혼남+재혼녀, 재혼남+초혼녀, 초혼남+재혼녀의 유형으로 구분할 수 있다. 이와 같은 재혼 유형에 따라 부부갈등의 특징은 서로 다를 수 있다. 따라서 재혼가족의 유형에 따라 부부갈등을 감소시키기 위해 사용해 온 폭력이나 비난과 같은 비효과적인 언어적 · 비어언적 갈등 대처 방식은 오히려 부부간에 적대감을 심화시키고 부부갈등의 악순환을 야기할 수 있다. 예를 들어, 재혼남+초혼녀 유형의 재혼가족 사례에서는 남편의 경우 이전 결혼에서 형성된 가족체계를 옹호하기 위해 폭력과 욕설을 사용해 왔고 부인은 기존의 가족체계를 변화시키기 위한 비난, 지적, 간섭과 같은 역기능적인 의사소통 방식으로 부부갈등에 대처하는 것으로 나타났다(박태영, 김태한, 2010).

재혼자의 결혼 적응 요인에 관한 연구에서 본인의 의지, 배우자의 지지, 전 배우자와의 단절, 부부간의 정서적 동질감이 결혼 적응에 긍정적 요인으로 나타났다. 한편, 부부 모두 재혼인 경우, 재혼 후 출산 자녀가 없을 경우, 의사소통과 갈등해결 방식이 원만할수록, 이전 배우자와의 관계가 명확할수록, 친족관계가 원만할수록 재혼자의 적응이 높은 것으로 나타났다. 반면에 한 배우자가 초혼인 경우 심각한 스트레스 상황에서 낮은 재혼만족도, 친족관계의 어려움, 부부관계의 갈등, 정서적 균열, 경제적 어려움이 재혼자의 결혼 적응에 부정적인 영향을 미치는 것으로 나타났다(이수정, 전영주, 2009). 또한 재혼부부는 낮은 자존감과 갈등에 대한 공포, 배우자에 대한 즉각적인 선택 때문에 초혼부부에 비해 서로에게 강압적 · 부정적으로 감정을 표현하고 문제해결 기술이 미숙할 수 있다(Farrell & Markman, 1986). 또한 재혼부부는 재혼에 대한 '초혼핵가족 복원의 신화(myth of the recreated nuclear family)'와 같은 잘못된 신화와 파괴된 초혼가정을 복원할 수 있을 것이라는 기대감을 가질 수 있다(Jacobson, 1979). 그렇지만 현실적으로 재혼가족은 가족역동성, 가족 경험, 상호 간의 기대는 초혼인 경우와 전혀 다르며 더 복잡하므로 초혼생활과 다른 수준의 스트레스와 긴장을 경험하게 된다(Kaplan & Hennon, 1992). 이와 같이 준비가 안 되고 불안정한 결혼생활의 특성을 가지고 있는 재혼가족은 부부상담을 통해 부부갈등을 촉발하고 악화시킨 핵가족에서 부부가 사용해 온 역기능적인 상호작용 방식에 대한 통찰과 변화를 도모할 수 있는 체계적인 개입이 필요하다.

3) 부모-자녀의 갈등

재혼가족의 부모-자녀관계는 초혼가족과 달리 혈연적 관계와 비혈연적 관계로 구성되어 있다. 재혼은 부모의 필요성에 따라 부모-자녀관계가 다시 만들어지기 때문에 혈연관계는 아주 중요한 영향력을 가진다(김연옥, 2007; 김효순, 엄명용, 2007; Ganong & Coleman, 2004; Sturgess, Dunn, & Davies, 2001). 재혼하는 남녀는 이미 자녀가 있을 때에 기존에 형성된 가족체계 속으로 편입해야 하고, 인위적으로 형성된 부모-자녀관계에 적응해야 하므로 안정적인 부부관계를 형성하기가 어렵다(김효순, 엄명용, 2007). 게다가 대체로 구혼 기간이 짧거나 준비 없이 재혼하는 경향이 높기 때문에 부부의 적응은 초혼부부보다 훨씬 더 어렵다(Ganong & Coleman, 1989a; Hanna & Knaub, 1984). 그렇기 때문에 재혼가족의 안정에 가장 중요한 요소는 부부관계의 강화이다(Visher, Visher, & Pasley, 1997). 재혼가족에서 부부간의 강한 유대감은 재혼부모-자녀관계를 좋게 만들고, 다른 가족관계에서 어려움을 겪을 때에 완화작용을 한다(Mills, 1984; Visher & Visher, 1988). 재혼부부가 친자녀와 의붓자녀를 대하는 방식에서 부부체계를 견고히 만들지 못하고 소원한 관계를 가지게 되면서 서로의 눈치를 보게 되고, 결국 부부 유대감의 손상으로 이어진다(박태영, 김태한, 김혜선, 2009). 특히 재혼부부의 결혼생활에서 의붓자녀는 갈등요인이 되는 동시에 가족 해체의 원인이 되기도 한다(Ganong & Coleman, 2004). 재혼모들은 의붓자녀를 견딜 수 없이 싫은 존재로 느끼고(김연옥, 2007; Ganong & Coleman, 2004), 의붓자녀가 없었다면 결혼생활이 더 행복했을 것이라고 생각한다(Ambert, 1986). 이처럼 재혼부부의 갈등에서 의붓자녀들은 이혼 가능성을 증가시키고, 재혼한 부부의 관계 질에 부정적인 영향을 미친다(Booth & Edwards, 1992; White & Booth, 1985).

새어머니는 의붓자녀와 더 많이 접촉하고, 친아버지보다 자녀양육에서 더 큰 책임감을 요구받기 때문에(Ambert, 1986) 친아버지보다 더 큰 어려움을 경험하며(Aguilino, 1994; Coleman & Ganong, 1997), 양육 책임을 떠맡은 새어머니는 의붓자녀를 사랑하도록 요구받는다(Smith, 1990). 의붓자녀가 새아버지를 마치 친아버지처럼, 또는 새어머니를 친어머니처럼 대할 것을, 그리고 새아버지 또는 새어머니가 의붓자녀를 친자식으로 대할 것을 요구받지만 이것은 실현하기 어려운 비현실적인 기대감이다. 생물학적 가족과 달리 계부모는 관계성이 지속되고 있음을 확인하기 위하여 항상 신호와 징조를 추구하지만, 의붓자녀가 계부모의 사랑과 애정에 반응하지 않을 때에 매우 부정적인 감정을 경험한다(Visher & Visher, 1990). 커리어(Currier, 1982)는 새어머니가 자녀를 사랑해야 한다는 비현실적 기대감을 가지는 단계로부터 부모와 자녀가 서로 적대적 관계가 되는 과정을 9단계로 설명하였다. 여기에서 강조점은 새어머니가 초기에 의붓자녀에게 과도한 기대와 즉흥적 사랑을 가지고 좋은 새어머니, 즉 친어머니처럼 되려다가 결국 나쁜 새어머니가 되는 과정이다.

대체로 새어머니들은 의붓자녀에게 어떤 책임감을 느끼기 때문에(Ganong & Coleman, 1999), 의붓자녀에게 지나친 관여를 하고 이것이 결국 양자 간의 갈등을 불러일으킨다(Guisinger, Cowan, & Schuldberg, 1989). 부모가 권위 있는 양육을 하는 것은 대부분의 가족에서 아동의 좋은 결과와 관련성이 있지만, 재혼가족에서는 반드시 그렇다고 말할 수 없다. 권위 있는 부모의 양육 방식이 오히려 어린 의붓자녀에게 분노와 저항감을 유도할 수 있기 때문이다(Kurdek & Fine, 1995). 헤더링턴과 조들(Hetherington & Jodl, 1994)의 연구에서도 어린 자녀가 있는 계부모의 성공적인 전략은 의붓자녀와 따뜻한 관계를 형성하고, 통제하는 엄격한 사람의 역할을 피하는 것이라고 하였다. 이들은 의붓자녀에 대한 양육이 성공적이려면 계부모가 의붓자녀에게 매이지 않는 상태로 남고 자신의 친자녀처럼 대하는 것보다 의붓자녀를 덜 권위적으로 대하고, 또한 이혼하지 않은 일반가정의 부모보다 덜 권위적인 것이 좋다고 하였다. 또한 초기 청소년인 의붓자녀는 더 어린 자녀의 경우보다 계부모와 갈등이 많다. 따라서 재혼 초기 단계에서 자녀의 행동을 바꾸기보다는 부모의 행동을 바꾸는 것이 갈등 상황을 피할 수 있는 효과적인 방법이다. 그리고 재혼가족은 전환기적 특성으로 인해 소속감 형성, 친밀감의 증진, 협력 등의 과업을 성취해야 하고, 청소년기의 자녀가 있다면 자녀의 독립뿐만 아니라 거리감을 적절히 유지하는 것이 필요하다(Minuchin, 1984).

6. 재혼가족의 다섯 가지 도전과 체계론적 관점

재혼가족은 결혼 전에 이미 수립된 배우자 체계의 외부자로서 새로운 부부관계로 진입하게 되어 친밀한 관계를 맺는 데 어려움을 발생시키는 다음의 다섯 가지 주요한 도전에 직면하게 된다(Papernow, 2015).

첫째, 재혼부모는 외부자로, 친부모는 내부자로 역할을 하게 된다. 친자녀를 데리고 온 부모는 내부자, 다른 배우자는 외부자로 소외감을 느낀다. 이때 치료사는 갈라진 양쪽 모두와 공감적으로 연결하고, 양쪽의 정서적인 충격이 당연하다는 가정하에 상담을 시작하는 것이 중요하다(Papernow, 2015).

둘째, 재혼가족의 자녀는 상실감, 충성심 곤경, 변화에 힘겨워한다. 재혼부부 관계는 성인들에게 축하와 행복의 원인이지만, 모든 연령대의 자녀는 종종 복잡한 감정을 경험한다. 자녀와 친부모의 친밀한 관계가 감소되어 부모-자녀 간 갈등이 야기될 수 있다. 의붓자녀들이 재혼한 새아버지 또는 새어머니를 돌보는 것에 대하여 자신의 친어머니 또는 친아버지를 배신하였다고 생각한다. 그러나 이와 같은 의붓자녀들의 친어머니 또는 친아버지에 대한 충성심은 정상적이며, 재혼가족에 대한 변화의 양과 속도가 빠를수록 자녀의 안녕감은 떨어진다(Jeynes, 2006). 한편, 많은 의붓자녀에게 재혼가족에 적응하는 것이 부모의 이혼에 적응하는 것보다도 더 힘들며 더 많은 시간이 요구된다(Ahrons, 2007). 그런데 의붓자녀는 친형제들보다 훨씬 더 가까워지거나 혹은 훨씬 더 거리감을 두는 것으로 보인다(Stewart, 2006). 과거에는 재혼부부가 부부관계를 잘 형성하면 자녀는 좋아질 것이라고 가르쳤으나(Hetherington, 1993; Hetherington & Jodl, 1994), 이제는 매우 친밀한 재혼부부 관계가 특히 사춘기 이전의 소녀에게는 더 안 좋은 결과를 야기할 수 있다고 가르친다. 재혼부부와 부모-자녀관계 모두 안전한 애착과 일대일의 시간이 필요하며, 부모는 자녀의 고통을 더 깊이 있게 듣고 이해할 필요가 있다(Papernow, 2015).

셋째, 재혼가족 구조는 종종 부모의 역할에 대하여 친부모와 계부모를 양분화시킨다. 재혼가족에서 계부모는 의붓자녀에게 조언을 주고, 친부모가 최종적인 역할을 맡는 것이 바람직하다. 계부모는 의붓자녀에게 구세주가 되어서는 안 되며 보조자 역할을 하는 것이 필요하다(Papernow, 2013). 계부모의 가혹하고 적대적이며 권의주의적인 양육방식은 거의 항상 계부모와 의붓자녀의 관계를 해치게 된다(Ganong & Coleman, 2004, Hetherington & Kelly, 2002). 많은 건강한 재혼가정에서, 특히 나이든 의붓자녀가 있는 가정에서 계부모는 훈육하는 역할을 담당하지 않는 것이 좋다(Papernow, 2015).

넷째, 재혼부부는 이미 형성된 문화의 존재 안에서 새로운 가족문화를 만들어 나가야 한다. 재혼가족은 모든 것(예: 돈에 대한 가치관, 교육관, 방육 방식 등)에 대한 차이에 의하여 압도되는 경우가 많다. 재혼부부는 서로를 충분히 이해할 수 있을 때까지 불편함을 참을 필요가 있다. 만약 재혼부부가 서로에게 부정적인 반응을 지속한다면, 원가족에서 경험한 오래된 상처와 전 배우자와의 관계에서 오는 상처를 치료하는 것이 도움이 된다(Papernow, 2015).

다섯째, 사별했거나 현존하는 전 배우자는 가족의 일부분이다. 이혼한 자녀는 자신의 친부모와 계부모 모두와 긍정적이고 친밀한 관계를 가지고 있을 때 더 잘 지낸다(King, 2006). 전 배우자와 협력적이고 덜 갈등적인 관계를 가진 재혼부부가 의붓자녀와 더 긍정적인 관계를 맺는다. 협력적으로 이혼을 한 부모가 자주 소통을 하고, 그들의 차이를 평화롭게 해결하며 자녀 요구를 대처하기 위하여 함께 협력한다. 치료사는 서로에게 최선의 의사소통 기술을 사용할 수 있도록 전 배우자를 도와야 한다. 치료사는 재혼부부에게 전 배우자의 도발적인 의사소통 방식에 대응할 수 있는 덜 자극하는 대응 방식을 가르쳐야 한다(Wittman, 2001). 치료사는 재혼부부에게 원가족과의 관계에서 걸린 문제뿐만 아니라 전 배우자와 걸린 문제가 현재 재혼부부와 자녀와 어떻게 연결되고 있는지 살펴볼 수 있어야 한다. 전 배우자, 자녀, 조부모와의 지속되는 갈등 혹은 단절이 재혼가족 내의 관계에 더 부담을 주는 경향이 있다. 따라서 치료사는 재혼가족과 상담하면서 가계도를 고려하는 것이 중요한데, 이것은 구조적인 복잡성이 어떤 상황하에서 예견할 수 있는 삼각관계에 영향을 주기 때문이다(McGodrick & Carter, 2016).

이와 같은 재혼가족 내의 관계의 복잡성과 다양성 때문에 체계론적인 사고와 이론으로 훈련받은 치료사가 재혼가족에게 특히 도움이 될 수 있다(Ganong & Coleman, 2004). 체계론적 이론으로 훈련된 치료사는 내담자의 행동을 환경과 관계의 맥락 안에서 이와 같은 요인들이 서로에게 어떻게 영향을 미치는지를 이해하려고 노력한다. 체계론적 관점을 가진 치료사는 더 폭넓은 맥락 내에서 부부 또는 가족을 볼 수 있으며, 맥락이 가족구성원들의 역할과 신체적 · 관계적인 건강에 어떻게 영향을 미쳤는가를 더 깊게 볼 수 있게 한다(Brimhall & Chizk, 2019). 재혼부부를 상담하는 치료사들은 다음과 같은 두 가지 목표를 두고 상담해야 한다.

첫째, 재혼부부가 자신들의 마음과 의붓자녀의 마음 모두에서 관계의 정당성을 수립해야 한다. 이것은 부부가 그들의 관계에 일차적인 중요성을 말하고 외적인 요인들(의붓자녀들, 전 배우자 혹은 확대가족 구성원들)에 대항하여 통일된 전선을 발전시키는 데 함께 시간을 보낼 것을 요구할 수 있다(Ganong & Coleman, 2004). 둘째, 재혼부부는 체계 내에서 부모의 권위로서 계부모의 신뢰성을 수립하는 작업을 해야 하는데, 이 작업을 달성하기가 매우 어려울 수 있다. 종종 외적인 요인들(자녀들, 전 배우자 혹은 한쪽 혹은 양쪽 배우자의 관계 내에서 어떤 경우들)이 계부모의 권위를 약화시킨다. 부부관계와 계부모의 권위 내의 경계선이 애매하면 할수록 가족은 더 많은 스트레스와 갈등을 경험한다. 그럼으로 피해야할 공통적인 임상적 실수는 재혼가족과 재혼부부가 처음의 핵가족과 유사한 방식으로 기능해야만 한다는 것이다. 따라서 치료사는 재혼가족의 독특한 특성을 고려해야만 하며 그에 부응해서 임상적 결정을 해야만 한다(Brimhall & Chizk, 2019). 파슬리와 가너(Palsey & Garneau, 2012)는 만일 훈육이 필요하다면, 친부모가 규칙의 일차적인 집행자가 되고 계부모는 관용을 베푸는 역할(권력투쟁에 즉각적으로 개입하라고 강요하기 보다는 의붓자녀의 마음을 더 편하게 하는 역할)을 하도록 권유한다. 재혼부부를 상담하는 치료사는 재혼부부가 직면하는 독특한 도전을 이해하고 민감한 방법으로 반응할 수 있어야 하며, 부부관계를 해칠 수 있는 위험이 도사리고 있다는 것을 재혼부부에게 이해시켜야 한다(Brimhall & Chizk, 2019).

7. 재혼가족에 대한 개입에서 고려해야 될 삼각관계

재혼가족이 가지고 있는 가장 공통적인 여섯 가지 삼각관계는 다음과 같다(McGoldrick & Carter, 2016).

1) 새로운 배우자와 전 배우자 사이의 삼각관계

삼각관계가 재혼부부의 새로운 배우자와 전 배우자 사이의 갈등에 초점이 맞춰질 때, 일반적인 문제는 재정 혹은 성적 질투이다. 이 이면에는 전 배우자가 정서적인 이혼을 이루지 못했을 가능성이 있다. 이와 같은 삼각관계와 관련된 힘든 임상적인 작업에서 첫 단계는 치료사가 새 배우자와 연합하여만 하는데, 그렇지 않으면 새 배우자가 첫 번째 결혼에 초점을 두려는 치료사의 노력을 방해할 것이다. 새 배우자는 배우자의 과거 유대감의 중요성을 인정하는 것과 배우자의 첫 번째 결혼 기간에 따라, 그리고 자녀의 유무에 따라 배려하려는 의지가 항상 관계 안에서 존재할 수 있다는 사실을 받아들이는 것을 배울 필요가 있다.

2) 유사상호적인 재혼부부, 전 배우자 그리고 한 자녀 또는 자녀들 사이의 삼각관계

이 삼각관계에서 나타나는 문제는 일반적으로 한부모로부터 또 다른 부모에게 양육권을 전환해 달라는 자녀의 요청과 함께한 자녀 혹은 더 많은 자녀의 행동화 혹은 학교 문제이다. 이 문제를 해결하기 위한 전략은 친부모가 자녀의 행동을 관리하고, 계부모는 의붓자녀의 반대편에 서기보다는 중립적인 입장을 취하는 것이다. 이와 같은 전략이 아마도 자녀의 문제를 진정시킬 수 있을 것이나, 만일 재혼부부의 유사 상호성(예: 해결되어야 할 차이와 불일치를 허용하고 자녀가 친부모와 관계를 유지하는 것을 허용하는 것)을 해결할 수 없을 경우에는 부부가 일반적으로 차분한 상태에 머무를 수가 없을 것이다. 이와 같은 경우에 치료사는 전 배우자와의 싸움을 끝내고 자녀에 대한 강렬한 갈등을 지속시키는 정서적인 이혼에 대한 작업을 할 필요가 있다.

3) 자녀에 대한 갈등 안에 연루된 삼각관계

이와 같은 삼각관계의 첫 번째(새어머니, 아버지, 아버지의 자녀)가 가장 문제시되는데, 왜냐하면 새어머니가 동거 중인 의붓자녀의 삶 속에서 중심된 역할을 하기 때문이다. 만일 새어머니가 초혼이고, 의붓자녀의 엄마가 살아있으며, 새어머니의 전남편과 부정적인 관계로 인한 감정이 해결되지 않았다면, 이것은 거의 불가능한 상황이 될 수도 있다. 새어머니는 자신의 역할에 대해 재혼 남편과 의붓자녀가 재협상할 수 있도록 충분히 오랫동안 물러설 수 있도록 도움을 받아야만 한다. 새어머니와 의붓자녀가 싸우도록 놔두기보다는 재혼 남편이 서로가 동의한 규칙을 만들고 실행하는 데 적극적으로 참가해야 한다. 만일 첫 번째 부인과 사별한 재혼 남편이라면, 재혼남편은 전 부인에 대한 슬픔을 다루고 자녀와 과거를 보내기 위하여 똑같은 작업을 할 필요가 있다.

새어머니가 연루될 때 재혼 남편은 친자녀에게 다음과 같은 두 가지 메시지, "[너의 새엄마(새어머니)가 아니라] 내 배우자에게 예의를 갖춰 주기 바란다." "너는 새엄마(새어머니)와 아빠 모두를 잃지 않았어!"를 전달할 필요가 있다.

4) 유사상호적인 재혼부부, 재혼 남편의 자녀, 재혼 부인의 자녀가 연루된 삼각관계

재혼 남편의 자녀와 재혼 부인의 자녀가 서로 끊임없이 싸우는 것을 제외하고는 이 삼각관계는 어려움이 없는 행복한 재혼부부처럼 보인다. 자녀는 일반적으로 부모의 결혼생활 혹은 전 배우자와의 관계에서 재혼부모에 의하여 야기된 갈등을 해결하기 위하여 끝까지 싸우고 있다. 유사상호성의 직접적인 직면이 저항을 강화시키기 때문에, 그리고 제시되고 있는 요구는 자녀와 관련된 것이기 때문에 자녀의 안녕에 초점을 두면서 자녀와 전 배우자가 연루된 삼각관계를 탐색하는 것이 중요하다.

5) 부모, 친자녀 그리고 의붓자녀가 연루된 삼각관계

이 삼각관계는 앞에서 보여 준 것처럼 부모가 남편 혹은 부인의 친자녀와 의붓자녀 사이의 중간에 낀 단순한 가정 갈등처럼 보일 수도 있다. 그러나 이 삼각관계는 실제로 재혼부부(유사상호관계 혹은 갈등관계가 있을 수 있는)가 연루된 삼각관계와 양쪽의 전 배우자와의 삼각관계 사이에 매우 복잡하게 연결된 관계이다.

6) 재혼 배우자와 이 두 배우자 중의 부모와의 삼각관계

이 삼각관계는 문제의 부분으로서 인척관계를 특징으로 하나, 조부모 세대와의 관계는 모든 다른 가족처럼 재혼가족에게도 매우 중요하다. 따라서 치료사는 재혼가족에 대한 사정을 하는 데 있어서 이 삼각관계를 살펴보아야 한다. 만일 조부모 세대가 이혼과 재혼을 반대하였거나 재혼 전 혹은 재혼하는 동안에 손주를 양육하였다면 현재 문제의 부분으로서 이와 같은 삼각관계가 나타날 가능성은 대단히 높다.

8. 재혼가족을 위한 가족치료적 전략

재혼가족을 위한 가족치료적 전략으로 다음과 같은 열 가지가 있다(McGoldrick & Carter, 2016).

- 재혼부부의 3세대를 포함한 가계도를 활용하고 현재의 문제를 다루기 전에 이전 결혼 생활을 탐색하라.
- 재혼가족에서 예견될 만한 패턴과 과정들을 계속해서 탐색하고 교육하라.
- 재혼을 위한 전제되는 태도를 선택하기 전에 재혼가족이 발달 단계 과업을 힘들어 한다는 것을 유념하라.
- 재혼가족이 애매모호함을 참을 수 있는 인내를 얻도록 격려하라.
- 최소한 상담 초기에 전 배우자와 내담자의 관계를 해결하기 위해 상담 회기에 새 배우자를 포함시키라.
- 재혼이 친밀한 한 부모-자녀 관계를 마무리 짓게 될 때, 특히 자녀의 손상된 감정을 다루어야 하며 이 과정은 많은 시간이 걸린다.
- 만일 자녀에게 문제가 나타난다면, 가능한 한 초기 상담에서 모든 부모와 계부모들이 참여할 수 있도록 노력하라.
- 문제가 자녀의 행동에 초점이 맞춰질 때 일시적으로 책임 있는 자녀의 친부모를 포함시키라.
- 부모들로 하여금 자녀들이 이혼한 부모를 방문할 수 있도록 계획을 세우고 자녀들이 이혼한 친부모의 확대가족과 관계를 유지하도록 하라.
- 가능한 한 치료 초기에 배우자의 원가족을 탐색하라.

9. 사례

1) 알코올중독 문제를 가진 재혼한 부인에 대한 가족치료 사례*

(1) 사례 개요

남편(41세)과 부인(38세)은 약 4년 전에 재혼하였다. 남편은 두 번의 이혼을 거쳐 세 번째 결혼이었으며, 첫 번째 결혼에서 딸(17세)을, 두 번째 결혼에서 아들(14세)을 두었다. 부인은 전남편과의 결혼생활에서 아들(15세)을 낳았다. 가족구조는 이혼과 재혼의 반복을 거쳐서 형성된 혈연-비혈연관계로 인하여 복잡하고도 미묘한 형태를 가지게 되었다. 가족치료사는 주로 부부를 중심으로 상담하였고, 자녀들에 대한 개별상담을 1회

---

* 이 사례의 가족치료 과정을 알고 싶다면 박태영, 김태한, 김혜선(2009). 알코올 중독 문제를 가진 재혼한 부인에 대한 가족치료사례 연구. 한국사회복지학, 61(1), 293-322를 참고하기 바란다.

기씩 하였으며, 총 9회기 상담을 하였다.

부인은 재혼 초기부터 음주 문제가 있었으며, 일주일에 한두 번 술을 마시며 술 취한 상태에서 남편과 의붓자녀들에게 거친 욕설을 퍼붓고, 물건을 집어던지고, 이성을 잃고 집을 뛰쳐나가기도 하였다. 부인은 길에 쓰러져 잠들기도 하였고, 그때마다 경찰이나 주민들이 발견하여 집에 데려왔다. 부인은 술을 먹지 않겠다고 약속했지만 제대로 지키지 않았고, 술이 깨면 이전의 행동을 기억하지 못하였다. 남편은 부인의 음주행동을 저지하고자 부인의 뺨을 때리거나 온몸을 무차별 구타하고, 심지어 부인을 발로 짓밟았다. 부인이 술을 먹을수록 부부싸움은 격렬해지고 부부간의 욕설과 폭력이 더 심해졌다.

이러한 부인의 알코올중독 및 문제음주 행동은 가족구성원, 특히 남편이 부인에게 보내는 부정적인 반응과 맞물려서 연쇄적인 상호작용을 하였다. 부인에 대한 가족의 부정적 반응은 부인의 음주 문제를 지속시키는 역할을 하였다. 부인의 증상은 허물어진 가족 위계질서의 결과로 이해할 수 있다. 부인은 가족관계에서 증상을 가짐으로써 열등한 위치에 놓였고, 또한 증상을 통해서 우월한 위치에 놓일 수 있었다. 게다가 재혼으로 인한 부인과 남편의 혈연-비혈연적 자녀의 관계는 부부 및 자녀의 상호작용을 복잡하게 만드는 또 다른 원인이 되었다.

(2) 재혼가족의 갈등을 지속시키는 상호작용

부인의 음주행동과 가족의 반응은 순환적 인과성을 가지는 것으로 볼 수 있다. 부인의 음주행동과 가족구성원들이 보이는 반응은 상호작용적인 것이다. 부인의 음주행동을 유발시키는 가족의 반응은 촉발 요인, 가족의 반응을 유발하는 부인의 음주행동은 대항 요인, 혈연 및 비혈연관계의 수준에 따라 부인이 경험하는 피해의식(정서적 거리감)은 관계요인으로 이해할 수 있다. 부인의 음주행동을 둘러싼 가족의 상호작용은 [그림 3-1]로 설명할 수 있다.

① 촉발 요인

부인의 음주행동에 직접적 영향을 미치는 촉발 요인의 내용은 다음과 같다.

첫째, 남편의 폭력적 대응, 비난, 통제 방식이 부인의 음주행동에 영향을 미치는 것으로 나타났다. 남편은 부인이 술을 마실 때마다 폭력을 행사하였고, 부인이 술을 먹지 않았을 때에도 부인을 비난하였고 통제하였다. 또한 남편은 자녀들 앞에서도 부인에게 욕설을 퍼붓고 모욕적 표현을 하여 어머니로서의 권위를 실추시켰다.

둘째, 의붓자녀들의 새어머니 권위에 대한 무시가 부인의 음주행동에 영향을 미치는

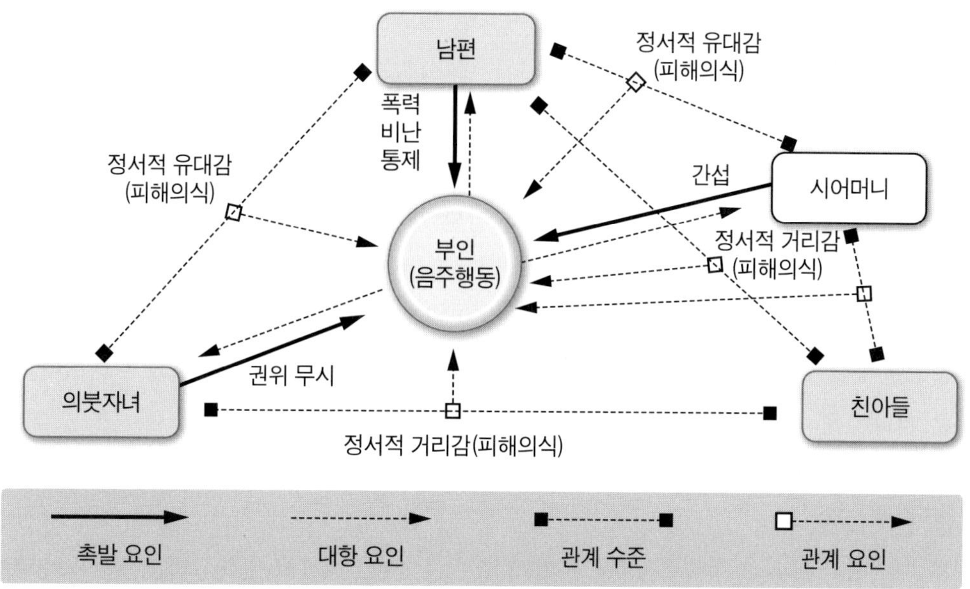

[그림 3-1] 가족의 상호작용

것으로 나타났다. 의붓자녀들은 부인을 어머니로서 존중하지 않았고, 부인의 잘못을 남편과 친조모에게 고자질하여 부인을 곤경에 처하게 하였고, 종종 새어머니와 신체적인 싸움까지도 하였다.

셋째, 부인에 대한 시어머니의 지나친 간섭이 부인의 음주행동에 영향을 미치는 것으로 나타났다. 남편은 시어머니와 밀착되었고, 시어머니는 며느리에게 간섭하였다.

② 대항 요인

부인은 평소에 조용하고 말이 없지만, 술을 마시면 다른 사람처럼 행동하였으며, 부인의 음주행동에 대한 대항 요인의 내용은 다음과 같다.

첫째, 부인은 분노를 가족들과 이웃주민들에게 여과 없이 표출하였다. 부인은 가재도구를 집어던졌고, 가족들과 싸움을 벌이고, 가족들이 잠을 못 자도록 소란을 피웠다.

둘째, 부인은 거친 언어 표현과 욕설을 사용하였다. 남편과 갈등이 심할수록 부인은 표현 방식도 거칠어졌다. 부인은 남편과 의붓자녀들에게 욕설을 퍼붓고, 똑같은 이야기를 반복하며, 의붓자녀들에게는 남편의 험담을 남편에게는 의붓자녀들의 험담을 하였다.

셋째, 부인은 행동의 통제력을 상실하였다. 부인은 몸을 제대로 가누지 못하고 가구에 부딪혀서 상처가 나고, 집밖으로 뛰쳐나가서 길에서 쓰러져 자거나 술에서 깨어나면 자신의 행동을 기억하지 못하였다. 가족치료를 받는 중에 부인은 정신병원에서 알코올 중독을 진단받고 입원치료를 받았다.

넷째, 부인은 음주를 위하여 수단과 방법을 가리지 않았다. 돈이 생기면 술을 마셨고, 돈이 없으면 외상으로 술을 구입하였으며, 밖에 나갈 수 없으면 전화로 주문하였다. 부인은 일주일에 평균 소주 1~2병을 마셨고, 심할 때에는 빈속에 8병을 마시기도 하였다.

다섯째, 부인은 친자녀에 비하여 의붓자녀들을 차별하였다. 부인은 친아들에게는 욕을 하지 않았으나 의붓자녀들에게는 신랄한 비난과 욕설을 퍼부었고, 친아들이 말리면 고분고분해졌으나 의붓자녀들이 말리거나 신체적 접촉을 하면 화를 내고 뿌리쳤다. 부인은 지나치게 친아들만 챙기고, 의붓자녀들을 무시하였다.

③ 관계 요인

부인의 음주행동에 영향을 미친 간접적 요인으로서, 부인의 가족관계로 인한 피해의식이 나타났다. 남편과 의붓자녀들의 관계(정서적 유대감), 남편과 친아들의 관계(정서적 거리감), 친아들과 의붓자녀들의 관계(정서적 거리감), 남편과 시어머니의 관계(정서적 유대감) 그리고 시어머니와 의붓자녀들의 관계(정서적 유대감)가 부인의 피해의식을 유발시켰다. 부인이 경험하는 피해의식에 대한 내용은 다음과 같다.

첫째, 부인은 남편과 의붓자녀들의 정서적 유대감으로 인한 피해의식을 가지고 있었으며, 혈연관계로 형성된 남편과 의붓자녀들의 관계에서 부인은 어머니와 아내로서 대우를 받지 못하였다.

둘째, 부인은 남편과 친아들의 정서적 거리감으로 인한 피해의식을 가지고 있었으며, 남편이 비혈연적인 관계인 친아들을 잘 대해 주지 않는다고 생각하였다.

셋째, 부인은 친아들과 의붓자녀들의 정서적 거리감으로 인한 피해의식을 가지고 있었으며, 수적으로 우세한 의붓자녀들과 친아들이 서로 부정적인 감정을 가지고 있다고 생각하였다.

넷째, 부인은 남편과 시어머니의 정서적 유대감으로 인한 피해의식을 가지고 있었으며, 시집에서 열심히 일하였으나 남편은 늘 핀잔을 주었다.

다섯째, 부인은 시어머니가 친손주들만 챙기고 부인의 친아들을 차별한다고 생각하여 시어머니로부터 많은 스트레스를 받았다.

(3) 가족갈등에 영향을 미치는 재혼가족의 특수성

가족갈등에 영향을 미치는 재혼가족의 특수성은 [그림 3-2]와 같이 설명할 수 있으며, 재혼가족의 특수성에는 암묵적 상호작용과 재혼가족의 결합을 강화시키려는 통제적 상호작용 방식이 나타났다.

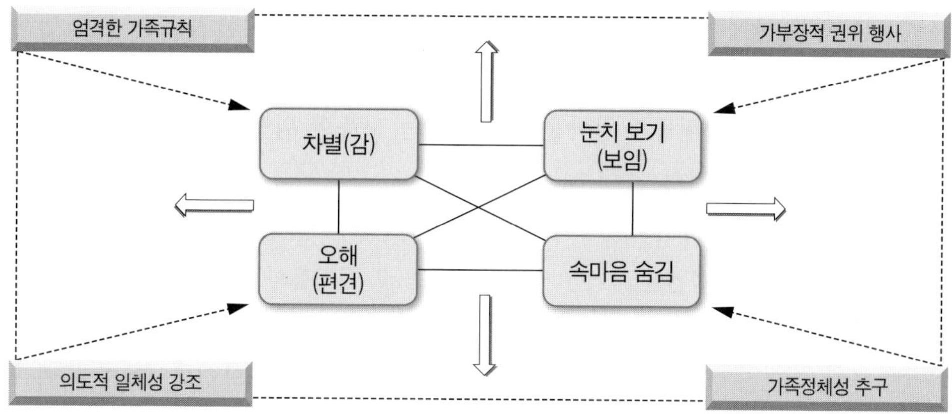

[그림 3-2] 암묵적 상호작용과 통제적 상호작용

① 재혼가족의 결합을 어렵게 만드는 암묵적 상호작용

암묵적 상호작용은 암시적인 특성을 가지고 있었는데, 이것은 가족생활 안에서 직접적으로 드러낼 수 없는 민감한 부분이었다. 즉, 암묵적 상호작용은 혈연-비혈연관계의 혼합으로 인해서 발생되는 재혼가족의 특수성이라고 생각할 수 있다.

첫째, 가족구성원 간의 차별은 비혈연관계에 있는 가족구성원들에게 억울한 감정과 피해의식을 경험하게 하였다. 물론, 일반적인 혈연관계의 가족구성원 간에도 차별을 경험하지만, 비혈연관계인 가족구성원들은 이와 같은 차별이 더 심하게 느껴질 수도 있다.

둘째, 눈치 보기(보임)는 가족구성원들이 무엇을 할 때에 주도적으로 행동하지 못하고 가족 상황을 파악하고 분위기를 살펴야 하는 것이었다. 이 경우도 혈연-비혈연관계의 특성에 많이 좌우되었고, 특히 의붓자녀들은 계부모의 눈치를 더 많이 살피는 것으로 나타났다.

셋째, 오해와 편견은 쉽게 넘어갈 수 있는 사소한 일임에도 불구하고 가족구성원 간 갈등을 야기하였다. 가족구성원들은 어떤 일을 좋은 의도로 했지만 의심을 받았고, 어떤 일은 아무런 의미도 없었는데 오해를 받기도 하였다.

넷째, 가족구성원들은 자신의 속마음과 상대방에 대한 부정적인 감정을 솔직하게 표현하지 못하였다. 가족구성원들은 타인이 자신의 감정을 받아 줄 것이라는 믿음이 없었다.

② 재혼가족의 응집력을 강화시키려는 통제적 상호작용

재혼가족의 결합을 약화시키는 암묵적 상호작용에 대한 반작용으로 응집력을 추구하는 통제적 상호작용이 있었다. 암묵적 상호작용은 밖으로 드러나지 않는 반면, 통제적 상호작용은 가족 안에서 공개적이었다. 통제적 상호작용은 남편이 주도하였다. 남편은 가족구성원들을 빠른 시간 안에 친가족처럼 되게 하기 위해서 강요를 하였으나, 오히려 지나친 강요가 가족구성원들의 반발을 불렀고 이는 갈등의 원인이 되었다. 통제적 작용에 대한 내용은 다음과 같다.

첫째, 남편은 부인과 자녀들에게 엄격한 가족규칙을 적용하였다. 남편은 가족구성원들의 모든 일(귀가시간, 물건을 사거나 사람을 만나는 것, 자녀들의 외박, 학교 수련회 참석)을 감시하였다.

둘째, 남편은 모든 가족구성원에게 의도적인 일체성을 강조하였다. 엄격한 가족규칙과 마찬가지로 남편은 의도적으로 가족구성원들이 무엇이든 함께하도록 요구하였다.

셋째, 남편은 모든 가족구성원에게 친가족과 같은 정체성을 요구하였다. 남편은 재혼가족이라는 사실을 서로가 인정하고 받아들이기보다는 노력하면 친가족처럼 될 것이라는 점을 강조하였다.

넷째, 남편은 가족구성원들에게 가부장적 권위를 행사하였다. 남편은 가족구성원들에게 절대적인 복종을 요구하였고, 요구가 제대로 시행되지 않으면 때리고 위협하였다.

(4) 재혼가족의 갈등에 대한 가족치료적 개입 방법과 결과

① 가족치료적 개입 방법

■ 부부 하위체계의 강화

치료자는 부인의 알코올 문제를 부부간의 권력 불균형으로부터 인해 야기된 것으로 보고 부부 하위체계를 중심으로 부부간의 동등한 위계관계를 형성하려는 시도를 하였다.

첫째, 치료자는 부인의 권위를 강화하려고 노력하였다.

둘째, 치료자는 부부갈등에 대한 상호책임론을 강조하였다.

셋째, 치료자는 부부의 긍정적 측면을 강조하였다.

■ 의사소통 방식의 변화

치료자가 시도한 의사소통 방식의 변화에 대한 내용은 다음과 같다.

첫째, 치료자는 부부와 자녀들에게 지금까지 문제를 해결하기 위하여 시도했던 의사소통 방식이 비효과적이고 오히려 문제를 유지시키고 더 악화시키는 역기능적인 방법이라는 것을 설명하였다.

둘째, 치료자는 가족구성원들에게 부정적인 감정들을 서로 말로 표현하도록 하였다.

셋째, 치료자는 가족구성원들에게 타인이 말할 때 끊지 않고 일단 경청하도록 하였고, 상대방의 말이 다 끝나고 나서 자신의 의견을 말하도록 하였다.

■ 엄격한 가족규칙의 완화

치료자가 시도한 남편의 엄격한 가족규칙을 완화시키기 위한 내용은 다음과 같다.

첫째, 치료자는 남편이 자녀들에게 지나치게 관여하는 것이 오히려 새로운 문제를 유발하고 있음을 설명하고 자녀들에게 자율성을 부여하도록 요청하였다.

둘째, 치료자는 남편이 지나치게 부인의 사회생활을 통제하고, 음주를 확인하기 위하여 수시로 전화하는 태도를 바꾸도록 요청하였다.

셋째, 치료자는 남편에게 가족규칙을 강조하는 이면에는 남편 안에 있는 불안감이 작용하기 때문이라고 설명하였으며, 남편의 성장배경으로 인한 것이라는 점을 인식시켰다. 치료자는 남편에게 가족구성원들은 힘이 없기 때문에 남편의 가부장적 통제 안에 있지만 나중에는 문제가 될 수 있음을 강조하였다.

■ 차이점의 수용

치료자는 가족구성원들이 서로 간의 차이점들을 받아들이도록 설득하였다.

첫째, 치료자는 남편, 부인, 자녀의 입장을 서로에게 전달하였고, 서로가 의사소통을 하지 못하여서 발생하는 오해를 설명하였다.

둘째, 치료자는 가족구성원들에게 재혼가족이라는 점을 부인하기보다는 현실로 받아들이고 계부모가 친부모가 될 수 없는 한계점을 인식하도록 설명하였다. 한편, 부부가 친자녀들에 대한 양육에 대한 책임을 지고, 계부모가 의붓자녀들에게 권위적인 역할보다는 더 허용적인 역할을 하도록 권유하였다.

② 가족치료 개입의 결과

■ 부인의 변화

가족치료를 통하여 부인은 전에 비하여 남편으로부터 더 많은 지지를 받았고 동등한 힘을 가지게 되면서 더 이상 문제행동을 보이지 않았고, 가족 내에서 자신의 입지를 구축할 수 있었다.

■ 남편의 변화

남편의 변화는 가족 전체에 큰 영향을 미쳤으며, 특히 부부관계를 강화시켰다. 남편의 변화에 대한 구체적인 내용은 다음과 같다.

첫째, 새로운 의사소통 방식을 사용하였다. 또한 남편의 변화된 의사소통 방식은 자녀들과의 관계에서도 변화를 야기시켰다.

둘째, 부인을 존중하는 태도를 보였다. 남편은 자녀들 앞에서 부인의 권위를 세워 주었고, 부인의 입장을 자녀들에게 대변하기도 하였다.

셋째, 자신에 대해 성찰하였다. 남편은 자신이 부인에게 상처를 많이 주었다는 점과 자신으로 인해서 부인의 음주 문제가 강화되었다는 점을 인식하였고, 자녀들에게 신중하지 못하였음을 자각하였다.

넷째, 가족에 대한 통제를 완화시켰다. 남편은 자신의 통제가 가족을 힘들게 했다는 점을 인식하고 허용적인 태도를 보이기 시작하였다.

다섯째, 외부관계들을 차단하였다. 남편은 동네 술친구들을 멀리하고, 자신과 부인의 갈등을 당사자끼리 해결하려고 노력하였다.

■ 가족관계의 변화

가족치료를 통하여 나타난 가족관계의 변화는 다음과 같다.

첫째, 부부상호작용이 증가하였다.

둘째, 가족의 소속감이 형성되기 시작하였다.

셋째, 형제하위체계의 변화가 시작되었다.

2) 분노조절이 안 되는 초혼 남편과 재혼 부인의 부부치료 사례*

(1) 사례 개요

이 사례는 결혼한 지 1년 6개월 된 초혼남 재혼녀 부부의 사례로서, 남편의 아버지는 남편이 어릴 때부터 심한 우울증에 시달렸고 약물치료를 받았다. 남편은 평소 정서적으로 불안했던 아버지로부터 언어적 · 신체적 학대를 자주 받았고 이로 인해 아버지에 대

* 이 사례의 가족치료 과정을 알고 싶다면 박태영, 문정화(2013). 분노조절이 안 되는 초혼 남편과 재혼 부인의 결혼초기 부부갈등 해결을 위한 부부치료 사례연구. 한국가족학회지, 21(1), 23-56을 참고하기 바란다.

한 분노와 억울함이 내재되어 있었다. 그러나 남편은 억울함과 분노를 표현할 대상이 없었으며 혼자 속으로 삭이며 지내거나 분노를 조절하지 못하여 자해를 하기도 하였다. 또한 남편은 아버지의 자살 장면을 목격하게 되면서 엄청난 심리적 충격을 받았다. 아버지의 자살 이후 남편은 어머니와 누나, 여동생들에게 과도한 가장 역할을 해 왔다.

부인의 아버지는 가정에 충실하였지만 지나치게 청렴결백하고 고지식하여 융통성이 없었다. 이로 인해 부인의 어머니는 어려운 가정살림과 자녀양육에 대한 부담을 대신 떠안고 살았다. 또한 아버지는 음주 후 폭언과 폭행을 행사하였고, 어머니는 신경성 질환으로 병원에 자주 다녔다. 이로 인해 부인은 어머니에 대한 염려로 불안이 높았다.

이처럼 부부의 원가족 경험은 결혼 초기에 발생한 부부갈등을 해결하기 위해 시도해 온 역기능적인 상호작용 방식에 영향을 미쳤고, 이로 인하여 부부는 이혼 위기에 놓였다.

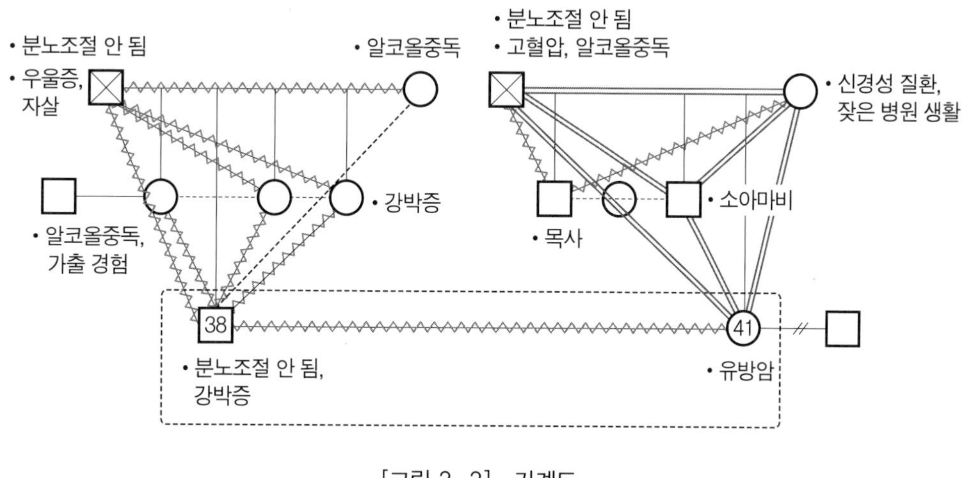

[그림 3-3] 가계도

(2) 부부갈등에 영향을 미친 요인

① 부부갈등 촉발 요인

■ 준비가 부족한 결혼 결정

남편은 교회수련회에서 부인을 만나게 되었고 혼전 성관계를 하여 부인에 대한 죄책감과 책임감으로 인해 결혼하였다. 또한 초혼인 남편은 재혼인 부인과 서로 열심히 살고, 서로 사랑해 주면서 잘 살 수 있다는 이상적인 결혼생활을 기대하였다. 그러나 충분히 준비가 되지 않은 상태에서의 결혼 결정이 결혼 이후의 부부갈등을 촉발한 것으로 나타났다.

■ 남편의 이성에 대한 무지

남편은 자신의 어머니처럼 눈물을 흘리면서 감정을 표현하는 부인을 이해하지 못하였고 부인은 남편이 감정이 없는 사람이라고 생각하였다. 또한 남편은 부인이 원하는 것을 충족해 주기보다 자신의 기준을 우선시하여 부인의 불만을 초래하였다.

■ 부인의 과거 경험 들추기

남편은 부인과의 갈등이 있을 때마다 부인의 인상 쓴 표정과 표현 방식에 대해 비아냥거리며 부인의 행동을 전남편과 연관시키고, 결혼 전에 남편을 믿고 이야기했던 이혼 과정과 전남편에 대한 정보 등 부인의 이혼 경험을 들추어 불쾌한 감정과 분노를 표출하며 부인을 비난하였다.

■ 부인의 낮은 자존감과 두려움

부인은 이혼 경험으로 인한 낮은 자존감과 두려움을 가지고 있었다. 부인은 남편이 억지로 결혼생활을 유지하는 것으로 인식하였고 남편의 귀가 시 표정이 굳어 있는 이유를 자신의 책임으로 돌리는 등 지나치게 남편의 눈치를 보았다.

② 부부갈등의 지속 및 악화 요인

■ 언어적 갈등대처 방식

남편은 원가족 관계에서 기능적인 의사소통 방식을 학습하지 못하였다. 즉, 남편은 아버지의 일방적인 폭력에 대한 억울한 감정과 분노를 아버지에게 직접 표출하지 못하고 억압해 왔으며 가족 간에도 아버지에게 당한 억울한 감정을 속으로 삭이며 지내 왔다. 남편은 아버지가 사망한 후에 어머니와 누나, 여동생들에게 과도한 역할을 해 오면서 사용했던 지시적이고 훈계하는 표현 방식을 부인에게도 그대로 사용하였다. 또한 부부싸움을 할 때 감정을 통제하지 못하고 화를 내거나 관계를 단절하겠다는 극단적인 표현을 하였고, 부인 탓을 하였다. 한편, 남편은 부인에게 지난 이야기를 반복적으로 언급함으로써 부부갈등을 더욱 악화시키고 있었다. 부인은 남편에게 직접적인 의사소통을 하기보다 인상을 쓰며 소리를 지르거나 의견 충돌 시 이혼하겠다는 표현을 하였다.

■ 비언어적 갈등대처 방식

남편은 부모에게 당한 억울한 감정과 부부싸움 시 분한 감정을 대화로써 표출하지 못하고 자해하고 술을 먹고 기물을 파손하거나 부인과의 충돌 시 물건을 던지거나 부인을 폭행하였다. 부인은 화가 나면 토라져서 남편의 전화를 받지 않고, 집으로 찾아가도 문을 열어 주지 않았다. 부인은 부부싸움 후 시어머니에게 가서 남편의 흉을 보거나 부부싸움을 고자질하였고, 친정식구들에게도 남편의 구타와 성폭행을 폭로하였다. 이와 같이 부인은 부부갈등 상황에 시어머니와 친정식구들을 개입시킴으로써 부부관계를 악화시켰다.

(3) 치료개입 방법과 효과성

① 치료개입 방법

■ 의사소통 방식 탐색

치료자는 원가족에서 가족구성원들과의 의사소통 방식과 핵가족 내 부부간에 갈등을 지속시키거나 악화시킨 의사소통 방식을 탐색하였다.

■ 비언어적 갈등대처 방식 탐색

치료자는 부부갈등 상황에서 발생하였던 구타 경험, 비이성적 반응, 분노조절이 되지 않아 자해했던 경험 등 비언어적 갈등대처 방식을 탐색하였다.

■ 통찰력 강화하기

치료자는 부부에게 원가족 경험과 부부가 사용하고 있는 의사소통 방식과의 인과관계, 남편이 부정적 감정을 표현하지 못하는 이유, 부인의 표현 방식에 남편이 민감하게 반응하는 이유, 억울한 상황에서 감정을 솔직하게 표현하지 못했던 이유, 역기능적인 표현 방식이 상대방의 부정적 반응을 자극할 수 있다는 것을 설명함으로써 내담자들의 통찰력을 증진시켰다.

■ 공감하기

치료자는 부부에게 공감적인 반응을 보임으로써 라포를 형성하였고 이는 부부의 저항을 줄이고 상담 과정을 촉진시켰다.

■ 문제해결 방식에 대한 설명

치료자는 부부에게 부부관계를 해결하기 위하여 시도해 온 문제해결 방식의 비효과성을 인식시켰다.

■ 경청하기

치료자는 부부에게 상대방이 말하는 동안 다른 배우자가 방해하지 못하도록 하고 상대방의 이야기가 끝날 때까지 경청하도록 하였다. 이를 통해 부부는 새로운 상호작용 방식을 시도하게 되었고 서로에 대한 솔직한 마음을 이해하게 되었다.

■ 새로운 해결책 제안

치료자는 부부에게 전혼 경험에 대하여 이야기하지 말고, 부인의 결함을 들추지 말며, 부부가 서로 가족들 앞에서 편들어 주고, 감정 폭발과 역기능적인 표현 방식의 사용을 자제하며, 상대방을 통제하고 강요하지 않기를 제안하였다.

② 치료개입의 효과성

부부치료를 통해 남편은 여동생들에 대한 지나친 보호와 훈계 등의 과도한 역할, 귀가 시 인상 쓰면서 사용했던 부정적인 비언어적 표현, 부인에 대한 강압적인 성관계 요구에 대한 문제, 귀가 시 남편의 눈치를 보면서 불안해하는 부인의 입장을 배려하지 못했었던 자신의 문제 등을 인식하게 되었다. 이를 통해 남편은 먼저 대화를 요청하거나 부정적인 감정에 대해 솔직히 표현하였고, 부인을 추궁하지 않고 적극적으로 표현하였다. 또한 남편은 설거지를 비롯한 가사를 돕고, 귀가 시 부인에게 먼저 인사하며 긍정적으로 반응하였으며, 운동을 하고 책을 읽으며 자신에게 초점을 맞추었다. 또한 남편은 부인에게 고마운 마음을 전달하기 위해 편지를 썼고, 부인의 의견을 존중하며 부인의 입장을 배려하였다.

부인은 자신의 문제 행동을 인식하게 되면서 남편이 귀가할 때 반겨 주고, 편지와 유방암 수술 이후 실리콘을 착용하고 있는 자신을 배려했던 남편에 대한 고마운 마음을 솔직하게 표현하였다. 또한 부인은 남편을 낮은 어조로 편안하게 대하도록 노력하였고, 자신이 원하는 것을 남편에게 요구하였으며, 부정적인 비언어적 표현을 자제하였다. 게다가 부인은 남편을 배려하여 짐을 들어주는 등 남편의 일을 적극적으로 도와주었고 남편의 재능을 칭찬하였으며, 꽃을 사다 화분에 심고 집안 분위기를 바꾸었다.

참고문헌

권수영, 박태영, 신혜종, 안미옥, 오화철, 이진희, 이현숙, 이화자, 전명희, 정병호, 조은숙, 최규련(2020). 한국 가족을 중심을 한 부부 · 가족상담 핸드북. 학지사.

김연옥(2007). 해체된 재혼의 특성에 관한 연구: 재혼모를 대상으로. 한국사회복지학, 59(2), 171-195.

김효순, 엄명용(2007). 청소년 자녀가 있는 재혼부부의 결혼만족도에 영향을 미치는 요인에 관한 연구. 한국가족복지학, 21, 75-102.

박태영(2007). 도벽과 거짓말을 하는 청소년 자녀를 둔 재혼가족에 대한 사례연구. 한국가족치료학회지, 15(1), 143-158.

박태영, 김태한(2010). 재혼가족의 가족갈등사례분석. 한국가정관리학회지, 28(4), 15-28.

박태영, 김태한, 김혜선(2009). 알코올 중독문제를 가진 재혼한 부인에 대한 가족치료사례 연구. 한국사회복지학, 61(1), 293-322.

박태영, 문정화(2013). 가족치료를 통해 본 부부갈등 및 이혼결정 요인에 관한 연구. 한국가족관계학회지, 18(1), 23-49.

박태영, 문정화(2013). 분노조절이 안 되는 초혼 남편과 재혼 부인의 결혼초기 부부갈등 해결을 위한 부부치료 사례연구. 한국가족학회지, 21(1), 23-56.

우해봉(2012). 한국인의 재혼 패턴에서의 성별 차이에 관한 연구. 보건사회연구, 32(4), 273-303.

이수정, 전영주(2009). 재혼연구 동향분석: 1996~2007년 발간된 국내 논문을 중심으로. 한국가족관계학회지, 13(4), 173-195.

장현정(2010). 여성의 재혼경험을 통해 본 결혼 의미의 구성과정: 전남지역 중소도시들의 사례를 중심으로. 이화여자대학교 일반대학원 박사학위논문.

장혜경, 민가영(2002). 이혼여성의 부모역할 및 자녀양육지원방안에 관한 연구. 한국여성개발원 연구보고서.

정현숙, 유계숙, 전춘애, 천혜정, 임춘희(2000). 재혼가족의 실태 및 재혼생활의 질에 대한 연구. 대한가정학회지, 38(4), 1-20.

최춘화, 문혜린, 배영윤, 박태영(2021). 가족생활주기에 따른 가족체계의 해체와 재결합 과정에 대한 연구: 이혼과 재결합을 경험한 부부의 가족치료 사례를 중심으로. 한국가족복지학, 68(4), 303-335.

최춘화, 배영윤, 문혜린, 박태영(2021). 이혼 부부의 재결합을 위한 통합적 가족치료 사례연구. 한국가족복지학, 68(1), 185-217.

통계청(2018). 2017년 인구동태통계연보(혼인 · 이혼편). 통계청.

통계청(2021). 인구동향조사. http://kostat.go.kr

한국가정법률상담소(2010). 사실혼의 실태 및 의식에 관한 조사.

Aguilino, W. S. (1994). Impact of childhood family disruption on young adults relationships with parents. *Journal of Marriage and the Family, 56*, 295–313.

Ahrons, C. R. (2007). Family ties after divorce: Long-term implications for children. *Family Process, 46*(1), 53–65.

Ambert, A. M. (1986). Being a stepparent: Live-in and visiting stepchildren. *Journal of Marriage and the Family, 48*, 795–804.

Beer, W. R. (1992). *American stepfamilies*. New Brunswick, NJ: Transaction.

Binstock, G., & Thornton, A. (2003). Separations, reconciliations, and living apart in cohabiting and marital unions, *Journal of Marriage and Family, 65*(2), 432–443.

Booth, A., & Edwards, J. N. (1992). Starting over: Why remarriages are more unstable. *Journal of Family Issues, 13*, 179–194.

Bowen, M. (1993). *Family Therapy in clinical practice*. New York: Aronson.

Boss, P. (1980). Normative family stress: Family boundary changes across the lifespan. *Family Relations, 29*, 445–450.

Boss, P., Caron, W., Horbal, J., & Mortimer, J. (1990). Predictors of depression in caregivers of dementia patients: Boundary ambiguity and mastery. *Family Process, 29*, 245–254.

Boss, P., & Greenberg, J. (1984). Family boundary ambiguity: A new variable in family stress theory. *Family Process, 23*, 535–546.

Bramlett, M. D., & Mosher, W. D. (2001). *First marriage dissolution, divorce and remarriage in the United States*. CDC, DHHS Publication No. PHS 2001-125001-0384.

Bramlett, M. D., & Mosher, W. D. (2002). *Cohabitation, marriage, divorce, and remarriage in the United States*. CDC, National Survey of Family Growth, National Center for Health Statistics, Series 23, NO. 22, 1–32.

Bray, J. H. (2005). Family therapy with stepfamilies. In J. L. Lebow (Ed.), *Handbook of clinical family therapy* (pp. 497–515). New York: John Wiley & Sons.

Brimhall, A. S., & Chizk, G. A. (2019). Remarriage in couple and family therapy. In J. L. Lebow, A. L., Chambers, & D. C. Breunlin (Eds.), *Encyclopedia of couple and family therapy* (pp. 2481–2486). New York: Springer.

Browning, S., & Artelt, E. (2012). *Stepfamily therapy: A 10-step clinical approach*. American Psychological Association, Washington, DC.

Burns, L. H. (1987). Infertility as boundary ambiguity: One theoretical perspective. *Family Process, 26*(3), 359–372.

Carter, B. E., & McGoldrick, M. E. (1988). *The changing family life cycle: A framework for family therapy*. New York: Gardner Press.

Centers for Disease Control. (2008). Birth, marriages, divorces and deaths: Provisional data for 2007. *National Vital Statistics Report, 56*(16).

Coleman, M. & Ganong, L. (1997). Stepfamilies from the stepfamily"s perspective. In I. Levin, & M. Sussman (Eds.), *Stepfamilies: History, research, and policy* (pp. 107-122). New York: Haworth Press.

Collins, D., Jordan, C., & Coleman, H. (1999). *An introduction to family social work*. New York: F. E. Peacock.

Currier, C. (1982). *Learning to step together: A course for stepfamily adults*. Palo Alto, CA: Stepfamily Association of America.

Dunn, J. (1995). Stepfamilies and children's adjustment. *Archives of Disease in Childhood, 73*(6), 487-489.

Farrell, J., & Markman, H. (1986). *Individual and interpersonal factors in the etiology of marital distress: The example of remarital couples*. In R. Gilmour, & S, Duck (Eds.), The emerging field of personal relationships (pp. 251-263). Hillsdale, NJ: Lawrence Erlbaum.

Fine, M. A. (1995). The clarity and content of the stepparent role: A review of the literature. *Journal of Divorce and Remarriage, 24*, 19-34.

Fuhrmans, F., Von der Lippe, H., & U. Fuhrer. (2014). Couples' evaluation of fatherhood in different stages of family life cycle. *European Journal of Developmental Psychology, 11*(2), 242-258

Ganong, L. H. & Coleman. M. (1989a). Preparing for remarriage: Anticipating the issues. seeking solution. *Family Relations, 38*(1), 28-33.

Ganong, L. H. & Coleman. M. (1989b). *Remarried family relationships*. Thousands Oaks, CA: Sage.

Ganong, H. L., & Coleman, M. (1989c). Effects of remarriage on children: A review of the empirical literature. *Family Relations, 33*, 389-406.

Ganong, L., & Coleman, M. (1999). New families, new responsibilities to help elderly divorced parents and stepparents. *Journal of Aging Studies, 12*, 271-290.

Ganong, L. & Coleman. M. (2004). *Stepfamiy relationship: Development, dynamics, and interventions*. New York: Kluwer Academic/Plenum.

Ganong, L. H., Coleman, M., & Jamison, T. (2011). Patterns of stepchild-stepparent relationship development. *Journal of Marriage and Family, 73*(2), 396-413.

Goldenberg, I., Stanton, M., & Goldenberg, H. (2017). *Family therapy: An overview* (11th ed.). Boston, MA: Cengage.

Guisinger, S., Cowan, P., & Schuldberg, D. J. (1989). Changing parent and spouse relations in the first years of remarriage of divorced father. *Journal of Marriage and the family, 51*, 445-456.

Hanna, S. L., & Knaub, P. K. (1984). Cohabitation before remarriage: Its relationship to family strengths. *Alternative Lifestyles, 4*, 507-522.

Hetherington, E. M. (1993). An overview of the Virginia longitudinal study of divorce and remarriage with a focus on early adolescence. *Journal of family Psychology, 7*(1), 39-56.

Hetherington, E. M., & Jodl, K. M. (1994). Stepfamilies as settings for children development. In A. Booth, & J. Dunn (Eds.), *Stepfamilies: Who benefits? Who does not?* (pp. 55-80). Hillsdale, NJ: Erlbaum.

Hetherington, E. M., & Kelly, J. (2002). *For better or for worse: Divorce reconsidered.* New York: Norton.

Hofferth, S. C., & Anderson, K. G. (2003). Are all dads equal? Biology versus marriage as a basis for paternal investment. *Journal of Marriage and Family, 65*, 213-232.

Jacobson, D. S. (1979). Stepfamilies: Myths and realities. *Social Work, 24,* 202-207.

Jeynes, W. H. (2006). The impact of parental remarriage on children: A meta-analysis. *Marriage & Family Review, 40*(4), 75-102.

Kaplan, L. & Hennon, C. B. (1992). Remarriage education: The personal reflections program. *Family Relations, 41*, 127-134.

King, V. (2006). The antecedents and consequences of adolescents' relationships with stepfathers and nonresident fathers. *Journal of Marriage and Family, 68*(4), 910-928.

Kreider, R. M. (2006). Remarriage in the United States. *In poster presented at the annual meeting of the American Sociological Association*, Montreal.

Kurdek, L. A., & Fine, M. A. (1995). Mothers, fathers, stepfathers, and siblings as providers of supervision, acceptance, and autonomy to young adolescents. *Journal of Family Psychology, 9*, 95-99.

Lamidi, E., & Cruz, J. (2014). *Remarriage rate in the US, 2012. NCFMR family profile* FP-14-10, National Center for Family & Marriage Research, Bowling Green State University, Bowling Green, OH.

McGoldrick, M., & Carter, B. (2016). The remarriage cycle: Divorced multi-nuclear and recoupled families. In M. McGoldrick, N. G. Preto, & B. Carter, B. (Eds.), *The expanded family life cycle: Individual, family, and social perspectives* (5th ed., pp. 408-427). New York: Pearson.

McGoldrick, M., Garcia Preto, N., & Carter, B. (2016). The life cycle in its changing context. In M. McGoldrick, N. G. Preto, & B. Carter, B. (Eds.), *The expanding family life cycle:*

Individual, family, and social perspectives (5th ed., pp. 1–44). New York: Pearson.

Mills, D. (1984). A model for stepfamily development. *Family Relations, 33*, 365–372.

Minuchin, S. (1984). *Family kaleidoscope*. Cambridge: Harvard University Press.

Nichols, M. P., & Schwartz, R. C. (2001). *Family therapy: Concept and methods* (5th ed.). Needham Heights, MA: Allyn and Bacon.

Papernow, P. L. (2013). *Surviving and thriving in stepfamily relationships: What works and what doesn't*. New York: Routledge.

Papernow, P. L. (2015). Therapy with couples in stepfamilies. Clinical handbook of couple therapy, 467–488. In A. S. Gurman, J. L. Lebow, & D. K. Snyder (Eds.), *Clinical handbook of couple therapy* (5th ed., pp. 467–488). New York: The Guilford Press.

Pasley, K., & Garneau, C. (2012). Remarriage and stepfamily life. In F. Walsh (Ed.), *Normal family process: Growing diversity and complexity* (4th ed., pp. 149–171). New York: Guilford.

Smith, D. (1990). *Stepmothering*. New York: St. Martin's Press.

Stewart S. D. (2005). Boundary ambiguity in stepfamilies. *Journal of Family Issues, 26*(7), 1002–1029.

Stewart, S. D. (2006). *Brave new stepfamilies: Diverse paths toward stepfamily living*. Thousand Oaks, CA: Sage.

Sturgess, W., Dunn, J., & Davies, L. (2001). Young children' perceptions of their relationships with family members: Links with family setting, friendships, and adjustment. *International Journal of Behavioral Development, 25*(6), 521–529.

Teachman, J., & Tedrow, L. (2008). The demography of stepfamilies in the United States. In J. Pryor (Ed.), *The international handbook of stepfamilies* (pp. 3–29). New York: Wiley.

Thompson, C., & Rudolph, L. (1992). *Counseling children* (3rd ed.). Pacific Grove, CA: Brooks/Cole.

Visher, E. B., & Visher, J. S. (1988). *Old loyalties, new ties: Therapeutic strategies with stepfamilies*. New York: Brunner/Mazel.

Visher, E. & Visher, J. (1990). Dynamics of successful stepfamilies. *Journal of Divorce & Remarriage, 14*, 3–12.

Visher, E. B., Visher, J. S., & Pasley, K. (1997). Stepfamily therapy from the client's perspective. *Marriage and Family Review, 26*, 191–213.

White, A., & Booth, A. (1985). The quality and stability of remarriages: The role of stepchildren. *American Sociological Review, 50*, 689–698.

Wittman, J. P. (2001). *Custody chaos, personal peace: Sharing custody with an ex who is driving you crazy*. New York: Penguin.

Windle, M., & Windle, R. C. (2018). Parental divorce and family history of alcohol disorder: Associations with young adults'alcohol problems, marijuana use, and interpersonal relations. *Alcoholism: Clinical and Experimental Research, 42*(6), 1084–1095.

제4장
다문화가족

1. 서론

지난 40년 동안 미국, 캐나다, 유럽은 급격한 인구사회학적 변화를 경험하였으며, 인종 간 결혼으로 다문화가족이 급속도로 증가하였다(Karis & Killian, 2008; Killian, 2013). 한국도 1990년부터 다문화 사회로 진입하기 시작하였고, 농촌지역의 여성 부족 문제로 인해 국제결혼이 촉진되었다. 1995년에 한국정부가 외국인의 국내 방문을 규제하면서, 한국에서 취업하기 위하여 국제결혼을 선택하는 사람들이 증가하였다. 1995년 이후에는 한국인 남성과 외국인 여성의 결혼이 외국인 남성과 한국인 여성 간의 결혼을 앞질렀고 현재까지 이와 같은 추세는 지속되고 있다.

특히 2002년 이후 국제결혼 중개업체들의 활동이 증가하면서 국제결혼이 급증하였다(권수영 외, 2020). 2010년 결혼이민자 수는 총 181,671명이며, 이 중 16만 1,999명은 해외 여성으로 국가별로 중국인 9만 7,659명, 베트남인 3만 4,461명, 필리핀인 1만 371명, 일본인 4,769명으로 나타났다(문성식 외, 2012). 2011년에는 베트남 여성과의 결혼이 중국 여성과의 결혼을 앞섰다(천정웅 외, 2015). 결혼과 취업 등으로 한국에 온 외국이주민들의 다문화가족은 2014년 기준으로 23만 명을 넘어 섰으며, 2050년 무렵에는 전체 가족의 5%에 이를 것으로 전망한다(권수영 외, 2020). 2021년 한국인과 혼인한 결혼이민자는 16만 8,611명으로, 여성결혼이민자는 13만 6,668명으로 약 81.1%를 차지하였다(통계청, 2022). 제1회 전국다문화가족실태조사가 실시된 2009년을 시작으로 2021년까지의 여성결혼이민자 수는 2009년 10만 9,211명에서 해마다 서서히 증가하면서 2021년 13만 6,668명으로 약 25.1%가 증가하였다.

한국인 남자와 혼인한 여성 결혼이민자의 국적을 보면 2021년 기준으로 베트남인(27.7%), 중국인(23.3%), 한국계 중국인(10.2%), 일본인(10.1%) 순으로 나타났다(통계청, 2022). 특히 농촌지역을 중심으로 외국인 여성과 한국인 남성의 결혼비율은 전체 결혼의 35.9%로 급격히 증가하고 있으며, 이와 같은 수치는 농촌 미혼남 3명 중 1명이 국제결혼을 한다는 것을 나타낸다(천정웅 외, 2015).

한국에서 다문화가족이 증가하는 이유는 다음과 같다. 첫째, 출생 성비의 불균형으로 인한 혼인적령기 남녀 인구의 불균형을 들 수 있는데, 왜곡된 성 비례로 인하여 결혼을 못하는 남성의 수요가 급증하기 때문이다(천정웅 외, 2015). 둘째, 젊은 여성들이 도시생활을 선호하여 농촌에서 신부감이 모자라는 현상을 들 수 있다. 여성들의 경제활동 참여가 증가하면서 여성들은 관습적 결혼보다 사회활동을 통한 자아실현을 선호하게 되었다. 또한 직장 여성들은 결혼에 따른 부작용을 우려하여 결혼을 기피하거나 늦추는 경향이 있으며, 많은 여성이 경제적 능력이 없는 남성을 기피함으로써 남성이 결혼에서 어려움을 겪게 되었다. 셋째, 결혼을 빙자한 외국인과의 인신매매 위장결혼을 용인하는 사회적 분위기와 저임금 외국인 노동자의 유입정책으로 인하여 한국으로의 이주가 관심을 받게 됨으로써 아시아 여성들이 결혼을 통한 이주를 선택하고 있다(권수영 외, 2020).

그런데 다문화가족의 증가와 함께 사회 문제로 나타난 이슈 중 하나는 다문화가족의 가족갈등과 가족관계의 문제이다. 한 가족 안에 서로 다른 문화적 배경을 가지고 있는 다문화가족은 가족구성원들이 가족 내의 서로 다른 문화에 적응해 가는 과정에서 많은 스트레스를 경험하게 된다. 특히 낯선 가족환경에 적응해야 하는 여성 결혼이민자들은 언어 적응과 더불어 가족문화, 의사소통과 가족관계에 대한 적응 등의 많은 과업을 가지게 되며, 이러한 과업을 수행하는 과정에서 스트레스를 경험하게 된다.

한편, 다문화가족의 가족갈등에 대하여 결혼이민자지원센터와 같은 전문기관들은가족 문제에 대한 접근을 시도하고 있다(전국다문화가족사업지원단, 2008; 중앙건강가정지원센터, 2007). 결혼이민자센터를 비롯한 민간단체 중심의 다문화가족 관련 기관들은 가족 간 갈등에 대한 개입의 필요성을 인식하게 되면서 방문활동사업을 통해 가족상담을 수행하고 있다. 다문화가족 관련 기관들이 가족갈등과 가족관계에 개입하고 있으나, 전문인력 부족, 효과적인 개입 방법에 대한 이해 부족, 기술 부족으로 인해 어려움을 경험하고 있다. 방문활동사업을 수행하는 자원활동가 인력에 대한 양성교육 과정에서 가족치료에 대한 내용을 다루고 있으나, 개괄적인 수준에 그치고 있어 가족갈등과 가족관계에 개입을 시도하기에는 미흡하다고 판단된다.

다문화가족에 대한 연구들(김미원, 2007; 김승권 외, 2010; 김오남, 2006; 박재규, 2007; 설동훈 외, 2005; 윤정숙, 2004; 이금연, 2003; 채옥희, 홍달아기, 2005; 홍달아기, 채옥희, 2006)은 가족 간의 갈등을 경험하는 가족의 비율이 상당히 높게 나타나고, 이러한 가족갈등 중 폭력적인 형태로 표출되는 부부갈등이 적지 않게 나타나고 있다는 것을 보여 준다. 또한 다문화가족에 대한 연구들은 다문화가족이 부부간의 의사소통 문제, 시부모와 시가와의 갈등, 자녀양육 문제 등을 경험하고 있음을 보여 준다. 또한 가족 간의 갈등을 해결할 수 있는 방법을 찾지 못하는 가족들은 심화된 갈등으로 인한 심리적 어려움을 경험하기도 하며 이는 때때로 가출과 이혼으로 표출되기도 한다.

현재까지 국내에서 다문화가족에 대한 가족치료를 다룬 연구들이 않지 않기 때문에 어떠한 치료적 접근이 효과적인지를 논하기는 어렵다. 다문화가족의 문제에 접근을 시도한 신영화(2002)의 다문화가족(조선족 아내)에 대한 연구는 실제 사례에 대한 접근이 아니라 할지라도, 가정폭력기관의 사례를 모아 효과적인 개입 방법으로 체계이론에 근거하여 개인상담과 버지니아 사티어의 가족치료적 기법을 개입 방법으로 제시하였다. 또한 이영분과 이유경(2009)은 다문화가족 여성들의 자아분화와 결혼만족도에 관한 연구에서 자아분화 수준을 개인 내적, 대인관계적, 삼각관계와 정서적 단절의 4개 영역으로 구분하여 각 영역과 결혼만족도에 대한 영향을 살펴보았는데, 앞의 4개의 영역 중 삼각관계가 결혼만족도에 영향을 미치는 것으로 나타났다.

이 외에 박태영과 은선경(2010)의 일본인 아내와 한국인 남편의 부부갈등 문제를 보웬(Bowen)의 가족체계이론과 MRI 의사소통이론을 적용한 부부치료 사례연구가 있다. 박태영과 문혜린(Park & Moon, 2016)은 한국 남편과 캄보디아 아내 간의 부부치료를 통하여 부부갈등의 내용을 살펴보았다. 이 연구에서 부부갈등에 대한 남편의 촉발 요인에는 남편의 집착, 아내의 촉발 요인에는 거짓말이 나타났다. 한편, 부부갈등의 잠재 요인으로는 남편의 경우 개인적 요인에서는 왜곡된 인식, 의심, 캄보디아 문화에 대한 오해 등이 나타났다. 또한 가족 요인에서는 의사소통, 전이, 미분화 등의 개념이 나타났다. 남편의 경제적 요인으로는 처가에 대한 경제적 원조, 경제권 독점, 사회문화적 요인으로는 한국 문화의 강요나 사회적 조건의 차이 등이 포함되었다. 아내의 잠재 요인으로 개인적 요인은 자신의 방식 강요와 불안정한 정서가 나타났다. 가족 요인으로는 역기능적인 의사소통 방식과 전이가 포함되어 있었다. 경제적 요인으로는 경제적 요구와 소비 습관이 나타났으며, 사회문화적 요인으로는 캄보디아 문화의 강요나 문화적 차이를 수용하지 않는 부분이 나타났다. 박태영과 박양현(Park & Park, 2019a)은 시어머니와 동거하는 한국인 남편과 중국인 부인의 가족치료 사례를 통하여 부부갈등에 영향을 미친 촉발 요인으로 시어머니와의 동거, 의료비로 인한 재정적 어려움, 남편의 도박, 아내의 성욕 상실이 나타났다. 또한 잠재적 요인으로는 부부의 원가족 경험, 역기능적인 의사소통 방식, 가족 및 사회문화적인 요인이 나타났다. 박태영과 박양진(Park & Park, 2019b)은 한국인 남편과 일본인 부인 사이의 부부갈등에 대한 가족치료 사례에서 세 가지의 촉발 사건으로 인하여 부부갈등이 발생하였지만, 촉발 사건 이면에는 개인적 · 가족적 · 사회문화적 수준의 잠재적 요인이 존재하였다고 하였다. 따라서 연구자들은 다문화부부를 상담하는 가족치료사들이 부부의 문화적 차이뿐만 아니라 원가족 간 문화적 차이, 의사소통 방식, 전이를 다루어야 한다고 하였다(Park & Park, 2019b).

2. 부부갈등에 영향을 미치는 요인

부부갈등은 서로 다른 배경과 환경을 가진 부부간에 조정하는 과정을 의미한다(박태영, 김선희, 2012). 일반적으로 갈등은 파트너와의 상호작용 가운데 발생하는데, 서로의 행동, 사고, 가치 및 기대에 대한 본질적인 모순으로 인해 불가피하게 충돌을 겪게 된다. 반대로, 성공적인 결혼생활은 헌신, 만족, 안정과 관련되며(천혜정, 김양호, 2007; Bryant, Conger, & Meehan, 2001), 성공적인 결혼생활에 영향을 미치는 수많은 요인 중 배우자 가족과의 관계는 행복한 결혼생활을 예측하는 중요한 요인이다(천혜정, 김양호, 2007; Bryant, Conger, & Meehan, 2001).

부부갈등은 부부의 개인적인 문제뿐만 아니라 사회적 가치와 원가족 고유의 문화에 의해서도 영향을 받는다(박태영, 김혜선, 김태한, 2010). 갈등을 겪고 있는 부부들에게서는 원가족으로부터의 미분화와 역기능적인 의사소통 방식이 발견된다(박태영, 김선희, 2012; 조지용, 박태영, 2011; 박태영, 문정화, 2010). 확대문화가 여전히 잔존하고 있는 한국에서 원가족을 포함한 배우자 가족의 문제는 부부갈등의 중요한 요인이 된다(Kim & Ryu, 2005). 갈등을 겪고 있는 한국부부 중 다수는 원가족 경험을 배우자에게 투사하여 부부갈등을 경험한다(Korea Legal Aid Center for Family Relations, 2002). 이는 한국의 핵가족이 표면적으로는 부부 중심인 듯 보이지만 실상은 원가족의 영향을 많이 받기 때문이다(조성경, 최연실, 2006).

원가족에서의 경험은 의식적으로든 무의식적으로든 핵가족에 오랜 기간 막대한 영향을 미칠 수 있다. 부모와의 미분화된 감정은 결혼한 자녀의 핵가족에서 갈등을 일으킬 수 있다. 원가족과 정서적으로 분화되지 않은 사람들은 배우자와 새로운 신뢰나 유대감을 형성하는 데 어려움을 겪을 수 있으며, 배우자를 비롯해 시가/처가와의 관계도 건강하지 않게 형성될 수 있다(Silverstein, 1992). 또한 '삼각관계'란 분화 수준이 낮은 사람들이 갈등을 해결하기 위하여 제3자를 끌어들이는 것을 의미하는데, 이는 관계에 부정적인 영향을 미친다(Nichols, Davis, & Davis, 2016). 원가족에서 정서적으로 독립하지 못한 사람들은 배우자와의 차이점을 받아들이기 어려워하기 때문에 부부갈등을 경험할 수 있다. 이 밖에도 관계에서 가장 중요한 부분인 의사소통 방식은 원가족으로부터 전수된다. 즉, 기능적이든 역기능적이든 간에 원가족에서 사용하던 언어적 · 비언어적 상호작용 방식은 의도치 않더라도 핵가족에서 반복된다. 실제로 한국의 이혼한 부부들은 특히 원가족과 밀착되어 있으며 역기능적인 의사소통 문제를 가지고 있는 것으로 나타났다(박태영, 김선희, 2012; 박태영, 김선희, 유진희, 안현아, 2012; 조지용, 박태영, 2011).

시가와의 갈등은 사람들이 결혼 후에 자주 마주치게 되는 도전이다. 배우자 가족들과의 관계 중에서도 고부간의 관계는 가장 악명이 높다(Chu, 2014; Fischer, 1983; Rittenour & Soliz, 2009). 시어머니와 며느리는 한 남성(아들이자 남편)으로부터 사랑과 관심을 얻기 위해 경쟁한다는 공통점을 가진다(Marotz-Baden & Cowan, 1987; Song & Zhang, 2012). 이와 같은 갈등은 서양과 동양 사회 모두에서 찾아볼 수 있는데, 이는 고부갈등이 두 여성 간 일종의 오이디푸스적인 경쟁이기 때문이다(Silverstein, 1992). 따라서 이 경쟁은 본능적일 수 있으며 인간의 본성 안에 깊이 자리 잡고 있다. 또한 여성은 일반적으로 남성보다 관계 지향적이며(Cross & Madson, 1997), 가족 간 유대를 유지하고 연결하는 역할을 한다(Fischer, 1983). 남성에 비해 여성은 종종 관계의 역동에 더 민감하고 더 많은 갈등을 경험하며 시가와의 관계에서 더 많은 스트레스를 받는다(Bryant, Conger, & Meehan, 2001; Orbuch, Bauermeister, Brown, & McKinely, 2013).

이렇게 며느리와 시어머니 사이의 줄다리기는 매우 보편적으로 나타나지만, 특히 유교사상에 뿌리 깊이 가치를 두고 있는 동아시아에서는 더욱 빈번하다. 유교에서는 전통적으로 '효'를 매우 중요시하는데(Lee & Mjelde-Mossey, 2004; Liu, Zhao, & Miller, 2014), 이와 같은 효는 부모에게 순종하고, 부모를 존경하며, 부양하고 돌보아야 한다는 자녀의 의무에 근간을 둔다(Takagi & Silverstein, 2011). 이러한 의무는 결혼 후 시부모를 섬겨야 하는 책임으로 확장된다. 특히 현대 서구적 가치의 확산으로 성 평등사상이 확대되었음에도 불구하고(Bryant, Conger, & Meehan, 2001), 가부장적인 이데올로기가 지배적인 아시아 사회에서는 여전히 며느리가 시부모에게 순종해야 할 의무와 시부모를 모셔야 한다는 책임이 있다고 여겨진다(Shibusawa, 2005; Wu et al., 2010). 이러한 사상은 관계주의와 공동체 동질성을 강조하는 한국과 일본에서 특히 강하게 나타난다(Igarashi et al., 2008). 시가와의 관계와 그 안에서 기대되는 역할들은 결혼 초기에 특히 민감하다(Bryant, Conger, & Meehan, 2001). 결과적으로 덜 전통적인 젊은 부부들 사이에서 이와 같은 기대가 충족되지 않을 때 문제가 발생할 수 있다(Lee & Mjelde-Mossey, 2004).

마루야마 등(Maruyama et al., 2015)의 연구에 따르면, 관계 갈등에 대처하는 방법에는 문화적 차이가 존재한다. 한국인의 경우는 갈등 상황에서 통합하고 타협하는 반면, 일본인은 의무를 선호한다. 반대로 이와 박(Yi & Park, 2003)은 관계 갈등에서 일본인은 일관된 반응을 보이지 않는 것에 반해, 한국인은 갈등 상황에서 일관적인 반응을 보였다고 하였다.

1) 다문화가정의 고부갈등

노부모와 성인 자녀가 함께 거주하는 다문화가정의 경우에는 치료사가 가족구성원들의 욕구, 가족구조, 자산, 문화적 요인 등 많은 요소를 고려해야 한다. 중국, 한국, 대만, 일본, 홍콩 등 동아시아 국가들에서는 주로 장남이 결혼 후에 노부모를 모시는 방식으로 효도를 한다(Chu, 2014; Sereny, 2011; Takagi & Silverstein, 2011; Yasuda, Iwai, Yi, & Xie, 2011). 전통적인 한국가정에서는 아내가 아들(대개 장남)을 이용하여 삼각관계를 형성하여 부부갈등을 해결하려고 시도하는 경우가 많다(박태영, 김선희, 유진희, 안현아, 2012). 이와 같은 경우 모자간에 밀착된 관계가 형성되고, 이는 아들이 결혼한 이후에도 유지된다. 아들은 어머니가 자신의 결혼생활에 간섭함에도 불구하고, 어머니의 관심과 사랑에 보답해야 한다는 의무감을 느낀다(Berg & Jaya, 1993; Sereny, 2011; Takagi & Silverstein, 2006). 이와 같은 남편과 시어머니의 밀착관계는 시어머니와 며느리 사이의 불화뿐만 아니라, 아들 내외의 부부갈등도 유발한다(Rittenour & Soliz, 2009).

다문화가정 여성의 상당수가 시부모와 동거하고 있고, 특히 농촌에 사는 다문화가정 여성들의 44.7%가 시가식구와 동거한다(설동훈 외, 2005). 따라서 시부모와 동거하고 있는 다문화가정 여성에게 고부관계는 한국 적응, 정착화에 매우 중요한 요인이다(이지영, 이미진, 2009). 한쪽 부모가 사망한 경우에는 남은 부모가 결혼한 자녀의 가족과 함께 살 가능성이 더 커진다(Kim, 1996; Yasuda et al., 2011). 부모를 모시려는 좋은 동기에도 불구하고, 이러한 동거는 일반적으로 부부의 결혼생활과 핵가족 전반에 부정적인 영향을 미칠 수 있다. 추(Chu, 2014)는 시어머니와의 동거와 며느리의 행복감 사이에 부정적인 상관관계가 있다는 것을 발견했는데, 이는 함께 거주하게 되면 시어머니와 며느리 사이에 심각한 다툼이 더 많이 발생한다는 말이다. 또한 다세대 가정에서 생활하면 사생활을 보호받기 어렵고, 결혼에 대한 심리적인 압박감을 느끼게 될 수 있다(Kim, 1996). 오 등(Oh et al., 2013)은 가족 내 갈등으로 인한 가족구성원의 우울 증상이 여러 세대가 함께 거주하는 것과 서로 연관되어 있다고 하였다.

특히, 다문화가정 여성의 고부관계는 다음과 같은 차원에서 한국 여성의 고부관계와는 차이가 있다. 첫째, 다문화가정 여성과 시부모는 언어적 불통에 따른 어려움을 겪는다(한건수, 2006). 둘째, 다문화가정 여성은 문화적인 차이로 인하여 어려움을 겪는다. 다문화가정 여성은 한국가정에서의 부부간의 불평등한 관계로 인해 며느리와 아내로서의 역할을 수행하며 힘들어한다. 한국보다 평등한 관계에 익숙한 다문화가정 여성들은 집안에 충실한 아내와 어머니 그리고 며느리로서의 역할만을 강요당하고 경제활동을 제한하려는 가족들, 남편에게 복종할 것을 요구하는 한국문화, 남편의 가사 참여를 막는 시어머니를 이해할 수 없다(김이선, 2008). 또 다른 예로 다문화가정 여성은 한국의 존댓말과 반말 및 어른에 대한 적절한 행동의 어려움을 경험한다(한건수, 2006). 셋째, 결혼이민자 여성은 자신의 특수성으로 인한 어려움을 경험한다. 예를 들어, 한국인 남편이나 시부모는 가난한 나라에서 왔다는 명목하에 며느리의 문화를 무시하고 삶의 양식이나 문화에 관심을 갖지 않는다. 따라서 시어머니는 며느리를 종이나 일꾼 또는 가정부로 여기기도 하며, 그로 인해 시어머니와 며느리 관계는 주인과 노예의 관계라 할 정도의 비인간적인 관계를 형성하기도 한다(구차순, 2007). 한편, 남편들과 시부모들은 며느리가 도망갈 수도 있다고 생각한다. 따라서 남편과 시부모는 아내이자 며느리가 외출하거나 자국민들과 통화하는 것도 감시한다. 특히, 친정이 어려운 부인을 둔 남편과 시부모는 외국인 부인과 며느리에게 경제권을 주지 않는다(한건수, 2006).

2) 고부갈등에서 남편의 역할

동서양을 막론하고 시어머니와 며느리 사이의 관계에는 종종 아들(남편)이 포함되기 때문에 아들(남편)은 고부간의 관계와 갈등에서 중요한 역할을 한다(Fischer, 1983; Kim, 1996; Song & Zhang, 2012). 가부장적인 사회에서는 일반적으로 남편이 부인의 마음을 고려하지 않고 어머니의 편에 서서 부인에게 참으라고 하는 경향을 보인다. 만약 부인이 그 말을 듣지 않으면 남편이 부인을 질책하여 심각한 부부갈등이 발생하게 된다(박소영, 2010). 고부갈등 상황에서 어머니의 편을 드는 남편의 대처는 분쟁을 지속시킬 수 있으며(Rittenour & Soliz, 2009), 부부관계에서도 중압감을 만든다(Wu et al., 2010). 반대로 어머니보다 아내 편을 드는 남편의 지지적 태도와 아내의 결혼만족도 간에는 긍정적인 상관관계가 있는 것으로 나타났다(박소영, 2010; Rittenour & Soliz, 2009; Wu et al., 2010).

3) 시집 문제와 부부폭력

선행연구에 따르면, 아내와 시가 간의 갈등이 부부폭력의 위험성을 증가시킨다고 하였다(Annan & Brier, 2010; Chan et al., 2009; Clark et al., 2010). 시집과의 문제는 부부갈등의 직접적인 원인으로(Annan & Brier, 2010), 특히 시어머니의 간섭이 남편의 아내를 대상으로 한 폭력과 밀접한 관련을 보였다(Clark et al., 2010). 시집과의 갈등과 부부폭력의 관련성은 시부모에게 순응하지 않는 것이 무례하다고 여기는 유교적 규범을 통해 설명할 수 있다(Chan et al., 2008). 아직까지 시부모와의 동거와 부부폭력의 관련성에 대한 연구가 거의 이루어지지 않았지만, 시부모와 함께 거주하면 대부분 시어머니와 며느리 사이의 갈등을 유발할 수 있는 상호작용이 증가한다는 것을 감안하였을 때, 이 역시 관련이 있을 가능성이 높다.

3. 다문화가정의 특징

한국의 다문화가정을 이룬 결혼이주여성들과 가족의 특징으로는 문화적 차이, 결혼 동기에 대한 차이, 부부의 세대 차이를 들 수 있다. 이들의 대부분은 결혼중개업자를 통해 만나기 때문에 결혼 전 상대방을 알 수 있는 충분한 기회를 갖지 못한다. 한편, 다문화가정 부부는 결혼 동기가 서로 다른 경향이 있다. 다문화가정의 여성들은 경제적으로 더 발전한 한국에서 결혼생활을 함으로써 본국에 있는 가족에게 경제적 지원을 하려는 동기가 강하다. 이와 같은 결혼 동기로 인해 결혼생활에서 많은 갈등이 발생한다.

다문화가정은 일반적으로 한국인 남편과 결혼이주한 아내의 나이차가 매우 크다. 이와 같은 연령 차이는 서로의 관심사나 취미 등에서 세대 차이를 유발할 뿐만 아니라 한국인 남편의 가부장적 특권을 강화시켜 부부로서 상호간의 친밀성을 증진하기보다는 위계적인 성 역할만을 요구하게 하는 경향이 있다. 이와 같은 가부장적인 한국인 남편은 경제적 약자인 아내를 부부관계에서 종속된 관계로 만들기도 한다. 한편, 결혼이주 아내의 한국어 및 문화를 배우려는 노력을 강조하는 반면에, 아내의 언어와 문화를 이해하고 배우려는 남편의 노력은 매우 미흡하다. 이는 단순한 문화적 차이에서 오는 갈등을 오히려 뿌리 깊은 관계적 갈등으로 전환시키는 요인이 된다(한재희, 2013).

4. 다문화가족에 대한 가족치료

서로 다른 배경을 가진 내담자를 다룰 때 민족적 요소와 문화적 특징들을 고려하는 것이 중요하다. 아시아 국가들에서는 결혼 문제에서 시집 문제가 차지하는 비중이 높기 때문에 치료사는 다문화부부의 갈등을 다룰 때 고부간의 관계를 탐색해야 할 필요성이 있다(Wu et al., 2010). 또한 치료사는 유교문화권에서 결혼문제를 해결하기 위해서는 밀착된 모자관계의 문제를 다루고, 결혼한 아들의 자아분화를 도울 필요가 있다. 특히 가족치료사로서의 권위와 전문성은 '체면'을 매우 중시하는 아시아 가족들에게 적합하다고 볼 수 있는데, 이 때문에 가족치료가 아시아 다문화가족에게 특히 효과적일 수 있다(Berg & Jaya, 1993). 중국에서는 대체로 가족치료사가 전문가의 역할을 할 것이라고 기대한다(Miller & Fang, 2012). 그들은 치료사가 조언을 하고 정보를 제공하며 문제를 다룰 더 좋은 방법을 제안하는 등 그들의 문제와 관련하여 권위적인 태도를 취하는 것을 선호한다(Wu & Tseng, 1985).

다문화가족치료사는 결혼이주여성들의 문화를 이해해야만 하며, 설사 유교적인 배경을 가지고 있는 유사한 아시아문화권이라 할지라도 한국문화와 다른 배경과 가치관 그리고 독특성이 있음을 인지하고 있어야만 한다. 또한 다문화가족치료사는 심리적 접근뿐만 아니라 내담자를 위한 정부나 공공기관에서 제공하는 공식적인 자원들에 대한 정보를 연계할 수 있어야 한다.

5. 다문화가족에 대한 개입 모델

다문화가족치료사는 부부의 심리적인 문제와 관계적인 어려움뿐만 아니라 문화적 갈등으로 인한 어려움을 이해하고 있어야만 한다. 다문화가족의 갈등의 요인에는 일반적인 부부의 의사소통 방식, 경제적인 문제, 의식주에 관한 기본적인 일상생활과 가치관의 차이, 관습에서 오는 차이, 가족관계뿐만 아니라 다른 언어 사용으로 인한 어려움과 국가 간의 문화와 풍습의 차이가 포함될 수 있다. 특히 시가와 남편의 미분화로 인하여 한국인 부부간에도 갈등이 초래되듯이 다문화가족의 부인들은 한국인 부인들이 겪는 갈등과 충격보다 더 심한 경험을 할 수 있다. 따라서 다문화가족치료사는 개인의 심리적 문제를 다루는 심리치료사의 역할뿐만 아니라 가족관계나 가족구조와 의사소통 방식을 분석하고 개입하는 가족치료사의 역할, 문화적 차이나 갈등을 중재하는 교사의 역할 그리고 문화적 적응을 위해 필요한 사회적 자원을 연결하는 사회복지사의 역할을 할 필요가 있다(한재희, 2013). 보건복지부(2008)와 한재희(2013)가 제안한 다문화가족상담을 위한 개입 모델에 대한 내용을 살펴보면 다음과 같다.

1) 1단계: 상담관계 형성과 문화적 인식

다문화가족 치료사는 내담자와의 관계 형성을 위해서 내담자의 언어적 · 비언어적 메시지에 민감하게 반응해야 하며, 특히 내담자와 상호작용할 때 문화적 차이를 인식해야만 한다. 내담자의 특성, 행동, 정서적 반응과 대인관계적 특성을 문화적 상황 안에서 해석될 때 내담자의 의미가 더욱 분명해질 수 있다. 따라서 치료사는 자신의 가치관과 잠재되어 있는 편견을 인식하고 내담자의 가치관과 세계관을 이해하여만 하며 내담자의 문화적 배경에 맞게 치료 과정을 구성할 필요가 있다.

2) 2단계: 문화적 상황 속에서 문제 파악 및 가설 설정

다문화가족 치료사는 내담자의 문제를 파악하고 가설을 설정할 때 문화적 공정성과 객관성을 유지할 수 있어야 한다. 치료사는 내담자를 상담할 때 자신이 한국인의 순혈주의와 민족주의적 생각하에서 다른 인종에 대한 편견과 차별을 갖고 있지는 않은지를 점검하여야 한다. 문제를 파악하는 과정은 내담자의 경험 속에 있는 패턴과 근원을 치료사와 내담자가 함께 찾아가는 상호작용적인 과정이다(Welfel & Patterson, 2005).

그런데 치료사는 다문화가족의 내담자를 상담할 때 문제 파악과 가설 설정 과정에서 다음과 같은 세 가지 사항을 주의해야만 한다. 첫째, 다문화가족 치료사는 내담자의 문제를 정형화시키지 말아야 한다. 치료사가 내담자의 문제를 정형화시키다 보면 내담자의 독특한 특성을 간과할 수 있다. 둘째, 치료사가 내담자의 문제에 대한 가설을 세울 때 가족체계론적인 관점이나 사회문화적인 요인들을 반드시 고려해야만 한다. 셋째, 치료사는 내담자의 문제에 대한 가설을 세울 때 자신의 민족적인 문화와 배경에 근거한 편견을 볼 수 있어야 한다. 치료사가 자신의 민족적이고 문화적인 편견을 인식하지 못하면 내담자의 저항을 불러일으킬 수 있다. 따라서 다문화가족치료사는 내담자의 행동과 인식이 어떤 문화적인 배경에서 나오는지 이해할 필요가 있다.

3) 3단계: 내담자의 문화적 틀에 적합한 교육상담과 다문화가족 상담적 개입

다문화가족치료사는 문화적으로 내담자의 문제가 심리내적인 문제인지 가족체계와 외부의 상황적인 문제인지에 대한 명확히 인식해야 하며, 이와 같은 요인들이 어떻게 상호작용하는지 파악해야만 한다. 한편, 치료사는 내담자의 문화적 적응 수준을 파악하고 개인상담뿐만 아니라 가족구성원들과의 상담을 시도해야 한다. 다문화가족상담은 내담자의 생활에서 얻을 수 있는 자원과 문화적 적응 수준에 맞춰 목표를 설정할 때 효과성이 나타날 수 있다. 따라서 다문화가족치료사의 개입은 전통적인 치료사의 역할보다 좀 더 적극적으로 돕고 중재할 필요가 있다. 이처럼 다문화가족상담은 내담자로 하여금 문제적 상황에 대처할 때 가능한 선택들에 대해 교육시키고 효과적인 방법을 발견하게 하는 특징을 가지고 있다. 따라서 다문화가족상담은 중재와 교육상담을 비중 있게 다룬다는 점에서 일반 가족상담과 구별이 된다(권수영 외, 2020).

예를 들어, 치료사는 내담자에게 한국의 가족문화와 사회에 대한 적절한 조언과 제안적 교육을 통해 남편과 시가를 포함한 한국인들에 대한 이해의 폭을 넓힐 수 있다. 한편, 다문화가족치료사는 내담자와 문화적 배경이 같은 전통적인 치유자 또는 종교적인 혹은 사회적인 지도자로부터 자문을 얻는 것도 상담에 유용할 수 있다. 치료사가 내담자와 언어적 의사소통 문제가 있을 경우에는 통역자를 동반하여 상담할 필요가 있다. 또한 다문화가족 치료사는 치료사의 역할이 우선이라 할지라도 법률, 복지, 건강전문가와 사회적 시스템을 함께 활용하는 것이 필요하다.

4) 4단계: 문화사회적 네트워크를 통한 역량 강화

다문화가족상담은 문화적 공동체와의 네트워크를 형성하고 통합할 수 있는 내담자의 역량을 강화시키는 데 초점을 두어야 한다. 치료사는 내담자의 자조모임을 통하여 자조모임의 집단원과의 관계 형성을 촉진하고 정서적 지원체계를 도모하며, 문화적 교육을 통하여 역량을 강화시킨다. 네트워크 활동은 복지사업, 다문화가족지원센터, 지역 내 타 기관 주체 상담 프로그램을 위한 연계활동이 중요하며, 자조모임과 방문지도사, 아동양육사 또는 통역사 등의 활동을 체계화한 효과적인 상담 네트워크를 구축할 필요가 있다. 한편, 자녀를 맡길 수 없는 경우와 근무에 제약이 있는 경우의 다문화가족 내담자 및 가족에게 가정방문치료가 활용될 필요가 있다.

6. 사례

1) 한국인 남편과 일본인 부인의 부부치료 사례*

(1) 사례 개요

일본인 부인은 한국에서 대학원을 다니는 동안 현재의 남편을 만났다. 남편은 연애 도중에 군복무를 하였으며, 남편의 군복무 기간 중에 부인이 임신을 하였다. 부인은 석사학위를 마친 뒤 일본의 친정에 돌아가서 출산하였다. 남편은 부인과 아이를 보기 위해 일본에 갔으나 장인, 장모에게 무시를 당하였다. 이후, 남편은 아이 백일 때 일본 처가를 다시 방문했지만 부인이 공항에서 남편에게 이별을 통보하여 귀국하였다. 이와 같은 결혼 전 갈등에도 불구하고 부인은 남편과의 추억을 소중하게 생각했고, 아기와 함께 한국으로 돌아와 남편과 결혼하였다.

결혼생활 과정에서 많은 갈등을 경험한 남편은 상담을 통해 부부갈등과 비효과적인 의사소통의 원인, 그리고 아내와 대화할 때 어려운 이유를 알고 싶다고 하였다. 남편은 만약 부부갈등이 지속된다면 이혼을 고려하고 있다고 하였다. 한편, 부인은 남편과의 잦은 다툼이 가치관의 차이에서 오는 것인지, 자신이 한국에서 사는 것이 싫어서인지, 아니면 성격 차이 때문인지를 알고 싶어 하였다. 부인은 결혼생활을 지속해야 할지, 이혼을 선택해야 할지를 알고자 가족치료를 요청하였다.

(2) 부부갈등에 영향을 미친 요인

부부갈등을 유발한 촉발 사건들과 잠재적 요인들이 부부갈등과 관련이 있는 것으로 나타났다.

① 촉발 사건: 세 가지 사건

부부갈등을 촉발한 요인으로 세 가지의 사건이 있었다. 첫째, 일본에서 자녀가 태어났을 때 장인과 장모가 남편이 집에 들어오는 것을 허락하지 않았던 사건이 있었다. 둘째, 부인이 일본에서 한국에 돌아오기 전에 남편에게 유리젖병, 면 아기 이불과 면 아기 옷을 부탁하였는데, 남편은 고무젖병, 나일론이 섞인 이불과 옷을 준비하였다. 이 사건을 계기로 부인은 남편이 자녀를 적절히 보호할 수 없는 아버지라고 판단하였다. 셋째,

---

* 이 사례의 가족치료 과정은 알고 싶다면 Park, T. Y., & Park Y. J. (2019). Contributors influencing marital conflicts between a Korean husband and Japanese wife. *Contemporary Family Therapy*, *41*(2), 157-167을 참고하기 바란다.

부인은 자신과 아이가 먹을 음식과 남편이 먹을 음식을 다르게 준비하였고(예: 딸기와 후리가케), 이처럼 차별하는 부인으로 인해 남편은 소외감을 느끼고 집에서 음식을 먹는 것도 부인의 눈치를 보게 되었다. [그림 4-1]은 부부갈등에 영향을 미친 요인에 대한 네트워크이다.

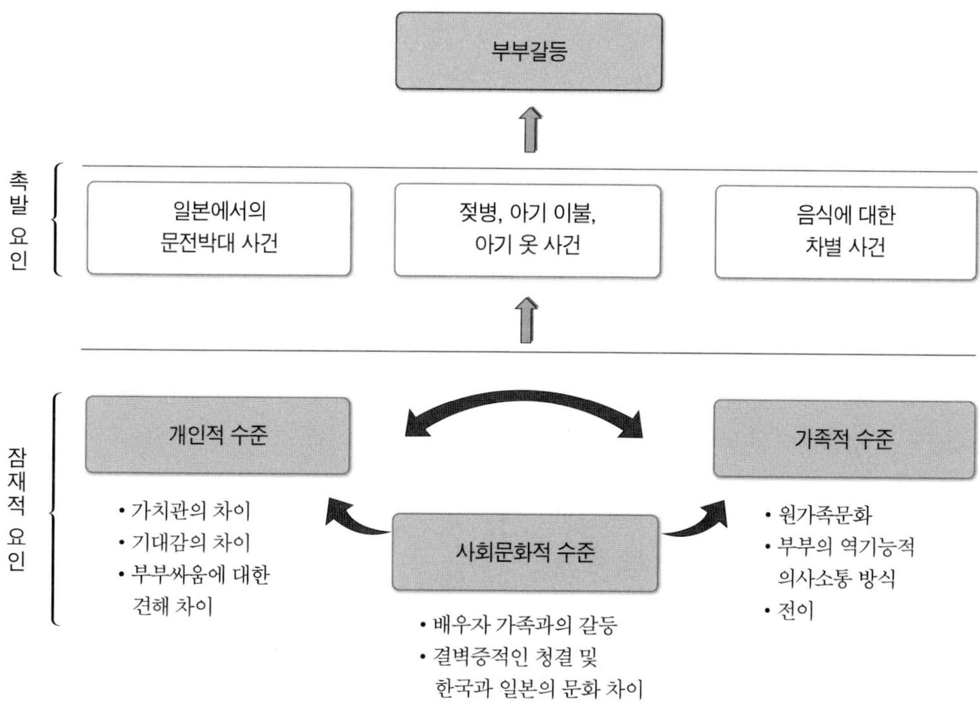

[그림 4-1] 부부갈등에 영향을 미친 요인에 대한 네트워크

■ 일본에서의 문전박대 사건

남편은 장인과 장모로부터 굴욕을 당했을 때 어린 시절 어머니에게서 무시당했던 기억이 떠올랐다. 어린 시절 남편의 어머니는 동생을 편애했고 남편은 조부모에게 보내졌다.

■ 젖병, 아기 이불, 아기 옷 사건

부인은 자신이 부탁한 젖병, 이불, 옷을 남편이 제대로 챙기지 못했을 때 자녀에 대한 배려심이 없다고 생각하였고 미흡한 역할을 했던 친정아버지에 대한 경험이 남편과의 관계에 전이되었다. 이로 인하여 부인은 남편에게 많은 실망을 하였다. 또한 젖병, 이불, 옷 등 유아용품의 위생에 대한 문화적 차이와 원가족에서의 문화적 차이도 부부갈등에 영향을 미쳤다.

■ 음식에 대한 차별 사건

부인이 음식으로 남편과 자녀를 차별했던 모습에서 남편은 어머니가 자신을 동생과 차별했던 기억을 떠올렸다.

② 잠재적 요인: 세 가지 요인

부부갈등을 일으킨 잠재적 요인은 세 가지 요인으로 나타났다. 구체적으로 살펴보면 개인 요인(가치관의 차이, 기대감의 차이, 부부싸움에 대한 견해 차이), 가족 요인(원가족 문화, 부부의 역기능적 의사소통 방식, 전이), 사회문화 요인(배우자 가족과의 갈등, 결벽증적인 청결 및 한국과 일본의 문화 차이)이 발견되었다.

■ 개인 요인

– 가치관의 차이

부부는 의식주, 교육, 돈 쓰는 방식 그리고 양육 방식에서 차이가 있었다.

– 기대감의 차이

부인은 남편의 역할에 대한 불만을, 남편 역시 부인이 시가에 하는 행동에 불만을 가지고 있었다.

– 부부싸움에 대한 견해 차이

부인은 부부가 다투는 것을 사소한 일로 여겼으나 남편은 싸우는 것을 회피하였다.

■ 가족 요인

– 원가족문화

부인의 원가족문화는 친척관계가 단절되었으며, 부모가 정치적 활동을 하여 사회에 대하여 비판적이었다. 그러나 남편은 부인이 지나치게 까다롭다고 느꼈다. 그리고 부인의 단절된 친인척관계로 인하여 부인은 시집을 너무 자주 방문한다고 생각하였다. 부인은 시집식구들이 과도하게 관여하는 것을 이해할 수 없었다.

한편, 남편은 어머니와 안정적인 관계를 형성하지 못하였다. 남편의 아버지는 남편이 어릴 때부터 외국에서 일하였기 때문에 남편은 아버지 역할에 대한 모델이 없었다.

또한 남편은 대화가 없는 가정에서 성장하였고, 조부의 공격적인 양육 방식을 습득하였다.

-부부의 역기능적 의사소통 방식

남편은 대화를 회피하고 과거 이야기를 반복하였고, 부인은 극단적이고 비일관적인 표현을 하였으며, 부부가 서로 차갑고 답답한 표현 방식을 사용하였다. 이와 같은 부부의 효과적이지 못한 의사소통 방식은 부부의 원가족 간의 문화적 차이를 절충하는 데 도움이 되지 못하였고 결과적으로 부부갈등을 유지하고 악화시켰다.

-전이

부인이 남편을 가족으로부터 소외시킬 때(예: 냉장고에 있는 딸기나 후리카케를 못 먹게 하는 등), 남편은 아내의 모습에서 어린 시절에 자신만 소외시켰던 어머니와 동생의 모습을 느꼈다.

■ 사회문화 요인

남편은 부인이 시집 식구에게 예의가 없다고 느꼈으며, 시어머니에게 지나치게 강하게 표현하는 것에 불만이 있었다. 이 밖에 자녀의 의식주에 대한 부인의 까탈스러운 기준도 부부갈등에 영향을 미쳤다. 일본문화는 일반적으로 한국문화보다 청결에 더 많은 가치를 두는데, 이와 같은 문화적 차이는 아내가 가진 까탈스러움을 설명할 수 있다. 부부는 청결 상태에 대한 기준이 서로 달랐다. 청결을 중요시하는 일본문화와 가족의 영향으로 부인은 시어머니의 청결 기준을 받아들이기 어려웠다. 한편, 남편은 부인이 위생 상태에 지나치게 꼼꼼하다고 생각하였다. 이러한 청결에 대한 서로 다른 기준을 절충하기 위해 부부가 사용했던 방식은 오히려 부부의 갈등관계를 악화시켰다.

2) 한국인 남편과 중국인 부인의 부부치료 사례*

(1) 사례 개요

가족상담에 참여한 대상은 남편(한국인, 49세)과 부인(중국인, 30세)이며, 내담자 가족은 부부, 시어머니 그리고 두 명의 자녀로 구성되었다. 시어머니는 첫 번째 남편과 사별

* 이 사례의 가족치료 과정을 알고 싶다면 Park, T. Y., & Park Y. H. (2019). Living with an in-law and marital conflicts: A family therapy case study. *Journal of Asia Pacific Counselling, 9*(2), 73-89를 참고하기 바란다.

한 후 재혼하여 장남(남편)을 낳았고, 현재는 결혼한 아들 내외와 동거하고 있다. 남편의 주호소 문제는 고부갈등으로 인해 발생하는 부부갈등이었다. 결혼 초기에는 부부관계와 고부관계 모두 괜찮았지만 시간이 지날수록 시어머니가 며느리를 질투하고 적대시하였다. 시어머니는 아들의 관심과 사랑을 되찾기 위해 부부를 갈라놓으려 하였다. 이로 인해 부인과 시어머니 사이에 말다툼이 잦았고, 이는 부부갈등의 원인이 되었다. 그렇지만 시어머니가 없을 때 부부의 결혼생활은 만족스러웠다. 남편은 시어머니와 부인이 다툴 때 항상 시어머니의 편을 들어주는 마마보이였고 부인에게 신체적 폭력을 행사하기도 하였다. 부인은 남편에게 사랑받지 못한다고 느끼는 동시에 시어머니에게도 극도로 스트레스를 받았고, 남편이 상담을 의뢰하였을 때는 이미 이혼을 고려하고 있었다.

(2) 부부갈등에 영향을 미친 요인

이 사례의 부부갈등에 영향을 미친 요인은 촉발 요인과 잠재 요인으로 나타났다.

① 촉발 요인

부부갈등을 유발한 촉발 요인으로 시어머니와의 동거, 경제적 문제, 남편의 도박 문제, 남편의 폭력 및 부인의 성욕 상실이 나타났다. 부인은 결혼 초기에는 시어머니와 괜찮은 관계를 유지하고 있었는데, 고부갈등은 시어머니가 청각장애가 있는 손자를 돌보기 시작한 후에 발생하였다. 한편, 남편은 결혼 전에 했던 도박을 다시 하기 시작했는데, 남편의 도박은 부부갈등을 악화시켰다. 또한 부인에 대한 남편의 폭력은 부부의 성관계에 부정적인 영향을 미쳤다.

② 잠재 요인

부부갈등과 고부갈등에 영향을 미친 잠재적 요인에는 원가족 경험, 역기능적 의사소통 방식, 전이 그리고 가족 및 사회 문화의 차이가 포함되었다.

■ 원가족 경험

남편의 원가족 경험에는 아버지의 폭력, 부모의 갈등, 어머니와의 밀착관계가 있었다. 한편, 부인의 원가족 경험은 원가족으로부터 해결되지 못한 감정, 어머니의 잔소리와 폭력 그리고 남동생과의 갈등이 나타났다.

–남편의 원가족 경험

남편의 아버지는 음주 후에 폭력을 휘둘렀으며, 부모의 부부갈등으로 인해 남편은 어머니와 밀착되어 삼각관계를 형성하였다. 결혼생활 동안 부인은 남편이 어머니와 정서적으로 분리되지 못할 것이라고 느꼈다. 반면, 남편은 부인을 시어머니와 갈등을 일으키는 트러블메이커라고 생각하였다.

–부인의 원가족 경험

부인은 친정아버지의 주사와 심한 비난, 친정어머니의 잔소리와 신체적 학대로 고통받았다. 또한 부인은 남동생과 사이가 좋지 않았으며 가족으로부터 지지를 받지 못했기 때문에 자아존중감이 낮았고, 항상 자신이 희생당하고 있다고 생각하였다. 갈등 상황에서 남편과 시어머니가 자신을 무시할 때 부인은 원가족으로부터 해결되지 못한 감정으로 인하여 분노조절이 안 되었다.

■ 역기능적 의사소통 방식

남편은 부인을 책망하고, 시어머니의 편을 들었으며, 부인에게 무반응으로 대처하기도 하였다. 부인은 남편에게 대항하였고 심술궂은 행동을 하였다. 시어머니는 며느리를 시기하였고, 아들(남편)에게 고자질하였으며, 며느리에게 잔소리를 하였다.

–남편

남편은 부인이 자신과 시어머니에게 순종하지 않고, 요리를 잘하지 못한다는 이유로 어머니의 편을 들며 부인을 비난하였고 폭력을 행사하였다. 부인을 학대하는 남편의 방식은 자신의 아버지가 어머니와 자신한테 썼던 방식과 매우 유사한 것으로 나타났다. 한편, 남편이 부인에게 표현하는 방식은 부인의 친정부모의 방식과 유사한 것으로 나타났다.

–부인

부인은 시어머니와 남편에게 대항하면서 의도적으로 도발적인 표현을 사용하여 그들을 자극하였다.

–시어머니

시어머니는 며느리를 질투하였고, 아들에게 며느리를 고자질하여 부부관계에 부정적인 영향을 미쳤다. 며느리는 시어머니의 잔소리에 화가 났다.

■ 전이

남편은 다혈질적인 부인의 모습에서 쉽게 화를 내는 아버지와 여동생의 모습을 연상하였고, 반면에 부인은 종종 남편이 자신의 친정부모처럼 자신을 질책한다고 느꼈다.

■ 가족 및 사회 문화

한국과 중국 모두 가부장적 문화를 가지고 있고, 부모는 딸보다 아들을 더 선호하며 장남을 맹목적으로 편애하는 경향이 있다. 이 가족치료 사례의 경우, 부인과 남편의 원가족 모두 가부장적이고 남아선호사상의 문화를 가지고 있었다. 아들만 편애하는 가정에서 성장한 부인은 "여자로 태어나지 말았어야 하였다."라는 금지령을 가지고 있었다. 남편은 장남으로서 가정에서 모든 권위를 누리며 성장하였다. 따라서 한국문화와 중국문화 안에서 원가족에서 미해결된 정서와 한국과 중국 문화에서 오는 가부장적인 면과 남아선호사상으로 인한 여성의 피해의식이 부부갈등을 유발한 요인이라고 보인다. [그림 4-2]는 부부갈등에 영향을 미친 요인들에 대한 네트워크이다.

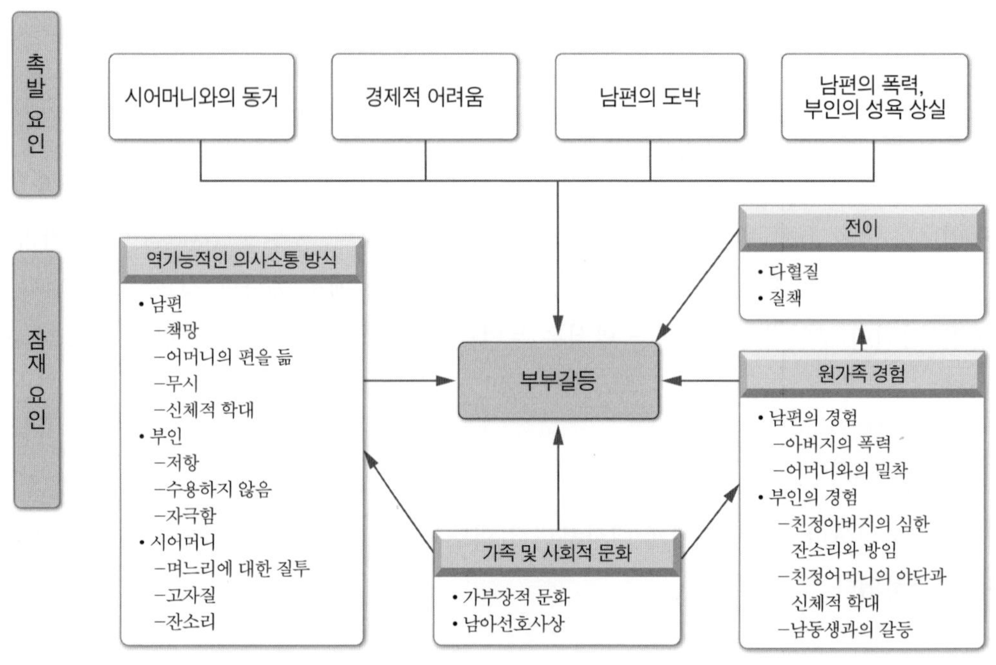

[그림 4-2] 부부갈등에 영향을 미친 요인에 대한 네트워크

3) 한국인 남편과 캄보디아인 부인의 부부치료 사례*

(1) 사례 개요

이 사례는 시어머니(70세)와 동거하고 있는 한국인 남편(47세)과 캄보디아인 부인(21세)에 대한 가족치료 사례이다. 가족치료사는 캄보디아인 부인이 한국어가 서툴러 종합사회복지관에서 파견된 통역사와 사례관리를 담당하고 있는 사회복지사와 함께 상담을 진행하였다. 남편은 부인을 의심하며 지나치게 통제하고 집착하였다. 부인은 남편이 경제적으로 통제하고, 일도 못하게 할 뿐만 아니라 친척들을 못 만나게 하여 매우 힘든 생활을 하였다. 남편은 부인의 모국인 캄보디아문화에 대해 왜곡된 시각을 가지고 있었고 부인의 문화를 무시하였다. 부인은 남편이 매우 가부장적이고 한국문화에 순응하라고 강요하여 매우 힘들어하였다.

(2) 다문화 부부갈등에 영향을 미친 요인

① 다문화 부부갈등에 영향을 미친 표면적 요인

다문화 부부갈등에 영향을 미친 표면적 요인으로 부인의 거짓말이 있었는데, 이러한 부인의 거짓말은 남편의 집착과 의심으로 인해 발생하게 되었다. 그리고 남편의 집착과 의심을 피하기 위해 사용했던 거짓말은 남편의 집착과 의심을 더욱 강화하여 부부갈등을 더욱 심화시켰다.

② 다문화 부부갈등에 영향을 미친 개인 요인

다문화 부부갈등에 영향을 미친 개인 요인은 왜곡된 인지구조, 불안정한 정서, 극단적 대응으로 남편과 아내 모두에게 해당하는 요인이다. 이러한 개인 요인은 표면적 요인에 직접적으로 영향을 미쳐서 부부갈등이 발생하도록 만든 이차적인 요인이라고 이해할 수 있다. 이에 관련된 구체적인 내용은 다음과 같다.

■ 왜곡된 인지구조

남편과 아내 모두 왜곡된 인지구조를 가지고 있었다. 남편의 경우에 자기중심적 사고

---

* 이 사례의 가족치료 과정을 알고 싶다면 Park, T. Y., & Moon H. R. (2016). Analysis on the factors influencing marital conflicts of a Cambodian woman in Korea: A family therapy case study. Joint World Conference on Social Work, Education and Social Development 2016, p. 157을 참고하기 바란다.

와 편집증적 사고가 두드러지게 나타났다. 남편은 자신만 옳고 다른 사람들은 틀리다는 자기중심적 사고를 가지고 있었고, 사소한 일에도 트집을 잡아 부인을 의심하는 편집증적인 사고를 가지고 있었다.

부인 또한 왜곡된 인지구조로 자기중심적 사고를 가지고 있었고 자기합리화를 하였다. 부인은 어린 시절부터 하고 싶은 일은 꼭 해야 하는 성향을 가지고 있었고, 성인이 된 후에도 남편이 자신의 뜻대로 따라오지 않으면 화를 내곤 하였다. 또한 자신의 행동에 대하여 '어쩔 수 없는 것'이라고 자기합리화하는 모습도 보였는데, 이러한 사고는 특히 표면적 요인인 거짓말과 연관된 것으로 보인다.

■ 불안정한 정서

남편은 분노조절을 잘 하지 못해 화가 나면 주체를 못하였고, 친구들보다 뒤처진 현실을 받아들이지 못하고 30대 중반이 될 때까지 의대 입학시험을 준비하는 과정 등을 통해 자격지심이 매우 강해졌다. 이와 같은 남편의 불안정한 정서는 부인에 대한 집착과 의심으로 이어졌던 것으로 보인다.

부인은 어린 나이에 타국에서 고립된 생활을 하였다. 남편은 정서적으로 고립된 부인에게 더욱 집착하여 부인의 정서적 고립 상태가 더욱 심해졌다. 상담에 참관했던 다문화기관 사회복지사는 부인이 정서적 고립 상태로 인해 친척들과의 연락에 집착하고 있다고 설명하였다.

■ 극단적 대응

남편과 부인은 서로 극단적인 대응을 하였다. 남편은 화가 날 때 폭력적이었고, 부인에 대한 집착과 의심으로 인해 핸드폰을 압수하거나 외출을 못하게 하였다. 이러한 남편의 대응 방식으로 부인은 핸드폰에 더욱 집착하였다. 부인 또한 화가 났을 때 폭력적이었고, 분노를 주체하지 못하고 졸도를 하였다. 이러한 극단적인 대응은 남편을 자극하였고, 이와 같은 악순환적인 패턴은 강화되었다.

③ 다문화 부부갈등에 영향을 미친 가족 요인

남편과 부인의 원가족에서의 경험이나 그와 관련하여 발생하는 '전이'는 개인 요인과 표면적 요인 모두에 영향을 미친다. 이에 관련된 구체적인 내용은 다음과 같다.

■ 원가족 경험

남편은 가부장적인 가족문화에서 장남 대우를 받아왔다. 남편의 아버지는 남편에게 폭력적이었고 남편을 통제하였는데, 남편 또한 아버지의 성향을 가지고 있었다. 부인의 원가족은 허례허식을 중시하고 허영심을 가지고 있었다. 부인의 부모는 돈이 없더라도 자식들에게 원하는 것을 해 주었다. 이러한 가족문화는 부인의 자기중심적인 사고나 자기합리화 등 왜곡된 인지구조 형성에 영향을 미친 것으로 보인다.

■ 전이

남편은 동생의 거짓말 때문에 부인의 거짓말에 더 격하게 반응하였고, 어머니의 모호한 태도나 요구를 들어주지 않는 모습을 부인에게서도 발견하였다. 부인은 둘째 오빠의 잔소리와 남편의 잔소리를 유사하게 느끼면서 남편의 잔소리를 견디기 힘들어하였다.

④ 다문화 부부갈등에 영향을 미친 사회문화적 요인

다문화 부부갈등에 영향을 미친 사회문화적 요인은 특히 국제결혼과 관련된 요인들로 구성되었다. 한국의 국제결혼은 매우 독특한 사회문화적인 특성을 가지고 있으며, 이러한 특성은 부부갈등에 직접적인 영향을 미치는 것으로 보인다. 이에 관련된 구체적인 내용은 다음과 같다.

■ 매매혼의 특성

한국의 국제결혼은 대체적으로 매매혼의 성격을 띠고 있어서 시간을 두고 상대방을 알아 가기가 어렵기에, 다문화가정 부부들은 왜곡된 정보를 가지고 결혼에 임하는 경우가 많다. 부인은 이전에 국제결혼을 했던 지인들의 이야기를 들으며 한국에서 경제적으로 여유가 있을 것이라고 기대하였으나 남편의 경제적 수준은 이에 미치지 못하였다. 남편은 국제결혼을 연결해 준 기관에서 순종적인 여성과 결혼하게 될 것이라고 하였으나, 막상 결혼한 부인은 기대와 다른 성격이었다. 이와 같이 왜곡된 정보로 인하여 부부갈등이 발생하게 되었다. 또한 '매매혼'이기 때문에 한국인 남성은 국제결혼기관에 처가에 상당한 금액을 제공하였다. 이로 인하여 남편은 송금에 대한 부담감을 느끼게 되었고, 이는 부부갈등의 중요한 요소가 되었다.

■ 왜곡된 국제결혼문화

다문화가정의 한국인 남편들은 독자적인 커뮤니티를 형성하고 서로 정보를 주고받는

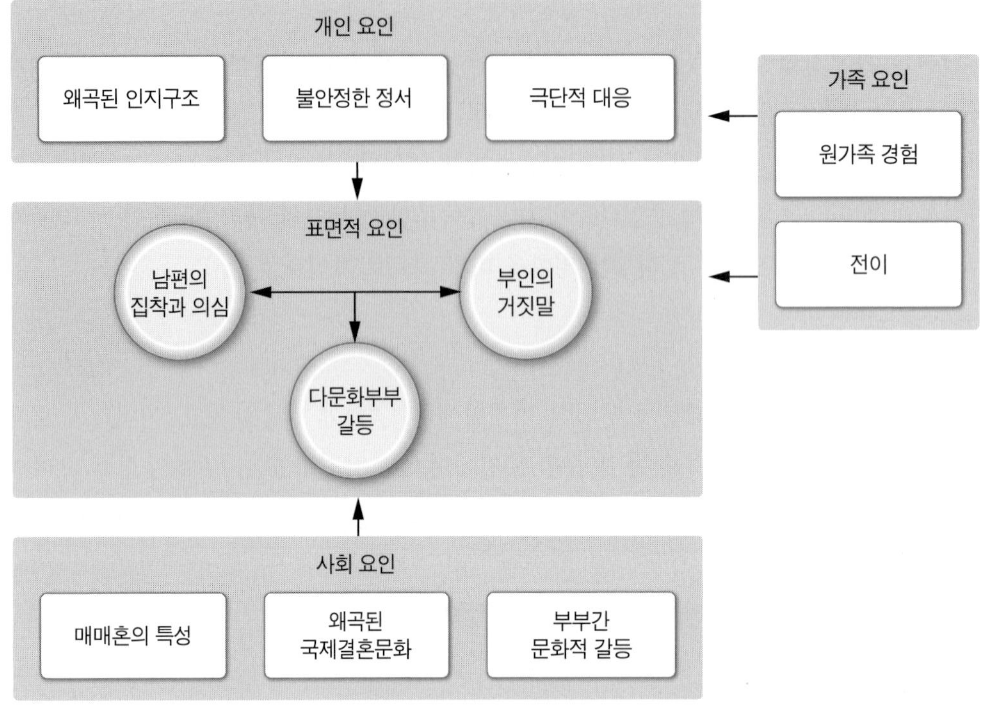

[그림 4-3] 다문화 부부갈등에 영향을 미친 요인에 관한 네트워크

데, 이 커뮤니티가 왜곡되어 있는 경우가 많다. 남편들로만 구성된 왜곡된 커뮤니티에서는 외국인 부인에 대해 부정적으로 편향된 정보만을 공유하며, 남편은 이를 자신의 부부관계에 대입해 부인을 일방적으로 매도하는 경향이 있다. 이러한 왜곡된 커뮤니티는 다문화 부부갈등을 발생시키는 중요한 요인이라고 볼 수 있다.

한국의 다문화부부의 경우 심리적인 불균형이 형성될 수밖에 없는데, 이 또한 부부갈등에 영향을 미치게 되었다. 한국인 남편은 자신이 비용을 지불하였다는 점 그리고 그들이 살고 있는 곳이 한국이라는 점 등으로 인해 심리적 우위를 차지하였다. 반면, 외국인 부인은 국적을 취득하기 전에는 한국에서 운신이 자유롭지 못하며, 국적 취득에 남편의 적극적인 협조가 필요하기 때문에 심리적 종속 상태에 놓이게 되었다.

■ 부부 간 문화적 갈등

국제결혼이기 때문에 발생하는 부부간의 문화적 갈등 역시 부부갈등의 요인이 되었다. 특히 캄보디아처럼 한국보다 상대적으로 경제적 · 사회적 수준이 낮다고 판단되는 국가에서 온 여성의 경우, 자신의 문화를 제대로 인정받지 못하고 무시를 당하는 경우가 비일비재하다. 반면, 외국인 부인이 한국 생활에 적응하면서 그 문화에 대하여 배타적인 태도를 취하는 것 역시 문화적 갈등의 한 부분이라고 할 수 있다.

⑤ 다문화 부부갈등에 영향을 미친 요인에 관한 네트워크

다문화 부부갈등에 영향을 미친 요인에 관한 네트워크는 [그림 4-3]과 같다.

참고문헌

구차순(2007). 결혼이주여성의 다문화가족 적응에 관한 연구. 한국가족복지학, 20, 319-359.

권수영, 박태영, 신혜종, 안미옥, 오화철, 이진희, 이현숙, 이화자, 전명희, 정병호, 조은숙, 최규련(2020). 한국 가족을 중심으로 한 부부·가족상담 핸드북. 학지사.

김미원(2007). 여성결혼이민자 가족의 적응력 향상을 위한 지원정책의 방향. 한영논총, 11, 353-374.

김승권, 김유경, 조애저, 김혜련, 이혜경, 설동훈, 정기선, 심인선(2010). 2009 전국 다문화가족 실태조사 연구. 한국보건사회연구원.

김오남(2006). 여성결혼이민자의 부부갈등 및 학대에 관한 연구: 사회문화적 요인을 중심으로. 한국가족사회복지학, 18, 33-76.

김이선(2008). 결혼이주여성의 문화적 갈등과 소통 경험을 통해 본정신건강의 역동성. 한국심리학회 학술대회 자료집, 2008(1), 27-51.

문성식, 김이진, 김연경, 김민주(2012). 다문화가정의 이해: 결혼이민가정의가정폭력, 자녀왕따. 학습부진. 에담.

박소영(2010). 고부관계에서 남성의 역할에 관한 연구. 한국가족복지학, 28, 151-186.

박재규(2007). 농촌지역 국제결혼 이민자 여성의 이혼의사에 영향을 미치는 요인분석. 농촌사회, 17(2), 1-20.

박태영, 김선희(2012). 부부갈등 해소를 위한 치료적 개입의 효과에 관한 사례연구. 한국가족복지학, 17(1), 31-60.

박태영, 김선희, 유진희, 안현아(2012). 이혼위기에 있는 부부에 대한 가족치료 다중사례연구. 한국가족치료학회지, 20(1), 23-56.

박태영, 김혜선, 김태한(2010). 남편의 원가족과 갈등 겪는 부부들의 가족치료 사례연구. 한국가족관계학회지, 15(3), 43-66.

박태영, 문정화(2010). 이혼위기로 인한 부인의 우울증과 아들의 학습문제 해결을 위한 가족치료 사례연구. 한국가족치료학회지, 18(1), 27-61.

박태영, 은선경(2010). 다문화가족의 가족치료 사례연구: 일본인 아내와 한국인 남편의 부부치료. 한국가족복지학, 30, 167-196.

보건복지부(2008). 다문화가족 상담가이드북.

설동훈, 김윤태, 김현미, 윤홍식, 이혜경, 임경택, 정기선, 주영수, 한건수(2005). 국제결혼 이주여성 실태조사 및 보건 · 복지 지원 정책방안. 보건복지부.

신영화(2002). 한국인 남편과 조선족 아내의 부부문제. 가족과 가족치료, 10, 1-24.

윤정숙(2004). 국제결혼을 통한 이주여성과 가정폭력. 한국여성학회 춘계학술대회 자료집.

이금연(2003). 국내 국제결혼과 그 이해: 실태와 문제점을 중심으로. 국제결혼과 여성폭력에 관한 정책제안을 위한 원탁토론회 자료집. 안양전진상복지관 이주여성쉼터.

이영분, 이유경(2009). 여성결혼이민자의 자아분화에 따른 결혼만족도 연구. 한국가족복지학, 26, 63-86.

이지영, 이미진(2009). 결혼이민자 여성의 고부관계와 수발의식. 노인복지연구, 46(겨울호), 127-156.

전국다문화가족사업지원단(2008). 2008 다문화가족 방문교육사업 결과보고서.

조성경, 최연실(2006). 결혼초기 기혼남녀의 원가족특성과 갈등 및 상담요구의 관계. 가정과삶의 질연구, 24(5), 17-35.

조지용, 박태영(2011). 갈등으로 인한 이혼위기를 경험하고 있는 부부의 부부치료 사례연구. 한국가족치료학회지, 19(2), 41-62.

중앙건강가정지원센터(2007). 2007 결혼이민자가족지원센터 사업운영 결과보고서.

채옥희, 홍달아기(2005). 국제결혼부부의 갈등과 대처에 관한 연구. 생활자원개발연구, 7, 1-17.

천정웅, 이형하, 이승민, 이정희(2015). 이민다문화 가족복지론. 양서원.

천혜정, 김양호(2007). 기혼자와 이혼자의 결혼 및 이혼과정 차이. 한국가족복지학, 12(3), 5-23.

통계청(2022). 2020, 2019 혼인 · 인혼통계. https://kostat.go.kr/wnsearch/search.jsp

한건수(2006). 농촌 지역 결혼 이민자 여성의 가족생활과 갈등 및 적응. 한국문화인류학, 39(1), 195-243.

한재희(2013). 한국적 다문화상담. 학지사.

홍달아기, 채옥희(2006). 사례로 본 여성결혼이민자의 가정생활실태와 갈등. 한국생활과학회지, 15(5), 729-741.

Annan, J., & Brier, M. (2010). The risk of return: Intimate partner violence in Northern Uganda's armed conflict. *Social Science & Medicine, 70*(1), 152-159.

Berg, I. K., & Jaya, A. (1993). Different and same: Family therapy with Asian American families. *Journal of Marital and Family Therapy, 19,* 31-38.

Bryant, C. M., Conger, R. D., & Meehan, J. M. (2001). The influence of in-laws on change in marital success. *Journal of Marriage and Family, 63*(3), 614-626.

Chan, K. L., Brownridge, D. A., Tiwari, A., Fong, D. Y., & Leung, W. C. (2008). Understanding violence against Chinese women in Hong Kong an analysis of risk factors with a special emphasis on the role of in-law conflict. *Violence Against Women, 14*(11),

1295–1312.

Chan, K. L., Tiwari, A., Fong, D. Y., Leung, W. C., Brownridge, D. A., & Ho, P. C. (2009). Correlates of in-law conflict and intimate partner violence against Chinese pregnant women in Hong Kong. *Journal of Interpersonal Violence, 24*(1), 97–110.

Chu, S. Y. (2014). Influence of living with parents on marrieds' happiness. *Modern Economy, 5*(1), 11–20.

Clark, C. J., Silverman, J. G., Shahrouri, M., Everson-Rose, S., & Groce, N. (2010). The role of the extended family in women's risk of intimate partner violence in Jordan. *Social Science & Medicine, 70*(1), 144–151.

Cross, S. E., & Madson, L. (1997). Models of the self: Self-construals and gender. *Psychological Bulletin, 122*(1), 5–37.

Fischer, L. R. (1983). Mothers and mothers-in-law. *Journal of Marriage and the Family, 45*(1), 187–92.

Igarashi, T., Kashima, Y., Kashima, E. S., Farsides, T., Kim, U., Strack, F., … & Yuki, M. (2008). Culture, trust, and social networks. *Asian Journal of Social Psychology, 11*(1), 88–101.

Karis, T. A., & Killian, K. D. (2008). *Intercultural couples: Exploring diversity in intimate relationships.* New York: Routledge.

Killian, K. D. (2013). *Interracial couples, intimacy and therapy: Crossing racial borders.* New York: Columbia University Press.

Kim, M. H. (1996). Changing relationships between daughters-in-law and mothers-in-law in urban South Korea. *Anthropological Quarterly, 69*(4), 179–192.

Kim, B. L. C., & Ryu, E. (2005). Korean families. In M. McGoldrick, J. Giordano, & N. Garcia-Preto (Eds.), *Ethnicity and family therapy* (pp. 349–362). New York: Guilford Press.

Korea Legal Aid Center for Family Relations. (2002). Summary of counseling statistical analysis. *Family Counseling, 3,* 5–7.

Lee, E. (2005). Chinese families. In M. McGoldrick, J. Giordano, g N. Gracia-Preto (Eds.), *Ethnicity & family therapy* (pp. 302–318). New York: The Guilford Press.

Lee, M. Y., & Mjelde-Mossey, L. (2004). Cultural dissonance among generations: A solution-focused approach with East Asian elders and their families. *Journal of Marital and Family Therapy, 30(4),* 497–513.

Liu, L., Zhao, X., & Miller, J. K. (2014). Use of metaphors in Chinese family therapy: A qualitative study. *Journal of Family Therapy, 36*(1), 65–85.

Marotz-Baden, R., & Cowan, D. (1987). Mothers-in-law and daughters-in-law: The effects of proximity on conflict and stress. *Family Relations, 36*(4), 385–90.

Maruyama, H., Ujiie, T., Takai, J., Takahama, Y., Sakagami, H., Shibayama, M., …… Moriizumi, S. (2015). Cultural difference in conflict management strategies of children and its development: Comparing 3-and 5-year-olds across China, Japan, and Korea. *Early Education and Development, 26*(8), 1210–1233.

Miller J. K., & Fang, X. (2012). Marriage and family therapy in the People's Republic of China: Current Issues and Challenges. *Journal of Family Psychotherapy, 23,* 173–183.

Nichols & Davis, M. P., & Davis, S. D. (2016). *Family therapy: Concepts and methods* (11th ed.). Essex, EN: Pearson.

Oh, D. H., Kim, S. A., Lee, H. Y., Seo, J. Y., Choi, B. Y., & Nam, J. H. (2013). Prevalence and correlates of depressive symptoms in Korean adults: Results of a 2009 Korean community health survey. *Journal of Korean Medical Science, 28*(1), 128–135.

Orbuch, T. L., Bauermeister, J. A., Brown, E., & McKinley, B. D. (2013). Early family ties and marital stability over 16 years: The context of race and gender. *Family Relations, 62*(2), 255–268.

Park, T. Y. & Moon, H. R. (2016). Analysis on the factors influencing marital conflicts of a Cambodian woman in Korea: A family therapy case study. Joint World Conference on Social Work, Education and Social Development 2016, p. 157.

Park, T. Y., & Park Y. H. (2019a). Living with an in-law and marital conflicts: A family therapy case study. *Journal of Asia Pacific Counselling, 9*(2), 73–89.

Park, T. Y., & Park Y. J. (2019b). Contributors influencing marital conflicts between a Korean husband and Japanese wife. *Contemporary Family Therapy, 41*(2), 157–167.

Rittenour, C., & Soliz, J. (2009). Communicative and relational dimensions of shared family identity and relational intentions in mother-in-law/daughter-in-law relationships: Developing a conceptual model for mother-in-law/daughter-in-law research. *Western Journal of Communication, 73*(1), 67–90.

Sereny, M. (2011). Living arrangements of older adults in China: The interplay among preferences, realities, and health. *Research on Aging, 33*(2), 172–204.

Shibusawa, T. (2005). Japanese families. In M. McGoldrick, J. Giordano, & N. Garcia-Preto (Eds.). *Ethnicity and family therapy* (pp. 339–348). New York: Guilford.

Silverstein, J. L. (1992). The problem with in-laws. *Journal of Family Therapy, 14*(4), 399–412.

Song, Y., & Zhang, Y. B. (2012). Husbands' conflict styles in Chinese mother/daughter-in-law conflicts: Daughters-in-law's perspectives. *Journal of Family Communication, 12*(1), 57–74.

Takagi, E., & Silverstein, M. (2006). Intergenerational coresidence of the Japanese elderly: Are cultural norms proactive or reactive?. *Research on Aging, 28*(4), 473-492.

Takagi, E., & Silverstein, M. (2011). Purchasing piety? Co-residence of married children with their older parents in Japan. *Demography, 48*(4), 1559-1579.

Welfel, E. R., & Patterson, L. E. (2005). *The counseling process: A multitheoretical integrative approach*. New York: Brooks/Cole.

Wu, D. Y., & Tseng, W. S. (1985). Introduction: The characteristics of Chinese culture. In W. S. Tseng, & D. Y. H. Wu (Eds.), *Chinese culture and mental health* (pp. 3-13). New York: Academic Press.

Wu, T. F., Yeh, K. H., Cross, S. E., Larson, L. M., Wang, Y. C., & Tsai, Y. L. (2010). Conflict with mothers-in-law and Taiwanese women's marital satisfaction: The moderating role of husband support. *The Counseling Psychologist, 38*(4), 497-522.

Yasuda, T., Iwai, N., Yi, C. C., & Xie, G. (2011). Intergenerational co-residence in China, Japan, South Korea and Taiwan: comparative analyses based on the East Asian social survey 2006. *Journal of Comparative Family Studies, 42*(5), 703-722.

Yi, J. S., & Park, S. (2003). Cross-cultural differences in decisionmaking styles: A study of college students in five countries. *Social Behavior and Personality: An International Journal, 31*(1), 35-47.

제3부

외도, 가정폭력, 집단따돌림, 자살과 부부 · 가족상담

제5장
외도

1. 서론

외도는 결혼생활에서 발생되는 일반적인 현상으로(Dupree, White, Olsen, & Lafluer, 2007; Gordon, Baucom, & Snyder, 2004; Wilkinson, Littlebear, & Reed, 2012), 평생 발생률이 20%에서 40%에 이르며(Blow & Hartnett, 2005a), 심지어 45%에서 60%까지 이르기도 한다(Gordon, Baucom, & Snyder, 2004; Linquest & Negy, 2005). 미국의 경우 남성의 약 25%, 여성의 15%가 배우자 외의 상대자와 성관계를 경험하였다(Mark, Janssen, & Mihausen, 2011). 배우자의 사이버 외도로 인해 상처를 받은 남편 혹은 부인 중 약 1/4이 이혼을 하고, 2/3가 배우자와의 성적 접촉에 흥미를 잃은 것으로 나타났다(Gordeon et al., 2015; Makinen & Ediger, 2011). 외도는 관계에 대한 심각한 결과를 낳으며(Pelso & Spina, 2008), 부부치료를 받게 되는 가장 공통적인 요인 중 하나이다(Whisman, Dixson, & Johnson, 1997). 그렇지만 외도는 치료사가 치료하기 세 번째로 힘든 부부 문제이자 부부에게 두 번째로 가장 많은 피해를 주는 문제인데, 첫 번째로 힘든 문제는 결혼생활에서 애정이 부재한 것이었고, 두 번째는 알코올 문제였다(Whisman, Dixon, & Johnson, 1997). 외도의 피해는 종종 해결되지 않은 채로 남아 있으며 부부관계를 파경에 이르게 한다(Wilkinson, Littlebear, & Reed, 2012). 또한 외도는 결혼을 끝내게 하는 가장 빈번한 이유이고 외도를 경험하는 부부는 이혼할 가능성이 2배에 이른다(Allen & Artkins, 2012).

2015년 기준 한국 기혼 남녀의 불륜 인구는 총 636만 명에 이르며, 이는 서울 거주 전체 기혼 인구 499만 명보다 더 많은 규모로 기혼자들의 외도가 얼마나 빈번한지 보여준다(유영규 외, 2015). 외국계 콘돔회사 듀렉스가 여론조사기관인 해리스인터랙티브와 함께 세계 36개국 2만 9,000명을 대상으로 설문조사를 하였는데, 한국인 응답자의 34%가 '외도를 한다'고 응답하여 미국에 이어 세계 2위를 나타냈다(중앙일보, 2012). 한국의 주요 이혼 사유의 순위를 보면 성격 차이(43.1%), 경제 문제(10.1%), 배우자 외도(7.1%)

로 나타났으며(통계청, 2017), 미국 이혼의 주요 사유는 외도가 59.6%로 외도로 인한 이혼비율이 월등히 높다(Scott et al., 2013).

그런데 외도는 성(gender)을 포함한 다양한 요인과 관련되고, 남성에게 더 많이 발생되며(Atkins, Baucom, & Jacobson, 2001), 결혼생활에 대한 불만족과 관련된다(Blow & Hartnett, 2005a, 2005b; Brown, 2001). 외도는 일상생활의 모든 압박과 스트레스에서 벗어날 수 있는 이상적인 피난처이자 결혼생활에서 얻기 힘든 특별한 기쁨과 흥분이 있고 가정의 굴레를 벗어나 자유롭게 즐길 수 있는 관계로 볼 수 있다(Subotnick & Harris, 1999). 그런데 많은 연구에서 남성과 여성이 배우자의 외도를 발견했을 때 전형적으로 달리 반응한다는 것이 발견되었다. 여성은 외도의 정서적인 연관성을 더 많이 강조하는 반면, 남성은 외도의 성적 경험을 더 중요하게 여긴다(Blow & Hartnett, 2005). 한편, 외도에 대한 배우자들의 반응은 우울증으로 나타나며(Christian-Herman, O'Leary, & Avery-Leaf, 2001; Gordon, Baucom, & Snyder, 2004), 외도로 인한 우울증의 발병율은 일반인들의 우울증 발병율보다 훨씬 더 높은 것으로 나타났다(Christian-Herman, O' Leary, & Avery-Leaf, 2001). 부부들은 종종 외도를 외상적으로 경험하며(Dean, 2011; Snyder, Baucom, Gordon, 2008), 배우자의 외도로 인하여 외상후 스트레스장애를 겪는다(Gordon, Baucom, & Snyder, 2004; Snyder, Baucom, & Gordon, 2008).

혼외성교를 하는 이유가 일차적인 관계 혹은 파트너와의 불만족, 더 빈번하거나 다양한 성교에 대한 갈망 그리고 혼외 파트너에 대한 사랑과 같은 문제로 집약되는 경향이 있으나 혼외성교에 대한 개인적인 이유는 다양하다(Barta & Kiene, 2005; Glass & Wright, 1992). 혼외성교와 이혼은 매우 연관되어 보이며, 이혼 및 별거한 개인들이 이혼 사유로 외도를 들거나 이혼 전에 외도가 발생하는 것으로 나타났다(De Graaf & Kalmijin, 2006; Janus & Janus, 1993; Marin, 2010; Sweeney & Horwitz, 2001). 실제로 아마토와 프리비티(Amato & Previti, 2003)는 이혼의 가장 공통적인 요인이 외도임을 발견하였다. 결혼하고 이혼을 하지 않았던 개인들에게 혼외성교는 별거할 가능성, 이혼하고 재혼하지 않을 가능성 그리고 이혼했으나 재혼할 가능성 순으로 높았고, 혼외성교를 한 남성과 여성의 과반수가 배우자와 별거 또는 이혼을 한다(Allen & Atkins, 2012). 이혼한 사람 중 1/3 이상이 전 배우자 중 한 사람이 결혼생활을 끝내기 전에 외도를 한 경험이 있다고 밝혔다(Previiti & Amato, 2004). 비록 외도와 이혼 사이에 관련이 있다고 할지라도, 외도가 부부사이를 소원하게 한 원인 혹은 결과인지에 대해서는 아직까지 확실하지는 않다(Amato & Previti, 2003). 그렇지만 외도가 가장 공통적인 이혼의 원인이라는 것이 발견되었으며, 관계에서 이혼 위험을 증가시키는 것으로 나타났다(Amato & Previti, 2003; Previiti &

Amato, 2004). 또한 앳킨스, 바우콤과 제이콥슨(Atkins, Baucom, & Jacobson, 2001)은 외도는 흔한 현상이지만 충분히 이해되지 않고 있다고 하였다.

외도에 관하여 우리가 알고 있는 것과 외도 문제를 어떻게 치료해야 하는가에 대한 대부분의 정보는 자료 수집의 제한으로 인해 한계가 존재하며(Blow & Hrtnett, 2005a, 2005b), 외도에 관한 문헌들도 오래전에 연구된 것들이다(Tim & Hertlein, 2020). 한편, 지금까지 외도에 관한 연구는 대부분 양적 연구에 치중되어 있다. 예를 들어, 블로와 하트넷(Blow & Hartnett, 2005a)은 1980년부터 진행된 대부분의 외도에 관한 모든 연구를 조사하였는데, 질적 연구는 4편뿐이었다. 외도를 경험한 부부들이 포함된 질적 연구의 부족이 흥미로운데, 왜냐하면 이러한 질적 연구가 임상 실천의 어려운 부분을 알려 줄 수 있는 가능성을 제공하며 회복 과정의 심도 깊은 탐색과 분석을 보여 주기 때문이다(Abrahamson, Hussain, Khan, & Schofield, 2012). 상담에서 외도를 다루는 방법과 관련된 연구는 드물다(Juhnke et al., 2008). 외도 후 치료와 관련된 대부분의 연구는 이론적이거나(Brown, 2001; Duba et al., 2008, Glass, 2002) 사례연구의 형태로 된 질적 연구(Abrahamson, Hussain, Khan, & Schofield, 2012;, Linquest & Negy, 2005; Olmstead, Blick, Mills, 2009; Olson, Russell, HIggins-Kessler, & Miller, 2002) 혹은 문헌연구(Armstrong, 2006; Blow & Hartnett, 2005a; Blow & Hartnett, 2005b)이다.

아브라함, 후사인, 칸, 스코필드(Abrahamson, Hussain, Khan, & Schofield, 2012)는 배우자의 외도를 경험한 후에도 함께 동거하고 있는 부부들의 경험을 연구하였다. 그들은 외도를 했음에도 불구하고 관계를 유지하는 이유는 함께하고자 하는 동기, 친절한 행동을 소중히 여기는 것, 의미 만들기 그리고 사회적 지지라고 하였다. 그렇지만 화해 과정은 고통스러웠으며, 이 과정에는 용서, 상담을 의뢰하는 것, 기억을 처리하기, 대리학습 그리고 부부역동성 변화시키기가 포함되었다(Abrahamson, Hussain, Khan, & Schofield, 2012). 외도와 관련된 국내연구로 박태영(2006)은 외도를 한 중년 부인에 대한 가족치료 사례연구에서 외도에 영향을 미친 요인과 상담 후 부부관계의 변화에 영향을 미친 요인을 분석하였다. 박태영과 유웅희(2014)는 외도를 한 중년 남성의 부부치료 사례에서 외도와 부부갈등에 영향을 미친 요인과 부부관계에 영향을 미친 요인을 탐색하였다. 박태영과 조성희(2005)는 두 개의 외도 사례를 분석하였는데, 외도라는 특수 사건이 부부관계의 신뢰성을 회복하는 데 많은 시간이 요구되지만 공통적으로 부부간의 자아분화 문제에서 부부가 각자 자신에게 좀 더 많은 시간을 투자하고 의사소통의 변화로 부부관계도 변화할 수 있었다고 하였다. 정은(2011)의 연구에서는 외도의 직접적인 원인이 억압되었던 아동기의 정서적 외상 사건의 경험이라고 하였다. 김병수(2009)는 남편의 외도를 경험한 부인 10명의 이혼에 대한 태도에 관한 사례연구를 하였는데, 그 결과로 부인들의 이혼에 대한 태도가 '이혼체념' '이혼불가' '이혼보류' 세 가지로 나타났다. 이와 같이 외도와 관련된 소수의 국내외 연구들을 제외하고는 외도를 한 배우자들의 치료와 관련된 실증적인 연구는 매우 드물다(Atkins, Eldridge, Baucom, & Chirstensen, 2005; Gordon et al., 2004). 한편, 외도와 관련된 연구들은 연구의 초점이 다양하며 연구 설계가 제한적인 경우가 많고, 모순적인 결과를 보여 주고 있다. 이러한 결과들은 특히 상담 현장에서 작업하고 있는 임상가들에게 많은 함의를 주지 못한다(박태영, 2006; Blow & Harnett, 2005a; Blow & Harnett, 2005b).

2. 외도의 개념과 유형

외도는 일반적으로 배우자와의 관계를 위협할 정도로 배우자 외의 상대방과 성적 · 정서적 차원의 비밀관계를 유지하는 것을 의미한다(Gordon, Khaddouma, Baucom, & Snyder, 2015). 그런데 외도는 '불륜'이나 '바람'과 같은 단어로 사용되기도 하는데, 블로와 하트넷(Blow & Hartnett, 2005a)에 따르면 '외도'란 이성과의 혼외성교(extramarital sex)를 의미한다. 즉, 배우자가 아닌 다른 사람과 맺는 모든 형태의 혼외성관계라고 외도를 정의할 수 있다. 외도는 크게 성관계의 유무로 성적 외도(sexual infidelity)와 정서적 외도(emotional infidelity)로 구분되며, 정서적 외도의 경우 성적 외도로 진행될 가능성을 내포하고 있어 두 가지 외도 모두 부부생활에 미치는 영향이 매우 위협적이다(Buss et al., 1992). 한편, 메이키넨과 에디거(Makinen & Ediger, 2011)는 외도를 육체적 혹은 성적 외도, 정서적 외도, 사이버 외도로 구분하였다. 정서적 외도는 상대방과 성적 접촉은 없지만 애정과 시간 그리고 에너지를 포함한 정서적 유대를 나누는 것을 의미한다. 사이버 외도는 컴퓨터나 스마트폰을 통하여 사이버 세계에서 성적인 내용을 담은 사진이나 동영상, 메시지를 교환하는 것을 말한다.

미국 내에서 혼외성교가 일반적으로 허락되지 않음에도 불구하고 대표적인 표본을 가진 한 연구는 남성의 34% 그리고 여성의 19%가 그들의 삶의 어느 시점에서 혼외성교를 하였다고 보고하였다(Wiederman, 1997; Allen & Atkins, 2012). 가장 스트레스를 받는 상황에서 여성들은 정서적 외도를 선택할 가능성이 있는 반면에, 많은 남성은 성적 외도를 선택할 가능성이 있다(Cann, Mangum, & Wells, 2001). 정서적 외도라 할지라도 이것은 이미 성관계를 경험했을 가능성과 성적 외도로 발전할 가능성을 내포하고 있기 때문에 결혼생활에 매우 위협적이다(Buss et al., 1992). 한편, 결혼하거나 동거하고 있는 미국인들의 성적 외도관계를 연구한 트리스와 기슨(Treas & Giesen, 2000)은 좀 더 강한 성적 관심과 더 허용적인 성적 가치관, 더 많은 성적 기회를 가지고 있는 사람들이 좀 더 높은 성적 외도 가능성을 가지고 있다고 하였다. 특히 성적 외도와 정서적 외도가 함께 유지되는 외도의 경우가 결혼생활에 가장 부정적인 영향을 미친 반면, 성적 외도만 있는 경우는 결혼생활에 미치는 영향이 가장 적은 것으로 나타났다(Thompson, 1984).

3. 외도의 가족관계에 대한 영향

전통적인 가족규범이 지배적인 한국사회의 가족구조에서 배우자의 외도는 가족갈등에 직접적인 영향을 미치게 되며 배우자의 폭력과 함께 이혼에 직접적인 영향을 주는 원인으로 나타났다(김병수, 2009). 그런데 외도가 발생했을 때 배우자는 상대방이 바람기가 있기 때문이라고 보는 경우가 많으며 이러한 일방적인 면을 부각시키는 경우가 많다. 슈나이더 등(Schneider et al., 1999)에 따르면, 배우자들은 외도를 폭로한 이후에 부정적인 결과를 경험하였다. 외도를 폭로한 후에 부정적인 결과로서 외도를 경험하는 가족의 경우 가족갈등의 원인을 단지 외도 하나로 설명하기란 쉽지 않으며, 가족 내 잠재되어 있던 가족갈등이 외도로 인하여 표면화된다. 또한 이러한 가족갈등을 해결하기 위하여 시도되었던 가족구성원 간의 역기능적인 의사소통 방식과 자아분화 문제 등은 가족갈등을 더욱 악화시킨다(박태영, 2006).

외도가 부부관계를 악화시키는 것이 일반적이지만 대처 방식에 따라 부부관계가 더 강화되기도 한다(Charny & Parnass, 1995; Natarius & Markman, 1993). 외도에 대한 부정적인 결과로서 배우자의 외도로 인한 분노와 불신 그리고 가족관계의 변화로 야기되는 가족갈등은 그 어떠한 갈등보다 큰 위기 상황이며 부정적인 대처 방법을 사용할 경우에 이혼, 별거, 자살과 우울증 등의 극단적인 결과가 발생될 수 있다(Cano & O'Leary, 2000). 그렇지만 결혼생활에 대한 외도의 부정적인 충격은 배우자들이 외도에 어느 정도 관련되었는가에 따라 달라질 수 있다(Charny & Parnass, 1995). 반면, 외도에 대한 긍정적인 결과로서 외도를 경험하는 부부 중 소수는 실제로 부부간의 일차적인 관계가 나아졌다고 하였다(Charny & Parnass, 1995). 그리고 외도를 경험하는 모든 부부가 그들의 관계를 끝내지는 않는다(Bunk, 1987; Charny & Parnass, 1995). 외도를 솔직하게 말한 부부들은 치료 중인 다른 부부들보다 더 빠르게 변화하였다(Atkins et al., 2005).

외도를 경험한 가족의 회복관계를 살펴보면, 첫 번째 단계로 '정서적으로 급변하는 단계'를 경험하며 이 단계에서 외도에 대한 많은 부정적인 감정의 결과들이 가장 분명하게 나타난다. 두 번째 단계는 '유예 기간(moratorium)'으로, 외도의 의미를 이해하기 위한 시도를 시작한다. 세 번째 단계는 '신뢰감 형성'으로, 신뢰관계를 회복하는 데 오랜 시간이 소요되며 어려움을 겪더라도 신뢰감의 재형성이 가능하다(Olson et al., 2002).

앳킨스 등(Atkins et al., 2005)에 따르면, 치료사들은 외도를 경험했던 부부들을 치료할 때 외도보다 가족관계에 초점을 두는 것이 필요하다. 그리고 외도의 의미에 대한 통찰과 왜 외도 문제가 발생하였는가에 대한 대안적인 이야기 및 재명명이 부부관계를 발전시키는 데 많은 도움이 될 수 있다(Allen & Baucom, 2004). 올슨 등(Olson et al., 2002)은 외도를 경험한 배우자들을 위한 치료에서 치료사가 부부를 지지해 주어야 한다는 것과 상담을 천천히 진행해야 할 필요성이 있다는 것 그리고 부부관계를 회복할 시간과 용서의 필요성에 대한 시간을 허용할 것을 제안하였다.

4. 외도에 대한 치료 접근법

외도 문제에 임상적으로 도움이 될 수 있는 치료 모델로서 정서중심 부부치료와 3단계 통합적 부부치료 모델에 관하여 살펴보겠다.

1) 정서중심 부부치료

외도는 부부관계에 있어서 신뢰감과 안정성을 손상시킨다(Timm & Hertlein, 2020). 이러한 손상은 애착 손상과 관계의 핵심적인 가정을 위협하는 관계 손상으로 이어지고 배우자에 대한 배신감 혹은 배우자로부터 버림받았다는 감정을 야기한다(Johnson, Makinen, & Milikin, 2001). 정서중심 부부치료는 배우자 사이에 안정애착을 새로 세우는 애착에 근거한 모델이다. 애착 문제에 초점을 둔 정서중심 부부치료 모델은 외도로 인한 애착 손상을 해결하기 위한 준거틀을 제공한다(Schade & Sandberg, 2012). 따라서 정서중심 부부치료는 애착 렌즈로 외도를 개념화하는 데 유용하다. 알렌과 바우콤(Allen & Baucom, 2004)은 남성이 경멸적인 애착 유형을 가지고 있을 때 외도할 가능성이 더 많은 것으로 나타났다고 하였다. 한편, 집착하는 애착 유형을 가진 여성일수록 그들의 일차적인 관계 밖에 있는 파트너들을 더 많이 만나고, 불안정한 애착이 높은 사람일수록 외도할 가능성이 더 높으며, 이러한 사실은 특히 여성들에게 더 많이 해당된다(Bogaert & Sadava, 2002). 따라서 이와 같은 내용은 애착 유형과 외도의 동기 사이의 관계를 보여준다(Allen & Baucom, 2004).

외도로 인한 애착관계 손상은 배우자에 대한 적개심이나 공격적인 태도 등의 이차적 정서를 건드리게 되면서 더 깊은 내면에 있는 일차적 정서(정서적 상처나 버림받고 배신당한 느낌, 혼자 남겨질 것에 대한 두려움, 사랑받고자 하는 욕구)를 활성화시킨다. 정서중심 부부치료에서는 부부가 애착관계 손상에 의해 활성화된 일차적 정서를 탐색하고 서로의 정서를 공유함으로써 부부간의 긍정적인 상호작용 패턴과 안정적인 애착관계가 형성되도록 돕는다(Makinen & Ediger, 2011).

주로 정서중심 부부치료를 중심으로 한 팀과 블로(Timm & Blow, 2018)의 외도회복 모델은 치료의 세 단계인, ① 평가와 위기 관리, ② 안전기지의 회복, ③ 유지와 외도 입증으로 구성된다. 이 세 단계는 반드시 순차적으로 발생하지는 않고 동시에 발생할 수도 있다. 이 치료 모델에서 개인과 부부는 모두 적극적이고 지시적인 과정을 거친다. 이 치료 모델의 목적은 외도 이전의 관계로 돌아가는 것이 아니라 관계 성장을 활성화하는 것이다. 이와 같은 외상 후 성장으로 외도한 부부들은 희망과 회복가능성을 가질 수 있으며, 내담자들이 외도로 인한 어려운 순간을 극복하도록 도울 수 있다.

2) 3단계 통합적 부부치료

스나이더, 바우콤과 고든(Snyder, Baucom, & Gordon, 2007)의 3단계 통합적 부부치료는 용서를 통한 개입 전략, 인지-행동부부치료(Cognitive-Behavioral Couple Therapy: CBCT)와 통찰 부부치료(Insight-Oriented Couple Therapy: IOCT) 모델을 통합한 치료 모델이다(Gordon et al., 2015). 이 치료 모델의 관점은 외도를 부부관계에서 일어난 외상적 사건으로 보고 배우자의 외도로 인한 스트레스를 트라우마 또는 외상적 경험으로 개념화한다. 이 관점은 치료사가 배우자의 외도로 인한 외상적 경험으로 발생한 인지적 · 정서적 · 행동적 결과와 증상을 확인하고 외상적 경험에 따른 증상의 완화에 도움이 될 수 있는 방법을 적용한다(Gordeon et al., 2015). 즉, 이 접근법은 세상이 어떻게 작동하는가에 대한 내담자의 도식을 재구조화하여 자신의 삶에 대한 신뢰감과 통제감을 얻도록 돕는 데 있다(Resick, Monson, & Rizvi, 2007).

용서에 근거한 치료는 외도의 충격과 대인관계의 배신감에 대한 정서적인 고통에서 벗어나도록 돕는다는 점에서 트라우마치료와 비슷하다. 그렇지만 용서에 근거한 치료는 개인들이 불륜과 관련된 요인들을 탐색할 수 있도록 돕는 데 초점을 두며, 그들은 왜 배신이 발생하였는가에 대한 더 폭넓은 이해를 발전시킨다. 이 치료는 감정 이입, 긍정적인 감정의 증가 그리고 분노와 적대감의 감소를 보여 준다(Worthington, 2007). 용서의 정의는 다음의 세 가지 공통 요소를 포함한다. 첫째, 가해자와 사건에 대한 더 균형 잡힌 관점을 얻는 것이다. 둘째, 잠재적으로 증가된 연민과 함께 가해자에 대한 부정적 감정을 감소시키는 것이다. 셋째, 가해자를 처벌하고 보상을 요구할 수 있는 권리를 단념하는 것이다(Gordon, Baucom, & Snyder. 2005). 한편, 스나이더 등(Snyder, Baucom, & Gordon, 2007)의 3단계 통합적 부부치료에 대한 전반적인 내용은 다음과 같다.

(1) 치료 과정의 구조

외도와 관련된 양쪽 배우자들의 기여에 대한 조심스러운 탐색이 이 치료 과정에서 중심적인 내용임을 고려해 볼 때 부부치료는 전형적으로 양쪽 배우자와 함께 진행된다. 그렇지만 양쪽 배우자 모두를 치료에 포함시키기 어려울 수도 있다. 부부공동상담 회기 동안에 양쪽 배우자들에게 개인상담 회기에 대한 비밀보장과 관련한 원리를 분명히 이해시키는 것이 중요하다. 개인상담 회기를 통하여 자신의 개인적 기능, 정서 규제 전략에 대하여 각 배우자와 작업해야 한다. 그렇게 함으로써 부부상담 회기에서 양쪽 배우자가 건설적으로 더 잘 반응할 수 있다. 외도는 특히 다루기 어려워서 외도에 대한 중재는 다른 부부 사례보다 더 오랜 시간이 걸린다. 치료 기간은 사례에 따라 6개월부터 수년이 걸릴 수 있다. 단지 외도로부터의 회복만 다루는 것이 아니라 부부 문제에 대한 전반적인 사항을 다루기 때문에 부부상담 회기와 개인상담 회기가 요구된다.

(2) 치료사의 역할

첫째, 가장 중요한 치료사의 역할은 안전과 신뢰의 분위기를 조성하는 것이다. 치료사는 부부의 회복을 촉진시킬 수 있는 생산적인 이야기에 초점을 둘 필요가 있다. 배우자들의 부정적인 대화 방향을 바꾸기 위한 근거를 제공하는 것이 부부관계를 촉진하는 데 도움이 된다.

둘째, 부부가 외도로부터의 회복을 돕는 데 있어서 치료사의 능력에 대한 배우자들의 믿음과 신뢰를 촉진한다.

셋째, 부부 모두에게 형평성을 준다.

넷째, 치료 시작부터 어떤 신체적인 폭력도 용인될 수 없음을 명확히 해야만 한다.

(3) 평가와 치료 계획

첫째, 부부관계를 평가한다. 배우자들의 삶에 어떤 사람들이 중심이 되는지, 게다가 배우자들의 현재의 상호작용과 과거의 상호작용을 확인하는 것이 중요하다(문제를 해결하려고 시도했던 방식을 확인). 그리고 배우자들의 상호작용 패턴의 붕괴 정도와 같은 즉각적 주의를 요하는 문제 혹은 위기를 확인하는 것이 중요하다. 또한 배우자들의 정서 내용과 통제력을 평가하는 것, 강한 감정을 통제할 수 있는 부부간의 능력을 질문할 때 부부간의 언어적 · 신체적 공격성과 폭력의 잠재성을 평가하는 것도 중요하다. 치료사는 외도를 야기할 수 있는 외도에 대한 배우자들의 개념의 차이를 평가해야 한다.

둘째, 배우자와 다른 상대자의 관계를 평가한다. 외도한 배우자와 의도관계가 있는 사람 간에 현재 관계가 유지되고 있는지의 여부에 대한 평가와 의도 트라우마, 진행되고 있는 혼란의 요인, 부부관계에서 회복되고 있는 정서적 안정의 가능성에 영향을 미칠 수 있는 요인들을 파악하는 것이 중요하다.

셋째, 개인의 강점과 취약점을 평가한다. 배우자들의 개인적인 기능뿐만 아니라 자녀들의 정서적 · 행동적 안녕을 평가한다.

넷째, 외부 스트레스원과 자원을 평가한다. 치료사는 부부에게 해를 끼치는 특별한 스트레스원과 상황을 견디게 하는 파트너의 개인적 공동 자원을 평가해야 한다. 첫 평가 동안에 외부 스트레스원을 평가하는 일차 목적은 외도의 폭로 또는 발견으로 인한 처음의 혼란을 다룰 수 있는 부부의 능력을 약화시키는 스트레스원을 확인하는 것이다.

(4) 목표 설정

부부가 치료를 받기 시작할 때 가장 중요한 목표는 관계를 지속할지, 종결할지, 혹은 미래에 대하여 불확실한지를 명확히 하는 것이다. 파트너들은 치료 과정을 통하여 외도 발생에 대한 이해, 자신과 상대방에 대한 더 나은 통찰 그리고 더 좋은 관계 기술과 더 긍정적인 상호작용 방식을 경험하는 것이 중요하다.

(5) 개입 단계

먼저 치료사는 외도의 충격을 다룬다. 치료사는 외도를 야기한 것에 대한 치료사의 개념화, 부부가 현재 부부관계에서 직면하고 있는 문제들과 왜 부부가 그러한 문제들을 경험하고 있는가에 대한 요약, 치료 계획을 부부에게 제공해야만 한다. 그리고 직접적인 문제해결 방식을 사용하여 부부가 해결책을 발전시킬 수 있도록 도와야만 한다. 외도로부터 회복하는 기간 안에 종종 부정적인 정서 수준이 높아질 때 부부가 서로 분리할 수 있는 전략(타임아웃과 환기 기법)이 필요하다. 배우자의 외도로 인하여 받은 상처와 분노를 적절한 정서적인 표현 방식으로 나타내는 것이 중요하다. 그렇지만 상처받은 배우자의 요구가 많아질수록 부부 사이의 부정적인 상호작용이 증가될 수 있다. 따라서 이와 같은 부정적인 상호작용을 막을 수 있는 세 가지 수단은 다음과 같다.

첫째, 화자와 청자로서의 적절한 정서적인 표현 기술을 사용하도록 가르쳐야 한다.

둘째, 부부는 왜 이와 같은 단계가 필요한지에 대한 조심스러운 개념화가 필요하며, 외도를 한 배우자는 상처받은 배우자 행동의 의미를 진정으로 이해하고 있다는 것, 상처받은 배우자와의 관계에 대한 자신의 행동이 후회스럽다는 것, 이러한 이해를 소통하고 상처받은 배우자에게 명확히 후회한다는 것을 표시해야 한다.

셋째, 외도로 상처받은 배우자의 감정과 반응을 탐색하는 편지를 쓰고 그 편지를 읽을 때 부부는 서로 공통적으로 강력하게 연결되어 있다는 것을 경험하게 된다.

치료 개입의 첫 번째 단계(the dealing with impact)에서 중요한 요소는 '플래시백(회상장면)' 현상에 대한 설명과 이 현상에 대처하기 위한 계획을 수립하는 것이다. 이 단계에서 공통적인 문제로서 개인의 방어기제를 미리 언급할 필요가 있다. 또한 치료사는 개인상담에서 방어기제와 개인의 감정을 탐색하고 인정할 수 있도록 코치할 필요가 있다.

두 번째 단계(the exploring context and finding meaing stage)에서 치료사는 외도 행위나 사건에 영향을 미친 요인들을 탐색하고 외도의 전체적인 맥락과 그 의미를 이해해야 한다. 치료사는 배우자들의 개인사와 문제 간의 패턴과 유사성을 탐색한다. 이와 같은 과정에서 부부는 상대방이 상처받기 쉬운 것을 더 깊이 이해하게 되고 더 높은 수준의 감정 이입과 연민을 증진시킬 수 있다. 부부는 행동적 변화뿐만 아니라 인지적 재구조화가 필요할 수 있다. 부부는 외도에 영향을 미친 요인들을 탐색하는 것에 저항을 보일 수 있는데, 이는 두 번째 단계에서 직면하는 문제이다. 따라서 치료사가 부부의 이해와 변명 간의 차이를 설명하고 이 과정에 대한 부부의 공포와 걱정을 탐색하는 것이 도움이 될 수 있다. 또 다른 잠재적인 어려움은 상대방에게 감정이입을 할 수 없는 경우이다. 배우자의 외도로 인하여 상처받은 배우자는 치료에서 외도를 저지른 배우자의 변화에 대한 노력을 인정하는 데 저항을 보일 수 있다. 외도한 배우자의 변화가 있음에도 불구하고 상처받은 배우자는 함께 살지 않는 것을 결정할 자유가 있고 관계를 끝낼 수도 있음을 알아야만 한다.

세 번째 단계(the moving on stage)에서 치료사는 용서를 통한 치료적 과정을 촉진하고 부부관계 지속 여부의 결정을 도움을 주기 위하여 이전의 상담 회기에서 얻은 정보를 통합한다. 용서는 많은 모델에서 외도로 인한 충격에서 회복할 수 있는 중요한 요소이다(Gordon et al., 2015; Weeks, Gambescia, & Jenkins, 2003). 용서 행위는 신체 · 정신 건강에 긍정적인 충격을 준다는 것을 보여 준다(Raj, Elizbeth, & Padmakmari, 2016; Toussaint, Worthington, & Williams, 2015). 치료사는 부부의 개인적 · 관계적 가치와 신념 체계를 탐색해야 한다. 치료사는 외도에 영향을 미친 요인들을 체계적으로 탐색한 후에 그 내용을 '이야기'로 만들어 내는 것이 필요하다. 따라서 치료는 과거의 초점으로부터 관계의 현재와 미래에 대한 초점으로 이동시켜야 한다.

상처를 받은 배우자가 극도로 분노하고 있을 때 용서를 언급하면 긍정적인 반응이 나올 수 없다. 배우자를 용서할 준비가 안 된 경우에 치료사는 분노와 부정적인 정서, 행동, 인지에 대한 의미를 조사하고 이러한 방해물들을 언급해야 한다. 외도를 한 배우자에 대한 용서 시도는 배우자의 적개심이 완화되고 상대방에 대한 이해가 되었을 때 시작하며 다음과 같은 네 가지 사항을 중심으로 진행한다. 첫째, 앞의 첫 번째와 두 번째 단계를 통해 치료사는 부부에게 외도의 부정적인 영향력, 외도의 맥락과 의미를 이해한 후에 이제 의도한 배우자를 용서할 수 있는 시점에 들어섰음을 설명한다. 둘째, 치료사는 부부가 가지고 있는 용서에 대한 정의를 평가한다. 배우자의 외도 행위를 용서하더라도 외도한 배우자가 자신의 행동에 전적으로 책임을 지도록 하는 과정이 용서라는 사실을 인식하도록 한다. 셋째, 치료사는 부부에게 용서할 때와 용서하지 못할 때의 결과를 비교하여 설명한다. 예를 들면, 치료사는 외도하지 않은 배우자가 외도한 배우자를 용서하지 않을 때 그 결과로서의 적개심은 신체 · 정신 건강에 해로운 영향을 줄 수 있음을 알려 준다. 넷째, 적개심, 부정적인 정서, 부정적인 행동과 신념이 부부에게 어떤 영향을 미치는지를 살펴보고 용서를 방해하는 요인들을 탐색한다(Gordon et al., 2015). 그렇지만 치료사는 용서가 모든 관계 문제에 만병통치약은 아니며, 모든 외도 문제의 해결책이 되지는 못할 것이라고 충고한다(Timm & Hertlein, 2020). 외도 사례에서 부부가 용서에 이르기 전 중요한 몇 단계를 거치는 것이 중요하다(Weeks, Gambescia, & Jenkins, 2003). 한편, 치료사는 외도 발생 전에 부부의 긍정적이었던 사건과 부부간의 어려움을 극복했던 경험을 살펴본다. 그런데 만일 부부가 헤어지기로 결정한다면, 치료사는 부부가 최소한의 부정적인 감정을 가지고 헤어질 수 있도록 돕는다.

마키넨과 에디거(Makinen & Ediger, 2011)는 3단계 통합적 모델의 단점으로 외도에 따른 부정적인 정서에 대한 구체적인 개입 방법이나 변화 과정에 대한 설명이 부족하다고 지적하였다. 그들은 이 모델의 각 단계에 대한 설명이 명확하지 않고 외도에 따른 핵심적인 정서와 용서를 통한 개입 이외에 외도의 장기적인 영향력을 다루는 개입 방법이 구체적으로 제시되어 있지 않다고 비판하였다.

5. 사례

1) 외도한 중년 남편에 대한 가족치료 사례*

(1) 사례 개요

이 사례의 가족은 남편(49세), 부인(48세), 첫째 딸(27세), 둘째 딸(24세)로 구성되었다. 남편의 원가족 특성을 살펴보면 부모가 모두 외도하였고 이로 인하여 이혼하였다. 남편의 아버지는 이혼 후에도 두 차례의 재혼과 외도를 하였으며, 원가족 가족구성원 8명 중 6명이 외도를 하였고 외도에 개방적인 원가족문화를 가지고 있었다. 남편은 사춘기부터 원가족 내에서 문제아로 낙인되어 가족들로부터 폭력과 폭언을 경험하였고 무시를 당하였으며 원가족으로부터 기능적인 의사소통 기술을 습득할 수 없었다.

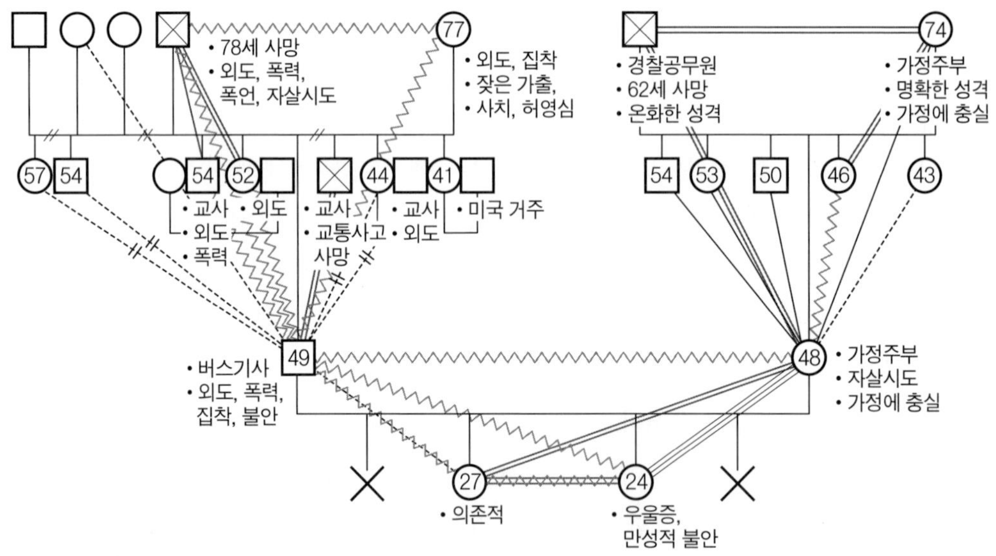

[그림 5-1] 가계도

* 이 사례의 가족치료 과정을 알고 싶다면 Park, T. Y., & Ryu, W. H. (2014). A case study on family therapy for husband with infidelity problems: Focused on changes in family relationship. 한국가족치료학회지, 22(4), 301-330을 참고하기 바란다.

부인의 원가족 특성을 보면 아버지는 온순하였고, 어머니는 가정에 충실한 전업주부로서 부모관계가 원만한 가정에서 성장하였다. 부인은 친정부모와 관계가 친밀하였다. 부인은 어려서부터 전업주부로 가정에 최선을 다하는 어머니의 모습을 이상적인 여성상으로 인식하고 있어 자신의 삶을 포기하고 가족들에게 자신을 희생하면서 살고 있었다. 이러한 원가족의 문화 차이, 부부의 외도에 대한 인식 차이, 원가족으로부터 전수되는 역기능적 의사소통 방식이 부부갈등에 영향을 미쳤다.

(2) 남편의 외도에 영향을 미친 요인

① 외도에 대한 잘못된 인식

남편은 청소년기에 친어머니의 외도로 인한 가출과 아버지의 두 차례 재혼과 외도를 경험하며 성장하였으고, 남편을 포함한 형제 6명 중 4명이 외도 경험을 가지고 있었다. 또한 남편은 상대방이 성적 욕구에 응하지 않을 경우 성추행과 폭행을 통하여 강제적으로 성적 욕구를 해결하였다.

② 원가족 문제

남편은 무뚝뚝한 아버지와 외도로 인하여 이혼한 어머니 그리고 아버지의 두 차례 재혼과 외도 등의 복잡한 가족문화 속에서 성장하였으며, 집안에서 '문제아'로 낙인되어 부모와 형제들에게 폭력, 폭언, 무시를 당하며 정서적으로 단절되었다. 이러한 원가족에서의 경험은 남편이 올바른 자아를 형성할 수 없는 원인이 되었으며, 정(情)에 이끌려 외도를 한 이성과 관계를 정리하지 못하는 모습을 보이게 되었다.

③ 핵가족 문제

남편은 부인과의 성관계가 불만족스러웠고, 부인은 항상 본인의 의사와는 상관없이 남편의 요구에 응하였지만 남편의 성적 욕구를 충족시키는 데 어려움이 많았다. 그리고 부인과 두 자녀가 밀착되어 남편을 밀어내는 가족구조의 영향으로 남편은 가족 안에서 대화 상대가 없었다. 이러한 핵가족 내 문제들이 남편의 외도에 영향을 미친 것으로 나타났다.

④ 직장 내 문화

남편은 근무하는 회사의 800명의 기사 중 13명 정도 빼고 다 애인이 있다고 하였다.

따라서 남편은 외도에 개방적인 직장 내 문화로 인하여 외도에 대한 죄의식이 없었다.

⑤ **자기합리화**

부인과 딸들에 따르면, 남편은 외도 드라마를 보면서 "저런 죽일 놈, 미친놈이네!"라고 말하지만 자신의 외도에 대한 죄책감은 전혀 없었다. 기본적으로 남편은 내로남불의 성향을 가지고 있었다.

⑥ **과도한 집착**

부인은 남편이 항상 여자, 노름, 술, 친구, 컴퓨터에 집착한다고 하였다.

(3) 치료자의 개입 방법

치료자는 개입 방법으로 원가족문화와 직장문화 인식하기, 표현 방식의 세대 간 전수 과정 설명, 남편의 변화 인식시키기, 충격 주기 기법을 사용하였다.

① **원가족 문화와 직장 문화 인식하기**

치료사: 남편분은 성적으로 문란한 가족환경에서 성장하셨고, 더군다나 직장문화 또한 외도를 당연시하는 분위기라서 외도하는 것에 대한 큰 죄책감을 느끼지 못하신 것 같네요. 그런데 부인의 원가족은 장인, 장모님의 부부관계가 좋고 외도라는 것은 상상할 수도 없는 문화예요. 부인 입장에서는 외도는 죽음보다 더한 충격일 수 있다는 거죠. (부부-14회기)

② **표현 방식의 세대 간 전수 과정 설명**

치료사: 남편분이 화가 났을 때 사용하는 방식이 집안 살림을 부수는 등 폭력을 사용하시잖아요. 이 방식이 바로 남편분의 아버지가 사용했던 방식이라는 거죠.

남편: 네, 아버지랑 비슷한 것 같아요. 그래도 전 가족들을 직접적으로 때리지는 않는데…….

치료사: 강도의 차이는 있겠죠. 남편분이 그렇게 무서워하고 싫어서 도망가던 아버지, 그 모습을 아내와 자녀분들이 남편분이 화났을 때 경험하고 있다는 거죠.

부인: 남편이 화가 났을 때는 정말 숨도 못 쉴 정도로 너무 무서워요. 애들도 아빠가 무섭

다고 해요. (부부-6회기)

③ 남편의 변화 인식시키기

치료사: 오늘 보니까 남편분이 그전에 사용하시던 표현 방식하고 많이 달라지셨어요. 그전 같았으면 여기서도 확 올라오셨을 텐데.
부인: 그건 인정해요. 요즘 그래도 남편이 많이 참는 거 같아요. (부부-19회기)

치료사: 근데 아버지가 예전 같으면 정말 얼굴이 붉으락푸르락하셨을 텐데 지금 얼굴 표정처럼 많이 참으시고 소화를 하더라고요.
부인: 느껴요, 진짜. 남편이 변화되고 있다는 걸 느껴요.
치료사: 오늘도 사실 아빠 입장에서는 상당히 불편한 내용이 나왔어요. 그렇지만 지금 아빠 표정을 보시면 억지로 참는 게 아니라 많이 순화시키는 것 같아요. (가족-21회기)

④ 충격 주기 기법

남편: 애들 엄마는 저랑 이혼 못해요. 지금도 싸우면 제가 이혼하자고 하면 저를 잡고 말려요. 애들을 생각해서라도 참고 살자고요.
치료사: 혹시 아내분이 자살시도를 하신 것 아세요? 매트리스 밑에 넥타이가 엮어 있는 걸 둘째 따님이 본 거예요. 그래서 지금 둘째 따님은 당장이라도 엄마가 죽거나 자기를 버리고 도망갈까 봐 걱정하고 있는 거예요. 지난번 외도가 있고 나서 아내분은 이혼이 문제가 아니라 자살까지도 생각하고 있어요. 이건 아주 심각한 문제예요. (남편-13회기)

(4) 가족치료의 효과성

가족치료를 통하여 남편은 자신의 인식과 의사소통 방식을 바꿔야 한다는 것을 인식하였고 부인과 자녀를 존중하는 의사소통 방식을 사용하게 되었다.

① 남편의 인식과 의사소통 방식의 변화

둘째 딸: 아빠가 예전 같았으면 크리스마스 때 엄마한테 신경을 안 썼었어요. 그런데 이번 크리스마스 때 엄마한테 속옷 사 준다고 치수를 물어봤나 봐요. 엄마한테 선물을 하려

고 치수를 물어봤다는 것이 너무 좋았어요.

부인: 저는 애들 아빠한테 선물을 받아 본 적이 없어요. 물론 속옷 치수를 물어봐서…… 결국 제 선물을 제가 샀지만, 저한테 속옷 치수를 물어봐 주는 게 전 사실 좋았어요. 정말 기분 좋았어요. (가족-21회기)

부인: 남편이 상담을 통해서 좀 변하였다는 걸 느껴요. 집에 꽁꽁 묶어 놓는 마누라가 아닌 동료적인 입장, 파트너 같은 느낌을 받았어요. 그리고 요즘은 약속을 하면 지키려고 노력하는 게 느껴져요. (가족-21회기)

② 부부관계 변화

남편의 외도라는 위기 상황에서 역기능적인 의사소통 방식은 부부갈등을 더욱 악화시켰고 이로 인하여 서로를 구속하게 되었다. 하지만 가족치료사의 개입 이후 부부의 의사소통 방식은 서로를 존중하는 방식으로 변화되었고 서로의 독립적인 삶을 인정하기 시작하여 부부갈등이 완화되고 부부간의 신뢰감이 형성되기 시작하였다.

둘째 딸: 옛날 같으면 엄마가 속마음을 숨기고 아빠가 듣고 싶은 대답을 했었는데 요즘은 엄마가 하고 싶은 말을 정확히 표현하시는 것 같아요. (가족-21회기)

부인: 남편이 이제 변화하려는 게 느껴져요. 요즘 남편이 약속을 하면 지키려고 노력을 해요. 지난번에도 술 한잔하고 온다고 하면서 몇 시까지 갈까? 하더라고요. 그래서 3시쯤이면 되지 않을까 했더니 정말 3시까지 왔더라고요. 이제 약속을 하면 지키는구나 하는 믿음이 좀 생겨요. (가족-21회기)

③ 부녀관계 변화

남편은 자녀를 성인으로 대하지 않았고 진지한 대화를 회피하는 역기능적인 의사소통 방식과 항상 부인을 통해 자신의 의사를 간접적으로 전달하는 방식을 사용하였다. 가족치료사의 개입 후 남편이 자녀를 성인으로 인정하고 존중해 줌으로써 부녀는 진지한 이야기를 편히 나눌 수 있게 되었다.

부인: 남편이 상담받기 전에는 애들을 어린애 취급했어요. 그런데 남편이 상담을 받고 나서 자기들을 성인 취급해 주는 게 너무 편하대요. 아빠가 자기들 수준에 맞게 대해 주

는 게 너무 편하대요. (부인-19회기)

첫째 딸: 옛날에는 남자친구 이야기는 금기시되었는데 요즘은 이런 이야기를 아빠가 좀 자연스럽게 하시고요. 예전에는 아빠한테 뽀뽀해 주고 그런 게 좀 부담스러웠거든요. 근데 요즘엔 뽀뽀하지 않아서 편하고 너무 좋아요. (가족-21회기)

④ 모녀관계 변화

아버지의 외도로 인한 어머니의 자살시도와 가출을 경험한 자녀들은 불안이 높았고, 특히 둘째 딸은 엄마와 공생관계를 형성하여 자신의 삶을 포기하였다. 가족치료사의 개입 후 둘째 딸은 어머니의 자살과 가출에 대한 불안 그리고 우울증이 감소되었고 어머니와 적당한 거리감을 유지하였다.

치료사: 요즘 둘째 따님은 좀 어떠세요? 아직도 부모관계를 감시하나요?

부인: 그래도 아직까지 약간의 불안은 있는 것 같은데 그래도 많이 좋아진 것 같아요. 최근에는 졸업전시회 할 때 임원이라 너무 바쁘고 또 전화도 전에 비해서 자주 하는 편은 아닌 것 같아요. 저랑 남편이 사이가 좋지 않으면 조금 더 신경을 쓰는데 그래도 전보다는 훨씬 덜 하구요. (부인-20회기)

2) 외도한 중년 부인에 대한 가족치료 사례*

(1) 사례 개요

남편(51세)은 개인사업을 하고 있었으며, 부인(50세)은 아르바이트를 하였고, 딸(25세)과 아들(22세)을 두고 있었다. 두 자녀는 모두 대학에 재학 중이었다. 이 사례는 총 20회기로 진행되었다.

남편은 어린 시절에 3명의 부인을 둔 가부장적인 아버지 밑에서 성장하였고, 대화를 나눌 수 있는 가족이 없었다. 남편은 원가족으로부터 분화되지 못하였고, 부인의 모든 것을 감시하고 통제하였다. 부인은 신혼 초부터 시집 문제와 역기능적인 의사소통 방식 때문에 남편과 늘 충돌하였고, 남편은 언어적 · 신체적 · 정서적 폭력을 사용하였다. 남편의 폭력으로 인하여 부인은 남편에게 솔직히 표현할 수 없었다. 남편의 폭언과 폭행

* 이 사례의 가족치료 과정을 알고 싶다면 박태영(2006). 외도를 한 중년부인에 대한 가족치료 사례연구. 한국가족치료학회지, 14(2), 91-133을 참고하기 바란다.

그리고 부인의 무반응과 폭발적인 반응이 결국에는 부부관계를 악화시켰으며, 남편이 경제적으로 무능해지자 부인은 밖으로 겉돌게 되면서 남편의 친구와 외도를 하였다.

(2) 부인의 외도에 영향을 미친 요인

① 시집으로부터의 남편의 미분화

시아버지의 무능으로 인하여 남편은 시집에 희생하였고, 부인을 배제한 해 시집 식구들과 모든 것을 상의하였다. 남편은 부인과 자식들보다 부모를 더 중요하게 생각하였다. 부인은 시아버지에게도 많은 구박을 받았고, 시집 식구들 또한 부인을 무시하였다. 부인은 시아버지 사망 후에 시어머니와 함께 동거하면서 많은 스트레스를 받았다. 남편은 부인이 시부모를 소홀하게 대하는 것에 늘 불만을 가지고 있었다. 남편은 부인에게 “나는 부모형제를 위해서 태어났다.”라고 하였고 부모와 형제들에게는 정성을 다하였지만 부인과 자식들은 등한시하였다.

② 남편의 엄격한 규칙

남편의 아버지는 3명의 부인을 두었기 때문에 남편은 외도에 대한 금지령이 있었다. 예를 들면, 남편은 일방적으로 부인에게 자녀들이 학교에 갔다 오기 전에 반드시 집에 있으라는 규칙을 정했고 자신은 집 열쇠를 가지고 다니지 않았다. 남편은 자신이 귀가할 때 부인이 반드시 집에 있어야 한다고 하였다.

③ 남편의 과도한 역할

남편은 부인과 관련된 모든 사항을 알아야만 했고, 심지어 부인이 쉬는 날에 부인의 스케줄까지 짜 놨다. 또한 부인에게 복종을 요구하였으며, 부인의 외도 후에는 모든 소지품을 조사하고 일정까지 철저히 감시하였다.

④ 남편의 애매한 의사소통 방식과 변덕

부인은 남편의 표현 방식 때문에 남편의 요구를 이해할 수 없었다. 남편은 부인에게 항상 “너 태도에 달렸다.”라고 이야기하지만 부인은 어떤 태도를 취해야 할지를 모르고 있었다. 또한 남편의 변덕이 심한 탓에 부인은 남편의 기분을 맞출 수가 없었다.

⑤ 남편의 억압

남편은 매우 보수적이었고 결혼 초부터 부인을 억압하였다. 남편은 부인을 무시하였고, 부인은 남편에게 배신감을 느꼈다.

⑥ 분노조절을 못하고 대화가 없는 남편

남편은 분노를 조절하지 못하였고 부인은 남편에게 말을 할 수 없었다. 자녀들 또한 남편과 대화를 못하였다. 남편은 항상 자기중심적이었고 표현 능력이 부족하였다. 부인에 따르면, 남편은 8년 동안 자신의 일에 대하여 구체적으로 설명을 해 준 적이 없었다. 남편은 부인에게 "집에 있으면서 이런 것도 못하냐?"라고 핀잔을 주었다. 남편은 치료사에게 자신이 어떻게 살아가야 할지, 사회생활을 어떻게 해야 할지, 어떻게 대처해야 할지 방법도 모르고 자기 자신도 모르겠다고 하였다.

⑦ 남편의 폭언과 폭력

남편은 신혼 초부터 부인을 구타하였고, 부인이 시집 식구와의 갈등을 언급하는 경우에 부인을 폭행하였다. 부인은 시집 관련 스트레스를 혼자 삭혔고 남편에게 자신의 감정을 표현해 본 적이 없다. 부인이 표현을 잘못하였을 때 남편은 부인을 구타하였다. 지나치다 싶어 말대꾸를 하면 남편은 부인을 더 심하게 때렸고 심지어 빗자루로 전신을 구타하거나 발로 차고 머리를 끌어당겼다. 부인의 외도 후에 남편은 부인의 옷을 다 벗겨 놓고 상대방 남자와 성관계했던 장면을 재연하라고 하면서 구타하였다.

⑧ 부인의 바람기

남편은 자신이 부인을 얽매인 생활에서 풀어 주어 자신을 악용하였고 부인에게 바람기가 있다고 하였다.

⑨ 자신의 삶이 없는 부인

부인은 남편이 하라는 대로 하였으며 자신의 삶이 없었고 많이 참아 왔다고 하였다.

(3) 부부관계의 변화에 영향을 미친 요인

① 남편의 잘못에 대한 인정

남편은 부인을 시집 식구들로부터 보호해 주지 못하였다는 것을 인정하였다.

② 자신의 일에 집중과 분화하려는 노력

부부가 각자의 일에 집중하고 남편은 부인을 규제하지 않으려고 노력하였다.

③ 남편의 가치관 변화에 대한 노력

남편은 가치관을 바꾸려고 노력 중인 한편, 변화에 대한 두려움을 느끼고 있었다.

④ 함께하는 시간이 줄어듦

부부가 함께하는 시간이 줄어들어 충돌하는 시간도 줄어들었다.

⑤ 남편의 부드러워진 말투

상담을 통하여 남편이 대화하는 방식에서 변화가 나타났다.

부인: 남편이 교수님한테 왔다가고는 달라졌죠. 저한테 전화를 자주 해요. 남편이 그전에는 저에게 전화를 안 했었는데, 저녁식사를 하고 들어온다고 하거나 누구를 만나서 늦게 들어간다고 전화를 하는 거예요. (부인-3회기)

부인: 남편이 좀 부드러워졌어요. 그전에는 음성이 많이 높아지고 상스러운 말을 했는데, 이제는 상스러운 말이 줄었고 윽박지르는 면이 없어졌어요. (부부-7회기)

남편: 이 상황에서 제 자신도 변화하고 싶어요. 그런데 잘 안 돼요. 지난 석 달 동안 가지고 있던 것이 부드러워졌다는 것이지, 과거보다는 아닐 겁니다. (부부-7회기)

남편: 저도 어떤 말을 뱉어 놓고 후회가 될 때가 많아요. 쌍말을 많이 쓰게 된 계기는 건설업에 있다 보니 많이 사용하게 되었습니다. 사실은 제가 제일 싫어했던 말 중에 하나가 쌍말 하는 거예요. 이제 그런 쌍말을 안 쓰려고 노력 중입니다. (남편-14회기)

부인: 남편과 대화는 그전에 비하면 많이 좋아진 거죠. 그런데 원래 그분은 말수가 별로 없어요. 제가 결혼생활 하면서 말없는 것이 항상 불만이었거든요. (부인-16회기)

남편: 저도 물론 솔직한 이야기로 마음이 안 열려 있어요. 그렇지만 집사람의 꼬투리를 잡겠다는 생각은 많이 없어졌어요. (남편-17회기)

⑥ 언어적 · 신체적 폭력의 감소

상담 과정에서 남편의 언어적 · 신체적 폭력이 사라졌다.

부인: 그전에 비하면 남편이 저에게 폭력적인 언어를 많이 안 써요. (부인-9회기)

아들: 요새는 옛날보다 아빠가 엄마를 때리지 않아요. (아들-11회기)

부인: 교수님한테 그때 한 번 지적을 받고 가서는 구타를 전혀 안 하거든요. (부인-15회기)

부인: 지난 3개월 동안 폭행은 없었어요. (부인-16회기)

(4) 결론

가족치료를 통하여 부부간의 의사소통 방식이 변화하면서 남편의 언어적 · 신체적 폭력이 사라졌다. 그럼에도 불구하고 남편은 상담하는 과정에서 부인의 외도에 대하여 끊임없이 분노를 보였으며, 부인을 신뢰하지 못하는 장면들이 나타났다. 그러나 부부가 함께 있는 시간이 줄어들면서 두 사람은 더 편안한 관계를 유지할 수 있었다. 치료사는 개인상담, 부부상담, 가족상담을 포함한 20회기의 상담을 진행하였으나 외도라는 사건으로 인하여 근본적으로 부인에 대한 남편의 용서와 신뢰성 회복에 많은 시간이 소요될 것으로 보았다.

3) 외도한 30대 중반 남편에 대한 부부치료 사례*

(1) 사례 개요

남편(35세)은 회사원이었으며, 부인(31세)은 학생이었고, 두 자녀(11세, 10세)를 두었다. 이 사례는 총 14회기의 상담이 진행되었다. 남편은 결혼 전부터 시어머니와 분리되지 못하였고, 결혼 6년 때까지 매주 시집을 방문하였다. 남편은 요조숙녀형의 분노표현 방식을 가지고 있었고, 부인은 남편의 생각을 들어 본 적이 없었다. 남편은 부인이 과거 이야기를 하는 것을 힘들어하였다. 외도가 밝혀진 이후에 남편은 부인으로부터 이중구속 메시지를 꾸준히 받아 왔으며, 이러한 부인의 이중구속 메시지로 인하여 남편은 부

* 이 사례의 가족치료 과정을 알고 싶다면 박태영, 조성희(2005). 외도에 관한 가족치료사례연구. 2005년 한국사회복지학회 춘계학술대회자료집. pp. 773-798을 참고하기 바란다.

인을 회피하였다. 남편의 회피하는 방식으로 인하여 부인은 남편이 자신을 무시한다고 불평하였다. 한편, 부인이 어렸을 때 친정아버지는 외도를 하였고 이로 인하여 친정부모의 부부관계가 안 좋았다. 부인은 친정아버지의 외도 경험으로 인하여 남편이 외도를 못하도록 늘 잔소리하고 감시하였다. 남편은 부인의 잔소리와 감시를 몹시 힘들어하였다. 남편은 부인이 자신에게 "너는 바람을 피워서는 안 된다."라고 세뇌교육을 한 것에 대한 반항으로 외도를 통해 다른 여자에게 탈출한 것 같은 생각이 든다고 하였다. 부인은 맏딸이자 맏며느리로서 과도한 역할을 하였다. 첫째 딸은 두 달 전부터 엄마의 눈치를 보았다.

부인은 남편의 바람기가 외도의 주요 원인이라고 보았다. 한편, 부인이 어렸을 때 친정아버지가 외도를 하였고 부인은 친정어머니와 밀착관계를 유지하였다. 또한 남편은 자신을 통제하는 부인에게 화를 내지 못하고 속으로 삭혔다. 남편은 어려서부터 부모의 부부관계가 안 좋았고, 그런 가운데 남편은 어머니와 분리되지 못하였으며 일방적으로 참는 의사소통 방식을 사용하였다.

(2) 남편의 외도에 영향을 미친 요인

① 부인의 지나친 간섭과 통제

부인은 남편의 직장 내의 모든 일과 동료 여직원들과의 관계를 알아야만 하였다.

② 친정아버지의 외도와 그에 대한 원망

부인은 친정아버지의 외도로 인하여 결혼 전부터 외도에 대한 금지령이 있었고 결혼 후에는 남편에게 외도 금지에 대한 세뇌교육을 하였다. 친정아버지의 외도로 인하여 부인은 남편을 지나치게 통제하였다.

③ 부인의 이중구속(속박) 메시지

부인은 남편에게 지시해 놓고 남편이 그 지시를 이행하면 성질을 부렸다. 예를 들어, 남편이 세탁을 하고 나면 부인은 남편한테 "누가 그렇게 세탁기를 돌리라고 했어? 빨래를 구분해서 돌려야지!"라고 핀잔을 주었다. 따라서 남편은 일을 해도 욕먹고 안 해도 욕먹는 입장에 처하였다.

④ 부인의 집요함과 되새김질로 인한 남편의 거짓말

부인의 지나친 간섭과 통제와 함께 집요하고 되새김질하는 표현 방식으로 남편은 부인에게 거짓말을 할 수밖에 없는 상황으로 내몰렸다.

⑤ 시집에 대한 부인의 스트레스와 분노

부인은 신혼 초부터 시어머니와 시집문제로 인하여 남편과 갈등이 있었고, 남편은 부인의 입장을 이해하지 못하였으며 부인을 보호해 주지도 못하였다. 이에 자신의 친정아버지에 대한 부인의 감정이 남편에게 전이된 것으로 보인다.

⑥ 자신의 삶이 없는 부인

부인은 자신의 삶 없이 오로지 가족과 시집에 희생하면서 살아왔고, 이러한 삶으로 인하여 남편만 바라보았으며 기대에 부응하지 못하는 남편을 많이 원망하였다.

⑦ 남편의 바람기

부인은 남편이 근본적으로 바람기가 있다고 보았다.

⑧ 남편의 침묵과 회피

남편은 부인의 다그침에 침묵과 회피로 반응하였지만, 이와 같은 방식은 어렸을 때 부모의 갈등으로 인하여 부모에게 자신의 솔직한 감정을 표현해 본 적이 없었던 남편이 원가족에서 자연스럽게 형성한 방식이었다.

(3) 부부관계의 변화에 영향을 미친 요인

① 시집으로부터 남편의 분리

남편은 부부관계를 회복하기 위하여 어머니와의 밀착된 관계에서 거리감을 두기 시작하였다.

② 남편의 미분화에 대한 인정과 변화

남편은 자신이 고부갈등에서 부인의 편을 들어 주지 못한 것을 인정하고 변화하려고 노력하였다.

③ 남편의 표현에 대한 노력

남편은 스스로 자신의 노력으로 깨우치고자 하였고 솔직하게 표현하기 시작하였다.

④ 부인의 자신의 삶에 대한 집중

부인은 남편의 외도 후 학교생활에 집중함으로써 남편에 대한 지나친 간섭이 줄었다.

⑤ 부인의 자신에 대한 성찰

부인은 자신의 과도한 역할을 성찰하고 자신의 삶을 돌아보는 시간을 가졌다.

⑥ 부인의 홀로 서기

부인은 남편의 외도 후 자신이 독립할 수 있는 능력을 키워야겠다고 생각하였다.

⑦ 부드러워진 부인의 말투

상담을 통하여 부인의 말투가 다소 부드러워졌고 이로 인하여 남편은 부인과 대화하기가 편안해졌다.

(4) 결론

남편은 집에서 가사를 돌보면서 자녀와 함께하는 시간을 늘려 갔으며, 부인과의 관계에서도 서로의 견해를 분명히 표현하려고 노력하였다. 특히 부인은 자신이 남편을 궁지로 몰아넣을 수밖에 없는 이중구속 메시지를 사용하고 있다는 사실을 깨닫게 되었으며, 자신의 감정을 솔직하게 표현하였다. 이러한 부부간의 의사소통 방식의 변화와 남편의 시집 식구로부터의 분리로 인하여 부인은 우울증 약을 점차 덜 복용하게 되었고 우울증도 상당히 감소하였다. 첫째 딸도 엄마의 눈치를 보는 것이 감소하였고 자기 표현이 증가하였다. 특히 부부가 싸우고 나서 화해하는 데 보통 이틀이 걸리던 부인이 상담 후에는 다음 날 아침에 대화로 해결하였다.

참고문헌

김병수(2009). 남편의 외도를 경험한 아내의 이혼에 대한 태도 사례연구. 한국가족치료학회지, 17(1), 167-185.

박태영(2006). 외도를 한 중년부인에 대한 가족치료 사례연구. 가족과 가족치료, 14(2), 91-133.

박태영, 유웅희(2014). A case study on family therapy for husbands with infidelity problems: Focused on changes in family relationship. 가족과 가족치료, 22(4), 435-464.

박태영, 조성희(2005). 불륜사례(외도)에서 나타나는 요인의 분석: 근거이론을 중심으로. 한국상담심리학회 2005년 동계학술연수.

온라인 중앙일보(2012. 1. 4.). 외도하는 상대방 2위 성매매 종사자, 1위기…. 중앙일보. http://news.joins.com/article/705378

유영규 외(2015. 9. 13). 기혼자 24% · 월급 700만원 이상 52% '외도'…불륜의 통계. 서울신문. http://www.seoul.co.kr/news/newsView.php?id+20150914002003

정은(2011). 외도문제를 호소하는 여성의 도정신치료 사례연구. 한국가족치료학회지, 19(2), 1-17.

통계청(2017). 인구동향조사.

Abrahamson, I., Hussain, R., Khan, A., & Scholfield, M. (2012). What helps couples rebuild their relationship after infedelity? *Journal of Family Issues*, *33*(11), 1494-1519.

Allen, E. S., & Atkins, D. C. (2012). The association of divorce and extramarital sex in representative U.S. Sample. *Journal of Family Issues*, *33*(1), 1477-1493.

Allen, E. S., & Baucom, D. H. (2004). Adult attachment and patterns of extradyadic involvement. *Family Process, 43*(4), 467-488.

Amato, P. R., & Previti, D. (2003). People's reasons for divorcing: Gender, social class, the life course, and ajustment. *Journal of Family Issues*, *24,* 602-625.

Armstrong, L. (2006). Barriers to intimate-based sexuality: Concerns and meaning-based counseling approaches. *The Humanistic Psychologist*, *34*, 281-298.

Atkins, D. C., Baucom, D. H., & Jacobson, N. S. (2001). Understanding infidelity: Correlates in a national random sample. *Journal of Family Psychology, 15,* 735-749.

Atkins, D. C., Eldridge, K. A., Baucom, D. H., & Christensen, A. (2005). Extramarital affair and behavioral couple counseling: Optimism in the face of betrayal. *Journal of Counseling and Clinical Psychology, 73,* 144-150.

Barta, W. D., & Kiene, S. M. (2005). Motivations for infidelity in heterosexual dating couples: The roles of gender, personality differences, and sociosexual orientation. *Journal of Social and Personal Relationships, 22*(3), 339-360.

Blow, A. J., & Hartnett, K. (2005a). Infidelity in committed relationships I: A methodological review. *Journal of Marital and Family Therapy*, *31*(2), 183-216.

Blow, A., & Hartnett, K. (2005b). Extramarital affair in committed relationships II: A substantive review. *Journal of Marital and Family Counseling, 31,* 217-233.

Bogaert, A. F., & Sadava, S. (2002). Adult attachment and sexual behavior. *Personal Relationships, 9*(2), 191–204.

Bunk, B. (1987). Conditions that promote breakups as a consequence of extradyadic involvements. *Journal of Marital and Family therapy, 31*(2), pp. 217–233.

Buss, D., Larsen. R. J., Westen, D., & Semmelroth, J. (1992). Sex difference in jealous: Evolution, physiology, and psychology. *Psychological Science, 3,* 251–255.

Cann, A., Mangum, J. L., & Wells, M. (2001). Distress in response to relationship infidelity: The roles of gender and attitudes about relationships. *The Journal of Sex Research, 38*(3), 185–190.

Cano, A., & O'Leary, D. (2000). Infidelity and separations precipitate major depress episodes and symptoms of nonspecific depression and anxiety. *Journal of Consulting and Clinical Psychology, 68,* 774–781.

Charney, I. W., & Panass, S. (1995). The impact of extramarital relationships on the continuation of marriage. *Journal of Sex and Marital Therapy, 21,* 100–115.

Christian-Herman, J. L., O'Leary, D., & Avery-Leaf, S. (2001). the impact of sever negative sevents in marriage on depression. *The Journal of Social and Clinical Psychology, 30,* 24–40.

De Graaf, P. M., & Kalmijin, M. (2006). Divorce motives in a period of sising divorce: Evidence from a Dutch life-history survey. *Journal of Family Issues, 27*(4), 483–505.

Dean, C. (2011). Psychoeducation: A first step to understanding infidelity-related systemic trauma and grieving. *The Family Jounral: Counseling and Therapy for Couples and Families, 19*(1), 15–21.

Duba, J., Kindsvatter, a., & Lara, T. (2008). Treating infidelity: Considering narratives of attachment. *The Family Journal, 16,* 293–299.

Dupree, W. J., White, M. B., Olsen, C. S., & Lafluer, C. T. (2007). Infidelity treatment patterns: A practice-based evidence approach. *American Journal of Family Therapy, 35,* 327–341.

Glass, P. (2002). Couple counseling after the trauma of extramarital affair. In A. S. Gurman, & N. E. Jacobson (Eds.), *Clinical handbook of couple counseling* (3rd ed., pp. 488–507). New York: Guilford Press.

Glass, S. P., & Wright, T. L. (1992). Justifications for extramarital relationships: The association between attitudes, behaviors, and gender. *Journal of Sex Research, 29,* 361–387.

Gordon, K. C., Baucom, D. H., & Snyder, D. K. (2004). An intergrative intervention for promoting recovery from extramarital affairs. *Journal of Marital & Family Counseling, 30,*

213–231.

Gordon, K. C., Baucom, D. H., & Snyder, D. K. (2005). Forgiveness in couples: Divorce, infidelity, and marital therapy. In W. Worthington (Ed.), *Handbook of forgiveness* (pp. 407–421). New York: Brunner–Routledge.

Gordon, K. C., Khaddouma, A., Baucom, D. H., & Snyder, D. K. (2015). Couple therapy and the treatment of affairs. In A. S. Gurman, J. L. Lebow, & D K. Snyder (Eds.), *Clinical handbook of couple therapy* (pp. 412–444). New York: The Guilord Press.

Janus, S. S., & Janus, C. L. (1993). *The Janus report on sexual behavior.* New York: John Wiley & Sons.

Johnson, S. M., Makinen, J. A., & Millikin, J. W. (2001). Attachment injuries in couple relationships: A new perspective on impasses in couples therapy. *Journal of Marital and Family Therapy, 27*(2), 145–155.

Juhnke, G. A., Coll, K. M., Evans, M., Sunich, M. F., Hansen, K. D., & Valadez, A. (2008). A modified infidelity debriefing process for couples who have recently experienced infidelity disclosure. *Journal of Family Psychology, 15,* 241–253.

Linquest, L., & Negy, C. (2005). Maximizing the experiences of an extrarelational affair: An unconventional approach to common social convention. *Journal of Clinical Psychology, 61,* 142–148.

Makinen, J. A., & Ediger, L. (2011). Rebuilding bonds after the traumatic impact of infidelity. In J. L. Furrow, S. M. Johnson, & B. A. Bradley (Eds.), *The emotionally focused casebook: New directions in treating couples* (pp. 247–268). New York: Routledge.

Marin, R. A. (2010). Infidelity and marital therapy: Post–therapy adjustment 5–years after therapy. Unpublished dissertation.

Mark, K. P., Janssen, E., & Milhausen, R. R. (2011). Infidelity in heterosexual couples: Demographic, interpersonal, and personality–related predictors of extradyadic sex. *Archives of Sexual Behavior, 40*(5), *971–982.*

Natarius, C. & Markman, H. (1993). *We can work it out: Making sense of marital conflict.* New York: Putnam.

Olmstead, S. B., Blick, R. W., & Mills, L. I. (2009). Helping couples work toward the forgiveness of marital extramarital affair: Therapists' perspective. *The American Journal of Family Counseling, 37,* 48–66.

Olson, M. B., Russell, C. S., Kiggins–Kessler, M., & Miller, R. B. (2002). Emotional processes following disclosure of an extramarital affair. *Journal of Marital and Family Counseling, 28(4),* 423–434.

Peluso, P. R., & Spina, P. (2008). Understanding infidelity: Pitfalls and lessons for couple counselors. *The Family Journal, 16,* 324–327.

Previti, D., & Amato, P. R. (2004). Is extramarital affair a cause or a consequence of poor marital quality? *Journal of Social and Personal Relationships, 21*, 217–230.

Raj, P., Elizabeth, C. S., & Padmakumari, P. (2016). Mental health through forgiveness: Exploring the roots and benefits. *Cogent Psychology, 3*(1), 1153817.

Resick, P. A., Monson, C. M., & Rizvi, S. L. (2007). Posttraumatic stress disorder. In D. H. Barlow (Ed.), *Clinical handbook of psychological disorders: A step-by-step treatment manual* (pp. 65–122). New York: Guilford Press.

Schade, L. C., & Sandberg, J. G. (2012). Healing the attachment injury of marital infidelity using emotionally focused couples therapy: A case illustration. *The American Journal of Family Therapy, 40*(5), 434–444.

Schneider, J. P., Irons, R. R., & Corley, M. D. (1999). Disclosure of extramarital sexual activities by sexually exploitative professionals and other persons with addictive or compulsive sexual disorders. *Journal of Sex Education and Therapy, 24,* 277–287.

Scott, S. B., Rhoades, G. K., Stanley, S. M., Allen, E. S., & Markman, H. J. (2013). Reasons for divorce and recollections of premarital intervention: Implications for improving relationship education. *Couple and Family Psychology: Research and Practice, 2*(2), 131–145.

Snyder, D. K., Baucom, D. H., & Gordon, K. C. (2008). An integrative approach to treating infidelity. *The Family Journal, 16,* 300–307.

Subotnik, R., & Hariis, G. G. (1999). *Surviving infidelity*. Holbrook. MA: Adams Media.

Sweeney, M. M., & Horwitz, A. V. (2001). Infidelity, initiation, and the emotional climate of divorce: Are there implications for mental health? *Journal of Health and Social Behavior, 42,* 295–309.

Thompson, A. P. (1984). Emotional and sexual components of extramarital relations. *Journal of Marriage and Family, 46,* 35–42.

Timm, T. M., & Blow, A. J. (2018). Healing the relational wounds from infidelity. In D. Flemons & S. Green (Eds.), *Quickies: The handbook of brief sex therapy* (2nd ed.). New York: W. W. Norton & Company.

Timm, T. M., & Hertlein, K. (June 2020). Affair recovery in couple therapy. In K. S. Wampler, A. J. Blow (Eds.), *Handbook of Systemic Family Therapy: Systemic Family Therapy with Couples* (Vol. 3, pp. 343–361). New York: John Wiley & Sons.

Toussaint, L. L., Worthington, E. L. J., & Williams, D. R. (2015). *Forgiveness and health: Scientific evidence and theories relating forgiveness to better health*. New York: Springer.

Treas, J., & Giesen, D. (2000). Sexual infidelity among married and cohabiting Americans. *Journal of Marriage and the Family, 62(1),* pp. 48–60.

Weeks, G. R., Gambescia, N., & Jenkins, R. E. (2003). *Treating infidelity: Therapeutic dilemmas and effective strategies*. New York: W. W. Norton & Company.

Whisman, M. A., Dixon, A. E., & Johnson, B. (1997). Therapists' perspectives of couple problems and treatment issues in couple therapy. *Journal of Family Psychology, 11,* 361–366.

Wiederman, M. W. (1997). Extramarital sex: Prevalence and correlates in a national survey. *Journal of Sex Research, 34,* 167–174.

Whisman, M. A., Dixon, A. E., & Johnson, B. (1997). Therapist's perspective of couple problems and treatment isuues in couple counseling. *Journal of Family Psychology, 11,* 361–366.

Wilkinson, R. T., Littelbear, S., & Reed, S. (2012). A review of treatment with couples post-affair: An emphasis on the use of disclosure. *The Family Journal: Counseling and Therapy for Couples and Families, 20*(2), 140–146.

Worthington Jr, E. L. (2007). *Handbook of forgiveness*. New York: Brunner-Routledge.

Smith, A. L., Cross, D., Winkler, J., Jovanovic, T., & Bradley, B. (2014). Emotional dysregulation and negative affect mediate the relationship between maternal history of child maltreatment and maternal child abuse potential. *Journal of Family Violence, 29*(5), 483–494.

Smith, B., & Testa, M. (2002). The risk of subsequent maltreatement allegations in families with substance-exposed infants. *Child Abuse and Neglect, 26*(1), 97–114.

Spivak, H. R., Jenkins, E. L., VanAudenhove, K., Lee, D., Kelly, M., & Iskander, J. (2014). CDC grand rounds: A public health approach to prevention of intimate partner violence. *Morbidity and Mortality Weekly Report, 63*(2), 38–41.

Stith, S. M., Green, N. M., Smith, D. B., & Ward, D. B. (2008). Marital satisfaction and marital discord as risk markers for intimate partner violence: A meta-analytic review. *Journal of Family Violence, 23*(3), 149–160.

Stith, S. M., McCollum, E. E., & Rosen, K. H. (2011). *Couples therapy for domestic violence: Finding safe solutions*. American Psychological Association.

Stith, S. M., Rosen, H. K., McCollum, E. E., & Thomsen, J. C. (2004). Treating intimate partner violence within intact couple relationship: Outcomes of multi-couple versus individual couple therapy. *Journal of Marital and Family Therapy, 30*(3), 305–318.

Stith, S. M., Rosen, H. K., & McCollum, E. E. (2003). Effectiveness of couples treatment for spouse abuse. *Journal of Marital and Family Therapy, 29*(3), 407–426.

Taft, C. T., Monson, C. M., Hebenstreit, C. L., King. D. W., & King, L. A. (2009). Examining the correlates of aggression among male and female Vietnam veterans. *Violence and Victims, 24*(5), 639–652.

Thornberry, T. P., & Henry, K. L. (2013). Intergenerational continuity in maltreatment. *Journal of Abnormal Child Psychology, 41*(4), 555–690.

Tishelman, A. C., & Geffner, R. (2011). Child and adolescent trauma across the spectrum of experience: Research and clinical interventions. *Journal of Child and Adolescent Trauma, 4*(1), 1–7.

Toth, S. L., Gravener-Davis, J., & Guild, D. J. (2013). Relational interventions for child maltreatment: Past, present, and future perspectives. *Development and Psychopathology, 25*(4), 1601–1617.

Ulman, A., & Straus, M. A. (2003). Violence by children against mothers in relation to violence between parents and corporal punishment by parents. *Journal of Comparative Family Studies, 34*(1), 41–60.

Walsh, J. A., & Krienert, J. L. (2007). Child-parent violence: An empirical analysis of offender, victim, and event characteristics in a national sample of reported incidents. *Journal of Family Violence, 22*(7), 563–574.

Zlotnick, C., Kohn, R., Peterson, J., & Pearlstein, T. (1998). Partner physical victimization in a national sample of American families. *Journal of Interpersonal Violence, 13*(1), 156–166.

제6장

가정폭력

1. 서론

가정폭력은 모든 가족구성원을 피해자로 만들고 궁극적으로 폭력 가해자까지 포함하여 가족 모두가 어려움을 겪게 되고 가족 해체로 이어지기도 하는 사회 문제이다(신선인, 2008; 정민자, 엄선필, 2002, Emery & Laumann-Billings, 1998; Zlotnick et al., 1998). 「가정폭력범죄의 처벌 등에 관한 특별법」 제2조 1항에는 "가정폭력이란 가족구성원 사이에 신체적, 정신적 또는 재산상 피해를 수반하는 행위를 말한다."라고 규정되어 있다. 다시 말해 가정폭력은 부부간의 폭력, 형제간의 폭력, 부모가 자식에게 행사하는 폭력, 노인폭력, 자녀가 부모에게 가하는 폭력 등 가정 내에서 발생하는 여러 가지 폭력 형태를 말한다. 이렇듯 법령에서 가정폭력을 다양한 범주로 표현하고 있는 것은 가정폭력의 대표적 범주인 자녀학대 및 배우자 간의 폭력뿐만 아니라 다른 범주의 가정폭력도 존재함을 의미한다. 그런데 일반적인 폭력은 일회성으로 발생하고 가해자와 피해자가 분리되는 경우가 많은 데 반해, 가정폭력은 지속적으로 발생하며 피해자가 가해자와 분리되지 못한 채 일상생활을 함께해야 하는 어려움이 있다. 다른 가족구성원들도 가해자에 대한 두려움과 분노, 피해자를 보호하지 못하였다는 죄책감 등을 가져 가족 모두 어려움을 겪게 되고, 피해자나 가해자의 죽음이라는 파국에 이르기도 한다.

「가정폭력범죄의 처벌 등에 관한 특례법」과 「가정폭력방지 및 피해자보호 등에 관한 법률」이 제정된 이래 한국사회는 가정폭력을 사적인 영역이 아니라 사회적 개입이 필요한 영역으로 인식하기 시작하였다. 이에 따라 가정폭력 행위가 범죄 행위로 신고되고 가정폭력상담소와 가정폭력쉼터 등의 사회적 지원이 이루어졌다. 그럼에도 불구하고 한국사회의 가정폭력 발생 비율은 상당히 높은 실정이며 사회적 개입이 이루어지고 있으나 아직 미흡한 실정이다.

가정폭력에 대한 사회의 관심이 환기되면서 남성 가정폭력 가해자뿐만 아니라 여성

가해자도 드러나기 시작하였다(전옥희, 2012). 여성가족부가 3년마다 실시하는 전국가정폭력실태조사에 의하면 2016년 기준으로 여성이 배우자로부터 지난 1년간 폭력을 경험한 비율은 12.1%였으며 남성의 경우 8.6%였다. 폭력을 경험한 경우 폭력의 유형별로 보면 신체적 폭력을 경험한 여성은 27.5%, 남성은 18.6%에 달하였다(여성가족부, 2017). 이를 통해 남성뿐만 아니라 여성에 의한 가정폭력 행위 비율도 높다는 것을 알 수 있다. '한국 남성 긴급 전화'에 따르면 부인에게 매 맞는 남편들의 상담 건수가 2009년 856건에서 2012년 1,884건으로 증가세를 보였다(문화일보, 2013.6.21.).

이철호(2006)는 여성 가정폭력에 대해 여성이 사회에 진출하는 비율이 늘어나고 경제력을 가지게 되면서 남편들이 부인의 정신적 · 육체적 폭력에 시달리게 되었다고 하였다. 이는 부계사회에서 양계사회로 이동하고 있는 과도기인 한국사회의 특성과도 맥락을 같이한다고 볼 수 있다. 사회적으로 여성은 학력이 높아지고 경제력이 있게 되었으며 최근 미국에서 시행한 조사에 따르면, 가정 내에서는 자녀 수가 줄어들어 딸도 아들과 동등한 기회와 대우를 받으며 양육받았다(한경혜, 윤성은, 2004). 남녀 평등적인 맥락은 여성이 가정폭력의 피해자뿐만 아니라 폭력 가해자가 되기도 하는 상황과 상관이 있다고 볼 수 있다.

그동안 가정폭력에 관한 연구는 많이 진행되었으나 대부분 남성 폭력 가해자에 대한 연구이고(김재엽 외, 2007; 신선인, 2008; 정민자, 엄선필, 2002), 여성 폭력 가해자에 관한 연구 사례는 찾아보기 힘든 편이다. 이는 서구에서도 마찬가지로 여성 가정폭력 가해자의 수가 점점 증가하고 있지만(Henning & Feder, 2004), 여성 가정폭력 가해자에 관한 연구는 거의 없는 편이다(Henning, Jones, & Holdford, 2005). 최근 미국에서 시행한 조사에 따르면, 친밀한 파트너에게 신체적 · 심리적 · 성적 폭력을 당한 경험이 있냐는 질문에 여성 1만 5,152명과 남성 1만 2,419명이 응답했고, 그 가운데 신체적 폭력은 남성 42.3%, 여성 42%, 심리적 폭력은 남성 45.1%, 여성 49.4%, 성적 폭력은 남성 19.6%, 여성 7.6%의 비율을 보였다(Leemis, 2022).

그런데 국내에서 진행된 여성 가정폭력에 관한 소수의 연구 대부분은 배우자의 폭력을 견디다 남편을 살해하게 된 여성에 관한 연구들이다(강호선, 2008; 김영희, 변수정, 2006; 김은주, 2004; 이수정, 2006). 이러한 연구들은 극단적인 남편 살해로 이르게 된 여성들의 폭력 피해와 행위 과정을 잘 보여 주었으나 덜 극단적이고 일상적인 상황에서 폭력을 행사하게 되는 여성들에 대해서는 별로 알려 주는 바가 없다. 다만, 전옥희(2012)는 폭력이 덜 극단적인 사례들을 통해 여성이 가정폭력을 행사하게 되는 맥락과 관련하여 여성 가해자들이 오랫동안 억제해 왔던 감정의 폭발이나 폭력 상황에 대한 대웅으로서 폭력 행위를 하게 되었다는 결과를 보여 주었다. 가정폭력의 책임 소재가 폭력 행위자에게 있는 것은 분명하나, 이러한 연구 결과를 통해 폭력의 발생 과정을 가족의 상호작용에서 바라볼 필요성이 더 부각되었다고 볼 수 있다.

남성 폭력 가해자들을 대상으로 한 연구에서도 가정폭력을 단절시키기 위해서는 남편을 대상으로 하는 개입과 함께 부부의 상호작용을 살펴보고 부부 모두를 대상으로 하는 개입의 필요성이 제기되었다(김주현, 이연호, 2008; 서혜석, 2005; 장희숙, 김예성, 2004; Bybee & Sullivan, 2005). 실제로 남성 폭력 가해자들을 위한 사회적 개입으로 개인상담뿐만 아니라 부부상담이나 부부 집단상담 등의 개입이 이루어져 왔으며, 부인과의 상호작용을 다루지 않는 상담을 받은 남성의 경우에는 폭력 재발 비율이 높았다(Stith et al., 2008). 이러한 연구 결과들을 볼 때 가정폭력 가해자가 여성일 경우에도 폭력이 발생하는 부부의 상호작용 맥락에 대한 이해가 이루어져야 할 것이다.

앞서 언급한 바와 같이 여성 가정폭력 가해자와 관련된 연구가 부족하여 부부의 상호작용 맥락에 대한 심층적인 이해가 쉽지 않은 실정이다. 통계와 신문기사로 여성이 가정폭력 가해자인 사건이 발생하고 있음을 알 수는 있으나 폭력이 발생하게 되는 구체적인 상황에 대해서는 알려진 바가 별로 없다. 한편, 가정폭력이 발생한 부부의 경우 결혼생활을 유지하는 비율이 높은 편이다. 가정폭력 피해 여성들이 쉼터에서 퇴소하면서 남편에게로 돌아가는 비율은 절반 정도에 이른다(여성가족부, 2013). 여성 가정폭력 가해자 부부에 대한 통계가 없지만 이러한 경향이 가정폭력 행위자가 여성인 경우에도 해당하지 않는다고 추정할 수는 없다. 결과적으로 가정폭력이 발생해도 부부는 헤어지지 않을 확률이 높고 폭력이 재발할 확률도 높다. 가정폭력으로 가정이 해체되는 상황뿐만 아니라 유지되는 상황에서도 사회적 지원이 필요하다고 할 수 있다.

아동학대는 아동에게 심각한 외상을 입힐 수 있음에도 불구하고 한국사회에서는 아동학대 문제를 사회 문제로 심각하게 인식되지 못하였다. 이와 같은 배경에는 학대가 발생하더라도 개인적인 가정사로 치부하고 가족 내에서 해결할 문제라고 인식해 온 한국의 문화적 특성 때문이라고 볼 수 있다(이봉주, 김세원, 2005). 그러나 2000년에 「아동복지법」이 개정되면서 아동학대의 개념을 규정하고 아동학대에 대한 사회적인 개입의 법적 근거가 마련됨에 따라 아동학대가 심각한 사회 문제라는 인식이 조금씩 자리 잡기 시작하였고, 최근에는 학대로 인한 아동의 사망사고가 잇따라 발생하면서 심각한 사회 문제로 재조명되고 있다.

아동학대의 심각성에 사회적인 관심이 집중되면서 학대받는 아동을 보호하기 위한 방법 부문에서 사회가 적극적으로 개입하여야 한다는 관점과 일차적으로 부모의 권리를 보장하여 아동이 가족 내에서 보호받아야 한다는 관점 간 논쟁이 있어 왔다. 한국의 경우 아동을 부모와 분리하기보다 부모와 가족, 지역사회가 아동에게 양육적인 환경으로 변화하도록 지원하여 가족을 보존하는 것을 아동보호의 기본 목적으로 삼는다(강미경, 2009). 그러나 학대 가해자의 80.3%가 부모이며, 학대로 인한 아동보호서비스가 종결된 이후 가정으로 되돌아간 아동이 또 다시 학대를 당하여 재신고되는 사례가 전체 아동학대 신고 사례의 14.4%를 차지한다(보건복지부, 2013). 이처럼 아동보호서비스를 제공받았음에도 불구하고 재학대가 일어나는 것은 기존의 서비스가 학대의 재발을 충분히 예방하지 못하고 있으며, 이를 예방하기 위해서는 아동학대의 발생 원인을 심층적으로 파악하여 차별화된 서비스를 제공할 필요가 있음을 시사한다.

아동학대가 발생하는 요인에 대해서는 그간 다양한 차원에서 광범위한 연구들이 진행되어 왔지만, 아동학대의 발생 요인이 매우 다양하고 복잡하기 때문에 특정 요인으로 설명하기 어렵다(황혜자, 조수진, 2007). 그럼에도 불구하고 아동학대의 발생은 가해자와 피해자뿐만 아니라 가족 구조나 가족 내 상호작용 등 다양한 가족 요인에 의해 발생한다는 점에서 의견이 일치되고 있다(윤혜미 외, 2013). 특히 전국 아동학대 현황 보고서(보건복지부, 2013)에 따르면, 학대의 발생 원인이 부적절한 양육 태도와 사회적 · 경제적 스트레스, 부부갈등 등의 순서로 나타났으며 그 밖에도 중독이나 성격 문제, 부모의 어릴 적 학대 경험 등이 있었다. 즉, 아동학대는 아동학대 가해자인 부모 자신의 아동기 학대 경험, 부부간의 갈등이나 가족 경계, 가족 구조의 문제(김혜영, 석말숙, 2003; 문영숙, 2011; 황혜자, 조수진, 2007) 등과 같이 다양한 요인에 의하여 발생하는 것이므로 아동학대 문제는 복합적인 가족의 문제로 다루어야 하며 요인 간의 상황적인 조건이나 요인을 함께 파악하는 것이 중요하다.

김재엽과 송아영(2007)의 청소년 부모 폭력에 관한 연구에 따르면, 서울시 중학교 3학년부터 고등학교 2학생 학생 547명을 대상으로 조사한 결과 그중 약 12%의 학생이 아버지에게 폭행을 가한 적이 있다고 하였으며, 어머니에게는 24%의 학생이 폭력을 행사한 경험이 있다고 하였다. 또한 미디어 매체에서도 부모에게 신체적 · 언어적 폭력을 가하는 자녀의 소식을 심심치 않게 접할 수 있다(국민일보, 2018). 이는 한국사회에 나타나고 있는 청소년 자녀의 부모폭행의 심각성이 결코 낮은 수준이 아님을 보여 준다. 하지만 지금까지 한국사회에서는 자녀의 부모폭력에 대한 논의가 거의 이루어지지 않고 있으며 그 이유에 대한 생각은 다음과 같다.

전통적으로 한국사회는 자녀가 부모를 공경하는 '효' 사상을 매우 중요시 여긴다. 효는 과거 조선시대부터 한국의 주요한 가치 기준인 유교사상의 핵심 개념으로 현재까지 그 가치가 유지되고 있다. 이렇듯 효가 중시되는 사회에서 부모를 폭행하는 자녀는 곧 패륜아이자, 효사상을 저버린 사회의 문제아로 인식되기 때문에 공론화되기 어려운 현실이다. 또한 가정 내 발생하는 폭력은 가족이라는 혈연관계를 바탕으로 한 매우 폐쇄적인 관계에서 일어나기 때문에 실제로 외부에 드러나기 어렵다는 특징이 있다. 특히 자녀에게 매 맞는 부모의 경우 가정폭력의 폐쇄성과 함께 주변의 시선 및 수치심 등으로 가정 밖으로 노출되는 것이 더욱 어려운 현실이다(Routt & Anderson, 2011). 가정폭력은 은밀하고 지속적으로 일어나며 그 결과가 폭행 피해자에 대한 1차적인 신체적 · 정신적 피해 외에 가정 해체와 같은 2차적 피해까지 야기할 수 있으므로 반드시 해결해야 하는 사회 문제이다. 더욱이 부모에게 폭력을 사용하는 청소년 자녀는 이후 학교폭력 가해자가 되거나 성인이 된 후에도 가정폭력 가해자가 될 수 있어 또 다른 사회 문제를 야기할 수 있다.

특히 가정폭력은 의식주를 함께하는 가족 집단에서 발생하기 때문에 직접적인 가해자와 피해자뿐만 아니라 가족구성원 전체가 신체적 · 심리적 측면에서 심각한 어려움을 경험하게 된다. 이와 같은 가정폭력의 특성을 고려할 때 가족을 구성하는 각 개인을 비롯한 가족 전체를 대상으로 하는 가족치료의 개입이 매우 필요하다(이종원, 2010).

1990년대에 들어서며 가정폭력에 대한 개입으로 가족치료의 효과성을 입증하는 연구들이 국내에서 나타나기 시작하였다(김영애, 이영란, 2008; 노혜련, 2003). 구체적으로 허남순(1995)은 가정폭력 부부를 대상으로 해결중심 단기 가족치료이론을 적용해 그 효과성을 입증하였다. 그리고 가정폭력에 대한 MRI 모델을 적용한 부부치료가 효과성이 있다는 연구도 있다(박태영, 박소영, 2010). 가정폭력 부부에 대한 집단 개입에 관한 연구로는 집단 프로그램의 효과성에 관한 연구가 대부분인데, 사티어의 성장 모델이론을 중심으로 한 서혜석(2005)의 연구와 체계론적 관점과 사회학습이론을 중심으로 한 현진희(2007)의 연구, 대상관계이론을 이용한 부부치료 사례연구(임종렬, 1998)가 있다.

이 외에도 국내의 아동학대와 관련한 치료로서 윤혜미 등(2013)은 이야기치료를 바탕으로 한 가족치료 프로그램을 개발하여 전국 아동보호전문기관에 등록된 총 60가구를 대상으로 진행하고 그 효과성에 대해 연구한 바 있다. 이 연구에서는 가해 부모뿐만 아니라 비가해 부모가 치료 과정에 참여함으로써 가족구성원 전체의 입장을 이해하고 가족관계 향상을 가져올 수 있었다고 하였다. 즉, 이 연구는 학대 가해 부모와 피해 아동 외의 모든 가족구성원이 참여하는 가족치료의 효과성을 제시하였다(윤혜미 외, 2013). 또한 국내에서 가정폭력과 관련하여 여성 가족폭력 가해자에게 보웬의 가족치료 모델을 적용한 사례 연구(박소영, 박태영, 2019), MRI 의사소통 모델을 적용한 부모를 폭행하는 청소년에 대한 사례연구(임아리, 박태영, 2019)가 있다. 한편, 자녀를 학대하는 어머니에 대하여 가족체계이론, 의사소통이론, 애착이론 그리고 대상관계 가족치료이론을 활용하여 미분화, 의사소통 방식, 애착 문제 그리고 전이의 개념을 살펴본 가족치료 사례연구(박태영, 심다연, 2014; 이주은, 박태영, 2018)가 있다. 또한 부인을 폭행하는 남편 가해자에게 의사소통 모델을 적용한 부부치료 사례연구가 있다(박태영, 박소영, 2010). 한편, 박양진, 조성희, 박태영(Park, Cho, & Park, 2022)은 남편을 학대하는 부인에 관한 부부치료 사례에 MRI 의사소통이론, 대상관계이론, 가족체계이론을 적용하여 배우자폭력에 대한 위험 요인을 탐색하였다.

국내의 가정폭력과 가족치료에 관한 연구들은 2000년대 후반에 들어서며 몇 가지 변화가 나타났다. 먼저, 가족치료 대상자의 변화이다. 초기의 연구가 대부분 피해 여성과 부부 중심의 연구였다면, 이후에는 그 범위가 자녀까지 확대되어 진행된 가족치료 연구들이 증가하고 있다. 정은과 이경욱(2005)은 가정폭력 피해 모녀에 집중하여 가족치료 이론의 효과성을 입증하였다. 다음으로는 한국사회의 결혼과 가족을 둘러싼 변화들을 반영하는 연구들이 나타나고 있다. 문정화(2017)는 다문화 가정을 대상으로 한 가정폭력과 가족치료에 관한 연구를 진행하였다. 이와 같은 가정폭력과 가족치료에 관한 연구는 한국사회의 가족을 둘러싼 변화들을 반영하여 더 다양화되고 있다는 것을 보여 준다.

하지만 이와 같은 변화에도 불구하고 가정폭력과 가족치료에 관한 선행연구들은 여전히 배우자 간의 폭력에 집중되어 있다. 이는 앞서 언급한 것과 같이 한국사회에 부모를 때리는 청소년이 없었기 때문이 아니라, 이 주제를 논의할 사회적 분위기가 마련되지 않았기 때문이라고 할 수 있다. 더욱이 자녀에게 폭행을 당한 부모가 직접 자녀를 신고하여 처벌 중심의 사법적 개입으로 문제를 해결한다는 것은 사실상 불가능하다. 또한 자녀가 사법적 처벌을 받는 것이 반드시 문제의 해결이라고 볼 수 없다. 따라서 청소년 자녀의 부모 폭행은 처벌 중심의 사법적 접근이 아닌 가족치료를 중심으로 한 회복적 접근이 실질적으로 더 필요하다.

1998년 「가정폭력방지 및 피해자보호 등에 관한 법률」이 시행되면서 가정폭력에 대한 사회적 개입이 이루어지고 가정폭력상담소와 피해 여성을 위한 가정폭력쉼터가 많이 늘어났다. 이때 가정폭력의 원인이 되는 가해자를 변화시키면 폭력이 줄어들 수 있다는 인식하에 가해자 교정 프로그램이 실시되었다. 이는 서구에서도 마찬가지였는데, 피해자 여성과 가해자 남성을 분리해 개입하는 평행 궤도(parallel track)의 원칙이 지켜졌다. 이렇듯 가정폭력에 대해 부부상담이 회피된 이유는 크게 두 가지로 살펴볼 수 있다. 첫째, 우선 상담 현장에서 피해 여성의 안전이 위협받을 수 있다는 것과 부부상담이 오히려 감정을 고조시켜 상담 현장을 떠난 후 가정에서 두 사람 사이에 추가 폭력이 발생할 수도 있는 위험성 때문이었다. 둘째, 피해 여성이 상호작용 방식의 변화를 요구받는 것은 피해자에게 폭력 발생의 책임을 전가한다는 비판 때문이었다(O'Leary et al., 2002; Stith et al., 2004).

그러나 가정폭력이 부부의 상호작용 속에서 발생하며 피해자와 가해자 모두 가정을 유지하고자 하는 비율이 높다는 점에서 볼 때 가정폭력에서 부부를 대상으로 개입이 이루어져야 한다는 주장이 제기되어 왔다(성주향, 정민자, 2002; Sith et al., 2004). 즉, 부부의 상호작용이 이루어지는 특정한 맥락에 대한 이해와 가정폭력 가해자가 비폭력적으로 의사소통하는 상호작용을 피해자와 함께 만들어 갈 수 있도록 개입이 이루어져야 한다는 것이다. 체계론적 관점과 부부 상호작용의 맥락에서 가정폭력을 바라보는 연구들이 이러한 주장을 뒷받침했는데, 김지영과 최상진(2004)은 남편의 스트레스가 부부의 의사소통에 부정적인 영향을 미치고 이 부정적인 의사소통이 다시 남편의 공격성을 통해 가정폭력에 영향을 미친다고 하였다. 가정폭력 부부 집단상담에 참여한 부부들은 자신의 마음을 제대로 표현하거나 제대로 의사소통하지 못했던 점이 문제라고 인식하고 그로 인해 부부 문제를 바라보는 관점이 변화되었다고 보고하였다(서혜석, 2005).

따라서 이 장에서는 가정폭력 유형, 가정폭력의 원인과 가해자의 특징, 아동폭력의 원인에 대한 이론, 부부폭력, 자녀폭력, 자녀의 부모폭력과 폭력 문제를 해결하기 위한 가족치료적인 접근법뿐만 아니라 실제 사례를 통하여 남편의 아내폭력, 부인의 남편폭력, 어머니의 자녀폭력 그리고 자녀의 부모폭력 사례에 대한 가족치료를 어떻게 적용하는지 고찰해 보겠다.

2. 가정폭력의 유형

1) 부부폭력

부부폭력은 남편에 의한 아내폭력뿐만 아니라 부인에 의한 남편폭력을 지칭하는 용어이다. 부부폭력은 밀거나 따귀 때리기부터 시작해 물건을 집어 던지고 흉기를 사용하는 등의 다양한 신체적 · 정서적 · 성적 폭력 등의 유형을 포함한다(Campbell, 1994; Mattson & Ruiz, 2005). 부부폭력은 전 세계 수백만의 가족에게 영향을 주는 세계적인 문제로서(Emery, 2010; Stover et al., 2009; Watts & Zimmerman, 2002), 동성애적 또는 이성애적 관계에서 발생되는 신체적 · 심리적 · 성적, 그리고 스토킹과 관련된 학대를 의미한다(Centers for Disease Control and Prevention, 2019). 부부폭력은 가정폭력, 상호 간 폭력, 가족학대, 배우자학대라는 용어로 사용되기도 한다(Beck et al., 2013).

존슨과 페라로(Johnson & Ferraro, 2000)는 폭력의 범주를 '기질적인 폭력'과 '상황적인 폭력'으로 구별하였다. '기질적인 폭력'은 배우자를 통제하고 지배하기 위한 심각한 폭력의 형태를 포함한다. '상황적인 폭력'은 문제해결 전략으로 폭력을 사용함으로써 반복적으로 악화시키는 상황적 · 관계적인 스트레스에 의하여 발생된다(Armenti & Bobcock, 2016; Bradley et al., 2014; Johnson & Ferraro, 2000). 부부폭력을 위한 부부치료의 효과성에 관한 6개 연구에 대한 메타분석은 부부치료가 상황적인 폭력을 감소시키는 데 있어 중요할 수 있다고 하였다(Karakurt et al., 2016). 부부치료는 덜루스 모델과 다르게 부부폭력을 더 복잡한 문제로 보며(Karakurt et al., 2016), 부부폭력은 의사소통의 어려움, 갈등관리 문제, 성 문제 그리고 관계 복잡성을 포함한 다양한 역기능적 문제를 포함한다(Baucom et al., 2011; Christensen et al., 2006; Clement & Schmidt, 1983; Cohen, O'Leary, & Foran, 2010; Davidson & Horvath, 1997; Dekker & Everaerd, 1983; Karakurt et al., 2016).

2016년 전국 가정폭력실태조사(여성가족부, 2016)에 따르면, 기혼 성인의 부부폭력률은 27.55~41.5%이며 발생 비율은 정서적 폭력, 신체적 폭력, 경제적 폭력, 성적 폭력의 순이었다. 부부폭력의 성별 차이를 보면 여성이 남성의 피해보다 더 많았고, 남성은 여성에 비해 가해 비율이 상대적으로 더 높았으며, 여성이 남성에 비해 신체적 상처, 정신적 고통, 위협 및 공포심을 더 많이 경험하였다(류정희 외, 2017). 2018년 가정법원의 상담위탁 보호처분 대상자의 부부폭력 비율이 73.4%였고, 이 중 남편의 아내폭력은 55.6%, 아내의 남편폭력은 5.3%, 부부 쌍방폭력은 17.8%였다(한국가정법률상담소, 2018). 2016년 여성가족부 통계에 의하면, 기혼 여성 중 12.1%는 피해자, 9.1%는 가해자였고, 6.5%는 쌍방폭력을 경험하였다. 또한 기혼 남성 중 8.6%가 피해자, 11.6%는 가해자였고, 6.2%는 쌍방폭력을 경험하였다(여성가족부, 2016). 한편, 최근 미국 2016~2017년 배우자폭력에 관한 보고서(Basile et al., 2022)에 의하면, 미국 내 여성 두 명 중 거의 한 명(47.3% 또는 5,900만 명)이 어느 시점에서 친한 파트너에 의해 성적 · 신체적 폭력 혹은 스토킹을 경험하였다. 미국 여성 중 7%(7.3% 또는 900만 명)가 이 조사 전 12개월 안에 친한 파트너에 의한 성적 · 신체적 폭력, 스토킹 희생을 경험하였다. 미국 남성 중 40% 이상(44.2% 또는 5,210만 명)이 어떤 시점에서 성적 · 신체적 폭력 혹은 스토킹을 경험하였다. 이 조사 전 12개월 안에 남성의 8.6%(800만 명)는 친한 파트너에 의한 성적 · 신체적 폭력 혹은 스토킹을 경험하였다.

그런데 부부폭력은 단순히 젠더 문제보다는 인간적인 문제일 수 있다(McNeely et al., 2001). 젠더 문제라고 여겨질 때조차, 특히 이성애적 관계에서 아내폭력은 연구에서 훨씬 덜 주목을 받아 왔다(Abel, 2001). 부부폭력과 관련된 대부분의 연구에서 여성 가해자들은 관심을 덜 받아 왔다(Hogan et al., 2012; Kaura & Lohman, 2007). 이는 여성 가해자들에 비하여 남성 가해자들이 더 심한 폭력을 행사하는 경향이 있고(Taft et al., 2009), 여성 피해자들이 상해와 안전에 대한 공포에 더 취약할 수 있기 때문이다(Black et al., 2011; Gerber et al., 2014). 그렇지만 양쪽 배우자 모두 폭력적일 수 있으며(Corry et al., 2002; Kumar, 2012), 모두가 부부폭력의 피해자가 될 가능성이 있다(Hall, 2012).

그럼에도 불구하고, 앞의 바실 등(Basile et al., 2022)의 연구에서 보듯이 여성 가해자들도 드물지 않으며 유해할 수 있고(Kwan et al., 2020), 그들은 단지 자기방어적으로 연루되며 덜 심각한 폭력을 행사하고, 혹은 학대피해자가 되는 것으로 묘사된다(Carney et al., 2007). 그렇지만 아내폭력의 주제는 부부폭력에서 가장 민감한 주제 가운데 하나이다. 남편을 신체적으로 학대하는 여성들에 관한 경험적 연구는 매우 부족하다(Allen-Collinson, 2009). 리엔과 로렌첸(Lien & Lorentzen, 2019)의 경험적 연구에 의하면, 경제적 · 신체적으로 우위에 있는 남성이라 할지라도 여성들에 의한 폭력의 희생자가 될 수 있다. 국내 피해 남성들에 관련한 연구들은 다문화 결혼에만 제한되어 있다(김계하, 선정주, 오숙희, 2013; 김선희, 2015; 이영희, 2013; 채순옥, 한재희, 2014). 남편을 폭행하는 가족치료 사례로 박소영과 박태영(2019)의 여성 가정폭력 행위자 가족상담에 관한 사례연구와 박양진, 조성희, 박태영(Park, Cho, & Park, 2022)의 이성애자 결혼에서 친숙한 배우자 폭력에 관한 사례연구가 있다.

부부폭력을 방치할 경우 부부의 별거나 부인의 가출 그리고 자녀의 가출, 이혼으로까지 연결되어 가족 해체로 이어지기도 하며, 가족이 해체되지 않더라도 피해자들은 신체적 고통과 더불어 우울감과 무력감, 자기비난과 죄책감, 고립감과 분노 등의 정신적 고통을 겪게 된다(Zlotnick et al., 1998). 부부폭력은 자녀들 역시 피해자로 만드는데, 피해 여성과 마찬가지로 자녀들도 우울감과 죄책감을 느끼고 불안해하며 위축되어 있는 내재화된 문제를 지닐 수 있다(김은영, 임승희, 박소영, 2009). 또한 에머리와 라우만-빌링스(Emery & Laumann-Billings, 1998)는 가정폭력이 발생하는 가정의 자녀 중 40%에서 75% 정도가 아동학대를 당하고 있다고 보고하였다. 한편, 자녀들은 폭력을 학습하게 되어 폭력이 다음 세대로 전승되는 피해를 입을 수 있다(김재엽, 송아영, 2007; 신선인, 2008; 정민자, 엄선필, 2002). 따라서 부부폭력은 모든 가족구성원을 피해자로 만들면서 그 후유증을 겪게 하고 가족 해체를 초래하기도 하는 사회 문제이다.

한국사회가 부부폭력에 사회적 개입을 하기 시작한 것은 1990년대 후반에 「가정폭력방지 및 피해자보호 등에 관한 법률」을 제정한 것이 계기가 되었다. 그 후 가정폭력상담소와 피해자보호시설 등이 확대되고 있으며 가정폭력 피해자들을 위한 의료적 지원, 법률구조, 직업훈련 등의 지원도 확대되고 있다(박영란, 2007). 그럼에도 불구하고 가정폭력을 중단시키거나 예방하는 근본적인 대책이 마련되지 못하고 있다는 지적이 많이 제기된다. 그 이유는 수강 명령을 통한 가해자에 대한 개입과 피해 여성에 대한 일시적 보호에 중점을 둔 서비스가 주를 이루어 피해 여성이 더 이상 폭력의 피해자가 되지 않도록 도와주는 근본적인 서비스가 부족하기 때문이다(박영란, 2007; 현진희, 2007). 이에 피해 여성이 남편으로부터 분리되어 자립할 수 있도록 지원하는 서비스와 가정으로 돌아가서 다시 피해자가 되지 않도록 지원하는 서비스가 모두 필요하다.

그런데 많은 피해 여성이 오랫동안 폭력을 견디면서 배우자와 함께 동거하거나 설령 별거를 하고 쉼터에 거주한 이후에도 가정으로 돌아가는 경우가 절반을 넘는다(여성가족부, 2008). 가정폭력 피해 여성들의 경험을 연구한 정혜숙(2007)에 의하면, 남편의 변화를 기대하거나 자녀 때문에 혹은 홀로서기를 할 자신감이 부족하기 때문에 피해자들이 남편에게 머물게 된다. 김인숙(1998) 역시 가정폭력 피해자들이 가정을 지키고자 하는 이유로 폭력을 견디고 있고, 남편에게 상담을 권유하며 가출을 감행하고 쉼터를 이용하는 등의 여러 방법을 시도하면서 남편을 변화시켜 결혼생활을 유지하고자 한다고 하였다. 이러한 현실을 고려했을 때 가정으로 돌아간 후 가정폭력의 피해를 입지 않도록 원조하는 서비스가 매우 중요하다.

가정폭력을 단절시키기 위해서는 폭력 가해자인 남편에게 전문적인 개입이 필요하며(장희숙, 김예성, 2004), 부부 모두를 대상으로 하여 부부갈등을 줄이고 가정폭력을 해결할 수 있는 방법을 모색하는 부부개입도 필요하다(현진희, 2007). 김주현과 이연호(2008)는 가정폭력을 경험한 여성이 성공적으로 폭력 없는 결혼관계를 유지하기 위해서는 피해 여성의 대처 노력과 남편의 변화 둘 다 중요하다고 주장하였다. 이를 위해 부부가 함께 참여하는 상담이나 교육 혹은 부부집단 프로그램 등이 더욱 활성화되어야 할 것이다.

그런데 그동안 가정폭력 사례에 부부개입을 하는 것에 대해서는 논란이 있었다. 이러한 논란은 부부가 함께하는 상담 현장에서 폭력이 발생해 피해자의 안전이 위험에 처할 수 있기도 하지만(Bogard & Mederos, 1999; Stith et al., 2003), 동시에 가정폭력이 발생한 원인에 합의가 이루어지지 않았기 때문에 야기되었다. 가정폭력의 발생을 체계론적 관점에서 부부의 상호작용의 결과로 바라보느냐, 아니면 여성주의적 관점에서 남성의 가부장적 권위의식과 힘의 편중의 결과로 보느냐에 따라 부부 개입을 하거나 가정폭력 가해자와 피해자를 분리시켜 개입을 하였다. 지금까지는 가해자와 피해자를 분리시켜 주로 가정폭력 가해자 집단상담을 진행하는 경우가 더 많았다. 그러나 바이비와 설리번(Bybee & Sullivan, 2005)은 쉼터를 퇴소해 가정으로 복귀한 여성이 다시 가정폭력의 피해자가 되어 쉼터에 재입소할 가능성을 줄이기 위해서는 부부상담을 통해 개인적 문제를 함께 나누고 도움을 받을 수 있는 사회적 네트워크가 필요하다고 주장하였다.

가정폭력을 어떻게 바라보는가에 따라 개입의 관점이나 기법이 달라지는데, 가정폭력에 관한 선행연구에서는 주로 정신분석이론 관점, 사회학습이론 관점, 여성주의 관점, 가족체계론적 관점의 측면에서 가정폭력을 조망해 왔다. 정신분석이론 관점에서는 가정폭력의 가해자와 피해자 모두의 병리적 특성에 초점을 맞추고, 특히 폭력 가해자의 낮은 자존감, 분노조절이 힘든 점, 기질적 특성 등을 공통적인 특성으로 제시하였다(Hamberger et al., 1997). 사회학습이론 관점에서는 가정폭력의 가해자와 피해자의 역할이 사회적으로 학습된 것으로, 다른 사람의 행동을 관찰하고 모방한 결과라고 본다. 가정이나 사회에서 폭력을 경험한 빈도가 높은 아동일수록 성인이 되어서 폭력을 행사할 가능성이 커진다는 것이 이 관점의 기본 전제이다(Burgess et al., 1987). 여성주의 관점에서는 가정폭력이란 가부장적 사회구조와 남녀 간 불평등한 권력의 산물로서 남성이 여성을 지배하고 통제하는 과정에서 발생하는 문제라고 본다. 즉, 남편이 부인을 통제하고 자신의 권력을 유지하기 위해 폭력을 사용한다는 것이다(O'Leary, 1993). 가족체계론적 관점에서는 가정폭력을 가족의 상호작용적인 측면에서 바라본다. 가정폭력은 가해자의 성격적 결함에 의해 발생되는 것이 아니라 가해자와 피해자의 부정적인 상호작용의 결과로 발생하는 것이라고 인식된다(Cook & Franz-Cook, 1984). 이런 측면에서 가정폭력 가해자의 성격적 특성이나 역할 모델링보다는 가정폭력이 발생하는 독특한 상황이나 부부의 의사소통과 상호작용 방식이 중요하게 되고, 부부 모두가 폭력이 발생하는 데 역할을 한 것으로 인식된다.

저자는 어느 한 이론만으로는 가정폭력의 원인을 포괄적으로 설명할 수 없다(O'Leary, 1993)는 점에 원칙적으로 동의하면서도, 기본적으로는 가족체계론적 관점에서 가정폭력을 바라보아야 된다고 생각한다. 물론 피해자에게 가정폭력 발생의 책임을 전가시키는 것은 불가능하고 도덕적 비난은 가정폭력 가해자를 향해야 하는 것이 사실이다. 그러나 가정폭력 발생의 책임이 가해자에게 있지만, 그러한 폭력이 반복적으로 발생하고 지속되는 데에는 부부의 상호작용이 역할을 한 것이라고 바라보는 관점이 부부를 대상으로 하는 가정폭력상담에 더 효과적일 수 있다(Neidig & Friedman, 1984). 특히 가정폭력에도 불구하고 결혼생활을 지속하고자 하는 부부에게 있어 폭력이 발생하는 상호작용의 고리를 끊어 가정폭력의 발생을 방지하는 것이 개입의 목표가 될 수 있다.

2) 부모의 자녀폭력

부모의 자녀폭력(아동학대)은 오랫동안 아동에게 신체적 · 정신적으로 엄청난 손상을 입힐 수 있고, 많은 사회적 · 경제적 손실 비용을 발생시킬 수 있다(Fang et al., 2012). 심지어 연일 언론에 보도되고 있는 아동학대 양상은 죽음으로 결말이 나는 경우가 비일비재하다. 전국 가정폭력 실태조사(여성가족부, 2016)에 따르면, 지난 1년 동안 부모의 자녀에 대한 폭력률은 27.6~45.2%로 정서적 폭력, 신체적 폭력, 방임 순으로 나타났다. 여성의 자녀폭력률이 남성보다 더 높게 나타났는데, 이는 여성이 주로 자녀의 양육과 지도에 대한 스트레스를 많이 받기 때문인 것으로 보인다(류정희 외, 2017). 2017년 보건복지부에 의하면, 아동학대로 인한 아동사망은 2016년보다 36명 더 증가한 113명으로 나타나 해마다 발생 빈도가 증가하는 추세이고, 아동학대 판단 건수는 2만 2,367명으로 집계되어 2016년 1만 8,700건에 비해 12% 증가하였다. 이는 2013년 6,796건에 비해 5년간 3배가 증가한 것이다(보건복지부, 중앙아동보호기관, 2017).

이와 같은 상황에도 불구하고 한국에서는 아직도 아동학대의 심각성을 간과하는 사회적 분위기가 팽배하며, 아동학대를 국가적 문제가 아니라 개인의 가정사로 보고 가족 내에서 해결해야 할 문제로 간주하고 있다. 하지만 아동학대는 세계적으로 4명 중 3명이 부모에게 학대받는 것으로 조사되었다. 한국의 경우도 아동학대 대부분은 가정에서 발생되고 있어, 2014년 가정 내 부모에 의한 아동학대 비율이 85.9%로 나타나(김은정, 2016; 보건복지부, 중앙아동보호기관, 2015) 아동학대를 가정 내에서 해결해야 할 단순한 문제로 볼 수 있는 수위를 넘은 상태이다.

한편, 가정 내에서 부모로부터 심각하게 아동학대를 경험했던 아동은 자신을 무능하고 무가치한 인간으로 심적 표상을 형성하고, 타인들과의 효용성과 신뢰성에 대해 부정적인 기대감을 발달시키며(Bowlby, 1982), 일차적인 양육자와 불안정한 애착관계를 발달시킬 수 있는 위험에 처한 상태에서 성장하게 된다(Cicchetti & Doyle, 2016; Cicchetti, Rogosch, & Toth, 2006). 그리고 학대를 받은 아동들은 반복적인 가출, 대인공포증이나 자기소외적 행동(Averill, 1982) 등을 보이며, 섭식장애, 우울 증상(Tishelman & Geffner, 2011), 발달적 퇴행, 외상후 스트레스장애(PTSD), ADHD, 반응성 애착장애, 탈억제적 사회 관여장애, 급성 스트레스장애, 적응장애, 극심한 공포, 무력감, 두려움, 분노조절장애를 경험하기도 한다(Burgess et al., 1978).

이와 같은 위험성을 내포한 가정 내 부모에 의한 아동학대 발생 요인에 관한 지금까지의 연구 결과를 보면 아동기에 학대를 경험했던 피해자가 성인기에 아동학대 가해자가 될 확률이 높다(Bert, Guner, & Lanzi, 2009; Hooven et al., 2012; Thornberry & Henry, 2013). 아동학대 원인은 아동기 학대 경험, 가해자와 피해자를 포함한 가족구조적인 요인, 가족 내 상호작용 요인 등이 있으며, 이 중 가장 핵심적인 요인은 아동학대 가해자 부모의 아동기 학대 경험으로 인한 가족 내 역기능적인 상호작용 요인이다(고미영, 윤혜미, 장화정, 2013). 아동기에 학대를 경험한 부모들은 폭력에 허용적이며 폭력을 학습할 가능성이 높기 때문에 아동학대 가해의 주요 요인으로 나타났다(강우예, 김성규, 김지영, 2010; Guterman et al., 2005; Kerley et al., 2010). 또한 이들은 대부분 정서적인 통제를 할 수 없고(Smith et al., 2014), 대인관계에서도 공격적 반응을 보이며, 인지적 편견(Berlin et al., 2011) 때문에 양육 기간 동안 자녀에게 적대적인 화를 폭발시킬 가능성(Pasalich et al., 2016)과 자녀들의 사회적 · 정서적 · 신체적 안녕에 위험을 발생시킬 확률이 높은 것으로 나타났다(Brand et al., 2010; Noll et al., 2009).

이러한 연구 결과는 가정 내 학대 경험이 있는 아동들에게서 나타나는 부정적 특성과 맥락을 같이하며, 아동학대 경험 당시 가해자들의 양상을 그대로 보여 주어 아동학대의 다양한 요인이 세대 간에 전수되고 있다는 것을 보여 준다. 또한 심다연, 박태영(2014)과 이주은, 박태영(2018)의 가족치료 사례연구에 의하면, 아들과 딸을 학대하는 어머니의 아동학대 원인이 어린 시절 어머니로부터 신체적 학대와 아버지의 성적 학대로 인한 불안, 우울, 분노의 경험이 그와 유사한 모습을 보이는 남편에 대한 전이, 남편의 모습을 닮은 아들과 딸에 대한 전이로 인해 아들이나 딸이 문제를 일으키거나 말을 안 들을 때 결국 그들을 학대하는 결과로 나타나 아동학대에 여러 가지의 전이 감정이 작용하고 있다고 보았다.

3) 자녀의 부모폭력

전국 가정폭력 실태조사(2016)에 따르면, 2015~2016년에 자녀로부터 폭력 피해를 경험한 중년 부모는 5.2%이고, 폭력은 정서적 폭력, 신체적 폭력, 방임의 순으로 나타났다. 노인 부모가 자녀로부터 겪은 폭력은 정서적 폭력, 방임, 신체적 폭력, 경제적 폭력 순으로 나타났다(류정희 외, 2017). 가정법원의 상담위탁 보호처분 대상자를 조사한 자료(한국가정법률상담소, 2018)에 따르면, 자녀의 폭력률은 2.9%였고 가해 자녀 연령대는 10대부터 성인이었다. 폭력 유형은 욕설 등의 정서적 폭력이 100%로 가장 많았고, 경미한 신체적 폭력, 심한 신체적 폭력 순으로 나타났다(한국가정법률상담소, 2018). 청소년 자녀의 부모 폭력 및 폭행에 관한 선행연구는 다음과 같이 세 가지로 구분할 수 있다.

첫째, 부모에게 폭행을 가한 청소년 자녀의 인구사회학적 특성에 관한 연구이다. 성별, 연령, 가구소득 등 다양한 인구사회학적 변인을 밝혀 낸 연구들이 청소년 자녀의 부모폭행에 대한 초기 연구라고 할 수 있다. 먼저, 폭력을 사용하는 자녀의 성별은 남성의 비율이 더 높다(Boxer, Gullan, & Mahoney, 2009; Walsh & Krienert, 2007)는 결과와 성별에는 큰 차이가 없다(김재엽, 이서원 1999; Calvete, Orue, & Gamez-Guadix., 2012; DeJonghe et al., 2011)는 결과가 나타났다. 그리고 가정폭력 피해자 부모의 성별을 살펴보면, 아버지와 어머니 중에서 어머니에 대한 자녀의 폭행이 더 빈번한 것으로 나타났다(Walsh & Krienert, 2007). 이러한 결과에 대해 선행연구들은 어머니가 자녀의 주 양육자 역할을 수행하며, 청소년 자녀들은 여성이 남성에 비해 약하다는 인식을 가지고 있기 때문이라고 하였다(Agnew & Huguley, 1989; Cottrell, 2001; Cottrell & Monk, 2004; Ulman & Straus, 2003).

청소년 자녀의 가구 소득과 가구 형태에 따른 부모폭행에 대한 결과도 차이를 보여주고 있다. 먼저, 코트렐과 멍크(Cottrell & Monk, 2004)는 주로 저소득층에서 자녀의 부모 폭행이 더 높게 나타난다고 하였으나, 또 다른 연구에서는 모든 소득계층에서 자녀의 부모폭행이 나타난다고 하였다(Calvete & Orue, 2011). 가구 형태와 관련해서는 주로 한부모 가정에서 성장한 자녀가 그렇지 않은 경우보다 부모폭행 발생률이 더 높은 것으로 나타났다(Contreras & Cano, 2014; Walsh & Krienert, 2009).

부모에게 폭력을 사용하는 청소년의 연령은 주로 14세에서 17세 사이인 것으로 나타났다(Walsh & Krienert, 2007). 그 외 청소년 자녀가 부모를 폭행하는 데 영향을 미치는 또 다른 요인으로는 학교생활, 교우관계, 학업성적 등이 나타났다(김영희, 1999; Cottrell & Monk, 2004).

둘째, 부모에게 폭력을 가한 청소년 자녀의 심리적 · 정서적 특성에 관한 연구이다. 가정폭력의 주된 요인으로 유아기를 포함한 성장환경, 특히 부모와 자녀 간의 애착관계가 자녀의 부모 폭행과 매우 밀접한 관련이 있는 것으로 나타났다(이동임, 2011; Holt, 2013). 또 다른 연구에서는 부모에게 폭력을 행사하는 청소년들은 부모와 불안정애착을 가지고 있다고 하였다(Agnew & Huguley, 1989). 또한 부모의 높은 기대도 청소년 자녀의 부모폭행에 주요한 요인으로 지적되고 있다(이종복, 1998). 자녀에 대한 부모의 기대와 간섭 중 학업에 대한 어머니의 지속적인 간섭과 집착은 자녀의 부모폭행에 직접적인 원인이 되기도 한다(김진혁, 2013). 또한 부모를 폭행하는 청소년은 그렇지 않은 청소년에 비해 자존감이 낮은 것으로 나타났다(Ibabe, Jaureguizar, & Bentler, 2013).

셋째, 부모에게 폭력을 가한 청소년 자녀의 가정폭력 경험에 관한 연구이다. 국내외 많은 연구에서 자녀들이 성장 과정에서 부모로부터 경험한 신체적 폭력이나 학대가 부모에 대한 폭력과 정적인 상관관계가 있는 것으로 나타났다(김영희, 1999; 삼성생명 사회정신건강연구소, 1997; Brezina, 1999; Cottrell, 2001; Mahoney & Donnelly, 2000). 부모가 폭력을 사용하며 다투는 모습을 본 청소년들은 비슷한 방식으로 부모에게 폭력을 가하였다(Ulman & Straus, 2003). 부모에게 폭력을 가하는 청소년의 반 이상이 가정 내에서 폭력을 목격하였고, 그중 상당수는 가정폭력의 피해자인 것으로 나타났다(Routt & Anderson, 2011). 가정폭력 경험이 있는 청소년들은 높은 불안, 공포, 스트레스를 경험하고, 이러한 감정적 요인으로 인해 결국 가정폭력이 전수되어 발생한다(이호분 외, 1997).

3. 가정폭력의 발생 원인과 가해자의 특징

남편의 부인폭력과 부모의 자녀폭력은 가해자가 부인이나 자녀를 독립된 인격체보다는 자신에게 종속된 존재로 여기는 가부장적 사고를 가지고 있다는 데서 나온다고 본다. 또한 부부폭력은 부부싸움, 부모의 자녀폭력은 자녀 훈육이라는 사회적 통념이 공통점으로 나타난다(권수영 외, 2020). 10대 청소년 또는 성인 자녀의 부모폭력은 부모-자녀 간 위계가 사라지고 부모의 권위가 약화된 역기능적인 가족구조와 관련된다(김유정 외, 2016; 최규련, 2016).

최규련(2015; 2020)은 가정폭력 가해자의 요인과 특징으로 다음의 네 가지를 들었다.

첫째, 개인적 요인에는 낮은 자존감, 낮은 자아 분화 수준, 남성성/여성성에 대한 인지왜곡, 성 역할 고정관념, 분노조절 문제 및 감정 표현 기술 부족, 배우자나 가족원에 대한 부정적 태도, 사회통념으로서의 폭력 행동에 대한 허용적 태도가 포함된다.

둘째, 관계적 요인에는 애착 문제와 상대방에 대한 통제, 배우자나 가족원에 대한 비현실적인 기대, 불평등한 부부 권력구조, 갈등 상황에서 역기능적 의사소통, 부부간의 친밀감의 결여 및 통제 · 종속의 관계 패턴, 부부갈등, 자녀양육 스트레스, 부모-자녀 간 경계 문제, 가족 위계구조 약화가 포함된다.

셋째, 원가족 및 사회구조 요인에는 성장기 가정폭력 경험, 폭력의 세대 전수, 성장기 부적절한 부부/부모 역할 모델, 사회의 폭력 문화와 접촉 경험, 폭력에 따른 보상 학습, 폭력 방지 지지망 결여가 포함된다.

넷째, 정신병리적 요인에는 과거 트라우마 사건으로 정신장애, 성격장애, 알코올 문제, 우울, 적대성, 반사회성이 포함된다.

이외에도 부부폭력과 관련된 위험 요인으로 어린 시절의 경험(Spivak et al., 2014)과 배우자와의 관계 질(Epstein et al., 2015)을 포함할 수 있다. 어린 시절의 경험에서 배우자 가해자들은 자신들의 원가족에서 폭력에 노출된 경험을 가지고 있다(Ehrensaft, 2009). 특히 여성 가해자들은 높은 수준의 불안정애착, 정서적인 통제 문제, 충동성을 보였다(Goldenson et al., 2009). 더 많은 스트레스, 젊은 나이, 폭력에 대한 어린 시절의 경험이 부부의 친밀한 관계에서 폭력의 예측 요인이었다(Frieze, 2005). 한편, 선행연구들에서 폭력적인 부부들이 많은 정신질환을 가지고 있었다(Arias & Ikeda, 2006; Crane et al., 2014; Hamberger & Holtzworth-Munroe, 2009; Murphy & Eckhardt, 2005). 따라서 가해자들의 원가족과의 경험에 대한 이해가 부부폭력 가해자들을 이해하는 데 중요하다.

한편, 여성가해자들을 이해하는 데 남편과의 관계의 질이 중요할 수 있다. 신체적으로 공격적인 관계에 연루된 부부들은 비공격적인 관계에 있는 부부들보다 배우자들에게 더 통제받는다(Robertson & Murachver, 2011). 여성 가해자들은 관계와 연관된 지속적이고 장기적인 스트레스를 받은 것으로 나타났다(Epstein et al., 2015).

4. 아동폭력의 원인에 대한 이론과 대처 방법

아동학대가 발생하는 원인을 설명하기 위한 시도는 꾸준히 이루어지고 있으며, 대표적인 이론은 학대 가해자의 정신병리 상태가 주요 원인이라고 보는 정신병리학적 이론과 아동을 둘러싼 사회 환경으로 인해 학대 행위가 유발된다고 보는 사회학적 이론, 학대 가해자가 공격적이고 폭력적인 가정에서 양육된 경우 모델링과 강화를 통해 부모가 된 이후 학대 행위가 발생한다고 보는 사회학습이론 등이 있다. 이처럼 많은 학자가 학대 행위의 발생 원인에 관심을 갖고 다양한 이론을 제시하는 것은 학대 가해자의 특성에 대한 심층적인 이해가 선행되어야만 학대 행위 중단을 위한 전문적인 개입을 개발할 수 있기 때문이다.

이러한 이론들을 바탕으로 아동학대 가해자의 특징에 대해 많은 연구가 이루어졌다. 정신병리학적 이론에 바탕을 둔 연구들은 아동학대 행위자의 정신장애나 약물남용(노충래, 2002; Fenton et al., 2013; Laslett et al., 2014), 낮은 자존감이나 분노조절 문제(Asawa, Hansen, & Flood, 2008)를 다루었다. 사회학적 이론에 바탕을 둔 연구들은 빈곤이나 이혼율과 같은 사회구조적인 문제(이봉주, 김세원, 2005; Cancian, Yang, & Slack, 2013; Eckenrode et al., 2014)를 탐색하였다. 한편, 사회학습이론에 바탕을 둔 연구들은 아동학대를 유발시키는 원인으로 가족구조나 부부갈등과 같은 가족 특성(김혜영, 석말숙, 2003; 문영숙, 2011), 학대 가해자의 아동기 학대 피해 경험(Bert et al., 2009), 부정적인 양육 방식(김재엽, 이효정, 송아영, 2007; 황혜자, 조수진, 2007; Calheiros, 2013; Thornberry & Henry, 2013)을 제시하고 있다. 그렇지만 아동학대 행위는 단순히 하나의 이론으로만 그 원인을 설명하기는 어렵다. 다양한 이론이 제시되고 있지만 아동학대 행위의 원인이 매우 다양하고 복잡하기 때문에 특정 요인으로 설명하기는 어렵다(황혜자, 조수진, 2007). 그렇기 때문에 특정 요인만으로 아동학대 행위를 설명하기보다 학대 가해자의 다양하고 복합적인 측면을 살펴보고 심층적으로 이해하는 것이 필요하다.

한국의 아동학대에 대한 대처는 크게 정부 차원과 민간 차원의 대처로 나뉜다. 민간 차원에서는 나눔의 집, YMCA 청소년쉼터, 굿네이버스 등이 아동학대에 대처하기 위해 다양한 활동을 하고 있으며, 정부 차원에서는 「아동복지법」에 근거하여 아동보호전문기관을 설치 및 운영하고 있다. 「아동복지법」에서는 아동보호전문기관의 업무를 아동학대 신고접수, 현장조사 및 응급보호, 피해 아동 및 가해자, 가족상담, 치료, 교육, 아동학대 예방의 교육 및 홍보, 피해 아동 가정의 사후관리 등을 제시하였다(김슬기, 2014).

이와 같이 아동보호전문기관에서는 아동학대 신고가 접수되면 피해 아동의 다양한 생활환경 등을 파악하여 피해 아동의 보호 및 회복과 학대가해자의 재학대 방지를 위한 조치를 취한다. 보건복지부와 중앙아동보호전문기관(2015)에서 발행한 전국아동학대 현황보고서에 따르면, 피해 아동의 72.8%가 원가정보호 조치를 받았고, 학대 가해자의 76.8%는 아동과의 분리 없이 지속관찰 조치를 받았다. 이는 학대가해자인 부모에 대해 고소나 고발 조치를 하기보다 상담이나 교육을 통한 교정에 더욱 비중을 두고 있기 때문이다. 이러한 조치 외에 상담 서비스, 의료 서비스, 심리치료 서비스, 가족기능 강화 서비스, 일시보호 서비스, 고소고발 지원 서비스 등을 제공하고 있는데, 피해 아동의 경우 46.1%가 상담 서비스, 31.5%가 일시보호 서비스를 받았으며, 학대 가해자의 경우 84.9%가 상담 서비스를 받은 것으로 나타나 상담 서비스가 주로 제공되고 있음을 알 수 있었다. 상담 서비스는 개별상담, 집단상담, 기관상담, 주변인상담 등으로 이루어지지만 대부분이 개별상담을 이용한 것으로 나타났다.

이처럼 대부분의 학대 피해 아동이 학대 신고 이후 원가정보호 조치를 받았고 학대 가해자 역시 분리 조치 없이 원가정에 아동과 함께 생활하도록 조치를 받았는데, 조치 이후 이들에게 제공되는 서비스는 개별상담이 주를 이룬다. 하지만 학대 신고로 접수된 사례 중 다시 신고된 재학대 사례가 2010년 503건에서 2013년 980건으로 크게 증가하였으며 2013년 전체 학대 사례 6,796건 중 14.4%에 달하였다. 즉, 아동학대 신고 이후 이루어진 개입 방법이나 종결 이후의 사후관리 및 모니터링이 학대 행위를 중단시킬 만큼 충분히 이루어지지 못하고 있는 것이다. 물론 학대 가해자에 대한 엄격한 법적 처벌도 필요하겠지만, 학대 가해자가 부모일 경우에는 학대 발생 요인을 파악하여 적절한 교정 프로그램이 우선적으로 필요하다(박혜숙, 김보기, 2013).

미국의 경우 「아동학대 예방 및 치료법(Child Abuse Prevention and Treatment Act: CAPTA)」이 제정된 1970년대부터 아동학대의 개입 방법에 대한 다양한 연구가 이루어져 왔다. 특히 미국은 아동학대를 아동과 양육자 간의 잘못된 상호작용으로 인해 발생하는 것으로 보고 부모-자녀관계를 개선하기 위해 가족 전문가들이 직접 집으로 방문하여 코칭 및 모델링을 통한 교육을 실시해 왔다(Asawa, Hansen, & Flood, 2008; Lanier et al., 2014). 최근 이와 더불어 지지체계 마련을 위한 개입 방안과 부모교육 등을 추가하여 가정방문 프로그램이 더욱 체계화되었고 사례마다 다양한 차이를 고려하여 개별적인 서비스를 제공하기 위한 방안들이 논의되고 있다(Toth et al., 2013).

미국의 이러한 개입 방향은 대부분의 서비스가 개별상담에 치우쳐 있는 한국의 경우와는 달리 가족관계 내에서의 상호작용에 초점이 맞춰져 있다. 앞서 언급한 바와 같이 아동학대가 발생하는 데에는 단순히 학대 가해자, 혹은 피해 아동 개인의 문제가 아니라 다양하고 복합적인 원인이 존재하므로 개별상담만으로는 학대 행위를 중단시키기에 충분하지 않을 수 있다. 학대가 발생하는 다양한 원인을 충분히 고려하지 않은 채 개인적인 특성에만 초점을 맞추고 있는 현재의 서비스는 가족 내의 역기능적인 상호작용과 가족 기능, 가족구조 등을 파악하기에 미흡한 실정이다. 따라서 아동학대가 가족 전체의 기능 손상에서 비롯된다(Goldman et al., 2003; Smith & Testa, 2002)는 점을 고려한다면 모든 가족구성원과 가족체계 전체에 대한 접근이 필요하다.

5. 가정폭력에 대한 부부 · 가족치료 모델

배우자폭력에 대한 치료 모델로는 인지행동 부부치료(Cognitive-Behavioral Couple Therapy: CBCT), 해결중심 단기치료, 덜루스(Duluth) 모델이 있다.

1) 인지행동 부부치료

인지행동 부부치료는 배우자 공격성에 대한 위험 요인을 평가하고 수정하는 데 초점을 둔다. 위험 요인에는, ① 배우자에게 화난 감정을 표현하거나 배우자에게 영향을 주기 위하여 표현하는 과잉 학습되거나 자동적인 공격적 행동, ② 효과적인 의사소통 방식과 문제해결 기술의 부족, ③ 분노를 유발하고 공격을 정당화하는 부정적 인지, ④ 분노와 같은 부정적 감정에 대한 통제의 어려움, ⑤ 개인들과 부부에게 영향을 미치는 생활 스트레스 대처의 어려움이 포함된다(LaTaillade, Epstein, & Werlinich, 2006). 인지행동치료는 배우자폭력과 폭력의 결과에 대한 심리교육을 통하여 공격적인 행동을 감소시키고, 상대방에 대한 행동의 책임성을 촉진하는 데 초점을 둔다(Epstein, Werlinich, & LaTaillade, 2015). 한편, 인지행동치료는 상대방을 기쁘게 하고, 배려하는 행동을 교환하며, 부부간의 공유된 보상 행동을 증진시키고, 부부간의 의사소통 방식과 문제해결 기술을 향상시키는 데 초점을 둔다(Birchler, Fals-Strwart, & O'Farrell, 2008).

2) 해결중심 단기치료

스티스 등(Stith et al., 2011)은 배우자폭력을 위한 부부치료 모델로서 해결중심 단기치료를 활용하였다. 이 모델은 부부치료에 문제뿐만 아니라 능력과 자원을 가지고 온다는 가정에 입각해 있다. 이 프로그램의 처음 6회기는 각각의 배우자 개별상담 혹은 집단상담에서 남성과 여성의 개별집단으로 구성된다. 상담 회기에는 폭력에 대한 심리교육, 안전 계획, 마음챙김, 자신을 진정시키는 기술, 타임아웃 기술을 포함한다. 이 프로그램은 공격성에 대하여 긍정적인 영향을 미칠 수 있는 전반적인 관계 기능을 향상시키는 데 초점을 둔다.

3) 덜루스 모델

부부폭력의 재발을 감소시키기 위하여 개발된 다양한 가해자 개입 프로그램이 있는데, 미국 내에서 2,500개 이상의 프로그램이 부부관계에서 가해자를 다루는 덜루스 모델을 채택하였다(Boal & Mankowski, 2014). 페미니스트이론에 영향을 받은 덜루스(Duluth) 모델은 40년 전에 남성 가해자와 여성 피해자라는 전통적인 사고에 입각하여 발전하였다(Arias, Arce, & Vilarino, 2013). 이 모델은 행동적 혹은 정신적 문제에 초점을 두는 대신에 사회문화적 · 가부장적인 이데올로기가 남성들로 하여금 여성들을 통제하게 한다고 가정한다(Pence, Paymar, & Ritmeester, 1993). 따라서 가해자들이 이 프로그램의 주요 초점이 된다. 그럼에도 불구하고, 가해자의 재범률에 대한 덜루스 모델의 효과성에 대한 평가는 나뉘는데(Jackson, 2003), 최근의 연구에 따르면 이 프로그램이 재범률을 감소시키는 데 효과적이지 못하며 소모적이고 법정의 신뢰와 지지를 점점 잃고 있다고 하였다(Aaron & Beaulaurier, 2017).

6. 사례

1) 남편폭력 가족치료 사례*

(1) 사례 개요

전업주부인 부인과 자영업을 하는 남편은 10년 전 중매로 만나 결혼하였다. 1년 전 발생한 가정폭력으로 인해 부인은 이혼소송을 제기하고 쉼터에서 생활하고 있으며, 이에 남편도 이혼소송을 제기하여 서로 감정이 상한 상태였다. 그러나 부부는 아이를 생각해 서로 이혼소송을 취하하고 재결합을 모색하였지만 부부관계를 회복할 수 있는 방법을 몰라 상담을 의뢰하였다. 부인은 상담을 의뢰할 당시 남편의 음주와 그와 동반된 가정폭력이 재발될 것에 대한 걱정이 많았다.

가족치료 단계는 가족치료사와 내담자의 신뢰관계 형성과 가정폭력 현상에 대한 탐색이 이루어지는 초기 단계, 가정폭력을 발생시킨 내담자들의 준거틀과 상호작용 과정 사정 단계, 새로운 해결책을 강구하여 기능적인 상호작용을 만들어 가는 개입 단계 그리고 변화된 상호작용을 유지시키고 가족치료를 마무리하는 종결 단계로 구성되었다.

초기 단계에서는 우선 가족치료사와 가족치료의 전체적인 과정에 대한 소개가 이루어졌으며 가정폭력 현상과 현재 부부의 상황, 부부의 상담 목표 설정을 중심으로 상담이 진행되었고, 마지막으로 서로의 긍정적인 점에 대한 탐색이 이루어졌다. 초기 단계는 1회기로 진행되었다.

사정 단계는 가족치료사가 내담자들의 준거틀과 문제에 대해 시도된 해결책을 사정하는 과정이었다. 가족치료사는 부부관계에서 힘들어하는 점에 대한 사정과 동시에 가정

* 이 사례의 가족치료 과정을 알고 싶다면 박태영, 박소영(2010). 가정폭력에 대한 부부치료 사례 분석-가정폭력 쉼터에 거주하는 부인을 대상으로. 한국가정관리학회지, 28(5), 75-88을 참고하기 바란다.

폭력이 발생하게 된 부부의 상호작용 과정에 대한 사정을 하였다. 이 과정은 가족치료사가 내담자들과 함께 자신들의 준거틀, 문제가 발생한 상호작용 그리고 그 문제를 유지시킨 시도된 해결책을 찾아가며 내담자의 인식을 넓혀 가는 과정이기도 하였다. 사정 단계는 주로 2회기에서 4회기까지라고 할 수 있지만 개입 단계에서도 사정은 지속적으로 이루어졌다.

개입 단계에서 가족치료사는 내담자들이 새로운 해결책들을 시도하기 위해 재구조화를 시도하였다. 이를 통해 치료사는 내담자들이 상황을 새롭게 인식하고 새로운 의미를 부여하도록 하였다. 치료사는 가정폭력을 유발하는 부부의 상호작용을 끊고 새로운 상호작용을 할 수 있도록 개입하였으며 이러한 개입에 대해 부부가 반응하고 새로운 상호작용이 발생하게 되는 과정을 거쳤다. 개입 단계는 5회기에서 11회기까지 진행되었다.

종결 단계에서는 가족치료 과정을 통해 변화된 부인과 남편의 인식과 새로운 대처 방식으로 인해 새로 형성된 부부의 상호작용을 확인하고 유지하기 위한 작업이 이루어졌다. 이 사례의 경우 개입 단계에서부터 부인과 남편의 상호작용이 변화하기 시작했고, 그 변화를 유지하는 종결 단계가 12회기에서 14회기까지 진행되었다.

(2) 치료 개입 과정

남편은 평상시에 예의 바르고 얌전하며 법 없이도 살 사람처럼 행동하다가 술에 취하면 예전에 느꼈던 부정적인 감정을 폭발시키고 폭력을 행사하였다. 내담자 부부의 경우 신체적 가정폭력이 1년에 서너 차례 있었지만, 폭력이 한 번 시작되면 구급차가 와야 할 지경이었다.

부인은 남편의 음주와 가정폭력에 매우 심한 불안과 두려움을 가지고 있었다. 부인이 체감하는 가정폭력은 실제보다 훨씬 심각했으며 가정폭력이 부인의 삶에 끼치는 영향은 매우 컸다. 특히 부인은 가정폭력 때문에 멍든 채로 출근하게 되는 상황을 염려해 직장도 갖지 못하였다. 부인은 기한이 되어 가정폭력쉼터를 나와야 하는 상황이고 남편과 재결합을 고려 중인데도 불구하고 남편의 가정폭력이 반복될까 두려워서 생활을 합치지 못하고 있었다.

음주 후 가정폭력을 경험한 부인이 남편이 술을 마시고 오는 날이면 두려움을 느끼고 불안한 가운데 가정폭력에서 벗어나기 위해 시도한 해결책은 대화를 하지 않는 것이었다. 또 다른 방식으로는 남편이 술을 마시고 오면 부인은 자는 척을 하는 것이었다. 이는 남편과 어떤 대화나 상호작용도 하지 않으면 폭력이 발생할 가능성도 없을 것이라고 보았기 때문이었다.

① **남편과 친정아버지와의 연결**(전이)

부인이 남편의 음주에 대한 불안과 두려움을 갖고 있는 것은 남편과의 결혼생활과 가정폭력 경험에 기인한 것이기도 하지만, 부인의 원가족 경험과도 관련이 있었다. 남편의 가정폭력 횟수가 일 년에 서너 번이었다는 점에 비해, 부인의 음주에 대한 불안과 두려움은 매우 압도적으로 모든 생활에 영향을 미쳤다. 부인은 어렸을 때 친정아버지가 음주 후 자신을 때렸다고 하였다. 그런데 사실 아버지한테 맞은 것은 단 한 차례뿐이었고 부인에게 그 상황이 각인되었다. 그래서 술을 마시고 때린 아버지에 대한 두려움 때문에 부인은 남편의 음주에 더 큰 두려움을 갖게 되었다.

② **부부간의 의사소통 방식**

부인은 자신과 친정을 무시하는 남편의 말투, 표정을 통한 의사소통 방식, 참았다가 음주 후 지적하는 의사소통 방식, 용어 하나하나 지적하는 의사소통 방식으로 인해 평상시 남편으로부터 무시당하는 느낌을 받았고 위축되어 남편과의 대화를 회피하였다. 남편은 평상시 부인의 직선적이고 단정적인 의사소통 방식과 집안의 비밀을 남들에게 말하는 점 등 생활습관의 차이 등으로 인해 힘들어했고, 그 결과 부인과 의사소통이 힘들어졌다.

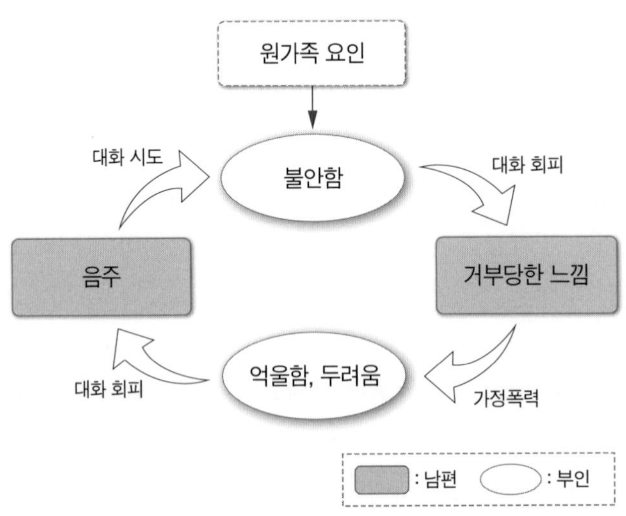

[그림 6-1] 가정폭력이 발생하는 상호작용

③ 새로운 해결책에 대한 개입

내담자 부부에게 시도된 해결책의 비효과성을 인식시킨 가족치료사는 재구조화를 통해 새로운 해결책을 시도하였다. 가족치료사는 내담자 부부에게 대화회피와 가정폭력이라는 시도된 해결책이 아니라 보다 솔직한 의사소통을 하라고 코칭하였다. 예를 들어, 가족치료사는 부인에게 대화를 회피하던 기존의 해결책 대신 음주에 대한 불안과 그 불안에 영향을 끼친 원가족 경험에 대해 남편에게 설명하라고 권유하였다. 그리고 가족치료사는 부인에게 남편의 찡그린 표정을 보고 두려워하지만 말고 남편에게 그 상황을 직접 말로 표현하라고 권유하였다. 마찬가지로 치료사는 남편에게도 참았다가 한꺼번에 말하면 부인이 항상 판단받는 느낌 때문에 불안할 수 있으므로 그때그때 할 말을 하라고 권유하였다.

가족치료 과정을 통해 점진적으로 대처 방식과 상호작용이 변화하고 있던 내담자 부부는 예전의 대처 방식과 생활습관이 남아 있었다. 가령, 남편이 술을 조금이라도 마시고 부인과 아이 생각이 나서 전화를 걸면 부인이 남편의 목소리를 듣자마자 바로 전화를 끊어 버려 남편은 마음이 상하였다. 또 부부가 어디를 함께 갔다가도 화가 나면 남편이 혼자 가 버리고 비난하는 등의 일들이 있었다. 이는 자연스러운 현상이며 변화는 매우 어렵고 느리게 진행되는 과정이다. 가족치료사는 여전히 지속되고 있는 역기능적으로 시도된 의사소통 방식을 부부에게 상기시키면서 내담자 부부가 새로운 상호작용 방식으로 변화하고 있다고 설명하였다. 가족치료사가 내담자의 변화 과정 중 과거의 해결책으로 회귀하는 상태에 대해 긍정적으로 반응하며 새로운 변화에 집중하도록 하는 것은 매우 중요하다.

종결 단계에 이르면서 내담자 부부는 새로운 대처 방식이 안정적으로 정착되는 과정을 거쳤다. 부인은 함께 여행을 갔을 때 남편이 예전과 달리 남편의 의사대로만 행동하지 않고 자신의 의사를 반영해서 행동하며 양보하였다고 하였다. 또한 가장 큰 변화는 남편의 음주가 가정폭력을 동반했던 이전과 달리 남편이 음주 충동을 자제하는 데 성공하고 있다는 점이었다. 이로써 이 부부의 새로운 상호작용 방식은 지속되는 중이었는데, 이는 1회기와 종결 회기인 12회기를 비교하였을 때 부부의 의사소통 방식에서 나타난 확연한 차이를 통해 확인할 수 있었다. 첫 회기에서 부부는 부모 나이를 말하는 과정에서도 상대가 말하는 중간에 끼어들어 대화의 순서를 지키지 않았다. 이에 반해 종결 회기에서 부부는 서로 끼어들지 않고 대화의 순서를 지키면서 변화한 부부의 의사소통 방식을 보여 주었다.

이 사례를 통해 가정폭력 부부상담에 있어서 내담자들의 인식 변화가 이루어진 후 새로운 상호작용을 형성해 나가는 행동의 변화 과정은 느리고, 뒤로 회귀하는 과정까지 거친다는 것을 확인할 수 있었다. 우선 치료사는 내담자들의 변화 과정이 힘들다는 인식을 가지고 있어야 한다. 동시에 내담자들은 변화하고 있기 때문에 치료사가 내담자들의 변화 과정에 집중하면서 그 변화를 유지할 수 있는 개입을 해야 한다. 치료사는 느리게 진행되는 내담자들의 변화를 고려하여 실제 생활에서 새로운 해결책을 모색할 수 있는 기회를 가질 수 있도록 가정폭력 부부의 상담 기간을 충분히 확보할 수 있어야 한다.

2) 부인폭력 가족치료 사례*

(1) 사례 개요

이 사례는 남편(44세)이 상담을 의뢰하였는데, 부인(42세)과 결혼한 지 5년 차이며 자녀는 없었고 부부 모두 직업이 있었다. 남편은 첫 회기에서 아내의 폭력적인 성향의 원인을 알고 그것을 해결하고 결혼을 유지하고자 하였다. 이에 비해 부인은 상담을 원하지 않았고 이혼을 원하였다. 이 상담은 부부상담과 부인과 남편의 개인상담, 부인의 친정식구들인 남동생들과 친정어머니를 포함한 가족상담으로 이루어졌다. 1~2기회는 부부, 3회기는 부인, 4회기는 부인의 첫째 남동생, 5회기는 부인, 6~7회기는 남편, 8회기는 부인의 둘째 남동생, 9~10회기는 부인의 친정어머니, 11회기는 부인의 둘째 남동생, 12회기는 부인과 둘째 남동생, 13회기는 부부, 14회기는 부인과 친정어머니에 대한 가족치료가 진행되었다.

상담을 의뢰한 남편에 의하면 부인은 '결혼 당시에는 서로 대화가 되는 사람'이었고 '싸울 때를 제외하고 부인이 기분이 좋을 때는 참 좋은 사람'이었다. 그래서 남편은 도대체 부인의 폭력 행위의 원인이 뭔지, 왜 자신들이 그렇게 싸워야 되는지, 그리고 부인이 왜 그런 폭력적인 성향을 보이는지 알고자 상담에 왔다. 부인은 갈등 상황이 되면 폭력적인 성향을 나타냈는데, 남편에게 컴퓨터나 의자를 던지거나 칼로 위협하거나 물어뜯는 등의 폭력을 행사하였다.

부인 역시 상담 초기에도 자신의 폭력이 감정 반사적인 행동이라고 인지하는 단계에 이르지는 못했지만 스스로 통제할 수 없는 '정신병자' 같은 행위라는 인식은 있었다.

* 이 사례의 가족치료 과정을 알고 싶다면 박소영, 박태영(2019). 여성 가정폭력 행위자 가족상담 사례 연구: Bowen 가족치료 모델의 관점을 중심으로. **복지상담교육연구**, 8(1), 183-209를 참고하기 바란다.

(2) 치료 개입 과정

① 부인의 폭력을 촉발하는 요인

부인의 폭력 행위를 촉발하는 요인에는 남편의 비난하는 의사소통 방식, 남편의 미분화, 부인의 미분화, 남편의 비난에서 연상되는 친정아버지의 비난(전이)이 나타났다.

■ 남편의 비난하는 의사소통 방식

부인은 남편이 대화가 되지 않는 사람이라고 생각하였다. 그 무엇보다도 부인은 남편의 비난하는 의사소통 방식이 힘들었는데, 남편은 부부관계가 힘들어진 원인이 부인에게 있으며 "너만 잘하면 돼!"라는 식으로 비난하였다. 남편이 자신을 몰아세우면서 비난할 때 부인은 분노하였고, 그 분노는 폭력 행위를 촉발하였다.

■ 남편의 미분화

남편은 아버지와 사이가 나빴던 어머니와 밀착되었고 고부갈등 상황에서 어머니 편만 들었다. 남편은 결혼할 당시 아버지가 이미 돌아가신 상태였고 어머니에 대한 '극진한 사랑'을 가지고 있었다.

■ 부인의 미분화

부인의 아버지는 자주 외도를 했으며, 이로 인해 부인은 어머니와 밀착되어 아버지를 미워하였다. 부인은 부모와 삼각관계를 이루면서 집안에서 과도한 역할을 수행하였다.

■ 남편의 비난에서 연상되는 친정아버지의 비난(전이)

부인이 스트레스 상황에서 이성을 잃을 정도가 된 것은 남편의 태도나 말이 친정아버지와의 상황을 생각나게 했기 때문이었다. "너만 잘하면 돼!"라는 남편의 비난이 부인에게 매우 힘들었던 이유는 아버지가 똑같은 비난을 했기 때문이었다. 부인이 벗어나고 싶었던 아버지의 모습을 남편에게서 확인하는 순간 부인은 분노조절이 안 되었다.

② 변화 결과

가족치료를 통하여 부부는 부인의 폭력과 관련된 자신들의 원가족과의 미분화와 의사소통 문제뿐만 아니라 부인의 친정아버지와 남편과의 전이 문제를 인식하고 부부간의 상호작용 방식이 변화되기 시작하면서 부부관계가 회복되어 상담 기간 동안 더 이상 부인의 폭력은 나타나지 않았다.

■ 부부간 의사소통 방식의 변화

부인이 상담 과정을 통해 자신의 폭력 행위 촉발에 대한 요인들을 통찰하게 되면서 남편에게 화가 날 때도 대화로 풀려고 노력하였다. 이와 같은 노력으로 부인은 남편과 대화가 가능해졌다. 이제 남편은 친구와 있었던 일을 이야기하는 부인에게 "너만 잘하면 돼!"가 아니라 "걔 누구냐?"라는 말로 부인의 편을 들어주었다. 이러한 남편의 말에 부인은 남편이 자신을 이해한다고 생각하게 되면서 대화가 잘 이어졌다.

부인이 짜증을 내거나 힘든 일을 이야기하면 남편은 오히려 부인을 비난하거나 화를 내서 스트레스 상황을 만들고 그 상황은 종종 폭력 행위로 이어졌던 과거에 비해 부부가 서로 갈등을 일으키지 않으려고 노력하는 대화를 하면서 부인의 감정 반사적 폭력 행위도 발생하지 않게 되었다.

■ 부인의 분화

부인은 상담 과정에서 어머니에 대한 부담스러움을 느끼게 되면서도 연민과 짜증을 동시에 느끼는 양가감정이 심해졌다. 이러한 과정을 통해 부인은 엄마와의 밀착 상태에서 분화되기 시작하였다. 이 과정에서 부인은 친정어머니로부터 남편(친정아버지)이 외도를 해서 속을 상하게 했지만 가정을 지켰으며 자신과 남편이 서로 사랑한다는 말을 들었다. 부모 사이에 끼어 엄마 대신 아버지와 싸워 왔던 부인은 어머니가 아버지를 사랑한다는 솔직한 마음을 알게 된 후 '뒤통수를 맞은 듯한' 배신감을 느꼈다. 어릴 때 아버지와 사이가 좋았던 부인은 자라면서 아버지의 외도에 대한 어머니의 비난으로 인하여 아버지와 갈등관계를 가지게 되었는데 상담을 통하여 부인은 어머니가 아버지를 사랑한다는 사실을 알게 되게 되어 충격을 받은 것이다.

아버지를 미워할 줄 알았던 어머니가 아버지를 사랑한다는 사실에 배신감을 느낀 부인은 자신에게 아버지를 감시하게 하고 아버지와 대신 싸우게 한 어머니에게 원망이 생겼다. 부인은 어머니가 자녀에게 하지 말아야 할 이야기를 했으며, 부모 사이에 자신이 개입한 것이 잘못되었음을 통찰하게 되었다.

■ 남편의 분화

남편은 가족치료 과정을 통해 부인의 폭력 행위가 자신의 비난이나 어머니 편들기로 인해 촉발되었고, 이는 부인과 친정아버지와의 관계와 연관되어 있음을 통찰하게 되었다. 이러한 통찰에 따라 남편은 부인이 스트레스 상황에서 감정 반사적으로 행동하지 않도록 노력하였고, 이와 같은 남편의 태도 변화로 인해 부인도 변화하게 되었다. 그동안 시어머니와의 관계에서 매우 힘들었던 부인은 남편이 처음으로 자신의 편을 들어줌으로써 분노하지 않고 논리적으로 설명하는 이성적 행동이 가능해졌다. 또한 남편이 부인에게 어머니가 틀렸고 부인이 옳다고 편들어 줌으로써 부인은 남편에 대한 불만도 사라지게 되었다.

■ 부부간의 원가족과의 분화로 인한 부부체계의 강화

가족치료를 통해 부인과 남편은 모두 자신의 원가족과 분화가 촉진되었다. 자신의 가정폭력 행위가 원가족과의 미해결된 감정과 관련 있다는 것을 통찰한 부인은 친정 방문 횟수를 줄였다. 그리고 부인은 어머니가 아버지를 사랑한다는 사실을 확인하고 부모와의 삼각관계에서 벗어나서 자신은 남편이 가장 소중하다는 사실을 깨닫게 되었다. 따라서 부인은 남편에게만 관심을 집중하고 부부체계가 강화되었다.

3) 어머니가 딸을 학대하는 사례*

(1) 사례 개요

이 사례의 내담자는 스트레스가 쌓이다 폭발하면 딸(5세)에게 소리를 지르고 폭언과 폭력을 행사하였다. 내담자의 주요 스트레스원은 친정어머니인 것으로 나타났으며, 성장 과정에서 친정어머니에게 심각한 언어적 · 정서적 학대를 경험하였다. 내담자는 친정어머니와 불안정한 애착관계를 형성한 가운데, 친정어머니에게 공포감, 두려움, 극도의 불안감을 느끼면서도 밀착관계를 유지한 채 친정어머니의 구속을 받으며 살았다.

내담자는 친정어머니와의 관계에서 스트레스를 받아 불안이 높아지면서 분노조절이 안 되어 딸을 학대하였다. 한편, 딸은 내담자에게 극도의 두려움과 공포를 느끼면서 내담자에게 지속적으로 매달렸다. 딸의 이와 같은 행동으로 인하여 내담자는 또 다시 딸을 학대하였다. 이러한 딸의 모습은 내담자와 친정어머니와의 관계에서 보이는 모습과 유사하였다.

내담자의 친정어머니 역시 친어머니(내담자의 외할머니)의 반복되는 결혼과 재혼 등의 복잡한 결혼생활 속에서 친아버지와는 단절된 상태에서 배다른 형제들로부터 차별대

* 이 사례의 가족치료 과정을 알고 싶다면 이주은, 박태영(2018). 자녀 학대행위에 영향을 미친 요인과 그 요인 간 순환성에 관한 연구: 가족치료 사례를 중심으로. **놀이치료연구**, 22(1), 89-106을 참고하기 바란다.

우와 집단따돌림을 당하였다. 하지만 친어머니는 이러한 딸(친정어머니)의 상처와 억울함을 외면하였으며, 오히려 배다른 자녀들에게 더욱 사랑을 쏟았고 친자녀를 학대하였다. 친정어머니는 친어머니의 이러한 학대와 차별에 극도의 분리불안과 두려움, 공포감을 느끼면서도 친어머니와 밀착관계를 유지하였다. 친정어머니는 의붓자식들에게서 쫓겨난 친어머니가 사망할 때까지 모시고 살았으며, 이 과정에서 엄청난 스트레스를 받았다. 친어머니로부터 학대를 받은 내담자의 친정어머니는 모든 일에 지나치게 자기중심적이었고, 남편뿐만 아니라 딸들, 사위, 손자녀 등 모든 가족구성원을 통제하고 언어적·정서적 학대를 하였다. 또한 내담자의 친정어머니는 어린 시절 의붓형제들로 인해 학업의 기회를 놓친 경험으로 학업과 학벌에 대해 병적으로 집착하였고, 학벌이 낮은 사위(내담자 남편)에게 언어적·정서적 폭력을 행사하였다. 한편, 내담자의 남편은 자신으로 인해 장모의 폭력성이 증폭되고 있다고 생각하여 내담자를 무조건적으로 이해하고 수용하려고 노력했지만, 장모와 부인(내담자)의 폭력적인 성향으로 인해 극도의 스트레스를 받았다.

(2) 내담자의 자녀학대에 영향을 미친 요인

내담자의 자녀학대에 영향을 미친 요인은 개인 요인, 가족 요인, 전이, 세대 간 전수로 나타났다.

① 개인 요인

개인 요인의 하위 요인으로는 내담자의 애착불안, 미분화(친정어머니와의 공생관계), 역기능적인 의사소통 방식으로 나타났다.

■ 애착불안

내담자는 친정어머니와 공생관계를 유지한 채 불안정한 애착관계를 가지고 있었다. 내담자는 어린 시절 타인의 손에서 양육되었고, 친정어머니의 언어적·정서적 학대로 인하여 버림받을 것에 대한 불안이 매우 높았다. 내담자는 불안정한 애착관계로 인하여 친정어머니에게 집착하였고, 결혼 후에는 남편에게 집착하였다. 결혼 후에 내담자는 양육스트레스가 가중되면서 딸에 대한 폭력이 발생하였다. 내담자의 딸에 대한 폭력과 학대 방식은 친정어머니가 사용하였던 방식과 매우 흡사하였다.

■ 미분화(친정어머니와의 공생관계)

내담자는 친정어머니와 융합되어 있었고, 친정어머니의 감정, 말과 행동은 내담자에게 절대적인 영향력을 미치고 있었다. 내담자는 친정어머니에게 많은 스트레스를 받고 있었고, 스트레스가 가중되면 친정어머니를 닮은 딸에게 분노가 폭발하면서 학대를 하였다.

■ 역기능적인 의사소통 방식

내담자는 친정어머니처럼 잔소리를 하고 지시적이었으며, 강압적이고 통제적인 방식을 사용하였고, 이와 같은 의사소통 방식은 남편과 자녀에게 공포심과 두려움, 극심한 불안을 야기시켰다.

② 가족 요인

가족 요인의 하위 요인은 친정어머니의 미분화, 역기능적인 의사소통 방식, 지나친 간섭, 자기중심적 사고, 분노조절 안 됨, 내담자와 친정어머니, 딸과의 삼각관계, 남편과 친정어머니의 갈등관계가 나타났다.

■ 친정어머니의 미분화

친정어머니는 내담자와 다른 가족구성원들이 자신의 말을 듣지 않았을 경우에 분노조절을 못하였고 학대하였다. 이러한 상황에서 내담자 또한 딸에게 스트레스를 받으면 친정어머니처럼 분노조절을 못하고 딸을 학대하였다.

■ 역기능적인 의사소통 방식

친정어머니는 일방적인 지시와 통보, 끊임없는 잔소리, 되새김질 그리고 이중메시지를 사용하였다.

■ 지나친 간섭

내담자의 친정어머니는 사소한 부분까지 일일이 간섭하며 내담자의 독립적인 삶을 방해하였다. 심지어 친정어머니는 내담자가 결혼한 후에도 자녀양육 문제와 집안 살림까지 심각하게 간섭하며 내담자의 스트레스를 증폭시켰다. 이로써 내담자는 스트레스가 가중되어 분노가 폭발하면서 딸을 폭행하였다.

■ 자기중심적 사고

내담자의 친정어머니는 상대방의 감정이나 상황을 전혀 고려하지 않고 자신 중심적이었다.

■ 분노조절 안 됨

내담자의 친정어머니는 분노를 제어하지 못하였고 가족구성원들에게 폭언과 폭력을 사용하였다.

■ 내담자, 딸 그리고 친정어머니의 삼각관계

친정어머니는 내담자와 손녀와의 삼각관계를 형성하였고, 손녀는 외할머니 양육 방식에 익숙해져 있었다. 또한 손녀는 외할머니의 부정적인 모습을 많이 닮았다.

■ 남편과 친정어머니의 갈등관계

내담자의 친정어머니는 사위의 학벌이 딸보다 못하다는 이유로 결혼을 반대했고, 결혼 후에도 사위로 인정하지 않았다.

③ 전이

내담자의 딸은 내담자가 극도로 싫어하는 친정어머니의 까탈스럽고 자기중심적인 모습을 닮았다.

④ 세대 간 전수

친정어머니는 자신의 친어머니의 양육 방식을, 내담자는 다시 친정어머니의 양육 방식과 애착불안을 전수받은 것으로 나타났다.

이 아동학대 사례 내용을 근거로 볼 때 가족치료사는 자녀를 학대하는 부모를 상담할 때 학대를 하는 부모의 원가족과의 미해결된 문제, 갈등 또는 위기가 발생했을 때 사용하는 의사소통 방식, 부모와의 애착 문제, 전이 그리고 세대 간 전수되어 오는 학대 방식, 애착관계를 탐색할 필요가 있다.

4) 어머니가 아들을 학대하는 사례*

(1) 사례 개요

가족은 내담자인 부인(34세), 남편(36세), 아들(6세), 딸(2세)로 구성되어 있다. 내담자는 아들에게 폭언과 폭력을 행사하고 있었고 이로 인해 아들 역시 감정조절이 되지 않

* 이 사례의 가족치료 과정을 알고 싶다면 박태영, 심다연(2014). 학대행위 중단을 위한 가족치료적 접근 방법과 효과성에 대한 사례연구. 아동복지학, 48, 1-31을 참고하기 바란다.

고 심하게 울면서 성질을 내는 등 증상이 나타나기 시작하였다. 내담자의 친정어머니는 시집 문제와 남편과의 부부갈등으로 인해 자녀들을 매우 강압적이고 폭력적인 방법으로 양육하였다. 친정아버지는 가정에는 무관심하고 자신의 일에만 몰두하는 이기적인 성향을 가지고 있었으며 내담자가 어렸을 때부터 간헐적으로 성추행을 해 왔다. 하지만 내담자는 이 비밀을 가족이나 타인에게 한 번도 표현하지 못한 채 성장하였다.

내담자는 친정아버지와는 달리 자상하고 순진했던 남편에게 호감을 가지고 결혼하였지만, 결혼 이후 친정아버지와 매우 유사한 남편에게 실망하였다. 더군다나 내담자는 시집 근처에 살면서 잔소리와 간섭이 심한 시어머니로 인해 첫째 아이를 임신했을 때부터 극심한 스트레스를 받았다. 한편, 남편은 시부모의 부부갈등으로 인해 시어머니와 밀착관계를 유지하고 있었고 시집과 관련된 내담자의 스트레스를 이해하거나 배려해 주지 못하였다. 또한 남편은 다혈질적인 아버지(시아버지)와 여동생(시누이)과 갈등이 심했는데, 내담자의 분노조절을 못하는 모습이 자신의 아버지(시아버지)와 여동생(시누이)과 유사하다고 생각하였다.

이러한 갈등 상황을 해결하기 위해 내담자는 자신의 감정이나 의사를 솔직하게 표현하지 않고 삐치다가 폭언과 폭력을 휘두르는 방식을 시도해 왔다. 남편은 그 상황을 모면하기 위해 진실성이 없이 슬쩍 넘어가는 방식을 사용하였는데, 이러한 방식에 내담자는 더욱 분노하였다. 이러한 상황에서 내담자는 자신의 분노를 아들에게 폭언과 폭력으로 쏟아 붓고 있음을 인지하고 이를 해결하고자 상담을 의뢰하였다.

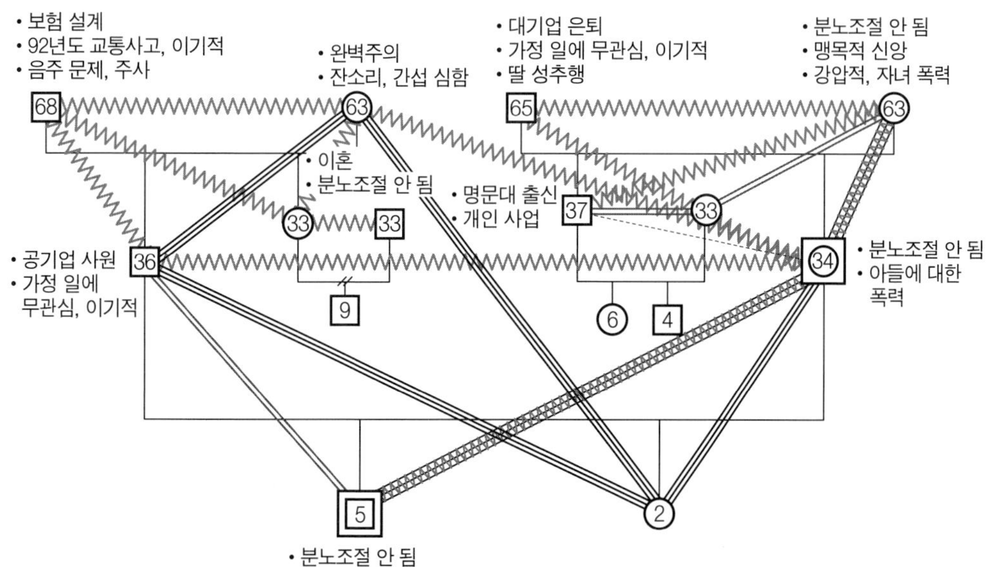

[그림 6-2] 가계도

(2) 자녀학대 행위의 중단을 위한 가족치료 개입 방법

내담자의 아들학대 행위를 중단시키기 위해 치료사는 우선 가족구성원들의 원가족 특성을 보웬(Bowen)의 가족체계이론에 따른 가족체계적인 맥락에서 이해하고 가족구성원들이 이를 인식할 수 있도록 하였다. 그리고 치료사는 대상관계 가족치료이론에 따른 대상에 대한 감정의 전이를 가족구성원들이 이해할 수 있도록 하였다. 한편, 치료사는 MRI의 상호작용적 가족치료 모델을 활용하여 역기능적인 의사소통 방식을 새로운 의사소통 방식으로 변화시킴으로써 가족구성 간의 갈등과 스트레스를 감소시키고자 하였다.

① 가족구조에 대한 정보 수집하기

치료사는 내담자의 원가족과 핵가족의 가족구조와 상호작용, 미해결된 정서, 나타나는 현상 등을 질문을 통해 정보를 수집하였다.

② 내담자의 분노 다루기

치료사는 가족구조에 대한 정보 수집으로 내담자가 원가족에서의 경험이 현재의 부부갈등까지 이어지면서 내재되어 있던 분노가 폭발할 때 자녀에게 폭언과 폭력을 행사하고 있음을 파악하였다. 내담자가 이러한 분노의 마음을 누군가에게 위로나 공감을 받은 적이 없었기 때문에 치료사는 상담 시 이러한 내담자의 분노 감정에 충분히 공감하였다.

③ 원가족에서 전수되어 오는 방식 보기

치료사는 클라이언트의 원가족에서 친정어머니가 사용했던 방식이 내담자에게 전수되어 내담자가 부부와 자녀와의 관계에서 그대로 사용하고 있다는 것을 확인하였다. 치료사는 이러한 과정을 통해 내담자가 자연스럽게 자신의 방식이 원가족에서 전수되어 온 것임을 인식하게 하여 남편과 자녀에 대한 죄책감을 덜고 새로운 방식으로 전환할 변화 의지를 굳힐 수 있도록 하였다. 또한 치료사는 남편에게도 현재 부부갈등 시 사용하는 의사소통 방식이 원가족에서 전수된 방식임을 인식시켰고 새로운 방식으로 부부갈등 상황을 대처할 수 있도록 도왔다.

④ 원가족에서 핵가족으로 전이된 감정 탐색하기

치료사는 내담자가 남편과 자녀에게 느끼는 감정이 단순히 핵가족 내에서 발생하는 갈등 상황에서 나타난 것이 아닌 원가족에서 친정부모에게 느꼈던 감정이 전이된 것임을 인식할 수 있도록 하였다. 이러한 과정을 통해 내담자는 자신이 남편과 아들에게 느꼈던 분노 감정이 원가족에서 해결되지 못한 정서가 내재되어 있기 때문임을 인식하게 되었다. 남편은 자신의 행동이 내담자를 자극하였다는 것을 이해하고 행동을 변화시킬 수 있었다. 또한 내담자에게는 시아버지와 시누이의 분노조절이 안 되는 모습이 현재 자신에게 동일하게 나타나고 있고, 남편은 내담자를 통해 아버지(시아버지)와 여동생(시누이)을 보게 되는 점을 인식시켜 내담자에게 남편이 자신의 그런 모습을 더욱 힘들어할 수밖에 없었던 점을 이해시켰다.

⑤ 원가족에서 미해결된 정서 다루기

내담자가 원가족에서 친정부모에 대한 부정적인 정서가 내재되어 남편과 자녀와의 관계에까지 부정적인 영향을 미치고 있었으므로, 치료사는 이러한 내담자의 부정적인 정서를 다루었다. 이를 위해 치료사는 내담자에게 친정부모 역시 원가족 경험으로 인한 어려움이 있었음을 설명하여 원가족에 대한 이해를 높이고 친정부모를 치료 과정에 참여시킴으로써 내담자가 원가족에서 해결되지 못했던 정서를 친정부모와의 직접적인 대화를 통해 해결할 수 있도록 하였다.

⑥ 자녀에게 재현되고 있는 정서 직면하기

치료사는 내담자에게 원가족에서의 갈등 상황이나 학대 행위가 현재 핵가족에서도 재연되고 있으며, 결국 내담자가 어린 시절 느꼈던 정서를 현재 자녀 역시 느낄 수 있음을 인식할 수 있도록 하였다. 이러한 과정을 통해 내담자는 친정부모의 부부갈등과 학대 행위로 인해 느꼈던 불안과 분노가 아들에게 재연되고 있음을 이해할 수 있었다.

⑦ 원가족의 내담자에 대한 이해 돕기

치료사는 내담자의 친정부모를 상담 과정에 참여하도록 하였다. 내담자에게 내재되어 있는 분노는 원가족에서 해결되지 못했던 감정이 강하게 남아 있기 때문이었다. 치료사는 친정부모와의 상담을 통해 내담자가 겪고 있는 정서적 어려움과 현재의 갈등 상황을 친정부모가 인식할 수 있도록 하였으며, 특히 친정아버지의 성추행 사건을 다룸으로써 내담자의 심리적 어려움을 친정아버지가 이해할 수 있도록 도왔다.

⑧ 남편의 시어머니와의 밀착관계에 대한 이해 돕기

부부갈등의 이면에는 내담자의 원가족 경험으로 인한 정서적 어려움도 있지만, 남편이 시어머니와 물리적 · 정서적으로 분리되지 못하고 여전히 밀착관계이기 때문에 부인의 스트레스를 가중시키는 것도 있었다. 따라서 치료사는 모자 밀착관계를 분리시키기 위해 남편과 시어머니에게 삼각관계를 설명하였다.

⑨ 새로운 방식으로 변화시키기

치료사는 가족구성원에게 지금까지 시도해 왔던 방식이 갈등을 해결하지 못하고 오히려 문제를 더욱 유발시키거나 유지해 온 것임을 인식시켰고 새로운 방식으로 변화할 수 있도록 하였다. 그리고 치료사는 부부가 서로의 감정에 대해 맞장구쳐 주고 편들어 주는 표현 방식을 사용할 수 있도록 하였고, 부부 간에 남편의 미흡한 역할과 내담자의 과도한 역할을 조율하여 내담자의 스트레스를 줄일 수 있도록 하였다. 또한 치료사는 시어머니와 남편의 밀착관계를 분리하여 핵가족의 경계를 강화할 수 있도록 하였다.

5) 자녀가 어머니를 학대하는 사례*

(1) 사례 개요

이 사례는 법무부에서 보호관찰을 받고 있는 청소년 가족에 대한 상담을 의뢰한 사례이다. 당시 내담자(아들)는 공갈과 폭행으로 인해 보호관찰 중이었으며, 고등학교를 자퇴한 상태였다. 내담자는 재판을 받고 보호시설에서 생활하면서 상담에 참여하였고, 상담이 진행되는 도중 보호기간이 만료되어 시설에서 퇴소하였다. 내담자의 첫 부모 폭행은 등교를 거부하던 당시 17세의 내담자가 자신을 깨우는 어머니를 향해 욕설과 발길질을 하며 우발적으로 시작되었다. 내담자의 부모폭행은 직접 폭력을 당한 어머니, 폭력을 가한 내담자, 아버지와 동생 모두 큰 충격을 받은 사건이었다. 처음 폭력이 발생한 이후 어머니는 어떤 행동을 취해야 할지 생각조차 못할 정도로 큰 충격을 받았다. 첫 폭행 발생 당시 아버지가 내담자를 혼내고 훈육하는 방식을 사용하였으나 효과가 없었다.

내담자는 주로 자신의 기분이 좋지 않거나, 뜻대로 되지 않거나, 또는 어머니가 말을 걸면 참지 못하고 언어적 · 신체적 폭력을 사용하였다. 특히 내담자는 어머니의 언어와 목소리에 격노하는 반응을 보이며, 어머니가 이야기를 할 때 "닥쳐" "×신" 등과 같이 심한 욕설도 함께 하였다. 내담자의 폭력은 시간이 지나면서 점점 더 과격해져 어머니에게 욕설과 함께 주먹질과 발길질을 하였고, 아버지와도 몸싸움을 하였다.

내담자의 부모 폭행 장소는 집이었으나 폭력이 반복되며 발생 장소도 확대되었다. 내

---

* 이 사례의 가족치료 과정을 알고 싶다면 임아리, 박태영(2019). 청소년 자녀의 부모폭행에 대한 사례 연구. **가족과 가족치료**, 27(1), 27-52를 참고하기 바란다.

담자가 상담에 오기 직전에는 화가 나면 병원과 같은 공공장소에서도 어머니의 머리채를 잡고 욕설과 폭행을 행사하였다. 이러한 폭력으로 어머니는 내담자에 대한 심한 공포심을 갖게 되었다. 그러나 가족 구성원들은 수치심으로 인해 외부의 도움을 청하지 못하고, 내담자의 눈치를 보면서 생활하였다. 내담자는 분노조절장애나 반사회적인격장애로 진단받은 경험이 있으며, 단기적으로 정신과치료 및 약물을 복용한 적도 있었다.

내담자 가족은 아버지(52세), 어머니(46세), 아들(내담자, 19세), 딸(17세)로 구성되었다. 부모는 모두 매우 이성적이고 차가운 성향이었고, 둘 다 학벌이 좋고 고학력자이며 성실하였다. 특히 어머니는 지병으로 인해 건강에 매우 민감하였다. 여동생은 무기력한 상태였으며, 오빠에 대한 두려움을 가지고 있었고, 부모에게는 답답함을 느끼고 있었다. 내담자는 아주 어릴 적부터 부모로부터 극심한 학업 스트레스를 받았고, 내담자와 여동생은 부모의 맞벌이로 인해 5~6세 때부터 저녁까지 학원에서 시간을 보냈다. 자녀들은 스스로를 부모가 시키는 대로만 하는 로봇이나 꼭두각시라고 표현하였다. 내담자와 동생은 어릴 적부터 부모의 말을 어기면 심하게 잔소리를 듣거나 매를 맞았다. 내담자의 부모는 학업에 몹시 집착하며 자녀들에게 '공부만이 살길'이라고 강조하였다. 자녀들은 공부에 방해되는 행동, 이를테면 TV 시청, 인터넷 사용, 하교 후 체육활동 등과 같이 지극히 일상적인 행동조차 금지되었다. 이렇게 강압적인 분위기에서 내담자와 여동생은 집이 늘 숨 막히고 답답하였다. 특히 내담자는 어려서부터 아무도 자신의 이야기를 들어주거나 수용해 준다는 느낌을 받아 본 적이 없었고 자신을 제외한 아버지, 어머니, 여동생이 한편이라고 생각하였다.

내담자는 초등학교 5학년 무렵부터 짜증과 화를 자주 내었고, 중학교 2학년 때 동급생을 폭행하였다. 부모는 내담자가 학교에서 교사나 친구와 문제가 있었을 때 한 번도 아들의 편을 들어 준 적이 없었다. 내담자는 중학교 2학년 때부터 집이 답답하고 숨이 막혀 상습적으로 가출을 일삼았고, 부모와의 갈등이 매우 심해졌다.

(2) 부모폭행 발생 요인

내담자의 부모폭행에 영향을 미친 요인으로는 극심한 학업 스트레스, 지나친 생활통제, 역기능적인 의사소통 방식이 도출되었다.

① 극심한 학업 스트레스

부모는 내담자가 어릴 적부터 잠을 자는 시간 외 모든 시간에 공부만 하라고 강요하였다. 또한 부모는 내담자를 여동생, 또래 사촌들과 성적으로 늘 비교하였고 동생 앞에서 내담자를 무시하였다. 내담자는 공부를 잘해야만 대접해 주는 부모에게 환멸과 분노를 느꼈고 학업 스트레스와 부모의 과도한 간섭으로 인하여 폭력을 사용하였다.

아버지는 내담자가 공부를 하지 않았을 때 체벌하였고, 어머니는 주로 악담과 폭언을 하였다. 또한 내담자는 성적이 나쁘지 않았음에도 불구하고 부모의 부모의 기대에 미치지 못한다는 이유로 자신의 미래에 대해 부모가 악담했던 것이 잊히지 않는다고 하였다.

② 지나친 생활 통제

내담자는 어릴 적부터 부모로부터 통제와 감시를 당해서 집이 곧 규칙이 많은 감옥 같았다. 내담자는 자신을 기계 같다고 생각하였고 부모와 한 공간에 있는 것조차 숨쉬기 힘들 정도로 답답하여 분노가 극에 달하였다. 그 결과 내담자는 중학교 때부터 상습적으로 가출하였다.

③ 역기능적인 의사소통 방식

내담자는 부모의 목소리만 들어도 소름이 끼쳤다. 내담자는 부모에게 늘 거절당하였고, 야단을 맞았으며 부모에게 사과를 강요당했지만, 부모는 잘못을 하고도 "미안하다."라고 말하지 않았다. 또한 내담자는 부모의 차갑고 이성적인 말투로 인하여 부모로부터 지지를 못 받는다고 생각하였다.

내담자 부모는 자녀에게 매우 이성적이고 객관적인 대화 방식을 사용하였는데, 내담자에게 늘 타인의 입장을 먼저 옹호하는 대화 방식을 사용하였다. 예를 들어, 내담자가 학교에서 교사나 교우 문제가 생겨 자신의 입장을 이야기하면 부모는 내담자를 혼내거나 모든 것을 내담자의 잘못으로 돌렸다. 심지어 경찰서에서 내담자가 경험한 공포스러운 상황을 이야기하였을 때도 내담자의 감정을 수용해 주지 않았다. 부모는 내담자를 생각하여 객관적 · 이성적으로 이야기하였지만 내담자는 부모마저도 자신을 믿어 주지 않는다고 생각하였다. 결국 내담자는 세상에 믿을 사람은 아무도 없다고 생각하였고, 그 결과 자신의 말을 들어 주지 않는 부모에게 쌓인 분노를 폭력으로 표출하였다.

(3) 부모 폭행 감소 요인

내담자 가족은 상담을 통해 과거의 역기능적인 의사소통 방식을 기능적인 의사소통 방식으로 전환함으로써, 가족 간에 감정적 교류와 서로에 대한 인식 변화를 통해 내담자의 부모 폭행이 감소되었다.

① 부모의 변화된 표현 방식

내담자 가족은 상담을 통해 처음으로 서로의 감정을 언어로 표현하게 되었다. 이 과정을 통하여 치료사는 부모에게 지금까지 내담자를 변화시키기 위해 사용하였던 의사소통 방식이 효과가 없었음을 인식시키고, 새로운 방식을 시도하도록 하였다. 치료사는 부모가 내담자를 직접 보고 이야기를 솔직하게 하도록 코칭하였다. 이를 통해 부모는 내담자에 대한 사랑과 미안함을 처음으로 직접 표현하였다. 부모는 내담자에게 내담자의 서운한 마음이나 어려움을 헤아리고 있다고 이야기하면서, 무거운 부담과 압박을 준 것에 진심 어린 사과를 하였다. 이 과정에서 내담자는 평소와 같이 부모의 말을 자르거나 듣기 싫다고 소리 지르는 대신 부모의 이야기를 끝까지 묵묵히 들었고, 부모와 내담자는 처음으로 기능적인 대화를 나누게 되었다.

② 내담자의 변화된 표현 방식

상담을 통해 부모의 달라진 모습을 보며 내담자는 실제로 부모의 변화를 느끼고 있다고 표현하였고, 부모의 입장을 대변하기도 하였다. 이와 같은 내담자의 긍정적인 표현은 부모에게도 매우 긍정적인 영향을 미쳤다.

참고문헌

강미경(2009). 아동학대 행위 중단과정에 관한 질적연구. **한국아동복지학**, 29, 29-72.

강우예, 김성규, 김지영(2010). 남편살해 피학대 여성의 사회 심리적 특성에 따른 형법적 대응방안. **한국형사정책연구원 연구총서**, 11, 1-502.

강호선(2008). 남편을 살해한 가정폭력피해자 사례관리 기법 및 개입과정에 관한 연구. **한국가족복지학**, 13(2), 45-68.

고미영, 윤혜미, 장화정(2013). 아동학대 가족대상 이야기치료 반영팀원의 경험에 대한 질적 연구. **아동과 권리**, 17(4), 699-737.

국민일보(2018). [이호분의 아이들 세상] 부모에게 욕하는 아이. 2018.04.07. http://news.kmib.co.kr/article/view.asp?arcid=0012261492&code=61171911&cp=nv

권수영, 박태영, 신혜종, 안미옥, 오화철, 이인수, 이진희, 이현숙, 이화자, 전명희, 정병호, 조은숙, 최규련(2020). **한국 가족을 중심으로 한 부부 · 가족상담 핸드북**. 학지사.

김계하, 선정주, 오숙희(2013). 여성 결혼이민자 남편의 스트레스, 자존감 및 무력감. **지역사회간호학회지**, 24(1), 29-39.

김선희(2015). 남성의 가정폭력 피해 경험에 관한 연구: 다문화가정을 중심으로. 숭실대학교 박사학위논문.

김슬기(2014). 제정 [아동학대범죄의 처벌 등에 관한 특례법] 검토. 법학연구, 24(2), 201-229.

김영애, 이영란(2008). 가정폭력 행위자의 심리내적체계 성장을 위한 Satir 변화모델 집단상담 개발. 상담학연구, 9(1), 257-276.

김영희(1999). 청소년 자녀의 부모에 대한 청소년의 신체적 폭력실태와 관련요인. 한국청소년연구, 10(2), 101-118.

김영희, 변수정(2006). 남편살해 여성의 부인학대 경험에 대한 분석. 대한가정학회지, 44(9), 61-76.

김은영, 임승희, 박소영(2009). 가족복지론. 학현사.

김은정(2016). 아동학대 현황과 예방정책. 보건복지포럼, 3, 31-43.

김은주(2004). 부인에 의한 남편살인에 관한 연구: 가정폭력 피해여성에 의한 남편살인을 중심으로. 한국경찰학회보, 6(1), 35-61.

김인숙(1998). 구타남편에 대한 사례연구: 여성주의 사회사업 개입을 중심으로. 한국가족복지학, 2, 59-86.

김재엽, 송아영(2007). 가정폭력노출경험과 청소년의 부모폭력에 대한 연구. 한국아동복지학, 23, 99-125.

김재엽, 이서원(1999). 청소년의 부모폭력 실태와 원인에 관한 연구. 대한가정학회지, 37(3), 1-14.

김재엽, 이효정, 송아영(2007). 가정폭력 경험이 남자 청소년의 성폭력 가해행위에 미치는 영향: 폭력허용도의 매개효과를 중심으로. 한국사회복지조사연구, 17, 27-52.

김주현, 이연호(2008). 가정폭력피해여성의 비폭력적 결혼관계 유지 경험에 관한 연구: 공식적 보호체계 이용경험이 있는 피해여성을 중심으로. 한국가족복지학, 23, 5-41.

김지영, 최상진(2004). 부인폭행 원인에 대한 통합적 모델 검증. 한국심리학회지: 사회 및 성격, 18(3), 77-95.

김진혁(2013). 패륜범죄의 원인 및 대응방안. 한국범죄심리연구, 9(2), 49-69.

김혜영, 석말숙(2003). 아동기 학대적 경험이 자녀학대에 미치는 영향력에 관한 연구: 개인특성 및 가족관계의 매개효과를 중심으로. 아동복지학, 16, 71-97.

노충래(2002). 아동 및 가해자의 특성에 따른 아동학대의 심각성 예측요인에 관한 연구. 한국아동복지학, 13, 123-154.

노혜련(2003). 가정폭력가해자에 대한 해결중심적 개별상담의 효과가능성에 대한 모색: Insoo Kim Berg의 상담사례를 중심으로. 가족과 가족치료, 11, 179-215.

류정희, 이주연, 정익중, 송아영, 이미진(2017). 생애주기별 학대경험의 상호관계성 연구. 한국보건사회연구원 연구보고서.

문영숙(2011). 아동이 지각한 부모의 부부갈등. 양육태도가 학대경험과 정서적 부적응 행동에 미치는 영향. 아동간호학회, 17(1), 22-30.

문정화(2017). 가정폭력 피해 결혼이주여성의 가족치료 사례연구: 단독으로 상담에 참여한 중국

출신 여성을 중심으로. 한국가족복지학, 55, 91-128.
문화일보(2013). '매맞는 남편'도 급증… 부부 2쌍 중 1쌍 '폭력경험'. 2013.06.21.
박소영, 박태영(2019). 여성 가정폭력 행위자 가족상담 사례연구: Bowen 가족치료 모델의 관점을 중심으로. 복지상담교육연구, 8(1), 183-209.
박영란(2007). 여성주의 관점에서 본 가정폭력 피해자의 욕구와 피해자 보호정책 패러다임의 변화. 한국여성학, 23(3), 189-214.
박태영, 박소영(2010). 가정폭력에 대한 부부치료 사례 분석: 가정폭력 쉼터에 거주하는 부인을 대상으로. 한국가정관리학회지, 28(5), 75-88.
박혜숙, 김보기(2013). 아동학대의 발생원인과 유형별 분석을 통한 조치방안 연구. 21세기사회복지연구, 10(2), 287-311.
보건복지부(2013). 2013 아동학대 재신고율보고서.
보건복지부, 중앙아동보호전문기관(2015). 2014 전국아동학대 현황보고서.
보건복지부, 중앙아동보호전문기관(2017). 2017 전국아동학대 현황보고서.
삼성생명 사회정신건강연구소(1997). 동아시아권의 가정 내 청소년 폭력. 삼성생명 사회정신건강연구소.
서혜석(2005). 자아존중감 및 부부적응 향상을 위한 가정폭력행위자의 부부집단 프로그램 효과성 연구. 한국가족복지학, 10(1), 25-41.
성주향, 정민자(2002). 가정폭력 가해자를 위한 가족상담 교육 프로그램 개발.
신선인(2008). 가정폭력 노출경험이 아동 청소년 비행에 미치는 영향에 대한 메타 분석. 한국가족복지학, 23, 163-182.
심다연, 박태영(2014). 학대행위 중단을 위한 가족치료적 접근 방법과 효과성에 대한 사례연구. 아동복지학, 48, 1-31.
여성가족부(2008). 2007년 전국 가정폭력 실태조사.
여성가족부(2013). 2013년 전국 가정폭력 실태조사.
여성가족부(2016). 2016년도 전국 가정폭력 실태조사. 한국여성정책연구원.
윤혜미, 장화정, 고미영(2013). 아동학대 재발방지를 위한 이야기 치료 기반의 가족치료 접근. 한국가족복지학, 41, 55-86.
이동임(2011). 가정폭력과 효. 효학연구, 14, 47-71.
이봉주, 김세원(2005). 아동학대와 방임의 사회구조적 요인: 빈곤과의 상관관계를 중심으로. 아동권리연구, 9(3), 347-373.
이수정(2006). 가정폭력에 기인하여 배우자를 살해한 여성 재소자의 심리특성에 관한 연구. 한국심리학회지: 사회 및 성격, 20(2), 35-55.
이영희(2013). 국제결혼 한국남성의 경험에 대한 단일사례 연구. 현대사회와다문화, 3(1), 38-73.
이종복(1998). 청소년들의 부모폭력에 관한 연구. 평택대학교 논문집, 11, 75-86.

이종원(2010). 가정폭력 피해여성들의 자아존중감. 대한가정학회, 48(4), 103-123.

이주은, 박태영(2018). 자녀 학대행위에 영향을 미친 요인과 그 요인 간 순환성에 관한 연구: 가족치료 사례를 중심으로. 놀이치료연구, 22(1), 89-106.

이철호(2006). 가정폭력과 인권. 한국콘텐츠학회 종합학술대회 논문집, 4(1), 360-363.

이호분, 전여숙, 민성길, 오강섭, 이시형(1997). 청소년의 부모폭행에 대한 연구. 소아청소년정신의학, 8(2), 199-206.

임아리, 박태영(2019). 부모 폭행을 한 청소년 자녀의 사례연구. 가족과 가족치료, 27(1), 27-52.

임종렬(1998). 가족의 역기능적 특성과 대상중심 가족치료. 한국사회복지학회: 학술대회논문집, 147-169.

장희숙, 김예성(2004). 가정폭력행위자의 유형: 이론에 따른 세 하위 유형의 검증. 한국사회복지학, 56(3), 303-325.

전옥희(2012). 여성의 가정폭력 가해 맥락에 관한 연구. 여성학연구, 22(2), 109-147.

정민자, 엄선필(2002). 가정폭력피해자들의 결혼과 결혼 지속 과정에 대한 생애 과정적 사례연구. 한국가정관리학회지, 20(3), 67-85.

정은, 이경욱(2005). 가정폭력 피해 모녀에 대한 해결중심 가족치료 사례연구. 한국가족치료학회지, 13(1), 1-29.

정혜숙(2007). 매맞는 여성의 떠날 수 없는, 머물 수 없는 이유. 사회복지연구, 32, 269-298.

채순옥, 한재희(2014). 국제결혼 한국남성들의 결혼해체 경험 연구. 상담학연구, 15(5), 2053-2070.

최규련(2015). 부부문제와 부부상담. 신정.

최규련(2016). 국내 가정 내 학대문제 실태. 한국상담학회 부부가족상담학회 춘계학술대회 학대가정을 위한 마스터 플랜: 정부-상담자 협력방안자료집, 3-30.

최규련(2020). 4장. 가정폭력. 권수영, 박태영, 신혜종, 안미옥, 오화철, 이인수, 이진희, 이현숙, 이화자, 전명희, 정병호, 조은숙, 최규련(2020). 한국 가족을 중심으로 한 부부 · 가족상담 핸드북 (pp. 85-112). 학지사.

한경혜, 윤성은(2004). 한국가족 친족관계의 양계화 경향: 세대관계를 중심으로. 한국인구학회지, 27(2), 177-203.

한국가정법률상담소(2018). 가정폭력상담 효과성 조사연구 결과. 가정상담 7월호, 6-21

허남순(1995). 부인구타: 해결중심 단기가족치료 모델의 적용. 한국가족치료학회, 3(1), 41-64.

현진희 (2007). 가정폭력 부부 집단프로그램의 효과성에 관한 연구-추후조사 결과를 중심으로. 한국가족복지학, 21, 1-30.

황혜자, 조수진(2007). 아동학대와 세대 간 전승에 관한 고찰: 애착이론과 관련하여. 사회과학논집, 26(1), 1-19.

Aaron, S. M., & Beaulaurier, R. L. (2017). The need for new emphasis on batterers interven tion programs. *Trauma, Violence & Abuse, 18*(4), 425–432.

Agnew, R., & Huguley, S. (1989). Adolescent violence toward parents. *Journal of Marriage and the Family, 51*(3), 699–711.

Allen-Collinson, J. (2009). A marked man: Female-perpetrated intimate partner abuse. *International Journal of Men's Health, 8*(1), 22–40.

Arias, E., Arce, R., & Vilariño, M. (2013). Batterer intervention programmes: A meta-analytic review of effectiveness. *Psychosocial intervention, 22*(2), 153–160.

Arias, I., & Ikeda, R. M. (2006). Etiology and surveillance of intimate partner violence, In J.R. Lutzker (Ed.), *Preventing violence: Research and evidence-based intervention strategies* (pp. 173–194). Washington, DC: American Psychological Association.

Armenti, N. A., & Babcock, J. C. (2016). Conjoint treatment for intimate partner violence: A systematic review and implications. *Couple and Family Psychology: Research and Practice, 5*(2), 109–123.

Asawa, L. E., Hansen, D. J., & Flood, M. F. (2008). Early childhood intervention programs: Opportunities and challenges for preventing child maltreatment. *Education & Treatment of Children 31*(1), 73–110.

Averill, J. R. (1982). *Anger and aggression: An essay on emotion*. New York: Springer-Verlag.

Basile, K. C., Smith, S. G., Kresnow, M., & Leemis, R. W. (2022). The National Intimate Partner and Sexual Violence Survey: 2016/2017 Report on Sexual Violence. Atlanta, GA: National Center for Injury Prevention and Control, Centers for Disease Control and Prevention.

Baucom, K. J. W., Sevier, M., Eldridge, K. A., Doss, B. D., & Christensen, A. (2011). Observed communication in couples 2 years after integrative and traditional behavioral couples therapy: Outcome and link with 5-year follow-up. *Journal of Consulting and Clinical Psychology, 79,* 565–576.

Beck, C. J., Anderson, E. R., O'Hara, K. L., & Benjamin, G. A. H. (2013). Patterns of intimate partner violence in a large, epidemiological sample of divorcing couples. *Journal of Family Psychology, 27*(5), 743.

Bert, S. C., Guner, B. M., & Lanzi, R. G. (2009). The influence of maternal history of abuse on parenting knowledge behavior. *Family Relations, 58*(2), 176–187.

Birchler, G. R., Fals-Stewart, W., & O'Farrell, T. J. (2008). Couples therapy for alcoholism and drug abuse. In A. S. Gurman (Ed.), *Clinical handbook of couple therapy* (pp. 523–544). New York: Guilford.

Black, M. C., Basile, K. C., Breiding, M. J., Smith, S. G., Walters, M. L., Merrick, M. T., et al.

(2011). The National Intimate Partner and Sexual Violence Survey(NISVS): 2010 Summary Report. Atlanta, GA: National Center for Injury Prevention and Control, Centers for Disease Control and Prevention.

Boal, A. L., & Mankowski, E. S. (2014). The impact of legislative standards on batterer intervention program practices and characteristics. *American Journal of Community Psychology, 53*(1-2), 218-230.

Bogard, M. & Mederos, F. (1999). Battering and couples therapy: universal screening and selection of treatment modality. *Journal of Marital and Family Therapy, 25*(3), 291-312.

Bowlby, J. (1982). *Attachment and loss* (Vol. 1). New York: Basic Books.

Boxer, P. 1., Gullan, R. L., & Mahoney, A. (2009). Adolescents' physical aggression toward parents in a clinic-referred sample. *Journal of Clinical Child & Adolescent Psychology, 38*(1), 106-116.

Bradley, R. P. C., Drummey, K., Gottman, J. M., & Gottman, J. S. (2014). Treating couples who mutually exhibit violence or aggression: Reducing behaviors that show a susceptibilityfor violence. *Journal of Family Violence, 29*(5), 549-558.

Brand, S. R., Brennan, P. A., Newport, D. J., Smith, A. K., Weiss, T., & Stowe, Z. N. (2010). The impact of maternal childhood abuse on maternal and infant HPA axis function in the postpartum period. *Psychoneuroendocrinology, 35*(5), 686-693.

Brezina, T. (1999). Teenage violence toward parents as an adaptation of family strain. *Youth & Society, 30,* 416-444.

Burgess, A. W., Hartman, C. R., & McCormack, A. (1987). Abused to abuser: Antecedents of socially deviant behaviors. *American Journal of Psychiatry, 144*(11), 1431-1436.

Burgess, R. L., & Conger, R. D. (1978). Family interaction in abusive, neglectful, and normal families. *Child Development, 49*(4), 1163 -1173.

Bybee, D., Sullivan, M. (2005). Prediction of re-victimization of battered women 3 years after exiting a shelter program. *American Journal of Community Psychology, 36*(1), 85-96.

Calheiros, M. M. (2013). Parents' beliefs on the causes of child maltreatment. *International Journal of Psychology and Psychological Therapy 13*(1), 1-14.

Calvete, E. 1., Orue, I., & Gámez-Guadix, M. (2012). Child-to-parent violence: emotional and behavioral predictors. *Journal of Interpersonal Violence, 28*(4), 755-772.

Calvete, E., & Orue, I. (2011). The impact of violence exposure on aggressive behavior through social information processing in adolescents. *American Journal of Orthopsychiatry, 81*(1), 38-50.

Campbell, J., Miller, P., Cardwell, M., & Belknap, R. (1994). Relationship status of battered women over time. *Journal of Family Violence, 9,* 99-111.

Cancian, M., Yang, M., & Slack, K. S. (2013). The effect of additional child support income on the risk of child maltreatment. *The Social Service Review 87*(3), 417-437.

Carney, M., Buttell, F., & Button, D. (2007). Women who perpetrate intimate partner vio lence: A review of the literature with recommendations for treatment. *Aggression and Violent Behavior. 12*(1), 108-115.

Christensen, A., Atkins, D. C., Yi, J., Baucom, D. H., & George, W. H. (2006). Couple and individual adjustment for 2 years following a randomized clinical trial comparing traditional versus integrative behavioral couples therapy. *Journal of Consulting and Clinical Psychology, 74,* 1180-1191.

Cicchetti, D., & Doyle, C. (2016). Child maltreatment. attachment and psychopathology: Mediating relations. *World Psychiatry, 15*(2), 89-90.

Cicchetti, D., Rogosch, F. A., & Toth, S. L., (2006). Fostering secure attachment in infants in maltreating families through preventive interventions. *Development and Psychopathology, 18*(3), 623-649.

Clement, U., & Schmidt, G. (1983). The outcome of couples therapy for sexual dysfunctions using three different for- mats. *Journal of Sex & Marital Therapy, 9,* 67-78.

Cohen, S., O'Leary, K. D., & Foran, H. (2010). A randomized clinical trial of a brief, problem-focused couples therapy for depression. *Behavior Therapy, 41*, 433-446.

Contreras, L., & Cano, M. C. (2014). Family profile of young offenders who abuse their parents: A comparison with general offenders and non-offenders adolescents. *Journal of Family Violence, 29*(8), 901-910.

Cook, D., & Frantz-Cook, A. (1984). A systemic treatment approach to wife battering. *Journal of Marital and Family Therapy, 10*(1), 83-93.

Corry, C. E., Fiebert, M. S., & Pizzey, E. (2002). Controlling domestic violence against men. Equal Justice Foundation. Retrieved from http://www.familytx.org/research/Control_DV_against_men.pdf.

Cottrell, B. (2001). *Parent abuse: The abuse of parents by their teenage children.* Ottawa, Ontario, Canada: Health Canada.

Cottrell, B., & Monk, P. (2004). Adolescent-to-parent abuse: A qualitative overview of common themes. *Journal of Family Issues, 25*(8), 1072-1095.

Crane, C. A., Hawes, S. W., Devine, S., & Easton, C. J. (2014). Axis I psychopathology and the perpetration of intimate partner violence. *Journal of Clinical Psychology, 70,* 238-247.

Davidson, G. N. S., & Horvath, A. O. (1997). Three sessions of brief couples therapy: A clin ical trial. *Journal of Family Psychology, 11*, 422-435.

DeJonghe, E. S., von Eye, A., Bogat, G. A., & Levendosky, A. A. (2011). Does witnessing intimate partner violence contribute to toddlers' internalizing and externalizing behaviors?. *Applied Developmental Science, 15*(3), 129-139.

Dekker, J., & Everaerd, W. (1983). A long-term follow-up study of couples treated for sexual dysfunction. *Journal of Sex & Marital Therapy, 9*, 99-112.

Eckenrode, J., Smith, E. G., McCarthy, Margaret E. M. A., & Dineen, M. (2014). Income inequality and child maltreatment in the United States. *Pediatrics, 133*(3), 454-461.

Ehrensaft, M. K. (2009). Family and relationship predictors of psychological and physical aggression, In K. D. O'Leary, & E. M. Woodin (Eds.), *Psychological and physical aggression in couples: Causes and interventiona* (pp. 99-118). Washington. DC: American Psychologi cal Association.

Emery, C. R. (2010). Examining an extension of Johnson's hypothesis: Is male perpetrated intimate partner violence more underreported than female violence?. *Journal of Family Violence, 25*(2), 173-181.

Emery, R. E., & Laumann-Billings, L. (1998). An overview of the nature, causes and consequences of abusive family relationships. *American Psychologist, 53*, 121-135.

Epstein, N. B., Werlinich, C. A., & LaTaillade, J. J. (2015). Couple therapy for partner aggression. In A. S. Gurnam, J. L. Lebow, & D. K. Snyder (Eds.), *Clinical handbook of couple therapy* (pp. 389-411). New York: The Guilford.

Fang, X., Brown, D. S., Florence, C. S., & Mercy, J. A. (2012). The economic burden of child maltreatment in the United States and implications for prevention. *Child Abuse and Neglect, 36*(2), 156-165.

Fenton, M. C., Geier, T., Keyes, K., Skodol, A. E., Grant, B. F., & Hasin, D. S. (2013). Combined role of childhood maltreatment, family history, and gender in the risk for alcohol dependence. *Psychological Medicine, 43*(5), 1045-1057.

Frieze, I. H. (2005). Female violence against intimate partners: An introduction. *Psychology of Women Quarterly, 29*(3), 229-237.

Gerber, M. R., Iverson, K. M., Dichter, M. E., Klap, R., & Latta, R. E. (2014). Women veterans and intimate partner violence: Current state of knowledge and future directions. *Journal of Women's Health, 23*(4), 302-309.

Goldenson, J., Spidel, A., Greaves, C., & Dutton, D. (2009). Female perpetrators of intimate partner violence: Within-group heterogeneity, related psychopathology, and a review of current treatment with recommendations for the future. *Journal of Aggression,*

Maltreatment and Trauma, 18, 752–769.

Goldman, J., Salus, M. K., Wolcott, D., & Kennedy, K. Y. (2003). *A coordinated response to child abuse and neglect: The foundation for practice*. Washington, DC: Administration for Children & Families.

Guterman, N. B., & Lee, Y. (2005). The role of fathers in risk for physical child abuse and neglect: Possible pathways and unanswered questions. *Child Maltreatment, 10*(2), 136–149.

Hall, R. E. (2012). Feminization of social welfare: Implications of cultural tradition vis–a–vis male victims of domestic violence. *The Journal of Sociology & Social Welfare, 39*, 7–28.

Hamberger, K., Lohr, M., Bonge, D., & Tolin, F. (1997). An empirical classification of motivation for domestic violence. *Violence against Woman, 3*(4), 401–423.

Hamberger, L. K., & Holtzworth–Munroe, A. (2009). Psychological correlates of male aggression, In K. D. O'Leary, & E. M. Woodin (Eds.), *Psychological and physical aggression in couples: Causes and interventions* (pp. 79–98). Washington, DC: American Psychological Association.

Henning, K., & Feder, L. (2004). A comparison of men and women arrested for domestic violence: Who presents the greater threat?. *Journal of Family Violence, 19*(2), 69–80.

Henning, K., Jones, A. R., & Holdford, R. (2005). "I didn't do it, but if I did I had a good reason": Minimization, denial, and attributions of blame among male and female domestic violence offenders. *Journal of Family Violence, 20*(3), 131–139.

Hogan, K. F., Hegarty, J. R., Ward, T., & Dodd, L. J. (2012). Counsellors' experiences ofworking with male victims of female–perpetrated domestic abuse. *Counselling and Psychotherapy Research, 12*(1), 44–52.

Hooven, C., Nurius, P. S., Logan–greene, P., & Thompson, E. A. (2012). Childhood violence exposure: Cumulative and specific effects on adult mental health. *Journal of Family Violence, 27*(6), 511–522.

Ibabe, I., Jaureguiza, J., & Bentler, P. (2013). Risk factors for child–to–parent violence. *Journal of Family Violence, 28*(5), 523–534.

Jackson, S. (2003). Batterer intervention programs: Where do we go from here?. US Department of Justice, Office of Justice Programs, National Institute of Justice.

Johnson, M. P., & Ferraro, K. J. (2000). Research on domestic violence in the 1990s: Making distinctions. *Journal of Marriage and Family, 62*(4), 948–963.

Karakurt, G., Whiting, K., Van Esch, C., Bolen, S. D., & Calabrese, J. R. (2016). Couples therapy for intimate partner violence: A systematic review and meta–analysis. *Journal of Marital and Family Therapy, 42*(4), 567–583.

Kaura, S. A., & Lohman, B. J. (2007). Dating violence victimization, relationship satisfaction,mental health problems, and acceptability of violence: A comparison of men and women. *Journal of Family Violence, 22*(6), 367-381.

Kerley, K. R., Su, X., Sirisunyaluck, B., & Alley, J. M. (2010). Exposure to family violence in childhood andiIntimate partner perpetration or victimization in adulthood: Exploring intergenerational transmission in urban Thailand. *Journal of Family Violence, 25*(3), 337-347.

Kumar, A. (2012). Domestic violence against men in India: A perspective. *Journal of Human Behavior in the Social Environment, 22*(3), 290-296.

Kwan, J., Sparrow, K., Facer-Irwin, E., Thandi, G., Fear, N. T., & MacManus, D. (2020). Prevalence of intimate partner violence perpetration among military populations: A system atic review and meta-analysis. *Aggression and Violent Behavior, 53*, 101419.

Lanier, P., Kohl, P. L., Benz, J., Swinger, D., & Drake, B. (2014). Preventing maltreatment with a community-based implementation of parent-child interaction therapy. *Journal of Child and Family Studies, 23*(2), 449-460.

Laslett, A., Room, R., & Dietze, P. (2014). Substance misuse, mental health problems and recurrent child maltreatment. *Advances in Dual Diagnosis, 7*(1), 15-23.

LaTaillade, J. J., Epstein, N. B., & Werlinich, C. A. (2006). Conjoint treatment of intimate partner violence: A cognitive behavioral approach. *Journal of Cognitive Psychotherapy, 20*(4), 393-410.

Leemis, R.W., Friar, N., Khatiwada S., Chen, M. S., Kresnow, M., Smith, S.G., Caslin, S., Basile, K. C. (2022). The National Intimate Partner and Sexual Violence Survey: 2016/2017 Report on Sexual Violence. Atlanta, GA: National Center for Injury Prevention and Control, Centers for Disease Control and Prevention. Atlanta, Georgia

Lien, M. I., & Lorentzen, J. (2019). The need to develop the established theory of partner violence further, In M. I. Lien, & J. Lorentzen (Eds.), *Men's experiences of violence in intimate relationships* (pp. 157-171). New York: Springer Nature.

Mahoney, A., & Donnelly, W. O. (2000). Adolescent-to-parent physical aggression in clinic-referred families: Prevalence and co-occurrence with parent-to-adolescent physical aggression. Paper presented at the Victimization of Children and Youth: An International Research Conference. Durham, NH.

Mattson, S., & Ruiz, E. (2005). Intimate partner violence in the Latino community and its effect on children. *Health Care for Women International, 26*(6), 523-529.

McNeely, R. L., Cook, P. W., & Torres, J. B. (2001). Is domestic violence a gender issue, or a human issue? *Journal of Human Behavior in the Social Environment, 4*(4), 227-251.

Murphy, C. M., & Eckhardt, C. I. (2005). *Treating the abusive partner: An individualized cognitive-behavioral approach*. New York: Guilford.

Neidig, P. H., Friedman, D. H., & Neidig, P. H. (1984). *Spouse abuse: A treatment program for couples*. Champaign, IL: Research Press Company.

Noll, J. G., Trickett, P. K., Harris, W. W., & Putnam, F. W. (2009). The cumulative burden borne by offspring whose mothers were sexually abused as children: Descriptive results from a multigenerational study. *Journal of Interpersonal Violence, 24*(3), 424-449.

O'Leary, K. D. (1993). Through a psychological lens: Personality traits, personality disorders, and levels of violence. In R. J. Gelles & D. R. Loseke (Eds.), *Current controversies on family violence*. Newbury Park, CA: Sage.

O'Leary, K. D., Heyman, R. E., & Neidig, P.H. (2002). Treatment of wife abuse: A comparison of gender-specific and conjoint approaches. *Behavior Therapy, 30*, 475-505.

Park, Y., Cho, S., & Park, T. Y. (2022). Intimate partner violence in a heterosexual marriage: Case study of a Korean couple. *Australian & New Zealand Journal of Family Therapy, 43*(4), 475-495.

Pasalich, D. S., Cyr, M., Zheng, Y., McMahon, R. J., & Spieker, S. J. (2016). Child abuse history in teen mothers and parent-child risk processes for offspring externalizing problems. *Child Abuse and Neglect, 56*(6), 89-98.

Pence, E., Paymar, M., & Ritmeester, T. (1993). *Education Groups for Men Who Batter: The Duluth Model*. New York: Springer.

Robertson, K., & Murachver, T. (2011). Women and men's use of coercive control in inti mate partner violence. *Violence and Victims, 26*(2), 208-217.

Routt, G., & Aderson, L. (2011). Adolescent violence towards parents. *Journal of Aggression, Maltreatment & Trauma, 20*(1), 1-18.

Smith, A. L., Cross, D., Winkler, J., Jovanovic, T., & Radley, B. (2014). Emotional dysregulation and negative affect mediate the relationship between maternal history of child maltreatment and maternal child abuse potential. *Journal of Family Violence, 29*(5), 483-494.

Smith, B., & Testa, M. (2002). The risk of subsequent maltreatement allegations in families with substance-exposed infants. *Child Abuse and Neglect, 26*(1), 97-114.

Spivak, H. R., Jenkins, E. L., VanAudenhove, K., Lee, D., Kelly, M., & Iskander, J. (2014). CDC grand rounds: A public health approach to prevention of intimate partner violence. *Morbidity and Mortality Weekly Report, 63*(2), 38-41.

Stith, S. M., Green, N. M., Smith, D. B., & Ward, D. B. (2008). Marital satisfaction and marital discord as risk markers for intimate partner violence: A meta-analytic review. *Journal of Family Violence, 23*(3), 149–160.

Stith, S. M., Rosen, H. K., & McCollum, E. E. (2003). Effectiveness of couples treatment for spouse abuse. *Journal of Marital and Family Therapy, 29*(3), 407–426.

Stith, S. M., Rosen, H. K., McCollum, E. E., Thomsen, J. C. (2004) Treating intimate partner violence within intact couple relationship: Outcomes of multi-couple versus individual couple therapy. *Journal of Marital and Family Therapy, 30*(3), 305–318.

Taft, C. T., Monson, C. M., Hevenstreit, C. L., King, D. W., & King, L. A. (2009). Examin ing the correlates of aggression among male and female Vietnam veterans. *Violence and Victims, 24*(5), 639–652.

Thornberry, T. P., & Henry, K. L. (2013). Intergenerational continuity in maltreatment. *Journal of Abnormal Child Psychology, 41*(4), 555–690.

Tishelman, A. C., & Geffner, R. (2011). Child and adolescent trauma across the spectrum of experience: Research and clinical interventions. *Journal of Child and Adolescent Trauma, 4*(1), 1–7.

Toth, S. L., Gravener-Davis, J., & Guild, D. J. (2013). Relational interventions for child maltreatment: Past, present, and future perspectives. *Development and Psychopathology, 25*(4), 1601–1617.

Ulman, A., & Straus, M. A. (2003). Violence by children against mothers in relation to violence between parents and corporal punishment by parents. *Journal of Comparative Family Studies, 34*(1), 41–60.

Walsh, J. A., & Krienert, J. L. (2007). Child-parent violence: An empirical analysis of offender, victim, and event characteristics in a national sample of reported incidents. *Journal of Family Violence, 22*(7), 563–574.

Zlotnick, C., Kohn, R., Peterson, J., & Pearlstein, T. (1998). Partner physical victimization in a national sample of American families. *Journal of Interpersonal Violence, 13*(1), 156–166.

제7장
집단따돌림

1. 서론

집단따돌림 피해는 학교 내에서 매우 중대한 문제이며, 최근 학교 내 집단따돌림으로 인하여 많은 학생이 피해를 보고 있다. 심지어 집단따돌림으로 인해 자살하는 청소년들도 증가하고 있는 추세이다. 집단따돌림은 청소년들 사이에서 공통적인 폭력의 한 형태이다(Due et al., 2008; Olweus, 1993). 또한 집단따돌림에는 타인을 해치려는 의도를 가진 공격적인 행동이 포함되며, 지속적으로 이루어지고, 대등한 관계가 아닌 힘이 불균형한 관계에서 발생한다(Olweus, 1994). 초등학생부터 대학생 때까지 집단따돌림으로부터 안전한 시기가 없으며(Adams & Lawrence, 2011), 학교뿐만 아니라 직장에서도 집단따돌림이 확산되고 있다. 실제로 학교에서의 집단따돌림 피해 경험이 직장 따돌림 경험에 영향을 미치는 것으로 나타났다(Smith et al., 2003). 집단따돌림은 피해자에 대한 해롭고 지속적인 결과와 관련된 공적인 건강문제이자 사회적 문제이다(Calvete at al., 2018; Lereya et al., 2015). 엘가 등(Elgar et al., 2015)은 79개 국가에서 약 30%의 청소년들이 집단따돌림 피해를 받고 있다고 하였다.

일반적으로 집단따돌림은 나이에 상관없이 발생하는 사회적인 현상(Tenenbaum et al., 2011)이지만, 인간 발달 주기상 특히 초등학교부터 중 · 고등학교 때 가장 많이 나타난다(김혜원, 2011; 남상인, 권남희, 2013). 집단따돌림은 중학교 때 가장 많이 증가하였다가 고등학교가 끝날 쯤에 다소 감소한다(Hymel & Swearer, 2015; Kljakovic & Hunt, 2016; Kretschmer et al., 2018). 중학교 시기의 집단따돌림 가해 학생 중 60%는 24세까지 성장하는 기간에 최소 한 가지 이상의 범죄를 저지르는 것으로 나타나 집단따돌림 가해자의 행동이 사회문제가 되고 있다(김보은, 최수미, 2016). 또한 집단따돌림 피해자는 동료뿐만 아니라 교사로부터도 따돌림을 당하기도 한다. 올베우스(Olweus, 1996)는 처음으로 학생에 대한 반복적이고 냉소적이거나 거만한 행동 그리고/혹은 상처를 입히는 행태라고 교사따돌림을 정의하였다. 심지어 또래 집단으로부터 집단따돌림을 당한 경험 이외에 청소년기에 교사들로부터 따돌림을 당한 경험이 있는 학생은 대학에서도 교수들로부터 따돌림을 당할 가능성이 높은 것으로 나타났고(Marraccini, Weyandt, & Rossi, 2015), 대학생의 20~25%가 집단따돌림을 경험하였다고 하였다(Lund & Ross, 2017). 대학생들에 대한 교사(교수/강사)따돌림 조사에서 1,025명의 대학생 중 약 15%가 한 번 또는 두 번 따돌림을 당하였고, 4%가 때때로 따돌림을 당하였다고 하였다(Chapell et al., 2004).

한편, 중학생들의 교사따돌림 추정치는 1.67%에서 30%에 이른다(James et al., 2008; Olweus, 1996). 젊은 성인들의 64%가 평생 동안 최소한 한 번은 교사로부터 따돌림을 당하였고(Davies, 2012), 고등학생과 대학생들의 93%는 교사를 학교에서 괴롭힘을 행사하는 자라고 응답하였다(McEvoy, 2005). 대학에서 교수들에 의해 따돌림당했을 뿐만 아니라 대학 입학 이전에도 교사들로부터 따돌림당하였다는 학생들이 놀라울 정도로 많았다(Marraccini, Weyandt, & Rossi, 2015). 따라서 집단따돌림으로 인한 피해는 개인의 발달 과정에서 성인기까지 장기적으로 영향을 미치고(Wolke, 2002), 어떤 청소년들에게는 시간이 지남에 따라 지속될 수도 있으며(Calvete et al., 2018), 피해의 영속성은 소년과 소녀 모두에게 유사한 것으로 나타났다(Benedini, Fagan, & Gibson, 2016). 최근의 메타분석(Pouwels et al., 2016) 연구는 연구 특성에 따라 집단따돌림에 대한 만성적 피해가 8%에서 43%에 이르며 그 피해가 나이와 함께 증가하고 있다는 것을 보여 주었다. 교사로부터 따돌림을 당하였던 학생들이 반항적인 행동, 싸움, 신뢰감 상실, 절망감, 자살 경향성, 외상 후 스트레스 증후군과 우울증에 대한 더 높은 위험을 보였다(Pottinger & Stair, 2009). 교사따돌림에 대한 경험으로 인한 고위험 행동(예: 음주)은 낮은 학업 성취와 관련될 수 있다(Delfabbro et al., 2010).

심지어 집단따돌림의 가해자뿐만 아니라 피해자도 심리적인 부적응을 경험한다(Kretschmer et al., 2018). 집단따돌림에 관련되지 않은 사람들과 비교했을 때, 집단따돌림 피해자와 가해자 모두 우울증과 사회불안(Calvete et al., 2015; Sigurdson et al., 2015; Turner et al., 2013; Yen et al., 2014), 낮은 자아존중감, 소외감, 자살 생각과 시도(김재엽, 이근영, 2010; 오문섭, 2010; Beale & Hole, 2010; Kim & Leventhal, 2008; Klomek et al., 2008; Yen et al., 2014) 그리고 알코올 남용장애(Yen et al., 2014)에 대한 심각한 위험에 노출되어 있다. 집단따돌림 피해자는 수면 문제, 야뇨증, 슬픈 감정, 두통과 위통의 경험(Monks et al., 2009), 사회적 위축, 내면화 장애, 이성관계를 포함한 친밀관계 형성 및 유지의 어려움(서영석 외, 2015)뿐만 아니라 광장공포증, 불안장애, 공황장애와 같은 다양한 정신장애가 발병할 수 있는 위험성이 증가된다(Copeland et al., 2013; Takizawa,

Maughan, & Arseneault, 2014). 또한 청소년기에 집단따돌림 경험을 가진 대학생은 강박증, 우울증, 신체 염려 등의 심리 증상을 경험하였고(이완정, 정혜진, 2010), 성인이 되어서 거짓말과 자기과시 그리고 사소한 일에도 폭력성을 나타내었다(정종진, 2012). 한편, 집단따돌림을 당한 경험은 재정적인 지위(Wolke et al., 2013)와 취업과 교육(Takizawa, Maughan, & Arseneault, 2014)과 같은 삶의 다른 영역을 방해한다.

일반적으로 학교가 권유하는 공통적인 집단따돌림 예방 전략은 학생들에게 피해를 어른들에게 말하라고 충고하는 것이다(Bjereld, 2018). 이 방법은 종종 집단따돌림을 멈추기 위한 가장 효율적인 방법 중의 하나라고 보인다(Black, Weinles, & Washington, 2010). 그렇지만 집단따돌림을 당한 학생 중 23~50%가 어른들에게 말하지 않은 것으로 나타났다(Black, Weinles, & Washington, 2010; Skrzypiec et al., 2011). 집단따돌림이 발생되었을 때 학생들이 취하는 가장 공통적인 전략은 아무것도 하지 않는 것으로 나타났다(DeLara, 2008). 학생들이 집단따돌림을 어른들에게 털어놓지 못하는 이유에는 아주 흔한 집단따돌림의 특성, 어른의 반응에 대한 걱정, 자주성과 자립심 그리고 수치심이 포함되었다(DeLara, 2012). 집단따돌림 당하는 것을 어른에게 털어놓는 것은 최후에 의지할 수 있는 방법이라고 보이는데, 왜냐하면 어른들이 학생들 스스로 집단따돌림 당하는 것을 정리하기를 기대하기 때문이다(DeLara, 2008).

지금까지 집단따돌림에 관한 연구는 주로 발생률, 정신건강에 대한 충격 그리고 보호요인들을 측정하는 질문지를 통하여 연구되어 왔다(Bjereld et al., 2015; Rosenthal et al., 2015). 일반적으로 집단따돌림에 관한 연구는 주로 양적 연구들이고, 집단따돌림에 관한 질적 연구는 상대적으로 매우 적은 편이다. 이 장에서는 집단따돌림에 관한 개념과 정의, 원인, 개입 방법 그리고 집단 따돌림에 대한 가족치료 사례를 통하여 실제로 집단따돌림을 당하는 내담자에게 개입하는 구체적인 가족치료 접근 틀을 제안하고자 한다.

2. 집단따돌림의 개념과 정의

따돌림을 나타내는 영어 용어로는 'bullying' 'harrassment' 'peer abuse' 'mobbing' 등이 있으며, 한국에서는 '왕따' '따돌림' '집단따돌림' '집단괴롭힘' '또래폭력' '또래따돌림' 등의 용어가 혼용되어 사용되고, 은어로는 '전따' '은따'가 있다(강영신, 박주영, 2018). 또한 1999년에 교육부가 '왕따'라는 용어 대신에 '집단따돌림'이라는 용어를 사용하면서 주로 이 용어를 사용하고 있다(강영신, 박주영, 2018). 올베우스(Olweus, 2013)는 집단따돌림을 "집단 내에서 한 학생이 반복적이고 지속적으로 한 명 혹은 그 이상의 학생들로부터 괴롭힘을 당하는 것이다."라고 정의하였다. 최근에는 집단 가해의 형태인 사이버 집단따돌림이 나타났다. 힌두자와 패친(Hinduja & Patchin, 2009)에 따르면, 사이버 집단따돌림은 정보와 의사소통 기술의 사용을 통하여 의도적이고 반복적으로 가하는 해로운 행동으로 정의된다.

3. 집단따돌림의 원인

집단따돌림을 당하는 것에 많은 원인이 있을 수 있다. 홍과 에스펠라지(Hong & Espelage, 2012)는 집단따돌림에 대한 위험 요인들은 미시체계(부모-청소년 관계, 부모간 폭력, 동료와의 관계, 학교와의 연결성, 학교환경), 중시체계(교사 관련), 외부체계(미디어폭력에 대한 노출, 이웃 환경), 거시체계(문화 규범과 신념, 종교 가입), 시간체계(가족구조의 변화) 수준과 관련이 된다고 하였다. 집단따돌림은 아동과 청소년들이 노출되는 사회적 · 맥락적 환경에 의하여 주로 영향을 받는다는 사회생태학적 모델을 통하여 가장 잘 설명된다(Hong & Espelage, 2012). 쿡, 윌리엄스와 구에라(Cook, Williams, & Guerra, 2010)는 집단따돌림 피해자 혹은 가해자가 부분적으로는 주위 환경(예: 학교, 동료 등)과 효과적으로 의사소통할 수 있는 능력 부족으로 인하여, 그리고 부분적으로는 자신들의 부정적인 자아와 관련된 인식(예: 낮은 자존감)으로 인하여 내면화와 외재화 문제에 직면하고 있다고 하였다. 특히 자존감이 낮은 사람은 높은 사람보다 더 빈번히 집단따돌림 피해를 보는 것으로 나타났다(Egan & Perry, 1998). 따라서 자존감이 낮은 사람들은 자신들을 효과적으로 방어할 수 있는 능력이 약하며, 오히려 가해자들이 공격하도록 부추기는 결과가 일어난다(Hodges & Perry, 1999). 이러한 관점에서 낮은 자존감이 가해 행동을 촉발하고, 이러한 피해가 자존감을 더욱 낮게 하는 인과관계론적인 주기를 발전시키는 것으로 보인다(Fredstrom, Adams, & Gilman, 2011).

한편, 집단따돌림 피해자들은 다른 사람들에 대한 부정적인 태도와 신념을 발달시키게 만드는 엄격한 부모와 적대적이고 거부된 가족환경을 가지고 있다(Tsaousis, 2016). 집단따돌림은 원인적으로 혹은 결과론적으로 정신질환 장애들과 관련이 있을 수 있다(Hesapcioglu, Meraler, & Ercan, 2018). 집단 따돌림은 우울증, 불안, 심리적 · 신체적 불평거리, 야뇨증(Fekkes, 2006), 말더듬(Blood et al., 2011), 대변실금(Joinson et al., 2006), 자살 생각(Barzilay et al., 2017), 행동장애, 조울증, 알코올과 물질남용 장애(Vaughn et al., 2010), 주의력결핍 과잉행동장애(Chou et al., 2018; Peasgood et al., 2016) 그리고 틱장애(Lin, Lai, & Gau, 2012)와 같은 많은 정신질환과 연관된다.

집단따돌림에 영향을 미치는 요인으로 개인 요인, 가족환경 요인, 학교환경 요인 등이 나타나며, 가족환경 요인이 집단따돌림에 미치는 영향이 가장 큰 것으로 나타났다(박은영, 2014; 박종효, 최지영, 2014). 집단따돌림 피해의 촉발 요인으로는 소심하고 외모에 대한 자신감 결여와 낮은 자존감과 같은 개인 요인이 나타났다(박종효, 최지영, 2014; 최지영, 박지현, 남순애, 2017). 가족 요인으로는 부적절한 양육 방식, 가족 간의 친밀감 결여, 불안정한 애착(김선애, 2007) 그리고 가정환경의 변화 등이다(최지영, 박지현, 남순애, 2017). 특히 불만족스러운 가족관계와 한부모가족 구조가 집단따돌림과 관련된 것으로 나타났다(Spriggs et al., 2007). 학교환경 요인으로는 학교 분위기, 교사에 대한 학생의 태도, 교사의 체벌 등으로 나타났다(최지영 외, 2017). 학급 분위기가 지지적이면 학생들의 언어적 공격성이 감소하였고(Bergmann et al., 2013), 학급 분위기가 지나치게 경쟁적이면 또래관계에서 괴롭힘 행동이 증가하였다(이명신, 2003). 또한 교사의 폭력적인 체벌이 학생의 학교폭력 피해 경험에 영향을 미치는 것으로 나타났다(김미영, 2007).

또 다른 연구에 따르면, 어린 시절에 놀림당한 것, 비난, 따돌림, 거부, 모욕과 소외와 같은 부정적인 사회적 사건이 사회적 불안과 연관된다고 하였다(Hackmann, Clark, & McManus, 2000). 또한 사회적 불안의 증상들은 학교에서의 학대 경험(Calvete, 2014; Turner et al., 2013; Wichstrøm et al., 2013)과 가정에서의 학대 경험(Bruce et al., 2012; Simon et al., 2009)과 관련될 수 있다. 가젤과 래드(Gazelle & Ladd, 2003)는 아동이 수줍어하거나 말수가 적거나 혼자 노는 행동으로 인하여 또래로부터 거부당하며, 이러한 거부 경험으로 아동은 또래와의 사회적 상호작용을 두려워하게 되고 회피적인 행동을 한다고 하였다. 따라서 사회적 불안이 집단따돌림으로 인한 결과도 되겠지만, 한편으로는 차후에 집단따돌림 피해의 위험을 증가시키는 요인으로서도 작용할 수 있다(Calvete al., 2018).

4. 집단따돌림에 대한 개입 방법

집단따돌림에 대한 개입 방법으로 개인 및 가족치료 그리고 집단 프로그램을 살펴보면 다음과 같다.

도식치료(Schema therapy) 모델은 왜 집단따돌림 피해가 어떤 피해자들에게 지속될 수도 있는가를 이해하는 데 도움이 될 수 있는 모델이다(Calvete et al., 2018). 정신병리

발달 모델들은 어린 시절의 피해 경험이 어떻게 애착관계의 안정성을 위협하고, 피해자가 자신을 어떻게 느끼며, 자신이 다른 사람들과 관계를 어떻게 인식하는지에 대한 부적응적인 도식을 낳을 수 있다는 것을 설명한다(Hankin, Snyder, & Gulley, 2013). 도식치료 모델은 자녀의 충족되지 못한 욕구에 따라 다섯 가지의 부적응적 도식 범주, 즉 거절, 손상된 자율성, 자주성 결여, 손상된 한계, 한계성 없는 기준을 제안하였다. 이 다섯 가지 부적응적 도식 범주 중에서도 거절의 부적응적인 도식이 특히 피해의 맥락과 관련되며 선행연구들은 이러한 도식이 가족과 학교의 양쪽에서 피해의 결과일 수 있다는 것을 보여 주었다(Calvete, 2014; Calvete et al., 2015).

도식치료는 도식을 조정하기 위한 세 가지 부적응적 대처 방식을 제시한다. 첫 번째 부정적인 대처 방식은 도식 포기이다. 개인들이 도식을 포기하게 되면 그들은 도식의 내용이 사실이라는 것과 도식을 확인하는 방식 안에서 행동한다는 것을 받아들인다(Young, Klosko, & Weishaar, 2003). 두 번째 부정적 대처 방식은 도식 활동을 피하기 위한 인지적 · 행동적 · 정서적 전략을 포함하는 도식 회피이다(Calvete et al., 2018). 세 번째 부정적 대처 방식은 도식 안에 내재된 제한 또는 취약성에 대하여 보상할 수 있는 행동과 사고들로 구성된 도식 과잉보상이다(Calvete et al., 2018).

주의력결핍 과잉행동장애(ADHD)로 진단을 받은 청소년들의 집단따돌림 피해와 가해 관련 연구(Chou et al., 2018)에서 집단따돌림에 대한 효과적인 개입은 ADHD를 가진 개인뿐만 아니라 또래집단, 교사 그리고 부모를 포함시켜야 한다고 하였다. 초우 등(Chou et al., 2018)은 집단따돌림 예방과 개입 프로그램이 ADHD 증상에 초점을 맞출 것이 아니라 이 장애를 가진 청소년들의 행동적 · 기질적인 특성을 일상적으로 평가해야 한다고 하였다. 또한 ADHD를 가진 청소년의 집단따돌림에 대한 약물과 행동치료의 실제적인 영향에 관한 연구가 더욱 필요하다고 하였다.

집단따돌림과 게임중독 문제를 가진 성인 아들에 대한 가족치료 사례연구에서 유웅희와 박태영(Yu & Park, 2016)은 부모갈등으로 인해 내담자의 대인관계 문제가 파생하였고 집단따돌림을 당하였다고 보았다. 이 사례연구에서 치료사는 내담자 부모의 원가족과 내담자 핵가족의 특성과 원가족에서 내려오는 역기능적인 표현 방식이 내담자의 집단따돌림과 게임중독에 영향을 미쳤다고 진단하였다. 또한 연구자들은 이에 대한 개입 방법으로 원가족과 핵가족의 특성에 대한 통찰, 유사 사례 들기, 치료사의 자기개방, 중재자 역할, 역기능적인 다세대 전수 과정 설명, 새로운 표현 방식 제안 등을 사용하였다(Yu & Park, 2016). 이와 같은 치료 과정을 통하여 내담자와 가족구성원들은 내담자와 가족 문제를 인식하고 표현 방식을 일관성 있게 변화함으로써 내담자의 집단따돌림 현상이 감소되었다.

또한 박태영과 조지용(2012)의 집단따돌림을 당한 초등 6학년 딸의 사례연구에서는 내담자의 문제 행동이 발생하게 된 배경에는 부모가 상호 간 일방적인 의사표현 방식, 아버지의 폭력, 어머니의 단절하는 표현 방식, 어머니의 성관계 거부로 인하여 부부싸움이 발생하였고, 이러한 배경에는 각자 원가족으로부터 습득된 부모의 일방적인 대화 방식과 아버지의 원가족과의 밀착된 관계가 부부간의 갈등 요인으로 나타났다. 치료사는 부모의 갈등과 내담자의 욕구와 감정을 수용하지 못하는 부모의 중립적인 대응 방식이 내담자의 문제행동을 유발하게 된 원인으로 보았다. 치료사는 자녀의 문제행동(집단따돌림, 도벽, 거짓말)을 역기능적인 가족체계와 가족관계에서 오는 것으로 보고 부부 및 부모-자녀 간의 의사소통 방식, 아버지의 원가족으로부터의 분화, 부모 양육 방식의 변화를 시도하여 내담자의 가정 및 학교생활에서의 부적응 행동에 변화를 유도하였다.

집단따돌림을 당하는 고등학생에 대한 가족치료 사례연구(박태영, 2001)에서 내담자는 어려서부터 지적인 면이 강한 반면, 신체적으로는 허약하여 체육시간에 친구들과 어울리지 못하였다. 내담자는 2남1녀 중 장남으로 어머니와는 밀착관계를 유지하였고, 아버지와는 대화가 안 되었다. 특히 아버지는 내담자에게 자신의 기준을 강요하였고 내담자는 그런 아버지를 이해할 수가 없었다. 부모는 내담자에게 매일 새벽기도와 가정예배를 강요하였고, 이러한 부모의 강요된 믿음으로 인해 내담자는 부모와 충돌하였다. 결국 이러한 가정에서 자란 내담자는 친구들과 어울리지 못하였고 가정 내에서도 동생들과 충돌하였다. 치료사는 MRI의 상호작용적 가족치료이론과 구조적 가족치료이론을 활용하여 아버지의 일방적으로 강요하는 방식에 대한 인식과 표현의 변화를 시도하였고 내담자와 아버지의 소원한 관계 회복, 어머니와 내담자의 명확한 경계선 그리고 내담자와 동생들과의 형제 하위체계의 강화를 시도하였다.

그 외에 홍과 에스페라지(Hong & Espelage, 2012)는 집단따돌림을 예방하기 위한 프로그램에서 다음과 같은 생태학적 구성 요소, 즉 ① 부모교육/모임, ② 향상된 놀이터 감독, ③ 수업관리, ④ 교육훈련, ⑤ 교실규칙, ⑥ 전체 학교 집단따돌림 정책, 그리고 ⑦ 협력적인 집단 작업을 포함하게 될 때 효과적인 결과가 나타날 것이라고 하였다. 집단따돌림은 사회적이고 실제로 존재하는 강화자들에 의하여 유지되기 때문에 집단따돌림에 대한 효과적인 예방책은 세력 역동성과 대비책에 대한 가치를 변화시키는 동료와 학교 수준의 개입 방법에 근거를 두어야만 한다(Whitted & Drupper, 2005). 또한 집단따돌림 가해자에 대한 대응책은 전통적인 처벌적인 접근에 의존하기보다는 가해자와 피해자 모두의 행동 패턴에 더 많은 목표를 둘 필요가 있다(Furlong, Morrison, & Grief, 2003;

Orpinas, Horne, & Staniszewski, 2003). 따라서 생태학적 모델에 입각한 집단따돌림 예방 프로그램은 개인적인 특성보다는 개인과 다양한 체계 수준 사이의 복잡한 상호작용에 초점을 두고 있다(Hong & Espelage, 2012).

5. 사례

1) 집단따돌림을 당하는 중학생 자녀에 대한 가족치료 사례*

(1) 사례 개요

이 사례에 참여한 가족 구성원은 아버지(45세), 어머니(43세), 내담자(15세, 중 2), 여동생(9세, 초 2)으로 구성되었고 상담 기간은 2012년 9월부터 12월까지 총 13회기가 진행되었다(1~2회기: 어머니, 3~4회기: 내담자, 5회기: 여동생, 6회기: 모자, 7~8회기: 아버지, 9회기: 부모, 10~11회기: 부자, 12회기: 남매, 13회기: 전 가족).

이 사례의 내담자는 초등 1학년 때 학교 화단에 대변을 봄으로 인해 담임교사가 학생들 앞에서 자신의 옷을 벗긴 사건으로 큰 충격을 받았다. 내담자는 초등 3학년, 6학년 때 같은 반 아이들로부터 집단따돌림을 당하여 자살 생각을 하게 되었다. 내담자는 소아정신과에서 ADHD로 진단을 받았고 2년간 통원치료를 하였다. 내담자는 매우 내성적이었고 착한 성격의 소유자였으며, 키는 170cm이고 몸무게는 100kg이었다.

초등 1학년 때 담임교사가 내담자를 따돌렸고 내담자 어머니에게 내담자에 대한 부정적인 이야기를 하였으며, 어머니는 담임교사의 말만 믿고 내담자를 구타하였다. 내담자는 담임교사와 친구들의 따돌림과 어머니가 자신을 구타하였을 때 받은 스트레스를 여동생을 괴롭히거나 게임을 하는 것으로 풀었다. 내담자는 초등 1학년 때 폭식장애를 겪었고 지금은 과체중이다. 어머니의 구타는 초등 1학년 때부터 5학년 때까지 이어졌다. 내담자는 모든 일을 자기 탓으로 돌렸다. 내담자의 아버지 또한 어머니를 닮은 내담자를 불신하였고 구타하였다. 특히 내담자 아버지는 어머니와 내담자를 종종 폭행하여 내담자는 경찰을 부르기도 하였다. 내담자 어머니는 신혼 초까지는 남편과 성관계가 괜찮았으나, 그 이후부터 시집과 시어머니로부터 분리되지 못한 남편으로 인하여 성관계를 거부하였고 그로 인해 남편은 성적 불만이 컸다. 아버지는 어머니와 어머니를 닮은 내

---

* 이 사례의 가족치료 과정을 알고 싶다면 박태영, 유웅희(2013). 원가족 경험이 부부갈등에 미치는 영향에 관한 가족치료 사례연구. 2013 한국사회복지학회추계학술대회자료집, 373-374를 참고하기 바란다.

담자를 매우 싫어하였다. 그리고 아버지가 어머니 또는 내담자와 충돌하는 경우 자신의 어머니에게 전화를 걸어 고자질하여 시어머니가 며느리(어머니) 또는 내담자를 야단치고는 하였다.

아버지는 내담자가 초등학교에 입학할 때부터 컴퓨터중독이었고, 돈 때문에 많은 스트레스를 받았다. 아버지는 2년마다 3번씩 발작 증상이 나타났으며, 신경외과에서 광과민성 질환 진단을 받았다. 아버지는 내담자를 늘 '멍청한 놈' '×새끼' '××놈'이라고 불렀고 어머니가 내담자 편을 들면 아버지는 어머니를 야단쳐서 늘 부부싸움으로 확대되었다. 내담자와 6살 차이가 나는 여동생과의 관계는 여동생이 여섯 살이 된 후부터 악화되기 시작하였다.

내담자는 아버지에 대한 기억이 좋았으나 초등학교 1학년 때 아버지가 실직한 후 내담자에게 스트레스를 풀게 되어 부정적으로 바뀌었다. 아버지는 내담자에게 "야 ××새끼야! 저 새끼 지능은 왜 저럴까?"라는 말까지 서슴없이 하였고, 어머니에게 "네가 아들을 잘못 키웠어!"라고 하였다. 심지어 딸(여동생)에게 "이년, 저년, ××년" 하며 때리기도 하였다. 여동생 또한 아버지에게 많은 스트레스를 받고 있었다. 아버지는 자녀에 대한 모든 것을 어머니 탓으로 돌렸다. 부모는 일주일에 3~5번의 부부싸움을 하였고 심한 경우에 부모가 서로 욕설을 하고 아버지는 어머니의 뺨을 때리고 어머니는 소리를 질렀다. 아버지는 어머니에게 "소리 지르지 마! ×년아!" 하며 더 심하게 때렸다. 내담자와 여동생은 늘 불안하였다. 내담자가 초등학교 6학년일 때 아버지는 어머니를 구타하고 내담자의 머리채를 두 손으로 잡아서 내담자가 경찰을 불렀다. 내담자는 "아버지의 영혼까지 불태우고 싶다!"라고 하였다. 내담자가 초등 6학년 때 같은 반 6명의 일진으로부터 집단괴롭힘을 당하였고 내담자는 아버지를 일진 6명과 함께 '인간쓰레기'라고 칭하였다.

내담자의 어머니는 3세 때 친어머니가 여동생을 출산하다가 사망하였다. 내담자 어머니는 초등 1학년 때 친아버지가 재혼해서 새어머니에 의하여 양육되었다. 새어머니는 내담자 어머니를 학대하였고 내담자 어머니는 새어머니의 눈치를 보고 살았다. 내담자 어머니는 세 살 터울의 여동생이 있었으나 새어머니가 여동생과 자신을 차별하였고 여동생이 여우 같아서 여동생과 사이가 나빴다. 내담자 어머니의 친아버지는 딸(내담자의 어머니)에게 관심이 없었고 새어머니와 여동생이 한편이 되었으며, 현재 내담자 어머니는 여동생과 단절한 상태이다. 이와 같은 내담자 어머니가 겪은 친정에서의 경험은 결혼 후 남편과 시집과의 관계에서 재현되었다. 즉, 내담자 어머니가 친정에서 배려받지 못하고 보호받지 못했던 상황이 결혼 후에도 다시 반복되었다. 내담자 어머니는 남편과 시집과의 관계에서 충돌할 경우 새어머니의 소리 지르는 방식을 사용하여 남편을 더욱 자극하였다. 이와 같은 방식은 내담자 아버지를 야단치는 시아버지의 방식과 유사하였다. 내담자 아버지는 3형제 중 장남이었음에도 불구하고 자신의 아버지와 동생들로부터 인정을 못 받았다. 또한 내담자 아버지는 결혼 후 부인과 내담자로부터도 인정을 못 받았다.

(2) 치료사의 개입 방법

치료사의 개입 방법에는 다세대 전수 과정 설명과 가족관계 재구성, 치료사의 비지시적 기법이 포함되었으며, 구체적으로 치료사는 원가족 바라보기, 표현 방식의 세대 간 전수 인식시키기, 시도된 해결책의 직면, 새로운 역할 부여, 상대방의 변화 인식시키기, 중재, 자기노출, 칭찬하기 등의 개입 방법을 사용하였다. 이와 같은 치료적 개입 방법으로 인하여 가족구성원들은 인식 변화와 가족구성원 간의 갈등 원인에 대하여 이해를 하게 되었고, 가족갈등을 완화시키는 데 영향을 주었으며, 그 구체적인 내용은 〈표 7-1〉과 같다.

〈표 7-1〉 가족구성원들의 인식 변화에 영향을 준 치료사의 개입 방법: 개념 추출과 범주화

상위 범주	하위 범주	개념
다세대 전수 과정 설명	원가족 바라보기	부부가 경험한 원가족 내 성장 과정을 설명함으로써 부부간 문제해결에서의 인식 차이를 보여 줌
	표현 방식의 세대 간 전수 인식시키기	폭력, 잔소리하기, 극단적으로 반응하기 등의 표현 방식이 세대 간 그대로 전수되고 있음을 인식시킴
가족관계 재구성	시도된 해결책의 직면	가족구성원들이 갈등을 해결하려고 했던 방식들이 서로 자극하고 화나게 하는 방식임을 인식시킴
	새로운 역할 부여	가족구성원 간의 적절한 역할 부여를 제안함
	상대방 변화 인식시키기	상담 후 가족구성원들의 변화에 대한 가족구성원들의 노력을 인식시킴
치료사의 비지시적 기법	중재	주관적인 해석을 통해 판단한 내용에 대해 차이점을 설명하고 표현하는 방식에 대한 중재자 역할을 함
	공감하기	내담자의 감정을 공감해 줌으로 분노를 표출할 기회를 제공하여 내담자의 변화를 유도함
	충격 주기	내담자가 알지 못하는 사실에 대하여 치료사를 통해 드러냄으로써 내담자의 변화를 유도함
	자기노출	치료사의 개인적 경험을 통해 내담자가 문제를 인식하고 이해할 수 있도록 함
	칭찬하기	가족구성원들의 변화에 대한 적절한 지지를 통하여 더 큰 변화를 유도함

(3) 가족치료의 효과성

이 사례는 원가족으로부터 전수된 미성숙한 양육 방식을 사용하는 부모와 가족구성원과의 대화 단절로 인하여 집단따돌림에 적절히 대처하지 못하는 자녀의 문제로 가족갈등이 심각한 상태였다. 이러한 문제를 해결하기 위하여 사용된 가족구성원의 역기능적 의사소통 방식은 가족갈등을 더욱 심화시키고 있었다. 이에 대하여 치료사는 내담자의 가족구성원들이 문제를 올바로 인식할 수 있도록 치료적 개입을 시도하였으며, 치료적 개입을 통하여 가족구성원들은 이해와 존중을 바탕으로 한 대화가 가능해지기 시작하였다. 이러한 가족구성원들의 변화는 가족갈등을 완화시키고 집단따돌림을 당하는 자녀가 집단따돌림에 적절히 대처하는 변화가 가능하도록 하였다. 치료사 개입의 효과에 대하여 매트릭스로 나타내면 〈표 7-2〉와 같다.

〈표 7-2〉 가족갈등에 대한 치료사 개입의 효과 매트릭스

구분		가족치료사 개입 후 효과성	
		전	후
가족 구성원의 변화	남편의 인식 변화	• 폭력, 폭언 등을 사용하며 미성숙한 양육 방식을 보임 • 부인과 시집의 문제를 객관적으로 보지 않고 무조건 자신의 부모와 형제 편을 듦 • 역기능적인 표현 방식의 사용으로 가족 간의 대화가 단절됨 • 아내와 자녀를 존중하지 않음 • 자녀를 차별대우함 • 경제적인 문제에 대하여 책임을 회피함	• 미성숙한 양육 방식이 감소함 • 부인과 시집의 문제를 객관적으로 보려고 노력함 • 역기능적인 표현 방식이 감소하고 가족의 문제를 대화로 풀기 위해 노력함 • 아내와 자녀를 존중하려고 노력함 • 자녀를 차별대우하지 않음 • 경제적인 문제를 적극적으로 대처하려고 노력함
	부인의 인식 변화	• 폭력, 폭언 등을 사용하며 미성숙한 양육 방식을 보임 • 시집에 대한 피해의식을 가지고 있음 • 역기능적인 표현 방식의 사용으로 가족 간의 대화가 단절됨 • 자녀를 차별대우함	• 미성숙한 양육 방식이 사라짐 • 시집의 문제를 객관적으로 보려고 노력함 • 역기능적인 표현 방식이 감소하고 가족 간의 대화가 가능해짐 • 자녀를 동등하게 대함
	아들의 인식 변화	• 가족과의 대화를 거부함 • 아버지를 무시하고 장난침 • 동생과의 관계에서 폭력적인 태도를 보임 • 학교에서 자기를 괴롭히는 아이들에	• 가족과의 대화에 동참하려고 노력함 • 아버지의 의견을 존중하려고 노력함 • 동생과의 관계에서 폭력적인 태도가 사라짐 • 학교에서 자기를 괴롭히는 아이들에

	게 적절히 대처하지 못함	게 적절히 대처함
딸의 인식 변화	• 부모에게 오빠의 잘못을 고자질함 • 가족에게 속마음을 털어놓지 못함	• 고자질을 하지 않음 • 자신의 속마음을 털어놓음

2) 집단따돌림을 당하는 세 명의 한국 중학생에 대한 가족치료 사례*

(1) 사례 개요

이 사례는 초등학교 때부터 집단따돌림을 경험한 세 명의 초기 청소년에 대한 가족치료 사례이다. 세 가족 모두 4명의 가족구성원으로 이루어졌으며, 총 12명이 상담에 참여하였다. 내담자의 이름(가명)은 찬(14세, 남), 민호(14세, 남), 지아(13세, 여)이다. 찬의 가족은 아버지(44세), 어머니(40세), 남동생(12세), 민호의 가족은 아버지(47세), 어머니(42세), 여동생(8세), 지아의 가족은 아버지(45세), 어머니(39세), 여동생(9세)으로 구성되었다.

가족치료를 진행한 회기별 상담 시간은 평균 90분 동안 진행되었다. 각 사례에는 개인상담, 부부상담 및 가족상담이 진행되었고, 상담에는 모든 가족구성원(내담자, 부모 및 형제자매)이 참여하였다. 총 상담 회기로는 찬의 가족 11회기, 민호의 가족 13회기, 지아의 가족 13회기이다.

(2) 자녀의 집단따돌림에 영향을 미친 촉발 요인

세 사례에서 공통적으로 나타난 촉발 요인은 내담자들의 위생 문제와 엄격한 교사이다. 먼저, 위생 문제로 찬과 민호는 대변과 관련된 사건 때문에 동급생들에게 집단따돌림을 당하게 되었다. 지아는 복도에 토하고, 책상을 정리하지 않는 등 위생 상태가 나쁘다는 이유로 동급생들에게 집단따돌림을 당하게 되었다.

엄격한 교사의 태도 또한 집단따돌림의 촉발 요인으로 나타났다. 민호의 교사는 민호의 대변사건을 소문내고, 교실에서 옷을 벗겨 수치심을 겪게 하였다. 또한 초등학교 3학년 담임교사는 민호를 특수반에 보냈다. 지아는 좋지 못한 위생 상태와 정리정돈을 하지 않는다는 이유로 교사로부터 비난과 지적을 받았다.

* 이 사례의 가족치료 과정을 알고 싶다면 Park, T. Y., Park, Y. H., Chui, C., Kim, K. W., Moon, H. R., Lee, Y. L., Lee, H. S., Sim, H. A., & Kim, H. J. (2023). Multiple case study on family therapy for middle school bullying victims in South Korea. *The American Journal of Family Therapy*, *51*(4), 356-376을 참고하기 바란다.

(3) 자녀의 집단따돌림에 영향을 미친 가족 요인

① 태내기 스트레스

내담자 어머니들은 신혼 초부터 낙태 생각, 경제적인 스트레스, 과도한 시집살이로 인하여 불안한 임신을 경험하였다. 지아의 어머니는 "임신 5개월 되었을 때 감기약을 먹어서 아이를 낳을까 말까 고민 많이 하다가 낳기로 결심하였다." 찬의 부모는 "신혼 초 임신 기간에 부도로 인해 극도의 스트레스를 받았다." 또한 민호의 부모는 "신혼 초에 시댁 식구들과 함께 생활했는데 임신 기간에도 직장생활을 하면서 새벽 5시에 일어나서 시집 식구의 식사를 준비하고, 시동생들이 늦게 들어오면 밤 12시에도 식사를 챙겨 줬다." 이러한 스트레스 요인으로 인해 어머니들은 임신 기간 동안 불안과 압박감을 느꼈다.

② 부모-자녀 간의 애착 문제

이 사례들에서 부모와 자녀 사이의 신체적 · 정서적 애착이 결여되어 있었다. 민호의 아버지는 "아이가 신체접촉을 하려고 하면 싫어서" 회피하였다. 지아의 어머니는 "지아가 아빠를 너무 닮았고 못생겨서 충격을 받아 딸을 품어 주고 안아 주지 못하였다." 찬의 아버지는 "찬이 어렸을 때 8년 동안 해외에서 근무하였는데 집에 올 때마다 찬은 아버지를 무서워하였다."

③ 역기능적인 의사소통 방식

부모들은 비효과적인 의사소통 방식을 사용하였다.

첫째, 회피하는 방식을 사용하였다. 민호의 어머니는 시집 식구들을 만나기 싫었지만 남편이 시집에 가는 것을 강요하여 시집 식구들을 만나는 것을 회피하였다. 한편, 지아의 어머니는 화가 났을 때 두 달이고 세 달이고 말을 하지 않았다.

둘째, 비난과 야단치는 방식을 사용하였다. 두 방식 모두 정서적 학대의 형태로 볼 수 있다. 찬의 어머니는 찬이 어렸을 때 "왜 남들은 똥오줌을 가리는데 너는 못하냐."라고 야단쳤다. 민호의 어머니는 민호에게 "왜 이렇게밖에 못하니." 하고 잔소리하였다. 민호는 "아빠가 제가 학교에서 당하는 게 못나서 그런 거라고 비난해서 자해하였다."라고 진술하였다. 지아의 어머니는 지아를 꾸짖고 감정적으로 대하였다.

셋째, 내담자를 무시하고 칭찬하지 않는 의사소통 방식을 사용하였다. 지아는 "엄마가 제 말은 들은 체도 안 하고 TV만 보셨다."라고 하였다. 찬 또한 "내가 그림을 엄마한테 보여 주면 그림에 성의가 없다고 했어요."라고 진술하였다.

④ 부정적인 양육 방식

부모들은 자녀 간의 편애, 억압 그리고 체벌 등 부정적인 양육 방식을 사용하였다.

첫째, 세 사례 모두 부모들이 권위적이고 엄격한 양육 방식을 사용한 것으로 나타났다. 예를 들면, 찬은 "TV를 보고 있으면 엄마가 TV를 꺼 버리고, 공부 안 한다고 소리를 질렀다."라고 진술하였다. 지아의 어머니는 지아에게 "속에서는 뒤틀려도 표정을 밝게 하다 보면 친구들하고 적응된다."라고 말하였다. 민호는 "제가 바닥에 우유를 흘렸는데 아빠가 빨리 안 닦으면 죽여 버린다고 하였다."라고 회상하였다.

둘째, 부모들은 자녀들을 훈육할 때 체벌 또는 신체적 폭력을 사용하였다. 찬의 아버지는 손이나 몽둥이로 자녀들을 훈육하였는데, "두 번까지는 말로 하다가 세 번째 가면 무조건 몽둥이를 들었고, 아이들이 몽둥이로 열대씩 맞았다."라고 진술하였다. 민호의 아버지는 민호에게 소리 지르며 발로 차고 뺨을 때렸다. 지아의 경우, 네 살 때부터 어머니가 따귀를 때렸고 몽둥이로 훈육하였다.

셋째, 부모들은 내담자들보다 동생들을 편애하였고 자녀들을 차별대우하였다. 민호의 어머니는 "딸이 진짜 예뻐요. 야무지고 똑똑하고. 아들은……."이라고 하면서 한숨을 쉬었고, 찬의 어머니는 "큰 애는 오줌을 못 가리는데 작은 애 같은 경우는 애기 때부터 야물딱졌어요."라고 말하였다. 지아의 어머니는 지아보다 동생에게 사랑을 쏟았다.

⑤ 전이

부모들은 자신의 원가족으로부터 해결되지 못한 감정들로 인하여 배우자에게 유사한 감정을 느끼고 다시 배우자 혹은 자신을 닮은 내담자에게 전이를 느끼고 있었다. 민호의 어머니는 남편에게 학대받는 민호의 모습에서 어린 시절 새어머니로부터 학대당했을 때의 자신과 비슷한 모습을 느꼈다. 민호의 어머니는 "남편이 새어머니가 나에게 대했던 것처럼 민호에게 할 때 남편이 미워요."라고 하였다. 한편, 민호의 아버지는 민호에게 "엄마를 닮아서 잘못 배웠다."라고 하였다. 치료사는 민호의 아버지가 민호의 어머니에 대한 자신의 부정적인 감정을 민호에게 언어와 신체적 폭력을 가하는 방식으로 표현한 것으로 보았다. 한편, 민호의 어머니는 새어머니를 떠올리게 하는 남편의 행동에서 새어머니에 대한 전이를 느꼈다. 지아의 어머니는 지아가 남편의 매력 없는 모습을 닮았다고 하면서 "사람들이 딸이 남편을 닮았다고 하는 이야기가 참 속상하고 싫었다."라고 말하였다.

(4) 치료사 개입 방법

치료사는 자녀양육에 관한 자신의 경험을 노출하고 적극적인 경청을 통하여 내담자와 가족구성원들과의 라포를 형성하였다. 치료사는 주로 내담자 가족구성원들의 통찰력을 강화하고, 새로운 표현 방식을 지도하였다.

① 통찰력 강화

치료사는 부모들이 자신의 의사소통 방식이 비효과적이고 역기능적인 효과를 가져온다는 것을 인식하도록 도왔다. 또한 치료사는 부모들의 통찰력을 촉진하기 위해 자신의 경험을 노출하였다. 예를 들면, 민호의 아버지에게 "제가 방 정리를 안 하는 내 아들과 딸을 변화시키려고 노력을 했음에도 불구하고 결국 행동 변화가 없었어요. 그런데 변화되지도 않을 걸 계속 잔소리해서 변화되지도 않고 나와 애들과의 관계는 관계대로 안 좋아지는데 누구를 위해서 그 방식을 계속 쓰냐 이거예요."라고 하며 자신의 경험을 노출하였다. 치료사는 통찰력을 강화시키기 위하여 가족구성원들에게 문제를 해결하려고 시도했던 의사소통 방식이 부모로부터 내려온 의사소통 방식이라는 것을 설명하였다. 또한 내담자들이 자기 인식을 할 수 있도록 자기반영적 질문을 하였다. 예를 들면, 치료사가 민호에게 "동생한테 엄청 화났을 때 네 속에서 누구 모습을 보니?"라고 질문했을 때 민호는 '아빠'의 모습을 본다고 인지하였다.

치료사는 가족구성원들과의 라포를 형성한 뒤 가족구성원들이 서로를 이해할 수 있도록 돕기 위해 전략적으로 가족구성원 각각의 입장을 대변하였다. 예를 들면, 찬에게 "아빠는 나름대로 어렵게 돈 벌어서 네 학원비를 대 줬는데 공부를 안 한다니까 속상할 거 아니야?"라고 말하며 아버지의 마음을 이해할 수 있도록 도왔다. 지아의 어머니가 지아를 이해하기 어려워하는 것을 본 치료사는 "지금 따님이 편안하게 대화를 나눌 상대가 없어요. 부모와 동생 모두 스트레스받는 관계이고, 동생이 귀여움을 독차지하니까 지아는 차별을 느끼고 열 받겠죠."라고 지아의 입장을 대변함으로써 지아의 어머니가 지아에게 더 잘 공감할 수 있게 하였다.

치료사는 또한 부모들이 만약 자신의 원가족으로부터 미해결된 감정을 갖고 있다면 자신의 배우자나 자녀들에게 비슷한 감정을 느낄 수 있다는 것을 설명하였다. 예를 들면, 치료사가 민호 어머니에게 남편행동으로부터 새어머니의 학대를 떠올리는지 질문했을 때 "그래서 애기 아빠가 더 미워요."라고 대답하였다. 치료사는 민호의 어머니에게 새어머니에 대한 감정이 남편에게 전이된 것을 설명하였다.

② 새로운 의사소통 방식 지도

치료사는 가족구성원들에게 지금까지 사용했던 의사소통 방식이 비효과적이라는 사실을 인식시킨 후 새로운 표현 방식을 시도하게 하였다. 치료사는 인지적 변화를 유도하기 위한 시도로 민호의 아버지에게 "민호를 위해서 말씀하셨는데 변화가 있었는지요?"라고 질문했고, 이에 아버지는 "변화가 없었다."는 것을 인식하였다.

치료사는 부모들에게 전략적으로 동생보다 내담자의 편을 들 것을 제안하였다. 예를 들면, 찬의 어머니에게 "동생이 형하고 싸웠을 때 주로 동생 편을 든다고 하더라고요. 지금부터 방법을 바꿔서 찬이의 편을 들어 보자는 거죠."라고 지도하였다.

치료사는 내담자들이 그들의 생각과 감정을 표현할 수 있도록 지지해 주기 위해 실연기법을 사용하였다. 치료사가 민호에게 "그런 상황에서 아빠가 어떻게 해 줬으면 좋겠다고 표현을 해 봐. 그래야지 아빠는 너의 마음을 알거든."이라고 하자 민호는 "아빠, 정리정돈 문제는 제가 하고 싶을 때 할게요. 그리고 동생과는 그냥 똑같이 대해 주세요."라고 말하였다. 또한 치료사는 민호가 표현을 한층 더 잘할 수 있도록 "네가 여동생을 조금만 더 솔직하게 표현하고 앉아 줘."라고 격려하였다.

(5) 치료 결과: 개입을 통한 가족구성원들의 변화

① 아버지들의 변화

아버지들은 내담자들에 대한 관심이 증가하였고, 자기인식을 하게 되었으며 가족구성원의 의견이나 견해에 대해 수용하는 등 행동적 변화를 보여 주었다. 찬의 아버지는 찬이의 진로에 대해 관심을 갖기 시작하면서 "아들에게 만화 고등학교가 몇 개 있나 알아보라고 했는데 전국에 4군데밖에 없더라고요."라고 하였다. 자기인식의 증가는 가족구성원에 대한 공감으로 확장되었다. 지아의 아버지는 "그동안 제가 아빠와 남편 역할을 제대로 하지 않았다는 생각을 하게 되었고, 아이들과 아내에 대해 더 잘 이해하고 공감하기 시작하였어요."라고 진술하였다. 민호의 아버지 또한 자신의 의견을 강요하지 않고 가족구성원들의 의견을 받아들이기 시작하면서 "예전에 제가 일방적으로 했던 게 잘못된 것 같아요. 아들의 의견을 반영하려고 하고 있어요."라고 하였다.

아버지들의 변화는 의사소통 방식에서도 나타났는데, 가족구성원들과 대화할 때 주의 깊게 경청하고 공감하기 시작하였다. 민호의 아버지는 잔소리가 줄었는데, 민호의 동생은 이에 대해 "아빠 잔소리가 좀 줄었고, 방이 지저분하면 예전에는 '이 자식아, 치워!'라고 했는데 이제는 아빠가 혼자서 치우세요."라고 말하였다. 지아의 아버지 또한 가족구성원들의 입장을 수용하였는데, 지아는 "아빠가 많이 나아졌어요. 예전에는 대화가 하나도 없었는데 요즘은 대화도 자주 해요."라고 말하였다.

아버지들의 행동에도 변화가 나타났다. 민호는 "아빠가 소리 지르지 않고 위협적이지도 않아요."라고 말하였다. 찬의 아버지는 음주를 줄이고 담배도 끊었다. 그는 스스로 "술을 안 먹는다."라고 이야기했고 부인도 "남편이 술을 많이 참아요."라고 말하였다. 찬의 아버지 또한 "지금은 애들에게 조심스러워지고 애들이 싫어하는 걸 안 하려고 해요. 그래서 담배도 끊었어요."라고 말하였다. 지아의 아버지는 더 이상 높은 성적을 받는 것을 강조하지 않고 대신 "지아에게 공부가 전부는 아니니까 편안하게 시험을 쳐라."라고 했고, 이에 지아는 "많이 편안해 졌다."라고 하였다.

② 어머니들의 변화

가족치료 개입 후 어머니들에게는 자기 자신과 내담자에 대한 인식 변화가 나타났으며, 화내는 것을 줄이면서 내담자를 수용하고 칭찬하였다. 인식과 의사소통 방식의 변화와 함께 어머니들은 내담자에게 관대해지고 동생에 대한 편애가 감소하였다.

가족치료 개입은 어머니들이 자기인식을 할 수 있도록 도와주었다. 민호의 어머니는 "제가 새어머니를 안 닮으려고 애썼는데도 화가 나면 새어머니처럼 확 돌아 버려요. 아들이 저의 그런 모습이 힘들었을 거예요."라고 하였다. 지아의 어머니도 "학교 다닐 때 딸처럼 친구들하고 관계가 안 좋았다."는 것과 "딸이 저 때문에 상처를 많이 받았다."는 것을 인식하였다.

내담자들에 대한 어머니들의 인식 또한 긍정적으로 변화하였다. "지아가 너무 의존적이어서 힘들다."라고 호소했던 지아의 어머니는 "'지아가 크고 있구나.'라는 생각이 들었다."라고 말하였다. 찬의 어머니는 아들에 대한 애정이 많아졌는데 "아들이 예뻐 죽겠어요. 그래서 교복 주머니에다가 카드도 써 주었어요."라고 말하였다.

의사소통 방식에서도 어머니들은 자녀들을 공감하고 이해하기 시작하였다. 지아는 어머니에게 학교폭력에 대해 이야기하면 "네가 이해해라." "그것은 네가 해결해야 할 문제야."라고 하였는데, 가족치료를 받은 이후로는 "엄마가 저를 많이 이해해 주세요."라고 말하였다. 또한 지아는 "동생하고 싸울 때 이제는 언니한테 대들지 말라고 하면서 제 편을 들어 주세요."라고 진술하였다. 찬의 어머니는 찬에게 "그림을 잘 그렸다."라면서 긍정적인 반응을 보이기 시작하였다.

또한 어머니들은 내담자를 더 지지하고 내담자의 의견을 존중하였다. 지아는 "엄마가 저한테 동생보다 더 잘해 주세요." "제가 뭘 찾을 때 엄마가 같이 찾아 주세요."라고 말하였다. 찬의 어머니는 찬의 의견을 존중하기 시작하였다. 찬은 "엄마가 공부하라는 말을 안 하고 나 보고 알아서 하래요."라고 하였다.

③ 동생들의 변화

치료사 개입 이후 동생들은 내담자들을 이해하게 되었으며, 고자질과 짜증이 줄고, 긍정적인 표현을 하게 되었다. 동생들은 내담자들의 권위를 인정하고 양보하게 되었다.

동생들은 내담자들을 이해하기 시작하였다. 예를 들면, 민호의 여동생은 "엄마가 무조건 날 보호하니까 오빠가 사랑을 별로 못 받는 것 같아요."라고 하였다. 동생들은 고자질을 하지 않게 되었는데, 민호의 아버지는 "(딸이) 오빠에 대해 고자질하는 것이 없는 것으로 보아 잘 지내고 있는 것 같다."라고 하였다. 찬은 "동생이 짜증을 안 낸다."라고 말하였다. 지아의 어머니 또한 지아의 여동생에게서 긍정적인 변화를 발견하고 "우리가 언니 편을 들어서 동생이 스트레스를 받았는데 이제는 괜찮아요. 지아가 놀려도 그냥 넘겨요."라고 말하였다.

형제자매 관계 또한 개선되었다. 찬은 "동생이 나한테 싸가지 없게 대하지 않아서 사이가 좋아졌어요."라고 하였다. 민호의 아버지는 "예전에는 딸이 오빠하고 먹는 것 갖고 대립했는데, 요즘은 오빠에게 초콜릿도 주더라고요."라고 진술하였다.

④ 내담자들의 변화

치료사 개입 이후 내담자들은 아버지들과 사이가 좋아졌다. 민호는 아버지와의 관계가 "많이 나아졌어요." 또한 찬은 "부모님 관계가 좋아져서 마음이 편해요."라고 하였다.

내담자들이 가족구성원들에게 자기 의사를 표현하기 시작하면서 가족 간 대화가 활발해지기 시작하였다. 지아의 아버지는 "요즘은 지아가 저하고 대화를 잘합니다. 저에게 차비를 달라고 표현하기도 했어요."라고 하였다. 민호의 어머니는 "민호가 상담받은 후부터 친구, 학교 이야기도 하고, 단답형으로 말하지 않고 자기 생각을 말해요."라고 하였다. 찬 또한 "상담받고 나서부터는 길게 표현을 하고 있어요."라고 하였다.

내담자들의 변화는 밝아진 얼굴 표정에도 나타났다. 민호의 여동생은 "오빠가 웃으면서 말하니까 날 좋아하는 것 같아요."라고 하였다. 찬의 어머니는 "상담 후에 아들의 얼굴이 참 밝아진 것 같아요."라고 하였고, 지아의 어머니도 "딸이 밝아진 것을 느껴요."라고 하였다. 지아는 "아빠에게 편안하게 뽀뽀해요."라고 하는 등 가족구성원들에게 애정표현을 하기 시작하였다.

부모들은 내담자들의 행동 변화를 관찰할 수 있었다. 지아의 어머니는 "지아가 많이 달라졌고, 공부도 열심히 하고 많이 의젓해졌어요."라고 하였다. 민호의 아버지는 "책상 안 쓰는 거면 다리 접어 놓으라고 했더니 아무 말도 안하고 접었어요."라고 하면서 "그것만으로도 변화이지요."라고 덧붙였다.

(6) 치료 결과: 학교에서의 내담자 변화

내담자들은 가족치료를 받은 후, 자신을 괴롭히던 친구에게 대항할 용기가 생기거나 친구들에게 말을 먼저 걸었다. 또한 내담자들은 학교생활에 적응하면서 집단따돌림을 겪지 않게 되었다. 민호는 "상담을 받으면서 용기를 얻어서 애들한테 대항하였어요." 찬은 "제가 먼저 친구들에게 다가가서 말을 걸었어요."라고 할 정도로 주도적으로 친구를 사귀기 시작하였다. 지아 또한 "어려워하는 친구들을 도와주다 보니 조금씩 잘 지내게 되었어요."라고 하였다. 3명의 내담자 모두 더 이상 학교에서 집단따돌림을 겪지 않고 학교생활을 즐기고 있다고 말하였다.

앞의 결과를 종합하자면 다음의 [그림 7-1]과 같다.

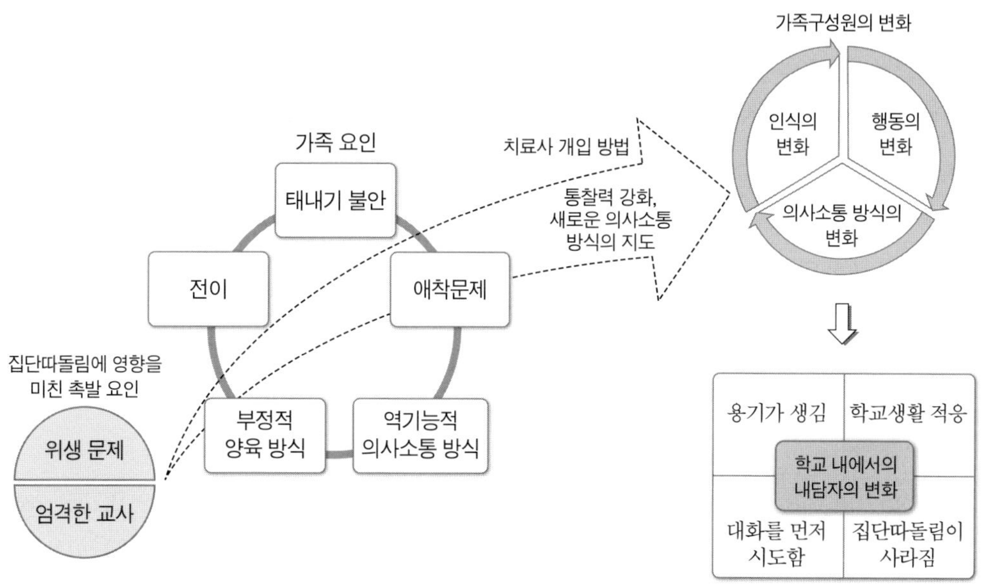

[그림 7-1] 집단따돌림 가족치료에 대한 네트워크

6. 결론

지금까지 집단따돌림에 관한 경향과 이론적 고찰로서 집단따돌림의 개념과 정의, 원인, 개입 방법 그리고 집단따돌림 가족치료 사례와 개입 방법을 살펴보았다. 한편, 저자는 가족치료사가 집단따돌림을 당하는 사례에 접근할 때 고려해야 할 점들을 다음과 같이 제안하고자 한다.

첫째, 집단따돌림을 일으킨 학교 또는 직장뿐만 아니라 가정 안에서 발생한 사건들을 탐색한다. 둘째, 집단따돌림 발생 이전의 내담자의 가족관계를 탐색한다. 내담자 부모의 부부관계, 부모와 자녀관계, 형제관계를 파악한다. 셋째, 부모와 자녀관계에서 문제를 해결하려고 시도했던 비효과적 · 역기능적인 의사소통 방식을 확인하고 이 방식을 부모의 원가족에서 친조부모와 아버지의 형제 및 외조부모와 어머니의 형제관계에서 사용했던 방식으로 연결시킨다. 여기서 중요한 것은 내담자 부모가 사용하는 의사소통 방식이 자신들이 창조한 것이 아니라 자신들의 부모가 사용했던 역기능적인 방식이라는 것을 인식하게 하는 것이다. 넷째, 부모의 원가족에서 내려오는 불안과 미분화 문제를 파악하고 이 문제가 다시 부모에게 이어지고 있다는 점을 파악한다. 다섯째, 부모의 원가족관계에서 불안과 미분화 및 역기능적인 의사소통 방식으로 인하여 걸려 있는 원가족구성원들에 대한 해결되지 못한 점을 탐색한다. 가족치료사는 이 해결되지 못한 문제가 핵가족관계에서 재차 걸릴 수 있다(전이)는 점을 인식하고 가족구성원들에게 전이로 인한 투사적 동일시를 설명해 줄 필요성이 있다. 여섯 째, 집단따돌림을 당하는 내담자뿐만 아니라 부모의 애착 문제를 확인할 필요가 있다.

참고문헌

강영신, 박주영(2018). 대학생 따돌림 경험 척도 개발 및 타당화 연구. **상담학연구**, 19(1), 269-288.

김미영(2007). 학교체계가 중학생의 학교폭력에미치는 영향. **한국청소년연구**,18(2), 287-314.

김보은, 최수미(2016). 초기청소년의 도덕적 추론이 또래 가해행동에 미치는 영향: 동조성의 조절효과와 공감의 매개효과. **청소년학연구**, 23(3), 29-52.

김선애(2007). 가족기능의 상실과 집단따돌림의 가해 피해와의 관계. **지성과창조**, 10, 221-244.

김재엽, 이근영(2010). 학교폭력 피해청소년의 자살생각에 대한 연구. **청소년학연구**, 17(5), 121-149.

김혜원(2011). 청소년들의 집단따돌림과 집단괴롭힘 피해 경험에 따른 심리적 부적응 및 학교부적응. **청소년학연구**, 18(5), 321-356.

남상인, 권남희(2013). 청소년 사이버블링 가해에 영향을 미치는 변인 연구. **미래청소년학회지**, 10(3), 23-43.

박은영(2014). 초기청소년의 학교폭력 경험에 대한 생태학적 변인의 영향연구. 전남대학교 대학원 박사학위논문.

박종효, 최지영(2014). 초등학생의 사회역량 발달에 영향을 미치는 개인 및 학교 요인 탐색: 학습 문화와 학교폭력을 중심으로. **교육학연구**, 52(1), 89-116.

박태영(2001). 집단따돌림 당하는 고등학생에 대한 상호작용적 가족치료와 구조적 가족치료 모델의 적용, **한국정신보건사회사업**, 12, 95-119.

박태영, 조지용(2012). 부적응행동(집단따돌림 · 도벽 · 거짓말)을 하는 초기 청소년 자녀에 대한 가족치료 사례연구. **한국가족치료학회지**, 20(3), 601-626.

서영석, 안하얀, 이채리, 최정윤(2015). 집단따돌림 외상 경험 및 극복 과정 연구. **한국심리학회지**, 27(3), 685-719.

오문섭(2010). 청소년들의 무도수련과 집단따돌림에 관한 연구. 단국대학교 대학원 박사학위 논문.

이명신(2003). 괴롭힘행동 결정에 있어 개인 동기와 집단의 매개 효과. **한국아동복지학**, 15, 39-81.

이완정, 정혜진(2010). 아동청소년기 폭력노출 경험과 대학생의 정신건강. **아동과 권리**, 14(3), 385-407.

정종진(2012). 생태학적 측면에서 본 학교폭력의 유발요인. **초등상담연구**, 11(3), 331-350.

최지영, 박지현, 남순애(2017). 청소년시기에 집단따돌림 피해를 경험한 여자대학생에 관한 사례연구. **인간발달연구**, 24(4), 135-160.

Adams, F. D., & Lawrence, G. J. (2011). Bullying victims: The effects last into college. *American Secondary Education, 40*(1), 4-13.

Barzilay, S., Brunstein Klomek, A., Apter, A., Carli, V. Wasserman, C., Hadlaczky, G. et al., (2017). Bullying victimization and suicide ideation and behavior among adolescents in Europe: A 10-Country Study. *Journal of Adolescent Health, 61*(2), 179-186.

Beale, D., & Hoel, H. (2010). Workplace bullying, industrial relations and the challenge for management in Britain and Sweden. *European Journal of Industrial Relations, 16*(2), 101-118.

Benedini, K. M., Fagan, A. A.,& Gibson, C. L. (2016). The cycle of victimization: The relationship between childhood maltreatment and adolescent peer victimization. *Child Abuse and Neglect, 59*, 111-121.

Bergmann, E. M., Van De Schoot, R. Schober, B., Finsterwald, M., & Spel, C. (2013). The effect of classroom structure on verbal and physical aggression among peers: A short-term longitudinal study. *Journal of School Psychology, 51*(2), 159-174.

Bjereld Y. Daneback, K., Gunnarsdottir, H.,& Petzold, M. (2015). Mental health problems and social resource factors among bullied children in the Nordic Countries: A population based cross sectional study. *Child Psychiatry and Human Development, 46*(2), 281–288.

Bjereld, Y. (2018). The challenging process of disclosing bullying victimization: A grounded theory study from the victim's point of view. *Journal of Health Psychology, 23*(8), 1110–1118.

Black, S., Weinles, D., Washington, E. (2010). Victim strategies to stop bullying. *Youth Violence and Juvenile Justice, 8*(2), 138–147.

Blood, G. W., Blood, I. M., Tramontana, G. M., Sylvia, A. J., Boyle, M. P., & Motzko, G. R. (2011). Self-reported experience of bullying of students who stutter: Relations with life satisfaction, life orientation, and self-esteem. *Perceptual and Motor Sills, 113*(2), 353–364.

Bruce, L. C., Heimberg, R. G., Blance, C., Schneier, F. R., & Liebowitz, M. R. (2012). Childhood maltreatment and social anxiety disorder: Implications for symptom severity and response to pharmacotherapy. *Depression and Anxiety, 29*(2), 131–138.

Calvete, E. (2014). Emotional abuse as a predictor of early maladaptive schemas in adolescents: Contributions to the development of depressive and social anxiety symptoms. *Child Abuse & Neglect, 38*(4), 735–746.

Calvete, E., Fernández-González, L., González-Cabrera, J. M., & Gámez-Guadix, M. (2018). Continued bullying victimization in adolescents: Maladaptive schemas as a mediational mechanism. *Journal of Youth Adolescence, 47*, 650–660.

Calvete, E., Orue, I., & Gámez-Guadix, M. (2015). Cyberbullying victimization and depression in adolescents: The mediating role of body image and cognitive schemas in a one-year prospective study. *European Journal on Criminal Policy and Research, 22*, 271–284.

Chapell, M., Case, D., De la Cruz, C., Ferrell, J., Forman, J., Lipkin, R., Newsharm, M., Sterling, M., & Whittaker, S. (2004). Bullying in college by students and teachers. *Adolescence, 39*(153), 53–64.

Chou, W. J., Liu, T. L., Yang, P., Yen, C. F., & Hu, H. F. (2018). Bullying victimization and perpetration and their correlates in adolescents clinically diagnosed with ADHD. *Journal of Attention Disorders, 22*(1), 25–34.

Cook, C. R., Williams, K. R., & Guerra, N. (2010). Predictors of bullying and victimization in childhood and adolescence: A meta-analytic investigation. *School Psychology Quarterly, 25*, 65–83.

Copeland, E. W., Wolke, D., Angold, A., & Costello, E. J. (2013). Adult psychiatric outcomes of bullying and being bullied between peers in childhood and adolescence. *JAMA*

Psychiatry, 70(4), 419–426.

Davies, S. W. (2012). Teacher bullies: A factorial analysis of perceptions of teachers' bullying behaviors. Unpublished doctoral dissertation. Indiana State University.

DeLara, E. W. (2008). Developing a philosophy about bullying and sexual harassment: Cognitive coping strategies among high school students. *Journal of School Violence, 7*(4), 72–96.

DeLara, E. W. (2012). Why adolescents don't disclose incidents of bullying and harassment. *Journal of School Violence, 11*(4), 288–305.

Delfabbro, P., Winefield, T., Trainor, S., Dollard, M., Anderson, S., Metzer, J., & Hammarstrom, A. (2010). Peer and teacher bullying/victimization of South Australian secondary school students: Prevalence and psychosocial profiles. *British Journal of Educational Psychology, 76*(1), 71–90.

Due, P., Holstein, B. E., & Soc, M. S. (2008). Bullying victimization among 13 to 15-year-old school children: Results from tow comparative studies in 66 countries and regions. *Journal of Adolescent Medicines and Health, 20*(2), 209–221.

Egan, S. K., & Perry, D. G. (1998). Does low self-regard invite victimization? *Developmental Psychology, 34*(2), 299–309.

Elgar, F. J., McKinnon, B., Walsh, S. D., Freeman, J. D., Donnelly, P., de Matos, M. G., Gariepy, G., Aleman-Diaz, A. Y., Pickett, W., Molcho, M., & Currie, C. (2015). Structural determinants of youth bullying and fighting in 79 countries. *Journal of Adolescent Health, 57*(6), 643–650.

Fekkes, M., Pijpers, F. I. M., Fredriks, A. M., Vogels, T., & Verloove-Vanhorick, S. P. (2006). Do bullied children get ill, or do ill children get bullied? A prospective cohort study on the relationship between bullying and health-related symptoms. *Pediatrics, 117*(5), 1568–1574.

Fredstrom, B. K., Adams, E. R., & Gilman, R. (2011). Electronic and school based victimization: Unique contexts for adjustment difficulties during adolescence. *Journal of Youth and Adolescence, 40*(4), 405–415.

Furlong, M. J., Morrison, G. M., & Grief, J. L. (2003). Reaching an American consensus: Reactions to the special issue on school bullying. *School Psychology Review, 32*(3), 456–470.

Gazelle, H., & Ladd, G. W. (2003). Anxious solitude and peer exclusion: A diathesis-stress model of internalizing trajectories in childhool. *Child Development, 74*(1), 257–278.

Hackmann, A., Clark, D. M., McManus, F. (2000). Recurrent images and early memories in social phobia. *Behaviour Research and Therapy, 38*(6), 601–610.

Hankin, B. L. Snyder, H. R., & Gulley, L. D. (2013). Cognitive risks in developmental psychopathology. In D. Cicchetti (Ed.), Developmental psychopathology (pp. 312–385). Ohboken, NJ: John Wiley & Sons Inc.

Hesapcioglu, S. T., Meraler, H. Y., & Ercan, F. (2018). Bullying in schools and its relation with depressive symptoms, self-esteem, and suicidal ideation in adolescents. *Anatolian Journal of Psychiatry, 19*(2), 210–216.

Hinduja, S., & Patchin, J. W. (2009). *Bulling beyond the schoolyard: Preventing and responding to cyberbullying*. Thousand Oaks, CA: Sage.

Hodges, E. V. E., & Perry, D. G. (1999). Personal and interpersonal consequences of victimization by peers. *Journal of Personality and Social Psychology, 76*(4), 677–685.

Hong, J. S., & Espelage, D. L. (2012). A review of research on bullying and peer victimization in school: An ecological system analysis. *Aggression and Violent Behavior, 17*, 311–322.

Hymel, S., & Swearer, S. M. (2015). Four decades of research on school bullying: An introduction. *American Psychologist, 70*, 293–299.

James, D., J., Lawlor, M., Courtney, P., Flynn, A., Henry, B., & Murphy, N. (2008). Bullying behaviour in secondary schools: What roles do teachers play? *Child Abuse Review, 17*(3), 160–173.

Joinson, C., Heron, J., Butler, U., von Gontard, A. (2006). Avon Longitudinal study of parents and children study team. Psychological differences between children with and without soiling problems. *Pediatrics, 117*(5), 1575–1584.

Kljakovic, M., & Hunt, C. (2016). A meta-analysis of predictors of bullying and victimization in adolescence. *Journal of Adolescence, 49*, 134–145.

Kim, Y. S., & Leventhal, B. (2008). Bullying and suicide: A review. *International Journal of Adolescent Medicine and Health, 20*(2), 133–154.

Klomek, A. B., Sourander, A., Kumpulainen, K., Piha, J. Tamminen, T., Moilanen, I. (2008). Childhood bullying as a risk for later depression and suicidal ideation among Finnish males. *Journal of Affective Disorder, 109*(1–2), 19–55.

Kretschmer, T., Veenstra, R. Branje, S., Reijneveld, S. A., Meeus, W. H. J., Deković, M., Koot, H. M., Vollebergh, W. A. M., & Oldehinkel, A. J. (2018). How competent are adolescent bullying perpetrators and victims in mastering normative developmental tasks in early adulthood? *Journal of Abnormal Child Psychology, 46*(1), 41–56.

Lereya, S. T., Copeland, W. E., Costello, E. J. & Wolke, D. (2015). Adult mental health consequences of peer bullying and maltreatment in childhood: Two cohorts in two countries. *The Lancet Psychiatry, 2*(65), 524–531.

Lin, Y. J., Lai, M. C. & Gau, S. S. (2012). Youths with ADHD with and without tic disorders: Comorbid psychopathology, executive function and social adjustment. *Research in Developmental Disabilities, 33*(3), 951-963.

Lund, E. & Ross, S. W. (2017). Bullying perpetration, victimization, and demographic differences in college students: A review of the literature. *Trauma, Violence & Abuses, 18*(3), 348-360.

Marraccini, M. E., Weyandt, L. L. & Rossi, J. S. (2015). College students' perceptions of professor/instructor bullying: Questionnaire development and psychometric properties. *Journal of American College Health, 63*(8), 563-572.

McEvoy, A. (2005). Teachers who bully students: Patterns and policy implications. Hamilton Fish Institute's Persistently Safe Schools Conference, Philadelphia, PA.

Monks, C. P., Smith, P. K., Naylor, P., Barter, C., Ireland, J. L., & Coyne, I. (2009). Bullying in different contexts: Commonalities, differences and the role of theory. *Aggression and Violent Behavior, 14*(2), 146-156.

Olweus, D. (1993). *Bullying at schools: What we know and what we can do?* Cambridge, MA: Blackwell Publishers.

Olweus, D. (1994). Annotation: Bullying at school: Basic facts and effects of a school based intervention program. *Journal of Child Psychology and Psychiatry, 35*(7), 1171-1190.

Olweus, D. (1996). *Bullying of students by teachers*. Bergen, Norway: Alma Mater Forlag.

Olweus, D. (2013). School bullying: Development and some important challenges. *Annual Review of Clinical Psychology, 9*, 751-780.

Orpinas, P., Horne, A. M., & Staniszewski, D. (2003). School bullying: Changing the problem by changing the school. *School Psychology Review, 32*(3), 431-444.

Park, T. Y., Park, Y. H., Chui, C., Kim, K. W., Moon, H. R., Lee, Y. L., Lee, H. S., Sim, H. A., & Kim, H. J. (2023). Multiple case study on family therapy for middle school bullying victims in South Korea. *The American Journal of Family Therapy, 51*(4), 356-376.

Peasgood, T., Bhardwaj, A., Biggs, K., Brazier, J. E., Coghill, D., Cooper, C. L., Daley, D., Silva, C. D., Harpin, V., Hodgkins, P., Nadkarni, A., Setyawan, J. & Sonuga-Barke, E. J. S. (2016). The impact of ADHD on the health and well-being of ADHD children and their siblings. *European Child & Adolescent Psychiatry, 25*(11), 1217-1231.

Pottinger, A. M., & Stair, A. G. (2009). Bullying of students by teachers and peers and its effects on the psychological well-being of students in Jamaican schools. *Journal of School Violence, 8*(4), 312-327.

Pouwels, J. L., Souren, P. M. Lansu, T. A., & Cillessen, A. H. N. (2016). Stability of peer victimization: A meta-analysis of longitudinal research. *Developmental Review, 40*, 1–24.

Rosenthal, L., Earnshaw, V. A., Carroll-Scott, A., Henderson K. E., Peters, S. M., McCaslin, C., & Ickovics, J. R. (2015). Weight-and race-based bullying: Health associations among urban adolescents. *Journal of Health Psychology, 20*, 401–412.

Sigurdson, J. F., Undheim, A. M., Wallander, J. L., Lydersen, S., & Sund A. M. (2015). The long-term effects of being bullied or a bully in adolescence on externalizing and internalizing mental health problems in adulthood. *Child and Adolescent Psychiatry and Mental Health, 9*, 1–13.

Simon, N. M., Herlands, N. N., Marks, E. H., Mancini, C., Letamendi, A., Li, Z., & Stein, M. B. (2009). Childhood maltreatment linked to greater security and poorer quality of life and function in social anxiety disorder. *Depression and Anxiety, 26*(11), 1027–1032.

Skrzypiec, G., Slee, P., Marray-Harvey, R., & Pereira, B. (2011). School bullying by one or more ways: Does it matter and how do students cope? *School Psychology International, 32*, 288–311.

Smith, P. K., Singer, M., Hoel, H., & Cooper, C. I. (2003). Victimization in the school and the workplace: Are there any links? *Britisch Journal of Psychology, 94*(2), 175–188.

Spriggs, A. L., Iannotti, R. J., Nansel, T. R., & Haynie, D. L. (2007). Adolescent bullying involvement and perceived family, peer and school relations: Commonalities and differences across race/ethnicity. *Journal of Adolescent Health, 41*(3), 283–293.

Takizawa, R., Maughan, B., & Arseneault, L. (2014). Adult health outcomes of childhood bullying victimization: Evidence from a five-decade longitudinal British birth cohort. *American Journal of Psychiatry, 171*(7), 777–784.

Tenenbaum, L. S., Varjas, K., Meyers, J., Parris, L. (2011). Coping strategies and perceived effectiveness in fourth through eighth grade victims of bullying. *School Psychology International, 32*(3), 263–287.

Tsaousis, I. (2016). The relationship of self-esteem to bullying perpetration and peer victimization among school children and adolescents: A meta-analytic review. *Aggression and Violent Behavior, 31*, 186–199.

Turner, M. G., Exum, M. L., Brame, R., & Holt, T. J. (2013). Bullying victimization and adolescent mental health: General and typological effects across sex. *Journal of Criminal Justice, 41*(1), 53–59.

Vaughn, M. G., Fu, Q., Bender, K., DeLisi, M., Beaver, K. M., Perron, B. E. & Howard, M. O. (2010). Psychiatric correlates of bullying in the United States: Findings from a national sample. *Psychiatric Quarterly, 81*(3), 183–195.

Whitted, K. S., & Dupper, D. R. (2005). Best practices for preventing or reducing bullying in schools. *Children and Schools, 27*(3), 116–131.

Wichstrøm, L., Belsky, J. & Berg-Nielsen, T. S. (2013). Preschool predictors of childhood anxiety disorders: A prospective community study. *Journal of Child Psychology and Psychiatry, 54*(12), 1327–1336.

Wolke, D. (2002). Does bullying cause emotional problems? A prospective study of young teenagers. *The Journal of Pediatrics, 140*(3), 376–377.

Wolke, D., Copeland, W. E., Angold, A., & Costello, E. J. (2013). Impact of bullying in childhood on adult health, wealth, crime, and social outcomes. *Psychological Science, 24*(10), 1598–1970.

Yen, C, F., Yang, P., Wang, P. W., Lin, H. C., Liu, T. L., Wu, Y. Y., & Tang, T.C. (2014). Association between school bullying levels/types and mental health problems among Taiwanese adolescents. *Comprehensive Psychiatry, 55*(3), 405–413.

Young, J., Klosko, J. S., & Weishaar, M. E. (2003). *Schema therapy. A practitioners' guide.* New York: Guilford Press.

Yu, J. H., & Park, T. Y. (2016). Family therapy for an adult child experiencing bullying and game addiction: An application of Bowenian and MRI theories. *Contemporary Family Therapy, 38*(3), 318–327.

제8장
자살

1. 서론

자살행동은 높은 치사율을 가진 전 세계적으로 광범위한 정신장애이며(전 세계적으로 거의 매일 2,000명 사망)(WHO, 2016), 자살은 가족과 사회에 심리적 · 경제적 고통을 야기한다(Nishanth & Jha, 2022). 자살은 세계 주요 공중보건 문제(Anton et al., 2016)이며, 지난 45년간 자살률은 전 세계적으로 60%까지 증가하였다(Wasserman & Cyranka, 2019). 세계보건기구(WHO, 2014)에 따르면 자살은 주요 사망 요인 중 하나로(Klonsky, May, & Saffer, 2016), 2012년에 80만 명 이상이 자살하였고(Hegerl, 2016; Wasserman & Cyranka, 2019), 자살 시도는 자살보다 약 20배 이상 많았다(Hegerl, 2016), 또한 매년 약 100만여 명이 자살하는 상황(Hughes & Asarnow, 2013)에서 자살은 미국 내 청소년(10세부터 24세까지)의 사망 요인 중 세 번째를 차지하며(Centers for Disease Control and Prevention, 2010; Hughes & Asarnow, 2013; Mohler & Earls, 2001), 청소년 12명 중 1명이 매년 자살을 시도한다(Berman, Jobes, & Silverman, 2006). 또한 자살은 청소년뿐만 아니라 25~35세에 해당하는 미국 젊은 성인의 사망 요인 중 두 번째를 차지한다(Hughes & Asarnow, 2013). 2011년 미국 청소년 위험행동조사(Youth Risk Behavior Survey)에 따르면 미국 고등학생 중 7.8%가 자살을 시도하였고, 15.8%가 자살을 심각하게 고려하였다(Eaton et al., 2012). 캐나다의 뉴펀들랜드(Newfoundlan)와 라브라도(Labrador) 지역에서는 자살이 청소년들의 사망 요인 중 두 번째이며, 가장 높은 자살 시도율을 가진 연령 집단 중 하나가 바로 청소년이다(Statistics Canada, 2010).

한국에서도 자살은 매우 심각한 사회 문제로 인식되며, 다른 국가에 비해 압도적으로 높은 수준이다(채수미, 2020; OECD, 2020). 한국은 2003년 이래 OECD 국가(평균 10만 명당 11.2명) 중 자살률과 자살 증가율 모두 1위였다(경제협력개발기구, 2019; 통계청, 2021). 2003년부터 2012년까지 10년간 OECD 국가들의 자살률을 비교해 보면 전반적으로 다른 나라들은 전 연령대에서 자살률이 감소하였으나 한국은 따르면 2021년 전국 자살사망자 수는 총 13만 352명으로 전년 대비 157명(1.2%)이 증가하였고, 인구 10만 명당 자살률은 26.0명으로 전년 대비 0.3명(1.2%) 증가하였으며, 하루 평균 37.8명이 자살하였다(성혜연, 이성규, 2022). 한편, 2012년 한국의 인구 10만 명당 자살사망자는 29.1명으로 이는 OECD 국가 평균인 12.1명의 2.4배에 이르며, 자살사망자가 가장 적은 튀르키에 1.7명의 17배에 이른 것으로 나타났다(박보라, 최정숙, 2014). 한국의 자살률은 전 연령대에서 꾸준히 증가하는 양상을 보이지만, 그중에서도 최근 20년간 청년층의 자살률이 급격하게 늘어났다(이수비, 신예림, 윤명숙, 2022). 자살은 청소년들이 정신과에 입원하게 되는 제1차적인 위험 요인 중 하나이다(Peterson, Zhang, Santa Lucia, & KIng, 1996; Yalch, Hopwood, Fehon, & Grilo, 2014). 한편, 최근 급변하는 사회 분위기와 얼어붙은 취업시장의 영향으로 청년들의 불안이 높아지면서 청년층의 높은 자살률은 심각한 사회 문제가 되고 있다.

자살을 시도했거나 시도하는 가장 높은 위험에 속한 청소년들의 경우를 살펴보면 중요한 시간을 홀로 지내거나 사회적 지지가 부족하였다(Buchanan & Harris, 2014). 자신이 부담스러운 존재이며 소속감이 없는 데서 자살하려는 욕망이 파생되었는데, 자살을 시도한 경험이 있는 청소년들은 자신들에게 사회적 지지가 부족하다고 느끼고 있었다(Bostik & Everall, 2007; Joiner Jr. & Van Orden, 2008). 특히 어린 시절부터 부모가 자녀에게 정서적 지지를 보이지 않으며, 거부적 행동 등 바람직하지 못한 양육 태도를 보이고(김희연, 채규만, 2010; Smochek et al., 2000), 부모와 부정적인 관계를 유지할수록 청소년 자녀들의 자살시도가 많은 것으로 나타났다(오승환, 이창한, 2010).

남성과 여성의 자살률 비율은 유럽에서는 4대 1이었으며, 수입이 높은 나라에서 자살률이 높았고, 수입이 낮거나 중간 정도인 나라에서는 자살률(1.6 대 1)이 더 낮았다(World Health Organization, 2014). 심리적 부검 연구에서 수입이 높은 나라들의 자살 희생자 중 90%가 정신장애를 겪은 것으로 나타났다(Arsenault-Lapierre, Kim, & Turecki, 2004). 이와 같은 연구에서 가장 중요한 것은 자살 희생자의 50% 이상이 정서적 장애를 가지고 있었으며(Cavanagh, Carson, Sharpe, & Lawrie, 2003; Lönnqvist, 2009), 알코올, 마약의존, 조현병, 성격장애와 같은 정신질환도 종종 확인되었다(Bertolote, Fleischmann, De Leo, & Wasserman, 2004)

자살 시도율은 여성보다 남성이 낮았으나, 자살행동의 치사율은 남성이 더 높았다(WHO, 2014). 유럽국가 4개국을 대상으로 한 자살 연구에 따르면 여성 치사율이 4.1%, 남성 치사율이 13.9%로 여성보다 남성의 치사율이 더 높았다(Mergl et al., 2015). 이처럼 치사율에서 성별 차이가 발생하는 주요한 원인은 남성들이 더 치명적인 방법을 선택하는 데 있었다. 게다가 똑같은 자살 방법을 선택한다고 할지라도 자살행위의 결과가 여성보다 남성에게 더 치명적인데, 예를 들어 자살의도 혹은 자살행동이 발생하는 사회적 맥락에서 성별 차이가 있기 때문이었다(Mergl et al., 2015).

대부분의 국가에서 자살 위험은 노인 남성에게 가장 높으며, 실제로 자살을 시도해 발생하는 위험은 젊은 여성에게서 가장 높다(Hegerl, 2016). 일반적으로 연령이 높을수록 자살률이 증가하는데, 남성은 45세 이후에 많고 여성은 55세 이후에 많으며 65세 이후에는 더욱 증가한다. 자살기도는 젊은 층에서 많으나 자살사망률은 노년층이 높으며 이는 한국도 마찬가지이다(민성길, 2015). 한편, 자식이 있고 결혼생활을 하는 사람들은 자살률이 현저히 낮으며, 미혼자나 독신자의 자살률이 기혼자에 비해 2배나 높다. 미국의 경우에 자살률은 사별자가 기혼자에 비하여 2배, 이혼자가 기혼자의 약 4배나 높다(민성길, 2015). 사회직업적 수준이 높은 전문직종의 자살 위험이 높으며, 특히 의사들의 자살률이 높은데 그중에서도 여의사의 자살률이 높다. 전문직에 종사하는 사람들의 자살률이 높은 가장 큰 이유는 우울증 또는 약물남용 등의 정신과적 문제와 사회직업적 수준이 갑자기 하락할 때, 즉 실업이나 경제불황 때에 자살 위험이 증가하기 때문이다(민성길, 2015).

자살예방과 치료에 관련된 국외 연구로는 자살시도를 감소시키는 데 효과적인 변증법적 행동치료에 관한 연구(Linehan et al., 2006; McMain et al., 2009), 인지행동치료에 관한 연구(Bolton, Gunnell, & Turecki, 2015; Méndez-Bustos et al., 2019; Tarrier, Taylor, & Gooding, 2008), 자살행동 장애자들의 친척들에 관한 가족연결 프로그램에 대한 효과성에 대한 연구(Marco et al., 2022)가 있다. 한편, 헤겔(Hegerl, 2016)은 자살행동과 우울증 치료를 목표로 한 우울증에 대한 유럽동맹(European Alliance Against Depression: EAAD)이 개발한 프로그램을 소개하였다. 자살예방과 치료에 관련된 국내 연구로는 이 · 통장 자살예방 게이트키퍼의 개인적 · 환경적 요인 등이 자살예방 게이트키퍼 활동 지속에 미치는 영향에 관한 연구가 있다(김정유, 2021; 김정유, 2022; 김정유, 황정우, 이동하, 이강욱, 2018).

자살 관련 국외 가족치료 사례연구로는 애착기반 가족치료에 대한 연구가 있다(Diamond et al., 2002; Diamond & Siqueland, 1998; Diamond et al., 2010). 국내 가족치료 사례연구로는 자살하겠다고 부모를 위협하는 아동에 대한 가족치료 사례연구(박태영, 1999), 친구의 자살로 인하여 충격을 받아 여러 번 자살시도를 한 남자 고등학생에 대한 가족치료 사례연구(박수선, 박태영, 2015), 자살사고를 가진 청소년에 대한 정서중심치료를 적용한 사례연구(박보라, 최정숙, 2014)가 있다. 최근에는 가족치료 사례를 중심으로 한 호스트바 청년의 자살사고 발생 과정과 가족 내 역동에 관한 연구가 있다(이은형, 박태영, 윤영희, 정윤, 한경미, 오예석, 2023).

2. 자살행동의 유형과 자살의 여파

자살행동은 방법의 폭력성에 따라 분류된다. 일반적으로 투신, 총상 및 기타 방법은 폭력적인 것으로 간주되는 반면, 합법적 또는 불법 물질의 과용은 비폭력적인 방법으로 간주된다. 자살행동장애의 핵심적 징후는 자살시도이다. 자살시도는 개인이 죽으려는 의도로 행하는 행동으로, 일생 중 어느 때나 발생할 수 있으나 5세 이하의 아동에게서는 거의 나타나지 않는다. 자살을 시도하는 사람 중 25~30%는 계속 추가 시도를 하게 되며, 그 빈도와 방법은 매우 다양하다(American Psychiatric Association, 2013).

자살환자를 구분해 보면 자살로 사망한 경우, 자살시도는 했으나 사망하지 않은 경우, 자살의도나 생각, 자살반추(자살생각을 반복적으로 함), 죽기를 원함, 의도하든 안 하든 점차 죽음에 이르게 되는 만성자살, 자살위협 등이 있으며, 이러한 행동을 자살성(suicidality)이라고 칭한다. 유사자살은 자해하였으나 죽기를 바란 것은 아닌 경우를 말한다(민성길, 2015). 자살은 자살생각, 자살계획, 자살시도라는 일련의 과정을 거쳐 진행되는 행위로서(박병금, 2007), 가장 선행 단계인 자살생각과 관련한 원인들을 살펴보는 것이 매우 중요하다(김사라형선, 2011). 자살생각이 반드시 자살시도로 연결되는 것은 아니지만 자살생각은 자살시도보다 빈도수가 높고(송인한, 권세원, 정은혜, 2011; 심미영, 김교헌, 2005), 자살을 시도하게 하는 가장 큰 위험 요인으로 작용할 수 있어 자살생각이 있는 사람에 대한 관심과 주의가 필요하다(김명화, 2012; 박은옥, 2008; Brezo et al., 2007).

한편, 자살시도는 자살환자와 함께 살고 있는 가족들이 직면하는 중대한 도전이다(Marco et al., 2022). 가족구성원들은 자살 가능성에 대한 죄의식, 두려움, 절망감을 느끼며(Talseth, Gilje, & Norberg, 2001), 이것이 우울과 불안의 위험을 증가시킨다(Pfeffer et al., 2002; Van Dongen, 1991). 자살을 시도한 사람들의 가족은 예방이 어려운 자살시도를 인지하기가 어렵고(Rajalin, Wickholm-Pethrus, Hursti, & Jokinen, 2009), 의학적 · 심리적 문제들을 가질 고위험에 처해 있으며, 더 중요한 것은 그들이 자살할 가능성이 더 높다는 점이다(Ness & Pfeffer, 1990).

3. 자살 관련 요인

자살의 원인에는 갈등적 가족관계 또는 인간관계, 사별 또는 이혼, 경제적 어려움과 실업, 만성질병, 약물남용, 건강염려증, 우울증, 정신병적 장애, 일반 성격장애 등이 있으나, 그 배후에는 여러 생물학적 요인, 정신적 · 심리적 요인, 가족 요인, 사회 요인 등이 있다. 한편, 자살 생각은 외로움, 불안, 우울, 불면증, 손상된 가족기능, 정신건강 문제, 알코올 남용, 젊은 나이, 미혼 혹은 이혼한 결혼 상태, 독거, 퇴역군인, 노숙자, 재정적 어려움, 주거 불안정, 실직, 부정적으로 인식된 신체적 건강의 질, 장애인이나 노약자와의 동거와 관련된다(Antonelli-Salgado et al., 2021; Efstathiou et al., 2021; Efstathiou et al., 2022; Elbogen et al., 2021; Killgore et al., 2020a; Killgore et al., 2020b; Papadopoulou et al., 2021).

1) 생물학적 요인

자살은 가족적인 경향이 있는데, 가족의 자살시도 또는 자살 가족사와 연결되며 사망자의 가족에게서 자살률이 높게 나타난다(Bitanihirwe, 2016). 쌍둥이 중 1명이 자살한 149쌍을 대상으로 한 연구에서 쌍둥이 모두가 자살한 경우가 9쌍이었는데, 이들은 모두 일란성 쌍둥이였다. 한편, 자살이 뇌의 염증과 관련된다는 학설도 있다(민성길, 2015).

2) 정신적 · 심리적 요인

자살생각은 우울과 스트레스(강상경, 2010; 남석인, 시지혜, 정예은, 채주석, 2019; 배지연, 김원형, 윤경아, 2005; 신혜정 외, 2014; 장현정, 유지영, 2020) 등 심리적인 요인, 자살은 암 같은 질병이 있을 때, 이혼 등 혼자 사는 사람, 종교가 없는 사람, 학력과 경제적 수준이 높은 도시인, 젊은이 등에서 더 많았다(민성길, 2015). 밀러 등(Miller et al., 2013)은 어린 시절 성적 학대, 신체적 학대, 정서적 학대 그리고 방임이 청소년기의 자살생각이나 자살시도와 관련이 있다고 하였다. 한국의 경우에 성인의 주된 자살 요인은 70~80%에서 우울증과 같은 병리적인 현상이었으며(청소년의 자살은 우울증이 관여된 경우가 10% 미만), 성인(20~65세 이상)의 자살충동 원인은 경제적 어려움, 질환 · 장애, 외로움, 고독 순으로 나타났다(민성길, 2015). 자살 원인의 핵심에는 심리적 고통이 있는데(Lakeman & FitzGerald, 2008), 심리적 고통은 초기 부모와의 관계에서 형성되는 애착과도 밀접한 관련이 있으며, 불안정 애착은 심리적 고통에 영향을 미친다(이지원, 이기학, 2014). 자살에 영향을 미치는 주요 요인으로는 자살시도(Finkelstein et al., 2015), 자살생각, 자해의 빈도와 많은 다른 방법, 절망감, 경계성 성격장애, 외상후 스트레스장애, 충동성, 우울증(Victor & Klonsky, 2014) 등이 있다. 대부분의 자살 사례에서 자살행동은 정신장애, 우울증의 맥락 안에서 발생하며, 질병 상태가 자살에 영향을 주는 주요 요인이다. 자살자의 약 25~75%는 자살 당시에 한 가지 또는 그 이상의 만성질병을 가지고 있는 것으로 나타났다(Hegerl, 2016). 그런데 질병이 자살의 직접적인 동기가 되었을 때 그 공통적인 원인은 거동능력 상실, 외모의 변화(특히 여성), 통증이었고, 최근 AIDS에 걸린 사람의 자살률은 일반인보다 60배나 높았다(민성길, 2015). 또 다른 연구 결과 청소년들의 자살생각(Orbach et al., 2007)과 자살행동(Tamás et al., 2007)은 정서조절장애와 관련이 있는 것으로 나타났다. 이러한 청소년기의 문제행동이나 우울과 같은 심리사회적 취약성은 자살과 깊은 관련이 있다(이경진, 조성호, 2004).

3) 가족 요인

자살생각이나 자살계획을 유발하는 가족 요인은 가족 자살력, 부부폭력, 부모와의 갈등, 학대 경험, 가족 스트레스 등 부정적 가족관계(김지훈, 김경호, 2013; 이지현, 이정윤, 2009) 등이며, 청소년 자살생각을 유발하는 데 가족 요인이 직간접적으로 많은 영향을 주는 것으로 나타났다(문동규, 2012). 부모의 수용 및 일상생활에 대한 관심과 소통이 부족할 때 청소년들은 심리 · 사회 부적응을 가지게 되어 비행과 같은 문제 상황에 놓이게 되며, 가정에 관한 스트레스가 청소년 자살충동에 영향을 미치는 예측 요인으로 나타났다(정혜경, 안옥희, 김경희, 2003). 박은옥(2008)은 청소년 자살에 가장 효과적인 보호 요인이 가족이라고 하였으며, 부모의 지지 여부가 자살사고에 직접적인 영향을 미친다고 하였다. 최소정, 배대석, 장문선(2010)도 부모와 자녀관계에서 애착, 우울과 같은 정서적 요인이 자살사고를 유발하는 중요한 변인이라고 하였다.

청소년의 경우 다른 어떤 가족환경 변인보다 가족환경의 스트레스, 가족 간 불화, 부모 간 불화가 자살생각에 많은 영향을 주는 요인으로 나타났다(Korea Youth Counseling Institute, 2007). 특히 부모갈등을 자주 경험하는 청소년들이 문제행동을 일으킬 가능성이 높은 것으로 나타났는데, 부모와 의사소통에 많은 문제가 있고 부모의 자녀양육 태도가 비난적 · 적대적 · 부모중심적이며 부모갈등이 심할수록 자녀들이 자살생각과 자살시도를 많이 하는 것으로 나타났다(이지현, 이정윤, 2009). 또한 가족구성원 자살시도

경험집단의 가족위기 대처 능력은 그렇지 않은 집단보다 낮아서 자살생각에 매우 민감하게 작용하는 것으로 나타났다(전석균, 박봉길, 2014).

4) 사회 요인

19세기 말 프랑스의 사회학자 뒤르켐(Durkheim)은 자살이 개인의 도덕적 행동이기보다 사회적 행동이라고 주장하였다. 그는 자살을 이기적 자살, 이타적 자살, 무통제적(아노미성) 자살로 나누었는데, 특히 무통제적 자살이란 개인이 사회에 대한 적응이 갑자기 차단 혹은 와해되어 자살하는 것으로서 사회경제적 공황 상태, 경제적 파산, 실직 또는 벼락부자가 된 경우 등이다. 한국에서도 1997년 외환위기(IMF 사태) 동안에 자살률이 상승하였으며, 특히 가족동반 자살이 많았다(민성길, 2015). 자살에 영향을 미치는 요인으로 학력, 경제활동, 실업, 생활고(김영범, 2020; 서소영, 2021; 전소담, 이진혁, 송인한, 2020; 최윤정, 박지연, 2014), 실직, 독거, 낮은 사회적 지지가 있었다(Hawton & van Heeringen, 2009). 자살의 증가와 관련된 요인으로 사회적 소외감, 재정적 · 전문적 어려움, 범죄 혹은 법적 문제 등이 있다(Bitanihirwe, 2016).

4. 자살 관련 치료 모델

1) 우울증에 대한 유럽동맹 프로그램

자살행동에 대한 예방과 다차원 수준의 예방 프로그램은 자살이 우울증, 자살과 관련 미디어 매체로 인한 모방자살과 관련이 있다는 전제하에 입법, 대중의 견해와 태도, 건강돌봄체계, 정신질환에 의하여 영향을 받는 사람들을 포함하고 있다. 29개 국가의 자료를 중심으로 우울증에 대한 유럽동맹(EAAD)이 개발한 이 프로그램의 초점은 심각한 신체적 장애와 연관된 고통이 종종 자살행동을 야기하는 요인으로 보는 것이다(Erlangsen, Stenager, & Conwell, 2015; Gusmão et al., 2013). 이 프로그램은 우울증에 대하여 유럽동맹이 개발한 지역사회에 기반한 네 가지 수준의 개입 모델이며, 이 모델의 네 가지 수준에 대한 내용은 다음과 같다(Hegerl et al., 2013).

첫째, 일반적인 실천가들과 협력하여 우울증 환자들에게 전달할 수 있는 정보뿐만 아니라 훈련을 제공한다.

둘째, "우울증은 모든 사람들이 겪을 수 있다." "우울증은 많은 얼굴을 가지고 있다." "우울증은 치료될 수 있다."라는 주요 메시지를 담은 전문적인 대중 캠페인을 한다. 이와 같은 캠페인은 시청에서 개막식과 대중 행사, 포스터, 전단으로 구성된다.

셋째, 교사, 목사, 노인돌보미, 기자, 약사 그리고 우울한 사람들과 잠재적으로 접촉하는 다른 전문집단을 포함하는 지역조력자와 게이트키퍼들에 대한 훈련을 포함한다. 여기에 참여한 2,000명 이상의 지역조력자들은 강도 높은 훈련을 받았다.

넷째, 자조집단에 참여하는 자살 환자와 친척들에게 정보를 제공한다.

2) 변증법적 행동치료

리네한(Linehan, 1993a; 1993b)이 개발한 변증법적 행동치료(Dialectical Behavior Therapy)는 경계성 성격장애와 정서조절장애를 가졌으며 만성적으로 자살을 시도하는 성인들을 위하여 개발되었다. 변증법적 행동치료는 일반적으로 표현기술의 일반화와 강화 그리고 청소년 환경구조를 증진하기 위한 복합가족 기술훈련집단 안에 부모와 가족 구성원이 포함된다(Miller et al., 2007). 이 방식 안에서 부모들은 표현기술을 활용하여 청소년 자녀들을 위한 모델과 코치로서 모범을 보여 줄 수 있다(Steinberg, Steinberg, & Miller, 2011). 변증법적 행동치료에서 가족상담의 목적은 가족 상호작용을 위하여 청소년을 준비시키고, 청소년이 정서적으로 상처받기 쉽다는 것을 부모에게 이해시키며, 부모의 정서조절장애를 언급하고, 가족 의사소통을 향상시키며, 가족환경의 우연성과 위기 관리 방법을 변화시키는 것이다(MacPherson, Cheavens, & Fristad, 2013). 자살생각과 자살행동에 대한 변증법적 행동치료는 긍정적인 결과를 보여 주었고(Fleischhaker et al., 2011; James et al., 2008, 2011; Miller et al., 2000; Woodberry & Popenoe, 2008), 자살생각(Woodberry & Popenoe, 2008)과 자살행동(Fleischhaker et al., 2011)에서 향상되었다는 것을 보여 주었다. 메타분석 연구에 따르면 변증법적 행동치료와 인지행동적 치료가 자살시도를 감소시키는 데 영향이 있는 것으로 나타났으며, 변증법적 행동치료는 자살치료에서 심리학자와 정신과 의사의 일반치료보다 자살시도를 50% 감소시켰다(Linehan et al., 2006). 또한 이 치료가 응급상황, 의사 방문, 자살에 대한 병원의 정신과 돌봄을 감소시키는 데 더 효과적이었고, 경계선 성격장애를 가진 사람들은 변증법적 행동치료를 받고 1년 후에 자살시도와 자살자해의 빈도와 강도가 감소하였다(McMain et al., 2009). 반면, 인지행동치료가 성인환자의 개인치료(Tarrier, Taylor, & Godding, 2008)와 집단치료에 있어서 자살, 자살생각, 자살행동의 위험을 줄이고, 일반치료와 비교해서 자살시도를 50% 감소시키는 데 효과적인 것으로 나타났다(Bolton, Gunnell, & Turecki, 2015; Méndez-Bustos et al., 2019).

3) 가족치료

애착기반 가족치료(Attachment-Based Family Therapy: ABFT)는 우울하고 자살을 시도하는 청소년을 위하여 고안되었으며 정서적인 면에 초점을 둔 접근법이다(Diamond, 2014). 이 모델의 일차적인 목적은 청소년과 부모 애착관계의 질을 향상시키는 데 있다. 실제로 조사에 따르면, 청소년과 부모관계의 질이 특히 청소년 우울증과 자살생각에 대한 위험에 중요하다는 것을 보여 준다(Allen et al., 2007). 애착기반 가족치료에 대한 연구 결과는 이 접근법의 효과성을 보여 준다(Diamond et al., 2002; Diamond et al., 2010). 애착기반 가족치료사의 첫 번째 임무는 관계적인 용어로 치료를 재구성하고 치료의 일차적인 목표로서 애착관계를 구축하는 데 있다. 결과적으로 애착기반 가족치료사는 원인과 증상으로부터 애착관계의 질로 치료의 초점을 전환한다. 이러한 변화를 야기하기 위하여 구성된 개입은 관계적인 재구성으로 이야기된다(Diamond & Siqueland, 1998).

자살과 관련한 국내 가족치료 사례로서는 자살하겠다고 위협하는 아동(7세)에게 MRI 모델을 적용한 연구가 있다(박태영, 1999). 이 사례에서는 자살을 시도하는 어머니가 아들에게 지금까지 시도해 왔던 표현 방식을 바꾸었고, 아버지가 아들과 함께하는 시간을 늘리면서 체벌을 다른 적합한 벌로 대체하였다. 부모는 아들에게 사용해 왔던 표현 방식이 역기능적이라는 것을 인식한 후에 새로운 표현 방식을 사용하였고, 부모와 아들의 관계가 개선되자 아동의 자살시도가 사라졌다. 이 사례에서 부모와 아동의 변화와 함께 부부관계도 향상되는 결과가 나타났으며, 이는 자살하겠다는 아동에 대한 MRI 의사소통 모델의 효과성을 보여 주었다.

박수선과 박태영(2015)은 최근 친구의 자살로 인해 충격을 받고 여러 번의 자해를 통한 자살시도를 한 내담자(고등학생 아들, 18세)에 대한 가족치료를 실시하였다. 그들은 청소년 자녀의 자살시도를 유발한 원인을 파악하고 이를 해결하기 위하여 보웬(Bowen)의 가족체계이론을 적용하였다. 또한 치료사는 부모가 지금까지 자녀의 문제행동 발생 시 대응하였던 가족구성원 간의 역기능적인 의사소통 방식을 파악하고 기능적인 의사소통 방식으로 변화할 수 있도록 돕기 위해 MRI 상호작용적 가족치료 모델을 적용하였다. 내담자의 자살시도 이면에는 부모갈등, 부정적인 부모자녀관계, 역기능적인 상호작용 방식, 원가족과의 지속된 문제 등이 있었으며, 가족치료를 통해 가족체계가 변화되어 내담자의 자살시도가 감소되었다.

박보라와 최정숙(2014)은 자살생각을 가진 청소년 1명과 그 가족을 대상으로 정서중심치료를 적용하였는데, 치료 후의 가족 차원의 변화로 정서 경험의 인식과 표현, 부정적 상호작용 고리 파악, 애착욕구의 인식과 표현/수용, 새로운 상호작용 시도, 깊은 정서적 교류, 새로운 태도, 안정된 결합이 나타났으며, 청소년 개인 차원의 변화로는 자살생각 완화, 우울 감소가 나타났다.

이은형 등(2023)은 자살생각이 있는 호스트바 청년의 가족치료 사례를 중심으로, 내담자의 생애발달주기에 따른 가족 내 역동을 탐색함으로써 태아기부터 성인기까지 내담자의 자살생각에 영향을 미친 요인들을 탐색하였다. 이 연구 결과에서는 태아기부터 성인기까지 내담자를 둘러싼 가족의 역동이 내담자가 불안정한 애착관계를 형성하도록 하였으며, 내담자의 불안정한 정서와 우울증을 심화해 자살생각에 이르게 한 것으로 나타났다. 내담자의 생애발달주기에 따른 가족 내 역동은 다음과 같다.

첫째, 태아기에는 부모의 혼전임신으로 인한 결혼과 부모의 미해결된 원가족 요인으로 내담자에게 태아기 불안이 나타났다.

둘째, 아동기에는 부모의 외도와 여동생 출생 스트레스로 인하여 내담자가 불안정한 애착관계를 형성하였다.

셋째, 청소년기에는 억압적인 부모의 통제와 내담자의 억압 행동 및 불안한 정서로 인해 경직된 가정 분위기가 조성되면서 기존의 불안이 심화되었다.

넷째, 성인기에는 지지체계의 부재, 공허한 대인관계, 불안정한 정서와 미래로 인해 불안이 증폭되었다.

5. 사례

1) 자살시도를 하는 고등학생에 대한 가족치료 사례*

(1) 사례 개요

이 사례의 내담자는 여러 차례의 자살시도로 인하여 정신과상담을 받고 있으나 진전을 보이지 않아 내담자가 다니는 학교상담사를 통해 치료사에게 의뢰되어 가족치료를

* 이 사례의 가족치료 과정을 알고 싶다면 박태영, 박수선(2015). 자살시도를 하는 고등학생에 대한 가족치료 사례연구. 가족관계학회지, 19(4). 75-100을 참고하기 바란다.

받게 되었다. 이 사례의 가족은 아버지(50세), 어머니(49세), 딸(20세), 아들(18세)로 구성되었으며, 총 12회기의 개별상담(7회), 부부상담(1회), 남매상담(1회), 부모자녀상담(2회), 전체 가족상담(1회)을 진행하였다.

상담 의뢰자인 어머니가 호소한 주요 문제는 다음과 같다. 최근 둘째 아들이 친한 친구의 자살로 인해 충격을 받아 여러 번 자해를 통한 자살시도를 하고, 자살사이트에 가입하고, 학교에 가지 않고, 부모와 거의 대화를 하지 않는 상황이었다. 이로 인해 가족 구성원들(부모와 딸)은 아들(내담자)의 자살시도가 다시 일어날지도 모른다는 불안감과 두려움을 갖고 있었다.

(2) 연구 결과

① 내담자의 위기 상황 내용과 가족의 대응

■ 위기 상황의 내용

내담자 어머니가 호소한 주요 문제는 최근 친구의 자살로 촉발된 아들(내담자)의 지속적인 자살시도로, 현재 내담자는 정신과치료를 받고 있는 상황이다. 또한 내담자는 고등학교 때부터 학교생활에 적응하지 못하여 현재 학업에 대한 대안을 찾고 있는 중이었다. 내담자는 부모에게 인정받는 누나에 대한 열등감이 높았으며 이를 가족에게 솔직하게 이야기하지 못하였다.

• 내담자의 지속적인 자살의도 및 자살시도

내담자는 친구의 자살로 인한 죄책감에 시달리고 있었으며, 그 후 여러 번의 자해행동 및 자살사이트 가입을 통하여 지속적인 자살시도를 하였다. 내담자는 여전히 자살을 하고 싶다는 생각을 가지고 있었다.

• 내담자의 학교 부적응

어머니의 이야기에 따르면 내담자는 고등학교 진학 후 교우관계 형성에 어려움을 겪었다. 또한 내담자는 고등학교 진학 이후 학교생활에 적응을 못하였고 죽고 싶다는 생각을 하였다.

• 누나에 대한 내담자의 열등감

내담자는 누나에게 심한 열등감을 느끼고 있었으며, 자신은 애교를 부려야만 가족들에게 사랑을 받는다고 하였다.

■ 자살시도에 대한 가족의 대응

내담자가 언제 또 자살을 시도할지 모르는 상황에서 가족구성원 모두 높은 불안과 신체적 증상이 나타나기도 하였다. 내담자의 자살시도에 대한 불안이 지속되는 상황에서 부모는 자녀에게 역기능적인 반응을 되풀이하였다.

• **내담자의 자살시도에 대한 불안감과 두려움**

내담자의 지속적인 자살시도로 인해 어머니는 높은 불안감과 공포를 가지고 있었고, 내담자에게 자살시도 행동을 언급하는 것조차 어려워하였다.

• **내담자의 자살시도에 대한 부모의 역기능적인 반응**

부모는 내담자의 지속적인 자살시도로 불안이 높았는데 내담자가 감기약을 먹은 것을 자살시도로 오해한 아버지는 내담자를 야단침으로써 상황을 악화시켰다.

• **내담자에 대한 걱정과 불안으로 인한 신체적 증상**

내담자의 계속되는 자살시도에 대한 불안감으로 인해 어머니에게 신체적인 증상이 나타났는데, 이로 인해 가족 전체가 더욱 불안함을 느꼈다.

② 자살행동 발생의 가족 요인

■ 부모-자녀의 역기능적인 의사소통 방식

내담자 자살 증상 발생의 가족 요인으로 자녀에 대한 부모의 역기능적인 의사소통 방식을 들 수 있는데, 부모가 자녀에게 자신의 감정을 여과 없이 표현하고 자녀의 의사를 무시하거나 정서를 억누르며 자녀에게 충분히 공감해 주지 못하였다.

• **부정적 감정을 여과 없이 자녀에게 표현하는 아버지의 의사소통 방식**

내담자의 자살행동을 지속시키는 요인 중 하나는 내담자에 대한 아버지의 부정적인 감정 표현이었는데, 내담자 역시 이에 즉각 부정적으로 반응하여 문제를 증폭시켰다. 내담자는 아버지의 이러한 의사소통 방식이 자신을 미쳐 버리게 만드는 요인이라고 이야기하였다.

• 자녀의 의사를 무시하는 어머니의 의사소통 방식

내담자와 누나 모두 어머니의 일방적이고 무시하는 의사소통 방식으로 인해 어려움을 겪고 있었다. 이로 인해 내담자와 누나는 어머니가 자신들을 인정해 주지 않는다고 생각하였다.

• 억눌린 자녀의 정서 표현

자녀는 부모의 역기능적인 의사 표현으로 인해 감정을 억압하였고, 사실대로 이야기를 해도 혼나는 경우가 많아서 아예 표현을 하지 않거나 잘못하였다고 말하였다.

■ 부부간 기능적인 의사소통 방식의 부재

부부는 서로 상대방 탓을 하면서 자신의 의견만을 주장하였다. 이러한 역기능적인 의사소통 방식으로 부부간에 빈번한 갈등이 일어났고, 이로 인하여 내담자는 늘 불안감을 느꼈다. 부모의 역기능적인 의사소통 방식은 내담자에게도 전수되었다.

• 아버지의 비난형 의사소통 방식

아버지는 어머니에게 비난형 의사소통 방식을 사용하였고, 상대방의 잘못을 계속 탓하는 역기능적 의사소통 방식으로 인해 가족구성원 모두에게 부정적인 영향을 주었다.

• 부부의 다툼형 의사소통 방식

내담자 부모는 부부간에 싸움이 잦았고 심지어 자녀에게 이혼 후 어떤 부모를 따라갈 것인지 직접 묻기도 하였다.

• 세대 전수된 어머니의 의사소통 방식

어머니의 자기주장이 강하고 자녀의 의사를 무시하는 의사소통 방식은 친정아버지의 다혈질적이며 자기중심적인 의사소통 방식을 전수받은 것이었으며, 자녀 또한 어머니의 의사소통 방식을 사용하였다.

③ 치료적 개입 방법과 효과

■ 치료적 개입 방법

• **역기능적 의사소통 방식에 대한 원인 탐색**

치료사는 가족구성원들에게 자녀에 대한 부모의 역기능적 의사소통 방식의 근본적인 원인 탐색을 위해 가족의 상호작용 패턴을 탐색하고 현재 가족체계를 명확히 인식하게 하였다. 또한 치료사는 가족구성원들에게 부모자녀 간의 의사소통이 어려운 원인이 원가족과의 부정적인 경험과 관련이 있다는 것을 설명하였다.

• **어머니의 미성숙한 대응 방식을 직면시킴**

치료사는 어머니가 갈등 상황에서 자신의 대응 방식을 인식하도록 하였으며, 바람직한 부모 역할 및 대응 방식에 대해 코칭하였다.

• **가족 하위체계 간 명확한 경계선 형성을 통한 상호작용 패턴 변화 유도**

치료사는 부모자녀 및 남매 간 하위체계에 대한 명확한 경계선 형성을 시도하였다. 치료사는 누나가 내담자의 편을 들어 남매 하위체계를 강화하여 위계구조를 변화함으로써 상호작용패턴을 변화하도록 하고, 이를 통해 갈등 상황을 해결할 수 있는 새로운 의사소통 방법을 시도하도록 하였다.

• **효과적인 의사소통 방식 연습하기**

치료사는 가족구성원 간의 역기능적인 의사소통 방식을 변화시키기 위해 상담 중에 부부에게 기능적이고 효과적인 의사소통 방식을 연습할 수 있게 하였다. 그리고 부부간의 대칭적 관계로 기인된 갈등적 의사소통 방식이 아닌 기능적이고 효과적인 의사소통 방식을 시도하였다.

■ 치료의 효과

• **부모의 내담자 문제에 대한 통찰과 기능적인 의사소통 방식 시도**

치료사의 개입 과정을 통해 부모는 자신들의 의사소통 방식이 효과적이지 못하다는 것을 인식하게 되었다. 가족구성원들이 의사소통 방식의 문제점을 인식한 후 부모와 자녀 간에 개방적이고 진솔한 대화가 시도되어 부정적인 가족관계가 긍정적으로 변하였다.

• **내담자의 솔직한 의사 표현**

가족구성원들에 대한 치료사의 적극적인 공감과 통찰적 해석 과정을 통해 내담자는 부모에게 자신의 속마음을 솔직하게 표현할 수 있게 되었다.

• **아버지-내담자 간 긍정적 관계 형성 시도**

가족치료를 통해 아버지는 내담자를 있는 그대로 수용하였다. 이러한 아버지의 변화는 부부관계에도 영향을 주어 부부가 충돌을 하지 않고 대화할 수 있었다. 또한 내담자는 가족치료를 통한 의사소통 방식의 변화로 인하여 부모와 솔직하게 대화하기 시작하였으며, 자발적으로 아버지와 함께 산책을 하는 등 부모-자녀 간에 긍정적인 변화가 일어났다.

• **가족구성원들의 가족 문제를 해결하려는 자발적 의지 생성**

가족치료를 통해 내담자 가족은 남 탓을 하는 대화 방식에서 벗어나 적극적으로 가족 문제를 해결하고자 하는 자발적 의지가 형성되었다. 치료 과정 중 내담자의 자살시도는 한 번도 일어나지 않았으며, 내담자는 학교 부적응 문제로 대안을 찾던 중 자발적으로 위탁학교를 선택하면서 진로에 대한 불안감이 해소되었고 생활적응력이 향상되었다.

2) 자살사고가 있는 호스트바 청년의 가족치료 사례*

(1) 사례 개요

내담자는 호스트바에서 근무하는 청년(32세)으로 우울증과 자살생각으로 인해 부모에게 괴로움을 호소하거나 원망하는 문자를 보냈는데, 이를 걱정한 아버지가 상담을 의뢰하였다. 내담자는 오래전부터 우울증을 앓아 왔으며 호스트바에서 근무하며 밤낮이 바뀌고 알코올의존증에 빠지면서 증상이 심해졌다. 내담자 부모는 준비되지 않은 임신으로 결혼 초기부터 싸우는 일이 많았는데, 불안정한 부모 밑에서 자란 내담자 역시 정서적 안정감을 느끼지 못하였다. 아버지는 내담자가 잘못할 때마다 체벌하였고 어머니는 이를 지켜보거나 부추겼다. 또한 부모는 복잡한 남녀 문제로 오랜 시간 갈등을 빚으면서 자녀들 앞에서 싸우는 날이 많았다. 어머니는 남자친구를 사귀었으며 내담자에게 소홀하였다. 아버지는 그런 어머니를 비난하고 무시하였는데, 이 과정에서 내담자는 부모

* 이 사례의 가족치료 과정을 알고 싶다면 이은형, 박태영, 윤영희, 정윤, 한경미, 오예석(2023). 호스트바 청년의 자살사고 발생과정과 가족 내 역동에 관한 연구: 가족치료 사례를 중심으로. 가족과 가족치료, 31(1), 85-114를 참고하기 바란다.

와 불안정한 애착관계를 형성하게 되었다. 어린 시절 내담자의 불안정한 애착관계는 내담자가 성장하는 동안 일련의 사건들로 인해 악화되었고 약물중독과 불안정한 직업 선택에 영향을 미치는 결정적인 요인으로 작용하였으며, 자살생각을 하게 되었다.

(2) 발달 단계에 따른 내담자의 자살생각에 영향을 미친 요인

① 태내기: 태내기 불안

내담자 부모는 혼전임신으로 시집이 반대하는 결혼을 하게 되었는데 이 과정에서 내담자 아버지가 어머니를 보호해 주지 못하면서 부부갈등이 야기되었다. 갈등 상황에 놓일 때마다 부모는 미해결된 원가족 요인으로 인해 역기능적으로 의사소통하였고, 서로를 불신하였다. 부모의 불만족스러운 결혼생활은 내담자의 불안정한 애착 형성의 요인으로 작용하였으며 내담자의 자살생각에 영향을 미친 것으로 나타났다.

■ 혼전임신으로 인한 결혼

• 원치 않은 임신

내담자 어머니는 내담자에게 실수로 원치 않은 임신을 하여 출산하였다고 하였다. 부모는 내담자의 낙태를 고민하였고 그 과정에서 시집의 반대에 부딪히며 특히 어머니의 스트레스가 극에 달하였다. 이후 어머니는 아버지의 스킨십을 거부하며 부부갈등이 심각하였다.

• 시집이 반대하는 결혼

내담자 어머니는 혼전임신으로 결혼 전부터 시집의 눈치를 보게 되었다. 시집에서 반대하는 결혼을 한 탓에 부족한 결혼자금은 친정어머니가 금반지를 팔아 조달하였고, 내담자를 출산한 이후에도 시아버지는 어머니를 탐탁지 않게 생각하였다. 내담자가 어렸을 때 무뚝뚝했던 아버지는 시아버지의 직설적인 말과 행동에 힘들어하는 어머니를 이해할 수 없었다. 이러한 시집과의 갈등으로 어머니는 1년에 2~3번만 시집을 방문하였다. 시집과 남편과의 갈등으로 인한 어머니의 스트레스는 자녀양육에 부정적인 영향을 주었다. 어머니는 내담자에게 모유수유를 거의 할 수 없었으며, 친정어머니가 내담자를 양육하였다. 이와 같은 상황이 내담자의 불안정한 애착관계 형성에 영향을 미친 것으로 보인다.

■ 부모의 미해결된 원가족 요인

• 재혼가정의 자녀인 어머니의 불안

내담자 어머니는 재혼가정의 자녀로, 첫째 어머니의 자녀들에게 억눌려 한 맺힌 어린 시절을 보냈다. 첫째 어머니의 자녀들은 경제적으로 풍족하였으나, 둘째 어머니인 자신의 어머니는 가난하였고 이는 어머니가 금전적인 욕심을 부리는 원인으로 작용하였다. 내담자 어머니는 아버지가 친정 식구들을 만날 때 돈을 아끼는 것에 불만이 많았으며, 삼촌과 가깝게 지내면서 내담자 아버지 명의로 보험을 들어 대출을 받게 하거나 통장을 불법적으로 사용하는 등 끊임없이 돈 문제로 갈등을 일으켰다. 이에 아버지는 부인이 내력으로 한탕주의가 있음을 지적하며 불만을 토로하였다.

• 폭력적인 할아버지에게 억압된 아버지

내담자 친할아버지는 놀음과 음주에 빠져 술만 마시면 친할머니를 때리고 물건을 부수었다. 친할아버지는 어른에 대한 예의범절을 강조하며 고개를 들지 못하게 하였고 직설적인 의사소통 방식을 사용하였으며, 자녀를 억압하였다. 심지어 친할아버지는 누가 때리면 맞고 오라는 말로 자녀에게 더 상처를 주었다. 아버지에게 할아버지는 세상에서 가장 무서운 존재였다. 이러한 할아버지 밑에서 아버지는 늘 가슴이 답답해 터질 것 같았다. 아버지 또한 할아버지처럼 부인과 자녀를 억압하며 가족들에게 큰 상처를 주었다.

② 아동기: 불안정한 애착관계 형성

아동기에 내담자는 어머니의 바람기와 아버지의 직장 내 여성과의 관계로 인한 부부 갈등으로 부모와 안정적인 애착관계 형성이 어려웠다. 설상가상으로 여동생이 태어나면서 부모는 어린 내담자에게 손윗사람으로서의 책임감과 예의범절을 강요하였고, 동생을 편애하여 동생이 잘못해도 내담자를 질책하고 나무랐다. 내담자는 작은 실수에도 야단을 맞으면서 폭식증이 나타났다. 또한 내담자는 불안을 해소하기 위해 게임중독에 빠지게 되었다.

■ 부모의 외도

• 어머니의 바람기

내담자 어머니는 신혼 초부터 지속적으로 바람을 피웠다. 내담자 어머니는 집으로 남자를 데려올 때는 내담자를 밖으로 내보냈고, 집에 자주 오던 목사도 알고 보니 어머니와 정서적인 교류가 있는 사람이었다. 내담자 여동생이 어린 시절 연예인 연습생으로 활동할 때도 내담자 어머니는 여동생를 차로 데리고 다니면서 또 다른 남성을 만났다. 내담자 아버지를 더 화나게 한 것은 어머니와 만나고 연락하던 남성들이 아버지와 마주칠 때 미안하다고 사과하는 것이었는데, 그러한 남성들의 말에 어머니를 더 의심하게 되었다.

• 아버지의 여성들과의 교류

내담자 아버지는 바람을 피운 적은 없지만 동료들과 친밀한 관계를 유지하였으며 어머니는 이를 오해하여 추궁하였다. 아버지는 큰 의미 없이 동료와 카풀을 하거나 커피를 마셨지만, 그 대상이 이성이라는 것이 어머니를 자극하였다. 어머니가 아버지의 외도를 의심하거나 따지면 아버지는 "의부증이 있는 거 아니냐?" "너하고 이야기하면 대화가 안 된다."라고 화를 내며 무시하거나 비난하였다. 아버지의 말과 행동에 상처받은 어머니는 다정하게 말하는 남성에게 끌렸으며, 이성 문제로 다툼이 잦아지면서 부부갈등은 극에 달하였다. 이 과정에서 내담자는 부모의 싸움을 목격하며 더욱 불안하였다.

■ 여동생 출생으로 인한 스트레스

• 부모의 편애

내담자와 나이 차이가 많이 나는 여동생이 태어나면서 부모는 여동생을 예뻐하고 내담자에게 오빠로서의 책임감과 의무를 강요하였다. 부모의 관심과 사랑이 동생에게 집중되면서 내담자의 스트레스는 증가하였는데, 아버지는 내담자가 고집이 센 것이 동생이 태어나기 전까지 내담자를 너무 곱게 키웠기 때문이라고 생각하였다. 아버지는 동생보다 내담자를 더 엄격하게 키웠다.

• 애정결핍과 중독 증상

동생이 태어나면서 많은 스트레스를 받은 내담자는 불안이 심해지면서 폭식을 하게 되어 살이 쪘는데, 내담자의 부모는 "돼지가 되려고 그러냐?"라며 내담자를 질책하였다. 또한 내담자는 불안한 마음을 잠재우기 위해 게임에 몰두하게 되었다. 내담자는 주말에 밥도 먹지 않고 14~18시간 이상 게임만 하면서 비정상적으로 살이 빠졌음에도 게임을 멈출 수 없었다. 내담자는 학교에서 친구들과 게임을 하였고 학업에 소홀해지면서 부모에게 야단을 많이 맞았으나 게임중독은 더욱 심해졌다.

③ 청소년기: 억압적인 가정 분위기

내담자 부모는 부부싸움을 할 때마다 아버지는 물건을 때려 부수고 어머니는 그런 아버지를 말로 자극하여 내담자를 불안하게 만들었다. 또한 내담자 아버지는 내담자가 잘못할 때마다 폭력적으로 훈육하였고 예의범절을 중시하였는데, 이러한 상황이 반복되자 내담자는 점점 더 위축되었다. 부모에게 수용된 경험이 없는 내담자는 스스로 감정을 억압하였으며, 타인에게 인정받기 위해 이야기를 과장하거나 거짓말하였다.

■ 억압적인 부모의 통제

• 불합리한 상황에도 반복된 아버지의 질책

내담자가 고등학교 3학년 때 담임교사는 내담자에게 공부를 늦게 시작해서 원하는 대학에 갈 수 없으니 눈높이에 맞는 낮은 대학에 지원하라고 하였다. 이에 내담자는 교사에게 욕을 하며 분노를 표출하였고 아버지는 그 교사의 원래 언행을 알면서도 그렇게 행동했냐며 내담자를 질책하였다. 이러한 상황이 반복되면서 내담자는 부당한 일에 참다가 폭발하는 방식으로 분노를 표출하였다.

• 지나친 예의범절 준수

내담자 아버지는 어떤 상황에서나 지나치게 예의범절을 강조하였다. 내담자 아버지는 내담자의 이야기를 들어 주기보다 도덕과 윤리적 틀 안에서 내담자를 억압하였다. 아버지가 도덕을 중요시할 때마다 내담자는 죽고 싶다는 생각을 하게 되었고 이는 일탈 행동으로 이어졌다. 아버지는 내담자를 올바르게 키우고 싶은 마음에서 예의범절을 강조하였지만, 이는 내담자에게 억압으로 느껴졌으며 우울증은 더욱 심해졌다.

• 아버지의 체벌과 어머니의 부추김

아버지는 내담자가 잘못할 때마다 무차별적인 폭행을 가했는데, 어머니는 옆에서 이를 지켜보며 "맞아도 싸다!"라고 부추겼다. 특히 내담자가 거짓말하고 학원에 가지 않은 사실을 어머니가 아버지에게 전달하여 야구방망이로 심하게 맞은 적이 있었는데, 내담자는 그 사건이 트라우마가 되었다. 내담자가 집에서 자신을 보호해 줄 사람이 없다고 생각하게 되면서 부모에 대한 불신과 불안이 높아졌다.

■ 내담자의 억압 행동과 정서

• 심리적 억압

내담자 부모는 내담자가 잘못했으니 맞는 것이라며 폭력을 합리화하였고 내담자가 화를 내거나 분노를 표출하는 것을 억압하였다. 내담자는 어려서부터 하고 싶은 말과 행동을 참도록 강요받으면서 늘 가슴이 답답하고 억눌린 기분을 느꼈다. 이와 같은 느낌은 내담자 아버지와 친조부와의 관계에서도 비슷하였다. 가정에서 부모에게 감정을 표현하지 못하고 억압하는 습관으로 불안이 높아지면서 내담자의 자존감이 낮아졌다.

• 자책하는 마음

내담자는 어느 순간부터 부모에게 혼날 때마다 모든 책임은 자신에게 있으며 고통은 자신의 죽음을 통해서만 끝난다고 생각하였다. 어려서부터 때리는 아버지와 부추기는 어머니로 인해 불안정한 애착관계가 형성된 내담자는 타인이 말도 안 되는 이유로 때려도 저항하지 못하였다. 오히려 내담자는 자신의 잘못이라 여기며 스스로를 자책하였다.

④ 성인기: 커지는 불신감으로 인한 자살생각 심화

내담자는 어머니의 외도를 목격하고 이혼과 재혼을 반복하는 아버지를 보면서 더 이상 부모를 신뢰할 수 없었다. 내담자에게 부모는 만만한 존재였으며, 힘든 순간 부모를 찾았을 때도 도움받지 못하게 되면서 부모를 원망하였다. 내담자는 한탕주의 성향이 있었고 다단계 보험사기를 당하여 수천만 원의 빚을 지게 되면서 호스트바 일을 시작하게 되었다. 지지체계가 부재했던 내담자는 가족들 몰래 호스트바 근무를 하며 빚을 갚았지만 힘든 직장생활로 인해 스트레스는 더욱 증폭되었다. 이로 인해 내담자는 호스트바 일이 끝나는 새벽이나 아침마다 극심한 우울감에 시달렸고 불면증으로 무기력해지는 날이 잦아지면서 죽고 싶다는 생각을 하게 되었다.

■ 지지체계의 부재

• 신뢰할 수 없는 부모

아버지는 이혼과 재혼을 거듭하며 여자 친구가 생길 때마다 내담자에게 관계 지속 여부에 대한 의견을 물어 보았는데, 내담자는 아버지에게 연애 상담을 해 주면서 친구이자 부모의 역할을 대신하였다. 어머니도 내담자보다는 남자를 더 챙기고 금전적인 문제를 반복적으로 일으키면서 내담자는 어머니를 무시하였다.

• 어머니의 외도 목격

내담자가 고등학교 3학년 때 어머니는 본인이 운영하던 학원 책임자와 3년간 외도하였는데, 내담자는 이 사실을 알고도 모른 척하였다. 내담자는 어머니의 외도를 혼자 속앓이하며 온라인 상담을 받기도 하였다. 어머니의 외도는 내담자의 군 제대 시점까지 지속되었다. 제대 이후 내담자는 어머니의 외도 사실을 알고 있는 자신을 어머니가 해칠 것 같다는 불안감에 시달리며 평소 앓고 있던 우울증이 심해졌다. 결국 불안이 심해진 내담자는 아버지에게 모든 사실을 털어놨으며, 이 사건을 계기로 부모와 여성에 대한 불신이 높아졌다.

• 경제적인 어려움

내담자 어머니는 신혼 초기부터 돈 문제로 아버지와 갈등을 빚으면서 빚이 늘어났다. 어머니와 이혼 후 재혼한 두 번째 부인 또한 빚을 지면서까지 친정을 도왔다. 이로 인해 아버지는 가계 빚이 늘어 경제적으로 자녀의 도움을 받아야 하는 상황에 놓였다. 이때 내담자도 다단계 보험사기를 당하면서 빚더미에 놓여 부모의 지원이 절실하였으나 경제적인 어려움이 있던 부모는 내담자를 도와주지 못하였다. 생활고를 겪으며 빚이 많아진 내담자는 빚을 갚기 위해 호스트바 근무를 시작하였고 이로 인해 내담자의 우울증이 심해지면서 부모를 더욱 원망하게 되었다.

■ 공허한 대인관계

• 상실에 대한 두려움

내담자는 외롭고 공허할 때 마음을 터놓고 이야기할 대상이 부재하였다. 내담자는 힘든 이야기를 하면 자신의 매력이 떨어져 여성들이 그런 자신을 떠날 것이라는 두려움이 있었다. 이는 내담자가 부모에게 자신의 힘든 상황을 이야기했을 때 질책하고 나무랐던 기억과 연결되었다.

• 가벼운 이성관계

내담자는 가벼운 이성관계를 추구하였다. 내담자는 불안정한 마음을 억누르기 위해 다수의 여성과 연락하며 관계를 맺었고 이를 자랑스럽게 여겼다. 하지만 시간이 지날수록 내담자는 관계에 대한 불안이 높아지면서 이성들과의 만남을 줄이고 한 사람에게만 정착하려고 노력하였으나 불가능하였다.

■ 불안정한 정서와 미래에 대한 불안

• 알코올 및 약물 중독

부모와 불안정한 애착관계를 형성한 내담자는 어린 시절부터 앓던 우울증이 심해져 자살생각을 자주 하게 되었고, 이는 알코올 및 약물 중독으로 이어졌다. 내담자는 유년 시절에 우울, 불안, 스트레스를 게임으로 해소하였고 고등학교 때부터는 술을 마시기 시작해 성인이 된 이후 알코올의존 상태가 되었다. 내담자는 호스트바에서 근무하며 거의 매일 술을 마셨고 근무가 없는 날에도 술을 마시며 시간을 보냈는데, 이로 인해 우울증이 더욱 심해졌으며 망상과 자살생각 역시 증가하였다.

• 불안정한 심리 상태

내담자는 우울증이 점점 심해지면서 죽고 싶다는 생각을 자주하였고 망상에 시달렸다. 내담자가 호스트바에 근무하면서부터 하루 일을 마친 후 불안감이 심해져 새벽에 부모에게 견딜 수 없는 우울, 불안, 원망 등의 부정적인 감정을 호소하는 문자를 보내기도 하였다. 내담자는 참았던 분노가 폭발할 때는 불법적인 행동을 하거나 자신을 위협하는 사람을 죽이고 전과자가 되어 눈치 보고 예의를 지키는 것으로부터 벗어나고 싶다는 충동을 느끼기도 하였다.

• 벗어나기 힘든 호스트바의 굴레

내담자의 불안정한 직업은 자살생각을 심화시키는 결정적인 요인으로 작용하였다. 호스트바 근무 특성상 여성 손님들에게 선택을 받아야만 돈을 벌 수 있었는데, 선택받지 못할 수 있다는 데서 오는 불안감이 내담자를 더욱 우울하게 만들었다. 또한 일을 하며 빚을 갚아도 또다시 빚을 지게 되는 상황이 반복되면서 내담자의 우울증과 불안은 심화되었다. 내담자는 호스트바 근무로 인한 스트레스와 떳떳하지 못한 일을 한다는 생각에 직업 전환을 고민해 왔는데 고민이 깊어질수록 내담자의 불안은 더 증폭되었다.

참고문헌

강상경(2010). 우울이 자살을 예측하는가?: 우울과 자살태도 관계의 성별 · 연령 차이. **사회복지연구**, 41(2), 67-99.

경제협력개발기구(2019). 자살률. https://data.oecd.org/healthstat/suicide-rates.htm.

김명화(2012). 애착과 자살생각의 관계에서 자동적사고의 매개효과. 통합치료연구, 4, 27-54.

김사라형선(2011). 청소년의 우울, 자살생각, 스트레스 감소를 위한 통합적 집단상담 프로그램의 개발과 효과. 아동학회지, 32(6), 81-94.

김영범(2020). 지역사회 거주 노인의 사회적 고립과 자살행동 가능성: 전기 노인과 후기 노인의 차이를 중심으로. 지역사회학, 21(3), 169-190.

김정유(2021). 자살예방사업 담당자의 경험에 관한 내러티브 연구: 이 · 통장 자살예방 게이트키퍼 사업을 중심으로. 한국융합학회논문지, 12(3), 305-315.

김정유(2022). 이 · 통장의 자살예방 게이트키퍼 활동 지속에 관한 혼합연구. 숭실대학교 박사학위논문.

김정유, 황정우, 이동하, 이강욱(2018). 지역사회 풀뿌리조직의 자살예방 게이트키퍼 활동 참여에 영향을 주는 요인 분석: 강원도 이장 · 통장 자살예방 게이트키퍼를 중심으로. 한국콘텐츠학회논문지, 18(4), 223-233.

김지훈, 김경호(2013). 자살생각과 자살계획에 관련된 유발변인의 영향력 분석: 심리상태와 가족관련 변인 중심으로. 가족과 문화, 25(4), 246-272.

김희연, 채규만(2010). 심리도식, 가족응집성-적응성, 스트레스 취약성과 자살생각의 관련성. 인지행동치료, 10(1), 39-55.

남석인, 시지혜, 정예은, 채주석(2019). 노년기 삶의 의미와 우울, 자살생각에 대한 연구: 독거노인과 비독거노인의 비교. 노인복지연구, 74(2), 163-192.

문동규(2012). 노인의 자살생각과 관련된 유발변인의 메타회귀분석. 노인복지연구, 55, 133-157.

민성길(2015). 최신정신의학. 일조각.

박병금(2007). 청소년의 가족환경요인과 자살생각: 자아존중감과 우울의 매개효과를 중심으로. 충북대학교 생활과학연구소, 11(1), 1-17.

박보라, 최정숙(2014). 자살사고를 가진 초기청소년 가족을 대상으로 한 정서중심치료 사례연구. 한국가족치료학회지, 22(3), 275-300.

박수선, 박태영(2015). 자살시도를 하는 고등학생에 대한 가족치료 사례연구. 가족관계학회지, 19(4). 75-100.

박은옥(2008). 청소년의 자살시도에 영향을 주는 요인. 대한간호학회지, 38(3), 465-473.

박태영(1999). MRI모델을 적용한 '자살하겠다'는 아동의 가족치료. 한국정신보건사회사업학회지, 8, 105-134.

배지연, 김원형, 윤경아(2005). 노인의 우울 및 자살생각에 있어서 사회적지지의 완충효과. 한국노년학, 25(3), 59-73.

서소영(2021). 고용형태와 우울감, 자살생각, 자살계획, 자살시도와의 관계: 제7기 국민건강영양조사. 대한보건연구, 47(2), 117-131.

성혜연, 이성규(2022). 자살예방 실무자의 외상후 성장 유형과 관련 요인에 관한 연구. 한국사회복지조사연구, 72, 67-96.

송인한, 권세원, 정은혜(2011). 청소년의 차별경험이 자살생각에 미치는 영향: 사회적 지지의 조절효과를 중심으로. 청소년복지연구, 13(2), 199-223.

신혜정, 정익중, 이상아, 이향연, 박재연(2014). 청소년의 우울, 자살 생각, 자살계획, 자살시도에 영향을 미치는 요인. 학교사회복지, 27, 25-50.

심미영, 김교헌(2005). 한국 청소년의 자살생각에 대한 위험요인과 보호요인: 성과 발달 시기의 조절효과. 한국심리학회지:임상. 10(3). 313-325.

오승환, 이창한(2010). 청소년의 자살충동 결정요인 분석: 개인, 가족, 학교요인 분석을 중심으로. 한국범죄심리연구, 6(2), 147-170.

이경진, 조성호(2004). 청소년 자살 고위험 집단의 심리적 특성. 한국심리학회지: 상담 및 심리치료, 16(4), 667-685.

이수비, 신예림, 윤명숙(2022). 청년의 상대적 박탈감이 자살에 미치는 영향: 미래전망과 사회적 고립의 순차적 매개효과. 보건사회연구, 42(2), 369-389.

이은형, 박태영, 윤영희, 정윤, 한경미, 오예석(2023). 호스트바 청년의 자살사고 발생과정과 가족 내 역동에 관한 연구: 가족치료 사례를 중심으로. 가족과 가족치료, 31(1), 85-114.

이지원, 이기학(2014). 불안정애착 및 심리적 고통이 관계중독에 미치는 영향: 지지추구적 정서조절양식의 조절된 매개효과 검증. 한국심리학회지: 상담 및 심리치료, 26(1), 65-95.

이지현, 이정윤(2009). 학교상담: 청소년의 학업스트레스와 자살생각의 관계: 부모 및 또래와의 관계와 인지왜곡의 매개효과. 상담학연구, 10(2), 1113-1126.

장현정, 유지영(2020). 노인우울과 자살생각과의 관계에서 심리적 수용의 조절효과. 한국심리학회지: 상담 및 심리치료, 32(4), 1597-1614.

전석균, 박봉길(2014). 가족원의 자살시도를 경험한 중년기의 자살생각에 대한 요인연구: 가족위기 대처능력의 매개효과를 중심으로. 사회과학연구, 30(2), 1-27.

전소담, 이진혁, 송인한(2020). 고용안정성이 자살생각에 미치는 영향: 가족기능의 조절효과 분석. 한국콘텐츠학회논문지, 20(4), 553-563.

정혜경, 안옥희, 김경희(2003). 청소년의 자살충동에 영향을 미치는 예측요인. 청소년연구, 10(2), 107-126.

채수미(2020). 한국 사회의 자살 실태와 자살 고위험군 발굴 전략. 보건복지포럼, 282, 55-66.

최소정, 배대석, 장문선(2010). 상담일반: 자살생각과 관련된 부모와의 애착, 역기능적 신념 및 우울간의 관계분석. 상담학연구, 11(2), 571-582.

최윤정, 박지연(2014). 생활고와 복지증진이 한국의 자살률에 미치는 영향 연구. 사회복지정책, 41(3), 155-182.

통계청(2021). 2020년 사망원인통계 결과. 보도자료.

Allen, J. P., Porter, M., McFarland, C., McElhaney, K. B., & Marsh, P. (2007). The relational of attachment security to adolescents' paternal and peer relationships, depression, and externalizing behavior. *Child Development, 78,* 1222-1239.

American Psychiatric Association (2013). *Diagnostic and statistical manual of mental disorders* (5th ed.), Washington. DC: American Psychiatric Publishing.

Anton, R. H., Alvarez, E. D., Astorga, A. A., Koite, E. R., Sanchez, S. G., Andres, L. R., …… & De Cegama, F. U. L. (2016). Suicide: A major public health problem. *European Psychiatry, 33*(S1), S601-S602.

Antonelli-Salgado, T., Monteiro, G. M. C., Marcon, G., Roza, T. H., Zimerman, A., Hoffmann, M. S., ... & Passos, I. C. (2021). Loneliness, but not social distancing, is associated with the incidence of suicidal ideation during the COVID-19 outbreak: a longitudinal study. *Journal of Affective Disorders, 290*, 52-60.

Arsenault-Lapierre, G., Kim, C., & Turecki, G. (2004). Psychiatric diagnoses in 3275 suicides: a meta-analysis. *BMC Psychiatry, 4*(1), 1-11.

Berman, A. L., Jobes, D. A., & Silverman, M. M. (2006). The epidemiology of adolescent suicide. In A. L., Berman, D. A. Jobes, & M. M. Silverman (Eds.), *Adolescent suicide: Assessment and intervention* (2nd ed., pp. 13-42). Washington, DC: American Psychological Association.

Bertolote, J. M., Fleischmann, A., De Leo, D., & Wasserman, D. (2004). Psychiatric diagnoses and suicide: revisiting the evidence. *Crisis: The Journal of Crisis Intervention and Suicide Prevention, 25*(4), 147-155.

Bitanihirwe, B. K. Y. (2016). Monitoring and managing mental health in the wake of Ebola. *Annali dell'Istituto Superiore di Sanita, 52*(3), 320-322.

Bolton, J. M., Gunnell, D., & Turecki, G. (2015). Suicide risk assessment and intervention in people with mental illness. *BMJ, 351*, h49789.

Bostik, K. E., & Everall, R. D. (2007). Healing from suicide: Adolescent perceptions of attachment relationships. *British Journal of Guidance & Counselling, 35,* 79-96.

Bowen, M. (1982). *Family Therapy in clinical practice.* New York: Aronson.

Brezo, J., Paris, J., Tremblay, R, Vitaro, F., Hebert, M., & Turecki, G. (2007). Identifying correlates of suicide attempts in suicidal ideators: A population-based study. *Psychological Medicine, 37,* 1551-1562.

Buchanan, K., & Harris, G. E. (2014). Teachers' experiences of working with students who have attempted suicide and returned to the classroom. *Canadian Journal of Education, 37(2),* 1-28.

Cavanagh, J. T., Carson, A. J., Sharpe, M., & Lawrie, S. M. (2003). Psychological autopsy studies of suicide: a systematic review. *Psychological Medicine, 33*(3), 395–405.

Centers for Disease Control and Prevention (2010). Injury Prevention & Control: Data & Statistics(WISQARS™). Retrieved from http://www.cdc.gov/injury/wisqars/indes.html.

Diamond, G. M. (2014), Attachment-based family therapy interventions. *Psychotherapy, 51*(1), 15–19.

Diamond, G. S., Reis, B. F., Diamond, G. M., Siqueland, L., & Isaac, L. (2002), Attachment-based family therapy for depressed adolescents: A treatment development study. *Journal of the American Academy of Child & Adolescent Psychiatry, 41,* 1190–1196.

Diamond, G. S., & Siqueland, L. (1998). Emotions, attachment and the relational reframe: The first session. *Journal of Systemic Therapies, 17*, 36–50.

Diamond, G. S., Wintersteen, M. S., Brown, G. K., Diamond, G. M., Gallop, R., Shelef, K., & Levy, S. (2010). Attachment-based family therapy for adolescents with suicidal ideation: A randomized controlled trial. *Journal of the American Academy of Child & Adolescent Psychiatry, 49,* 122–131.

Eaton, D. K., Kann, L., Kinchen, S. Shanklin, S., Flint, K. H., Hawkins, J., et al. (2012). Youth risk behavior surveillance–United States, 2011. *MMWR SURVEIL SUMM, 61*(4), 1–162.

Efstathiou, V., Michopoulos, I., Yotsidi, V., Smyrnis, N., Zompola, C., Papadopoulou, A., …… & Gournellis, R. (2021). Does suicidal ideation increase during the second COVID-19 lockdown?. *Psychiatry Research, 301,* 113990.

Efstathiou, V., Stefanou, M. I., Siafakas, N., Makris, M., Tsivgoulis, G., Zoumpourlis, V., …… & Rizos, E. (2022). Suicidality and COVID-19: Suicidal ideation, suicidal behaviors and completed suicides amidst the COVID-19 pandemic. *Experimental and Therapeutic Medicine, 23*(1), 1–8.

Elbogen, E. B., Lanier, M., Blakey, S. M., Wagner, H. R., & Tsai, J. (2021). Suicidal ideation and thoughts of self-harm during the COVID-19 pandemic: The role of COVID-19-related stress, social isolation, and financial strain. *Depression and Anxiety, 38*(7), 739–748.

Erlangsen, A., Stenager, E., & Conwell, Y. (2015). Physical diseases as predictors of suicide in older adults: a nationwide, register-based cohort study. *Social Psychiatry and Psychiatric Epidemiology, 50*(9), 1427–1439.

Fleischhaker, C., Böhme, R., Sixt, B., Brück, C., Schneider, C., & Schulz, E. (2011). Dialectical behavioral therapy for adolescents(DBT-A): A clinical trial for patients with suicidal and self-injurious behavior and borderling symptoms with a one-year follow-up. *Child and Adolescent Psychiatry and Mental Health, 5(3).* 125–131.

Finkelstein, Y., Macdonald, E. M., Hollands, S., Sivilotti, M. L., Hutson, J. R., Mamdani, M. M., ······ & Canadian Drug Safety and Effectiveness Research Network(CDSERN). (2015). Risk of suicide following deliberate self-poisoning. *JAMA Psychiatry, 72*(6), 570–575.

Ginzberg, E. (1988). Toward a theory of occupational choice. *Career Development Quarterly*, 36(4), 358–363.

Gusmão, R., Quintao, S., McDaid, D., Arensman, E., Van Audenhove, C., Coffey, C., ······ & Hegerl, U. (2013). Antidepressant utilization and suicide in Europe: an ecological multi-national study. *PloS One, 8*(6), e66455.

Hawton, K., & van Heeringen, K. (2009). Suicide. *Lancet, 373,* 1372–1381.

Hegerl, U. (2016). Prevention of suicidal behavior. *Dialogues in clinical Neuroscience, 18*(2), 183–190.

Hegerl, U., Rummel-Kluge, C., Värnik, A., Arensman, E., & Koburger, N. (2013). Alliances against depression-A community based approach to target depression and to prevent suicidal behaviour. *Neuroscience & Biobehavioral Reviews, 37*(10), 2404–2409.

Hughes, J. L., & Asarnow, J. R. (2013), Enhanced mental health interventions in the emergency department: Suicide and suicide attempt prevention. *Clinical Pediatric Emergency Medicine, 14*(1), 28–34.

James, A. C., Taylor, A., Winmill, L., & Alfoadari, K. (2008). A preliminary community study of dialectical behaviour therapy(DBT) with adolescent females demonstrating persistent, deliberate self-harm(DSH). *Child and Adolescent Mental Health, 13,* 148–152.

Joiner Jr., T. E., & Van Dorden, K. A. (2008). The interpersonal-psychological theory of suicidal behaviour indicates specific and crucial psychotherapeutic targets. *International Journal of Cognitive Therapy, 1*, 80–89.

Killgore, W. D., Cloonan, S. A., Taylor, E. C., & Dailey, N. S. (2020a). Loneliness: A signature mental health concern in the era of COVID-19. *Psychiatry Research, 290,* 113117.

Killgore, W. D., Cloonan, S. A., Taylor, E. C., Fernandez, F., Grandner, M. A., & Dailey, N. S. (2020b). Suicidal ideation during the COVID-19 pandemic: The role of insomnia. *Psychiatry Research, 290,* 113134.

Klonsky, E. D., May, A. M., & Saffer, B. Y. (2016). Suicide, suicide attempts, and suicidal ideation. *Annual Review of Clinical Psychology, 12,* 307–330.

Korea Youth Counseling Institute (2007). Korea Youth Suicide Survey.

Lakeman, R., & FitzGerald, M. (2008). How people live with or get over being suicidal: a review of qualitative studies. *Journal of Advanced Nursing, 64*(2), 114–126.

Linehan, M. M. (1993a). *Cognitive-behavioral treatment of boderline personality disorder*. New York: Guilford.

Linehan, M. M. (1993b). *Skills training manual for treating borderline personality disorder*. New York: Guilford.

Linehan, M. M., Comtois, K. A., Murray, A. M., Brown, M. Z., Gallop, R. J., Heard, H. L., …… & Lindenboim, N. (2006). Two-year randomized controlled trial and follow-up of dialectical behavior therapy vs therapy by experts for suicidal behaviors and borderline personality disorder. *Archives of General Psychiatry, 63*(7), 757–766.

Lönnqvist, J. (2009). Major psychiatric disorders in suicide and suicide attempters. In D. Wasserman, & C. Wasserman (Eds.), *Oxford textbook of suicidology and suicide prevention* (pp. 275–286). Oxford, UK: Oxford University Press.

MacPherson, H. A., Cheavens, J. S., & Fristad, M. A. (2013). Dialectical behavior therapy for adolescents: Theory, treatment, adaptations, and empirical outcomes. *Clinical Child and Family Psycholgy Review, 16*, 59–80.

Marco, J. H., Fonseca, S., Fernandez-Felipe, I., García-Palacios, A., Baños, R., Perez, S., …… & Guillen, V. (2022). Family connections vs treatment at usual optimized in the treatment of relatives of people with suicidal behavior disorder: study protocol of a randomized control trial. *BMC Psychiatry, 22*(1), 1–11.

McMain, S. F., Links, P. S., Gnam, W. H., Guimond, T., Cardish, R. J., Korman, L., & Streiner, D. L. (2009). A randomized trial of dialectical behavior therapy versus general psychiatric management for borderline personality disorder. *American Journal of Psychiatry, 166*(12), 1365–1374.

Méndez-Bustos, P., Calati, R., Rubio-Ramírez, F., Olié, E., Courtet, P., & Lopez-Castroman, J. (2019). Effectiveness of psychotherapy on suicidal risk: a systematic review of observational studies. *Frontiers in Psychology, 10*, 277.

Mergl, R., Koburger, N., Heinrichs, K., Székely, A., Tóth, M. D., Coyne, J., …… & Hegerl, U. (2015). What are reasons for the large gender differences in the lethality of suicidal acts? An epidemiological analysis in four European countries. *PloS one, 10*(7), e0129062.

Miller, A. B., Esposito-Symthers, C., Weismoore, J. T., & Renshaw, K. D. (2013). The relation between child maltreatment and adolescent suicidal behavior: A systematic review and critical examination of the literature. *Clinical Child Family Psychology Reveiw, 16*, 146–172.

Miller, A. L., Rathus, J. H., DuBose, A. P., Dexter-Mazza, E. T., & Goldklang, A. R. (2007). Dialectical behavior therapy for adolescents. In L. A. Dimeff, & K. Koerner (Eds.),

Dialectical behavior therapy in clinical practice: Applications across disorders and settings (pp. 245-263). New York: Guilford Press.

Miller, A. L., Wyman, S. E., Huppert, J. D., Glassman, S. L., & Rathus, J. H. (2000). Analysis of behavioral skills utilized by suicidal adolescents receiving dialectical behavior therapy. *Cognitive and Behavioral Practice, 7,* 183-187.

Mohler, B., & Earls, F. (2001), Trends in adolescent suicide: Misclassification bias? *American Journal of Public Health, 91,* 150-153.

Ness, D. E., & Pfeffer, C. R. (1990). Sequelae of bereavement resulting from suicide. *The American Journal of Psychiatry, 47*(3), 279-285.

Nishanth, M. J., & Jha, S. (2022). Understanding the neural basis of survival instinct vs. suicidal behavior: a key to decode the biological enigma of human suicidal behavior. *European Archives of Psychiatry and Clinical Neuroscience, 272*(3), 531-533.

OECD (2020). https://data.oecd.org/healthstat/suicide-rates.httm

Orbach, I., Blomenson, R., Miklincer, M., Gilboa-Schechtman, E., Rogolsky, M., & Retzoni, G. (2007). Perceiving a problem-solving task as a threat and suicidal behavior in adolescents. *Journal of Social and Clinical Psychology, 26,* 1010-1034.

Papadopoulou, A., Efstathiou, V., Yotsidi, V., Pomini, V., Michopoulos, I., Markopoulou, E., …… & Gournellis, R. (2021). Suicidal ideation during COVID-19 lockdown in Greece: Prevalence in the community, risk and protective factors. *Psychiatry Research, 297,* 113713.

Peterson, B. S., Zhang, H., Santa Lucia, R., & KIng, R. A. (1996). Risk factors for presenting problems in child psychatric emergencies. *Journal of the American Academy of Child & Adolescent Psychiatry, 35,* 1162-1173.

Pfeffer, C. R., Jiang, H., Kakuma, T., Hwang, J., & Metsch, M. (2002). Group intervention for children bereaved by the suicide of a relative. *Journal of the American Academy of Child & Adolescent Psychiatry, 41*(5), 505-513.

Rajalin, M., Wickholm-Pethrus, L., Hursti, T., & Jokinen, J. (2009). Dialectical behavior therapy-based skills training for family members of suicide attempters. *Archives of Suicide Research, 13*(3), 257-263.

Smochek, M. R., Oblaczynski, C., Lauck, D. L., Green, P. T., Early, J. A., & Smity, J. E.(2000). Interventions for risk for suicidal and risk for violence. *Nursing Diagnosis, 11(2),* 60-68.

Statistics Canada (2010). *Suicide and suicide rate, by sex and by age grroup.* Ottaw, ON: Statistics Canada, Health Statistics Division.

Steinberg, J. A., Steinberg, S. J., & Miller, A. L. (2011)., Orienting adolescents and families to DBT telephone consultation: Principles, procedures, and pitfalls. *Cognitive and Behavioral Practice, 18,* 196–206.

Talseth, A. G., Gilje, F., & Norberg, A. (2001). Being met–A passageway to hope for relatives of patients at risk of committing suicide: A phenomenological hermeneutic study. *Archives of Psychiatric Nursing, 15*(6), 249–256.

Tamás, Z., Kovacs, M., Gentzler, A. L., Tepper, P., Gádoros, J., Kiss, E., et al. (2007), The relations of temperament and emotion self–regulation with suicidal behavors in a clnical sample of depressed children in Hungary. *Journal of Abnormal Child Psychology, 35,* 640–652.

Tarrier, N., Taylor, K., & Gooding, P. (2008). Cognitive–behavioral interventions to reduce suicide behavior: A systematic review and meta–analysis. *Behavior Modification, 32*(1), 77–108.

Van Dongen, C. J. (1991). Survivors of a family member's suicide: implications for practice. *The Nurse Practitioner, 16*(7), 31–39.

Victor, S. E., & Klonsky, E. D. (2014). Correlates of suicide attempts among self–injurers: *A meta–analysis. Clinical Psychology Review, 34*(4), 282–297.

Wasserman, D., & Cyranka, K. (2019). Difficulties in preventing suicidal behaviours in spite of existing evidence–based preventive methods–An overview. *Archives of Psychiatry and Psychotherapy, 1*, 7–12.

Woodberry, K. A., & Popenoe, E. J. (2008). Implementing dialectical behavior therapy with adolescents and their families in a community outpatient clinic. *Cognitive and Behavioral Practice, 17,* 277–286.

World Health Organization. (2014). *Preventing suicide: A global imperative*. World Health Organization.

Yalch, M. M., Hopwood, C. J., Fehon, D. C., & Grilo, C. M. (2014). The influence of borderling personality features on inpatient adolescent suicide risk. *Personality Disorders Theory, Research, and Treatment, 5,* 26–31.

제4부

중독과 부부 · 가족상담

제9장
알코올중독

1. 서론

알코올중독은 서구뿐만 아니라 한국에서도 증가하는 추세이며, 미국 의학협회(American Medical Association)가 1956년에 알코올중독을 하나의 질병으로 인정한 이후부터 서구에서는 알코올중독의 심각성에 대한 인식이 더욱 높아졌다. 보건복지부 정신건강실태조사에 따르면, 정신장애 평생 유병률 22.9% 중 알코올사용장애는 13.2%로 가장 높게 나타났다(국립정신건강센터, 2021). 세계보건기구(WHO, 2022)에 따르면, 15세 이상 음주자의 연간 알코올사용장애율은 헝가리(20.9%)가 가장 높고, 그다음 한국과 미국(13%)이 동일하게 세계에서 두 번째로 높게 나타났다. 또한 음주 폐해의 결과를 보면 리투아니아(24.5%), 라트비아(21.5%)에 이어 한국(7.6%)이 세 번째로 높아 음주로 인한 질병과 사고 등 사회 전반에 미치는 문제가 심각하다는 것을 알 수 있다.

라즐로피(Laszloffy, 2016)는 미국에서 매년 1,760만 명이 알코올을 남용하거나 의존하며, 비록 지난 30년 동안 여성들의 알코올남용률이 증가하고 있기는 하지만 남성들이 여성들보다 더 높은 알코올중독률을 나타낸다고 하였다. 18세부터 29세의 젊은 성인들이 가장 높은 음주 문제 발생률을 보이며, 반면 65세 이상의 성인들은 가장 낮은 음주율을 보인다. 인종과 민족에 관해서는 백인이 다른 모든 인종 및 민족 집단에 비교하여 가장 높은 알코올남용을 보인다(Laszloffy, 2016). 한국 또한 세계보건기구 회원국 중 알코올 사용 장애 유병률이 세계 최고의 수준이며 알코올중독으로 인한 사회적 · 경제적 손실이 한 해에 10조원에 이르고(천효숙, 오세일, 2019), 술로 인한 폐해가 심각한 사회문제가 된 지 오래되었다(조현미, 조은주, 장유나, 2022). 2021년 보건복지부 통계에 따르면, 국내 알코올 사용 장애 1년 유병률은 남성 3.4%, 여성 1.8%로 남성이 여성보다 거의 2배 높았으며, 이는 프랑스(0.5%), 일본(1.6%), 호주(2.9%)에 비해서도 높은 편이다(홍진표 외, 2016).

DSM-5(American Psychiatric Association, 2013)에 따르면, 알코올중독 문제를 가진 개인은 알코올남용 혹은 알코올의존증을 진단받을 수 있다. 음주를 하면 일반적으로 감정을 자제하기가 어려우며 주의산만하게 되고 판단력이 흐려지는 현상이 나타난다. 이에 따라 망각, 충동 및 폭발적 행동을 하게 되어 가족 및 타인에게 위험을 초래할 수 있다(김형중, 2012). 한편, 알코올 사용 장애는 금단, 내성 그리고 갈망감이 포함된 행동과 신체 증상들의 집합체로 정의된다. 알코올 금단은 과도하게 장기간 음주하던 것을 중단하거나 양을 줄인 지 4~12시간 정도 후 증상이 나타나는 것이 특징이다. 알코올 금단 증상은 불쾌하고 강렬하기 때문에 개인은 부작용에도 불구하고 금단 증상들을 피하거나 경감시키기 위해 음주를 지속하게 된다. 알코올중독자들은 지속되는 음주로 인한 신체적(예: 일시적 기억상실, 간 질환) · 정신적(예: 우울) · 사회적 혹은 대인관계 문제(예: 중독 상태에서 아내와 과격한 언쟁, 아동 학대)가 있으며, 중독이 심하다면 생명을 위협하는 혼수 상태가 될 수도 있다(American Psychiatric Association, 2013).

알코올중독은 신체적 · 정서적 문제를 복합적으로 일으키며, 음주 문제로 인하여 타인과의 마찰을 야기시키거나 경제활동의 장애물이 되어 가정에 경제적 어려움을 가져올 수 있다(우재희, 2014). 또한 알코올중독자의 음주 문제는 가족구성원들에게 정서적 · 심리적 손상을 주고 가족갈등과 불화, 가정폭력을 일으켜 가족병의 원인이 되기도 한다(김희경, 이은진, 2014; Copello et al., 2009; Hussong et al., 2009). 알코올중독자의 가족은 가족 기능이 일반 가족에 비해 유의하게 낮은 경향이 있으며, 알코올중독자의 가족에서 성장한 자녀들은 낮은 수준의 가족 기능을 경험한다(Johnson, 2001). 또한 알코올중독자 가족은 일반 가족에 비해 배우자에 대한 만족도나 다른 가족관계에 대한 만족도가 낮다(Osterman & Grubic, 2000). 특히, 알코올중독자의 부인은 남편의 음주 문제로 인하여 분노와 원망, 우울 등의 심리적 고통을 경험하게 되며, 남편의 알코올중독으로 파생되는 상황을 보면서 삶의 의욕을 상실하고 고통스러운 시간을 보내지만 자녀들에 대한 책임감과 오랜 기간 남편의 음주 문제로 인하여 공동의존을 겪게 된다(강향숙, 2017; 김혜련, 정윤정, 박수경, 2010; 김희경, 이은진, 2014). 자녀들도 알코올중독자 부모로 인하여 낮은 자존감, 학교 부적응, 대인관계 어려움, 반사회적 행동 등의 양상으로 나타나 이는 또 다른 사회 문제의 원인이 된다(천효숙, 오세일, 2019).

알코올중독자의 가족은 알코올과 관련하여 다양한 신체적 · 심리적 증상을 경험하기도 하는데, 알코올중독자의 배우자들이 일반 집단의 배우자들에 비해 더 많은 우울, 불안 및 신체적 증상을 호소하며 더 빈번하게 의사를 방문한다(박영순, 조성희, 2019; Moos, Finney, & Gamble, 1985). 알코올중독자의 가족이 일반 가족보다 스트레스성 질환으로 인한 위염이나 치통, 관절염 등에서 유의미하게 높은 수준을 보인다(임은희, 2003; 장수미, 2001). 알코올중독자의 부인들은 경제적인 문제와 관련된 스트레스를 현저하게 많이 경험하는데, 배우자가 알코올중독에 빠지게 되면 실직하거나 직업적인 기능을 상실하게 되어 부인이 가정경제를 책임져야 할 가능성이 높아질 수 있다(박영순, 조성희, 2019; Revathi, 2009). 음주 문제는 가족관계뿐만 아니라 대인관계에 부정적인 영향을 미칠 수 있으나, 반대로 가족 관련 요인들과 대인관계로 인해 음주 문제가 나타날 수도 있다. 가족 기능과 가족 의사소통은 문제성 음주와 매우 밀접한 관련이 있으며(Laghi et al., 2012), 가족구성원들의 관계와 부모의 행동은 자녀들의 음주에 중요한 요인이다(Laghi et al., 2009). 따라서 알코올중독자가 가족 중에 있으면 중독자와 다른 가족들과의 관계가 원만하지 못하고 가족 내 정서적 갈등이 누적되어 가정폭력, 특히 아내학대와 이혼의 증가 등과 같은 부정적인 결과가 초래될 수 있다(McPherson & Rees, 2006).

알코올중독과 관련된 개인 및 가족 문제를 다루는 데 있어 알코올중독자 중심적이던 전통적 접근법은 알코올중독자의 정신병적 성향이나 성격적 요인에 일차적인 초점을 두었다. 이 접근법은 알코올남용을 오로지 개인적 정신역학과 관련지어 설명하려 하거나 알코올중독자의 단주에만 일차적 관심을 기울인 채 개인 한 사람만을 교육하고 치료함으로써 상호작용적인 관점에서 부부체계를 충분히 반영하지 못하였다는 한계가 있다. 따라서 많은 연구자는 알코올중독이 '가족병'(Steinglass, 1976)이라는 인식하에 알코올중독치료에서 가족 요인의 중요성을 인식하고 알코올중독자에 대한 개인적 관점으로부터 상호작용적 관점으로 시각의 전환을 가져 왔다. 1900년대부터 음주와 결혼생활 간의 연관성을 이해하기 위한 과학적인 연구가 지속되어 왔으며, 음주와 부부기능에 대한 치료 모델들이 약 75년 동안 개발되어 왔다(McCrady & Epstein, 2015). 예를 들어, 에드워즈와 스타인글라스(Edwards & Steinglass, 1995)는 알코올중독에 대한 가족치료의 효과를 연구하였으며, 2000년대에는 가족치료의 개입이 알코올중독을 해결하는 데 효과적인 방법임을 증명하는 연구들이 이루어져 왔다(O'Farrell & Clements, 2012; O'Farrell & Fals-Stewart 2003). 특히 가족치료적 접근은 알코올중독 문제를 가진 내담자들에게 더욱 효과적인 것으로 나타났다(Rotunda & O'Farrell, 1997).

한국에서도 알코올중독에 대한 가족 개입의 필요성이 제기되었다. 알코올중독자들의 부인 136명을 대상으로 실시한 조사에 따르면, 남편의 음주와 부부갈등은 상호순환적 관계가 있었다(김미혜 등, 1995). 이 연구에서 알코올중독자 부인의 대다수는 결혼생활에 불만족하였으며, 남편의 알코올중독으로 인한 부부갈등과 가족 문제가 심각하다고 응답하였다. 반면에 남편의 음주 동기로서 가족관계의 불화가 많은 부분을 차지하였다(김미혜 등, 1995). 부인들은 남편의 회복을 위하여 부부관계의 개선이나 자신들의 노력이 중요하다고 인식하였다(이은주 등, 1995). 이 외에도 알코올의존증 남편을 둔 여성 배우자에 대한 생애사연구(조현미, 조은주, 장유나, 2022), 알코올중독자 배우자의 위기 극복과정에 대한 질적 연구(박영순, 조성희, 2019), 알코올사용장애 대상자 가족의 공동의존 경험에 관한 사례연구(맹혜영, 이성규, 2022)가 있다.

가족치료와 관련된 연구로 의사소통 문제가 있는 알코올중독자 남편(49세)을 위한 부부와 시어머니를 포함한 가족치료 사례연구가 있다(김효남, 박태영, 1996). 이 사례에서 치료사는 의사소통 기술훈련을 통하여 내담자의 경험과 감정을 표현할 수 있도록 하였으며, 가족조각 기법을 통하여 내담자의 어머니와 아내의 마음이 자신의 생각과는 다르다는 것을 인식하게 하였다. 부인 또한 남편이 음주하였을 경우에 대처 방식과 의사소통 방식을 훈련받았고, 과제를 받아 가정 안에서 실습하였다. 치료사는 부부에게 내담자와 어머니의 밀착관계로부터 부부중심의 관계로 변화하는 과정을 경험하게 하였다. 이와 같은 가족치료 과정을 통하여 내담자의 음주량과 음주 횟수에 변화가 일어났다.

또한 박태영과 이재령(2006)은 알코올중독에서 회복 중인 남편(40세)에 대한 부부사례에서 부부가 알코올 문제와 성 문제가 연결되고 있다는 것을 발견하였다. 그들은 부부가 모두 어려운 환경에서 성장하였으며 대화 상대자가 없었고 결혼 후에도 부부가 의사소통이 안 되었으며, 남편의 알코올 문제로 인한 공동의존관계에 있다는 것을 발견하였다. 부부치료를 통하여 부부는 자신들의 이야기를 서로 솔직하게 표현하게 되면서 긴장과 불안이 많이 완화되었으며, 서로 공동의존적인 생활 모습에서 각자의 삶을 찾아 가는 변화를 경험하였다.

박태영, 김태한, 김혜선(2009)은 두 명의 자녀를 둔 남편(41세)과 한 명의 자녀를 둔 부인(38세)의 재혼부부 사례를 연구하였다. 이 사례에서 부인은 알코올중독자였고, 부인의 음주행동은 가족구성원 간의 혈연 대 비혈연의 대립을 야기하였으며, 부부갈등, 부모-자녀갈등, 자녀 간 갈등을 촉발하였다. 부인의 문제행동에 대해서 가족들이 사용하는 의사소통 방식은 비효과적이었으며, 오히려 부인의 음주행위를 더욱 강화시켰다. 이 가족치료 사례에서 치료사는 부부위계에 대한 재구조화와 부부와 자녀 간의 문제를 해결할 수 있는 새로운 상호작용 방식을 실시하였다.

박태영과 박진영(2011)은 알코올중독자인 남편의 가족치료 사례에서 남편이 어려서부터 원가족의 술문화에 익숙하였고, 부모의 폭력과 폭언을 경험하였음을 발견하였다. 남편의 어머니와 형제들은 대부분 알코올중독자였다. 이와 같은 경험으로 남편은 어려서부터 가족 간의 긍정적이고 정서적인 교류가 없었고, 이는 부인뿐만 아니라 자녀들과의 상호작용에도 영향을 미쳤다. 부부는 가족치료를 통하여 부부간 그리고 부모와 자녀 간의 역기능적인 대화 방식을 인식하게 되었고, 이와 같은 인식의 변화와 더불어 기능적인 의사소통 방식을 사용하게 됨으로써 남편의 음주량이 감소하였다. 이 사례에서 알코올중독자인 남편을 치료하기 위하여 사용한 가족치료 기법에는 재정의, 역설적 기법, 은유, 의식(ritual), 탈삼각화, 가계도 활용이 포함되었다.

박태영과 신원정(2011)은 음주 문제를 가진 성인 아들(내담자, 28세)에 대한 가족치료 사례연구에서 부모의 의사소통 방식과 부모의 원가족 경험이 부부와 자녀관계뿐만 아니라 성인 자녀의 음주 문제에 영향을 미쳤다고 하였다. 한편, 이와 같은 가족관계에서 자녀는 부모와 갈등관계가 있었으며, 부모와 솔직한 감정교류를 해 보지 못하였고 스트레스를 받을 때마다 음주행위로 해결한 것으로 나타났다. 이 사례에서 치료사는 개입 방법으로 문제 확인, 가족구성원들과 치료적 동맹, 재정의, 반복되는 패턴의 조명, 비유법, 새로운 의사소통 방식의 코칭을 사용하였다.

폭음 문제를 가진 성인 딸(내담자, 30세)에 대한 임아리와 박태영(2015)의 가족치료 사례에서 내담자는 어린 시절부터 부모의 잦은 부부싸움을 목격하였고, 아버지의 폭력성과 어린 시절 아버지에게 당한 체벌로 인해 아버지를 두려워하였다. 게다가 아버지의 외도로 인해 가족 간의 관계가 소원해졌고, 그 과정에서 어머니는 외도를 한 남편에 대한 분노를 남편을 닮은 내담자에게 해소하였다. 한편, 내담자의 부모는 모두 술을 좋아하며 내담자의 가족은 함께 술을 마실 때 비로소 대화가 가능하였다. 내담자는 어린 시절부터 성인기까지 줄곧 부모에게 인정을 못 받았고 자신감이 부족하였으며, 가족구성원들에게 어린 시절부터 자신의 스트레스나 어려움 등을 이야기하지 못하였다. 그로 인해 내담자는 초등학교 시절에 도벽이 있었으며, 성인이 된 후에는 남자 친구에 대한 집착과 폭력을 경험하였고, 현재는 폭음으로 스트레스를 해소하였다. 치료자가 활용한 개입 방법으로는 내담자의 문제 인식시키기, 원가족 문제를 통찰하기, 원가족 문제와 현재를 연결시키기, 문제를 해결하려고 시도해 왔던 방식을 질문하기, 새로운 의사소통 방식 및 변화 인식시키기를 사용하였다. 이러한 개입 방법으로 인하여 내담자 가족은 내담자 폭음 문제에 대한 이해와 더불어 변화가 일어났다.

2. 알코올중독자의 일반적 특징

문제성 음주 행동과 관련된 선행연구들에 의하면, 한 개인이 가지고 있는 개인적 ·

사회적 환경 전체가 음주 문제와 밀접한 관계를 가지고 있고(전경숙, 이효영, 2010), 그에 따라 스트레스는 음주 문제의 주요한 요인으로 설명된다(Mulia et al., 2008). 특히 개인의 정서적 스트레스는 폭음을 비롯한 음주 문제와 매우 밀접한 관련이 있는 것으로 나타났으며(양난미, 송영이, 2013), 정서적 스트레스 중에서도 우울과 불안은 폭음과 같은 음주 문제와 관련성이 높은 것으로 나타났다(한소영, 이민규, 신희천, 2005). 개인의 우울은 음주에 매우 주요한 요인으로, 우울과 분노 같은 부정적 감정을 내포한 사람은 그렇지 않은 사람과 비교하여 감정 문제를 극복하기 위해 음주 등에 의존할 가능성이 높다(Lewis & O'neil, 2000). 즉, 우울과 역기능적 태도의 상관관계가 알코올중독 문제에 영향을 미치는 요인으로 나타났다(O'Farrell & Fals-Stewart, 2003). 이러한 우울과 음주의 상관관계는 남성 음주자에 비해 여성 음주자가 더 높은 것을 알 수 있다. 여성의 문제성 음주행동이 발생하는 여러 복합 요인 중 대부분의 경우 외로움이나 슬픔, 우울과 같은 감정 스트레스를 해소하기 위해서이며, 남몰래 혼자 음주를 하는 경우가 많다(Lipton, 1994). 여성 알코올중독자들은 정서적 · 심리적 스트레스로부터의 도피처로 음주를 시작하고 그 패턴이 반복되면서 알코올중독자가 되는 것으로 나타났다.

여성 알코올중독자는 남성과 달리 환경적 측면의 영향이 강한 것으로 나타났다. 다시 말해, 여성 음주는 남성의 음주 패턴과 다르게 생활 스트레스 사건에 영향을 많이 받으며, 여성들은 인간관계 문제를 경험하면서 더 많은 음주를 하는 것으로 나타났다(Kelly et al., 2011). 김혜련, 최윤정, 최진경(2003)의 연구에 따르면, 연구에 참여한 여성들이 음주를 하게 되는 인간관계 문제는 대부분 가족과 관련된 사건들이었다. 남성의 경우 문제성 음주행동을 하게 된 배경에 직업이 높은 연관성을 가진 것으로 나타난 반면, 여성의 문제성 음주행동은 가족 문제가 가장 큰 영향을 미치는 것으로 나타났다. 특히 여성은 배우자나 남자 친구를 통해 음주를 시작하게 된다(Copeland & Hall, 1992). 턴불(Turnbull, 1994)은 여성 알코올중독을 예측할 수 있는 주요 요인으로 어머니의 알코올중독과 부모와의 갈등을 들었다. 또한 스카프, 피니와 무스(Skaff, Finney, & Moos, 1999) 그리고 정(Jung, 2007)의 연구에서도 여성의 폭음 문제는 남성과 달리 가족관계의 문제 및 지인의 사망과 같은 정서적 스트레스와 연관된 것으로 나타났다. 따라서 가족의 지지적 의사소통과 감정 교류는 음주 문제를 가진 사람들에게 알코올 사용의 성공적인 조절이 가능하게 하는 요인이다(Duttona et al., 2014). 즉, 기능적 의사소통은 자녀의 음주 문제 해결의 가장 중요한 열쇠임을 알 수 있다(Ackard et al., 2006).

3. 알코올중독과 부부갈등

음주 행동은 부부관계의 질에 영향을 미치며 부부관계 또한 알코올 사용에 영향을 미친다(McCrady & Epstein, 2015). 예를 들어, 남편의 결혼 전 음주는 부인 음주의 강한 예측 요인이며(Leonard & Mudar, 2003), 유사한 음주패턴을 가진 부부들이 더 안정되고 더 행복한 결혼생활을 유지하는 경향이 있고(Homish & Leonard, 2007), 관계 스트레스와 알코올의존은 매우 연관되어 있다(Whisman, 2007). 한편, 성적 역기능과 성적 불만족은 알코올중독자의 관계에서 공통적으로 나타난다(McCrady & Epstein, 2015). 일반적으로 성적 문제는 다른 유형의 부부갈등을 가진 부부들에게도 유사하다. 특히 발기부전은 알코올중독자인 남성들에게 더 공통적인 문제로 나타나는데, 아마도 이는 심한 음주의 장기적인 부정적 영향 때문일 것이다(O'Farrell et al., 1997). 한편, 여성에게 성관계의 빈도는 여성의 알코올 문제의 강도가 증가함으로써 감소하는 것으로 나타났다(Noel et al., 1991). 또한 과한 음주와 배우자폭력 간에도 높은 상관관계가 나타났는데, 알코올중독자 부부는 알코올중독 문제를 가진 배우자의 성(sex)과 관계없이 배우자의 심한 폭력과 관계가 있다(Drapkin et al., 2005). 한편, 알코올중독자들의 배우자와 자녀들은 심리적인 스트레스, 건강 문제 그리고 행동 문제들을 경험한다(Stanley, 2008; Tempier et al., 2006). 알코올중독자들에게 치료 후에 관계 문제와 가족 문제가 재발한 후에 금주를 회복하기 위한 노력을 하는 데 중요한 동기로 작용한다. 부부관계에 대한 음주 기능과 관련된 많은 연구에서 다음과 같은 두 가지 상반된 결과가 나타났다.

첫째, 음주와 관련된 긍정적인 결과로서 알코올중독자와 그 가족들은 음주 시에만 대화나 감정 교류를 하기 때문에 알코올중독자의 음주 시의 행동은 '순응적인' 결과를 가져올 수 있다(Steingalss et al., 1987). 예를 들어, 가족들이 음주자를 돌보거나 그를 위하여 치워 주는 것, 일을 대신하여 주는 것, 술 먹는 동안은 부드럽고 호의적인 태도를 보이는 것 등이다(박태영, 이재령, 2006). 프랑켄슈타인, 헤이와 나산(Frankenstein, Hay, & Nathan, 1985)은 알코올중독자 부부들이 술의 영향하에 더 긍정적인 상호작용을 한다고 하였는데, 이는 음주 시 알코올중독자가 말을 더 많이 하고 문제에 대한 묘사 또한 증가하게 되면 그 배우자들 역시 긍정적인 정서 표현을 더 많이 하기 때문이라고 하였다. 따라서 음주는 비록 그 효과가 임시적일 수는 있겠으나 안정된 가족구조를 위한 한 부분으로 기능할 수도 있다.

둘째, 음주와 관련된 부정적인 결과로 알코올중독자 부부는 음주 시 우울증 부부나 일반 부부보다 더 비판적이고 불일치적이었다. 또한 알코올중독자 부부의 상호작용은 음주 시 더욱 부정적인 결과, 예를 들면 음주자를 피하는 것, 음주에 대한 비판, 음주자에 대한 신체적 폭력 등을 초래한다(Jacob & Krahn, 1988).

이처럼 음주가 알코올중독자 부부의 상호작용에 미치는 영향이 상반된 것에 대해 제이콥과 크란(Jacob & Krahn, 1988)은 음주가 어떤 알코올중독자 부부의 상호작용에는 부정적으로 어떤 부부에게서는 일시적이나마 순응적으로 작용하는데, 이는 알코올중독자의 음주 스타일이나 부부간 상호작용 스타일에 여러 가지 유형이 있기 때문이라고 하였다. 그러나 중요한 것은 결국 오랫동안 지속되는 음주 문제는 가족들에게 높은 불안과 긴장을 야기하여 가족 전체를 고통에 빠뜨리는 결과를 초래한다(Jacob & Krahn, 1988).

그리고 알코올중독자의 부부갈등은 다른 문제가 있는 부부갈등과는 중요한 차이가 있는데, 알코올중독자 부부는 갈등에 대한 반응으로 음주를 한다는 것이다. 알코올중독자 부부가 행하는 긍정적인 상호작용은 매우 빈약하고 시간이 지남에 따라 부정적인 상호작용이 더 심해지면서 의사소통은 더 애매모호해지고 불일치해진다. 이렇게 적절치 못한 의사소통으로 인해 부부갈등은 더 깊어지는데, 이러한 과정은 다른 종류의 불화를 경험하고 있는 부부들과 유사하다. 그러나 알코올중독자 부부는 이렇게 불화가 쌓일 때 음주를 하게 되는 가능성이 매우 높으며 부부 간의 부정적인 상호작용은 음주행위를 지속시키는 결과를 초래한다는 점에서 다른 종류의 불화를 겪고 있는 부부와 차이가 있다. 즉, 부부갈등에 음주로 반응함으로써 부부갈등이 더 심각해질 수 있고 이로 인해 또 다시 더 많은 음주 가능성이 생기는 반복적인 악순환이 알코올중독자 부부갈등의 큰 차이점이다(Anastassiou, 2008; Peled & Sacks, 2008; Revathi, 2009). 따라서 알코올중독의 시작과 지속에 배우자와의 관계가 많은 영향을 미친다는 선행연구 결과를 볼 때 알코올중독 치료를 위해서는 부부체계의 전체를 바라보는 관점이 필요하다.

4. 알코올 문제를 가진 사람들의 유형

바보르, 크란즐러와 로르먼(Babor, Kranzler, & Lauerman, 1989)은 알코올 문제를 가진 사람들을 다음과 같이 세 가지 유형으로 분류하였다.

- 상처받기 쉬운 음주자(vulnerable drinkers): 자신에게나 타인들에게 어떠한 해를 가하지는 않지만 알코올 문제로 발전할 수 있는 높은 위험성을 가지고 있는 사람
- 위험한 음주자(hazardous drinkers): 음주가 문제를 일으키거나 자신 혹은 타인의 삶

에 피해를 줄 수 있는 사람

- 해로운 음주자(harmful drinkers): 음주로 인한 심각한 부정적인 결과를 경험하기 시작하였거나 음주 사용의 패턴이 정형화되고 반복적인 사람

5. 알코올중독치료에서 부부체계 접근의 필요성

알코올중독은 단지 내담자 한 사람에게만 영향을 미치는 것이 아니라 부부 또는 전체 가족구성원들에게도 영향을 미친다. 따라서 치료사는 내담자와 가족구성원들에게 상담 과정에서 발생할 수 있는 한 배우자 혹은 가족구성원의 행동 변화가 다른 가족구성원들에게도 영향을 미친다는 것을 알려 주어야만 한다(Florimbio, Brem, & Stuart, 2019; Lander, Howsare, & Byrne, 2013). 맥크래디 등(McCrady et al., 1986)은 부부치료나 배우자의 참여가 알코올중독에 대한 기존의 개별치료 접근보다 더 높은 효과를 나타낸다고 하였다. 라이트와 스콧(Wright & Scott, 1978)은 알코올중독자의 단주를 위해서는 배우자가 참여하는 치료 형태가 가장 효과적이며 치료 후 단주 상태를 유지하는 것에도 긍정적인 영향을 미친다고 하였다. 미국의 알코올남용과 알코올중독 국립연구소(U. S. National Institute on Alcohol Abuse and Alcoholism: NIAAA)는 "부부 및 가족에 대한 치료는 알코올에 관한 심리치료 영역에서 현재 가장 현저한 진보 중의 하나"라고 평가하였다(O'Farrell et al., 1993).

이와 같은 주장은 한국의 연구에서도 활발히 제기되고 있는데, 윤명숙(2003)은 알코올중독 문제를 해결하기 위해 알코올중독자뿐만 아니라 그 배우자와의 상호작용을 이해하고 개입할 때 부부 문제가 보다 성공적으로 해결될 수 있다고 하였다. 또한 성상경, 방양원, 함웅(1993)도 배우자와의 긍정적인 관계 유지가 알코올중독자의 퇴원 후 경과에 유의미한 상관관계를 나타낼 수 있다고 하였다. 김효남과 박태영(1996)의 의사소통 문제를 지닌 알코올중독자 가족치료 사례연구에서는 알코올중독의 원인을 내담자의 불충분한 의사소통 방식과 어머니와의 정서적인 미분화로 보고 부부간의 의사소통기술 훈련과 내담자의 음주행동에 대한 부인의 대처기능 훈련 그리고 어머니로부터 남편을 분화시키는 데 초점을 두었다. 이와 같이 선행연구에서 배우자의 태도와 대응 방식 및 긍정적 상호작용이 알코올중독자의 회복에 중대한 영향을 미치는 것으로 나타났다. 특히 한국은 가족주의 성향이 강하기 때문에 알코올중독치료에 부부를 포함시키는 것은 한국의 가족문화를 잘 반영하는 것이며 그 효과성 또한 극대화될 수 있다.

알코올중독치료에서 부부의 상호작용 및 역동을 이해하기 위한 구성 틀로서 가족체계이론은 가장 대표적인 이론 중 하나이다. 가족체계론적 관점에서는 음주 문제가 왜 발생하였는가를 설명하기 위해 가족 간의 상호관련성에 초점을 둔다. 즉, 알코올중독은 단순히 개인의 문제가 아니라 수많은 하위체계에 의해 영향을 주고받은 결과라고 간주함으로써 알코올중독자의 음주 문제는 가족구성원들이 시도해 왔던 선행 요인들에 대한 반응이라고 본다(Revathi, 2009; Vargas & Zago, 2005). 예를 들면, 술을 그만 먹으라고 잔소리하는 것, 부부간의 성적 갈등, 재정적 문제와 같이 다양하게 야기된 문제는 술을 더 마시게 하는 선행 요인으로 작용할 수 있다.

또한 가족체계이론은 항상성의 개념을 이용하여 가족 기능과 음주가 항상성을 유지하는 데 기여한다고 강조하였다(Steingalss et al., 1987). 항상성이란 가족체계가 균형을 유지하기 위해 안정된 상태, 즉 예전의 상황으로 되돌아가려는 속성을 의미하는데, 이를 알코올중독자 부부에게 적용해 보면 알코올중독은 가족체계를 유지하고 가족체계에 의하여 유지되는 가족의 항상성에 기여하는 적응기제라고 할 수 있다(Chernus, 2005; Lee et al., 2008). 그러므로 알코올중독자의 단주는 가족의 항상성을 위협하게 되기 때문에 음주 문제는 체계에 의하여 유지된다(Smith, Gribble, & Tomkiewicz, 2008).

한편, 가족체계이론가들이 관심을 기울인 또 다른 면은 알코올중독자와 그 배우자의 역할이었다(Bepko & Krestan, 1985; Steinglass, 1981; Wright & Scott, 1978). 대부분의 알코올중독자의 배우자가 과도하게 기능하거나 역기능적으로 기능한다고 간주하기 때문에 알코올중독에 대한 가족치료는 중요하게 변화되어야 하는 요인으로 배우자의 역기능 혹은 과도한 기능에 초점을 맞춘다(Peled & Sacks, 2008). 따라서 알코올중독에 대한 부부치료의 중요성을 강조한 연구들은 가족체계론적 관점에 근거하여 효과적인 부부 및 가족치료를 위해서는 의사소통 기법과 갈등해결 기법과 같은 가족구성원 간의 긍정적 상호작용의 횟수를 증가시킬 수 있는 내용을 다루는 것이 효과적이라고 주장하였다(Lee et al., 2008).

마지막으로, 알코올중독과 원가족 배경은 밀접한 연관성이 있다. 알코올중독자를 사정할 때 고려해야 할 중요한 요소 중 하나는 개인 발달력과 가족력이다. 여러 선행연구에 따르면, 알코올중독자가 있는 가족은 여러 세대에 걸쳐 높은 가족력 경향이 있다(Chernus, 2005; Peled & Sacks, 2008). 또한 알코올중독 부모의 자녀는 알코올중독이 없는 부모의 자녀에 비해 알코올중독자가 될 확률이 4배라는 유전적 요인, 술을 권하거나 마시는 가족문화에 익숙해져 술을 접하는 횟수가 증가된다는 문화적 요인, 첫 음주 이후의 경험으로 인해 다음 음주에 대한 기대를 유발해 계속 술을 마시게 된다는 학습 요인(유수현 외, 2010) 등이 알코올중독과 원가족 배경과의 관련성을 뒷받침해 준다. 따라서 알코올중독에 대한 가족치료를 위해서는 부부가 경험한 원가족 배경을 사정함으로써 술에 대한 부부의 준거 틀을 파악하고 개입하는 것이 필요하다.

DSM-5(American Psychiatric Association, 2013)에 따르면, 알코올의존은 종종 가계양상을 가지게 되며 알코올중독에 대한 전이는 부분적으로 유전학적 요소에서 찾을 수 있다. 알코올중독자 부모를 가진 사람, 특히 남성의 경우는 음주습관이 원가족 문화의 영향을 받아 형성됨으로써 똑같이 알코올중독으로 발전될 가능성이 크고(Cloninger et al., 1981), 음주 상황에 대한 반응과 해석 또한 사람마다 각자 가지고 있는 원가족 경험과 밀접한 관련이 있다. 이에 알코올중독자와 배우자의 과거 경험을 통해 현재 상황에 대한 상호작용을 더욱 깊이 있게 이해하고 통찰할 수 있도록 돕는 보웬(Bowen)의 가족체계이론을 치료의 준거틀로 적용하는 것은 바람직한 방법일 수 있다.

6. 알코올행동 부부치료

알코올중독자의 음주행동은 개인의 생리학, 심리학, 가족 그리고 사회적 관계망과 관련된 요소들의 복잡한 관계망에 입각해 있다. 따라서 알코올행동 부부치료(Alcohol Behavioral Couple Therapy: ABCT) 모델은 사회적, 가족체계, 행동적 관점과 반복적이고 역기능적인 상호작용 패턴에 초점을 둔 의사소통 이론에 근거를 두고 있다(McCrady & Epstein, 2015). 특히 알코올행동 부부치료는 음주와 상호작용적인 행동, 금주를 촉진시키기 위한 행동기술훈련, 음주에 더 효과적으로 대처하고 금주를 지지하기 위한 기술훈련 그리고 관계 기능을 향상시키기 위한 의사소통 기술을 변화시키기 위한 동기 증진의 요소들을 포함한다(Epstein et al., 2007; McCrady & Epstein, 2015; O'Farrell & Fals-Stewart, 2012).

1) 알코올 문제를 위한 부부치료 과정

알코올행동 부부치료는 전형적으로 매주 90분 부부공동치료로 진행되며, 3~6개월에 거쳐 12~20주 동안 부부공동치료를 하나 개별치료도 실시할 수 있다. 치료는 일련의 과정을 따른다. 각각의 상담 회기는 알코올 문제를 가진 내담자의 알코올 측정을 위하여 손에 쥘 수 있는 음주측정기를 사용하면서 시작한다(McCrady & Epstein, 2015). 치료는 치료사 매뉴얼(McCrady & Epstein, 2010)과 내담자 워크북(McCrady & Epstein, 2009)

을 통하여 진행된다. 치료 내내 부부가 함께하는 공동치료가 진행되며, 음주 문제의 본질과 변화 모델에 대한 내용을 교육받는다. 전형적으로 초기 상담의 주요 초점은 음주에 두고 진행되며, 치료가 진행됨에 따라 점차 관계에 초점이 주어진다. 내담자가 음주에 변화가 생기면 주요 타자가 내담자의 변화하는 행동을 더 받아들일 수 있게 된다 (McCrady & Epstein, 2015).

2) 치료사의 역할

치료사는 알코올중독자들이 술에 취하지 않고 맨정신을 유지하기 위하여 가족체계를 재조직화하며, 과도한 기능과 미흡한 기능을 감소시키기 위하여 역할과 상호작용패턴을 변화시키고, 사고와 감정에 대한 명확하고 직접적인 의사소통 방식을 증가시키며, 느슨한 경계선은 강화시키고, 경직된 경계선은 완화시키며, 스트레스와 갈등을 다루는 기술을 촉진시킨다(Laszloffy, 2016). 알코올행동 부부치료사는 특히 알코올과 알코올 문제, 음주와 부부 문제를 변화시킬 수 있는 방법에 대한 특별한 지식을 가지고 있고 부부와 작업하는 데 이와 같은 지식을 사용하는 전문 상담가로 정의된다. 치료사는 내담자와 연합관계를 수립하고, 내담자의 알코올 문제를 변화시키기 위하여 내담자와의 관계를 이용한다.

이 모델은 치료적 요소로 전이 혹은 전이적인 반응에 대한 해석을 사용하지 않는다. 그러므로 치료사와 부부와의 긍정적인 관계가 내담자의 긍정적인 행동의 변화를 지지하고, 동기화시키고, 강화시키기 위하여 사용된다. 치료사는 덜 지시적이며, 부부가 자신들의 행동을 총괄할 수 있고 자신들이 토론하고자 하는 문제들을 선택할 수 있는 부부의 능력을 강화시킨다. 치료 과정 내내 치료사는 각각의 상담 회기에서 최소한 한 가지의 새로운 기술을 교육시키며, 상담하는 동안에 부부의 상호작용을 관찰하면서 부부관계를 평가하고, 부부의 의사소통에 있어서 강점과 문제점에 대한 가설을 세운다 (McCrady & Epstein, 2015).

3) 사례개념화

알코올행동 부부치료는 사례개념화를 위해 세 가지 목표, 즉 내담자의 음주, 음주에 대한 중요한 타자의 반응, 부부관계를 가지고 있다.

(1) 내담자의 음주

내담자의 음주와 관련된 치료 목표를 위하여 치료사는 다음과 같이 질문한다. 첫째, 내담자의 알코올 문제를 유지시키는 것은 무엇인가? 신체적인 의존, 심리적인 문제 그리고 인간관계 문제가 어느 정도로 음주를 유지시키고 있는가? 둘째, 내담자의 주요 촉발 요인들은 무엇인가?, 셋째, 어떤 긍정적인 결과들이 음주를 유지시키는 중요한 요소로 보이며, 어떤 부정적인 결과들이 이를 변화시킬 수 있는 동기로 작용할 수 있는가?

(2) 음주에 대한 중요한 타자의 반응

치료사는 중요한 타자의 반응과 관련한 인지적-행동적 사례개념화와 치료를 발전시키기 위해서 다음과 같은 질문을 한다. 첫째, 중요한 타자가 음주를 어떻게 효과적으로 대처하는가? 둘째, 중요한 타자의 행동이 어떤 방법으로 음주에 대한 촉발 요인으로 작용하고 있는가? 셋째, 중요한 타자가 어떤 방법으로 음주를 강화시키고 있는가? 넷째, 중요한 타자가 어떤 방법으로 음주에 대한 적절한 결과를 낳고 있는가?

(3) 부부관계

사례개념화와 치료 계획의 세 번째 목표는 부부 기능에 대한 것이다. 첫째, 부부가 음주 문제에 대처하는 데 얼마나 잘 협력적으로 대처하거나 서로에게 반대하는가? 둘째, 부부가 협력적인 두 사람으로서 어떻게 기능하고 있는가? 셋째, 전반적인 관계의 질이 긍정적인가, 아니면 부정적인가? 넷째, 부부가 어느 정도로 서로에게 지지적인가? 다섯째, 부부의 의사소통에 있어서 특별한 장점과 단점은 무엇인가?

이와 같은 질문을 통하여 치료사는 부부의 독특한 장점과 단점의 개념화와 알코올 문제를 다루기 위해 부부가 어떻게 협력할 것인가를 배울 수 있는 수단을 발달시킬 수 있으며, 긍정적인 상보성을 고양시키고, 상담 회기에서 초점을 둘 필요가 있는 의사소통 기술을 결정할 수 있다.

4) 치료 계획

(1) 치료 목표 세우기

알코올행동 부부치료는 치료 목표로 금주를 강조한다. 그 외에 치료를 위한 주요한 목표에는 음주와 관련된 상황들을 다루기 위한 부부의 대처 기술을 개발하는 것, 금주 또는 변화된 음주에 대한 긍정적인 강화자들을 개발하는 것, 관계 기능을 고양시키는 것, 일반적인 대처 기술을 개발하는 것, 효과적인 의사소통과 문제해결 기술을 개발하는 것, 치료적인 이득을 유지하고 재발을 다룰 수 있는 전략을 발전시키는 것 등이 포함된다.

(2) 부부치료의 과정과 기술적인 면 그리고 변화기제

음주 문제를 개념화하기 위한 알코올행동 부부치료는 다양한 수준, 즉 내담자, 중요한 타자, 하나의 단위로서의 관계, 가족 그리고 내담자와 관련된 다른 사회적 체계를 중심으로 개입한다. 또한 내담자의 음주 문제에 대한 개입에는 내담자에 대한 개입, 금주를 위한 계획, 동기를 증진시키는 것, 음주에 초점화된 대처 기술, 일반적인 대처 기술, 다른 사회체계 개입, 재발 예방, 중요한 타자들을 위한 개입, 음주에 초점화된 대처 기술, 부부에 초점을 둔 개입, 상호보완성 증진, 음주에 특화된 의사소통과 문제해결, 일반적인 의사소통과 문제해결 등이 포함된다. 알코올행동 부부치료사는 부부의 변화에 대한 동기를 증진시키고, 내담자뿐만 아니라 중요한 타자의 대처 기술를 훈련시키며, 관계를 증진시킨다.

5) 종결

치료는 음주를 하지 않거나 부부관계가 개선되면 종결한다(McCrady & Epstein, 2015).

6) 공통적인 치료사의 실수

치료사들이 음주 문제를 가진 부부들과 상담할 때 저지를 수 있는 몇 가지의 공통적인 실수들은 다음과 같다.

첫째, 치료사들은 내담자와 관련되어 있는 사회적 기관들의 중요성과 내담자의 심리적 문제의 복합성을 과소평가할 수 있다.

둘째, 다른 항정신성 약물에 대한 지나친 권위적인 반응과 거시적인 약물 사용 맥락을 고려하지 않고 표출되고 있는 약물남용에만 너무 좁게 초점을 둘 수 있다. 치료사는 약물 사용이 치료의 초점이 될 수 있다는 것을 인지할 필요가 있다.

셋째, 치료사가 변화에 대한 파트너의 동기를 과도하게 평가하거나 변화에 대한 파트너의 양가감정을 과소평가할 수 있다.

넷째, 내담자들의 기술을 과도하게 평가할 수 있다.

다섯째, 치료사가 부부의 분노 정도 혹은 다른 '치명적인' 병리를 과소평가할 수 있다.

여섯째, 부부가 과제를 피하게 하는 것 혹은 음주 관련 문제를 토론하거나 다루는 것을 피하는 것을 허락할 수 있다.

일곱째, 치료사가 순응하지 않는 내담자를 대신하여 중요한 타자와 연합할 수 있다.

7. 사례

1) 남편의 음주 문제로 인해 갈등을 겪고 있는 부부의 가족치료 사례*

(1) 사례 개요

남편의 음주 문제로 인해 상담을 의뢰한 부인은 현재 전업주부이며 남편은 자영업을 하고 있고 중학교 1학년과 초등학교 5학년에 재학 중인 남매를 두고 있다. 남편은 주 5회 정도 만취될 때까지 술을 마시다 외박을 하거나 늦게 귀가하는 횟수가 잦았고 부인은 이로 인한 스트레스가 극심한 상황이었다. 부인은 남편의 음주를 중단시키기 위해 여러 가지 방법을 시도해 봤지만, 그러한 시도가 남편에게는 술을 마시게 하는 또 다른 스트레스 요인으로 작용하였다. 이 사례는 개별상담, 부부상담, 가족상담 등의 형태로 총 14회기가 진행되었고, 치료적 준거틀로 MRI의 상호작용적 가족치료이론과 보웬(Bowen)의 가족체계이론을 사용하였다.

(2) 부부갈등의 요인

① 술

남편은 자영업을 하고 있기 때문에 술 접대가 잦아 술에 취해 기억을 하지 못할 만큼 만취 상태로 귀가하는 일이 일주일에 5일 이상이었다.

② 미분화

부부갈등을 유발하는 또 다른 이유는 남편과 시집 식구와 지나치게 밀착된 관계였다. 남편과 시집 식구들은 경제적 · 정서적으로 밀착된 관계였는데, 남편이 형제들과 동업을

* 이 사례의 가족치료 과정을 알고 싶다면 박태영, 박진영(2011). 알코올문제로 인해 갈등을 겪고 있는 부부의 가족치료 사례연구. 한국가족복지학, 33. 95-129를 참고하기 바란다.

하고 있었던 것이 가장 큰 이유였다. 부부는 하루 일과를 같은 사무실에서 함께 보내기 때문에 부부만의 사생활이 그대로 노출되는 경우가 많았고, 주로 남편 입장에서 일방적으로 전달되는 이야기가 많았기 때문에 시집 식구들과 부인은 더욱 갈등적인 관계가 되었다. 그리고 정서적으로 융합되어 있는 시집 식구들은 부인의 종교생활에서부터 친정 방문에 이르기까지 소소한 일에 지나친 간섭을 하였다.

③ 역기능적인 대처 방식

■ 남편의 역능적인 대처 방식

부인은 남편의 입장을 배려하지 않는 잦은 교회활동을 하고, 우울증이 있었으며, 남편을 추궁하는 역기능적 대처 방식을 사용하고 있었다. 부인은 시집과의 갈등이 심해질 경우 명절이나 제사 때 교회에서 기도를 하거나 남편의 퇴근 시간 혹은 휴일에 교회에서 많은 시간을 보내어 부부갈등을 더욱 심화시켰다. 또한 남편은 부인이 우울증으로 인하여 집안일과 자기 관리가 잘 되지 않아서 불만이 많았다. 긴 시간 동안 따지듯 추궁하는 부인의 대화 방식은 남편의 폭언과 폭력을 유발시켰다. 이로 인하여 남편은 집에 들어가는 것이 싫어 밖에서 시간을 보내게 되었고, 이는 다시 음주 문제로 이어지는 악순환이 반복되었다. 시집 식구들의 간섭은 더 심해지고 부인에 대한 오해도 깊어지면서 부부는 더욱 충돌하였다.

■ 부인의 역능적인 대처 방식

남편의 역기능적 대처 방식은 폭력과 폭언, 대화 회피 혹은 단절이었다. 이는 부인이 남편의 음주 문제나 여자 문제를 집요하게 추궁할 때 주로 사용되는 방식이었는데, 부인의 추궁은 남편의 폭력과 폭언이 있고 나서야 멈춰지기 때문에 부인의 추궁과 남편의 폭력, 폭언이 반복되었다. 그리고 남편은 부인에 대한 불만을 우회적으로 표현하였고, 부인이 교회활동과 우울증으로 인하여 집안일과 자기 관리를 제대로 하지 않는 것에 불만을 가졌고 신체적 약점을 잡아 인신공격을 하였다. 부인은 남편의 음주 문제뿐만 아니라 잦은 술자리로 인해 빚어질 수 있는 여자 문제에 민감한 편이어서 이와 관련하여 남편을 추궁하는 경우가 많았다. 이에 남편은 부인의 추궁을 멈추게 하기 위해 다른 여자와 성관계를 하였다고 거짓말을 하여 부부 사이의 오해는 더욱 증폭되었다.

(3) 부부갈등과 관련된 부부의 원가족 특성

① 부인의 원가족 특성

부인은 남편이 자신을 인정해 주지 않고 무시하고 비하하는 것에 깊은 상처를 받아 왔고 누적된 상처는 우울증으로 나타났다. 남편의 방식은 부인이 어렸을 때 친정어머니가 부인에게 심한 구타와 욕설을 해 온 방식과 연결되었다. 6남매 중 장녀였던 부인은 자신보다 열한 살 어린 남동생의 병수발을 하였고 집안 살림을 도맡아 해 오면서 다른 동생들까지 돌봤다. 아들의 병수발과 남편과의 갈등으로 극심한 스트레스를 받아 왔던 친정어머니는 장녀인 부인을 무시하고 욕설과 함께 심한 구타를 하였다.

부인은 남편의 여자 문제에 대한 의심이 많았다. 남편이 여자들과 자주 술을 마시기도 했지만, 이는 부인의 원가족 경험과도 관련이 있었다. 부인은 친정아버지로부터 어렸을 때 성추행과 성폭행을 당한 경험이 있었고(친정아버지는 부인을 포함한 5명의 딸을 모두 성추행 혹은 성폭행하였음), 열아홉 살 때 직장동료에게 성폭행당한 후 결혼을 전제로 만남을 가졌지만 상대가 유부남이라는 사실을 알게 되어 큰 충격을 받고 헤어진 경험이 있었다. 이러한 경험은 부인에게 '남자는 믿을 수 없는 존재'라는 사실을 각인시켰고 남편의 늦은 귀가, 외박에 매우 민감한 반응을 하는 원인이 되었다. 남편에 대한 부인의 의심은 원가족 경험과 중첩되어 남편의 여자 문제를 추궁하는 결과를 낳았다.

② 남편의 원가족 특성

남편의 음주 문제는 원가족 경험과 깊은 관련성이 있었으며 폭력과 폭언 역시 원가족으로부터 전수되었다. 어렸을 때부터 남편은 진폐증 환자였던 아버지를 대신하여 밀주를 만들어 파는 어머니를 따라다니면서 술을 접하였다. 어머니도 남편(아버지) 앞에서 술을 자주 마셔 왔으며, 그 결과 남편의 형제들은 대부분 알코올중독자였고 폭력 전과까지 있을 만큼 심한 폭력과 폭언을 사용하였다. 남편은 어렸을 때부터 가족 간의 긍정적이고 정서적인 교류가 거의 없는 가정에서 성장하였는데, 이는 부인뿐만 아니라 자녀와의 상호작용에도 영향을 미쳤다. 부인과 자녀들은 상대방을 무시하고 비하하는 남편의 말투 때문에 많은 스트레스를 받았다.

(4) 가족치료에 적용된 치료의 준거틀과 가족치료 결과와의 관련성

이 사례에 적용된 가족치료의 준거틀과 가족치료 결과 및 결과 도출 과정과의 관련성을 정리해 보면 다음의 〈표 9-1〉, 〈표 9-2〉와 같이 요약될 수 있다.

〈표 9-1〉 치료의 준거틀과 가족치료 결과 및 결과 도출 과정과의 관련성: MRI의 상호작용적 가족 치료 이론

<table>
<tr><th>치료 기법</th><th>가족치료의 결과와 결과가 도출된 과정 설명</th></tr>
<tr><td>재정의: 어떤 행동, 관계, 현상을 지금과는 다른 측면에서 보고 그 특징에 새로운 의미를 부여하는 과정</td><td rowspan="3">결과가 도출된 과정
① '무엇이 그 문제를 지속시키는가?'에 관심 갖기
• 1회기: "저는 우선 현재 부부관계에 걸려 있는 의사소통 방식을 봐요."
② 문제를 지속시키는 구체적인 행동 패턴을 발견하기
• 2회기: "두 분은 지금 구체적인 대응 방식들을 일정한 패턴으로 가지고 계세요. 예를 들어, '너 비켜, 아직도 안 나갔냐?' 이런 식의 남편의 표현은 '좀 변해라' 이건데요, 상대는 그 속뜻보다 표현 방식으로 인해서 화부터 난다는 거예요."
• 3회기: "부인은 꼬치꼬치 따지는 방식이고 남편은 말이 딸리니까 폭력으로 위협을 주는 거고 부인은 다시 그러면 안 된다고 가르치려 들고 남편은 아예 함구해 버리는 방식이에요. 그러고 나서 그 스트레스를 술로 푸시는 거죠."
③ 자신이 시도한 해결 방식이 효과가 없음을 인식하기
• 8회기: "부인이 남편을 추궁할수록 남편은 부인 열 받게 만드는 말만 했다는 거예요. 아니라고 하는데 자꾸 추궁대면 정말 돌아버리는 거예요."
• 13회기: "'참을까, 아니면 확 붙어 버려!' 이런 표현 방식 가지고는 잘못하면 와이프가 속병을 일으킨다는 거죠. 남편도 내 편이 아니구나. 이런 생각만 들게 해요."</td></tr>
<tr><td>역설적 개입: 치료자가 치료 목표와는 반대되는 것을 실행하도록 지시하여 보다 효과적인 결과를 초래하려는 시도</td></tr>
<tr><td>은유: 직접적인 의사소통이 유효하지 않을 때 그 메시지를 비유로 전달하는 것</td></tr>
<tr><td>의식: 가족에게 구체적인 행동을 지시하여 변화를 시도하는 방법</td><td>④ 그동안 시도했던 것과는 다른 시도를 생각해 내고 그것을 실행에 옮기기
• 8회기: "부인께서 자꾸 잔소리할 게 뻔하니까 아예 핸드폰까지 꺼놓고 (술을) 드신다는 거예요. 아니면 안 나간다고 해놓고 다음 날 말없이 나가 버린다거나 남편이 술을 덜 먹게 만드는 방법이 뭐냐 이거예요. 잔소리 때문에 더 먹었다면 그걸(잔소리) 줄여 보면 (술을) 덜 먹을 수도 있다는 거예요."
• 13회기: "시집하고 문제가 생기면 일단 부인 편을 들어 주세요. 여자들은 남편이 내 얘기 들어 주고, 나한테 동조해 주기만을 원하는 거거든요."
결과 1: 대화 방식의 변화
• 상담 2회기부터 나타나기 시작한 변화로서 1회기에서 가족치료사를 통해 역기능적 대화 방식을 인식하게 된 부부는 그동안 시도해 보지 않았던 새로운 대화 방식을 시도하게 됨
결과 2: 음주량의 감소
• 대화 방식의 변화로 인해 상호작용이 다소 편안해진 남편은 음주량의 감소라는 2차적 반응이 곧이어 나타났음</td></tr>
</table>

	결과 3: 역기능적 대처 방식에 대한 비효과성 인식 그동안 시도해 왔던 역기능적 대처 방식의 구체적인 행동패턴들을 발견하고 이것이 비효과적이었음을 인식한 부부는 새로운 시도에 대한 동기를 부여받음 결과 4: 인식의 변화-부부 간의 오해에 대한 재인식 • 부부는 어떤 행동이나 상황에 대해 각자 서로 다른 이해의 틀을 가진 채 오해의 골이 깊어 가고 있었는데, 이에 대해 지금과는 다른 측면에서 바라보고 새로운 의미를 부여하는 과정을 갖게 됨

〈표 9-2〉 치료의 준거틀과 가족치료 결과 및 결과 도출 과정과의 관련성: 보웬의 가족체계이론

치료 기법	가족치료의 결과와 결과가 도출된 과정 설명
탈삼각화 과정: 증상을 제거하거나 변화시키기 위해 역사적 요소를 발견하는 과정이며, 역사적 요소의 발견은 원가족에 대한 이해로부터 시작됨. 자아분화는 자신과 관련된 삼각관계를 인식하고 거기에서 탈삼각화하는 것임	결과가 도출된 과정 ① 역사적 요소의 발견 시도 • 1회기: 원가족에서 걸려 있는 것이 무엇이길래 (부인이) 남편의 술 문제에 이렇게 민감하게 반응하나? 이걸 봐야 해요. ② 원가족에 대한 이해 시작 • 3~6회기: 가족들의 학력, 직업, 관계성, 가족 내 사건 등 다각적 차원에서의 정보 수집 ③ 삼각관계의 인식 • 3회기: "남편 모습에서 친정어머니와 친정아버지 모습이 다 겹쳐서 보이시는군요? 친정 부모님이 하셨던 방식대로 남편도 똑같이 잔소리하면서 무시를 하니까 옛날 감정하고 뒤섞여서 더 화가 나는 거예요." • 4회기: "'네가 뭘 할 줄 아냐?' 이렇게 남편이 이야기하면 그 메시지가 친정어머니하고 똑같았기 때문에 친정어머니한테 걸려 있는 감정까지 합해져서 남편한테 대응하시는 거예요." • 4회기 : "남편이 왜 가족들한테 감정을 내어놓지 못하는지, 원가족하고 뭐가 걸려 있는지 볼 거예요. 집에서 대화를 해 보신 적이 있어요? 주거니 받거니 하는 감정 표현이 차단된 가정에서 자란 것이 지금 가족들한테도 그대로 내려오고 있어요. 그리고 감정을 삭인 채 술로 해결하는 것도 내려오고요." ④ 가족평가 • 6회기: "부인이 남편의 외도 문제나 술 문제에 이토록 예민하게 반응하는 이유가 친정아버지 외도 문제하고 걸려 있다는 거예요. 일단 여자 문제 때문에 자기 아버지를 적대시하고 있는데, 남편이 술 먹고 늦으면 남편도 아버지처럼 여자 문제가 있는 것 같으니까 민감하게 반응한다는 거죠."

	• 8회기: "남편의 말투가 친정아버지나 친정어머니 말투랑 똑같이 자기를 무시한다는 거예요. 만약 부모님하고 이런 감정이 안 걸려 있으면 무덤덤하게 반응해서 해결할 수도 있는 건데 걸려 있으니 더 민감하게 반응할 수밖에 없다는 거죠."
가계도의 활용: 3세대에 걸친 가족의 정보를 얻기 위해 가족치료사는 가계도를 사용함. 가족에 관한 정보가 도식화되어 있는 가계도를 통하여 가족구성원 간 반복되어 나타나는 사건이나 유형을 파악함으로써 원가족에서 경험한 패턴과 영향력을 현 핵가족의 문제를 규정하는 데 사용함으로써 가족을 평가함.	⑤ 탈삼각화 시도 • 4회기: "물론 성폭력이나 성추행의 경험은 어머어마한 충격이에요. 내놓기가 힘드실 거예요. 근데요, 이걸 내놓지 못하고 갖고 살다가 비슷한 상황에 부닥치면 옛날에 해결되지 못한 것까지 두 배로 겹쳐 감정에 불이 붙는다는 겁니다. 남편 입장에서는 옛날의 사건을 모르니까 이 사람이 왜 이러나…… 황당할 수 있어요. 비밀을 노출해 버리는 것이 해독 작용을 할 수 있어요. 사실 내놓으면 별것도 없어요." • 8회기: "두 분 사이의 미심쩍은 부분을 풀어줄 만큼 남편이 자세하게 정황을 설명해 주는 대화습관이 안 되어 있다는 거죠. 원가족문화가 그래 왔으니까." 결과 1: 인식의 변화–원가족 특성으로 인한 현재 상황의 잘못된 해석에 대한 재인식 • 남편의 음주 문제와 외도 문제에 대한 아내의 적절치 못한 대응 방식이 나오게 된 배경으로 아내의 원가족 경험을 이해하게 됨 결과 2: 인식의 변화–원가족 특성이 현재 배우자와의 상호작용에 대해 민감한 반응을 유발시킬 수 있음을 인식 • 남편의 역기능적 의사소통 방식(비하, 무시 등)은 부인의 원가족 경험과 겹쳐 인식되기 때문에 더 큰 상처로 각인되었고, 이에 대한 부인의 반응은 계속 민감해지는 악순환을 인식시킴으로써 남편의 의사소통 방식이 수정될 수 있는 동기를 더 확실하게 부여할 수 있었음 • 남편에 대한 민감한 반응이 계속될수록 남편과의 관계는 더 악화될 수 있음을 부인이 인식하게되어 이에 대한 통제 능력이 향상됨

2) 알코올중독에서 회복 중인 남편에 대한 부부치료 사례*

(1) 사례 개요

남편(내담자, 40세)은 알코올중독자로서 10년 전 간경화 초기 진단을 받았고, 알코올전문 신경정신과에서 3개월간 일주일에 3번씩 외래진료를 받았다. 남편은 3년 전부터 단주를 하고 있으며, 부부는 지난 3년 동안 성관계가 전혀 없었으나 남편이 때로는 성적

* 이 사례의 가족치료 과정을 알고 싶다면 박태영, 이재령(2006). 알코올중독에서 회복 중인 남편에 대한 부부치료 사례연구. **임상사업연구**, 3(1), 111-140을 참고하기 바란다.

욕구를 주체할 수 없어서 포르노를 보면서 자위행위를 하였다.

부인(38세)은 본인 스스로 가정 내에서 역할을 잘못하고 있다고 생각하였다. 또한 부인은 남편의 알코올중독, 간경화 등으로 인해 성욕구를 표현할 수 없었다. 남편은 결혼 전 문란하였던 성 경험으로 인해 강한 성적 자극을 원하면서도 아내로부터 만족을 할 수 없다는 사실과 과거의 복잡한 여자관계를 아내에게 숨기며 살아왔다. 남편은 부부관계를 회복하지 않으면 결혼생활이 깨질 것 같은 불안감으로 가족치료를 의뢰하게 되었다. 한편, 부인은 남편이 술을 마시지 못하도록 늘 감시하였고, 그 결과 남편과의 공동의존관계를 가지고 있었다. 부부에게는 딸(9세)이 있었다. 치료사는 총 27회의 개별상담과 부부상담을 진행하였다.

(2) 가족치료 과정과 결과

알코올 문제로 인한 부부간의 문제가 가족치료를 통해 변화하는 과정은 다음과 같다.

① 문제 확인 단계

이 단계는 상담 초기 과정으로 내담자가 주로 호소하는 문제들이 무엇인지, 원가족에서 자라온 과정, 청소년기, 학교생활, 직장생활, 결혼 과정, 결혼 후 부부생활 등 주 호소 문제와 관련되어 있는 다양한 환경과 상황을 이해하는 단계이다.

■ 알코올중독과 포르노중독 형성 과정

남편은 평범한 가정에서 자라오던 중 갑작스런 가정의 경제적 어려움으로 인해 중학교 때부터 대학 졸업 후 직장을 다니면서까지 온 가족이 뿔뿔이 흩어져 살았다. 이와 같은 환경 속에서 남편은 속마음을 타인과 나누어 보지 못했으며 긍정적인 이야기만 하려는 어머니와도 진솔한 대화를 나눌 수 없었다. 남편은 고교 시절부터 운동을 잘하여 선배들과 많이 어울리면서 술을 처음 배웠고, 마음이 울적하고 힘들 때 혼자 밤새도록 술 마시고 포르노를 보며 자위행위 하는 것이 스트레스를 푸는 유일한 방법이었다.

■ 부부관계 부적응

내담자는 결혼 전 많은 여성과 성관계를 하였고 매우 자극적이고 다양한 성적 취향을 가지고 있는 반면, 부인의 경우는 성적으로 매우 보수적이어서 결혼 초부터 서로 성적 취향이 달랐다. 남편은 아내와의 성관계가 자위행위 이상의 만족을 주지 못한다고 생각하였고, 아내는 결혼 초 남편의 간경화 진단과 알코올중독으로 인한 입원 등으로 성관계 요구를 금기시할 수밖에 없었으며 남편의 건강과 단주에 모든 신경을 쏟았다. 결혼 후 부부의 성생활이 거의 이루어지지 않아 남편은 포르노를 보며 자위행위를 하는 것으로 자신의 성적 욕구를 충족하였고, 아내는 그러한 남편의 행위가 불쾌하였으나 그 불쾌함을 직접 표현하지는 못하였다.

■ 공동의존

남편은 알코올중독과 함께 간경화 진단을 받은 후에 술을 접하지 않기 위해 직장을 그만두고 가게를 시작하였고, 부부는 24시간을 함께 지내게 되면서 부부 모두 친구관계나 개인적인 취미활동을 중단하였다.

■ 역기능적인 의사소통

남편은 결혼 전 자신의 문란했던 성 경험을 아내에게 말할 수 없었고 솔직하게 표현을 하면 아내가 상처를 받을 것이 걱정되어 진솔한 대화를 할 수 없었다. 아내는 자신의 감정을 표현하지 못하고 눈물로 나타내었고 아내의 감정적인 반응에 남편은 화를 내는 방식으로 대응하였다. 따라서 부부가 모두 감정을 솔직하게 표현을 못하였다. 한편, 아내는 어린 시절에 부모가 새벽부터 밤늦은 시간까지 장사를 하는 환경 속에서 자라 자신의 마음을 터놓고 대화를 나눌 만한 대상이 없었다.

② 치료 및 변화의 욕구 단계

■ 단주치료에 대한 열의

남편은 결혼 초 알코올중독 진단을 받고 폐쇄병동에 입원하였는데, 그 경험은 남편에게 매우 충격적이었다. 그 후부터 남편은 다시는 병원에 입원하지 않겠다고 결심하고 단주치료를 받았다. 남편은 단주 모임에 참여하고 삶을 돌아보는 자서전을 쓰면서 자신의 문제와 어려움을 인식하게 되었다. 그 과정에서 남편은 부부간의 진솔하지 못한 표현 방식으로 인해 부부가 친밀하지 못했음을 알게 되었다. 남편은 자신의 문제를 변화하고자 하는 열의가 생겼고 담당 사회복지사로부터 상담 공부 참여와 가족치료를 권유받았다.

■ 아내와 가족의 중요성 인식

남편은 알코올 문제와 소원한 부부관계 등으로 인해 아내가 자신을 떠나게 될 것을 두려워하였고, 단주 치료 과정을 통해 가정과 아내의 소중함을 깨닫게 되었다.

③ 변화의 노력 단계

이 단계는 가족치료 개입 이후에 나타나는 부부간의 변화가 발생하는 단계이다.

■ 남편의 노력

남편은 부부간의 진솔한 의사소통을 원했으나 솔직한 대화를 하지 못하고 있던 중 가족치료를 통해 용기를 얻게 되어 아내에게 자신의 문란했던 성 경험들을 털어놓았다. 아내는 짐작은 했지만 직접 들은 사실에 정서적으로 힘들어하였으나 이겨내고 수용하려는 노력을 보였다. 남편은 아내와 성관계를 시도하고 부부만의 시간을 갖기 위해 영화와 콘서트를 보러 다녔다. 또한 남편은 어머니가 자신에게 지나치게 의지하려고 하는 것과 자녀양육에 지나치게 관여하는 것의 경계를 명확히 하려고 노력하였다.

■ 아내의 노력

아내는 남편이 컴퓨터를 보는 것에 신경을 덜 쓰려고 노력하였으며, 남편이 알코올중독과 포르노에 집착하는 것도 일종의 병일 수 있다고 인식하게 되었다. 따라서 아내는 남편의 입장을 이해하게 되면서 남편의 변화를 기대하게 되었다. 또한 아내는 자신의 감정을 표현하게 되면서 부부싸움을 하게 되었으나 이를 긍정적으로 받아들였다.

④ 공동의존에서 자유로운 단계

■ 변화된 부부생활

내담자 부부는 가족치료 의뢰 전에는 잠자리에서 서로 부딪칠까 봐 신경을 곤두세우고 침대의 양 끝에서 벽을 보고 잤으나 상담 후에는 편하게 잠을 자게 되었다. 또한 부부는 성격, 생활 방식, 표현 방식에 있어서 차이가 있다는 것을 인정하게 되었고 솔직한 대화를 하게 되었다.

■ 독립된 삶

내담자 부부는 결혼 후 거의 24시간을 함께 생활해 왔으나 상담 후 아내는 자신의 취미활동을 시작하게 되었고 자녀 친구의 부모와 친해지면서 남편과 떨어져 있는 시간이 많아지고 자신의 시간을 즐길 수 있게 되었다. 남편 또한 아내가 취미 활동하는 것에 적응하려고 노력하였다.

■ 남편의 긍정적인 자아 발견

남편은 상담을 통해서 자신의 정체성에 대한 고민과 함께 자신을 부정적으로 인식해 왔음을 깨닫게 되었고, 긍정적인 자기 자신을 발견할 수 있게 되었다.

⑤ 극복 단계

■ 재발 징후을 알아차림

상담이 잘 진행이 되어 부부간의 기능적인 의사소통이 이루어지고 부부관계가 회복되고 있던 시점에서 남편은 단주 동료의 음주 재발과 가게 재계약으로 인한 스트레스로 재발 징후를 보였다. 그러나 남편은 재발의 징후를 인식하고 자신의 불안을 아내와 치료사에게 말하면서 위기를 극복해 나갔다.

■ 가게 일에 대한 부담과 책임감

남편은 가게에 어려운 일이 발생하자 직원들이 모두 자신의 이익만을 챙기는 것을 보고 남에게 가게를 맡겨서는 안 되겠다는 것을 인식하였으며, 가게에 더 책임감 있게 관여하였다.

■ 봉사활동으로 인한 자존감 확인

남편은 재발 위기에도 불구하고 자신의 능력을 통해서 봉사활동을 하였고 성공적으로 봉사활동을 마침으로써 재발 위기를 극복하고 자긍심을 발견하게 되었다.

참고문헌

강향숙(2017). 알코올중독자 여성배우자의 자녀양육경험. 청소년학 연구, 24(5), 277-310.

국립정신건강센터(2021). 2021년도 정신건강실태조사 보고서.

김미혜, 이은주, 엄예선, 윤명숙(1995). 한국알코올중독가족의 특성 및 부부문제에 관한 연구-알코올중독자의 회복을 위한 부부집단 개입 프로그램 개발연구(Ⅰ). 사회복지, 124, 72-93.

김미혜, 이은주, 엄예선, 윤명숙(1997). 알코올중독자 부부집단 프로그램 효과 평가에 관한 연구. 한국사회복지학, 31, 339-368.

김형중(2012). 알코올과 범죄와의 상관성에 관한 연구: 음주범죄에 대한 허용성과 관용적 인식을 중심으로. 한국시민윤리학회보, 25(2), 1-30.

김혜련, 정윤정, 박수경(2010). 부모의 알코올 중독 여부에 따른 자녀역할과 청소년 자녀의 내면화 문제와의 관계. 정신건강과 사회복지, 1(35), 267-294.

김혜련, 최윤정, 최진경(2003). 여성 문제음주자와 환경에 관한 연구. 한국알코올과학회지, 4(2), 105-118.

김효남, 박태영(1996). 의사소통 문제를 지닌 알코올중독자의 가족치료 사례연구. 한국가족치료학회지, 4, 47-80.

김희경, 이은진(2014). 알코올 의존자 배우자의 용서치료 경험과정. 정신간호학회지, 24(2), 70-81.

맹혜영, 이성규(2022). 알코올 사용장애 가족의 공동의존 경험에 관한 사례연구. 한국가족복지학, 69(4), 5-36.

박영순, 조성희(2019). 알아넌에 참여하는 알코올중독자 배우자의 위기 극복과정에 대한 질적 연구. 상담학연구, 20(2), 303-327.

박태영(2001). 가족치료이론의 적용과 실천. 학지사.

박태영(2009). 마리화나 피는 아들에 대한 가족치료 사례연구. 한국가족치료학회지, 17(1), 57-96.

박태영, 김태한, 김혜선(2009). 알코올 중독문제를 가진 재혼한 부인에 대한 가족치료 사례연구. 한국사회복지학, 61(1), 293-322.

박태영, 박진영(2011). 알코올문제로 인해 갈등을 겪고 있는 부부의 가족치료 사례연구. 한국가족복지학, 33. 95-129.

박태영, 신원정(2011). 음주문제를 가진 성인자녀에 대한 가족치료 사례연구. 한국가족치료학회지, 19(2), 63-92.

박태영, 이재령(2006). 알코올 중독에서 회복 중인 남편에 대한 부부치료 사례연구. 임상사회사업연구, 3(1), 111-140.

보건복지부(2021). 2021년 정신건강실태조사.

성상경, 방양원, 함웅(1993). 주정중독환자들의 퇴원 후 경과에 관한 연구. 신경정신의학, 32, 698-705.

양난미, 송영이(2013). 심각한 수시 폭음을 하는 대학생의 음주 경험에 관한 질적 연구. 한국심리학회지: 상담 및 심리치료, 25(1), 83-109.

우재희(2014). 알코올중독자의 외상경험이 음주에 미치는 영향에 관한 연구: 스트레스대처 방식의 매개효과 중심으로. 한국콘텐츠학회논문지, 14(10), 180-188.

유수현, 천덕희, 이효순, 성준모, 이종하, 박귀서(2010). 정신건강론. 양서원.

윤명숙(2003). 회복중인 알코올 중독자의 부부관계증진을 위한 집단치료프로그램 효과성 연구. 정신보건과 사회사업, 16, 119-155.

이은주, 엄예선, 김미혜, 윤명숙(1995). 알코올중독자 아내의 알코올중독 회복 프로그램 욕구에 관한 연구-알코올중독자의 회복을 위한 부부집단 개입 연구(II). 한국사회복지학, 26, 165-200.

임아리, 박태영(2015). 폭음문제를 가진 성인자녀(딸)에 대한 가족치료 사례연구. 한국가정관리학회지, 33(3), 31-48.

임은희(2003). 알코올중독자를 위한 치료 접근 방법 개발에 관한 연구. 정신보건과 사회사업, 12, 53-74.

장수미(2001). 알코올중독자 가족의 가족적응유연성 증진을 위한 개입모형개발: 알코올 중독의 세대 간 전이를 예방하는 시각에서. 정신보건과 사회사업, 11, 53-77.

전경숙, 이효영(2010). 우리나라 남녀 성인의 폭음 및 문제음주 영향 요인. 보건교육건강증진학회지, 27(1), 91-103.

조현미, 조은주, 장유나(2022). 알코올 의존증 남편을 둔 여성 배우자로 살아감에 대한 생애사 연구. 학습자중심교과교육연구, 22, 731-747.

천효숙, 오세일(2019). 알코올 중독자 자녀의 성장 경험에 대한 내러티브 탐구. 생명연구, 5(52), 153-177.

통계청(2009). 사회조사보고서.

한소영, 이민규, 신희천(2005). 남녀 대학생의 음주 문제 위험요인: 사회 인지적 요인과 정서적 요인의 역할. 한국심리학회지: 상담 및 심리치료, 17(4), 1003-1019.

홍진표, 이동우, 함봉진, 이소희, 성수정, 윤탁, …… 김선웅(2016). 2016년도 정신질환 실태역학 조사. 보건복지부 삼성서울병원.

Ackard, D. M., Neumak-Sztainer, D., Story, M., & Perry, C. (2006). Parent child connectedness and behavioral and emotional health among adolescents. *American Journal of Preventive Medicine, 30*, 59-66.

American Psychiatric Association (2013). *Diagnostic and statistical manunal of mental disorders* (5th ed.). Seoul: Hakjisa.

Anastassiou, V. (2008). A fifteenyears experience in systemic family therapy practice with alcoholic patients. *Therapie Familiale, 29*(2), 279-318.

Babor, T. F., Kranzler, H. R., & Lauerman, R. J. (1989). Early detection of harmful alcohol consumption: comparison of clinical, laboratory, and self-report screening procedures. *Addictive Behaviors, 14*(2), 139-157.

Bepko, C., & Krestan, J. A. (1985). *The responsibility trap: A blueprint for treating the alcoholic family*. New York: The Free Press.

Chernus, L. A. (2005). Psychotherapy with alcoholic patients: A self psychological approach. *Smith College Studies in Social Work, 75*(3), 63-92.

Cloninger, C. R., Bohman, M., & Sigvardsson, S. (1981). Inheritance of alcohol abuse.

Archives of General Psychiatry, 38, 861–868.

Copeland, A. & Hall, W. (1992). A comparison of predictors of treatment dropouts of women seeking drug and alcohol treatment of women specialist women's and two mixed sex treatment service. *British Journal of Addition, 87*(6), 883–890.

Copello, A., Orford, J., Velleman, R., Templeton, L., & Krishnan, M. (2009). Methods for reducing alcohol and drug related family harm in non-specialist settings. *Journal of Mental Health, 9*(3), 329–343.

Drapkin, M. L., McCrady, B. S., Swingle, J. M., & Epstein, E. E. (2005). Exploring bidirectional couple violence in a clinical sample of female alcoholics. *Journal of Studies on Alcohol, 66*(2), 213–219.

Duttona, E. C., Adams, T., Bujarski, S., Badour, L. C., & Feldnera, T. M. (2014). Posttraumatic stress disorder and alcohol dependence: Individual and combined associations with social network problems. *Journal of Anxiety Disorders, 28*(1), 67–74.

Edwards, M., & Steinglass, P. (1995). Family therapy treatment outcomes for alcoholism. *Journal of Marital and Family Therapy, 21*, 475–509.

Epstein, E. E., McCrady, B. S., Morgan, T. J., Cook, S. M., Kugler, G., & Ziedonis, D. (2007). Couples treatment for drug-dependent males: Preliminary efficacy of a stand alone outpatient model. *Addictive Disorders & Their Treatment, 6*(1), 21–37.

Florimbio, A. R., Brem, M. J., & Stuart, G. L. (2019). Alcohol use disorders in couple and family therapy. In J. L. Lebow, A. L. Chambers, & D. C. Breunlin (Eds.), *Encyclopedia of couple and family therapy* (pp. 79–82). New York: Springer.

Frankenstein, W., Hay, W. M., & Nathan, E. (1985). Effects of intoxication on alcoholics' marital communication and problem solving. *Journal of Studies on Alcohol, 46*, 1–6.

Homish, G. G., & Leonard, K. E. (2007). The drinking partnership and marital satisfaction: The longitudinal influence of discrepant drinking. *Journal of Consulting and Clinical Psychology, 75*(1), 42–51.

Hussong, A. M., Zucker, R. A., Wong, M. M., Fitzgerald, H. E., & Puttler, L. Z (2009). Social competence in children of alcoholic parents over time. *Developmental Psychology, 41*(5), 747–759.

Jacob, T., & Krahn, G. L. (1988). Marital interactions of alcoholic couples: comparison with depressed and nondepressed couples. *Journal of Consulting and Clinical Psvchology, 56*(1), 29–52.

Johnson, P. (2001). Dimensions of functioning in alcoholic and nonalcoholic families. *Journal of Mental Health Counseling, 23*(2).

Jung, S. K. (2007). Factors influencing problem drinking among female college students in Korea. *Mental Health & Social Work, 27*(12), 176-198.

Kelly, A. B., Toumiourou, J. W., O'Flaherty, M., Patton, G. C. , Homel, R, Connor, J. P., & Williams J. (2011). Family relationship quality and early alcohol use: Evidence for gender-specific risk processes. *Journal of Studies on Alcohol and Drugs, 72*(3), 399-407.

Laghi, F., Baiocco, R., D'Alessio, M., Bonacina, B., & Gurrieri, G. (2009). Binge drinking, alcohol expectancies and parenting styles in adolescence: An evaluation among high school students. *Bollettino di Psicologia Applicata, 259*, 20-9.

Laghi, F., Baiocco, R., Lonigro, A., Capacchione, G, & Baumgartner, E. (2012). Family functioning and binge drinking among Italian adolescents. *Journal of Health Psychology, 17*(8), 1132-1141.

Lander, L., Howsare, J., & Byrne, M. (2013). The impact of substance use disorders on families and children: from theory to practice. *Social Work in Public Health, 28*(3-4), 194-205.

Laszloffy, T. A. (2016). Alcohol problems and the life cycle. In M. McGoldrick, N. G. Preto, & B. Carter, B. (Eds.), *The expanding family life cycle: Individual, family, and social perspectives* (5th ed., pp. 454-473). New York: Pearson.

Lee, J, S., Kim, H. K., Ahn, E. S., & Oh, H. S. (2008). Personality trait of alcoholic patients using the korean version of temperament and character inventory. *European Neuropsychopharmacology, 18*(4), 134-156.

Leonard, K. E., & Mudar, P. (2003). Peer and partner drinking and the transition to marriage: A longitudinal examination of selection and influence processes. *Psychology of Addictive Behaviors, 17*(2), 115-125.

Lewis, B. A., & O'neil, K. H. (2000). Alcohol expectancies, lining and social deficits relating to problem drinking among college students. *Addictive Behaviour, 25*(2). 295-299.

Lipton, R. I. (1994). The effects of moderate alcohol use on the relationship between stress and depression. *American Journal of Public Health, 84*, 1913-1917.

McCrady, B. S., & Epstein, E. E. (2009). *Overcoming Alcohol Problems: Workbook for couples*. New York: Oxford University Press.

McCrady, B. S., & Epstein, E. E. (2010). *Overcoming alcohol problems: A couples-focused program*. New York: Oxford University Press.

McCrady, B. S., & Epstein, E. E. (2015). Couple therapy and alcohol problems. In A. S. Gurman, J. L. Lebow, & D. K. Snyder (Eds.), *Clinical handbook of couple therapy* (5th ed., pp. 555-584). New York: The Guilford Press.

McCrady, B. S., Noel, N., Abrams, D., Stout, R., Nelson, H., & Hay, W. (1986). Comparative effectiveness of three types of spouse involvement in out-patient behavioral alcoholism treatment. *Journal of Studies on Alcohol, 47*, 459-467.

McPherson, S., & Rees, C. J. (2006). Interactive case report an alcoholic patient who continues to drink: Case progression. *British Medical Jouranl, 7*(5), 98-111.

Moos, R. M., Finney, J. W., & Gamble, W. (1985). The process of recovery from alcoholism Ⅱ: Comparing spouses of alcoholic patients and matched community controls. In E. M. Freeman (Eds.), *Social work practice with clients who have alcohol problems*. Springfield, IL: Charles C. Thomas Publisher.

Mulia, M., Schmidt, L., Bond, J., Jacobs, L., & Korchal, R. (2008). Stress, social support and problem drinking among women in poverty. *Addiction, 103*(8), 1283-1293.

Noel, N. E., McCrady, B. S., Stout, R. L., & Fisher-Nelson, H. (1991). Gender differences in marital functioning of male and female alcoholics. *Family Dynamics of Addiction Quarterly, 1*, 31-38.

O'Farrell, T. J., & Clements, K. (2012). Review of outcome research on marital and family therapy in treatment for alcoholism. *Journal of Marital and Family Therapy, 29*(1), 121-146.

O'Farrell, T. J., & Fals-Stewart, W. (2003). Alcohol abuse. *Journal of Marital and Family Therapy, 29*(1), 121-146.

O'Farrell, T. J., & Fals-Stewart, W. (2012). Behavioral couples therapy for alcoholism and drug abuse. New York: Guilford Press.

O'Farrell, T. J., Choquette, K. A., Cutter, H. S., & Birchler, G. R. (1997). Sexual satisfaction and dysfunction in marriages of male alcoholics: comparison with nonalcoholic maritally conflicted and nonconflicted couples. *Journal of Studies on Alcohol, 58*(1), 91-99.

O'Farrell, T. J., Choquette, K. A., Cutter, H. S., Brown, E. D., & McCourt, W. F. (1993). Behavioral marital therapy with and without additional couples relapse prevention sessions for alcoholics and their wives. *Journal of Studies on Alcohol, 54*(6), 652-666.

Osterman, F., & Grubic, V. N. (2000). Family functioning of recovered alcohol-addicted patients: A comparative study. *Journal of Substance Abuse Treatment, 19*, 475-479.

Peled, E., & Sacks, I. (2008). The self-perception of women who live with an alcoholic partner: Dialoging with deviance, strength and self fulfillment. *Family Relations, 57*(3), 390-403.

Revathi, S. (2009). How women cope with alcoholic husbands. *Nursing Journal of India, 100*(4), 79-82.

Rotunda, R. J., & O'Farrell, T. J. (1997). Marital and family therapy of alcohol use disorders:

Bridging the gap between research and practice. *Professional Psychology: Research and Practice, 28*(3), 246–252.

Skaff, M. M. K., Finney, J. W., & Moos, R. H. (1999). Gender differences in problem drinking and depression: Different vulnerabilities?. *American Journal of Community Psychology, 27*(1), 25–54.

Smith, J. O., Gribble, T. P., & Tomkiewicz, J. (2008). Perceptions of college business students: Gender and alcoholic managers. *College Student Journal, 42*(3), 771–781.

Stanley, S. (2008). Interpersonal violence in alcohol complicated marital relationships (A study from India). *Journal of Family Violence, 23*(8), 767–776.

Steinglass, P. (1976). Experimenting with family treatment approaches to alcoholism 1950–1974. *Family Process, 15*(1), 97–123.

Steinglass, P. (1981). The impact of alcoholism on the family: Relationships between degree of alcoholism and psychiatric symtomatology. *Journal of Studies on Alcohol, 42*, 288–303.

Steinglass, P., Bennett, L. A., Wolin, S. J., & Reiss, D. (1987). *The alcoholic family*. New York: Basic Books.

Tempier, R., Boyer, R., Lambert, J., Mosier, K., & Duncan, C. R. (2006). Psychological distress among female spouses of male at–risk drinkers. *Alcohol, 40*(1), 41–49.

Turnbull, J. E. (1994). Early background variables as predictor of adult alcohol problems in women. *International Journal of the Addictions, 29*(6), 707–728.

Vargas, N. I., & Zago, M. M. F. (2005). The meaning of suffering by women who live with an alcoholic husband. *Revista Latino–Americana De Enfermagem, 13*, 806–812.

Whisman, M. A. (2007). Marital distress and DSM–IV psychiatric disorders in a population–based national survey. *Journal of Abnormal Psychology, 116*(3), 632–641.

World Health Organization (2022). Alcoholism by country. https://worldpopulationreview.com/country–rankings/alcoholism–by–cou.

Wright, K. D., & Scott, T. B. (1978). The relationship of wives' treatment to the drinking status of alcoholics. *Journal of Studies on Alcohol, 39*, 1577–1581.

제 10 장
도박중독

1. 서론

도박은 가치가 있는 것을 얻기 위하여 가치 있는 무언가를 거는 것이다. 사람들은 게임이나 이벤트로 도박을 하며, 많은 문화에서 도박이 만연해 있고 받아들여져서(Hammond, 1997), 대부분의 사람은 도박을 문제로 보지는 않는다. 또한 많은 사람이 도박 관련 게임을 오락이나 여가선용으로 즐기고 있다. 심지어 정부에서 재원 마련을 위한 수익 사업으로 주택복권, 경마, 경륜 등의 도박을 장려하고 있기 때문에 도박 문제를 논하는 데 어려운 점도 있다(김석준, 강세현, 1995). 그렇지만 어떤 사람들은 도박으로 인하여 많은 피해를 입는다. 도박장애의 필수적인 특징은 개인, 가족 그리고 직업적 장애를 유발하는 지속적 · 반복적인 부적응적 도박행동이다(American Psychiatric Association, 2013). 따라서 이제는 문제도박이 물질남용장애와 유사성을 가진 중독장애로 간주되고 있다(Wynn et al., 2014).

한편, 한국의 도박 문제는 점점 심각한 사회 문제로 대두되고 있다. 특히 도박행위에 대하여 자기조절력을 반복적으로 상실하여 나타나는 문제를 '병적 도박(Pathological Gambling)'이라고 정의하며(American Psychiatric Association, 2013), 세계보건기구(World Health Organization, 2018)에서도 지나친 도박으로 인해 나타나는 문제를 도박장애(Gambling Disorder)로 정의하였다. 한국의 도박중독 유병률은 2010년 6.1%, 2012년 7.2%, 2014년 5.4%, 2016년 5.1%로 언뜻 감소하는 것으로 보이나, 주요 국가들의 도박중독 유병률이 2~3% 수준이라는 것을 감안한다면 상당히 높은 수준으로 볼 수 있다(사행산업통합감독위원회, 2020). 도박 시작 연령은 점차 낮아지고 있으며 도박 경험이 있는 청소년 역시 늘어나고 있다(나지훈, 2020). 한국도박문제예방치유원(2018)의 실태조사에 따르면, 도박 시작 연령이 만 13~15세인 청소년의 비율이 2015년 38.3%에서 2018년 43.0%로 4.7% 상승하였으며, 도박 문제 위험집단도 2015년 5.1%에서 2018년 6.4%로 증가하여 도박 문제에 대한 심각성이 증가하였다.

그런데 도박에 대한 접근성과 가용성은 중독 문제의 발생 가능성과 높은 상관관계를 보인다(Shaffer et al., 2004). 스마트폰 보급 및 ICT의 발달은 사회, 문화, 경제 등 다양한 영역에서 획기적인 변화를 초래하였지만, 한편으로는 인터넷도박의 확산과 같은 역기능적인 사회 문제도 야기하였다(사행산업통합감독위원회, 2019; King, Russell, & Hing, 2020). 힝 러셀, 게인즈버리와 블라즈친스키(Hing, Russell, Gainsbury, & Blaszczynski, 2015)는 컴퓨터, 핸드폰, 태블릿 PC, TV 등을 통해 접근할 수 있는 인터넷도박을 가장 심각한 문제로 꼽았다. 한국도박문제예방치유원 Help-Line의 통계자료를 살펴보면, 온라인도박의 참여 비율은 2014년 4.8%에서 2019년 7.4%로 약 1.73배 올라 인터넷으로 인해 도박에 참여하는 인원이 꾸준히 증가하고 있음을 알 수 있다(사행산업통합감독위원회, 2019).

2018년 한국의 만 20세 이상 성인 남녀의 5.3%가 도박중독 유병자이며(사행산업통합감독위원회, 2018), 이 수치는 성인 100명 중 5명이 유병자임을 의미한다. 도박중독 유병률은 전 세계 평균 0.42~2%이지만 한국은 5.1%로 OECD국가의 평균보다 2배 이상 높았고(한국행정연구원, 2017), 중독전문가 단체인 중독포럼(2018)은 한국의 도박중독자를 206만 명으로 추산하고 있으며, 도박중독으로 인한 사회적 비용은 연간 25조 원으로 추산하고 있다(형사정책연구원, 2015). 한국의 사행산업 하루 평균 소비시간과 지출 금액은 카지노 이용시간이 평균 6시간 30분으로 가장 길었고, 평균 지출 금액도 1,534만 원으로 가장 높은 것으로 나타났다(사행산업통합감독위원회, 2018).

도박에 중독될 경우 우울, 불안, 스트레스 등의 심리적 문제를 경험할 수 있으며(Kalkan & Bhat, 2020; Turner, Zangeneh, & Litman-Sharp, 2006), 건강상태의 불량 및 음주와 물질남용의 위험, 심각한 경우에는 자살사고 및 시도까지 이어질 수 있다(송혜림, 이경진, 한수정, 2018; 장혜림, 이재경, 이래혁, 2020; Estévez, Jauregui, Macía, & López-González, 2021). 또한 도박중독은 부부관계, 가족역동, 가정폭력, 이혼 등의 가족 문제와 자금 확보를 위한 범죄로도 연결될 수 있다(박완경, 2021; 전영민, 2018; 홍영오 외, 2015; Lee, 2002; Petry, Stinson, & Grant, 2005; Rogier, Picci, & Velotti, 2019). 또한 도박중독자들은 결혼갈등 혹은 재정적인 걱정의 반응으로, 그리고 가족 관련 스트레스로부터 도피하기 위하여 도박을 한다(McComb, Lee, & Sprenkle, 2009). 도박중독은 정신건강과 재정을 포함하는 개인의 삶뿐만 아니라 가족에게도 부정적 영향을 미치는데, 특히 도박중독자인 가족구성원은 다른 가족구성원의 도박행위를 증가시키고 가족 내 불화와 역기능 및 재정적인 어려움을 가져온다(Anderson, Rempusheski, & Leedy, 2018; Kourgiantakis, Saint-Jacques, & Tremblay, 2013). 이처럼 도박중독은 개인의 심리사회적 건강뿐만 아니라 가족의 건강성을 해치고 더 나아가 사회적 문제로까지 이어질 수 있다.

도박중독의 요인에 관한 선행연구를 살펴보면, 개인적인 요인에 관한 연구들이 다수를 이루고 있으며(박은경, 정원미, 전종설, 2019; 양정남, 최은정, 이명호, 소영, 2011; 윤명숙, 박완경, 2018; 이슬행, 이성규, 나지훈, 2020; Ariyabuddhiphongs, 2013; Dowling et al., 2017), 가족 요인에 대한 연구는 다양한 방면으로 이루어지지 않는 등(이근무, 강선경, 탁평, 2015; 장수미, 2015; Subramaniam et al., 2015) 전반적으로 도박중독과 관련한 연구들은 주로 개인 요인을 중심으로 이루지고 있다. 그러나 개인 요인들로 제시된 한탕주의와 비합리적인 신념(김성봉, 장정임, 2016; 장정연, 2011), 위험 감수 성향, 낮은 자기지향성, 충동성(박은경, 정원미, 전종설, 2019; 양정남, 최은정, 이명호, 소영, 2011; 장정연, 2011; Ariyabuddhiphongs, 2013) 등은 가족적인 특성으로 인해 영향을 받을 수 있는 요인들이다. 동시에 개인 증상과 문제행동을 살펴보면서 가족적인 특성을 고려하지 않을 수 없는데, 이는 개인에게 가장 큰 영향을 미칠 수 있는 중요한 사회적 체계가 가족이기 때문이다. 선행연구에서는 가족 요인으로써 도박에 대한 가족의 대처(장수미, 2015), 애착 문제(Jauregui & Estevez, 2020; Keough et al., 2018; Terrone et al., 2018; Terrone et al., 2021), 가족구성원의 도박(양정남, 최은정, 이명호, 소영, 2011; 정병일, 2014; Yip et al., 2017) 등을 도박중독의 원인으로 제시하고 있다. 특히 도박중독은 왜곡된 인지나 비합리적 신념, 심리적인 결핍 등 심리 내적 요인과 밀접한 관련이 있다(김성봉, 장정임, 2016; 김충렬, 2010; 장정연, 2011).

도박중독자에 대한 치료 접근법과 관련하여 해먼드(Hammond, 1997)는 그레고리 베이슨(Gregory Bateson)의 관계이론과 체계적인 관점이 도박중독 현상과 패턴의 본질을 보는 데 있어서 매우 중요하다고 하였다. 맥콤, 리와 스프렌클(McComb, Lee, & Sprenkle, 2009)은 도박중독자들을 위한 체계적 관점에서 가족치료사들이 부부와 가족의 영향에 주의해야 하며, 도박중독의 개념화와 치료에 체계적 관점을 활용해야 할 것을 제안하였다. 스티와 호진스(Stea & Hodgins, 2011)는 도박중독자에 대한 7개의 치료 접근법으로서, ① 심리역동치료, ② 단도박(Gamblers Anonymous), ③ 행동치료, ④ 인지행동치료, ⑤ 단기, 동기 그리고 자기지향적 개입, ⑥ 약물치료, ⑦ 가족치료 접근법을 소개하였다.

코지안타키스, 세인트-자크와 트람블레이(Kourgiantakis, Saint-Jacques, & Tremblay, 2013)는 1988년부터 2013년까지 출판된 중독도박 관련 30개의 연구를 통하여 도박중독이 개인과 가족 그리고 가족 기능에 미치는 영향과 가족 참여가 더 좋은 치료 결과와 연결된다는 것과 개인과 가족 기능을 향상시켰다고 하였다. 한편, 그들은 도박중독치료가 전체 가족에게 더 많은 서비스를 제공할 수 있도록 확장되어야 하며, 가족 참여가 도박중독을 줄이고, 배우자관계, 가정폭력 그리고 부모와의 관계에 긍정적인 결과를 준다고 하였다. 윈 등(Wynn et al., 2014)은 도박중독치료에 대한 경험적인 연구가 진전되고는 있으나 다른 물질장애에 관한 연구들과 비교하면 드물다고 하면서 인지행동치료연구가 가장 많이 이루어지고 있다고 하였다. 또한 그들은 도박중독치료와 관련하여 단기개입, 약물 개입, 가족치료 그리고 단도박(Gamblers Anonymous)이 사용되고 있다고 하였다. 한편, 그들은 문제도박치료의 미래 방향은 마음챙김 개입과 인터넷치료 접근법으로 가야 될 필요가 있다고 주장하였다(Wynn et al., 2014). 조지와 캘리바얄릴(George & Kallivayalil, 2021)은 인도의 도박중독자를 둔 가족들에 대한 5단계 개입을 소개하였다. 이와 관련 내용은 이 장의 '4. 도박중독의 치료 접근법'에서 소개한다.

한편, 국내 도박중독자와 관련된 연구로는 도박중독자 회복을 위한 심리치유 프로그램의 효과성 및 적용 가능성 탐색(남순희, 2017), 도박중독자의 회복 과정(강준혁, 이혁구, 2016; 김성재, 김선민, 강향숙, 2011; 윤명숙, 채완순, 2010; 이근무, 이혁구, 2019; 채정아, 2013), 도박중독자의 회복 경험과 영성 체험(김형석, 박상규, 2015; 심수현, 2018) 등이 있다. 또한 배영윤 등(2022)은 도박중독 내담자(대학생)의 가족치료 사례를 통하여 내담자가 도박중독에 이르는 과정을 가족체계적 관점과 애착이론을 중심으로 탐색하였다. 국내외에서 도박중독자와 관련한 연구들이 주로 양적 연구를 중심으로 이루어졌고 실제 가족치료 사례는 거의 찾아보기 힘들다.

2. 도박 및 병적 도박의 개념과 특징

도박은 결과가 불확실한 사건 또는 우연에 의해 주도되는 사건의 결과에 기대어 돈이나 가치 있는 소유물을 거는 행위로써, 걸었던 돈을 모두 잃는 위험 부담이 따르는 모험행동이다(이인혜, 2004; 한국도박문제예방치유원, 2015; Ladouceur et al., 2001). 한편, 도박이란 레크리에이션의 한 가지 형태이며 재정적인 위험 부담이라고 정의될 수 있다(김석준, 강세현, 1995). 도박을 하는 대부분의 사람은 도박을 단순히 여가활동이라고 생각하나 어떤 사람들은 도박중독자가 된다(George & Kallivayalil, 2021; Stea & Hodgins, 2011). 따라서 도박은 레크리에이션, 중독, 재정적인 위험 부담이라는 세 가지 특성을 동시에 가지고 있기 때문에 개념을 정의하기가 쉽지 않으며, 도박 문제와 관련해서도 용어가 다양하다. 도박 문제와 관련하여 문제도박, 충동적 도박, 도박중독, 병적 도박 등이 사용되며 이는 친교성 도박과는 분리되고 있다.

문제도박은 완전히 중독은 되지 않아 중단이 가능하지만 도박에 관련된 문제를 경험하는 상태를 의미한다. 충동적 도박은 도박에 대한 충동을 멈출 수 없는 상태를 의미한다. 이러한 상태는 도박자의 개인 생활, 가족, 직업에 손상을 주는 장애나 중독 상태를 의미하며, 병적 도박이라고도 불린다(이영분, 이은주, 2003). 병적 도박은 친교성 도박이나 전문 도박사 등과는 구별되는 질병의 개념으로, 도박으로 인하여 개인, 가족과 직업 기능에 심각한 문제가 있음에도 불구하고 도박 충동을 이겨내지 못하는 것을 의미하며, 매우 짧은 시간 안에 친교성 도박에서 문제도박으로 발전될 수 있는 특징을 갖고 있다(Abbott, Cramer, & Sherrets, 1995). '병적 도박(pathological gambling)'이라는 용어는 '도박장애(gambling disorder)'라는 용어로 대체되고 있다(Saunders, 2017). 한편, DSM-5(American Psychiatric Association, 2013)에서는 '도박장애'를 물질중독에 포함시키고 있다.

도박중독이란 도박으로 인해 본인, 가족 및 대인관계에 갈등과 재정적 · 사회적 · 법적 문제가 발생하고 있음에도 불구하고 자신이 감당할 수 있는 시간과 돈의 한계를 넘어서 자신의 의지로 도박행위를 조절하지 못하고 지속적으로 도박을 하게 되는 경우를 말한다(http://www.pgcc.go.kr). DSM-5에 따르면, 도박자들은 사고의 왜곡(예: 부정, 미신, 우연한 기회를 통제할 수 있다는 힘이 있다는 느낌, 지나친 자신감)이 나타날 수 있으며, 돈이 도박 문제의 원인이자 해결책이라고 믿고 있다. 또한 그들은 흔히 충동적 · 경쟁적이며, 에너지가 넘치고, 쉬지 않고 쉽게 싫증을 내는 성격을 가지고 있으며, 다른 사람들로부터 인정받는 것을 중요하게 생각하고, 자신이 도박에서 이겼을 경우에는 사치스러울 정도로 관대해진다. 도박중독자는 우울하고 외롭다고 느끼며, 무력감과 죄책감을 느낄 때 도박을 한다. 치료받는 도박중독자들의 반 이상이 자살사고를 가지고 있으며, 약 17%가 자살시도를 한다(American Psychiatric Association, 2013).

여성에 비하여 남성이 조기에 도박중독이 나타나고, 어린 시절에 도박을 시작하게 된 개인들은 가족들이나 친구들과 함께하며, 조기 도박중독의 발생은 충동성과 물질남용과 관련된다. 도박중독을 가진 많은 고등학생과 대학생이 시간이 지남에 따라 중독에서 벗어나기도 하지만, 일부는 도박이 평생 지속된다. 중년기 이후에 시작된 도박중독은 남성보다 여성에서 더 흔히 나타난다(American Psychiatric Association, 2013). 도박중독에 있어서 도박행위와 유병률은 연령과 성별에 따라 다양하다. 도박중독은 노인에 비해 젊은 사람들과 중년에게서, 청소년기와 성인기 초기에는 여성에 비해 남성에게서 더 흔히 나타난다. 나이 든 성인들은 슬롯머신과 빙고도박을 즐기는 반면, 더 어린 사람들은 스포츠도박을 즐긴다. 도박중독을 가진 사람들은 모든 연령대에서 치료율이 낮지만, 나이가 어릴수록 치료율이 더 낮은 것으로 나타났다(American Psychiatric Association, 2013).

남성은 여성보다 더 어린 나이에 도박을 시작하고 도박중독의 발병 시기가 더 이른 경향이 있는 반면, 여성은 보다 늦은 나이에 도박을 시작하고 남성보다 단기간에 도박장애로 발전하기 쉽다. 도박중독 여성은 남성에 비해 우울장애, 양극성장애, 불안장애를 더 많이 갖고 있다. 여성은 더 늦은 나이에 발병하며 더 조기에 치료를 받으러 오지만, 성별에 관계없이 도박중독자는 도박중독치료를 받는 비율이 낮다. 또한 도박중독자는 도박 빚을 갚기 위하여 반복적으로 거짓말을 하게 되며, 건강 상태가 나빠서 병원을 찾는 비율이 높다(American Psychiatric Association, 2013).

3. 도박중독에 영향을 미치는 요인

도박중독에 영향을 미치는 요인은 개인 요인과 가족 요인으로 구분될 수 있다.

1) 개인 요인

도박중독에 영향을 미치는 개인 요인으로는 흥미를 추구하는 성격, 낮은 자기지향성, 결정에 대한 어려움, 위험감수 성향, 높은 충동성(박은경, 정원미, 전종설, 2019; 양정남, 최은정, 이명호, 소영, 2011; Ariyabuddhiphongs, 2013), 승리에 대한 왜곡된 인지, 한탕주의와 비합리적인 도박신념(김성봉, 장정임, 2016; 장정연, 2011)이 나타났다. 한편, 인구사회학적 특성으로는 여성보다 남성이, 어린 나이일수록, 교육 수준이 낮을수록, 사회경제적 수준이 낮을수록, 실직 또는 무직 상태인 경우에 도박중독을 더 많이 경험하였다(윤명숙, 박완경, 2018; 이슬행, 이성규, 나지훈, 2020; Dowling et al., 2017). 또한 승리에 대한 왜곡된 인지, 한탕주의와 본전주의와 같은 비합리적인 도박신념은 도박중독과 밀접한 관련이 있으며(김성봉, 장정임, 2016; 장정연, 2011), 도박중독 수준이 높을수록 비합리적 도박신념이 강한 것으로 나타났다(김성봉, 장정임, 2016; 신현주, 2015; 이슬행, 이성규, 나지훈, 2020; 장정연, 2011). 또한 도박자들에게서 금전동기와 흥분동기가 높은 수준을 보였는데, 금전에 대한 욕구 및 금전적 보상에 대한 기대감 수준이 높을수록 도박중독 위험성이 높아지며(윤인노, 장정임, 김성봉, 2014), 부채가 누적되면서 돈에 대한 보상욕구가 강해지고, 원금을 회복하고자 하는 심리적 집착이 생겨 결국 도박중독을 발생한다(권선중 외, 2007; 권선중 외, 2018)고 하였다.

2) 가족 요인

도박중독과 관련된 가족 요인으로는 부모의 도박에 대한 허용적인 태도와 낮은 가족 응집력(장수미, 2015), 가족 사이에서의 회피와 가족 간의 갈등, 거리 두기와 방관하기 및 가면 쓰기(이근무, 강선경, 탁평, 2015) 등이 나타났다. 특히 도박중독과 애착에 관한 연구들에 따르면, 불안정애착(Keough et al., 2018; Terrone et al., 2018; Terrone et al., 2021)과 부모와의 낮은 애착(Estévez et al., 2021; Jauregui & Estevez, 2020)이 도박중독에 많은 영향을 미친 것으로 나타났다.

또한 도박중독자들은 어린 시절 가족 안에서 도박을 접하게 된 경우가 많았으며(Subramaniam et al., 2015), 부모 중 어느 한쪽이라도 문제성 도박을 보이는 경우에 자녀의 도박중독 가능성이 더 높아진다(양정남 외, 2011; 정병일, 2014; Yip et al., 2017). 특히 아버지가 도박중독일 경우에 자녀의 문제성 도박중독 가능성은 일반 학생에 비해 4.3배나 더 높았다(장정연, 2011; Dowling et al., 2017). 이밖에 형제의 도박 행위, 가족구성원의 약물중독 문제, 가족갈등, 가족의 경제적 어려움이 도박중독의 예측 요인으로 작용하였다(Lussier, Derevensky, Gupta, & Vitaro, 2014; Subramaniam, 2015). 반면에 가족의 전반적인 건강성이 높은 경우, 부모-자녀 간에 친밀한 애착관계와 신뢰관계를 형성하고, 지지적인 가족 분위기를 갖고 있고, 부모와 높은 수준의 의사소통을 보이는 청소년은 도박에 빠질 확률이 적은 것으로 나타났다(박순아, 박근우, 2016; 양수, 홍정아, 2015; 양정남 외, 2011; 임성범, 2013; 최은정 외, 2011; McComb & Sabiston, 2010).

4. 도박중독치료 접근법

선행연구에 따르면, 도박중독자의 3%에서 6%만이 치료를 받으며(Suurvali, Hodgins, Toneatto, & Cunningham, 2008), 치료 기간 내에 높은 감소율을 보인다(Ladouceur et al., 2001). 치료를 받는 사람 중 치료를 마칠 때까지 단지 50%만 남으며(Ladouceur et al., 2001), 도박중독자들은 매우 높은 재발률을 보이고, 도박중독자 중 8%만 치료 1년 후에 도박을 자제하는 것으로 나타났다(Hodgins & El-Guebaly, 2004). 웨스트팔, 잭슨, 토마스와 블라즈친스키(Westphal, Jackson, Thomas, & Blaszczynski, 2008)는 충동조절 손상을 야기시키는 정서불안정과 동반이환 중독으로 도박중독을 설명한다. 도박중독자에 대한 약물치료가 동반이환장애자들에게 도움이 되었다는 것을 보여 왔으며, 동시에 도박중독을 감소시키는 데 도움이 될 수 있다(Ledgerwood & Petry, 2005; Westphal et al., 2008).

대부분의 도박중독치료는 개인적인 접근에 치중하고 있으며 도박중독으로 충격을 받은 부부와 가족치료 접근은 별로 없다(Dickson-Swift, James, & Kippen, 2005; Lee, 2002). 현재까지 도박치료 관련 연구들은 개인적이고 단기적이며, 인지행동치료가 주를 이루어 왔다(Toneatto & Millar, 2004). 비록 이와 같은 치료 모델들이 어떤 도박중독자들에게는 효과가 있을지라도, 이러한 모델들은 도박중독으로 충격을 받은 부부와 가족구성원들의 상호역동과 강렬한 정서적 경험을 다루지는 않는다(McComb, Lee, & Sprenkle, 2009).

도박중독치료에 대한 접근 방법으로는 단도박(Gamblers Anonymous), 인지치료, 인지행동치료가 있으며, 그 효과성은 아직 결론을 못내고 있다(Ledgerwood & Petry, 2005). 한편, 도박중독자를 치료하는 가족 개입 방법으로는 지역강화 가족훈련(Community Reinforcement and Family Training: CRAFT; Makarchuck, Hodgins, & Peden, 2002), 도박중독자와 배우자를 함께 관여시키는 행동주의 부부치료(Behavioral Couples Therapy; Kourgiantakis et al., 2013), 도박중독자의 가족구성원들에 반응하는 개입 방법인 5단계 개입(Copello, Bowden-Jones, Cousins, Orford, & George, 2012) 등이 있다. 다음에서 도박중독자의 치료 접근 방법으로 개별 심리치료와 가족치료 중심으로 나누어 살펴보겠다.

1) 심리분석과 심리역동 치료

도박중독자 치료를 위한 가장 초기 형태 중 하나는 심리분석적 관점으로부터 파생되었다. 도박장애에 대한 개념들은 심리분석자들에 따라 매우 다양하다. 도박중독자에 대한 심리분석과 심리역동치료는 도박중독자가 재정적 손실로 인한 죄책감과 자기처벌을 야기시키는 도박 행위로부터 쾌락을 성취하려는 초자아에 따라 행동을 한다고 본다(Rosenthal, 1987). 치료 과정은 개인 혹은 집단 치료로 구성되며, 치료의 목적은 근본적인 갈등을 해결하고 근원에 대한 통찰과 도박행동을 야기시키는 무의식적 추동에 대한 통찰을 증가시키는 것에 의하여 도박을 감소시키는 것이다. 치료 접근법에는 전통적인 심리분석적 기법(예: 자유연상, 전이해석, 어린 시절 탐색)과 더 최근의 심리역동적 치료(예: 대상-관계-인간상호 간 치료, 비구조화된 과정집단)를 포함한다. 그렇지만 이 치료에는 심리분석적 · 심리역동적 관점으로부터의 도박중독치료에 대한 구체적인 치료 가이드라인은 없다(Stea & Hodgins, 2011).

2) 애착이론치료

애착이론이란 주 양육자와의 관계를 아이가 어떻게 주관적으로 느끼는지에 따라 개인의 애착이 형성된다는 존 볼비(John Bowlby)의 이론이다(Wallin, 2007). 애착이론에 따르면, 인간은 성인의 보호 없이 생존할 수 없는 영유아기를 상당히 길게 가지기 때문에 유아의 생존가능성을 높이는 방향으로 자연스럽게 행동하게 된다(Goldberg, 2014). 따라서 유아는 양육자에게 가까이 가고 그들의 보호와 관심을 끌어내기 위해 행동한다(Main, Hesse, & Kaplan, 2005). 이러한 과정에서 유아는 양육자와 반복적으로 상호작용을 경험하게 되는데, 이것이 유아의 내면에 저장되고 누적되어서 인간 세계에 대한 지식과 틀이 되며 이를 내적 작동 모델이라고 정의한다(Wallin, 2007). 볼비(Bowlby, 1973)는 내적 작동 모델이란 대상에게 얼마나 다가갈지, 혹은 대상에게 어떻게 반응할지를 결정해 주는 틀로서 작용한다고 하였다. 메인(Main, 1981)은 내적 작동 모델이 정신분석이론에서 말하는 내면화된 대상 이미지 같은 형판(templates)을 넘어서 '애착과 관련된 정보를 조직하는 일련의 의식적 혹은 무의식적 규칙'이라고 하였다. 또한 메인, 캐플런와 캐시디(Main, Kaplan, & Cassidy, 1985)는 연구를 통해 그와 같은 내적 작동 모델의 개념을 규칙과 전략으로 확장하였다. 메인(Main, 1981)은 개인이 최초의 관계를 통해 내면화하는 애착 규칙이 형성되는데, 이와 같이 부모에게 가장 잘 애착하기 위한 개인의 적응적 전략이 내적 작동 모델이라고 이론화하였다. 메인의 내적 작동 모델 개념은 대인관계뿐만 아니라 개인의 감정과 행동, 주의와 기억 및 인지 등 모든 부분에 영향을 미치는 중요한 개념으로 확장되었다(Main, Hesse, & Kaplan, 1985).

도박중독과 관련된 많은 선행연구에서는 도박중독을 애착이론의 준거틀로 살펴보았다(Estévez et al., 2021; Jauregui & Estevez, 2020; Keough et al., 2018; Terrone et al., 2021). 불안정 애착은 도박중독과 밀접한 관련을 보이며(Terrone et al., 2018; Terrone et al., 2021), 낮은 부모애착이 감정표현불능증(alexithymia)을 매개로 하여 도박행위에 영향을 미친다(Estévez et al., 2021). 국내연구들은 위험 요인이 도박행동에 미치는 영향을 부모와의 애착이 조절하며(김선희, 김정민, 박초희, 2021; 남전아, 최규만, 2012), 도박행동을 예측한다고 하였다(박근우, 박순아, 2016; 이해경, 임동훈, 김혜원, 2014). 한편, 도박행위를 선택하는 신념과 동기는 불안정 애착과 관련이 높은 것으로 나타났는데(Jauregui & Estevez, 2020; Keough et al., 2018), 내적 작동 모델은 생애 초기 양육자와의 관계에서 애착경험을 내면화하면서 형성되기 때문이다. 도박중독자의 내적 작동 모델을 살펴보아야 하는 중요한 이유 중 하나는 내적 작동 모델이 수정되고 개선될 가능성이 존재하기 때문이다. 볼비(Bowlby, 1991)는 치료사가 내담자와 새로운 애착관계를 형성하는 것이 내담자에게 안전기지를 제공하여 과거의 애착패턴을 해체하고 새로운 애착패턴을 구성하도록 돕는다고 하였다. 이에 따라 치료사는 도박중독 내담자의 내적 작동 모델을 탐색하는 것이 매우 중요할 수 있다.

3) 행동치료

행동치료는 도박장애를 기능적인 준거틀 안에서 선행사건(예: 재정적 압박, 외적 도박단서, 긍정적 혹은 부정적 정서, 인간 상호 간 요소들 그리고 도박충동)과 함께 학습된 강화패턴(예: 다양한 강화 비율계획), 행동(예: 도박에 쓰는 돈과 부정적인 정서에 대처하는 수단으로서 도박행동, 도박에 대해 더 자주 생각함, 돈을 얻기 위한 전략을 짜는 것, 손실에 대하여 숙고하는 것과 같은 은밀한 행동) 그리고 결과(예: 심리적인 스트레스, 관계갈등, 재정적인 손실과 같은 부정적인 결과와 흥분, 친교할 수 있는 기회, 이득과 같은 긍정적인 결과)로 개념화한다(Smith, Hodgins, & Williams, 2007). 도박중독을 위한 행동치료의 목표는 기능적인 관계의 구성 요소 중 한 개 이상을 목표로 하여 도박행동을 변화시키는 것이다. 도박의 선행요건에 초점을 둔 행동치료는 내담자들에게 선행 요건에 더 많은 의식을 하게 하고 돈에 대한 접근을 제한하거나 혹은 도박장을 방문하는 것을 제한하는 것과 같은 선행 요건에 대한 접근을 수정하려는 시도를 한다. 선행 요건을 목표로 하는 행동기법에는 자기주장훈련 혹은 개인 상호 간의 스트레스를 줄이기 위한 사회적 기술훈련, 재정적 압박을 줄이기 위한 돈 관리 그리고 부정적 정서를 감소시키기 위한 대처기술훈련 등이 포함될 수 있다(Stea & Hodgins, 2011).

4) 인지행동치료

도박에 대한 인지행동적 개념화는 행동적 선택 이면에 있는 인지와 행동실험과 인지 변화 사이의 중요성을 인정한다. 따라서 도박중독을 부적응의 인지와 인지적 왜곡[Sharpe, 2002; Sharpe & Tarrier, 1993; 예: 돈을 딸 것이라는 과도하게 평가하는 가능성, 도박결과를 통제할 수 있다는 환상, 일련의 손실로 인하여 딸 것이라는 신념(도박자의 오류), 돈을 딴 것을 기억하는 것과 손실에 대한 평가절하에 대한 기억력의 편견]으로 인하여 나타난 것으로 간주한다(Griffiths, 1994; Toneatto, 1999; Toneatto, 2002). 도박중독을 위한 인지행동치료의 목표는 도박중독자의 사고, 행동, 정서 사이의 연결성에 대한 인식을 증가시키는 것이다(Stea & Hodgins, 2011). 인지행동치료 개입은 전형적으로 도박에 대한 인지왜곡을 확인하고 비도박 행동을 강화시키며, 재발을 방지하는 데 초점을 둔다. 인지적 전략에는 핵심 신념의 수정, 도박충동에 대처하고 부정적 정서를 다루는 것을 돕는 전략, 인지재구화를 포함한다. 행동전략에는 회피를 줄이기, 불안을 야기시키는 상황에 노출하기, 왜곡된 사고에 도전하기 위한 행동실험, 다양한 영역에 있어서 기술(예: 자기주장, 문제해결 그리고 완화) 발달시키기가 포함된다(Stea & Hodgins, 2011). 인지행동치료는 단기간 안에 효과성이 있는 것으로 나타났고, 어떤 사례들에서는 장기간의 도박행동 감소를 보여 주었다(Wynn et al., 2014).

5) 가족치료

코지안타스키 등(Kourgiantakis et al., 2013)은 도박중독치료에 가족이 참여하여 좋은 결과를 나타냈고 개인과 가족 기능이 향상되었다고 하였다. 여기서는 가족치료와 관련하여 지역강화와 가족치료, 대처기술훈련, 일치부부치료, 부부치료, 5단계 개입 접근법에 대하여 살펴보겠다.

(1) 지역강화 가족치료

도박중독은 개인적인 수준을 넘어 사회적 수준으로 확대하여 개념화할 수 있다. 실제로 도박중독은 도박자뿐만 아니라 가족과 친구들에게 영향을 미친다. 지역강화 가족치료는 어떻게 도박중독자의 문제행동을 감소시키는 데 도움이 되는 행동전략을 사용하고, 혹은 어떻게 도박중독자를 치료받게 설득할 수 있는가를 가족구성원들에게 가르친다(Wynn et al., 2014). 가족치료 개입은 도박중독으로 인하여 영향을 받은 가족과 동료들을 목표로 발달해 왔다. 예를 들어, 물질중독자의 치료를 위한 개입으로부터 개작된 도박중독에 대한 하나의 가족치료 접근법은 지역강화 가족치료(Community Reinforcement and Family Therapy: CRAFT)이다. 지역강화 가족치료는 도박중독자들의 비도박행동을 강화시키기 위한 행동전략을 사용하기 위하여 가족구성원들을 훈련시킨다. 이 프로그램의 목표는 도박중독으로 피해를 본 가족구성원들에 대한 대처기술을 증가시키는 것, 가족기능을 향상시키는 것과 도박자를 치료에 연루시킬 수 있도록 가족구성원들을 돕는 것이 포함된다(Miller, Meyers, & Tonigan, 1999).

(2) 대처기술훈련

가족치료의 또 다른 접근법으로서 도박중독자 배우자들을 위한 대처기술훈련(Coping Skills Training: CST) 프로그램이 개발되었다(Rychtarik & McGillicuddy, 2006). 지역강화 가족치료(CRAFT)와 비교하여 이 프로그램은 도박중독자를 치료에 연루시키는 것에 초점을 두지 않고 배우자의 도박기능을 이해하기 위한 방법으로서 스트레스대처 모델을 강조한다. 내담자들은 부분적으로 개인들이 스트레스와 부정적인 정서를 감소시키기 위하여 도박을 한다는 것과 도박행동은 가족구성원들의 스트레스와 도박 모두를 역설적으로 증가시키는 부적절한 대처전략에 의하여 유지된다는 것을 배운다. 배우자들은 스트레스를 감소시키고 결과적으로 배우자의 도박을 감소시키기 위하여 더 적응적인 인지적 · 행동적 대처 방식을 배운다(Richtarik & McGillicuddy, 2006).

(3) 일치부부치료

리(Lee, 2002; 2009)는 사티어의 경험적 가족치료 모델을 개작한 도박중독치료를 위한 인본주의적 체계 모델인 일치부부치료(Congruence Couple Therapy: CCT)를 개발하였다. 리(Lee, 2002)는 도박중독을 대처자원으로부터 내담자들을 단절시키는 스트레스를 주는 분리된 체계의 증상이라고 보았다. 일치부부치료는 도박중독자와 배우자의 경험의 네 가지 영역(정신내적, 개인 상호 간, 세대 간, 보편적이고 영적인 영역)에서 재연결하고 일치시키는 것을 시도하는 통합적 · 인본주의적인 체계 모델이다. 일치부부치료의 목적은 도박중독과 관련하여 자제 혹은 손상 감소를 넘어서 도박중독자와 그의 중요한 타자들을 위한 심리-사회-영적 자원을 확장하는 데 있다. 부부관계가 언급되고 개인적, 관계적, 세대 간 부부를 위한 근본적인 문제를 열 수 있는 통로로서 부부관계가 사용된다. 일치부부치료는 의사소통, 자아존중감 그리고 자아 인식에 있어서 전환을 가져오며, 과거의 상처를 치료하게 됨으로써 도박중독이 더 이상 필요가 없어진다고 보았다(Lee, 2002, 2009; Lee & Rovers, 2008).

(4) 부부치료

키아로치(Ciarrocchi, 2001)는 통합적 행동부부치료(Integrative Behavioral Couple Therapy; Jacobson & Christensen, 1996)를 활용하여 도박중독자에 대한 치료를 개발하였다. 이 부부치료의 첫 번째 목적은 배우자가 도박을 중단하려는 도박중독자의 욕구를 지지하는 것을 돕는 데 있다. 이러한 목적은 환경적인 통제를 발전시키는 것(예: 돈에 접근하는 것에 대한 제한), 재정적인 회복을 위하여 함께 작업하는 것, 법적 문제를 말하는 것 그리고 배우자를 위한 지지 맥락을 제공하는 것에 의해 성취된다. 치료 과정에서 치료사는 배우자들에게 나타나는 불안, 자기비난 그리고 분노를 포함하는 핵심 주제를 언급한다. 초기 부부상담에서 치료사는 부부에게 부부관계의 이야기를 공유하게 하는데, 이와 같은 부부관계에 대한 이야기에서 부부가 서로에 대하여 묘사하는 부부관계의 질이 종종 도박중독과 연관된다고 보았다. 부부상담 다음에 관계에 대한 배우자의 헌신, 관계 이야기 그리고 학대 혹은 폭력에 대한 어려움을 평가하기 위하여 각각의 배우자와 따로 만날 것을 제안한다(Ciarrocchi, 2001). 이와 같은 초기 상담 과정에서 치료사는 관계에서 진행되고 있는 것과 어떻게 이것이 도박과 관련되는가에 대한 치료사 자신의 아이디어를 말한다. 이 과정의 목적은 부부가 공동의 목적에 협조할 수 있는 맥락을 만들 수 있다는 희망과 함께 도박중독 주위의 관계를 형성하는 것이다. 비록 통합적 행동부부치료에 대한 적용이 발전 가능해 보이기는 하지만 현재까지는 그 효과성에 대한 경험적 지지는 나타나지 않고 있다(McComb, Lee, & Sprenkle, 2009).

(5) 5단계 개입 접근법

5단계 개입 접근법은 도박중독자를 가진 가족구성원들을 지지하기 위한 간단한 심리적 접근 방법이다(Copello et al., 2010). 이 개입 방법은 크리슈난과 오퍼드(Krishnan & Orford, 2002)에 의해 개발된 스트레스-긴장-대처-지지 모델로부터 파생되었다. 5단계 개입은 5회기 또는 그 이하 회기 혹은 한 회기로 실행될 수도 있다. 이 개입은 일대일 혹은 집단 형식, 대면 혹은 온라인상으로도 진행된다(Ibanga, 2010). 도박중독자를 둔 가족구성원들을 지지하기 위한 5단계는 다음과 같다(Copello et al., 2012).

① 가족구성원과 문제를 알아가는 단계

이 단계의 주요 목적은 도박중독자의 행동이 가족구성원들에게 어떻게 영향을 미치고 있는가를 생각하고 이해하는 것이다. 이 상담 회기는 경청하기, 걱정을 탐색하고 재보장하기, 가족구성원이 상황을 묘사할 수 있도록 허락하기, 스트레스를 확인하고 더 많은 정보에 대한 욕구를 확인하기, 현실적인 낙관론을 의사소통하기와 같은 요소로 구성된다.

② 관련된 정보를 제공하는 단계

이 단계의 주요 목적은 도박중독에 대한 더 많은 정보를 발견함으로써 가족구성원의 지식과 신념을 증진시키는 것이다. 이 단계는 도박중독자와 관련된 상세한 정보를 제공하기, 가족구성원들의 지식과 이해를 증진시키기, 지식의 부족으로 인하여 발생되는 스트레스를 감소시키기와 같은 요소로 구성된다.

③ 대처행동을 탐색하고 토론하는 단계

이 단계의 목적은 가족구성원들이 도박자의 행동에 어떻게 반응하고 대처하는가를 보는 것이다. 이 단계는 현재의 대처 자원을 탐색하고 확인하기, 현재의 대처하는 방식에 대한 찬반양론을 탐색하기, 대안적인 대처 전략을 탐색하기와 같은 요소로 구성된다.

④ 사회적 지지를 탐색하고 증진시키는 단계

이 단계의 목적은 가족구성원들이 도박자의 행동을 더 잘 다룰 수 있도록 하기 위해 누가 가족구성원들을 지지할 수 있는가를 찾는 것이다. 이 단계는 사회적 지지를 토론하기, 지지관계망을 발전시키기, 가족과 의사소통을 향상시키기, 가능한 새로운 지지자원을 탐색하기와 같은 요소로 구성된다.

⑤ 추가적인 욕구와 더 많은 도움이 되는 자원을 탐색하고 종결하는 단계

이 단계의 목적은 가족구성원들이 자신들과 가족을 위해 더 많은 도움이 필요한지를 확인하는 것이다. 이 단계는 더 필요한 욕구를 토론하고 탐색하기, 더 필요한 욕구에 대한 가능한 선택 사항을 토론하기, 가족구성원들과 다른 전문기관 간의 만남을 촉진하기와 같은 요소로 구성된다(George & Kallivayalil, 2021).

스타인버그(Steinberg, 1993)는 도박중독자의 가족들을 위하여 치료 시작부터 도박중독자의 배우자를 포함할 것을 주장하였고, 치료 시작부터 가족구성원들을 포함시켰다. 이러한 과정이 가족구성원들에게 도박 문제에 대한 심리교육적인 정보를 제공할 기회를 주는데, 이러한 정보는 도박문제에 대한 인식과 이해가 부족하기 때문에 중요하다. 게다가 이러한 과정은 가족이 도박에 의한 충격과 가족구성원들의 공포와 희망, 가족 내에서의 의사소통 패턴, 가족역동, 부부/가족 스트레스의 정도 그리고 도박중독자에게 사회적 지지에 대한 센스를 발달시킬 기회를 제공한다. 가족구성원들은 그들이 이해된 것을 느꼈는지와 치료사가 그들을 도와줄 수 있다는 확신을 반영하는 상담 시간을 가진다. 이와 같은 개입이 상황을 대처하는 데 있어서 가족구성원들의 자아효능감을 향상시킬 수 있다(Steinberg, 1993). 한편, 퐁(Fong, 2009)은 어떤 하나의 치료 접근법도 모든 도박중독자를 치료하는 데 유익한 것으로 나타나지는 않았다고 하면서 도박 문제 이상을 통합하고 치료하는 생물학적 · 심리적 · 사회적 접근법을 통합할 것을 제안하였다.

5. 사례

1) 20대 남성 도박중독자에 대한 가족치료 사례*

(1) 사례 개요

이 사례의 내담자는 스포츠 토토 중독으로 정신적 · 경제적으로 피해를 주어 가족과 갈등을 겪던 중 내담자 어머니가 치료사에게 가족상담을 의뢰하였으며, 이 사례에 대한 개요는 다음과 같다. 내담자 아버지는 어려운 가정환경 가운데 고시에 합격하여 고위직 공무원이 되었다. 내담자 어머니는 결혼 이전에는 예능계에서 인정받았으나 결혼 후 자녀를 출산하여 일을 그만두고 가정주부로 지내고 있었다. 내담자는 학창 시절부터 능력이 뛰어난 아버지를 이기지 못한다는 좌절감 속에 빠져 있었고, 대학교를 진학하면서 아버지와 동일한 전공을 선택하였으나 공무원 임용 시험에는 실패하였다. 내담자는 좌절감과 실패감을 지속적으로 경험하였다. 내담자는 스포츠 토토를 통해 거액의 상금을 취득하게 되면 모든 문제가 해결될 것이라는 왜곡된 신념을 가지게 되면서 스포츠 토토에 빠져들게 되었다. 내담자는 초기에 자신이 가지고 있는 개인 자산 내에서 스포츠 토토를 해 왔으나, 점차 대출을 받아 천만 원 이상의 빚을 지고 있었다. 내담자의 도박 사실은 내담자 아버지가 재산 내역을 확인하던 과정에서 대출 내역을 발견하면서 밝혀졌으며, 이후 내담자 아버지는 내담자의 도박행위를 단절시키려 하였다. 내담자 부모는 내담자의 도박 빚을 계속 갚아 주었으나, 대출을 갚고 나면 내담자가 다시 몰래 대출을 받는 패턴이 반복되었다. 내담자는 죄책감을 경험하고 있었고 스스로를 한심하게 여기며 자살사고 및 자살충동을 느끼고 있었다.

상담에는 아버지(56세), 어머니(52세), 내담자(장남, 27세), 차남(24세), 삼남(16세)이 참여하였으며, 내담자 개인상담 4회(2, 3, 5, 15회기), 어머니 개인상담 6회(1, 4, 6, 7, 9, 10회기), 아버지 개인상담 2회(13, 14회기), 형제 개인상담 2회(11, 12회기)로 개인상담 총 14회기, 부부상담 3회(7, 17, 18회기), 가족상담 5회(16, 19, 20, 21, 22회기)를 포함하여 전체 22회기가 진행되었다.

---

* 이 사례의 가족치료 과정을 알고 싶다면 배영윤, 문혜린, 최춘화, 박태영(2022). 도박중독 발생에 영향을 미친 가족 역동에 관한 연구: 가족치료 사례를 중심으로. 가족사회복지학회, 69(1), 67-101을 참고하기 바란다.

(2) 도박중독의 발생 과정에서의 가족 역동

내담자의 도박중독은 내담자의 애착 및 내적 작동 모델과 대처행동과 밀접한 관련이 있었고 그 이면에는 아버지와 어머니의 애착 관련 역동이 서로 연관되어 있는 것으로 나타났다.

① 내담자 아버지의 역동

■ 내담자 아버지의 불안정한 애착

내담자 아버지는 어려서부터 매우 불안정한 가정에서 성장하였다. 그의 아버지는 어머니와 형들에게 폭력을 행사했는데, 내담자 아버지는 그의 아버지로부터 직접적인 폭력은 당하지 않았으나 형들로부터 폭력을 당하였다. 이같은 폭력적인 상황이 지속되던 와중에 그의 아버지는 회사가 부도나자 가족을 버리고 다른 여성과 외국으로 도망갔다. 이러한 가정환경으로 인해 내담자 아버지는 "폭력에 질려서 의사표현을 할 생각도 하지 못하였고" 항상 자신의 욕구를 억누르면서 살아왔다.

■ 내담자 아버지의 내적 작동 모델

이와 같이 폭력적인 가족 분위기 속에서 내담자 아버지는 자신의 어머니와 안정적인 애착을 형성할 수 없었다. 내담자 아버지는 "형들이 두들겨 맞는 모습을 보고 이 상황을 피하고 싶다는 생각에 무조건 공부를 하였다."라고 할 정도로 아버지의 폭력을 피하기 위해 공부에 집착하게 되었다. 남편 때문에 항상 힘들어하던 어머니는 내담자 아버지의 상장과 장학금 때문에 잠시 기뻐하였다. 따라서 내담자 아버지는 어머니에게 인정받고 사랑받기 위해서라도 성공해야만 하였다. 즉, 아버지의 폭력을 피하고 어머니의 사랑과 관심을 받기 위하여 내담자 아버지는 '성공에 대한 집착'이라는 내적 작동 모델을 형성하였다.

한편, 내담자 아버지는 모든 고통의 원인이었던 아버지에게 불만을 가지고 있었다. 표면적으로 그와 같은 불만은 점차 가라앉았으나, 내담자 아버지는 무책임한 아버지에 대한 반감으로 '도덕적 완벽주의'를 내적 작동 모델로 형성하였다. 내담자 아버지는 "아버지처럼 무책임하게 살지 않기 위해 애썼다."라고 표현했는데, 이로 인해 경직된 도덕적인 기준을 가지고 살아가게 되었던 것으로 보인다. 즉, 그는 아버지처럼 무책임하게 살지 않는 것을 인생의 목표로 세웠다.

이와 같이 성공에 대해 집착하고 도덕적으로 완벽해지고자 하는 내담자 아버지의 내적 작동 모델은 특히나 내담자와 상충되었다. 내담자는 아버지의 기대만큼 성과를 내지 못하였고, 내담자 아버지의 기준에서 충분히 도덕적이지도 못하였다. 이와 같은 상황에서 내담자 아버지의 내적 작동 모델은 부자갈등을 유발하는 요인이 되었다.

■ 내담자 아버지의 대처 방식

내담자 아버지는 불안정한 애착 경험과 내적 작동 모델로 인하여 포장하는 방식과 강요하는 방식, 정서적 단절이라는 대처 방식이 형성되었다. 그의 아버지와 둘째 형에 대한 반감에서 시작된 도덕적 완벽주의는 특히 가족구성원들에게 완벽한 모습만 보이려고 포장하는 방식으로 이어졌다. 내담자 아버지는 가족구성원들에게조차 너무 바른 말만 하고, 자신의 개인적인 일에 대해서는 전혀 이야기하지 않았다. 이에 가족들은 "아빠 본인의 이야기를 하지 않으니, 사실 아빠에 대해 잘 모르겠다."라고 하였다.

내담자 아버지는 가정 형편이 어려워서 학원을 다니지 않고 혼자 공부해서 사회적으로 성공한 자수성가형 인물이었다. 이러한 내담자 아버지의 사회적 성공은 '성공에 대한 집착'이라는 내적 작동 모델을 달성한 결과였다. 성공 경험들은 내담자 아버지의 내적 작동 모델과 신념을 더욱 강화시켰고, 그 결과로 내담자 아버지는 자녀들에게도 그와 같은 기준을 강요하였다. 내담자 아버지는 자신의 성공 경험을 바탕으로 너무 높은 기준을 내담자에게 대입하여 아이의 능력은 생각하지 않고 부모 욕심으로 "왜 그것밖에 못하냐!"라고 야단을 치곤하였다. 또한 내담자 아버지는 폭력적인 원가족 상황 속에서 항상 억눌려 있었기 때문에 부정적인 감정을 표출하는 방식을 배우지 못하였다. 이에 따라 내담자 아버지는 힘든 일에 직면했을 때 침묵을 하거나 정서적 단절을 하였다.

② 내담자 어머니의 역동

■ 내담자 어머니 애착

내담자 어머니는 독단적이고 폭력적인 어머니와 보호해 주지 못하는 아버지 사이에서 성장하였다. 내담자 어머니의 어머니는 남편과 세 딸을 지나치게 간섭하고 통제하였다. 그녀의 아버지는 부인(내담자 어머니의 어머니)에게 항상 순응했으나, 두 딸(언니)들은 어머니와 자주 충돌하였기 때문에 내담자 어머니는 막내로서 어머니를 기쁘게 해 드려야 한다는 강박관념을 가지고 순종적인 딸로 성장하였다. 내담자 어머니가 결혼한 이후 갑작스럽게 큰언니가 자살을 하였다. 이 사건은 내담자 어머니의 불안을 증가시키고 원가족에 더욱 집착하게 하였다.

■ 내담자 어머니의 내적 작동 모델

내담자 어머니는 강하고 고집 센 어머니에게 사랑과 관심을 받지 못하였다. 또한 그녀의 아버지는 성격이 유하여 모든 결정권이 어머니에게 있었고, 아버지는 이러한 어머니에게서 그녀를 보호해 주지 못하였다. 내담자 어머니는 부모와 안정된 애착관계를 형성하지 못하였다. 따라서 내담자 어머니는 자신의 욕구를 숨기고 어머니가 원하는 착하고 순종적인 딸로 어머니에게 인정받고자 하였고 '인정에 대한 욕구'를 내적 작동 모델로 형성하게 되었다.

한편, 내담자 어머니의 강한 어머니와 그런 어머니를 닮은 두 언니들은 어머니와 늘 충돌하였고 그 사이에서 내담자 어머니는 늘 불안하였다. 강한 어머니와 강한 두 언니 간의 갈등으로 인하여 내담자 어머니는 '갈등에 대한 두려움'을 내적 작동 모델로 형성했던 것으로 보인다. 이와 같은 내담자 어머니의 내적 작동 모델은 내담자 어머니에게 남편과 큰아들 간의 갈등을 최대한 피하기 위해 아들(내담자)의 잘못을 남편에게 비밀로 하거나, 혹은 갈등이 생길까 봐 내담자의 눈치를 보는 행동으로 나타났다.

■ 내담자 어머니의 대처 방식

내담자 어머니는 이와 같은 어머니와의 불안정한 애착과 내적 작동 모델을 기반으로 하여, 휘둘림, 거짓말, 포기라는 대처 방식을 사용하였다. 내담자 어머니는 인정에 대한 욕구로 인해 어머니에게 순응하였는데, 이로 인해 강압적인 어머니에게 휘둘리게 되었다. 이에 대하여 내담자 어머니는 '종속관계' '강제적인 효' 등의 표현을 쓰며 어머니에게 휘둘리는 자신을 표현하였다.

또한 내담자 어머니는 어린 시절부터 강압적인 어머니와의 갈등을 피하기 위하여 '거짓말'과 '포기'라는 대처 방식을 형성하였다. 내담자 어머니는 이러한 대처 방식으로 친정에서 강압적인 사람이 되지 않고 갈등을 피할 수는 있었지만, 그로 인해 친정에서 과도한 역할을 하게 됨으로써 자녀들에게 오히려 소홀한 역할을 하게 되었다.

② 내담자의 역동

■ 내담자 애착

내담자 부모의 대처 방식은 내담자와 부모와의 애착관계에 영향을 미쳤다. 내담자 어머니는 친정으로부터 미분화되었고, 다른 가족구성원들(막내, 시어머니, 조카)을 돌보느라 내담자를 충분히 돌보지 못하였다. 특히 내담자 어머니는 죽은 언니의 자식(조카)들과 내담자 사이에 다툼이 일어나면, "내 자식이기 때문에" 내담자를 더 많이 야단치곤 하였다. 이에 관하여 내담자는 "엄마가 (사촌)형을 예뻐하는 마음이 너무 싫었고" 어머니의 관심과 사랑을 받지 못하였다고 하였다. 한편, 내담자 아버지는 어린 시절에 내담자에게 강압적이긴 하지만 내담자와 좋은 관계를 가지고 있었다. 그러나 내담자가 열두 살 때 내담자 아버지가 지방으로 발령을 받아 혼자 거주하게 되면서 아버지와의 관계가 소원해졌다. 특히 내담자 아버지는 지방 발령 이후에는 주말에만 집에 올 수 있었는데, 주말마다 직장 스트레스를 내담자가 공부를 안 했거나 동생들과 다툼이 있을 때 내담자에게만 화를 내고 잔소리를 하는 방식으로 풀었다. 이처럼 내담자는 어머니의 불충분한 돌봄과 지방 전출로 인한 아버지와의 갈등으로 인하여 어려움을 겪었다. 장남인 내담자는 어린 시절부터 부모로부터 인정받지 못하였고 자신의 스트레스를 동생들에게 풀었는데, 이로 인해 막내와의 관계가 좋지 않았다. 내담자는 어린 시절부터 '내가 입양된 자식이 아닐까?'라고 의심하였고, 가족 내에서 스스로를 부정적인 존재라고 인식하면서 소외감을 느꼈다.

■ 내담자의 내적 작동 모델

이와 같은 부모와의 불안정한 애착과 가족 내에서 반복되었던 소외는 내담자를 분노케 하였다. 내담자는 만일 자신이 외부에서 인정을 받는다면 부모의 관심과 사랑이 다시 주어질 것으로 믿었다. 내담자가 외부에서 성과를 거두었던 짧은 시간 동안 가정 내에서 인정을 받았는데, 이 시기에 내담자는 완전히 달라진 모습을 보였다. 그러나 그 이후에 내담자는 학교와 회사에서 많은 시련을 겪으면서 아버지에 대한 분노를 점차 쌓아갔다. 이와 같은 아버지에 대한 내담자의 원망과 반감은 내담자 아버지가 자신의 아버지에게 가지고 있던 감정과 유사하게 연결되고 있었다. 이와 같은 결과로 인하여 내담자 또한 내담자 아버지처럼 어떻게 해서라도 '아버지보다 성공해야겠다'는 신념을 가지게 되었다. 이렇게 내담자는 '성공에 대한 집착'과 '인정에 대한 욕구'를 내적 작동 모델로 형성하게 된 것으로 보인다.

■ 애착 경험의 반복

가족 안에서 인정받고 수용받지 못한 내담자에게 사회에서 인정받는 것은 매우 중요한 일이었다. 이 때문에 내담자는 인정받는 것이 삶의 목표가 될 정도로 중요하였는데, 또래집단과 대학, 직장에서 소외와 부적응을 경험하였다. 내담자는 학창 시절에 또래집단에서 수술로 인한 신체적인 외모(장애) 때문에 놀림을 당했으며, 대학에서는 반수 등으로 인해 학교 생활에 적응을 못하였다. 내담자는 인턴십을 했던 회사에서도 스스로 인정받지 못한다고 느끼며 자괴감을 느꼈다. 내담자는 사회에서 인정받고자 '재수'와 '사법시험' 등의 시도를 반복했으나 이 역시 실패하였다. 이처럼 내담자의 부모와의 불안정한 애착 경험은 외부에서의 부적응과 맞물리면서 악순환을 낳았다. 내담자는 인정 욕구가 계속 충족되지 못하면서 좌절하게 되었으며, 이러한 좌절감을 표현하는 역기능적인 대처 방식으로 부모와 다시 충돌하였다.

■ 내담자의 대처 방식

내담자의 대처 방식은 '한탕주의'와 '포장하기'였다. 내담자는 일반적인 노력으로는 자신의 아버지를 뛰어넘을 수 없다고 느껴왔기 때문에 한판 엎어치기를 해서 아버지와 동급이 되려는 시도를 반복하였다. 내담자는 대학에 만족하지 못하여 재수를 하였고 그 이후에는 사법고시에 몇 차례 도전했었는데, 이와 같은 도전이 '한탕주의'를 반영한 것이라고 볼 수 있다. 내담자는 '과정이 어찌 됐든 간에 사법고시만 합격하면 아버지와 동급이 된다'는 생각을 가지고 도전했으나 실패하였다.

또한 내담자는 자신을 그대로 받아들이지 못하고 포장하는 방식으로 상황에 대처하였다. 내담자는 어린 시절 인정받기 위해 그만두었던 스케이트를 계속타고 있다고 거짓말을 하는 식으로 포장해 왔다면, 성장한 이후에는 "대학에 복학하면 모든 게 다 잘 될 거다."라는 허세로 본인을 포장하였다.

■ 도박중독

이러한 가족역동 안에서 내담자는 사회적응 과정에서 지속적으로(재수, 사시, 학교, 직장 등) 실패를 경험할수록 점점 더 노력하지 않고 한 번에 모든 걸 만회할 수 있는 수단을 찾게 되었다. 이는 한탕주의와 포장하기라는 대처 방식을 더 강화시켰다고 볼 수 있다. 이와 같은 내담자의 한탕주의는 도박중독에 빠지게 만들었다고 유추 해석할 수 있다. 문제 해결을 위해 장기적이며 근원적인 노력을 기울이기보다 단기적이며 손쉬운 처방에 의존하는 태도에서 중독은 시작된다(전재호, 2020). 도박을 하는 사람들에게는 사고의 왜곡이 나타날 수 있는데(DSM-5), 도박중독자들은 대부분 도박 행위에서의 행운을 믿기보다 기술이 중요하다고 생각한다(한영옥 외, 2012). 내담자는 자신의 도박 기술로 쉽게 성공할 수 있다는 헛된 신념을 가지고 도박에 빠져들었다. 도박중독을 경험하는 사람은 돈이 그들 문제의 원인이자 해결책이라고 믿는데(DSM-5), 내담자 또한 도박에서 돈만 벌면 아버지보다 더 성공할 수 있을 것이고, 그러면 모든 문제가 한 번에 해결될 것이라고 믿었다. 도박이 반복됨에 따라 초기에는 정상적으로 작동했었던 균형 고리가 약화되거나 사라지고 강화 고리만 작동하게 됨으로써 중독에 이르게 된다(전재호, 2020)는 연구 결과와 같이 내담자는 갈수록 방향성을 잃고 도박중독에서 헤어나지 못하였다. 도박행위에 대한 대처가 오히려 도박행동을 증가시킨다(장수미, 2015)는 선행연구 결과와 같이 내담자 어머니가 내담자의 대출을 몰래 갚아 주는 등의 대처 방식이 내담자의 도박행위를 강화시켰던 것으로 보인다.

이와 같이 내담자는 가족의 역동과 내담자의 역동으로 인해 문제가 발생할 때마다 이

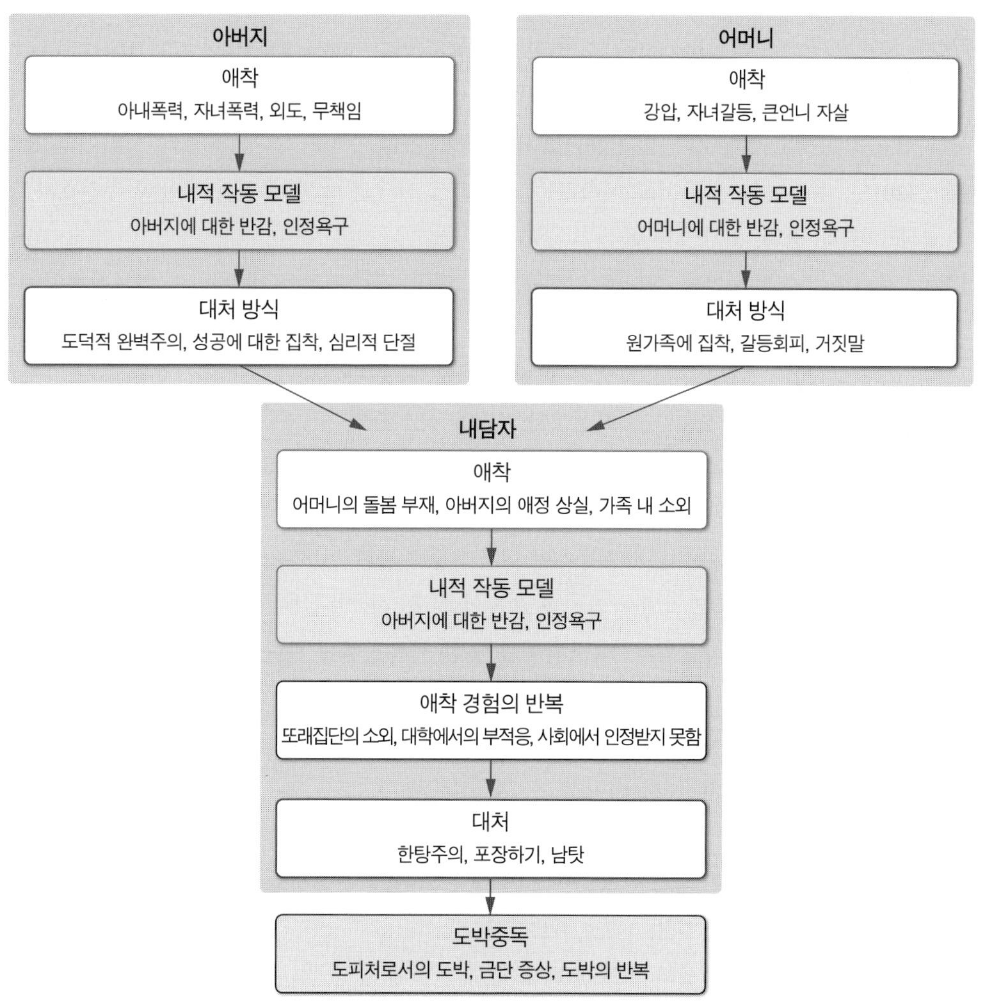

[그림 10-1] 도박중독 발생에 영향을 미친 가족 역동 네트워크

에 대한 도피처로 도박을 선택하여 상황을 회피하였다. 도박을 함으로써 문제를 잊어버릴 수 있었던 내담자는 이내 도박이 자신을 얽매어 온다고 느끼게 되었다. 첫 시작은 도피처였지만 이내 도박을 하지 않고서는 못 견디는 상태가 되었다. 또한 내담자는 계속되는 문제와 갈등 등으로 인해 도박을 그만두어야겠다고 결심을 해도 사소한 유혹만 나타나도 참지 못하고 다시 도박을 하는 상황에 놓이게 되었다.

앞의 내용을 종합하면 [그림 10-1]과 같다.

참고문헌

강준혁, 이혁구(2016). 단도박자들의 실존 재구성 과정 연구. 한국사회복지질적연구, 10(3), 5-32.

권선중, 김교헌, 성한기, 이민규, 강성군(2007). 성인과 남자 청소년의 불법 인터넷 도박 문제와 위험요인 그리고 예방전략. 한국심리학회지: 건강, 12(1), 1-19.

권선중(2018). 청소년 도박 문제를 예측하는 비합리적 신념의 탐색: 우울과 불안의 촉진효과. 한국심리학회지: 중독, 3(2), 27-38.

김석준, 강세현(1995). 도박의 실태와 의식에 관한 연구: 제주지역을 대상으로. 형사정책연구원 연구총서.

김성봉, 장정임(2016). 청소년 도박중독 판별요인 분석: 비합리적 도박신념, 충동성, 스마트폰 중독을 중심으로. 한국산학기술학회 논문지, 17(8), 630-636.

김선희, 김정민, 박초희(2021). 아동의 비합리적 도박신념이 도박행동에 미치는 영향: 스마트폰 중독의 매개효과 및 부모애착의 조절효과. 한국중독범죄학회보, 11(1), 1-24.

김성재, 김선민, 강향숙(2011). 도박중독자의 회복과정에 관한 연구. 강원랜드 연구 용역 보고서.

김충렬(2010). 도박중독의 원인에서 의지적 요인의 연구. 신학과 실천, 22, 209-254.

김형석, 박상규(2015). 도박중독자의 GA참여를 통한 회복경험에 관한 질적연구. 한국심리학회지: 건강, 20(1), 111-138.

나지훈(2020). 청소년의 충동성과 감각추구성향이 도박행동에 미치는 영향 : 비합리적 도박신념의 매개효과를 중심으로. 숭실대학교 박사학위논문.

남순희(2017). 도박중독의 회복과정 탐색 및 척도개발. 대구 가톨릭대학교 박사학위논문.

남전아, 채규만(2012). 스트레스와 청소년 도박행동의 관계 충동성의 매개효과와 모 애착의 중재효과. 한국심리학회지: 건강, 17(3), 643-657.

박근우, 박순아(2016). 대학생의 스트레스 대처, 대인관계 능력 및 부모애착이 도박중독에 미치는 영향. 인문사회 21, 7(3), 207-224.

박순아, 박근우(2016). 대학생의 스트레스 대처, 대인관계 능력 및 부모애착이 도박중독에 미치는 영향. 인문사회 21, 7(3), 207-224.

박완경(2021). 성인의 자기효능감이 인터넷도박중독에 미치는 영향: 우울의 매개효과를 중심으로. 인문사회 21, 11(6), 153-168.

박은경, 정원미, 전종설(2019). 청소년 도박에 관한 연구 동향. 청소년복지연구, 21(1), 103-134.

배영윤, 문혜린, 최춘화, 박태영(2022). 도박중독 발생에 영향을 미친 가족 역동에 관한연구: 가족치료 사례를 중심으로. 가족사회복지학회, 69(1), 67-101.

사행산업통합감독위원회(2018). 2018년 사행산업 이용실태 조사.

사행산업통합감독위원회(2019). 제4차 불법도박 실태조사.

송혜림, 이경진, 한수정(2018). 도박중독자의 자살사고에 관한 사례연구. 중독과 복지, 2(2), 7-27.

신현주(2015). 대학생의 비합리적 도박신념이 도박중독에 미치는 영향에 관한 연구. 한국중독범죄학회보, 5(2), 44-56.

심수현(2018). 도박중독 회복과정의 영성체험연구. 한국기독교상담학회지, 29, 35-84.

양수, 홍정아(2015). 병적 도박자 가족의 가족기능 영향요인. 정신간호학회지, 24(3), 196-206.

양정남, 최은정, 이명호, 소영(2011). 청소년의 우울, 충동성, 가족의 전반적인 건강성이 청소년의 비합리적 도박신념과 도박행동에 미치는 영향. 청소년학연구, 18(5), 357-383.

윤명숙, 박완경(2018). 20대 성인의 심리사회적 요인과 음주요인이 인터넷도박중독에 미치는 영향. 정신건강과사회복지, 46(3), 92-121.

윤인노, 장정임, 김성봉(2014). 대학생의 도박동기와 자기통제력이 도박중독에 미치는 영향. 청소년복지연구, 16(3), 237-256.

윤명숙, 채완순(2010). 도박중독자의 회복과정: 수렁에서 빠져나오기. 한국사회복지학, 62(3), 271-297.

이근무, 강선경, 탁평(2015). 단도박자들의 도박중독행위 재발경험에 대한 질적 내용분석 연구. 정신건강과 사회복지, 43(2), 5-31.

이근무, 이혁구(2019). 도박중독자들의 회복과정에 대한 종단 질적 사례연구. 한국사회복지학, 71(3), 31-54.

이슬행, 이성규, 나지훈(2020). 청소년의 도박접근성과 도박 문제 수준과의 관계에서 비합리적 도박신념의 조절효과. 청소년학연구, 27(5), 63-87.

이영분, 이은주(2003). 충청 지역의 도박중독 실태와가족관계에 대한 연구. 한국사회복지학, 54, 177-201.

이인혜(2004). 카지노게임 선호유형, 성별, 도박심각성과 심리적 특성 간의 관계: 비합리적 도박신념과 충동성을 중심으로. 한국심리학회지: 건강, 9(2), 351-378.

이해경, 임동훈, 김혜원(2014). 남녀 청소년들의 도박행동에 대한 충동성, 스트레스, 도박신념 및 부모애착의 영향력 차이. 청소년복지연구, 16(3), 257-285.

임성범(2013). 대학생의 도박중독 요인에 관한 연구: 도박동기, 자기효능감, 자기조절의 매개효과를 중심으로. 보건사회연구, 33(2), 489-524.

장수미(2015). 초기성인기 우울과 도박 문제의 관계-부모의 도박에 대한 태도 및 가족응집력의 조절효과. 한국가족복지학, 50, 97-126.

장정연(2011). 청소년 사행성 게임행동의 유형과 영향요인. 정신건강과 사회복지, 37, 348-381.

장혜림, 이재경, 이래혁(2020). 카지노 주변 체류자의 문제도박이 우울을 통해 자살생각에 미치는 영향: 성별의 조절된 매개효과. 한국콘텐츠학회논문지, 20(3), 149-163.

전영민(2018). 도박중독 변화동기척도 (SOCRATES-G) 의 개발과 타당화 연구. 한국심리학회지: 건강, 23(2), 447-474.

전재호(2020). 도박중독의 동태적 분석: 중독에 이르는 과정과 함의를 중심으로. 한국시스템다이내믹스연구, 21(1), 5-28.

정병일(2014). 대학생 도박행동의 영향요인에 관한 연구. 조선대학교 박사학위 논문.

중독포럼(2018). 중독포럼6주년 기념 국회토론회 자료집. 서울: 정신건강사업단.

채정아(2013). 단도박자의 회복유지과정에 대한 연구. 숭실대학교 박사학위논문.

최은정, 양정남, 이명호, 소영, 정선미(2011). 남자 고등학생의 가족건강성이 비합리적 도박신념에 미치는 영향: 우울의 매개효과를 중심으로. 학교사회복지, 21. 57-81.

한영옥, 김현정, 이연숙, 김한우, 김태우, 이재갑(2012). 도박중독치료기관을 방문한 도박자의 심리적 특성. 한국심리학회지: 건강, 17(2), 353-369.

한국도박문제예방치유원(2015). 청소년 도박 문제 실태조사 보고서.

한국도박문제예방치유원(2018). 청소년 도박 문제 실태조사 보고서.

한국행정연구원(2017). 불법사행산업근절종합대책방안 마련 연구. 한국행정연구원.

형사정책연구원(2015). 도박범죄의 사회적 비용 추계 연구. 형사정책연구원.

홍영오, 박성훈, 김민영, 조성현, 최성락, 김두얼, 우석진(2015). 도박범죄의 사회적 비용추계 연구. 경제 · 인문사회연구회.

Abbott, D. A., Cramer, S. L., & Sherrets, S. D. (1995). Pathological gambling and the family: Practice implications. *Families in Society, 76*(4), 213-219.

American Psychiatric Association (2013). *Diagnostic and statistical manual of mental dis orders (DSM-5)*. Washington, DC: APA.

Anderson, T. L., Rempusheski, V. F., & Leedy, K. N., 2018, Casino gambling and the family: Exploring the connections and identifying consequences. *Deviant Behavior, 39*(9), 1109-1119.

Ariyabuddhiphongs, V. (2013). Adolescent gambling: A narrative review of behavior and its predictors. *International Journal of Mental Health and Addiction, 11*(1), 97-109.

Bowlby, J. (1973). *Attachment and loss: Volume II: Separation, anxiety and anger.* London: The Hogarth Press and the Institute of Psycho-analysis.

Bowlby, J. (1991). Ethological light on psychoanalytical problems. In P. Bateson, R. A. Hinde, & P. P. G. Bateson (Eds.), *The development and integration of behaviour: Essays in honour of Robert Hinde* (pp. 301–313). New York: Cambridge University Press.

Ciarrocchi, J. W. (2001). *Counseling problem gamblers: A self-regulation manual for individual and family therapy*. New York: Elsevier.

Copello, A, Bowden-Jones, H, Cousins, J, Orford, J, & George, S. (2012). *Gambling, the family and you: A self-help handbook for family members*. London, England: The National Problem Gambling Clinic and the UK ADF Research Group.

Copello, A., Ibanga, A., Orford, J., Templeton, L., & Velleman, R. (2010). An introduction to the supplement. *Drugs: Education, Prevention and Policy, 17*(S1), 6–7.

Dickson-Swift, V. A., James, E. L., & Kippen, S. (2005). The experience of living with a problem gambler: Spouses and partners speak out. *Journal of Gambling Issues, 13*(13), 1–22.

Dowling, N. A., Merkouris, S. S., Greenwood, C. J., Oldenhof, E., Toumbourou, J. W., & Youssef, G. J. (2017). Early risk and protective factors for problem gambling: A systematic review and meta-analysis of longitudinal studies. *Clinical Psychology Review, 51,* 109–124.

Estévez, A., Jauregui, P., Macía, L., & López-González, H. (2021). Gambling and attachment: The mediating role of alexithymia in adolescents and young adults. *Journal of Gambling Studies, 37*(2), 497–514.

Fong, T. W. (2009). Pathological gambling: Update assessment and treatment. *Psychiatric Times, 26*(9), 20–49.

George, S., & Kallivayalil, R. A. (2021). Family therapy interventions in India for persons with gambling disorder. *Asia-Pacific Psychiatry, 13*(1), 1–5.

Goldberg, S. (2014). *Attachment and development.* New York: Routledge.

Griffiths, M. D. (1994). The role of cognitive bias and skill in fruit machine gambling. *British Journal of Psychology, 85*(3), 351–369.

Hammond, G. (1997). Problematic gambling patterns: Approaching a systemic view. *Australian and New Zealand Journal of Family Therapy, 18*(4), 203–209.

Hing, N., Russell, A. M. T., Gainsbury, S. M., & Blaszczynski, A. (2015). Characteristics and help-seeking behaviors of Internet gamblers based on most problematic mode of gambling. *Journal of Medical Internet Research. 17,* 1–5.

Hodgins, D. C., & El-Guebaly, N. (2004). Retrospective and prospective reports of precipitants to relapse in pathological gambling. *Journal of Consulting and Clinical Psychology, 72*(1), 72–80.

Ibanga, A. (2010). Web-based 5-step method for affected family members. *Drugs: Education, Prevention and Policy, 17*(1), 129-153.

Jacobson, N. S., & Christensen, A. (1996). *Integrative couple therapy: Promoting acceptance and change.* New York: W W Norton.

Jauregui, P., & Estévez, A. (2020). Predictive role of attachment, coping, and emotion regulation in gambling motives of adolescents and young people. *Journal of Gambling Studies, 36*(4), 1283-1300.

Kalkan, B. & C. S. Bhat. (2020). Relationships of problematic internet use, online gaming, and online gambling with ddepression and quality of life among college students. *International Journal of Contemporary Educational Research, 7*(1), 18-28.

Keough, M. T., Penniston, T. L., Vilhena-Churchill, N., Bagby, R. M., & Quilty, L. C. (2018). Depression symptoms and reasons for gambling sequentially mediate the associations between insecure attachment styles and problem gambling. *Addictive Behaviors, 78*, 166-172.

King, D. L., Russell, A., & Hing, N. (2020). Adolescent land-based and internet gambling: Australian and international prevalence rates and measurement issues. *Current Addiction Reports, 7*(2), 137-148.

Kourgiantakis, T., Saint-Jacques, M., & Tremblay, J. (2013). Problem gambling and families: A systematic review. *Journal of Social Work Practice in the Addictions, 13*(4), 353-372.

Krishnan, M., & Orford, J. (2002). Gambling and the family: From the stress-coping-support perspective. *International Gambling Studies, 2*(1), 61-83.

Ladouceur, R., Gosselin, P., Laberge, M., & Blaszczynski, A. (2001). Dropouts in clinical research: Do results reported reflect clinical reality?. *The Behavior Therapist, 24*, 44-46.

Ladouceur, R., Sylvain, C., Boutin, C., Lachance, S., Doucet, C., Leblond, J., & Jacques, C. (2001). Cognitive treatment of pathological gambling. *The Journal of Nervous and Mental Disease, 189*, 774-780.

Ledgerwood, D. M. & Petry, N. M. (2005). Current trends and future directions in the study of psychosocial treatments for pathological gambling. *Current Directions in Psychological Science, 14*(2), 89-94.

Lee, B. K. (2002). Well-being by choice not by chance: An integrative, system-based couple treatment model for problem gambling. Ontario Problem Gambling Research Center.

Lee, B. K. (2009). Congruence couple therapy for pathological gambling. *International Journal of Mental Health and Addiction, 7*(1), 45-67.

Lee, B. K., & Rovers, M. (2008). 'Bringing torn lives together again': Effects of the first congruence couple therapy training application to clients in pathological gambling. *International Gambling Studies, 8*(1), 113–129.

Lussier, I., Derevensky, J., Gupta, R., & Vitaro, F. (2014). Risk, compensatory, protective, and vulnerability factors related to youth gambling problems. *Psychology of Addictive Behaviors, 28*(2), 404–413.

Main, M. (1981). Avoidance in the service of attachment: A working paper. In K. Immelman, G., Barlow, L., Petrinovitch, & M. Main (Eds.), *Behavioral development: The Bielefeld interdisciplinary project* (pp. 651–693). New York: Cambridge University Press.

Main, M., Hesse, E., & Kaplan, N. (2005). Predictability of attachment behavior and representational processes at 1, 6, and 19 years of age: The Berkeley longitudinal study. In K. E. Grossmann, K. Grossmann, & E. Waters (Eds.), *Attachment from infancy to adulthood: The major longitudinal studies* (pp. 245–304). New York: Guilford.

Main, M., Kaplan, N., & Cassidy, J. (1985). Security in infancy, childhood, and adulthood: A move to the level of representation. *Monographs of the Society for Research in Child Development, 50*(1), 66–104.

Makarchuck, K., Hodgins, D. C., & Peden, N. (2002). Development of a brief intervention for concerned significant others of problem gamblers. *Addictive Disorders and Their Treatment, 1*, 126–134.

McComb, J. L., & Sabiston, C. M. (2010). Family influences on adolescent gambling behavior: A review of the literature. *Journal of Gambling Studies, 26*(4), 503–520.

McComb, J. L., Lee, B. K., & Sprenkle, D. H. (2009). Conceptualizing and treating problem gambling as a family issue. *Journal of Marital and Family Therapy, 35*(4), 415–431.

Miller, W. R., Meyers, R. J., & Tonigan, J. S. (1999). Engaging the unmotivated in treatment for alcohol problems: A comparison of three strategies for intervention through family members. *Journal of Consulting and Clinical Psychology, 67*(5), 688–697.

Petry, N. M., Stinson, F. S., & Grant, B. F. (2005). Comorbidity of DSM–IV pathological gambling and other psychiatric disorders: Results from the National Epidemiologic Survey on Alcohol and Related Conditions. *Journal of Clinical Psychiatry, 66*(5), 564–574.

Rogier, G., Picci, G., & Velotti, P. (2019). Struggling with happiness: A pathway leading depression to gambling disorder. *Journal of Gambling Studies, 35*(1), 293–305.

Rosenthal, R. J. (1987). The psychodynamics of pathological gambling: A review of the literature. In F. R. Scarpitti (Ed.), *The handbook of pathological gambling* (pp. 41–70). England: Charles C. Thomas.

Rychtarik, R. G., & McGillicuddy, N. B. (2006). Preliminary evaluation of a coping skills training program for those with a pathological-gambling partner. *Journal of Gambling Studies, 22*(2), 165–178.

Saunders, J. B. (2017). Substance use and addictive disorders in DSM-5 and ICD 10 and the draft ICD 11. *Current Opinion in Psychiatry, 30*(4), 227–237.

Shaffer, H. J., LaPlante, D. A., LaBrie, R. A., Kidman, R. C., Donato, A. N., & Stanton, M. V. (2004). Toward a syndrome model of addiction: Multiple expressions, common etiology. *Harvard Review of Psychiatry, 12*(6), 367–374.

Sharpe, L. (2002). A reformulated cognitive-behavioral model of problem gambling: A biopsychosocial perspective. *Clinical Psychology Review, 22*(1), 1–25.

Sharpe, L., & Tarrier, N. (1993). Towards a cognitive-behavioural theory of problem gambling. *The British Journal of Psychiatry, 162*(3), 407–412.

Smith, G., Hodgins, D., & Williams, R. (2007). *Research and measurement issues in gambling studies*. Amsterdam: Elsevier.

Smith, P. K., Singer, M., Hoel, H., & Cooper, C. I. (2003). Victimization in the school and the workplace: Are there any links? *Britisch Journal of Psychology, 94*(2), 175–188.

Stea, J. N., & Hodgins, D. C. (2011). A critical review of treatment approaches for gambling disorders. *Current Drug Abuse Reviews, 4*(2), 67–80.

Steinberg, M. A. (1993). Couples treatment issues for recovering male compulsive gamblers and their partners. *Journal of Gambling Studies, 9*(2), 153–167.

Subramaniam, M., Wang, P., Soh, P., Vaingankar, J. A., Chong, S. A., Browning, C. J., & Thomas, S. A. (2015). Prevalence and determinants of gambling disorder among older adults: A systematic review. *Addictive Behaviors, 4*(1), 199–209.

Suurvali, H., Hodgins, D., Toneatto, T., & Cunningham, J. (2008). Treatment seeking among Ontario problem gamblers: Results of a population survey. *Psychiatric Services, 59*(11), 1343–1346.

Terrone, G., Musetti, A., Raschielli, S., Marino, A., Costrin, P., Mossi, P., Salvatore, S., & Caretti, V. (2018). Attachment relationships and internalization and externalization problems in a group of adolescents with pathological gambling disorder. *Clinical Neuropsychiatry, 15*(1), 66–74.

Terrone, G., Gori, A., Topino, E., Musetti, A., Scarinci, A., Guccione, C., & Caretti, V. (2021). The link between attachment and gambling in adolescence: A multiple mediation analysis with developmental perspective, theory of mind (friend) and adaptive response. *Journal of Personalized Medicine, 11*(3), 228(1–12).

Toneatto, T. (1999). Cognitive psychopathology of problem gambling. *Substance Use &*

Misuse, 34(11), 1593–1604.

Toneatto, T. (2002). Cognitive therapy for problem gambling. *Cognitive and Behavioral Practice, 9*(3), 191–199.

Toneatto, T., & Millar, G. (2004). Assessing and treating problem gambling: Empirical status and promising trends. *The Canadian Journal of Psychiatry, 49*(8), 517–525.

Turner, N. E., Zangeneh, M., & Litman-Sharp, N. (2006). The experience of gambling and its role in problem gambling. *International Gambling Studies, 6*(2), 237–26.

Westphal, J. R., Jackson, A. C., Thomas, S. A., & Blaszczynski, A. (2008). A review of pharmacological approaches to intervention in pathological gambling. *Journal of Social Work Practice in the Addictions, 8*(2), 192–207.

World Health Organization (2018). International statistical classification of diseases and related health problems (11th Revision). https://icd.who.int/browse11/l-m/en#/http://id.who.int/icd/entity/302680255. Accessed Apr 2019.

Wallin, D. J. (2007). *Attachment in psychotherapy.* New York: Guilford.

Westphal, J.R., Jackson, A.C., Thomas, S.A. & Blaszczynski, A. (2008). A review of pharmacological approaches to intervention in pathological gambling. *Journal of Social Work Practice in the Addictions, 8*(2), 192–207.

Wynn, J., Hudyma, A., Hauptman, E., Houston, T. N., & Faragher, J. M. (2014). Treatment of problem gambling: development, status, and future. *Drugs and Alcohol Today, 14*(1), 42–50.

Yip, S. W., Steinberg, M. A., Wampler, J., Hoff, R. A., Krishnan-Sarin, S., & Potenza, M. N., (2017). Relationships between perceived family gambling and peer gambling and adolescent problem gambling and binge-drinking. *Journal of Gambling Studies, 33*(4), 1169–1185.

제 11 장
인터넷 게임중독

1. 서론

2020년에 발생한 코로나19 팬데믹으로 인하여 인터넷이 모든 생활의 패러다임을 변화시켰고 코로나19 팬데믹과 관련한 사회적 제한과 사람 간의 제한된 대면접촉으로 인하여 인터넷과 게임의 장시간의 사용이 성인뿐만 아니라 아동과 청소년의 인터넷 게임중독(Internet game addiction) 혹은 인터넷 게임장애(Internet game disorder)를 크게 증가시켰다(Higuchi et al., 2020; Shahid, Kumari, & Doumas, 2021; Zhu et al., 2021). 그렇지만 코로나19 팬데믹 이전에 전 세계적으로 많은 청소년이 스마트폰과 무선인터넷 접속에 익숙해졌으며(Chamberlain et al., 2016), 그로 인하여 코로나19 팬데믹 이전부터 아동과 청소년들의 인터넷 게임중독 혹은 인터넷 게임장애 유병률이 엄청나게 증가하였다. 한국건강증진개발원(2020)의 온라인 설문조사 결과에 따르면, 코로나19 팬데믹으로 인하여 우울을 경험하였다고 응답한 사람이 40.7%로 나타났고, 우울이 심각할수록 스마트폰 사용 시간도 더 많이 증가한 것으로 나타나 비대면 사회로 전환되면서 우울과 불안 등의 악화가 우려되고 있다(중독포럼, 2020).

미국과 유럽에서 병리적인 게임의 유병률은 증가하고 있으며, 일반 성인 중 1.5%에서 8.2%(Weinstein & Lejoyeux, 2010), 아동과 청소년들의 인터넷 게임중독 유병률은 8%로 나타났다(Floros et al., 2015; Gentile, 2009; Kilic, Avci, & Uzuncakmak, 2016). 실제로 인터넷 게임중독은 전 세계적으로 아동들의 정신건강에 필연적으로 영향을 미치며, 북미 청소년 중 2.1~2.6%, 오세아니아 청소년 중 0.2~4.4%, 유럽 청소년 중 0.2~12.3%가 유병률을 보였다(Calado, Alexandre, & Griffiths, 2017). 인터넷 게임중독은 아동과 청소년에게서 현저하게 증가하고 있고(Chang, Chang, Yang, & Tzang, 2022), 특히 12~20세 남자 청소년들에게서 높게 나타난다. 인터넷 게임중독은 아시아 국가 중 특히 중국과 한국에서 많이 나타나고, 유럽과 북미에서는 이에 비해 적은 것으로 나타났다(American

Psychiatric Association, 2013). 한편, 한 아시아 연구에서는 청소년(15~19세)의 유병률이 남성은 8.4%, 여성은 4.5%로 나타났다(American Psychiatric Association, 2013).

인터넷 이용 실태조사에 따르면(한국지능정보사회진흥원, 2021), 2020년 7월 만 3세 이상 인구의 인터넷 이용률은 91.9%로 전년 대비 0.1% 증가하였으며, 인터넷 이용자 수는 전년 대비 46만 5,000명 증가한 4,681만 9,000명으로 나타났다. 한국콘텐츠진흥원(2021)에 따르면, 2020년 한국 청소년 100명 중 2명이 게임중독으로 불리는 게임 과몰입 상태이고, 초등학생 2.5%, 중학생 1.7%, 고등학생 1.3%가 게임 과몰입에 속하였고, 초등학생의 과몰입 비율이 가장 높았다. 한편, 읍 · 면 · 리 지역 청소년의 과몰입 비율이 2.3%로 도시 지역보다 상대적으로 높은 것으로 나타났다(한국콘텐츠진흥원, 2021).

물론 청소년들은 인터넷을 사회화의 도구로 사용하는 경향이 있지만 병리적인 인터넷 이용은 온라인 활동 시간을 증가시키고 이는 결국 사회적 위축, 자기무시, 빈약한 식사 그리고 가족 문제 등의 결과를 초래하기도 한다(Murali & George, 2007). 게다가 인터넷 게임중독은 인터넷 이용자의 현실과 가상세계를 구별하는 능력을 저해할 뿐 아니라 학업 저하, 불면증(김경미, 염유식, 2016; 유승호, 정의준, 2001; Kim et al., 2018), 대인관계 형성의 어려움과 가족갈등(Schneider, King, & Delfabbro, 2017; Young, 1998b), 신체적 건강 문제와 외로움, 자살사고(Lee et al., 2016), 공격성과 우울(Ahmadi et al., 2014), 사회적 위축과 해리 경험(De Pasquale, Dinaro, & Sciacca, 2018), 사이버 범죄와 직장에서 경쟁력 저하(Ma, 2011)를 야기하기도 한다. 이처럼 인터넷 게임중독은 청소년뿐만 아니라 성인에게 심리적 · 정서적 · 사회적 문제를 초래할 수 있다(강희양, 손정락, 2010; 황수민, 이성애, 한덕현, 2013; Tian et al., 2014). 또한 인터넷 게임중독에 대한 연구들은 인터넷 게임중독과 대인관계 문제가 높은 상관관계가 있음을 보여 준다(박경애, 김희수, 이화자, 김옥희, 2009; 박중규, 배성만, 2012; 이수진, 2008; 최현석, 하정철, 2011; Park, Kim, & Cho, 2009).

이처럼 인터넷 게임중독은 아동과 청소년에게 부정적인 결과를 초래함으로 2008년에 중국 정부는 인터넷중독을 '심각한 공중 보건 문제'라고 발표하였고, 세계보건기구는 2018년에 인터넷 게임중독을 공식적으로 정신장애로 등록하였다(Chang, Chang, Yang, & Tzang, 2022). 세계 정신보건전문가들은 코로나19 팬데믹 동안 인터넷 게임중독으로 인하여 야기된 아동과 청소년들의 우울증과 불안 증상(Hawes et al., 2021), 심리적 · 신체적 결과를 걱정하고 있으며, 점차 인터넷 게임중독에 대한 치료와 예방적 접근법에 초점을 두고 있다(Gjoneska et al., 2022).

지난 20년간 인터넷 게임중독 분야에 관한 예방과 개입 프로그램에 관한 연구(권경인 외, 2012; 김현정, 조은숙, 2019; 소두영, 유형근, 손현동, 2008; 신지연, 박신영, 2022; 이지나,

신지현, 2020; 장성숙, 이근매, 2016; 장재홍, 신효정, 2003)가 활발히 이루어졌으나, 인터넷 게임중독에 관한 개입 프로그램이나 인터넷 중독과 대인관계 문제를 가진 내담자를 위한 치료나 임상적 개입에 대한 연구는 별로 없다(문현실, 김옥희, 고영삼, 배성민, 2011; 황순길, 두진영, 2011). 그렇지만 최근 들어 인터넷 게임중독 관련 가족치료 사례연구로서 부모폭력과 게임 과몰입 증상을 가진 청소년 자녀를 둔 부모에게 구조적 가족치료를 적용한 사례가 있다(염은선, 전영주, 2017). 이 사례에서 청소년 자녀는 상담을 거부하여 부모만 상담에 참여하였는데, 청소년 자녀의 게임 과몰입 증상에 영향을 미친 요인은 경직된 부부체계와 역기능적인 부모체계로 나타났으며, 부모상담을 한 후에 경직된 부부체계가 상호협력적인 관계로 변화하고, 부모의 일관된 양육 태도로 인하여 자녀가 게임 시간을 스스로 조절하기 시작하였다.

박태영, 이지하와 김선희(Park, Lee, & Kim, 2014)의 인터넷 게임중독과 대인관계를 가진 성인 자녀에 대한 가족치료 사례에서 부모의 원가족 특성과 역기능적인 방식, 내담자의 낮은 자존감, 부모의 거절 및 통제하는 양육태도, 낮은 가족지지가 인터넷 게임중독에 영향을 미친 것으로 나타났다. 이 사례에서 치료사는 내담자를 치료하기 위하여 MRI 상호작용 가족치료이론과 보웬(Bowen)의 가족체계이론을 적용하였다. 또한 유진희와 박태영(Yu & Park, 2016)은 인터넷 게임중독과 집단따돌림을 당하고 있는 성인 자녀의 가족치료 사례에서 핵가족 내 특성과 가족구성원의 역기능적인 표현 방식이 성인 자녀의 문제에 영향을 미친 요인이라고 하였다. 이러한 연구 결과를 볼 때 가족환경 요인이 중요하기 때문에 인터넷 게임중독과 대인관계 문제를 가진 내담자에게 개입 시 가족체계적 관점이 유용할 수 있다.

2. 인터넷 게임중독의 정의와 유형 및 특성

인터넷중독 또는 문제적 인터넷 사용이란 인터넷 사용에 대한 과하거나 통제하기 어려운 몰두(집착), 충동, 혹은 행동을 뜻하는데, 이는 더 나아가 심리적 손상이나 정서적 고통으로 이어지기도 한다(Shaw & Black, 2008). DSM-5(American Psychiatric Association, 2013)에서는 인터넷 게임중독을 게임을 하기 위해 인터넷을 지속적으로 반복해서 사용하여 임상적으로 심각한 손상 혹은 스트레스를 야기하는 것으로 정의하였다. 인터넷 게임중독은 아홉 가지 진단 기준(집착, 금단, 내성, 통제 실패, 흥미 상실, 지속, 속임, 회피, 손상)이 포함되고, 이 증상 중 5개 이상이 1년 동안 충족될 경우 인터넷 게임장애로 진단하고 있으며, 소셜미디어, 도박, 포르노 등과 같이 게임 이외의 목적으로 인터넷을 사용하거나 직업 또는 업무상의 이유로 인터넷을 사용하는 경우는 제외하고 있다(조성훈, 권정혜, 2017). 또한 인터넷 게임중독이 있는 사람은 하루에 8~10시간 이상, 한 주에 적어도 30시간 이상을 게임을 하는 데 사용한다. 만일 컴퓨터를 사용하거나 게임을 하지 못하게 될 때에는 불안해하고 분노하게 된다. 인터넷 게임중독자는 오랫동안 식사도 안 하고 잠도 자지 않은 채 게임을 하고, 학교, 직장 또는 가족에 대한 의무 등 일상적인 의무에 소홀해진다. 이러한 상태는 인터넷과 관련된 도박장애와는 구분되는데, 금전적 위험에 처하지는 않기 때문이다(American Psychiatric Association, 2013).

선행연구에 따르면, 지나친 인터넷 게임 이용으로 인하여 문제가 될 때 게임중독, 게임 과몰입, 게임 과의존, 문제적 게임 사용 등 다양한 용어가 사용된다(신지연, 박신영, 2022). 또한 인터넷 중독에는 최소한 다섯 가지의 유형인 인터넷 게임중독(internet gaming addiction; Kuss & Griffiths, 2012), 사이버섹스(cybersex; Delmonico, 1997), 온라인 쇼핑중독(online shopping addiction; Rose & Dhandayudham, 2014), 사회관계망(미디어)중독[networking(media) addiction; Griffiths, Kuss, & Demetrovics, 2014], 인터넷 도박중독(internet gambling addiction; Kuss & Giffiths, 2012)이 사용되고 있다. 인터넷 게임중독과 관련된 이와 같은 다양한 용어에 대한 통일이 아직까지는 이루어지지 않았으나 여기서는 편의상 인터넷 게임중독이라는 용어를 사용하기로 하겠다. 인터넷 게임중독은 충동조절장애보다는 중독장애로 간주될 수 있다(Kuss & Griffiths, 2012). 그렇지만 DSM-5의 인터넷 게임중독(Internet gaming addiction)의 잠정적인 규정에 따라 세계보건기구는 2019년 5월에 세계질병분류의 11번째 개정판에서 진단명으로 도박장애(gaming disorder)를 공식적으로 채택하였다(World Health Organization, 2019).

영(Young, 1998b)은 인터넷중독자들이 우울 증상을 가지고 있으며, 이와 같은 특성은 낮은 자존감, 거절에 대한 두려움, 인정받고 싶은 욕구 등과 함께 나타나는 경우에 욕구충족을 위하여 인터넷에 더욱 깊이 몰입된다고 하였다. 인터넷의 지나친 사용으로 인한 문제는 우울, 불안, 높은 충동성, 낮은 자존감 및 낮은 사회적 지지, 물질의존 등과 관련이 있다(Akin & Iskender, 2011). 인터넷 게임중독은 불면을 초래하고, 높은 자살사고와 같은 임상적 손상을 초래한다(Lam, 2014). 특히 인터넷 게임중독 증상은 청소년들의 공격성에 직접적인 영향을 주며 부모폭력과 인터넷 게임중독이 동시에 나타나는 경향이 있다(한상훈, 왕소정, 2009). 따라서 부모폭력과 인터넷 게임중독 문제를 가진 청소년은 등교 거부나 은둔형의 생활태도를 보인다(이호분 외, 1997). 청소년의 인터넷 게임중독이 공격성과 폭력적 행동을 증가시켜 부모폭력까지 영향을 줄 수 있다(김재엽, 조춘범, 정윤경, 2008). 지나친 인터넷 사용으로 인하여 중독에 이를 수 있는 요인으로는 인터넷 쇼핑, 인터넷 도박, SNS, 인터넷 게임 등이 있다(신지연, 박신영, 2022).

3. 인터넷 게임중독에 영향을 미치는 요인

다음에서 인터넷 게임중독에 영향을 미치는 심리 요인, 가족 요인, 사회 요인에 대해 살펴보겠다.

1) 심리 요인

인터넷 게임중독과 관련된 심리 요인에는 우울증(Dimitri et al., 2011; Goel, Subramanyam, & Kamath, 2013; Romano, Osborne, Truzoli, & Reed, 2013; Yang, Sato, Yamawaki, & Miyata, 2013), 불안(Cho et al., 2013), 소외, 자기통제 상실, 자존감 상실 (이지항, 2005; Wang et al., 2013) 그리고 부정적 정서 표현 (변시영, 조한익, 2011) 등이 있다. 심각한 정서 문제를 가진 사람이 인터넷 게임중독자가 될 확률이 높고(Iftene & Roberts, 2004; Kim & Davis, 2009; Morgan & Cotten, 2003; Park, Kim, & Cho, 2009; Young, 1998a), 공격성, 사회적 위축과 주의력결핍 과잉행동장애를 가진 사람들이 인터넷 게임에 몰입될 가능성이 더 많다(Cho et al., 2013; Ha et al., 2007; Ko et al., 2007; 2009a; 2009b). 또한 높은 충동성, 신경증적 경향성, 정체성 문제와 낮은 자아존중감을 가진 사람이 인터넷 게임중독에 걸릴 가능성이 더 많다(Dong, Wang, Yang, & Zhou, 2013; Gentile et al., 2011; Niemz, Griffiths, & Banyard, 2005; Stieger & Burger, 2010). 스트레스, 낮은 자기통제력, 우울, 불안과 같은 개인의 정서행동 관련 요인이 인터넷 게임중독의 원인이며(서석진, 도영애, 이수진, 2019), 반대로 게임에 대한 행동적인 통제와 높은 수준의 사회적 능력은 인터넷 게임중독으로 발달할 가능성을 예방한다(Gentile, 2009; Lemmens, Valkenburg, & Peter, 2011). 한편, 게임에 지나치게 많은 시간을 소비하는 것, 게임에 대한 긍정적 태도와 게임하려는 의도가 인터넷 게임중독을 발달시킬 수 있는 가능성이 더 많은 것으로 나타났다(Gentile, 2009; Haagsma, King, Pieterse, & Peters, 2013; King, Delfabbro, & Griffiths, 2013; Mihara & Higuchi, 2017).

또한 우울이 인터넷 게임중독의 원인인지, 인터넷 게임중독의 결과로 나타난 증상인지는 알 수 없으나, 과대한 인터넷 사용 시간이 사회적 고립을 증가시키고 결과적으로 우울을 증가시키며(Young, 1998a), 인터넷 게임중독 경향이 높은 사람들이 우울, 불안, 외로움을 잘 느낀다(안차수, 2008). 인터넷 게임중독 환자의 24%가 우울장애를 가지고 있고, 인터넷 게임중독의 주요 공존질환으로 우울장애, 불안장애, 충동조절장애, 물질사용장애가 있다(권민, 김대진, 2012).

41개의 인터넷 게임중독 관련 연구들에 대한 메타분석 결과(Koo & Kwon, 2014)에 따르면, 개인 내적인 요인들이 대인 간의 요인보다 인터넷 게임중독에 더 높은 상관관계를 나타냈고, 개인의 정서가 가장 높은 위험 요인이었던 반면에 개인의 통제/규제가 가장 높은 보호 요인이었다. 지, 인, 장과 웡(Ji, Yin, Zhang, & Wong, 2022)은 인터넷 게임중독 관련 153개의 연구들에 대한 메타분석을 통해 비적응적인 인지(단기적인 사고, 반추, 이것 아니면 저것 사고, 아바타애착, 위안평가)와 동기(몰입경험, 성취, 현실도피, 사회적 위축, 의사소통)가 인터넷 게임중독과 가장 높은 관련이 있었다. 그 외에 정신병리적 특성(규칙을 깨는 행동, 혼합된 불안/우울, 사회적 위축), 성격 특성, 충동성, 인지정서 규제 스타일 그리고 게임 관련 요인들이 인터넷 게임중독과 상관관계가 있는 것으로 나타났다(Ji et al., 2022). 특히 개인의 인지적 과정은 온라인게임이 사용 가능할 때 자동적으로 발생되며, 직접적으로 문제적인 게임을 하게 만든다. 따라서 많은 연구에서 인터넷 게임중독 발달에 있어 개인 인지의 중요성을 지적하고 있다(Ji et al., 2022). 데이비스(Davis, 2001)는 인터넷 게임중독의 인과적인 기제를 설명하기 위하여 인지행동 모델을 제안하였는데, 그는 개인의 자아와 세상에 대한 특별한 비적응적인 인지를 인터넷 게임중독에 대한 중추적인 요인으로 간주하였다.

2) 가족 요인

가족은 아동과 청소년의 인터넷 게임중독에 영향을 미치는 가장 중요한 환경이자 체계이다. 가족관계가 인터넷 게임중독에 영향을 미치는 가장 중요한 요인(Ahmadi & Saghafi, 2013)이며, 가족체계 특성들이 청년의 중독 행동을 예측할 수 있다(Tafa & Baiocco, 2009). 영(Young, 1998a) 또한 인터넷 게임중독증 환자의 핵심적인 문제는 가족이라고 하였다. 즉, 가족의 구조와 형태, 가족사가 인터넷 게임중독에 중요한 요인으로 작용하고 있다고 볼 수 있다. 인터넷 게임중독과 관련된 가족 요인에는 부부관계, 부모와 청소년 자녀 간의 의사소통, 부모의 자녀양육 태도, 가족 응집력(김인숙, 김도연, 2017; 이영민, 권성연, 2021; Park, Kim, & Cho, 2009; Park, Lee, & Kim, 2014), 대인관계 기술(안차수, 2008), 부모와의 애착(김선희, 김정민, 박초희, 2021; 이정자, 2022; 한유진, 최나야, 2009),

인터넷에 대한 부모의 태도, 가족의 지지 그리고 자녀의 학업 성취에 대한 부모의 기대(김인숙, 김도연, 2017; 김진욱, 유미선 2022) 등이 포함되었다. 예를 들면, 부모와 청소년 자녀의 의사소통이 더 역기능적일수록 청소년 자녀가 인터넷 게임에 중독될 확률이 증가하였다(이시형, 이세용, 김은정, 오승근, 2000). 조현섭(2019)은 인터넷 게임중독 고위험군과 잠재위험군이 학업성적이 저조했고, 고위험군은 부모와의 관계도 안 좋았다고 하였다. 부모와 자녀 간의 갈등과 어머니와 함께 동거하지 않는 것이 인터넷 게임중독의 위험 요인으로 확인되었다(Ko et al, 2009a; van Den Eijnden et al., 2008). 반대로 부모와의 애착 정도(김선희, 김정민, 박초희, 2021; 이준형, 최웅렬, 2020), 부모와 자녀 간의 대화의 질이 인터넷 게임중독의 보호 요인이었다(Haagsma, King, Pieterse, & Peters, 2013; Jia et al., 2009; Rehbein & Baier, 2013; Van Den Eijnden et al., 2010). 인터넷 중독과 부모애착 관련 연구에서 부모와 긍정적인 애착관계를 형성하지 못한 아동이나 청소년들은 현실에서 부모에게 못 받은 관심과 지지를 얻기 위하여 과도한 인터넷 사용에 의존할 수 있다고 하였다(한유진, 최나야, 2009).

한편, 중장년 부모의 인터넷중독 경향이 높은 경우에 자녀들도 인터넷 게임중독에 빠질 가능성이 높으며, 부모의 인터넷중독 경향이 높을수록 부모의 우울은 높아지고 부모의 우울이 높을수록 자녀의 인터넷 게임중독 확률도 높아진다(김진욱, 유미선, 2022). 또한 부모가 스마트폰을 사용하는 모습이 청소년의 스마트폰 의존에 영향을 미치며(하문선, 2020), 부모의 부정적 양육태도가 자녀의 부정적 감정을 증가시켜서 인터넷 게임중독에 영향을 미친다(김인숙, 김도연, 2017; 이영민, 권성연, 2021). 염은선과 전영주(2017)의 연구에 의하면, 청소년의 인터넷 게임중독과 부모폭력에 영향을 미친 요인으로 경직된 부부체계와 부모체계가 나타났다. 즉, 부모와 자녀 간 산만한 경계와 위계 혼란을 보이는 역기능적인 가족구조가 청소년 자녀의 인터넷 게임중독과 부모폭력에 영향을 미쳤다. 따라서 부모와의 애착은 인터넷 게임중독의 보호 요인이자 위험 요인이라 볼 수 있기 때문에 아동의 인터넷 게임중독을 치료하는 데 부모와의 애착이 중요한 영향을 미친다(이정자, 2022).

결론적으로, 인터넷 게임중독을 예방하는 비결은 가족 기능을 강화하는 것이기 때문에 인터넷 게임중독자들의 회복을 위해서는 가족 개입이 고려되어야 한다(Gunuc & Dogan, 2013; Yan, Li, & Sui, 2014; Yu & Shek, 2013; Zhong et al., 2011). 그러므로 무엇보다 부모의 관심과 사랑으로 성장하는 자녀에게 부모의 인터넷중독과 우울감은 자녀의 인터넷 게임중독에 강력하게 영향을 미칠 것이므로, 아동과 청소년들뿐만 아니라 성인들도 인터넷 게임중독을 치료하기 위해서는 부모-자녀관계의 회복이 선행되어야 한다고 볼 수 있다.

3) 사회 요인

인터넷 게임중독에 영향을 미치는 요인으로 사회적 통합, 학교 관련 안녕과 교사지지가 나타났다(Haagsma et al., 2013; Jia et al., 2009; Rehbein & Baier, 2013; Van Den Eijnden et al., 2010). 김병석과 정은희(2004)는 대인관계 인지적 문제해결 기술이 공격성 요인보다 사회적 지지에 대한 지각 요인과 더 높은 관련성이 있다고 하였으며, 인터넷 게임에 중독된 청소년들의 대인관계 인지적 문제 해결 기술을 향상시키기 위해서는 그들의 사회적 지지를 강화해야 한다고 하였다. 인터넷 게임중독은 사회성 그리고 대인관계 유형의 하위 요소인 우호와는 부정적인 상관관계를, 반항-불신 그리고 지배-우월과는 정적인 상관관계를 가진다. 구체적으로 사회성과 대인관계 유형 중 우호가 높을수록 인터넷 게임중독 위험이 낮았고, 대인관계 유형 중 반항-불신이 높을수록 인터넷 게임중독 위험이 높았다(박성옥, 유순옥, 2003). 이와 같은 선행연구들에서 대인관계 문제가 인터넷 게임중독에 영향을 미칠 수 있다는 것을 볼 수 있다. 물론 반대로 인터넷 게임중독으로 인하여 대인관계 문제가 발생될 수도 있을 것이다. 이처럼 사회적 요인과 인터넷 중독 간에는 양방향 인과관계가 존재한다. 대인관계 문제가 해결되면 인터넷 게임중독 수준이 감소하는 반면, 대인관계 문제가 심각하면 인터넷 게임중독 수준이 증가한다. 인터넷 게임중독 청소년들의 대인관계 문제를 해결하기 위해 가족과 또래를 비롯한 타인의 정서적 지지가 요구되며(김병석, 정은희, 2004), 가족의 심리적 환경이 중요하다.

더비셔 등(Derbyshire et al., 2013)은 인터넷 게임중독과 관련된 요소에는 적은 신체적 활동, 저조한 학교 성적 그리고 높은 우울증 및 스트레스 수준이 있다고 하였다. 또한 인터넷 게임중독 대학생들은 심리사회적 문제를 가질 가능성이 높다(Çardak, 2013; Derbyshire et al., 2013). 따라서 인터넷 게임중독을 줄이기 위해 부모와 교육자(가족과 학교 체계)가 함께 관여할 필요성이 있다.

4. 인터넷 게임중독치료 접근법

인터넷 게임중독 치료법에는 가상현실치료, 치료시설캠프, 교육 과정, 가족치료, 현실치료, 마음챙김명상, 열망행동 개입 방법 등이 있는데, 통찰, 가족관계, 인지 과정 그리고 교육이 중요하다(Nazlıgül, Baş, Akyüz, & Yorulmaz, 2018). 자작 등(Zajac et al., 2017)은 인터넷 게임중독치료의 효과성에 초점을 둔 13개의 연구를 통하여 인터넷 게임중독을 치료하기 위한 접근 방법으로 약물치료(Dell Osso et al., 2008)가 상대적으로 공통 사용되었다고 하였다. 이 외에도 인터넷 게임중독 치료 접근법에는 인지행동치료(Hall & Parsons, 2001; Han et al., 2020; Santos et al., 2016; Young, 2011), 수용전염치료(acceptance commitment therapy: ACT; Hooper, Larsson, & Hayes, 2015), 현실치료, 다중 수준 상담(multi-level counseling: MLC; Chang, Chang, Yang, & Tzang, 2022; Chang, Huang, Yang, & Tzang, 2021), 가족치료(Shek, Tang, & Lo, 2009; Shek, & Yu, 2012), 가족치료 또는 집단치료와 결합된 인지행동치료(Liu, Liao, & Smith, 2012), 가정 기반 매일 일기 쓰기 개입(a home-based daily journaling intervention; Lee, Seo, & Choi, 2016), 집단현실치료(Kim, 2008), 심리극 접근(Kooraki, Yazdkhasti, Ebrahimi, & Oreizi, 2012), 중추신경 자극치료(Han et al., 2009), 동기강화(현명호 외, 2006), 미술치료(이건욱, 이현미, 신지현, 2016), 운동치료(강소형, 2017; 강소형, 남상남, 김일곤, 2015) 등이 있다.

킹 등(King et al., 2017)은 2007년부터 2016년까지 출간된 인터넷 게임중독치료 방법에 관한 30개의 연구를 통하여 인터넷 게임중독치료의 대부분이 인지행동치료였으며, 약리학적 치료와 비교해서 인지행동치료가 더 효과가 있었다고 하였다. 영(Young, 2011)의 연구에 따르면, 인터넷 게임중독을 위한 인지행동치료는 행동 수정-인지치료-손상교정치료의 세 단계로 구성된다. 윈클러 등(Winkler et al., 2013)은 인터넷 게임중독치료는 심리치료와 함께 약물치료를 병합하는 것이 효과적이라고 하였다. 인터넷 게임중독은 종종 어린 시절 신경발달장애(예: ADHD, 우울 혹은 불안장애)와 동반된다(Ahmadi et al., 2014; Wang et al., 2017). 따라서 인터넷 게임중독 청소년들에게 약물치료의 중요성이 점차 증가하고 있다(Chang, Chang, Yang, & Tzang, 2022). 특히 임상적인 문제에 매우 효과적인 인지행동치료는 왜곡된 인지와 부적절한 대처 방식을 수정함으로써 중독행동을 조절한다(이형초, 안창일, 2002). 동기 강화는 인터넷 게임중독의 심각성을 인지하고 인터넷 게임 조절 동기를 강화시키며(현명호 외, 2006), 미술치료는 미술매체를 통하여 내면에 억압된 감정을 표현하고, 감정을 조절하며, 개인의 문제해결 능력을 증진시킨다(이건욱, 이현미, 신지현, 2016). 한편, 운동치료는 신체의 움직임을 통해 뇌의 활성화를 높이고, 공격성, 적대감, 불안, 뇌의 부하를 낮추며, 스트레스 호르몬에 긍정적인 변화를 일으킨다(강소형, 2017; 강소형, 남상남, 김일곤, 2015). 리들(Liddle, 2010, 2013)의 다차원 가족치료는 개인 수준과 환경적 체계 접근을 통합하는데, 가족 기반 개입이 내담자의 문제 행동 감소에 긍정적 영향을 미쳤다고 하였다. 또한 한 등(Han, Kim, Lee,

& Renshaw, 2012)의 연구에 따르면, 가족응집력이 인터넷 게임중독치료의 주요 요소 중 하나라고 하였다. 염은선과 전영주(2017)는 인터넷 게임중독 청소년 자녀의 경우에 비자발적인 자녀 개입 없이도 부모 개입만으로도 증상의 감소에 대한 효과가 있기 때문에 부모의 참여가 매우 중요하다고 하였다.

5. 사례

1) 인터넷 게임중독과 대인관계 문제를 겪고 있는 성인 자녀의 치료 사례*

(1) 사례 개요

내담자(첫째 아들, 23세)는 인터넷 게임을 밤새하는 등 인터넷 게임에 중독되어 있었고, 가족과 친구를 포함한 타인과의 대인관계에 어려움을 가지고 있었다. 그는 제대 후 점점 더 무기력해졌고 외롭고 불안했으며 자존감이 낮았다. 그는 과거에 대인관계 문제로 인해 자살을 고려한 적이 있었다. 내담자는 남동생과도 관계가 좋지 않았고, 어렸을 때부터 그의 감정을 표현할 대상이 없었기 때문에 기능적인 표현 방법을 배울 수 없었다. 이러한 고립으로 인하여 그는 인터넷 게임에 중독되었고, 인터넷 게임중독으로 인하여 대인관계가 악화되었으며, 대인관계의 악화로 인하여 다시 인터넷 게임에 중독되었다. 그의 의사소통 방식은 다른 사람들을 수용할 수 없었고, 이로 인해 그는 타인과 갈등이 심하였다. 그는 가족뿐만 아니라 타인이 자신과 다른 의견을 표현하면 이것을 자신에 대한 비난과 공격으로 해석하였다. 그는 사람들을 적과 동맹의 두 부류로 나눴고, 그가 적으로 여기는 사람들이 하는 말은 전혀 받아들이지 않았으며, 사람들과 타협하거나 이견을 조율하려 하지 않았다.

그는 가족구성원들로부터 기능적인 의사소통 방식을 배우지 못하였고 그의 부모는 부부갈등이 심하였다. 그의 아버지는 다른 가족구성원이 자신의 의견과 다른 의견을 말할 때 대립을 피했지만 궁극적으로는 화가 폭발하였다. 어머니는 내담자를 야단치고 잔소리하였으며, 남동생은 내담자를 무시하였고 회피하였다. 따라서 내담자는 가족을 포함한 타인과 건강한 관계를 형성할 수 없었고, 이러한 비효과적인 의사소통 방식으로 인해 인터넷 게임에 중독되었다.

---

* 이 사례의 가족치료 과정을 알고 싶다면 Park, T. Y., Lee, J. H., & Kim, S. H. (2014). Family therapy for an Internet addicted adult-child with interpersonal problems. *Journal of Family Therapy, 36*(4), 394-419를 참고하기 바란다.

상담에는 아버지(50세), 어머니(50세), 내담자(큰아들, 23세) 그리고 둘째 아들(22세)이 참여하였으며, 개인상담, 부부상담, 가족상담이 총 15회기 진행되었다.

(2) 인터넷 게임중독에 영향을 미친 요인

① 부모의 원가족 특성

내담자 아버지의 원가족 특성에는 분노조절 문제, 폭력성, 알코올중독이 포함되었다. 친할아버지의 폭력적인 성향이 아버지에게 전수되었고, 내담자 또한 폭력적이었고 분노조절이 안되었다. 친할아버지는 음주 후 주사가 있었고 친할머니를 폭행하였으며, 아버지 또한 부인과 내담자를 폭행하였다. 아버지의 4형제 모두 분노조절이 안 되었고, 4형제 모두 자신들의 아버지와 관계가 안 좋았으며, 형제관계 또한 안 좋았고, 아버지의 3번째 형은 이혼하고 재혼하였다.

한편, 내담자 어머니의 원가족 특성에는 상대방의 의견을 무시하는 것, 친정어머니(외할머니)가 자녀들을 차별하는 것 그리고 친정부모(외조부모)의 흑백논리 등이 포함되었다. 내담자 어머니는 강한 성향과 함께 비난하는 표현 방식을 사용했는데, 그녀의 표현 방식은 친정어머니와 오빠의 표현 방식과 매우 유사하였다. 이러한 어머니와 외가의 특성들은 내담자에게도 나타났다. 내담자는 다른 사람들의 의견을 완전히 무시하고 모욕하였다. 어머니는 친정어머니로부터 매를 맞고 자랐는데, 그녀는 자신이 당했던 것처럼 내담자를 신체적으로 학대하였다. 그리고 어머니는 친정어머니가 친정아버지한테 했듯이 남편을 책망하고 비난하였다.

② 역기능적인 가족 의사소통

내담자 부모는 12년 넘게 갈등을 겪었고 서로 자신의 속마음과 부부관계에 대한 불만을 표현할 수 없었다. 어머니는 아버지에게 욕하고 질책하였고, 아버지는 어머니를 무시하였다. 그러나 아버지는 다른 여성들에게는 친절하고 상냥하였다. 어머니는 다른 사람이 이야기할 때 말을 끊고 본인의 의견만 이야기했는데, 내담자 또한 어머니와 같은 의사소통 방식을 사용하였다. 이러한 역기능적인 의사소통 방식으로 인하여 모자가 대화할 때는 주로 갈등만 야기되었다. 모자가 똑같이 사용하는 의사소통 방식은 양쪽 모두에게 짜증과 분노를 일으켰다. 그들이 시도한 방식, 즉 서로를 변화시키려고 했던 방식은 효과적이지 않았고 관계를 악화시킬 뿐이었다.

아버지의 역기능적인 의사소통 방식은 자신이 하고 싶었던 말을 전부 담아 두고 있다가 폭발하는 것, 분노조절을 할 수 없는 것, 신체적 폭력을 행사하는 것, 애정이 없는 것, 아들들과 의사소통이 불가능한 것, 자녀를 차별하는 것 그리고 대화할 때 너무 강하고 고집이 센 것 등이었다. 아버지가 어머니를 폭행하는 장면은 내담자의 머릿속에 생생히 각인되어 있었다. 아버지는 자녀들을 혼낸 적은 거의 없었으나, 감정을 쌓아두었다가 자녀들을 때린 적이 한 번 있었다. 그 결과 자녀들은 두려움 때문에 아버지에게 감정을 표현할 수 없었다. 내담자 또한 아버지처럼 분노를 조절할 수 없었고 매우 폭력적이었다.

한편, 어머니의 역기능적인 의사소통 방식은 과거 사건을 되새김질하는 것, 다른 사람들이 하는 말을 무시하고 본인이 하고 싶은 말만 하는 것, 아들들을 비난하고 질책하며 다른 아이들의 편을 들어 주는 것, 융통성 없고 고집스러운 것, 부적절한 관심을 주는 것, 자기주장이 강한 것, 자녀들을 인정하거나 칭찬하지 않는 것 그리고 아들을 자극해서 화나게 만드는 것 등이 포함되었다. 내담자는 초등학교 3학년 때 콧물을 흘렸고, 그로 인해 친구들에게 괴롭힘을 당하였다. 하지만 내담자는 어머니에게 이 사실을 말하면 어머니가 자신을 비난할 것이라는 두려움으로 인해 그가 괴롭힘당한 사실을 말할 수 없었다. 어머니는 자녀들의 편을 들어 주거나 자녀들을 지지하지 않았고 항상 제삼자의 입장에서 객관적으로 시시비비를 가렸다. 그 결과로 내담자는 어머니에게 솔직하게 이야기하지 못했고 자존감이 낮아졌다.

(3) 가족치료 개입

치료사는 내담자의 가족에게 내담자의 인터넷 게임중독에 대한 문제를 인지시키기 위해 핵가족에 영향을 미친 부모의 원가족 특성들을 설명하여 부모의 원가족과 핵가족에 대한 전수 문제와 역기능적인 의사소통 방식을 인식할 수 있도록 하였다. 치료사는 어머니에게 과거에 시도했던 해결책이 효과적이지 않았다는 것을 인식시켰고 새로운 의사소통 방식을 시도할 것을 제안하였다. 또한 치료사는 어머니가 내담자를 통제하지 말고 내담자의 일에 간섭을 최소화할 것을 제안하였다.

한편, 치료사는 내담자에게 자신의 의견을 말해야 하며 누군가 그에게 공격적으로 말할지라도 과민하게 반응하는 대신 타협하는 법을 배워야 한다고 설명하였다. 그리고 치료사는 모든 가족구성원에게 서로의 말을 끊지 말고 끝까지 들은 후에 본인의 솔직한 의견을 제시할 것을 권하였다. 치료사는 내담자가 부모에게 자신의 의견을 전달하는 방법을 배우도록 도왔고 부모가 내담자의 생각을 수용하는 적절한 방법을 사용하도록 제안하였다. 또한 치료사는 부모가 기능적인 대화(서로 순차적으로 반응하는 것)를 하는 과정에서 내담자가 이러한 기능적인 대화법을 배울 것이라는 점을 부모에게 상키시켰다. 치료사는 어머니의 과도한 역할을 줄일 수 있도록 아버지가 역할을 더 할 것과 어머니-아들 관계를 중재할 것을 조언하였다. 마지막으로, 치료사는 남동생에게 내담자와 대화할 때 내담자의 편을 들고 받아줄 것을 제안하였다.

(4) 내담자의 저항과 치료사 신뢰

내담자는 본인의 의지와 관계 없이 어머니의 의뢰로 인해 상담을 받게 되었기 때문에 상담 초기에 치료사에게 일시적으로 저항하였다. 또한 내담자는 부모에 대한 반항과 회의를 부모와 비슷한 연령배의 치료사에게 투사하였다. 하지만 내담자는 치료 과정을 통하여 해결책을 제안한 치료사를 신뢰하게 되었다.

(5) 가족치료 후 변화

치료사의 개입을 통해서 가족구성원들은 기능적인 표현 방식을 연습했고, 변화된 의사소통 방식으로 인하여 가족관계에도 긍정적인 변화가 일어났다. 치료사의 개입을 통한 가족구성원들의 의사소통 방식의 변화는 다음과 같다. 첫째, 아버지는 내담자의 이야기를 듣고 공감하였으며 내담자에게 더 이상 폭언하지 않았다. 둘째, 어머니는 내담자의 말을 수용하였고, 내담자에게 양보하고 타협하기 위해 노력하였고, 잔소리를 덜 하였으며, 자녀들과의 갈등으로 이어질 수 있는 의사소통 방식을 사용하지 않았다. 셋째, 내담자는 자신의 의사소통 방식이 효과적이지 않다는 것을 깨달았고, 어머니와 타협 및 양보를 하였다. 내담자는 과거에 쉽게 화를 냈었지만, 타인과의 대화에서 덜 예민하게 반응하였고 더 정확하게 표현하게 되었다. 이와 같은 기능적인 의사소통 방식으로 내담자는 동생과 더 편안한 대화를 할 수 있었다. 넷째, 동생은 어머니에게 어머니의 거슬리는 표현 방식에 대하여 자신의 생각을 솔직하게 말할 수 있게 되었는데, 어머니는 이것을 불편하게 느끼지 않고 받아들였다. 또한 동생은 내담자에게 이야기할 때 불편해하지 않고 편안하게 말할 수 있었다.

[그림 11-1]은 인터넷중독과 대인관계 문제를 가진 성인 자녀에게 영향을 미치는 요인들과 이러한 문제들을 해결하는 요인 간의 인과관계의 네트워크를 나타낸다.

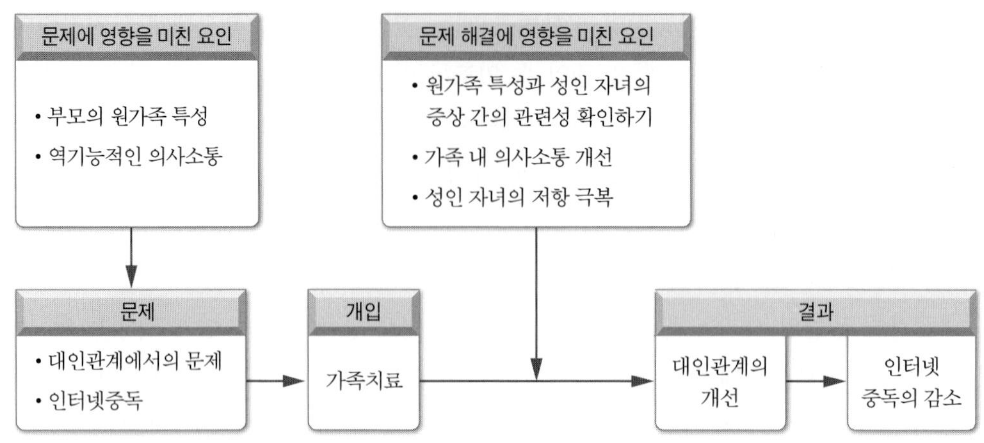

[그림 11-1] 인터넷중독과 대인관계 문제를 가진 성인 자녀의 가족치료 효과 네트워크

2) 인터넷중독과 왕따 당하는 성인 자녀의 치료 사례*

(1) 사례 개요

이 사례는 가족구성원들과 의사소통이 되지 않아 힘들어하며, 특히 대인관계의 어려움으로 사회생활을 하지 않고 집에서 인터넷 게임만 하는 내담자(첫째 아들)의 문제로 어머니가 상담을 의뢰하여 개입한 가족치료 사례이다. 내담자 가족은 어머니, 아들 2명으로 구성되었으며 총 9회기(1~2회기: 어머니, 3회기: 첫째 아들, 4회기: 둘째 아들, 5회기: 어머니와 첫째 아들, 6회기: 어머니와 둘째 아들, 7회기: 형제, 8회기: 첫째 아들, 9회기: 어머니와 형제)가 진행되었다.

(2) 내담자에게 영향을 미친 가족의 특성

① 핵가족 특성

아버지는 폭력, 폭언, 음주, 외도가 있었으며, 이혼하기 전 10년 동안 생활비를 단 한 푼도 가져다주지 않았고, 남에게만 친절한 사람이었다. 어머니는 어려서부터 폭력, 음주, 외도가 있는 친정아버지와 잔소리와 폭언이 심한 친정어머니의 잦은 부부싸움을 경

* 이 사례의 가족치료 과정을 알고 싶다면 Yu, J. H., & Park, T. Y. (2016). Family therapy for an adult child experiencing bullying and game addiction: An application of Bowenian and MRI theories. *Contemporary Family Therapy*, *38*(3), 318-327을 참고하기 바란다.

험하면서 성장하였는데, 결혼 후 친정아버지와 유사한 남편의 모습을 보고 심한 스트레스를 받았다. 또한 아버지는 자신을 닮은 둘째 아들을 심하게 편애하였고 어머니를 닮은 첫째 아들에게는 폭력과 폭언을 하였다. 둘째 아들 역시 첫째 아들을 무시하였고 폭언과 폭력을 행사하였다. 이렇듯 가족구성원들은 서로 정서적으로 단절되었고, 서로가 혼자서 생활하는 것을 더 편안해하였으며 가족 내에서 항상 불안을 가지고 있었다. 특히 첫째 아들은 아버지에 대한 두려움으로 인한 만성불안이 생겼고 어머니와도 대화가 되지 않아 인터넷 게임중독에 빠지게 되었다.

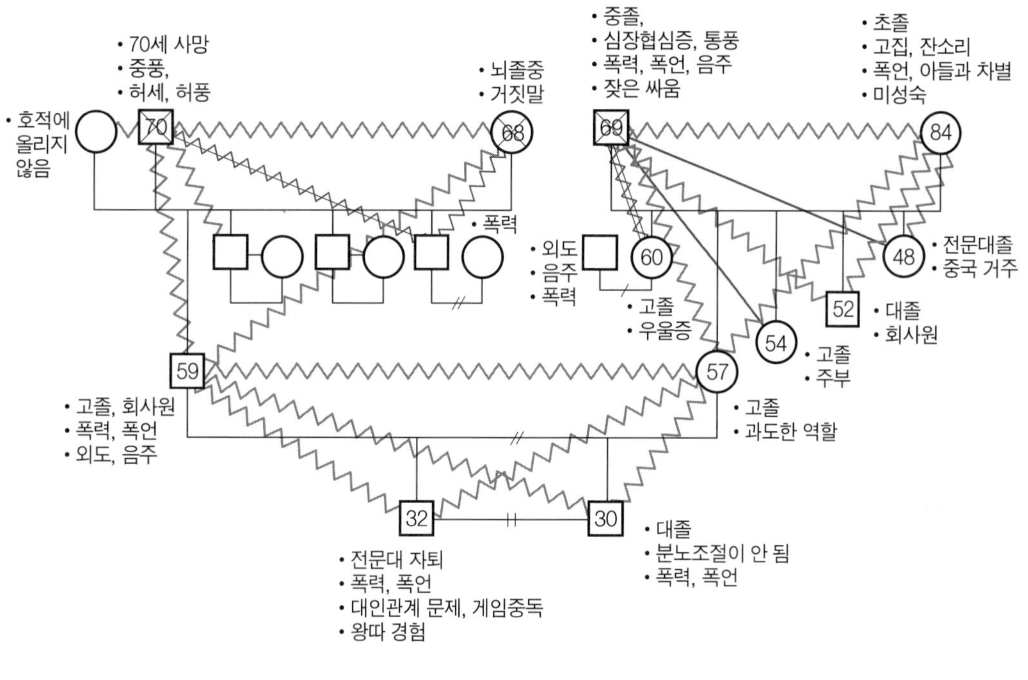

[그림 11-2] 가계도

② **역기능적인 표현 방식**

아버지는 원가족에서 형제들로부터 왕따를 당했으며, 속마음을 터놓고 대화할 대상가 없었고 기능적인 의사소통 방식을 배울 기회도 없었다. 이러한 아버지의 원가족에서 경험은 내담자 핵가족 내에서도 나타났으며, 아버지는 자신과 닮은 둘째 아들과 밀착관계를 유지하면서 편애하였지만, 어머니와 내담자에게는 폭언과 폭력을 행사하였다. 또한 아버지는 내담자가 원하는 것을 하지 못하게 강요하였고, 남에게 보이는 체면은 중요하게 생각했지만 정작 본인 가정에는 무책임하고 소홀하였으며, 잦은 외도를 하였다. 폭력적인 아버지는 내담자에게 공포의 대상이었다. 이러한 요인들로 인해 부모는 싸움을 자주 하였으며, 결국 이혼을 하게 되었고 이는 내담자의 인터넷 게임중독과 왕따에 영향을 미치는 요인이 되었다.

어머니는 원가족에서 친정아버지의 폭력, 음주, 외도와 친정어머니의 폭언으로 잦은 부모싸움을 보고 성장하면서 늘 불안하였다. 어머니는 결혼을 하고 나서 친정아버지와 똑같은 모습의 아버지(남편)로 인해 심한 스트레스를 경험하였고 이는 잦은 부부싸움으로 이어졌다. 부부갈등이 생길 때마다 어머니는 자신의 의견을 표현하지 않고 참았다. 또한 어머니는 내담자가 왕따를 당하고 와서 이야기를 해도 들어 주지 않았고 아버지에게 폭력을 당하거나 회사에서 부당한 일을 당해도 그냥 참으라고 하였다. 이러한 어머니의 표현 방식으로 인해 내담자는 어머니와 대화할 수가 없었고, 외부와 단절하고 인터넷 게임중독으로 빠져들었다. 특히 어머니는 무책임한 아버지로 인해 새벽부터 우유나 신문을 배달하는 등 힘든 일을 하면서 밤늦게 귀가하는 생활이 반복되었다. 어머니는 집에만 있는 내담자를 보면 폭언과 짜증 섞인 표현과 잔소리를 하였다. 이혼 후 어머니는 둘째 아들과 밀착된 관계를 유지하면서 내담자를 더욱더 화나게 하는 자극적인 표현 방식을 사용하였다.

남동생은 어려서부터 아버지와 밀착된 관계를 유지하면서 내담자가 아버지에게 폭력을 당하거나 혼나고 있어도 전혀 관심을 갖지 않고 혼자 방안에 있었다. 남동생은 어려서부터 내담자를 무시하였고 특히 부모가 이혼 후 어머니와 함께 셋이 생활하면서 아무 일도 하지 않고 게임만 하는 내담자가 한심하다고 생각하였다. 내담자는 아버지를 닮은 남동생을 두려워하였다.

(3) 내담자의 문제를 해결하기 위한 치료사의 개입 방법

치료사는 내담자의 인터넷 게임중독과 왕따 문제를 가족 증상으로 보고 이를 해결하기 위해 가족체계를 변화시키는 데 초점을 두었다. 보웬의 가족체계이론을 적용하여 가계도 작성을 통한 원가족 탐색과 자아분화 수준을 높이기 위하여 역기능적인 다세대 전수 과정 설명, 탈삼각관계, 정서체계에 대한 교육을 실시하였다. 그리고 내담자의 통찰을 돕기 위해 치료사의 자기개방, 유사 사례 들기, 중재자 역할을 사용하였다. 또한 치료사는 MRI의 의사소통 모델을 적용하여 가족구성원 간의 역기능적인 의사소통 방식을 파악하였고, 가족구성원들로 하여금 이러한 역기능적인 의사소통 방식을 인식할 수 있게 하였다. 치료사는 가족구성원들에게 문제해결을 위한 새로운 표현 방식을 제안하였으며, 구체적인 치료사의 개입 방법은 다음과 같다.

① 문제 확인

치료사는 내담자의 문제를 개인 문제가 아닌 가족 문제로 보고 가계도 작성을 통해 내담자 원가족의 가족관계를 탐색함으로서 문제를 확인하였다.

② 치료적 동맹관계 형성

치료사는 내담자가 느끼는 어려움을 내담자의 입장에서 어머니에게 대변해 줌으로써 가족구성원 간의 의사소통이 원활하게 이루어질 수 있도록 하였다. 또한 치료사는 가족구성원들에게 정서적으로 단절된 형제관계 문제를 해결하기 위해 그동안 시도해 왔던 해결책이 문제를 더욱 악화시켰음을 인식시켰다.

③ 내담자의 통찰력 강화

치료사는 자기 개방을 통해 내담자 가족구성원들이 문제를 보다 객관적으로 바라볼 수 있도록 하였다. 또한 치료사는 내담자와 유사한 문제를 가진 사례를 통하여 가족구성원들이 내담자의 문제를 보다 쉽게 이해할 수 있도록 하였다.

④ 자아분화의 강조

치료사는 내담자의 가족구성원들에게 가족 문제가 윗세대에서 전수되고 있다는 것을 설명하였고 핵가족이 건강하게 성장하고 자녀의 문제를 해결하기 위해서는 자아분화가 이루어져야 함을 강조하였다. 치료사는 자아분화가 이루어지기 위해서 가족구성원들의 반복되는 패턴을 확인하고 부모 사이에 낀 내담자에 대해 설명하여 탈삼각관계가 이루어지도록 하였다. 또한 치료사는 가족구성원들에게 자아분화와 관련된 책을 소개하고 문제를 이해할 수 있도록 하였다.

⑤ 새로운 표현 방식 제안

치료사는 가족구성원들에게 지금까지 가족 내에서 문제를 해결하기 위해 사용하였던 표현 방식들은 오히려 문제를 더 악화시켰고 비효과적이였음을 인식시키고 솔직하게 표현할 수 있는 새로운 표현 방식을 제안하였다.

(4) 내담자 가족에 대한 치료사 개입의 효과성

치료사의 개입으로 인한 효과성으로서 인터넷 게임중독에 빠진 내담자는 자신의 문제를 인식하고 불안이 줄어들었으며 외출을 하게 되었다. 가족치료 개입의 효과성에 대한 구체적인 내용은 가족구성원의 의사소통 방식의 변화, 인식의 변화, 자아분화가 포함되었으며, 구체적인 내용은 〈표 11-1〉과 같다.

〈표 11-1〉 내담자 가족에 대한 치료사 개입의 효과성

<table>
<tr><th colspan="2">구분</th><th>의사소통 방식의 변화</th><th>인식의 변화</th><th>자아분화</th></tr>
<tr><td rowspan="3">가족 구성원의 변화</td><td>첫째 아들의 변화</td><td>• 짜증 내지 않음
• 속마음을 내놓고 이야기함</td><td>• 어머니를 이해하려고 노력함
• 어머니에게 미안한 마음을 가지게 됨</td><td>• 불안과 두려움이 줄어듦</td></tr>
<tr><td>어머니의 변화</td><td>• 속마음을 표현함
• 첫째 아들의 이야기를 들어줌
• 짜증 내는 표현 방식이 줄어듦</td><td>• 마음이 편안해짐</td><td>• 자녀의 입장에서 이해
• 밀착된 둘째 아들과의 관계 개선</td></tr>
<tr><td>둘째 아들의 변화</td><td>• 형에게 잘하려고 노력함</td><td>• 형을 인정하고 원망하지 않음</td><td>• 정서적으로 단절된 형과의 관계 개선</td></tr>
<tr><td rowspan="2">가족 관계의 변화</td><td>모자관계의 변화</td><td>• 대화의 양이 증가함</td><td>• 둘째 아들의 짜증이 감소됨</td><td rowspan="2"></td></tr>
<tr><td>형제관계의 변화</td><td>• 속마음을 표현함</td><td>• 동생에 대한 두려움이 감소됨</td></tr>
</table>

① 의사소통 방식의 변화

치료사의 개입 이후 내담자는 밖에 나가는 것에 대한 두려움이 감소되고 마음이 편안해졌다. 내담자는 밤늦게 귀가하는 어머니에게 짜증을 내지 않고, 자신의 속마음을 솔직하게 내놓게 되었다. 어머니는 갈등 상황에 놓일 때마다 속으로 혼자 참고 표현하지 않았는데, 가족치료 개입 후 내담자와의 솔직한 대화를 통해 아들을 이해하게 되었다. 또한 어머니는 과도한 역할로 인해 심한 스트레스를 받았으며 이러한 스트레스를 내담자에게 짜증스럽게 표현하였는데, 이러한 어머니의 역기능적인 표현 방식이 변하였다. 둘째 아들은 상담받기 전에 형을 항상 무시하고 인정하지 않았으나 가족치료 개입 후에 형의 존재를 인정하게 되었다.

② 인식의 변화

가족구성원들은 지금까지 사용하였던 의사소통 방식이 역기능적이었다는 것과 부모

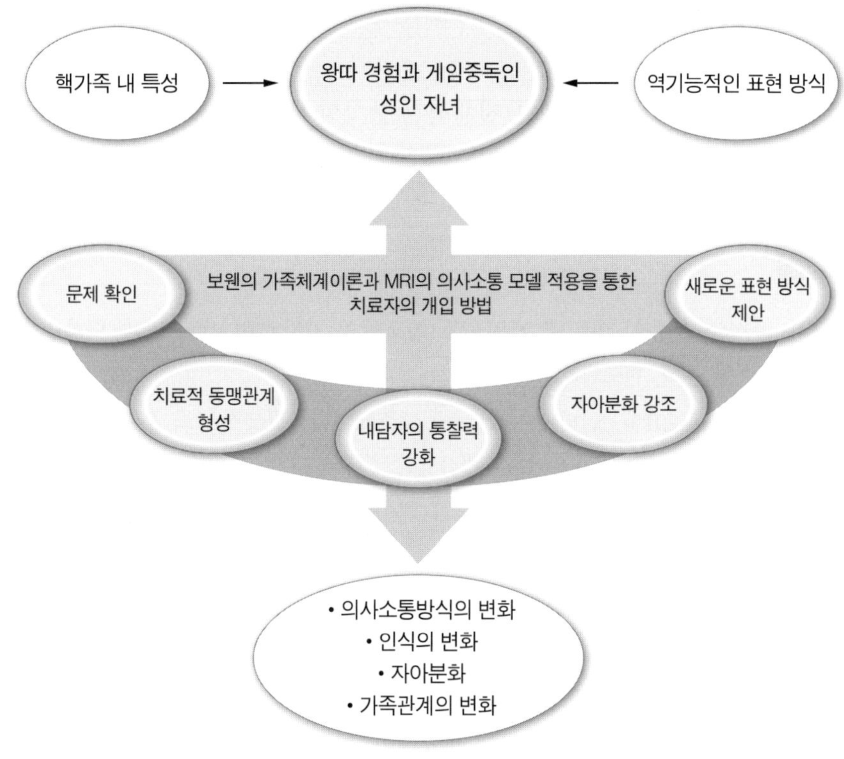

[그림 11-3] 전체적인 분석의 네트워크

의 원가족으로부터 내려오는 정서체계 및 미분화 문제를 이해하고 나서 가족구성원들에 대한 인식의 변화가 나타났다.

③ **자아분화**

항상 불안을 가지고 있었던 내담자는 상담을 통하여 현실을 받아들이려고 노력함으로써 불안이 감소하였다. 또한 어머니도 내담자를 자녀의 입장에서 이해하려고 노력하였다. 내담자는 정서적으로 단절된 형제간의 관계에서도 동생에 대한 두려움이 줄어들었으며, 동생도 형을 이해하고 관계를 개선하기 위해 노력하였다.

④ **가족관계의 변화**

내담자와 어머니는 서로 상호교환적인 대화가 가능하게 되었고 상대방을 이해하게 됨으로써 모자관계가 개선되었다. 또한 동생은 내담자가 가족 내에서 제대로 역할을 하지 못한다고 생각하여 어려서부터 내담자를 무시하였는데, 상담 후 형제관계에서 변화가 나타났다. 내담자는 아버지와 유사하여 공포와 두려움의 대상인 동생과 정서적으로 단절되었는데, 대화를 통해 형제는 정서적으로 연결되었고 이로 인해 동생에 대한 내담자의 두려움이 감소되었다.

지금까지 분석한 치료 과정에 대한 전체적인 분석의 네트워크는 [그림 11-3]과 같다.

참고문헌

강소형(2017). 유산소 운동이 인터넷 게임중독 청소년의 건강관련 삶의 질과 도파민에 미치는 영향과 상관관계 분석. 한국체육과학회지, 26(4), 985-994.

강소형, 남상남, 김일곤(2015). 인터넷 게임 중독수준에 따른 고등학생의 운동유형이 뇌파에 미치는 영향. 한국체육학회지, 54(4), 561-574.

강희양, 손정락(2010). 청소년의 인터넷 중독과 게임중독에 대한 자존감향상 인지행동치료 효과. 한국심리학회지: 건강, 15(1), 143-159.

권경인, 박승민, 전은영, 양정연(2012). 초등학교 고학년생을 위한 부모연계 인터넷중독 예방 집단상담 프로그램의 개발과 효과. 청소년상담연구, 20(2), 57-85.

권민, 김대진(2012). 인터넷 중독과 자살. 대한의사협회지, 55(4), 335-340.

김경미, 염유식(2016). 청소년의 게임이용과 학교생활: 성별 차이와 사회적 관계의 조절효과. 한국콘텐츠학회논문지, 16(1), 753-765.

김병석, 정은희(2004). 인터넷 채팅중독 청소년의 공격성, 사회적 지지 지각 및 인지적 대인문제 해결능력간의 관계. 청소년상담연구, 12(1), 91-99.

김선희, 김정민, 박초희(2021). 아동의 비합리적 도박신념이 도박행동에 미치는 영향: 스마트폰 중독의 매개효과 및 부모애착의 조절효과. 한국중독범죄학회보, 11(1), 1-24.

김인숙, 김도연(2017). 어머니의스마트폰중독경향성이학령전아동의스마트폰 과몰입에 미치는 영향: 부부갈등과 어머니-자녀 의사소통을 매개로. 아시아교육연구, 18(2), 221-244.

김재엽, 조춘범, 정윤경(2008). 청소년의 가정폭력 경험이 부모폭력에 미치는 영향과 인터넷 중독의 매개효과. 한국사회복지학, 60(2), 29-51.

김진욱, 유미선(2022). 코로나 19 시대 중장년 부모의 인터넷 중독이 자녀의 인터넷 게임중독에 미치는 영향: 부모 우울 매개효과. 한국웰니스학회지, 17(2), 385-390.

김헌정, 조은숙(2019). 인터넷 및 스마트폰 과의존 초등학생의 자아존중감 향상에 초점을 둔 이야기치료 집단상담 프로그램의 효과 및 변화과정 연구. 한국가족관계학회지, 24(2), 25-44.

문현실, 김옥희, 고영삼, 배성민(2011). 인터넷중독 청소년에 대한 해결중심 상담프로그램의 치료효과 연구. 한국가족치료학회지, 19(3), 123-140.

박경애, 김희수, 이화자, 김옥희(2009). 가족과 개인변인이 청소년의 인터넷 중독에 미치는 영향. 한국심리학회지: 건강, 14(1), 41-51.

박성옥, 유순옥(2003). 초등학생의 인터넷 중독과 사회적응력과의 관계. 學生生活硏究, 12, 110-132.

박중규, 배성만(2012). 인터넷 사용동기, 부모-자녀 의사소통 및 심리, 정서적 문제가 초기 성인기 집단의 인터넷 중독에 미치는 영향. 한국심리학회지: 일반, 31(2), 419-434.

변시영, 조한익(2011). 정서경험과 정서표현성 및 이용동기가 인터넷 중독 · 휴대폰 중독에 미치는 영향. 인간이해, 32(1), 119-133.

소두영, 유형근, 손현동(2008). 인터넷 과다사용 초등학생을 위한 사회기술 향상 집단상담 프로그램 개발. 교육방법연구, 20(2), 21-39.

신지연, 박신영(2022). 인터넷 게임이용 장애 개입 프로그램에 관한 체계적 고찰. 학습자중교과교육연구, 22(6), 619-638.

안차수(2008). 초등 청소년의 자기통제력과 자아존중감이 인터넷 중독과 예방프로그램의 효능에 미치는 영향. 언론과학연구, 8(3), 347-380.

염은선, 전영주(2017). 청소년자녀 문제해결을 위한 부모상담 사례연구: 부모폭력과 게임 과몰입 청소년자녀의 부모에 대한 구조적 가족치료 개입을 중심으로. 가족과 가족치료, 25(2), 347-373.

유승호, 정의준(2001). 게임이용이 청소년에 미치는 영향에 대한 연구: 게임 '중' 사용자(heavy user)를 중심으로. 한국청소년연구, 35-64.

이건욱, 이현미, 신지현(2016). 집단미술치료가 인터넷 게임과몰입 초등학생의 공격성과 정서조절능력에 미치는 효과. 한국콘텐츠학회논문지, 16(9), 769-778.

이수진(2008). 청소년의 심리, 사회적 변인이 인터넷 중독성향에 미치는 영향: 다변량 잠재성장모형분석. 한국심리학회지: 학교, 5(2), 175-192.

이시형, 이세용, 김은정, 오승근(2000). 청소년의 인터넷 중독과 자녀교육. 삼성생명공익재단 사회정신건강연구소, 13(4), 286-298.

이영민, 권성연(2021). 중학생이 지각한 부모의 양육태도가 학교생활적응에 미치는 영향: 스마트폰의존도의 매개효과. 보건사회연구, 41(1), 308-324.

이정자(2022). 어머니와 아버지 애착이 아동의 미디어기기 중독에 미치는 영향. 놀이치료연구, 6(2), 1-13.

이준형, 최웅렬(2020). 청소년의 스마트폰 중독이 사이버비행에 미치는 영향-부모 · 교사 · 또래 애착의 병렬적 다중매개효과 검증. 한국중독범죄학회보, 10(3), 23-40.

이지나, 신지현(2020). 동기강화 집단미술치료가 인터넷 중독 아동의 인터넷 중독 증상과 자기통제력에 미치는 효과. 미술치료연구, 27(2), 259-281.

이지항(2005). 인터넷 환경변인과 중재변인이 청소년의 인터넷 중독 성향에 미치는 효과. 숙명여자대학교 대학원 박사학위논문.

이형초, 안창일(2002). 인터넷 게임중독의 인지행동치료 프로그램 개발 및 효과 검증. 한국심리학회지: 건강, 7(3), 463-486.

이호분, 전여숙, 민성길, 오강섭, 이시형(1997). 청소년의 부모폭행에 대한 연구. 소아 · 청소년정신의학, 8(2), 199-206.

장성숙, 이근매(2016). 집단미술치료 프로그램이 인터넷중독 아동의 문제행동 감소와 자기효능감에 미치는 효과. 임상미술심리연구, 6(1), 85-103.

장재홍, 신효정(2003). 청소년 인터넷 중독 예방프로그램의 효과. 한국심리학회지: 상담 및 심리치료, 15(4), 651-672.

조성훈, 권정혜(2017). 한국판 인터넷 게임장애 척도의 타당화: 성인을 대상으로. Korean Journal of Clinical Psychology, 36(1), 104-117.

조현섭(2019). 청소년 인터넷 · 스마트폰 · 인터넷 게임중독 실태 분석 연구. 청소년학연구, 26(10), 291-310.

중독포럼 보도자료(2020.6.30.). 중독포럼 8주년 기념 중독성 행동변화 실태조사 결과발표.

최현석, 하정철(2011). 대학생의 인터넷중독 유발 요인에 관한 연구. 한국데이터정보과학회지, 22(3), 437-448.

하문선(2020). 어머니의 스마트폰 중독과 청소년의 스마트폰 중독 간 관계: 부정적 양육태도. 사회적 위축 및 우울의 다중매개효과 검증. 아시아교육연구, 21(4), 1001-1035.

한국건강증진개발원 보도자료(2020.10.14). 국민 40.7% "코로나로 우울 불안 경험하였다."

한국지능정보사회진흥원(2021). 2020 인터넷이용실태조사보고서.

한국콘텐츠진흥원(2021). 2020 게임 과몰입 종합 실태조사보고서.

한상훈, 왕소정(2009). 청소년의 인터넷 게임중독과 공격성에 관련된 조절변수의 효과 검증. 교육종합연구, 7(3), 51-72.

한유진, 최나야(2009). 초 · 중 · 고생의 인터넷 중독과 부모에 대한 애착 및 자기조절 간의 관계. 가정과삶의질연구, 27(3), 171-180.

황수민, 이성애, 한덕현(2013). 청소년 인터넷 중독 임상집단에서 공병질환에 따른 심리적 특성: 우울, 충동성을 중심으로. 한국심리학회지: 일반, 32(4), 989-1002.

현명호, 장재홍, 정태연, 주해원, 전혜연, 강민주(2006). 청소년 게임 과몰입 상담/치료 프로그램 개발. KOCCA 연구보고서: 한국콘텐츠진흥원.

황순길, 두진영(2011). 단일체계설계를 활용한 청소년 인터넷중독기숙형치료학교의 효과성 평가. 정신건강과 사회복지, 37, 145-188.

Ahmadi, J., Amiri, A., Ghanizadeh, A., Khademalhosseini, M., Khademalhosseini, Z., Gholami, Z., & Sharifian, M. (2014). Prevalence of addiction to the internet, computer games, DVD, and video and its relationship to anxiety and depression in a sample of Iranian high school students. *Iranian Journal of Psychiatry and Behavioral Sciences, 8*(2), 75-80.

Ahmadi, K., & Saghafi, A. (2013). Psychosocial profile of Iranian adolescents' internet addiction. *Cyberpsychology, Behavior, and Social Networking, 16*(7), 543-548.

Akin, A., & Iskender, M. (2011). Internet addiction and depression, anxiety and stress. *International Online Journal of Educational Sciences, 3*(1), 138-148.

American Psychiatric Association. (2013). *Diagnostic and statistical manual of mental disorders* (5th ed.). Arlington, VA: American Psychiatric Publishing.

Brown University Child & Adolescent Psychopharmacology Update (11th ed.). (2009). USA: John Wiley & Sons.

Calado, F. Alexandre, J., & Griffiths, M. D. (2017). Prevalence of adolescent problem gambling: A systematic review of recent research. *Journal of Gambling Studies, 33*, 397-424.

Çardak, M. (2013). Psychological well-being and internet addiction among university students. *Turkish Online Journal of Educational Technology, 12*(3), 134-141.

Chamberlain, S. R., Lochner, C., Stein, D. J., Goudriaan, A. E., van Holst, R. J., Zohar, J., & Grant, J. E. (2016). Behavioural addiction-a rising tide?. *European Neuropsychopharmacology, 26*(5), 841-855.

Chang, C. H., Chang, Y. C., Yang, L., & Tzang, R. F. (2022). The comparative efficacy of treatments for children and young adults with internet addiction/internet gaming disorder: An updated meta-analysis. *International Journal of Environmental Research and Public Health, 19*, 2612.

Chang, Y. C., Huang, Y. C., Yang, L., & Tzang, R. F. (2021). The Comparative Efficacy for Children and Young Adults With Internet Addiction/Internet Gaming Disorder: An Updated Meta-Analysis.

Cho, S. M., Sung, M. J., Shin, K. M., Lim, K., & Shin, Y. M. (2013). Does psychopathology in childhood predict Internet addiction in male adolescents? *Child Psychiatry & Human Development, 44*(4), 549-555.

Davis, R. A. (2001). A cognitive-behavioral model of pathological Internet use. *Computers in Human Behavior, 17*(2), 187-195.

De Pasquale, C., Dinaro, C., & Sciacca, F. (2018). Relationship of Internet gaming disorder with dissociative experience in Italian university students. *Annals of General Psychiatry, 17*(1), 1-7.

Delmonico, D. L. (1997). Cybersex: High tech sex addiction. *Sexual Addiction & Compulsivity: The Journal of Treatment and Prevention, 4*(2), 159-167.

Dell Osso, B., Hadley, S., Allen, A., Baker, B., Chaplin, W. F., & Hollander, E. (2008). Escitalopram in the treatment of impulsive-compulsive internet usage disorder: An open-label trial followed by a double-blind discontinuation phase. *The Journal of Clinical Psychiatry, 69*(3), 452-456.

Derbyshire, K. L., Lust, K. A., Schreiber, L. R. N., Odlaug, B. L., Christenson, G. A., Golden, D. J., & Grant, J. E. (2013). Problematic internet use and associated risks in a college sample. *Comprehensive Psychiatry, 54*(5), 415-422.

Dimitri, A. C., Megan, M. M., Lauren, J., Mon, T. M., & Chuan, Z. (2011). Problematic internet usage in US college students: A pilot study. *BMC Medicine, 9*(1), 77-82.

Dong, G., Wang, J., Yang, X., & Zhou, H. (2013). Risk personality traits of Internet addiction: A longitudinal study of Internet-addicted Chinese university students. *Asia-Pacific Psychiatry, 5*(4), 316-321.

Eijnden, R. J. J. M., Spijkerman, R., Vermulst, A. A., Rooij, T. J., & Engels, R. C. M. E. (2010). Compulsive internet use among adolescents: Bidirectional parent-child relationships. *Journal of Abnormal Child Psychology, 38*(1), 77-89.

Floros, G., Paradisioti, A., Hadjimarcou, M., Mappouras, D. G., Karkanioti, O., & Siomos, K. (2015). Adolescent online gambling in Cyprus: associated school performance and psychopathology. *Journal of Gambling Studies, 31*(2), 367-384.

Gentile, D. (2009). Pathological video-game use among youth ages 8 to 18: A national study. *Psychological Science, 20*(5), 594-602.

Gentile, D. A., Choo, H., Liau, A., Sim, T., Li, D., Fung, D., & Khoo, A. (2011). Pathological video game use among youths: A two-year longitudinal study. *Pediatrics, 127*(2), e319-e329.

Gjoneska, B., Potenza, M. N., Jones, J., Corazza, O., Hall, N., Sales, C. M., …… & Demetrovics, Z. (2022). Problematic use of the internet during the COVID-19 pandemic: Good practices and mental health recommendations. *Comprehensive Psychiatry, 112*, 152279.

Goel, D., Subramanyam, A., & Kamath, R. (2013). A study on the prevalence of internet addiction and its association with psychopathology in Indian adolescents. *Indian Journal of Psychiatry, 55*(2), 140-143.

Griffiths, M. D., Kuss, D. J., & Demetrovics, Z. (2014). Social networking addiction: An overview of preliminary findings. In K. P. Rosenberg, & L. C. Feder (Eds.), *Behavioral addictions: Criteria, evidence, and treatment* (pp. 119-141). New York: Elsevier.

Gunuc, S., & Dogan, A. (2013). The relationships between Turkish adolescents' Internet addiction, their perceived social support and family activities. *Computers in Human Behavior, 29*(6), 2197-2207.

Ha, J. H., Kim, S. Y., & Bae, S. C, Kim, H., Sim, M., …… & Cho, S. C. (2007). Depression and Internet addiction in adolescents. *Psychopathology 40*(6), 424–430.

Haagsma, M. C., King, D. L., Pieterse, M. E., & Peters, O. (2013). Assessing problematic video gaming using the theory of planned behavior: A longitudinal study of Dutch young people. *International Journal of Mental Health and Addiction, 11*(2), 172–185.

Hall, A. S., & Parsons, J. (2001). Internet addiction: College student case study using best practices in cognitive behavior therapy. *Journal of Mental Health Counseling, 23*(4), 312–327.

Han, D. H., Kim, S. M., Lee, Y. S., & Renshaw, P. F. (2012). The effect of family therapy on the changes in the severity of on-line game play and brain activity in adolescents with on-line game addiction. *Psychiatry Research – Neuroimaging, 202*(2), 126–131.

Han, J., Seo, Y., Hwang, H., Kim, S. M., & Han, D. H. (2020). Efficacy of cognitive behavioural therapy for internet gaming disorder. *Clinical Psychology & Psychotherapy, 27*(2), 203–213.

Hawes, M. T., Szenczy, A. K., Klein, D. N., Hajcak, G., & Nelson, B. D. (2021). Increases in depression and anxiety symptoms in adolescents and young adults during the COVID-19 pandemic. *Psychological Medicine, 52*(14), 3222–3230.

Higuchi, S., Mihara, S., Kitayuguchi, T., Miyakoshi, H., Ooi, M., Maezono, M., …… & Matsuzaki, T. (2020). Prolonged use of internet and gaming among treatment seekers arising out of social restrictions related to COVID-19 pandemic. *Psychiatry and Clinical Neurosciences, 74*(11), 607–608.

Hooper, N., Larsson, A., & Hayes, S. C. (2015). *The research journey of acceptance and commitment therapy* (ACT). Basingstoke, UK: Palgrave Macmillan.

Iftene, F., & Roberts, N. (2004). Internet use in adolescents: Hobby or avoidance? *Canadian Journal of Psychiatry, 49*(11), 789–790.

Ji, Y., Yin, M. X. C., Zhang, A. Y., & Wong, D. F. K. (2022). Risk and protective factors of Internet gaming disorder among Chinese people: A meta-analysis. *Australian & New Zealand Journal of Psychiatry, 56*(4), 332–346.

Jia, Y., Way, N., Ling, G., Yoshikawa, H., Chen, X., Hughes, D., …… & Lu, Z. (2009). The influence of student perceptions of school climate on socioemotional and academic adjustment: A comparison of Chinese and American adolescents. *Child Development, 80*(5), 1514–1530.

Kilic, M., Avci, D., & Uzuncakmak, T. (2016). Internet addiction in high school students in Turkey and multivariate analyses of the underlying factors. *Journal of Addictions Nursing, 27*(1), 39–46.

Kim, S. Y. Kim, M. S. Park, B. Kim, J. H., & Choi, H. G. (2018). Lack of sleep is associated with internet use for leisure. *PLOS ONE, 13*(1), e0191713.

Kim, B. L. C., & Ryu, E. (2005). Korean families. In McGoldrick, M., Giordano, J., & Garcia-Preto, N. (Eds.), *Ethnicity & family therapy* (pp. 349-362). New York: Guilford Press.

Kim, H. K., & Davis, K. E. (2009). Toward a comprehensive theory of problematic internet use: Evaluating the role of self-esteem, anxiety, flow, and self-rated importance of internet activities. *Computer in Human Behavior, 25*(2), 490-500.

Kim, J. (2008). The effect of a R/T group counseling program on the internet addiction level and self-esteem of internet addiction university students. *International Journal of Reality Therapy, 27*, 4-12.

King, D. L., Delfabbro, P. H., & Griffiths, M. D. (2013). Trajectories of problem video gaming among adult regular gamers: an 18-month longitudinal study. *Cyberpsychology, Behavior, and Social Networking, 16*(1), 72-76.

King, D. L., Delfabbro, P. H., Wu, A. M., Doh, Y. Y., Kuss, D. J., Pallesen, S., …… & Sakuma, H. (2017). Treatment of Internet gaming disorder: An international systematic review and CONSORT evaluation. *Clinical Psychology Review, 54*, 123-133.

Ko, C. H., Liu, G. C., Hsiao, S. Yen, J. Y., Yang, M. J., Lin, W. C., …… & Chen, C. S. (2009a). Brain activities associated with gaming urge of online gaming addiction. *Journal of Psychiatric Research, 43*(7), 739-747.

Ko, C. H., Yen, J. Y., Chen, C. S., Yeh, Y. C., & Yen, C. F. (2009b). Predictive values of psychiatric symptoms for internet addiction in adolescents: A 2-year prospective study. *Archives of Pediatrics & Adolescent Medicine, 163*(10), 937-943.

Ko, C. H., Yen, J. Y., Yen, C. F., Lin, H. C., & Yang, M. J. (2007). Factors predictive for incidence and remission of internet addiction in young adolescents: A prospective study. *Cyberpsychology & Behavior, 10*(4), 545-551.

Koo, H. J., & Kwon, J. H. (2014). Risk and protective factors of internet addiction: A meta-analysis of empirical studies in Korea. *Yonsei Medical Journal, 55*(6), 1691-1711.

Kooraki, M., Yazdkhasti, F., Ebrahimi, A., & Oreizi, H. R. (2012). Effectiveness of psychodrama in improving social skills and reducing Internet addiction in female students. *Iranian Journal of Psychiatry & Clinical Psychology, 17*(4), 279-288.

Kuss, D. J., & Griffiths, M. D. (2012). Online gaming addiction in children and adolescents: A review of empirical research. *Journal of Behavioral Addictions, 1*(1), 3-22.

Lam, L. T. (2014). Internet gaming addiction, problematic use of the internet, and sleep problems: A systematic review. *Current Psychiatry Reports, 16*(4), 1-9.

Lee, H., Seo, M. J., & Choi, T. Y. (2016). The effect of home-based daily journal writing in Korean adolescents with smartphone addiction. *Journal of Korean Medical Science, 31*(5), 764-769.

Lee, K. J., Kim, O. H., & Han, Y. H. (2017). The relationship between attachment trauma and smart phone addiction tendency: Mediator effect of negative affect and regulation effect of self elasticity. *The Journal of Humanities and Social Science, 8*(3), 95-114.

Lee, K. W. (2001). The study on internet addiction of adolescent. (Doctoral Dissertation, Ewha Women's University, Seoul, Korea). Retrieved from http://www.riss.kr/link?id=T8156536.

Lee, S. Y., Park, E. C., Han, K. T., Kim, S. J., Chun, S. Y., & Park, S. (2016). The association of level of internet use with suicidal ideation and suicide attempts in South Korean adolescents: a focus on family structure and household economic status. *The Canadian Journal of Psychiatry, 61*(4), 243-251.

Lee, H., Seo, M. J., & Choi, T. Y. (2016). The effect of home-based daily journal writing in Korean adolescents with smartphone addiction. *Journal of Korean Medical Science, 31*(5), 764-769.

Lemmens, J. S., Valkenburg, P. M., & Peter, J. (2011). Psychosocial causes and consequences of pathological gaming. *Computers in Human Behavior, 27*(1), 144-152.

Liddle, H. A. (2010). Multidimensional family therapy: A science-based treatment system. *Australian & New Zealand Journal of Family Therapy, 31*(2), 133-148.

Liddle, H. A. (2013). Multidimensional family therapy for adolescent substance abuse: A developmental approach. *Interventions for addiction: Comprehensive Addictive Behaviors and Disorders, 3,* 87-95.

Liu, C., Liao, M., & Smith, D. C. (2012). An empirical review of internet addiction outcome studies in China. *Research on Social Work Practice, 22*(3), 282-292.

Ma, H. K. (2011). Internet addiction and antisocial internet behavior of adolescents. *The Scientific World Journal, 11,* 2187-2196.

Mihara, S., & Higuchi, S. (2017). Cross-sectional and longitudinal epidemiological studies of Internet gaming disorder: A systematic review of the literature. *Psychiatry and Clinical Neurosciences, 71*(7), 425-444.

Morgan, C., & Cotten, S. (2003). The relationship between internet activities and depressive symptoms in a sample of college freshman. *Cyberpsychology and Behavior, 6*(2), 133-142.

Murali, V., & George, S. (2007). Lost online: An overview of internet addiction. *Advances in Psychiatric Treatment, 13*(1), 24-30.

Nazlıgül, M. D., Baş, S., Akyüz, Z., & Yorulmaz, O. (2018). Internet gaming disorder and treatment approaches: A systematic review. *Addicta: The Turkish Journal on Addictions, 5*, 13–35.

Niemz, K., Griffiths, M., & Banyard, P. (2005). Prevalence of pathological Internet use among university students and correlations with self-esteem, the General Health Questionnaire (GHQ), and disinhibition. *Cyberpsychology & Behavior, 8*(6), 562–570.

Park, S. K., Kim, J. Y., & Cho, C. B. (2009). Prevalence of Internet addiction and correlations with family factors among South Korean adolescents. Family Therapy: *The Journal of the California Graduate School of Family Psychology, 36*(3), 163–177.

Park, T. Y., Lee, J. H., & Kim, S. H. (2014). Family therapy for an Internet addicted adult-child with interpersonal problems. *Journal of Family Therapy, 36*(4), 394–419.

Rehbein, F., & Baier, D. (2013). Family-, media-, and school-related risk factors of video game addiction: A 5-year longitudinal study. *Journal of Media Psychology: Theories, Methods, and Applications, 25*(3), 118–128.

Romano, M., Osborne, L. A., Truzoli, R., & Reed, P. (2013). Differential psychological impact of internet exposure on internet addicts. *PLOS One, 8*(2), 1–4.

Rose, S., & Dhandayudham, A. (2014). Towards an understanding of Internet-based problem shopping behaviour: The concept of online shopping addiction and its proposed predictors. *Journal of Behavioral Addictions, 3*(2), 83–89.

Santos, V. A., Freire, R., Zugliani, M., Cirillo, P., Santos, H. H., Nardi, A. E., & King, A. L. (2016). Treatment of Internet addiction with anxiety disorders: Treatment protocol and preliminary before-after results involving pharmacotherapy and modified cognitive behavioral therapy. *JMIR Research Protocols, 5*(1), e5278.

Schneider, L. A. King, D. L., & Delfabbro, P. H. (2017). Family factors in adolescent problematic Internet gaming: A systematic review. *Journal of Behavioral Addictions, 6*, 321–333.

Shahid, R., Kumari, S., & Doumas, S. (2021). COVID-19's impact on internet gaming disorder among children and adolescents. *Current Psychiatry, 20*(7), 41–42.

Shaw, M., & Black, D. W. (2008). Internet addiction: definition, assessment, epidemiology and clinical management. *CNS Drugs, 22*(5), 353–365.

Shek, D. T., Tang, V. M., & Lo, C. Y. (2009). Evaluation of an Internet addiction treatment program for Chinese adolescents in Hong Kong. *Adolescence, 44*(174), 359–360.

Shek, D. T., & Yu, L. (2012). Internet addiction phenomenon in early adolescents in Hong Kong. *The Scientific World Journal*, 2012, 104304. http://dx.doi.org/

10.1199/2012/104304.

Sim, T., Gentile, D. A., Bricolo, F., Serpelloni, G., & Gulamoydeen, F. (2012). A conceptual review of research on the pathological use of computers, video games, and the Internet. *International Journal of Mental Health & Addiction, 10*(5), 748-769.

Stieger, S., & Burger, C. (2010). Implicit and explicit self-esteem in the context of internet addiction. *Cyberpsychology, Behavior, and Social Networking, 13*(6), 681-688.

Tafa, M., & Baiocco, R. (2009). Addictive behavior and family functioning during adolescence. *American Journal of Family Therapy, 37*(5), 388-395.

Tian, M., Chen, Q., Zhang, Y., Du, F., Hou, H., Chao, F., & Zhang, H. (2014). PET imaging reveals brain functional changes in internet gaming disorder. European *Journal of Nuclear Medicine and Molecular Imaging, 41*(7), 1388-1397.

Van den Eijnden, R. J., Meerkerk, G. J., Vermulst, A. A., Spijkerman, R., & Engels, R. C. (2008). Online communication, compulsive Internet use, and psychosocial well-being among adolescents: A longitudinal study. *Developmental Psychology, 44*(3), 655-665.

Wang, L., Luo, J., Bai , Y., Kong, J., Luo, J., Gao, W., & Sun, X. (2013). Internet addiction of adolescents in China: prevalence, predictors, and association with well-being. *Addiction Research & Theory, 21*(1), 62-69.

Wang, B. Q., Yao, N. Q., Zhou, X., Liu, J., & Lv, Z. T. (2017). The association between attention deficit/hyperactivity disorder and internet addiction: A systematic review and meta-analysis. *BMC Psychiatry, 17*(1), 1-12.

Weinstein, A., & Lejoyeux, M. (2010). Internet addiction or excessive internet use. The *American Journal of Drug and Alcohol Abuse, 36*(5), 277-283.

Winkler, A., Dörsing, B., Rief, W., Shen, Y., & Glombiewski, J. A. (2013). Treatment of internet addiction: a meta-analysis. *Clinical Psychology Review, 33*(2), 317-329.

World Health Organization. (2019). Gaming disorder. Retrieved from: https://icd.who. int/browse11/l-m/en#/http://id.who.int/icd/entity/1448597234.

Yan, W., Li, Y., & Sui, N. (2013). The relationship between recent stressful life events, personality traits, perceived family functioning and internet addiction among college students. *Stress and Health, 30*(1), 3-11.

Yang, C. Y., Sato, T., Yamawaki, N., & Miyata, M. (2013). Prevalence and risk factors of problematic Internet use: A cross-national comparison of Japanese and Chinese university students. *Transcultural Psychiatry, 50*(2), 263-279.

Yee, N. (2006). The demographics, motivations and derived experiences of users of massively multi-user online graphical environments. *Teleoperators & Virtual*

Environments, 15(3), 309–329.

Young, K. S. (1998a). *Caught in the net: How to recognize the signs of internet addiction–and a winning strategy for recovery*. New York: John Wiley & Sons.

Young, K. S. (1998b). Internet addiction: The emergence of a new clinical disorder. *Cyberpsychology and Behavior, 1*(3), 237–244.

Young, K. S. (2011). CBT–IA: The first treatment model for Internet addiction. *Journal of Cognitive Psychotherapy, 25*(4), 304–312.

Yu, J. H., & Park, T. Y. (2016). Family therapy for an adult child experiencing bullying and game addiction: An application of Bowenian and MRI theories. *Contemporary Family Therapy, 38*(3), 318–327.

Yu, L., & Shek, D. T. (2013). Internet addiction in Hong Kong adolescents: A three–year longitudinal study. *Journal of Pediatric and Adolescent Gynecology*, *26*(3), S10–S17.

Zajac, K., Ginley, M. K., Chang, R., & Petry, N. M. (2017). Treatments for Internet gaming disorder and Internet addiction: A systematic review. *Psychology of Addictive Behaviors, 31*(8), 979–994.

Zhong, X., Zu, S., Sha, S., Tao, R., Zhao, C., Yang, F., Li, M., & Sha, P. (2011). The effect of a family–based intervention model on Internet–addicted Chinese adolescents. *Social Behavior & Personality: An International Journal, 39*(8), 1021–1034.

Zhu, S., Zhuang, Y., Lee, P., Li, J. C. M., & Wong, P. W. (2021). Leisure and problem gaming behaviors among children and adolescents during school closures caused by COVID–19 in Hong Kong: quantitative cross–sectional survey study. *JMIR Serious Games, 9*(2), e26808.

제5부

정신장애와 부부 · 가족상담

제12장
우울증

1. 서론

우울증은 환자의 삶을 쇠약하게 만드는 전 세계적인 질병이며(Delaloye & Holtzheimer, 2022), 심각한 장애와 질병 부담을 야기시키는 제1의 전 세계적인 공중보건의 관심을 받는 질환이다(Whiteford et al., 2013). 세계보건기구(WHO)는 2008년에 우울장애가 전 세계의 질병 중 세 번째로 부담을 주는 질병이라고 하였으며, 2030년에는 우울장애가 첫 번째가 될 것이라고 예측하였다(Bains & Abdijadid, 2022).

그런데 우울증은 우울한 기분, 활동에 있어서 관심 혹은 즐거움의 상실, 식욕 혹은 체중 변화, 수면조절장애, 정신운동 초조 혹은 지체, 피로감 혹은 정력 소모, 무가치감 혹은 죄의식, 집중에 대한 어려움 또는 우유부단 그리고 죽음 혹은 자살사고 등으로 특징지어진다(Robustelli & Whisman, 2019). 2001년부터 2008년까지 전 세계 주요우울장애 유병률은 2~21%로, 아시아에서는 낮았고 서유럽에서는 높았다(Gutiérrez-Rojas et al., 2020). 미국 성인 6명 중에 1명이 평생 동안에 주요우울장애(Major Depressive Disorder: MDD)를 겪었으며(Kessler, Berglund et al., 2005), 성인 15명 중 1명은 지난 12개월 동안에 주요우울장애를 경험하였다(Kessler, Chiu, Demler, & Walters, 2005). 미국에서 1년 동안의 주요우울장애 유병률은 약 7%이며, 연령에 따라 큰 차이를 보이는데 18~29세 집단에서 60세 이상 집단보다 유병률이 3배 이상 높다. 초기 청소년기부터 여성이 남성보다 유병률이 1.5~3배 높다(American Psychiatric Association, 2013). 2021년 국내 정신건강 실태조사(Korean Ministry of Health and Welfare, 2021)에 따르면, 주요우울장애의 평생유병률은 7.7%로서 니코틴 사용장애 및 불안장애와 유사하다(Santomauro et al., 2021).

반면, 18개 국가의 일반인 조사에서 주요우울장애는 경제적 수입이 높은 국가에서 14.6%, 수입이 낮거나 중간 정도의 국가에서 11.1%의 평생유병률이 나타났다(Bromet et al., 2011). 따라서 우울증을 가진 많은 사람은 스스로 혹은 관계 파트너나 가족구성원이 우울증을 겪고 있을 가능성이 있으며, 어느 연령대에서도 발병할 수 있지만 특히 사춘기에 발병할 가능성이 매우 높다. 미국의 경우 우울증이 20대에서 최고치를 보이지만 고령에서의 첫 발병도 드물지는 않다. 유병률은 성별에 따른 차이가 분명하지 않지만(American Psychiatric Association, 2013), 설리반 등은 여성이 남성에 비하여 2배의 유병률을 보인다고 하였다. 이와 같은 차이는 호르몬 차이, 자녀출생 영향, 남녀 간 다른 심리사회적 스트레스, 학습된 절망감의 행동 모델 때문이라 간주된다(Sullivan, Neale, & Kendler, 2000). 비록 우울증 시작의 평균 나이가 40세라고 할지라도 최근에는 술이나 약물 남용으로 인하여 더 젊은 층에서 유병률이 증가하는 경향을 보인다(Bains & Abdijadid, 2022). 한편, 코로나19로 인하여 우울증을 앓고 있는 환자는 추정 유병률보다 27.6% 높았다(Santomauro, 2021). 2021년에 발표된 코로나19 관련 국민 정신건강 실태조사에서 우울증 위험군이 5명 중 1명(18.1%)으로 나타났으며, 특히 자살생각은 16.3%로 2019년보다 약 2.5배 증가하였다(Korean Ministry of Health and Welfare, 2021).

우울증과 관련된 가족치료 사례연구로는 우울증을 겪고 있는 결혼 1년 차인 내담자(부인, 36세)에 대한 부부치료 사례연구가 있다(박태영, 정선영, 2004). 이 사례에서 치료사는 원가족과 미분화된 남편이 고부갈등 상황에서 시어머니의 편을 듦으로써 부인과 갈등을 야기하는 것으로 보고, 치료 목표를 남편을 원가족과 분리시키고 부인과 의사소통을 하는 데 두었다. 이 사례에서 남편이 원가족으로부터 분화하려는 노력과 함께 부부가 의사소통 방식이 변함으로써 부부관계가 원만하게 변하게 되었다. 따라서 부인은 부부관계의 변화로 인하여 고부간의 갈등으로부터 오는 스트레스가 감소되었고 우울증도 사라지게 되었다.

문정화와 박태영(2016)은 직장 상사와 갈등을 겪는 과정에서 적응장애 및 우울증 진단을 받고 입원치료와 약물치료 중에 있는 내담자(남편, 36세)에 대한 가족치료 사례를 중심으로 비우울증 상태에서 우울증 상태로 이행되는 과정과 요인을 살펴보았다. 이 연구 결과에 따르면, 내담자의 원가족 경험, 핵가족 경험 그리고 직장생활 경험이 내담자의 우울증에 영향을 미쳤으며, 이 세 가지 요인 간에 역동적인 상호작용 과정을 거쳐 점진적으로 우울 증상이 발현된 것으로 나타났다. 또한 내담자의 우울증 진행 과정은 원가족 경험에 기인된 불안의 잠재 단계, 핵가족 경험에 기인된 불안의 확대 단계, 직장생활 경험에 기인된 우울증 발현 단계로 나타났다. 한편, 내담자는 고부갈등 상황에서 부인의 입장을 편들기보다 무조건적으로 어머니의 입장을 옹호함으로써 부부갈등을 유발하였고, 부부갈등 상황에서 사용된 부부의 대화 방식이 내담자의 불안감을 확대한 것으로 나타났다. 결론적으로 내담자의 가족관계에서 억압된 미해결 정서가 직장 동료와의 관계에서 투사와 내사의 과정을 거치면서 내담자의 불안과 스트레스를 증가시키고 역기능적인 대처 방식으로 인해 우울증이 발병되었다.

양극성장애를 앓고 있는 내담자(23세)에 대한 가족치료 사례연구에서 내담자의 양극성장애가 가족구성원들의 상호작용 방식과 연관이 있었으며, 기능적인 상호작용 방식을 통해 내담자의 양극성장애 증상을 호전시킬 수 있다는 것을 보여 주었다(박태영, 김선희, 2013). 또한 이혼위기로 인한 내담자(부인)의 우울증과 아들의 학습 문제 해결을 위한 가족치료 사례연구에서 지속적인 부부갈등으로 인하여 부인의 우울증이 유발된 것으로 나타났다(박태영, 문정화, 2010). 이 연구 결과에 따르면, 부부갈등에 영향을 미친 요인은 남편의 원가족에서 부모와의 미해결된 정서와 부부간의 역기능적으로 시도된 해결책, 부부의 소원한 관계, 잦은 부부싸움, 대화 단절, 성관계, 이혼위기의 긴장 상황이 포함되었다. 이에 대한 치료 과정에서의 치료사는 개입 전략으로 내담자 가족성원들의 통찰력 강화, 성공적 경험 탐색, 내담자 중심 접근, 변화가능성 통찰, 재해석, 생략된 언어 탐색, 중재자 역할, 치료적 동맹관계 형성 등을 사용하였다. 이와 같은 치료 과정을 통하여 내담자 가족에서는 부부갈등 완화, 자녀의 행동 문제 완화, 가족구성원 개인과 가족관계의 변화가 나타나면서 내담자의 우울증이 감소하였다(박태영, 문정화, 2010).

친오빠한테 성폭행을 당하여 우울증과 폭식장애, 자해, 집단따돌림, 불면증을 경험하고 있는 내담자(여대생, 22세)에 대한 가족치료 사례연구에서는 내담자의 이와 같은 증상이 친오빠의 성폭행으로 인하여 발생되었다고 하였다(박태영, 2006). 특히 내담자 어머니는 내담자의 성폭행 사실을 알고 있음에도 불구하고 내담자에게 "남한테 절대 말하지 말라."라고 주의를 주었다. 그 이후부터 내담자는 분노조절이 안 되었고 성폭행에 대한 분노가 결국에는 폭식장애, 우울증, 자해행위를 촉발하였다. 그렇지만 내담자의 우울증을 유발시킨 또 다른 요인에는 내담자 오빠에 대한 어머니의 편애, 부모의 역기능적인 의사소통 방식, 특히 아버지와 원가족과의 부정적인 관계와 역기능적인 의사소통 방식이 포함되었다. 이 사례에서 치료사는 내담자와 부모 및 오빠의 관계를 변화시키기 위하여 지금까지 문제를 해결하려고 시도했던 역기능적인 의사소통 방식과 오해한 사건들에 대하여 솔직하게 표현을 함으로써 서로에 대한 이해를 증진시켰다. 내담자는 오빠와의 대화를 통하여 성폭행에 대한 오빠의 진지한 사과를 들었고, 오빠의 입장을 이해하게 되었다. 또한 기능적이고 효과적인 의사소통 방식을 통하여 내담자 부모의 부부관계와 가족관계가 변화하기 시작하면서 내담자의 우울증과 폭식장애가 감소되었다.

문혜린과 박태영(2019)은 우울증과 범불안장애를 가진 첫째 딸(28세)과 우울증 및 공황장애를 겪고 있는 둘째 딸(22세)에 대한 두 개의 가족치료 사례를 중심으로 불안장애가 발생하는 과정과 가족 내 역동을 탐색하였다. 두 자매의 불안장애 발생 과정은 잠재적 불안 단계, 불안의 시작 단계, 불안의 증폭 단계, 불안의 확산 단계, 증상의 발현 단계로 나타났다. 이 연구 결과는 하나의 가족체계 안에서 우울증과 함께 범불안장애와 공황장애가 나타난 자매의 사례를 통하여 불안과 우울증이 나타나는 가족체계적인 흐름을 보여 주었다.

김영애와 박태영(2019)은 부부갈등으로 인하여 우울증을 겪고 있는 내담자(부인, 42세)에 대한 가족치료 사례연구에서 내담자의 가족희생양에 대한 세대전수 진행 과정에 영향을 미친 요인들과 진행 과정을 탐색하였다. 내담자는 만성적인 부부갈등을 겪으면서 우울증, 신경성 위경련, 구토, 속 울렁거림, 화병과 같은 신체 증상이 나타났다. 우울증을 가진 내담자의 가족희생양 진행 단계는 원가족경험 단계, 핵가족경험 단계, 부부갈등 단계로 구성되었다. 내담자의 원가족 경험 단계는 애착불안 형성 단계, 소외 단계, 가족희생양 발현 단계, 내재화 단계, 외재화 단계가 나타났다. 내담자의 핵가족 경험 단계는 친정으로부터 도피 단계, 반복되는 가족희생양 단계, 부부갈등 단계가 나타났다. 부부갈등 단계에서 부부는 신혼 초부터 성 문제, 정서적 융합, 친정과의 미분리, 역기능적 의사소통 방식 그리고 자녀양육 방식 차이로 부부갈등을 겪었고 이혼하자는 말이 나오면서 부인은 우울증이 더욱 심각해졌다.

앞의 우울증 관련 가족치료 사례의 공통적인 특성으로 원가족과의 해결되지 못한 문제(전이), 시집 문제와 역기능적인 의사소통 방식으로 부인 또는 남편이 우울증을 겪거나 부모의 갈등 또는 형제와의 갈등으로 인하여 자녀가 우울증 발생된다는 것과 우울증을 겪는 내담자들은 단지 우울증 증상 외에도 또 다른 증상(동반이환)이 함께 나타나는 경우가 많다는 것을 볼 수 있다.

2. 우울장애의 특성 및 관계 요인

우울증은 친밀한 대인관계가 없는 사람, 이혼하거나 별거한 사람에게 더 공통적으로 나타났으나 인종과 사회경제적인 상황과는 상관없는 것으로 나타났다(Lyness et al., 2006). 우울장애를 가진 사람은 종종 물질사용장애, 공황장애, 사회불안장애, 강박장애와 같은 동반이환 장애를 가진다. 우울장애로 진단받은 사람들에게 이와 같은 동반이환 장애의 존재는 자살위험을 증가시키며, 동반이환 질환을 가진 노인들에게 더 일반적이다(Lyness et al., 2006). 우울증은 도시보다 시골 지역에서 더 많이 발생한다(Bains &

Abdijadid, 2022). 우울증은 심각한 기능 손상뿐만 아니라 전 세계적으로 장애를 일으키는 가장 공통적인 정신장애 중 하나이며, 세계의 모든 다른 지역에 있는 사람들이 정신 질환과 관련된 낙인으로 인하여 우울증을 치료받기 꺼려한다(Bains & Abdijadid, 2022). 한편, 우울증과 관련된 주요 관계 요인들은 다음과 같다.

첫째, 대인관계가 안 좋은 사람들이 우울증이 더 높은 것으로 나타났다(Smith, Breiding, & Papp, 2012; Whisman, 2007). 따라서 우울한 개인은 대인관계에서 스트레스를 받고, 이 스트레스는 또한 우울증을 유지시키거나 악화시킬 수 있다.

둘째, 높은 수준의 우울 행동이 부부간의 대화의 취지를 변경시킬 수 있고 문제해결 효과성을 감소시킬 수 있다. 이와 같은 우울 행동에는 부정적인 자기 진술과 우울한 정서를 보여 주기(한숨 쉬는 것, 눈을 안 마주치는 것, 말하는 것 사이에 오랫동안 쉬는 것, 다른 부족한 사회적 기술)와 같은 것이 포함된다(Segrin, 2000).

셋째, 부부간에 스트레스를 유발하는 비효과적인 방식은 응집력과 친밀감의 부족을 유발하고 우울증을 악화시킨다(Whisman & Beach, 2015). 우울증은 친밀감과 응집력과 같은 정서적인 표현을 제한시킬 수 있기 때문에 우울한 부부들은 우울하지 않은 부부들에 비하여 종종 친밀감을 고양시키는 데 관심을 덜 보인다(Whisman & Beach, 2015).

넷째, 다른 가족구성원들의 표현된 감정과 개인이 인지한 비난이 우울증에 지대한 영향을 미친다. 즉, 개인이 다른 가족구성원들의 비난을 더 많이 인식할수록 우울증 혹은 부정적인 정서가 더욱 악화된다(Whisman & Beach, 2015).

다섯째, 개인들의 문제해결 방법과 의사소통의 부족이 우울증에 영향을 미친다. 우울증을 가진 개인들의 상호작용 방식에는 부정적인 의사소통 행동[비난, 철수(withdrawal), 언어적 공격성]이 많으며, 긍정적인 의사소통 행동(자기 노출 문제해결 방법, 미소, 눈 맞춤)이 적다(Rehman, Gollan, & Mortimer, 2008).

여섯째, 인간 상호 간의 지지에 대한 상실이 우울증을 유발하는 위험 요소가 될 수 있다. 인간 상호 간의 지지에는 부부간의 응집력, 공유된 즐거운 활동, 정서적인 표현의 수용과 개인적인 감정 표출 등을 들 수 있고, 환경적이고 관계적인 스트레스를 다루는 데 있어서 지원, 자존감, 지지와 비심판적인 피드백, 배우자 의존, 헌신, 친밀감과 배우자 신뢰 등이 포함된다(Whisman & Beach, 2015).

일곱째, 극단적인 스트레스가 우울증에 영향을 미친다. 극단적인 스트레스에는 언어적 · 신체적 공격, 별거와 이혼에 대한 위협, 심각한 배우자의 명예훼손, 비판, 가사분담을 하지 않은 것과 신체적인 접촉을 피하는 것, 외도, 신체적 학대 등과 같은 관계적인 갈등이 우울증에 영향을 미친다(Whisman & Beach, 2015).

3. 우울증치료 접근법

우울증의 주요 치료법은 항우울제와 같은 약물치료, 인지행동치료와 같은 비약물요법이 있다(Qaseem, Barry, & Kansagara, 2016). 항우울제는 우울치료에 가장 흔히 사용되는 치료법이지만 구역 및 구토, 위장관 출혈, 간독성, 과민반응, 체중 증가, 대사장애 등 다양한 부작용이 있다(Carvalho et al., 2016). 항우울제에 반응하지 않는 10~30%의 환자가 존재하며(Cipriani et al., 2009), 서로 다른 계열의 항우울제를 두 가지 이상 사용하여 적절하게 치료하였음에도 불구하고 반응이 부적절한 경우는 '치료저항성 우울증'으로 정의한다(Al-Harbi, 2012). 항우울제를 소아 · 청소년에게 투여할 경우에는 자살사고 및 자살시도를 유발할 수 있고(Plöderl & Hengartner, 2019), 임산부가 복용할 경우 태아의 뇌 기능 발달에 영향을 미칠 수 있으며(Dubovicky, Belovicova, Csatlosova, & Bogi, 2017), 항우울제 등 정신과 약물의 다약제 복용은 노인 및 중년의 낙상 위험을 증가시킨다(Richardson, Bennett, & Kenny, 2014). 한편, 기존 우울증 치료법의 부작용을 보완하는 차원에서 한약, 침, 심신중재 등의 보완통합치료가 있다(Haller, Anheyer, Cramer, & Dobos, 2019). 이외에도 한약 및 치료를 우울증치료에 적용한 연구들(Shi et al., 2019)과 우울장애에 대한 한약 단독 치료의 효과와 안정성에 대한 체계적 문헌 고찰과 메타분석 연구가 있다(승혜빈, 권희주, 김상호, 2022). 또한 마음챙김에 기반한 인지치료가 불안장애 환자의 불안과 우울을 감소시켰다고 하였다(신나연, 2022; Evans, 2016). 우울증치료 연구에 따르면, 증거 기반 우울증치료와 항우울증제가 우울증 환자들에게 효과적인 치료였다(Katon, 2022). 또한 우울증치료를 위한 접근법으로 전기충격치료, 경두개자기자극법, 미주신경자극법이 있다(Bains & Abdijadid, 2022). 우울증치료로서 약물과 심리치료의 병행이 이 중 하나만으로 치료하는 것보다 더 효과적인 것으로 나타났다(Cuijpers, Dekker, Hollon, & Andersson, 2009; Cuijpers, van Straten, Warmerdam, & Andersson, 2009).

한편, 우울증을 가진 청소년들을 치료하기 위하여 가족치료가 효과적이었다. 부모와 청소년 사이의 정서적 밀착을 증진시키고 부모자녀관계의 질과 의사소통을 향상시키며, 청소년들의 자주성을 증진시키는 것을 지향하는 애착기반 가족치료는 매우 뛰어난 치료 방법이다(Diamond, Russon, & Levy, 2016). 또한 우울증 환자를 교육시키는 것이 정신질환에 대한 이해와 정신건강치료에서 매우 중요하며, 특히 가족교육이 성공적인 우울증치료에 있어서 중요한 역할을 한다(Bains & Abdijadid, 2022). 우울증을 가진 내담자의 효과적 · 성공적인 치료를 위해서는 학제 간의 접근이 매우 중요하다. 간호사, 사회복지사, 사례관리사와 함께 일차진료의사와 정신과의사가 이와 같은 협력적인 서비스를 통합한다. 일차진료의사는 신체적 통증과 함께 나타나는 우울증을 가진 사람들에 대한 일차적 제공자이다. 심리교육이 환자의 준수와 약물복용 이행을 향상시키는 데 있어서 중요한 역할을 한다. 적절한 운동을 포함한 생활습관 개선이 경도와 중도 사이의 우울증을 향상시키는 데 도움이 될 수 있다. 매번 정신과를 방문할 때마다 자살 검사가 자살사고를 낮추는 데 도움이 될 수 있다. 우울증 환자들은 자살 위험이 높기 때문에 밀착된 모니터링과 정신건강사들에 의한 후속 조치가 정신건강치료에 대한 안정성과 준수를 보장하기 위하여 필요하다. 가족을 참여시키는 것이 전반적인 정신건강치료에 좋은 결과를 낳을 수 있다(Bains & Abdijadid, 2022). 시니놀피 등(Sighinolfi et al., 2014)은 일반적인 치료와 비교하여 협력적인 치료를 사용할 때 우울증이 더 잘 치료된다는 결과를 보여 주었다.

4. 우울증을 위한 부부치료

인지행동치료가 우울증을 위한 부부치료로 가장 빈번히 사용되어 왔으며, 다른 부부중심의 접근법들도 우울증을 치료하는 데 사용되어 왔다(Whisman & Baucom, 2012; Whisman & Robustelli, 2016). 우울증치료에 있어서 부부치료와 개인심리치료(가장 공통적으로 인지행동치료)가 효과성에 있어서는 별 차이가 없는 것으로 나타났으며, 부부치료와 약물치료 사이의 비교를 조사하기에는 자료가 충분하지 않았다(Barbato & D'Avanzo, 2008). 그렇지만 부부불화가 있을 때 개인심리치료보다는 부부중심의 개입이 훨씬 더 효과적이었다(Robustelli & Whisman, 2019). 우울증을 위한 부부중심치료는 두 사람 모두 공동으로 우울증과 부부관계의 불화를 가진 부부들에게 초점이 맞춰져 있으며, 이와 같은 부부들에게는 부부간의 관계불화 없이 우울증을 겪고 있는 개인들에 비하여 부부중심개입이 훨씬 더 효과가 있는 것으로 나타났다(Beach & Whisman, 2012; Whisman & Baucom, 2012). 대처 방식을 지향하는 부부치료는 인지행동치료의 요소를 포함하나 일차적으로 스트레스 경험을 이해하는 것을 증진시키고 정서와 문제에 초점을 두면서 부부에 대한 지지를 촉진하는 데 초점을 둔다. 우울증을 위한 단기부부치료는 심리교육을 제공하며 우울증 내담자와 배우자에 있어서 고통과 증상을 향상시키기 위한 인지행동기술을 사용한다(Robustelli & Whisman, 2019). 다음에서는 위스만 등(Robustelli & Whisman, 2019; Whisman & Beach, 2015)의 우울증을 위한 부부치료를 살펴보겠다.

1) 치료 과정의 구조

우울증을 위한 부부치료는 매주 상담을 하는 전제로 20회기 혹은 그보다 적은 회기로 구성된다. 하나 혹은 동반이환 정신장애 존재에 따라 우울증치료의 회기가 연장될 수도 있다. 부부치료는 가족치료로 확대도 가능하나 일차적으로는 부부에 중점을 둔다.

2) 치료사의 역할

부부치료사는 부부가 치료, 치료회기 구조, 목표 설정을 하는 데 있어서 협력하는 데 책임이 있다. 치료사의 역할은 중재, 재교육, 모델링 그리고 축하하는 것이 포함된다(Stuart, 2003). 스튜어트(Stuart, 2003)는 치료사 특성으로서 따뜻함, 유머, 상담 회기를 구조화하는 능력을 포함시켰다. 치료사로서의 구체적인 역할은 다음과 같다(Whisman & Beach, 2015).

- 중재자: 중재자로서 치료사는 의사소통과 문제해결에 있어서 부부를 지원하고 치료적 동맹을 형성한다.
- 재교육자: 재교육자로서 치료사는 관계와 우울증에 대한 내담자의 신념을 정상화 및 타당화시키고 치료를 위한 근거를 제공한다. 재교육을 하는 데 있어서 치료사는 문제가 있거나 혹은 부정확한 내담자의 신념을 조정할 수 있는 정확한 정보를 제공한다.
- 모델링: 치료사의 일차적인 역할은 모델의 역할이다. 치료사는 문제해결, 효과적인 의사소통 그리고 일반적으로 차분하고 문제 초점화된 행동에 관한 기술을 모델화한다.
- 축하하는 역할: 치료사의 또 다른 중요한 역할은 부부관계의 개선을 축하하기 위하여 부부와 연합하는 것이다. 부부관계의 개선을 축하하는 것에 의하여 치료사는 부부에 있어서 긍정적인 변화를 강화시키는 역할을 한다.

3) 평가와 치료 계획

우울증치료에서 치료사는 다음과 같은 다섯 가지 영역을 평가할 필요가 있다.

(1) 부부 불화의 심각성을 평가하는 것

첫 평가는 부부상담을 포함하며, 치료사는 각각의 배우자에게 부부관계의 문제점에 대한 각자의 인식, 갈등 강도, 갈등 요인, 갈등이 전형적으로 해결되는 방법, 상대방과 그들의 관계에 대한 배우자의 신념 등을 질문한다. 치료사는 부부에게 각각의 목표가 성취되는 것을 어떻게 알 수 있는지에 대한 구체적인 예에 대하여 질문한다.

(2) 우울증 발생과 심각성을 평가하는 것

치료사는 우울증 발생과 심각성을 평가하여야만 한다. 내담자의 우울증에 대한 배우자의 인터뷰에 있어서 치료사는 현재 삽화(episode)와 과거 삽화, 의료기록, 가족사를 포함한 관련된 기록을 조사해야 한다.

(3) 자살위험을 평가하는 것

자살사고가 부부치료를 원하는 우울증 환자들 사이에 공통적이며 치료를 연기하거나 지연하려는 이유로서 고려되어서는 안 된다. 그렇지만 그와 같은 자살생각이 나타났을 때는 철저하게 평가해만 하며 자살 잠재성을 조사해야만 한다. 벡(Beck)의 자살생각 측정도구(Beck Scale for Suicide Ideation; Beck, Kovacs, & Weissman, 1979)와 같은 자기보고서 측정도구가 자살행위의 다양한 면을 평가하기 위하여 사용될 수 있다.

(4) 심각한 정신병리의 다른 형태를 배제시키는 것

우울증이 공통적으로 다른 형태의 정신병리와 함께 발생되기 때문에(Kessler, Berglund et al., 2005; Kessler, Chiu et al., 2005) 우울증에 대한 부부치료를 시작하기 전에 정신병리에 대한 파트너 각각의 개인사에 대한 신중한 평가가 필요하다.

(5) 우울증과 부부의 불화를 연대기적으로 연결시키는 것

동반이환이 있을 때 우울증과 부부불화가 서로 상호작용하기 때문에 우울증 발생 순서를 파악하기 어려울 수 있다. 치료사는 시간의 경과에 따라 우울증상과 부부불화가 진행해 온 방법을 조사하는 것이 필요하다. 순차적인 병인론이 개별치료와 부부치료를 결정하는 데 있어서 치료사의 치료계획에 영향을 미칠 수 있다. 예를 들어, 건강한 관계 환경을 가진 우울한 개인들은 개인인지치료를 받은 다음에 우울증상이 감소될 수 있다(Beach & O'Leary, 1992). 반면, 부부관계 문제가 우울증에 강력하게 영향을 미치는 것으로 보이거나 부부관계 문제로 인하여 우울증이 발생한 사람들에게는 개인인지치료가 부부치료만큼 효과적이지 않을 수 있다(O'Leary, Riso, & Beach, 1990).

(6) 평가

부부관계의 질에 대한 자기보고식 측정도구와 자기보고식 우울증 측정도구가 있다. 부부관계의 질에 대한 자기보고식 측정도구에는 4개 문항의 부부만족도 색인(Couple Satisfaction Index; Funk & Rogge, 2007), 6개 문항인 결혼의 질 색인(Quality of Marriage Index; Norton, 1983), 10개 문항의 관계불일치 분류 검색(Screener for the Relationship Discord Taxon; Whisman, Snyder, & Beach, 2009)이 있다. 한편, 자기보고식 우울증 측정도구에는 21개 문항의 벡 우울증 목록(Beck Depression Inventory; Beck, Steer, & Brown, 1987), 9개 항목의 환자건강질문지(Patient Health Questionnaire; Kroenke, Spitzer, & Williams, 2003)가 있다. 우울증 내담자에 대한 모니터링은 치료사에게 개입의 효과성을 평가하는 데 도움이 될 뿐만 아니라 우울증상의 평가는 치료사에게 잠재적인 자살위험에 대한 정보를 제공한다(Whisman & Beach, 2015).

(7) 개인치료 또는 부부치료 선택을 위한 조건

평가는 부부치료를 할지 혹은 우울한 사람을 개인치료에 의뢰할지를 결정하기 위한 정보를 제공하는 데 사용될 수 있다. 부부치료를 할지, 개인치료를 할지에 대한 판단은 어려움과 스트레스와 관련한 우울증을 가진 배우자에 대한 부부불화의 특징을 판단하는 것에 의해 결정된다. 부부치료는 우울증을 가진 개인에게 부부불화가 현저하게 나타날 때(Beach & O'Leary, 1992; Weissman, Markowitz, & Klerman, 2008), 혹은 우울한 사람이 부부불화가 먼저 발생하였거나 혹은 부부불화가 우울증의 현재 삽화를 야기하였을 때 가장 효과적인 것으로 나타났다(O'Leary, Riso, & Beach, 1990). 한편, 결혼만족도 측정도구는 치료사들에게 우울증을 가진 개인들을 위하여 부부치료가 언제 가장 도움이 될 수 있는지를 결정하는 데 도움을 준다(Whisman & Beach, 2015).

4) 목표 설정

우울증을 위한 부부치료의 목표는 우울증을 감소시키고 관계의 질을 향상시키는 것이다. 한정된 시간 안에 이러한 목적들을 성취하기 위하여 부부 관심사에 대한 평가와 우선순위가 결정된다.

5) 부부치료의 과정과 기술적인 면

우울증을 가진 내담자에 대한 부부치료는 일반적으로 다음과 같은 3단계를 거친다 (Whisman & Beach, 2015).

(1) 첫 번째 단계

첫 세션은 부부의 관계 응집력과 자존감을 증진시키고 심각하고 반복적인 관계 스트레스를 감소시키는 데 초점을 둔다.

① 관계 응집력 증진시키기

관계 응집력을 증진시키는 하나의 방법은 부부에게 배려하는 표현을 하도록 용기를 주는 것이다. 배려하는 행동을 증진시키는 것의 중요한 기본적인 요소는 배우자 모두 상대방에게 즐거움을 주는 방법을 인지하는 구체적인 표현을 확인하는 것이다. 우울증을 가진 내담자 부부에게 도움이 될 수 있는 배려에 대한 과제는 다음의 세 가지가 있다.

첫째, 배려하는 표현을 매일 해야 한다.

둘째, 표현을 하는 데 있어서 배우자의 배려하는 표현의 성공과는 별개로 각각의 배우자는 배려하는 표현을 하는 데 책임이 있다.

셋째, 치료사는 배우자에게 감사 표현의 중요성을 강조한다.

치료사는 배려하는 표현 혹은 동료애 활동의 부분으로서 감각적인, 그리고 성적 행동을 포함하기 전에 부부관계에 있어서 성적인 상태를 조심스럽게 평가하는 것이 중요하다. 만일 성적 상호작용이 중요한 문제가 된다면 성치료와 다른 기술들이 치료의 다음 단계에서 시행될 수 있다.

② 자존감 증진시키기

자존감을 증진시키는 것은 상대방에게 감사와 긍정적인 신념, 파트너에 대한 긍정적인 감정을 표현하는 것이다. 배우자가 상대 배우자의 긍정적인 특성 혹은 행동에 대한 감사하는 긍정적인 의사소통이 자존감을 높이는 데 매우 중요하다. 일반적으로 당연시하는 것에 대하여 감사하다고 표현할 때 상대방의 자존감이 올라갈 수 있다. 치료사는 역할극을 통하여 긍정적인 의사소통을 보여 줄 수 있고, 상담에서 배우자들에게 서로 실행하도록 격려할 수 있다.

③ 주요 스트레스를 감소시키거나 제거하기: 부정적인 패턴에 초점 두기

부부불화가 종종 스트레스의 근원이기 때문에 부부가 문제를 해결하기 위하여 시도했던 역기능적인 표현 방식을 기능적 · 효과적인 표현 방식으로 변화시키는 것에 초점을 두어야 한다. 비록 치료가 긍정적인 것에 초점을 두더라도 배우자의 어떤 부정적인 행동에 치료의 초점을 둘 필요가 있다. 이것은 치료 시작에서 치료계약의 방법에 의하여 혹은 의사소통 맥락 안에서 치료사의 피드백을 통해 성취될 수도 있다. 배우자를 과도하게 비난하거나 평가절하하는 것이 부부관계에서 고질적인 스트레스로 보인다. 치료의 첫 단계가 이루어진 후에 부부는 관찰할 수 있는 변화의 사인을 보일 것이다. 예를 들어, 우울증이 걸린 배우자의 증상이 좀 나아진 것을 느낄 때 치료사는 상대방을 대하는 배우자의 태도와 의사소통이 다소 부드러워진 것을 눈치챌 수가 있다. 동시에 치료사는 배우자들이 미래에 그들의 관계가 과거와 다를 것이며, 서로에 대하여 더 만족스러울 것이라는 희망을 가지고 있다는 것을 구분할 수 있어야만 한다.

(2) 두 번째 단계

치료의 두 번째 단계는 의사소통과 문제해결 훈련에 초점을 둔다. 부부는 그들이 치료 세션에서 수용적이고(예: 눈 맞춤, 몸을 숙이는 것, 끄덕이는 것, 주요 포인트에서 말로 응수하는 것), 표현하는(예: '나' 진술 사용, 문장으로 말하기, 생각과 감정을 공유하기) 의사소통 기술을 배운다. 치료사는 처음에 긍정적인 혹은 중립적인 주제를 토론하면서 부부에게 이와 같은 방법을 상담 중, 그리고 집에서 연습을 하게 한다. 그다음 부부는 효과적인 문제해결 방법(예: 문제 정의, 브레인스토밍 해결 방법, 해결 방법을 평가하고 선택하는 것, 해결 방법을 수행하는 것)을 배운다. 부부는 이와 같은 기술을 작은 문제를 해결하기 위하여 처음에 사용하고, 그다음 치료가 진행되면서 더 큰 문제로 옮겨간다.

보덴만 등(Bodenmann et al., 2008)은 관계를 재구성하는 대안적이나 개념적으로 일관성 있는 접근법을 제안하였다. 이 접근법은 배우자들에게 스트레스 받는 사건들을 더 효과적으로 진척시키기 위하여 함께 작업할 수 있도록 배우자를 훈련시키는 데 초점을 둔다. 효과적인 사회적 지지를 제공하기 위하여 배우자들을 훈련시키는 것은 부부치료의 중간 단계의 특징으로서, 치료사는 갈등관리와 문제해결에 초점을 둔다. 게다가 이와 같은 훈련은 부부 모두 긍정적인 상호작용을 못하는 우울한 내담자들에게 보편적으로 적용할 수 있다.

(3) 세 번째 단계

치료의 마지막 단계인 세 번째 단계는 일차적으로 변화의 유지에 초점을 둔다. 치료사는 치료의 마지막 몇 상담 회기 동안에 부부에게 상담에서 배웠던 것을 편지로 쓰고 이 편지가 필요하면 다시 볼 수 있게 하기 위하여 안전한 장소에 놔두라고 격려한다. 마지막 단계의 주요 목표에는 일반화에 초점을 두고, 치료사의 역할을 점차 감소시키고, 점차적으로 상담의 범위를 좁히는 것이 포함된다. 치료사는 문제해결을 재발 방지를 위한 일차적인 방법으로 여겨고, 부부에게 치료에서 배운 세련된 문제해결 전략을 사용하면서 새로운 문제를 논쟁하도록 격려한다.

5. 사례

1) 고부갈등으로 우울증을 겪고 있는 부인의 부부치료 사례*

(1) 사례 개요

내담자는 30대 중반의 여성으로 심각한 우울증으로 신경정신과에 3주 동안 입원한 가운데 치료사에게 상담을 의뢰하였다. 남편은 보수적이고 부모에게 매우 순종적인 사람이었으며, 아내는 독립적이며 원가족과 정서적인 분리가 잘 되어 있었다. 부부는 신혼 초부터 매주 시집을 방문하였으며, 남편은 아내에게 시집에서 잘 것을 종용하였고 시부모는 아들 가정의 모든 문제에 관여하였다. 이러한 시부모의 지나친 간섭으로부터 남편은 아내의 입장을 대변하지 못하고 시부모의 입장만을 옹호하였으며, 아내는 남편을 포함한 시집 식구들을 이해할 수가 없었다. 이러한 남편의 원가족과의 미분리로 인하여 아내는 많은 스트레스를 받았는데, 특히 아내와 시부모와의 갈등이 심각하였다. 아내는 이러한 가정 내의 어려움을 해결하기 위하여 여러 가지 방법을 사용해 보았지만, 결국 신경정신과에 입원하게 되었다. 그러나 신경정신과에서는 약물복용이 위주였고, 부부관계의 변화를 위한 과정이 없었다. 치료사는 시어머니로부터 남편의 미분화와 시집과 관련된 문제로 인한 아내와의 갈등으로 부부관계가 더욱 악화된 것으로 보고 처음에는 아내와 남편을 개별상담하였고, 그 후에 부부상담을 진행하였다.

---

* 이 사례의 가족치료 과정을 알고 싶다면 박태영, 정선영(2004). 고부갈등으로 인하여 우울증을 겪고 있는 부인의 부부치료 사례연구. 한국가족치료학회지, 12(1), 141-177을 참고하기 바란다.

(2) 측정도구의 활용

부부치료의 효과성을 측정하기 위하여 1회기 부부상담에서 치료사는 내담자 부부에게 캔사스 결혼만족도(Kansas Marital Satisfaction) 측정도구(Schumm, 1990), 부부간의 의사소통을 측정하기 위한 부부이해 측정도구(Conjugal Understanding Measure)(DeTurck & Miller, 1986), 성적 만족도의 색인(Index of Sexual Satisfaction; Hudson, 2013), 치료사가 만든 자신의 가족 및 처가(또는 시집) 식구와의 관계를 묻는 문항이 포함된 질문지를 활용하였다. 5개의 척도에 대한 응답 내용은 〈표 12-1〉과 같다.

〈표 12-1〉 부부간의 다섯 가지 측정도구에 대한 사전 점수

	부부간의 의사소통	성 만족도	원가족과의 관계	배우자 가족과의 관계	결혼만족도
남편	13 (의사소통이 안 됨)	27 (성적인 문제가 없음)	3 (그저 그렇다)	3 (그저 그렇다)	12 (모른다)
부인	15 (의사소통이 안 됨)	8 (성적인 문제가 없음)	2 (좋다)	5 (매우 안 좋다)	8 (대체로 불만족)

남편은 상담을 시작하기 전 원가족과의 관계 및 처가 식구와의 관계가 '그저 그렇다'고 응답하였고, 아내와 성적인 문제는 없었으나 의사소통이 안 되었고, 결혼만족도는 '모른다'라고 대답하였다. 한편, 아내는 원가족과의 관계는 좋았으나 시집 식구와의 관계는 최악이었다. 그리고 남편과 성적인 문제는 없었으나 남편과 마찬가지로 부부간에 의사소통이 안 되고 있었으며, 결혼만족도는 '대체로 불만족'한다고 하였다.

한편, 치료 과정의 변화를 살펴보기 위해서 시간 변화에 따른 효과 매트릭스(Effect Matrix)를 활용하였다(Huberman, & Miles, 1994).

(3) 치료 목표

7회기 상담의 전체적인 내용의 개요를 〈표 12-2〉에서 나타내고 있다. 남편의 전반적인 자아 분화 수준은 부모로부터 미분화되어 부모에게 전적으로 순종하고 있어서 아내의 입장을 배려하지 못하고, 오히려 자신의 부모의 입장을 아내에게 이해시키려 하고 있었다. 시집 문제와 관련하여 남편은 아내와 늘 말다툼을 하였다. 이러한 두 가지 문제로 인하여 아내는 우울증으로 진단받고 신경정신과에 3주간 입원을 하였다. 남편에 비하여 아내는 어려서부터 원가족과는 독립적으로 성장하였다. 이렇게 성장 배경이 다른 부부는 배우자를 이해해 주기보다는 상대편이 잘못되어 있다고 인식하였고, 두 사람 간

에 이러한 성장환경의 차이를 협상할 수 있는 의사소통 방법이 부재하였다. 따라서 치료사는 남편과 시부모와의 분화 문제에 초점을 두는 한편, 아내에게는 남편의 다른 성장 배경과 남편의 입장을 이해할 수 있도록 하기 위하여 남편에 대한 아내의 인식의 변화에 초점을 두었다. 그리고 궁극적으로 치료사는 부부의 지금까지 시도해 온 역기능적인 의사소통 방식에서 새로운 기능적인 의사소통 방법을 찾는 데 치료 목표를 두었다.

〈표 12-2〉 문제 인식과 접근법

	현재 상태	현재 자아 분화 수준과 의사소통 수준	치료법
남편	• 시부모의 입장만 옹호 • 아내의 입장을 대변 못함 • 시집 문제와 관련한 의사소통 문제	• 부모와의 미분화 • 부모에게 지나치게 순종적임 • 아내의 입장과 성장환경의 차이를 이해 못함	• 남편과 시부모와의 분화 문제에 초점 • 부부 하위체계와 시부모 하위체계 사이의 경계선 시도 • 부부간의 기능적인 의사소통 방법
부인	• 시집과의 적응 문제 • 시부모와 갈등 • 우울증으로 신경정신과 입원 • 시집 문제와 관련한 의사소통 문제	• 독립적임 • 부모와의 분화가 잘 됨 • 남편의 입장과 성장환경의 차이를 이해 못함	• 부부간의 기능적인 의사소통 방법 • 남편 입장에 대한 이해와 남편의 점차적인 변화를 기대하게 함

(4) 치료 과정

① 1회기 치료 과정(부부)

1회기 상담은 부부상담으로 진행되었다. 남편은 2남 1녀의 장남으로서 어려서부터 부모에 대한 아들로서의 도리와 효에 대하여 부담감을 가지고 있었으며, 아내에게는 시부모에게 순종하라고 강요하였다. 한편, 아내는 신혼 초에 남편이 자신의 입장을 대변해 주지 못하였고 서로 의사소통이 안 됐다고 하였다. 특히 아내는 시집으로부터 스트레스를 받아 방광염이 발병하였데도, 남편은 오히려 시부모의 입장을 대변하여 시부모를 모시고 살아야 한다고 강요하였다. 아내는 시부모와의 관계와 시부모로부터의 미분화된 남편으로 인하여 스트레스를 받아 우울증을 겪고 있었다. 치료사는 남편이 가족생활주기상에서 원가족과 분리를 했어야 함에도 불구하고 아직 못하고 있어서 오는 위기라고 보고 남편의 자아분화 및 부부의 솔직한 의사소통의 필요성을 인식시키는 데 초점을 두었다. 치료사는 남편에게 아내의 입장에 대하여 설명하였고, 남편이 시집 문제와 관련하여 사용하는 표면적인 언어 수준과 잠재적인 언어 수준의 차이를 설명하고 이 두 가지 수준에서의 메시지의 일치를 강조하였다.

② 2회기 치료 과정(남편)

2회기 상담에서 남편은 어려서부터 부모의 부부관계가 안 좋았고, 아버지가 어머니와 본인을 학대하였다고 하였다. 남편은 장남으로서 부모와 삼각관계를 유지하였고 어머니로부터 분화가 안 되었다. 장남으로서 어머니에 대한 과도한 책임감을 가지고 있었으며, 부모를 자주 찾아뵙지 못하는 것에 대한 불안과 죄책감을 가지고 있었다. 한편, 부모의 불화와 함께 남편은 부모와 의사소통하는 데 문제가 있었고, 이러한 의사소통 문제는 현재의 결혼생활에도 영향을 미쳤다. 특히 남편은 현재 부모뿐만 아니라 아내와도 대화를 회피하였다. 2회기 상담에서 치료사는 부부관계를 변화시키기 위한 방법으로 남편에게 아내가 원하는 대로 해 주라고 조언하였다. 한편, 치료사가 남편에게 지난주에 일어난 변화를 물어 보자 남편은 지난주 상담 이후로 자신의 문제점을 파악하였다고 말하였다. 즉, 남편은 부부 문제를 상담 이전에는 아내의 문제로만 보고 있었으나(전인식 단계) 지난주 상담 이후로는 자신에게 문제가 있다고 생각하게 되었다(인식 단계). 이러한 과정에서 남편이 전인식 단계에서 인식 단계로 변화하였다는 것을 볼 수 있다.

치료사는 남편에게 부모와의 관계에서 변화의 필요성을 인식시키고, 부모의 무조건적인 요구를 거절할 것과 그러한 거절에 대한 정당성을 인식시켰다. 또한 치료사는 남편에게 부모의 기대감과 죄책감에서 벗어나 부부관계의 개선에 초점을 둘 필요성을 강조하였다. 한편, 치료사는 부부에게 부부관계의 개선을 위한 효과적인 의사소통 방법을 설명하였다.

③ 3회기 치료 과정(부인)

3회기 상담에서 아내는 남편이 자신의 입장을 이해해 주려고 노력하고 있으며, 남편이 부모와의 자아분화 문제를 심각하게 인식하게 되었고 시어머니에게 아내의 입장을 대변해 주고 있다(인식 단계에서 행동 단계로의 변화)고 하였다. 아내가 남편에게 칭찬을 해 주는 변화가 일어났고, 남편은 아내의 마음이 안정된 것에 감사하다고 표현하였다. 3회기 상담에서 부부간의 의사소통 방식이 변화되고 있다는 것을 볼 수 있었다. 부부의 대화 방식이 이전의 감정적인 대화 방식에서 현재는 이성적인 대화 방식으로 변화하였다. 아내 또한 남편의 자아분화 시도와 더불어 의사소통 방식의 변화로 인하여 시집에 대한 불안에서 다소 해방되고 있었다. 치료사는 아내에게 변화하려고 노력 중인 남편에게 칭찬과 격려를 하도록 조언하는 한편, 남편의 변화 속도에 맞춰 줄 것을 코칭하였다.

④ **4회기 치료 과정**(부인)

4회기 상담에서 아내는 남편이 시부모와의 관계에서 분화하기 위하여 노력하고 있으나 그러한 변화를 힘들어한다고 언급하였다. 또한 남편의 동생이 자신의 부부 문제에 간섭하여 남편은 동생을 야단치고, 그 결과 동생은 형수에게 사과하였다. 남편은 이전에 시부모와 시동생 편을 들었으나 이제는 아내를 지지하였다. 이러한 남편의 자아분화의 노력에 아내는 감동을 받았으며, 남편의 어려운 입장을 전적으로 지지하였다. 아내도 남편의 변화에 감사하다는 표현과 남편에게 보조를 맞추려고 노력하였다. 여기서 남편의 변화가 행동 단계에서 유지 단계에 접어들고 있음을 볼 수 있었다. 또한 아내가 남편을 대하는 태도가 변화하였고, 변화에 대한 인식 단계에서 행동 단계로 변화하였음을 볼 수 있었다. 치료사는 부인에게 변화하는 남편을 계속 지지해 줄 것과 격려해야 할 필요성을 강조하였다.

⑤ **5회기 치료 과정**(부부)

5회기는 부부상담을 하였는데, 변화하려고 애쓰는 가운데 남편은 때때로 역기능적 인 의사소통 방식을 사용하였다. 그럼에도 불구하고 남편은 부모에게 아내의 입장을 대변해 주었다. 또한 남편은 아내가 자신에 대하여 좀 더 빠른 변화를 원하는 것에 대하여 힘들어하였다. 한편, 남편은 상담으로 인하여 부모로부터 분화하려고 많은 노력을 하면서도 가치관의 혼란이 일어났다. 즉, 남편은 변화에 대한 저항이 나타났다.

치료사는 아내에게 남편의 입장을 이해시켰다. 회사에서 고사를 지낸 남편의 이야기를 듣다가 아내는 사장의 어머니가 아들의 회사에 간섭한다는 말에 자신의 시어머니 모습을 보는 것 같아서 남편에게 민감하게 반응하였다. 치료사는 회사에서 고사를 지냈던 이야기를 한 것은 부인이 떡을 좋아하기 때문에 고사떡을 가져온 과정을 이야기하고자 했던 것이라고 재명명해 주었다. 치료사는 아내에게 남편이 아내의 역기능적인 의사소통 방식(비꼬고 남편을 몰아붙이는 말투) 때문에 대화하기가 힘들 수 있다는 점을 설명하였고, 남편의 변화에 보조를 맞춰 줄 것과 인내가 필요함을 강조하였다.

⑥ **6회기 치료 과정**(부부)

6회기 상담에서 부부 모두 많은 변화가 나타났다. 특히 남편은 그 전에는 도저히 있을 수 없었던 부모에 대한 반항을 보였고, 전적으로 아내 편을 들었다. 그러한 남편(아들)의 변화에 어머니는 매우 당황하였고 남편(아들)을 구두주걱으로 때렸다. 남편은 이번 기회에 자신의 변화된 모습을 부모에게 보여 주면서 부모로부터 분화를 시도하였다. 또한 부부는 5회기 상담 이후 처음으로 싸우지 않았으며, 남편이 아내의 입장을 이해하게 되면서 의사결정할 때 아내의 입장을 한 번 더 생각하게 되었다. 아내는 이러한 남편의 태도 변화에 감사하였고, 친정부모보다 남편을 더 신뢰한다고 하였다. 남편과 아내 모두 많은 변화가 있었고, 남편은 상담을 받은 이후로 아내 표정이 달라졌고 얼굴이 좋아졌다고 하였다. 치료사는 부모로부터 분화하려고 노력하고 있는 남편을 칭찬하고 아내에게는 남편을 이해하려고 노력하고 있는 것을 칭찬하였다. 치료사는 남편에게 아내에 대한 지지와 이해를 강조하였고, 아내에게는 남편이 아내의 반응에 대하여 민감하다는 것을 알려 주고 남편에 대한 칭찬과 지지를 부탁하였다. 6회기 상담에서는 부부가 양쪽 부모로부터 더욱 독립하여 부부 중심으로 변화된 모습을 볼 수 있었다.

⑦ 7회기 치료 과정(부부)

마지막 7회기 상담에서 남편은 부모로부터 벗어나서 부모의 입장에서보다는 자신의 입장에서 가족관계를 보게 되었으며, 부모로부터 벗어나 스스로 독립할 수 있게 되었다. 남편은 아내에게 자신의 변화에 보조를 맞춰 달라고 요청하였다. 치료사는 이러한 남편의 솔직한 의사소통 방식을 칭찬하였고, 아내에게 남편의 변화를 인정하고 위로해 주도록 권유하였다. 아내는 남편의 변화에 대하여 매우 긍정적인 인정과 함께 자신의 우울증이 많이 나아졌다고 하였다. 아내 또한 상담 이전에 사용하였던 역기능적인 의사소통 방식에서 기능적인 의사소통 방식으로 변화하였다. 남편의 부모로부터 자아분화와 함께 부부의 기능적 · 효과적인 의사소통 방식으로 인하여 부부관계가 변하였고, 이러한 부부관계의 변화로 인하여 아내가 시집과의 관계로부터 받았던 스트레스는 훨씬 줄어들었고 그러한 결과로 우울증이 완화되었다.

지금까지 7회기 상담 결과의 효과를 보기 위하여 상담 전에 측정하였던 5개의 측정도구를 7회기 상담 후에 재측정한 결과는 〈표 12-3〉과 같다. 남편의 경우는 상담 이후로 원가족과의 관계가 최악이 되었으며, 배우자 가족과의 관계는 별 변화가 없었다. 부부는 상담 전에 의사소통이 안 됐으나, 7회기 상담 이후 의사소통이 어느 정도 되는 것으로 나타났다. 성관계는 상담 전보다 7점이나 하락하였는데, 성만족도 점수는 낮을수록 문제가 적다는 것을 나타낸다. 또한 결혼만족도는 '모른다'에서 '대체로 만족'으로 변하였으며, 점수는 2점 높아진 것으로 나타났다. 남편에 비하여 아내는 원가족과의 관계가

〈표 12-3〉 부부간의 다섯 가지 측정도구에 대한 사전 · 사후 점수

		부부간의 의사소통	성만족도	원가족과의 관계	배우자 가족과의 관계	결혼만족도
남편	사전	13 (의사소통이 안 됨)	27 (성적인 문제가 없음)	3 (그저 그렇다)	3 (그저 그렇다)	12 (모른다)
	사후	26 (의사소통이 됨)	20 (성적인 문제가 없음)	5 (매우 안 좋다)	3 (그저 그렇다)	14 (대체로 만족)
부인	사전	15 (의사소통이 안 됨)	8 (성적인 문제가 없음)	2 (좋다)	5 (매우 안 좋다)	8 (대체로 불만족)
	사후	28 (의사소통이 잘 됨)	1 (성적인 문제가 전혀 없음)	1 (매우 좋다)	5 (매우 안 좋다)	15 (대체로 만족)

더 나아졌고, 시집 식구와의 관계는 상담 전에도 매우 안 좋았으나 여전히 매우 안 좋은 관계를 유지하고 있었다. 이는 아내가 아직은 시집 식구와 관계를 회복할 수 있는 시점이 아니라고 볼 수 있다. 그러나 남편의 분화로 인하여 아내는 의사소통 점수에서 13점이나 증가하였으며, 현재는 남편과 의사소통이 잘되는 것으로 나타났다. 성만족도에서도 아내는 남편과 마찬가지로 7회기 상담 이후에 7점이나 하락하였으며, 성적인 문제가 거의 없는 것으로 나타났다. 상담 전에는 결혼만족도가 대체로 불만족스러웠으나 7회기 상담 이후에는 대체로 만족하고 있는 것으로 나타났다. 부부간에 특히 부부간의 의사소통 점수가 똑같이 13점씩 증가하였다는 것과 성만족도에서도 두 사람 모두 7점이 하락하였다는 점이 다소 흥미로우며, 남편의 원가족과의 관계와 아내의 시집과의 관계가 상담 후에 모두 최악이라는 점에 주목할 필요가 있다. 결혼만족도는 남편이 2점 증가한 것에 비하여 아내는 7점 증가하였다. 이러한 점수를 보았을 때 전반적으로 남편이 부모로부터 분화하려고 노력한 것과 더불어 부부가 의사소통 방식이 변화하면서 두 사람 간에 상승효과가 나타나 결론적으로 결혼만족도가 높아졌다고 볼 수 있다. 이러한 상담 결과로 시집으로부터 오는 스트레스를 남편이 어느 정도 감당해 주었고, 그로 인하여 아내가 시집과의 문제에서 좀 더 편안해질 수 있었으며, 이로 인하여 부인의 우울증이 현저하게 감소하였다고 볼 수 있다.

〈표 12-4〉는 상담 회기에 따른 부인의 의사소통 수준과 우울증 및 스트레스 해소정도를 보여 준다.

〈표 12-4〉 상담 회기에 따른 부인의 의사소통 수준과 우울증 및 스트레스 해소 정도

상담 순서	의사소통 정도	예시	우울증 및 스트레스 해소 정도	예시
1회	0	이성적인 대화보다는 감정적인 대화를 원함	0	심한 정신적인 스트레스와 강압에 의한 우울증
2회	1	이성적인 대화의 필요성을 인식하나 시부모에 대한 피해의식으로 인해 이성적인 대화가 힘듦	1	남편이 시어머니의 문제에 대해 동조하지 않음을 서운해 함
3회	2	감정적인 대화에서 차분하고 정확한 감정의 전달을 시도	2	남편의 부모로부터 자아분화 시도로 인해 시집에 대한 불안에서 조금 벗어났으나 시집 식구들에 대한 피해의식에 시달림
4회	4	남편의 입장을 이해하려는 대화를 시도하고 남편의 변화에 감사하고 보조하려는 입장을 보임	4	자아분화 시도에 어려움을 겪는 남편에게 연민을 느끼고 감사히 여김
5회	3	시부모로부터의 계속적인 압력이 기능적인 대화를 방해함	3	남편의 변화 시도에도 불구하고 핵심적인 부분의 미변화에 화를 냄
6회	5	남편의 입장을 생각하는 의사소통 방식을 사용	6	표정이 변했고, 얼굴이 좋아졌으며, 남편을 친정부모보다 더 신뢰하게 됨
7회	6	이성적으로 자신의 의견을 차분하게 이야기해 나가는 방식을 사용	6	남편의 변화에 대해 자기능력 이상이라는 평가를 내림, 우울 증상의 호전을 인정, 부부관계의 변화에 대한 감사

2) 직장 상사와의 관계에 어려움을 겪고 있는 기혼 남성의 우울증 사례*

(1) 사례 개요

이 사례의 내담자는 이직한 회사에서 상사와의 갈등과 직무로 인하여 극심한 스트레스를 받아 신경정신과에서 적응장애 및 우울증 진단을 받았다. 입원치료와 약물치료를 받아 오다 친척의 권유로 내담자는 치료사에게 가족상담을 의뢰하여 총 8회기의 상담이 진행되었다. 상담에는 남편(36세, 내담자), 부인(36세), 아들(6세)이 참여하였으며, 남편(1, 2회기), 부인(3, 4, 7회기), 아들(7회기)을 대상으로 개인상담과 부부상담(5, 6, 8회기)이 진행

* 이 사례의 가족치료 과정을 알고 싶다면 문정화, 박태영(2016). 직장상사와의 관계에 어려움을 겪고 있는 기혼남성의 우울증 진행과정에 대한 질적 연구. 한국가족복지학, 52, 343-374를 참고하기 바란다.

되었다.

이 사례연구는 가족환경 및 직장환경 등 다양한 사회환경적 맥락이 기혼 남성의 우울증에 유의미한 영향을 미칠 수 있으므로 내담자가 참여한 상담 회기를 중심으로 내담자가 인식하는 원가족과 핵가족에서의 가족관계 특성 그리고 직장생활 경험을 진술한 내용에 초점을 두었다. 또한 이 연구는 내담자의 아내가 참여한 상담 회기에서 부부관계의 특성과 아내가 관찰해 온 내담자의 대처 방식에 대한 특성에 초점을 두고 우울증의 원인과 진행 경로를 심층적으로 분석하였다.

(2) 우울증 진행 단계

내담자의 우울증은 원가족 경험에 기인된 불안의 잠재 단계, 핵가족 경험에 기인된 불안의 확대 단계, 직장생활 경험에 기인된 우울증 발현 단계로 진행되었다.

① 원가족 경험에 기인된 불안의 잠재 단계

내담자 어머니는 늘 걱정이 많았으며 걱정거리가 있을 때마다 잠을 이루지 못하였다. 내담자는 평소 감정기복이 심한 어머니를 늘 배려하며 살아 왔다. 이러한 과정에서 내담자는 어머니의 심리적 불안을 흡수하며 성장했다는 것을 예측할 수 있다. 또한 내담자는 누나와 자주 싸웠으며, 내담자가 결혼한 이후에도 싸움은 계속되었다. 누나는 내담자에게 직설적이고 버럭하는 방식을 사용하였다. 누나의 의사소통 방식은 내담자를 심리적으로 억압하고 위축시켰다. 내담자는 어려서부터 가족구성원들에게 자신의 입장을 분명하게 표출할 수 없었고 이러한 원가족과의 경험이 불안을 내재화시켰다고 볼 수 있다.

② 핵가족 경험에 기인된 불안의 확대 단계

내담자는 어머니와 누나의 방식과 비슷한 의사소통 방식을 사용하는 아내에게 자신의 힘든 상황을 솔직히 표현할 수 없었다. 아내는 친정아버지처럼 평소 말이 없고 무뚝뚝한 남편의 모습을 싫어하였다. 한편, 아내는 고부갈등에서 자신의 편을 들어 주지 않는 남편에게 서운한 감정을 가지고 있었다. 이는 아내가 어린 시절 할머니와 친정아버지가 사이가 좋지 않아 할머니가 자신을 미워했을 때 느꼈던 서운한 감정을 재경험하게 하였다. 즉, 이러한 느낌은 아내가 원가족에서 할머니에 대한 미해결된 부정적 정서가 남편에게 전이된 것으로 볼 수 있다.

이처럼 불안하고 억압된 가정환경에서 성장한 부부는 갈등 상황에서 불안감을 부추기는 대화 방식을 사용하였고, 이러한 대화 방식으로 부부는 서로에게 스트레스를 더욱 가중시키고 있었다. 특히 내담자는 직장에서 받고 있는 스트레스를 아내에게 솔직하게 털어놓지 못하였고 아내를 회피하였다. 반면, 아내는 남편이 못마땅할 때 짜증스럽게 표현하거나 무능해 보이는 남편에게 훈계와 충고하는 방식을 사용하였다. 이와 같은 부부의 대화 방식으로 인하여 부부는 대화하기가 더욱 힘들었다. 또한 어린 시절부터 신경이 예민하고 불안했던 어머니를 늘 배려해 온 내담자는 고부갈등 상황에서 아내보다 어머니 편을 들었다. 이와 같이 내담자의 미분화로 인하여 내담자와 아내 그리고 시어머니 사이에 삼각관계가 형성되었고 이러한 삼각관계가 부부갈등을 더욱 악화시키고 있었다. 이와 같이 부부가 원가족에서 해결되지 못한 감정이 배우자에게 전이되는 것과 부부관계를 악화시키는 부부의 대화 방식 그리고 내담자의 미분화와 삼각관계가 내담자의 불안을 증폭시켰다.

③ 직장생활 경험에 기인된 우울증 발현 단계

내담자는 전 직장에서 승진 지체의 문제로 퇴사하였지만 재직 당시 직장 상사로부터 능력을 인정받았고 원만한 대인관계를 유지하며 10년간 직장생활에 잘 적응하였다. 그러나 내담자는 이직한 직장에서 상사와의 갈등으로 인한 스트레스가 지속되어 정신과 진료를 받게 되었고, 결국 적응장애 및 우울증 진단을 받게 되었다. 내담자는 한 살 위인 팀장에게 무시를 당하면서 심한 좌절감을 느꼈다. 내담자는 입사 초기부터 자신을 경계하고 무시하는 상사로 인한 무력감, 협박 수준으로 느껴질 정도의 심리적 압박감을 반복적으로 느껴 왔다. 내담자는 지속되는 대인관계 및 직무 스트레스로 인한 어려움을 아내에게 솔직히 표현하지 못하고 혼자 고민하다 결국 직장을 그만두었다. 내담자는 이직한 직장에서 상사로부터 오는 스트레스와 불안을 억압하고 위축된 상황에서 갈등을 회피하는 대처 방식을 사용하고 있었다. 내담자는 스트레스 상황에서 회피하는 대처 방식으로 가족관계에서 어머니와 누나 그리고 아내로부터 정서적 지지를 받기보다 잔소리, 질책, 훈계를 들어 왔으며 갈등 상황에서 자신의 감정을 솔직하게 표현하기보다 타인을 더 배려하며 부정적인 감정을 억눌러 왔다.

점차 내담자는 일에 대해 무관심해지고 결국 일이 싫어지는 상황에서 자신감을 상실하여 사직하였다. 또한 불확실한 미래에 대한 걱정으로 스트레스가 더욱 심화되었고 심각한 불안으로 인하여 우울 증상이 발현되었다.

(3) 결론

이 사례의 연구 결과는 치료자가 기혼 남성 우울증 환자 가족을 대상으로 임상적 개입을 할 경우 원가족과 핵가족 그리고 직장환경까지 고려하여 체계적 관점을 가지고 내담자의 전 생애주기의 역동성을 고찰할 필요가 있음을 보여 준다. 특히 원가족 경험에 기인된 미해결된 억압된 정서는 개인의 만성적 불안에 영향을 미치게 되며, 부부관계를 포함하여 직장 내 동료관계에서 역동적인 투사와 내사의 과정을 거치며 대인관계 갈등을 야기하게 된다는 것을 알 수 있다. 또한 의사소통 방식을 원가족에서 충분히 학습하지 못하면 대인관계 갈등에서 문제를 해결하기보다 오히려 갈등을 유지시키고 악화시키는 결과를 가져와 우울증 발현에 직접적인 영향을 미치게 된다. 따라서 치료사는 내담자가 경험해 온 다세대가족의 정서 과정을 평가함으로써 내담자의 신체적 · 정서적 질환과 사회적 행동 문제에 영향을 미치는 변인을 파악할 필요가 있다. 이는 가족을 한 단위로 보고 서로 엮여 있는 관계의 연결망으로 규정하는 가족체계이론을 토대로 개인을 가족체계에 영향을 받는 존재라 이해하고, 개인의 정신건강 문제해결을 위한 가족치료 개입이 필요하다는 것을 보여 준다.

참고문헌

김영애, 박태영(2019). 가족희생양 세대전수 진행과정을 경험한 내담자 가족에 대한 단일사례 연구. **한국가족관계학회지**, 23(4), 213-236.

문정화, 박태영(2016). 직장상사와의 관계에 어려움을 겪고 있는 기혼남성의 우울증 진행과정에 대한 질적 연구. **한국가족복지학**, 52, 343-374.

문혜린, 박태영(2019). 불안장애의 발생 과정과 가족 내 역동에 관한 연구: 공황장애와 범불안장애를 가진 두 자매의 가족치료 사례를 중심으로. **한국가족복지학**, 63, 5-33.

박태영(2006). 성폭행으로 인하여 우울증과 폭식장애를 경험하고 있는 여대생에 대한 가족치료 사례연구. **임상사회사업연구**, 3(3), 69-108.

박태영, 김선희(2013). 양극성장애를 겪고 있는 딸에 대한 가족치료 사례연구: 가족상호작용 방식을 중심으로. **한국가족치료학회지**, 21(2), 141-176.

박태영, 문정화(2010). 이혼위기로 인한 부인의 우울증과 아들의 학습문제 해결을 위한 가족치료 사례연구. **한국가족치료학회지**, 18(1), 27-61.

박태영, 이재령(2006). 알코올중독에서 회복 중인 남편에 대한 부부치료 사례연구. **임상사회사업연구**, 3(1), 111-140.

박태영, 정선영(2004). 고부갈등으로 인하여 우울증을 겪고 있는 부인의 부부치료 사례연구. **한국가족치료학회지**, 12(1), 141-177.

신나연(2022). 한국형 마음챙김 명상에 기초한 인지 치료가 불안 장애 환자의 불안과 우울에 미치는 효과 비교. 디지털정책학회지, 1(1), 1-5.

승혜빈, 권희주, 김상호(2022). 주요우울장애에 대한 한약 단독치료의 효과와 안전성: 체계적 문헌고찰 및 메타분석. 동의신경정신과학회지, 33(1), 79-111.

Al-Harbi, K. S. (2012). Treatment-resistant depression: Therapeutic trends, challenges, and future directions. *Patient Preference and Adherence, 6,* 369-388.

American Psychiatric Association. (2013). *Diagnostic and statistical manual of mental disorders* (5th ed.). Arlington, VA: American Psychiatric Publishing.

Bains, N., & Abdijadid, S. (2022). *Major depressive disorder*. In StatPearls [Internet]. StatPearls Publishing.

Barbato, A., & D'Avanzo, B. (2008). Efficacy of coupletherapy as a treatment for depression: A meta-analysis. *Psychiatric Quarterly, 79*, 121-132.

Beach, S. R., & O'Leary, K. D. (1992). Treating depression in the context of marital discord: Outcome and predictors of response of marital therapy versus cognitive therapy. *Behavior Therapy, 23*(4), 507-528.

Beach, S. R. H., & Whisman, M. A. (2012). Affective disorders. *Journal of Marital and Family Therapy, 38*, 201-219.

Beck, A. T., Kovacs, M., & Weissman, A. (1979). Assessment of suicidal intention: the Scale for Suicide Ideation. *Journal of Consulting and Clinical Psychology, 47*(2), 343-352.

Beck, A. T., Steer, R. A., & Brown, G. K. (1987). *Beck depression inventory*. New York: Harcourt Brace Jovanovich.

Bodenmann, G., Plancherel, B., Beach, S. R., Widmer, K., Gabriel, B., Meuwly, N., …… & Schramm, E. (2008). Effects of coping-oriented couples therapy on depression: A randomized clinical trial. *Journal of Consulting and Clinical Psychology, 76*(6), 944-954.

Bromet, E., Andrade, L. H., Hwang, I., Sampson, N. A., Alonso, J., De Girolamo, G., …… & Kessler, R. C. (2011). Cross-national epidemiology of DSM-IV major depressive episode. *BMC Medicine, 9*(1), 1-16.

Carvalho, A. F., Sharma, M. S., Brunoni, A. R., Vieta, E., & Fava, G. A. (2016). The safety, tolerability and risks associated with the use of newer generation antidepressant drugs: A critical review of the literature. *Psychotherapy and Psychosomatics, 85*(5), 270-288.

Cipriani, A., Furukawa, T. A., Salanti, G., Geddes, J. R., Higgins, J. P., Churchill, R., …… & Barbui, C. (2009). Comparative efficacy and acceptability of 12 new-generation antidepressants: A multiple-treatments meta-analysis. *The Lancet, 373*(9665), 746-758.

Cuijpers, P., Dekker, J., Hollon, S. D., & Andersson, G. (2009). Adding psychotherapy to pharmacotherapy in the treatment of depressive disorders in adults: A meta-analysis. *The Journal of Clinical Psychiatry, 70*(9), 1219–1229.

Cuijpers, P., van Straten, A., Warmerdam, L., & Andersson, G. (2009). Psychotherapy versus the combination of psychotherapy and pharmacotherapy in the treatment of depression: A meta-analysis. *Depression and Anxiety, 26*(3), 279–288.

Delaloye, S., & Holtzheimer, P. E. (2022). Deep brain stimulation in the treatment of depression. *Dialogues in Clinical Neuroscience, 16*(1), 83–91.

DeTurck, M. A., & Miller, G. R. (1986). Conceptualizing and measuring social cognition in marital communication: A validation study. *Journal of Applied Communication Research, 14*(2), 69–85.

Diamond, G., Russon, J., & Levy, S. (2016). Attachment based family therapy: A review of the empirical support. *Family Process, 55*, 595–610.

Dubovicky, M., Belovicova, K., Csatlosova, K., & Bogi, E. (2017). Risks of using SSRI/SNRI antidepressants during pregnancy and lactation. *Interdisciplinary Toxicology, 10*(1), 30–34.

Evans, S. (2016). Mindfulness-based cognitive therapy for generalized anxiety disorder. In S. Evans (Ed.), *Mindfulness-based cognitive therapy* (pp. 145–154). New York: Springer.

Funk, J. L., & Rogge, R. D. (2007). Testing the ruler with item response theory: increasing precision of measurement for relationship satisfaction with the Couples Satisfaction Index. *Journal of Family Psychology, 21*(4), 572–583.

Gutiérrez-Rojas, L., Porras-Segovia, A., Dunne, H., Andrade-González, N., & Cervilla, J. A. (2020). Prevalence and correlates of major depressive disorder: A systematic review. *Brazilian Journal of Psychiatry, 42*, 657–672.

Haller, H., Anheyer, D., Cramer, H., & Dobos, G. (2019). Complementary therapies for clinical depression: An overview of systematic reviews. *BMJ Open, 9*(8), e028527.

Hawton, K., i Comabella, C. C., Haw, C., & Saunders, K. (2013). Risk factors for suicide in individuals with depression: A systematic review. *Journal of Affective Disorders, 147*(1–3), 17–28.

Hudson, W. W. (2013). Index of sexual satisfaction. In T. D. Fisher, C. M. Davis, & W. L. Yarber (Eds.), (2013). *Handbook of sexuality-related measures* (pp. 545–554). New York: Routledge.

Katon, W. J. (2022). Epidemiology and treatment of depression in patients with chronic medical illness. *Dialogues in Clinical Neuroscience, 13*(1), 7–23.

Kessler, R. C., Berglund, P., Demler, O., Jin, R., Merikangas, K. R., & Walters, E. E. (2005).

Lifetime prevalence and age-of-onset distributions of DSM-IV disorders in the National Comorbidity Survey Replication. *Archives of General Psychiatry, 62*(6), 593-602.

Kessler, R. C., Chiu, W. T., Demler, O., & Walters, E. E. (2005). Prevalence, severity, and comorbidity of 12-month DSM-IV disorders in the National Comorbidity Survey Replication. *Archives of General Psychiatry, 62*(6), 617-627.

Korean Ministry of Health and Welfare (2021). The epidemio logical survey of mental disorders in Korea 2021.

Kroenke, K., Spitzer, R. L., & Williams, J. B. (2003). The Patient Health Questionnaire-2: Validity of a two-item depression screener. *Medical Care, 41*(11), 1284-1292.

Lyness, J. M., Niculescu, A., Tu, X., Reynolds III, C. F., & Caine, E. D. (2006). The relationship of medical comorbidity and depression in older, primary care patients. *Psychosomatics, 47*(5), 435-439.

Miles, M. B., & Huberman, A. M. (1994). *Qualitative data analysis*. Thousands Oaks, CA: Sage.

Norton, R. (1983). Measuring marital quality: A critical look at the dependent variable. *Journal of Marriage and the Family, 45*(1), 141-151.

O'Leary, K. D., Riso, L. P., & Beach, S. R. (1990). Attributions about the marital discord/depression link and therapy outcome. *Behavior Therapy, 21*(4), 413-422.

Plöderl, M., & Hengartner, M. P. (2019). Antidepressant prescription rates and suicide attempt rates from 2004 to 2016 in a nationally representative sample of adolescents in the USA. *Epidemiology and Psychiatric Sciences, 28*(5), 589-591.

Qaseem, A., Barry, M. J., & Kansagara, D. (2016). Clinical Guidelines Committee of the American College of P. Nonpharmacologic versus pharmacologic treatment of adult patients with major depressive disorder: A clinical practice guideline from the American College of Physicians. *Annals Intern Medicine, 164*(5), 350-359.

Rehman, U. S., Gollan, J., & Mortimer, A. R. (2008). The marital context of depression: Research, limitations, and new directions. *Clinical Psychology Review, 28*(2), 179-198.

Richardson, K., Bennett, K., & Kenny, R. A. (2014). Polypharmacy including falls risk-increasing medications and subsequent falls in community-dwelling middle-aged and older adults. *Age and Ageing, 44*(1), 90-96.

Robustelli, B. L., & Whisman, M. A. (2019). Depression in couple and family therapy. In J. L. Lebow, A. L. Chambers, & D. C. Breulin (Eds.), *Encyclopedia of couple and family therapy* (pp. 740-743). New York: Springer.

Santomauro, D. F., Herrera, A. M. M., Shadid, J., Zheng, P., Ashbaugh, C., Pigott, D. M., …… & Ferrari, A. J. (2021). Global prevalence and burden of depressive and anxiety disorders in 204 countries and territories in 2020 due to the COVID-19 pandemic. *The Lancet, 398*(10312), 1700-1712.

Schumm, W. R. (1990). Intimacy and family values In J. Touliatos, B. F. Perlmutter, & M. A. Straus (Eds.), *Handbook of family measurement techniques* (pp. 164-284). Newbury Park. CA: Sage.

Segrin, C. (2000). Social skills deficits associated with depression. *Clinical Psychology Review, 20*(3), 379-403.

Shi, Y. H., Wang, Y., Fu, H., Xu, Z., Zeng, H., & Zheng, G. Q. (2019). Chinese herbal medicine for headache: A systematic review and meta-analysis of high-quality randomized controlled trials. *Phytomedicine, 57*, 315-330.

Sighinolfi, C., Nespeca, C., Menchetti, M., Levantesi, P., Murri, M. B., & Berardi, D. (2014). Collaborative care for depression in European countries: A systematic review and meta-analysis. *Journal of Psychosomatic Research, 77*(4), 247-263.

Smith, D. A., Breiding, M. J., & Papp, L. M. (2012). Depressive moods and marital happiness: Within-person synchrony, moderators, and meaning. *Journal of Family Psychology, 26*(3), 338-347.

Stuart, R. B. (2003). *Helping couples change: A social learning approach to marital therapy*. New York: Guilford Press.

Sullivan, P. F., Neale, M. C., & Kendler, K. S. (2000). Genetic epidemiology of major depression: Review and meta-analysis. *American Journal of Psychiatry, 157*(10), 1552-1562.

Weissman, M. M., Markowitz, J. C., & Klerman, G. (2008). *Comprehensive guide to interpersonal psychotherapy*. New York: Basic Books.

Whisman, M. A. (2007). Marital distress and DSM-IV psychiatric disorders in a population-based national survey. *Journal of Abnormal Psychology, 116*(3), 638-643.

Whisman, M. A., & Baucom, D. H. (2012). Intimate relationships and psychopathology. *Clinical Child and Family Psychology Review, 15*, 4-13.

Whisman, M. A., & Beach, S. R. H. (2015). *Couple therapy and depression*. In A. S. Gurman, J. L. Lebow, & D. K. Snyder (Eds.), Clinical handbook of couple therapy (pp. 585-605). New York: Guilford.

Whisman, M. A., & Robustelli, B. L. (2016). Intimaterelationship functioning and psychopathology. In K. T. Sullivan, & E. Lawrence (Eds.), *The Oxford handbook of relationship science and couple inter ventions* (pp. 69-82). Oxford: Oxford University Press.

Whisman, M. A., Snyder, D. K., & Beach, S. R. (2009). Screening for marital and relationship discord. *Journal of Family Psychology, 23*(2), 247–254.

Whiteford, H. A., Degenhardt, L., Rehm, J., Baxter, A. J., Ferrari, A. J., Erskine, H. E., …… & Vos, T. (2013). Global burden of disease attributable to mental and substance use disorders: Findings from the global burden of disease study 2010. *The Lancet, 382*(9904), 1575–1586.

제13장
조현병

1. 서론

조현병은 우리나라 전체 정신장애 중 70.4%의 가장 높은 비율을 차지하고 있는 정신장애로서(김성희 외, 2017; 민성길, 2015), 조현병 입원환자는 2017년 4만 2,907명에서 2019년 5만 6,214명으로 1만 3,307명(31%)이 증가하였으며, 정신의료기관 및 정신요양시설의 연간 입소자 비율에서도 조현병 환자가 매년 50~60%에 달하는 높은 비율을 나타내고 있다(권준수 외, 2020). 또한 조현병은 세계 인구의 약 1%에 영향을 미치며 매년 약 200만 명이 발생되고(Harvey & Strassnig. 2012; Kazadi, Moosa, & Jeenah, 2008; Mueser & Jeste, 2008), 인종 및 출생국가에 따른 차이는 있지만 평생 유병률은 대략 0.3~0.7%이다(American Psychiatric Association, 2013). 조현병은 약 300명 중 1명에게 영향을 미치는 만성적인 정신질환이며, 현실 인식과 행동 변화에 심각한 손상을 야기시킨다(Glick et al., 2020; Luo et al., 2022).

한편, 조현병 환자의 평생 자살위험은 약 5%이며, 자살시도자 중 10%가 사망한다(Cassidy, Yang, Kapczinski, & Passos, 2018; Palmer, Pankratz, & Bostwick, 2005). 따라서 조현병 환자의 자살위험은 다른 정신질환자들이나 일반인들의 자살위험보다 훨씬 높은 것으로 나타났다(Cassidy et al., 2018; Gómez-Durán, Martin-Fumadó, & Hurtado-Ruíz, 2012; Lee, Lee, Koo, & Park, 2015). 2007년부터 2010년 사이에 조현병으로 진단받은 대상자 10만 2,540명에 대한 국민건강보험공단 연구에 따르면(박순주, 2022), 조현병 진단 후 1년 이내 자살사망자는 615명(0.6%)이고, 1년 이내 자살위험은 25~34세 집단과 경제적으로 중하부터 상위 집단에서 높았다. 또한 남성은 45~54세 집단과 경제적으로 중하부터 상위 집단에서 자살위험이 높았으며, 여성은 경제적으로 상위 집단에서 자살위험이 높은 것으로 나타났다. 또한 1년 이내 자살은 진단 시 연령이 25~34세, 45~54세, 35~44세 순으로 높게 나타났고, 65세 이상 집단에서는 자살위험이 감소하는 경향을 보였으며, 자살위험은 남성이 여성보다 더 높았다. 경제 상태가 하위 집단이 자살위험이 가장 낮은 반면, 중상 집단이 가장 높은 것으로 나타났다(박순주, 2022). 따라서 박순주(2022)는 조현병 진단 후 1년 이내 자살 예방을 위한 중재 시 연령과 경제 상태를 고려해야 하며, 성별에 따른 자살 관련 요인에 초점을 두어야 한다고 하였다. 그 외에도 조현병의 영향은 광범위하며 환자에게는 심리적 · 사회적, 그리고 안녕에 엄청난 결과를 가져오며(Ben-Zur, Duvdevany, & Issa, 2014; Pinkham et al., 2012; Shivashankar et al., 2013), 환자와 가족에게도 파괴적인 영향을 끼친다(Mitsonis et al., 2012).

그런데 조현병 환자는 일반적으로 타인들과 공유되지 못하는 이상한 지각 경험 혹은 신념과 같은 양성 증후와 할 말이 없고, 동기가 낮고, 즐거움을 못 느끼는 것과 같은 음성 증후가 함께 나타난다(Glynn, 2019). 또한 조현병 환자들은 사회적 접촉을 꺼리며 외부 사건에 무관심하고 감정 표현을 못한 채 고립된 생활을 하며, 사고 과정의 장애로 인해 남을 의심하거나 피해의식에 사로잡히기도 하고, 지각 이상으로 인해 환청, 환각, 망상 등의 경험을 한다(박선환 외, 2001). 보사낙과 캐슬(Bosanac & Castle, 2013)은 조현병 환자들이 우울증과 같은 음성 증상 때문에 자살할 가능성이 13배 이상 높다고 하였다. 이외에도 조현병 환자의 가족들은 만성화되는 조현병 환자의 치료에 대한 어려움과 부양에 대한 부담감으로 인하여 우울증, 신체화 증상을 일반인보다 더 높게 경험한다(정재원, 김성재, 2017; Geriani, Savithry, Shivakumar, & Kanchan, 2015). 따라서 조현병은 조기 개입을 통해 질환의 만성화를 예방하는 것이 중요하며, 조현병 환자들에게는 일상생활 적응 능력을 향상시키는 개입이 필요하다.

따라서 조현병을 가진 사람들뿐만 아니라 가족들을 위한 치료가 절실한데, 여러 치료 접근법 중 특히 가족개입은 조현병 환자의 증상을 감소시키도록 하며 환자의 사회 적응을 지원한다. 또한 조현병 환자에 대한 가족 개입은 조현병 증상의 정도를 감소시키는 것에 효과적이며(Pilling et al., 2002; Pitschel-Walz et al., 2001), 사회관계, 직업기능, 사회 적응에 긍정적인 영향을 미친다(Chien & Chan, 2004). 조현병에 관한 임상시험들은 가족중심의 개입이 증상과 재발을 감소시키는 결과를 나타냈다(Dixon et al., 2010). 가족중심 치료가 효과가 있다는 증거에도 불구하고, 조현병에 영향을 받은 사람 중 7% 정도의 환자만 가족중심 개입치료를 받고 있다(Mamani, Weintraub, Gurak, & Maura, 2014).

조현병 환자에 대한 일반적인 가족 개입으로는 가족교육 또는/그리고 1~3회기에서 간단히 제공되는 정신병에 대한 정신의학교육과 같은 가족지원 개입이다(McFarlane, Dixon Lukens, & Luckstcd, 2003; Sota et al., 2008). 이러한 교육치료는 가족구성원들을 정신장애의 진단으로 영향받은 환자들의 전반적인 건강관리에 대하여 중요한 협력자들로 본다(Farmer, Walsh, & Bentley, 1998). 따라서 가족치료는 포괄적이고 효과적인 치료 프로그램의 일부로 모범 사례 지침 중 하나이다(Galletly et al., 2016; Lehman et al., 2004).

배성우(2002)는 조현병 환자와 관련한 대부분의 연구가 사례관리를 포함한 조현병 환자 한 사람뿐만 아니라 가족 전체를 서비스의 대상으로 하는 가족관리 프로그램 개발 및 시행, 조현병의 원인과 치료법에 관한 교육적 자료를 제공하는 가족교육, 조현병 환자로 인한 가족의 부담 감소를 위한 사회적 지지망 구축 등에 초점을 맞춘 교육적 또는 관리적 요소가 더 많이 강조되어 있다고 하였다. 또한 국내에서는 정신의학 분야에서 이루어진 조현병 환자의 증상과 임상적 치료에 관한 연구가 대부분이다(이인수, 2003; 홍순원, 이병욱, 이수일, 1994). 최연자(1987)는 의사소통 강화를 통한 가족치료를 받은 조현병환자의 가족 내 상호작용의 변화를 통제집단 전후를 통하여 비교조사하였다.

이인수(2003)는 형제자매 갈등이 심한 조현병 환자 가족에게 구조적 가족치료 모델, 해결중심 가족치료 모델, 인지행동적 모델을 통합적으로 적용한 가족치료를 실시하였다. 특히 이 사례에서 치료사는 조현병을 진단받은 내담자의 병리적인 행동을 내담자 자신의 문제로 보기보다는 가족의 역기능적 구조 형태에 초점을 두어 개입하였다. 박진영(2011)은 조현병 환자 일곱 가족에 대한 MRI의 상호작용적 가족치료 모델과 보웬(Bowen)의 가족체계이론을 적용한 가족치료 사례연구를 통하여 이 두 가지 모델이 조현병 환자와 가족을 도울 수 있는 효과적인 가족치료적 접근법이라고 하였다. 박진영, 박양진과 박태영(Park, Park, & Park, 2017)은 조현병을 가진 성인 내담자에 대한 가족치료 사례를 통하여 조현병 환자의 치료 과정을 문제 확인 단계, 인지와 통찰력 발달 단계, 기존의 문제를 해결하려고 시도했던 방식을 다루는 단계, 변화 시도 및 유지 단계를 탐색하였다.

그 외에도 조현병 환자의 치료와 관련된 연구로서, 박미원과 엄태완(2022)은 2011년부터 2020년까지 KCI(Korean Citation Index)에 등재된 학술지에 실린 조현병 관련 연구가 있다. 그런데 조현병 환자에 관한 대부분이 양적 연구(103편)였으며, 질적 연구는 10편, 혼합연구는 2편으로 나타났다. 그중 질적 연구를 살펴보면 조현병 환자의 입원 스트레스 경험에 대한 융합연구(박순아, 박근우, 2018), 조현병을 가진 사람의 삶에 대한 현상학적 연구(박미원, 엄태완, 2018), 조현병을 진단받은 환자의 사회성 향상을 위한 집단미술치료 질적 사례연구(유은혜, 한경아, 2019), 조현병에 대한 인식과 회복에 관한 내러티브 연구(김미경, 2020), 조현병 환우 가족의 미술치료 적용을 위한 현상학적 탐구(김윤희, 임나영, 2019)가 있다.

2. 조현병의 진단과 주요 증상과 위험 요인

조현병은 양극성장애와 함께 대표적인 주요 정신질환이며, 그전에는 정신분열증이라는 용어로 사용되었으나 사회적 편견을 감소시키기 위하여 2011년부터 조현병이라는 용어로 변경하였다(김성완 외, 2012). 조현병의 진단은 DSM-5(American Psychiatric Association, 2013)에서 제시한 증상과 증상의 지속 기간에 의해 내려지며, 진단 기준은 다음과 같다. 첫째, 망상, 환각, 와해된 언어, 극도로 와해된 또는 긴장성 행동, 음성 증상(감퇴된 감정 표현, 무의욕증 등)의 다섯 가지 증상 중 최소 두 가지 이상이 1개월 이상 지속되어야 하며, 확인된 증상 중 망상, 환각, 와해된 언어에서 최소 한 가지가 분명히 존재해야 한다. 둘째, 증상으로 인해 하나 이상의 주요 기능 영역(일, 대인관계, 자기관리 등)의 손상이 수반되어야 한다. 셋째, 증상으로 인한 장애의 증후가 최소 6개월 이상 지속되어야 한다. 넷째, 조현정동장애 및 정신병적 양상을 동반한 우울이나 양극성장애는 배제되어야 한다. 다섯째, 발현된 증상이 약물로 인한 생리적 효과 혹은 다른 의학적인 증상이 아니어야 한다. 여섯째, 조현병을 진단하기 위해 다른 정신병적 기분장애와 구별될 수 있는 기분 삽화 부재에서의 망상 혹은 환각 증상이 나타나야 한다.

조현병의 발병 나이는 남성은 15세부터 24세, 여성은 25세부터 34세로 알려져 있다. 또한 조현병 초발환자 중 약 50%는 재발을 경험하며, 75%는 약물치료에도 불구하고 재발하여 입원과 퇴원을 반복한다(대한조현병학회, 2013; 민성길, 2015; 오미영, 2014). 특히 조현병은 만성화되는 예후를 보이는 질환으로, 만성화될수록 치료약물에 대한 반응이 낮아지고, 반복적으로 재발하며, 이로 인한 사회 기능의 저하가 심화되고, 가족의 보호부담 또한 높아진다(김경화, 김태완, 2017; 안희자, 2020; 정재원, 김성재, 2017).

조현병의 증상은 양성 증상과 음성 증상으로 분류되며(민성길, 2015; 송승권, 황정하, 2021), 양성 증상은 망상, 환각, 와해된 사고(언어), 괴이하고 혼란된 행동(긴장증 포함) 등의 증상을 포함한다(민성길, 2015). 이와 같은 증상 중 환각은 외부 자극이 없는 상태에서 일어나는 유사지각 경험으로 조현병 환자는 정상지각과 똑같이 생생하게 환각을 경험하게 되는데, 이러한 환각 중 특히 환청을 경험하게 된다(조영탁, 2021). 양성 증상은 항정신병 약물에 비교적 잘 반응하여 증상이 약물치료를 통해 완화되기도 한다(민성길, 2015). 한편, 음성 증상은 정신 기능의 소실과 결핍, 감퇴된 정서 표현, 무의욕증, 무언증, 무쾌감증, 무사회증 등을 포함한다. 조현병 환자의 음성 증상은 약물치료에 대체로 잘 반응하지 않아서 예후가 좋지 않으며, 사회적 기능을 수행하는 데 어려움을 초래하여 결국에는 질환의 만성화 및 인지장애 등을 통해 환자의 삶의 질을 저해하는 요인으로 작용하게 된다(민성길, 2015; Kirkpatrick, Fenton, Carpenter, & Marder, 2006).

조현병 환자들은 환각, 환청, 망상과 같은 신체적 이상뿐만 아니라 왜곡된 지각과 비현실적인 자아 개념으로 인하여 대인관계에서 상대방을 인식하고 처리하여 반응하는 정보처리 과정에 문제가 있기 때문에 대인관계에서 갈등 상황이 발생했을 때 효과적으로 대처할 수 없다(Lee, Ahn, & Sim, 2000). 조현병이라는 진단명을 처음으로 사용한 블로일러(Bleuler)는 조현병의 증상을 다음과 같은 네 가지로 요약하였다(Maatz, Hoff, & Angst, 2022). 첫째, 사고 과정에서 개념을 연결시키는 연상 과정이 비논리적이며 이완되거나 일탈되는 '연상의 결함 증상'으로 인하여 혼란된 사고나 언어표현을 보인다. 둘째, 감정을 읽고 표현하는 것에 대한 이상을 나타내는 '정동의 결함'은 정서적 무감동과 무관심 그리고 부적절한 정서반응을 보인다. 셋째, 감정, 의지, 사고의 긍정적 요소와 부정적 요소가 동시에 존재하여 혼란스러워하면서 갈팡질팡하는 '양가성의 증상'이 나타난다. 넷째, 현실로부터 도피하여 자신의 내적 세계에만 몰두하게 되는 '자폐 증상'으로 인해 사회적으로 고립되는 양상을 나타낸다. 블로일러는 이와 같은 네 가지의 1차 증상으로 인해 2차 증상인 사고기능장애와 주의집중장애가 나타난다고 하였다(Maatz, Hoff, & Angst, 2022). 특히 조현병은 10대 후반에서 30대 중반인 젊은 나이에 발병하며 경과가 만성적이고 파괴적인 경우가 많다(민성길, 2015). 또한 조현병은 개인의 인지적 · 정서적인 면에서 전반적인 기능의 손상과 직업의 유지, 대인관계 등 사회적인 기능을 손상시킨다(강복인, 2015; 양승희, 전경선, 2015; Hooker & Park, 2002). 조현병은 정신과 치료를 지속하더라도 재발이 잦고, 이로 인해 재입원을 하여 치료가 장기화되는 경향이 있으며(임희수, 한금선, 2013; 진명자 외, 2014), 지속적인 만성화 과정을 거치기 때문에 이 병으로 인한 사회의 직간접 비용이 매우 커질 수 있다(Kopelowicz, Liberman, & Zarate, 2006; Roder, Mueller, Mueser, & Brenner, 2006).

3. 조현병의 원인

조현병의 원인에 대한 학설은 다양하나 오랫동안 많은 임상적 이해와 치료의 발전에도 불구하고 정확한 원인에 대해서는 아직까지 밝혀지지 않고 있다(Buchanan et al., 2007; Keefe et al., 2007). 왜냐하면 조현병의 개념이 명확하게 규정되지 않았고 여러 가능한 원인의 개별적인 영향력을 측정할 수 없으며, 조현병 진단 기준이 아직은 동질적 집단을 구성하지 못하였고, 이러한 진단 기준을 사용한 조현병 환자들에 대한 연구 결과가 비일관적이며, 인간 행동에 영향을 미치는 요인들이 매우 복잡하기 때문이다(권석만, 2013). 따라서 조현병은 생물학적, 심리, 사회환경 요인들이 서로 상호작용하여 발생하는 것으로 볼 수 있다. 이에 대한 구체적인 요인들을 살펴보면 다음과 같다.

1) 생물학적 요인

조현병 원인에 대한 생물학 입장은 조현병을 뇌의 장애로 규정하고 뇌의 구조적 또는 기능적 결함, 신경전달물질의 이상이 조현병을 야기시킨다고 보았다(권석만, 2013). 조현병 환자의 뇌구조 연구에서는 조현병 환자 중 10~50%가 측뇌실의 확대를, 10~35%가 대뇌피질의 위축을 보인다고 하였다. 이와 같은 뇌의 기능적 이상으로 인하여 뇌의 활동이나 반응이 느려지거나 기능이 저하되고 이는 조현병을 유발한다. 신경전달물질 가설 중에 도파민 가설이 가장 우세한데, 도파민은 뇌의 여러 가지 신경전달물질 중 조현병과 관련된 물질이다(권석만, 2013). 한편, 뇌에 대한 트라우마의 영향은 실제적인 뇌구조에 대한 변화를 일으키며, 이것이 자녀가 정신질환을 발달하는 데 있어서 더 민감하게 할 수 있다(Bremner, 2002). 또 다른 조현병의 원인에 대한 생물학적 입장은 조현병이 임신하는 과정과 출산 당시의 문제들과 바이러스로 인한 감염에 의하여 발생한다는 것이다. 따라서 출생 전후의 생물학적 환경, 즉 태내 조건, 출생 시의 문제, 출생 직후의 문제가 조현병의 원인이 될 수 있다는 가설이다. 이 가설에 대한 두 가지 이견이 있다. 첫째, 이 가설을 그대로 지지하는 입장이다. 둘째, 이들 요인이 조현병의 직접적인 원인이기보다는 유전적 소인을 촉발시키는 요인으로 기능한다는 입장이다(권석만, 2013).

한편, 가계 연구와 쌍생아 연구에 따르면 조현병 환자의 부모나 형제자매는 일반인의 10배, 조현병 환자의 자녀는 일반인의 15배까지 조현병에 걸릴 가능성이 있으며, 부모 모두 조현병일 경우 자녀의 조현병 유병률은 46%가 된다(권석만, 2013; 유수현 외, 2010). 쌍생아 연구에서도 일란성 쌍둥이의 공병률은 57%, 이란성 쌍둥이는 남녀의 성이 같은 경우에는 12%, 성이 다른 경우에는 6% 정도라고 보고하였다. 이와 같은 결과는 조현병 발생에 대한 유전적 요인의 영향력을 설명하고 있지만, 유전자가 완전히 동일한 일란성 쌍둥이의 경우에도 공병률이 57% 정도라는 것은 유전적 요인 외에도 또 다른 요인들이 있다는 것을 보여 준다(권석만, 2013; 민성길, 2015). 또한 조현병 환자 중에 같은 장애를 가진 가족이 있는 경우도 있지만 그렇지 않은 경우도 있는데, 가족 중에 같은 장애를 지닌 환자가 있는 경우는 유전적인 요인이 중요하게 작용하는 것으로 볼 수 있으며, 그렇지 않은 경우는 환경적인 요인이 작용한 것으로 볼 수 있다(권석만, 2013)

2) 심리 요인

조현병과 관련하여 많은 학자가 조현병 원인을 환자의 모자관계에서 파생되었다고 보았다. 설리반(Sullivan, 2014)은 조현병은 초기 대인관계, 특히 모자관계로 인하여 유발된다고 보았다. 말러(Mahler)는 어머니는 아이에게 욕구 충족과 안정감의 근원이지만 점차 아이가 어머니로부터 분화하여 독립된 개체로 성장해 나간다고 하였다. 그러나 조현병 환자는 어머니로부터 분화가 실패하여 미분화 상태로 있기 때문에 점차 조현병에 걸릴 가능성이 높아진다고 보았다. 즉, 조현병은 자녀가 어머니와의 안정된 공생관계를 형성하는 데 실패한 결과로 발생된다는 것이다(Pine, 2004). 이와 같은 내용은 프로이트(Freud)의 갈등 모델이나 결손 모델과 유사한데, 자녀에게 강한 심리적 갈등이 발생하면 자아기능이 유아적 단계로 퇴행하게 된다는 갈등 모델과 조현병이 처음에는 갈등으로 발생되지만 외부세계로 향했던 리비도 에너지가 차츰 내부로 철수되어 환자의 자기상이나 신체상에 투영되면 망상이나 환각 증상을 겪게 된다는 결손 모델과 유사하다. 다시 말하면, 조현병은 심리적으로 자아의 경계가 허물어져 외부 현실과 심리적 현실을 구분하지 못하여 환각과 망상을 현실로 지각하게 된다고 볼 수 있다(Frosh, 2012).

한편, 인지적 이론은 조현병의 원인이 인지 기능의 손상으로 인하여 발생된다고 보았다. 조현병 환자는 초기에 외부 자극에 지나치게 민감하게 반응하거나 외부 자극을 잘 인지 못하고 위축되는 양상을 보이는데 이것이 인지장애나 사고장애로 연결된다는 것이다. 이와 같은 심리적 혼란을 감소시키기 위해 조현병 환자들은 지나치게 단순한 논리로 혼란스러운 경험을 설명하려고 한다. 따라서 조현병 환자들은 망상을 발달시키거나 외부 자극에 지나치게 무감각한 태도를 취함으로써 사회적 관계를 회피하고 고립된 생활을 한다(원호택, 이훈진, 2009). 또한 조현병 환자들이 작업기억의 손상을 나타낸다는 연구들이 있는데, 이러한 인지적 기능의 결함은 전두엽 피질의 기능 이상과 관련된 것으로 여긴다. 최근에는 조현병 환자의 뇌 기능 이상과 기능 손상의 관계를 증명하는 신경심리학적 연구가 활발히 진행되고 있다(권석만, 2013).

3) 가족 요인

대부분의 의학계에서는 조현병을 여전히 생물학적인 장애로 보고 있음에도 불구하고, 외적 환경 스트레스가 조현병의 발달에 영향을 미친다. 포포빅 등(Popovic et al., 2019)은 어린 시절 학대와 트라우마가 조현병 혹은 또 다른 정신적 장애를 유발시키는 요인이 될 수 있다고 하였다. 대부분의 조현병 환자는 신체적 · 언어적 · 성적 학대를 경험한 어린 시절의 트라우마를 인정하며, 조현병 여성 환자의 69%와 남성 환자의 60%가 어린 시절에 학대를 경험한 것으로 나타났다(Schenkel, Spaulding, DiLillo, & Silverstein, 2005).

조현병 발병에 영향을 미치는 가족관계가 가장 중요한 요인은 자아 미분화와 가족 간 의사소통 요인을 들 수 있다. 보웬(1978)은 조현병 환자와 가족을 함께 치료하면서 조현병이 부모와의 미분화 문제, 특히 자녀와 어머니와의 공생 문제로 인하여 발생한다고 보았다. 즉, 조현병 자녀와 어머니와의 공생관계는 전체 가족구성원들에게도 영향을 미쳐 '미분화된 가족자아덩어리'의 특성을 가지고 전체 가족이 마치 하나의 집단처럼 감정적인 반응을 한다(Bowen & Kerr, 2009). 보웬은 조현병 환자인 자녀와 어머니의 관계가 가까워졌다가 멀어지는 주기가 반복되면서 어머니와 자녀의 관계에서 정서적 긴장의 변화가 발생되고 있다는 것을 발견하였다. 그는 이와 같은 모자 혹은 모녀 관계에서 조현병 환자들의 분리불안이 그 저변에 있다는 것을 발견하게 되었다(박태영, 2022; Bowen & Kerr, 2009).

그레고리 베이트슨(Gregory Bateson)은 돈 잭슨(Don Jackson)과 함께 정신조사연구소(Mental Research Institute: MRI)에서 조현병 환자 가족 전체를 관찰하면서 그들이 사용하는 역설적인 의사소통 방식을 연구하였다. 특히 베이트슨은 의사소통 방식이 가족 간의 관계를 규정한다는 것과 규정된 관계가 항상성을 유지하려는 가족 본래의 속성에 의해 확고해진다고 하였다(Nichols, 2014). MRI 집단은 조현병 환자 가족이 사용하는 역설적인 표현 방식으로서 이중구속 또는 이중속박 개념을 발견하였다. 이중구속이란 한 사람이 다른 사람에게 논리적으로 상호 모순되고 일치하지 않는 두 가지 메시지를 동시에 전달하는 것을 의미한다. 초기의 의사소통 이론가들은 조현병을 가진 환자의 가족들에게서 이러한 상호 모순된 의사소통이 매우 빈번히 발생한다는 것을 발견하였다. 즉, 가족들의 상호 모순된 메시지는 아동을 어떠한 메시지에도 반응할 수 없는 혼란한 상황에 놓이게 함으로써 결국 조현병으로 반응할 수밖에 없게 된다는 것이다(박태영, 2022).

4) 사회환경 요인

주빈과 스프링(Zubin & Spring, 1977)은 조현병의 발병 과정과 임상 결과를 설명하기 위하여 취약성-스트레스 모델을 제안하였는데, 개인의 취약성 혹은 소질이란 개인 발달 과정에서 유전적 소인과 환경의 지속적인 상호작용 과정에서 형성된 정신병리에서의 취약성을 의미한다. 이 모델에서는 유전적 소인이나 뇌신경계의 이상을 지닌 개인이 환경과 상호작용하는 가운데 특정 심리장애에 취약한 행동적 · 정서적 · 인지적 특성을 형성하게 된다고 본다. 이와 같은 개인의 취약성은 신체적 · 생물학적 또는 심리적 · 사회적으로 나타날 수 있다고 본다. 그렇지만 이런 취약성이 바로 장애나 증상으로 나타나는 것이 아니라 취약성을 지닌 개인이 스트레스 사건과 같은 환경에 직면하면 장애가 발현된다는 것이다. 여기서 환경 조건도 생물학적 · 심리적 · 사회적 요인 간의 상호작용으로 나타나게 된다. 개인마다 취약성의 정도가 다르기 때문에 동일한 환경 조건하에서도 어떤 사람은 장애가 나타나고 어떤 사람은 나타나지 않게 된다. 즉, 유전적 · 생물학적 취약성을 가지고 있더라도 심각한 사회적 · 환경적 스트레스가 없으면 조현병이 나타나지 않을 수도 있다. 반면, 유전적 · 생물학적으로 건강하더라도 감당할 수 없는 스트레스를 지속적으로 경험한 사람은 이러한 스트레스가 조현병 발병에 영향을 미친다. 이 취약성-스트레스 모델은 불안장애나 성격장애뿐만 아니라 조현병에도 적용된다(이훈진, 이준득, 2016). 또한 조현병이 발생하더라도 스트레스가 줄어들면 증상이 감소되고 발병 전의 기능 수준으로 회복될 수 있다고 가정한다. 실제로 조현병 환자의 80% 정도는 현저하게 호전될 수 있으며 40% 정도는 재발하지 않았다는 연구 결과가 있다(권석만, 2013). 이 모델은 조현병의 원인으로 제시된 다양한 요인을 통합하여 조현병의 유발과 경과를 설명하고 조현병의 치료와 예방을 위한 시사점을 보여 준다(권석만, 2013).

4. 조현병치료 접근법

조현병 치료에는 약물치료, 심리치료(인지행동치료, 인지재활치료, 집단정신치료, 가족치료, 가족심리교육), 사회성 훈련치료, 물리치료, 원예치료(김혜상, 유용권, 2005; 손기철 외, 2004; 이혜진, 안창연, 심우경, 2000)와 영화치료(유인철, 배진아, 2008), 미술치료(박선영, 박경화, 2022) 등 다양한 접근법이 있다. 한편, 조현병에 대한 치료는 약물치료와 재활치료로 나눌 수 있는데, 조현병 환자의 사회적 기능 향상을 위한 다양한 재활치료가 적용되고 있다(이춘희, 우국희, 2012). 조현병 환자들에게 약물을 합리적으로 사용할 경우에 다른 치료보다 더 좋은 반응을 보일 수 있으며(민성길, 2015), 조현병 환자의 2/3 정도가 약물치료로 호전된다(원호택, 이훈진, 2009; 이훈진, 이준득, 2016). 약물은 조현병 증상을 효과적으로 통제 또는 조절하고 재발을 낮춘다(Dixon, Adams, & Lucksted, 2000; Dixon, & Dickerson et al., 2010).

그런데 조현병의 유형이 다양하고 같은 증상이라 할지라도 환자마다 약물의 치료 효과가 달라서 처음부터 환자에 맞는 약물을 선택하기가 힘들다. 따라서 환자에게 가장 잘 맞는 약물을 선택하기까지 몇 가지 약물이 시도되는 것이 일반적이다(이훈진, 이준득, 2016). 또한 약물치료는 환자의 증상 제거에만 초점을 두기 때문에 환자들이 겪는 사회적인 문제, 즉 일상생활에서의 낮은 대처 능력과 대인관계에서의 어려움 등의 측면에서 효과적인 대응을 못할 뿐만 아니라 약물로 인한 부작용도 문제가 된다(장선덕, 2007; Kraemer et al., 2006). 또한 환자에 따라 잘 듣는 약이 있고 잘 듣지 않는 약이 있으므로 조현병 환자의 상태와 과거 병력에 따라 약물치료를 신중하게 선택해야 한다(최정윤, 박경, 서혜희, 2000). 약물은 일반적으로 조현병 치료에 필요한 요소이지만, 신경인지 손상 및 사회적 · 기능적 기능의 회복에는 데는 한계가 있다(Bellack, 2022).

그러므로 약물치료와 함께 조현병 환자가 타인과 바람직한 의사소통을 하도록 하여 잘 적응하고 독립적으로 생활하도록 도울 수 있는 심리사회적 접근법이 필요하다(이혜진, 안창연, 심우경, 2000; 이훈진, 이준득, 2016; Reeder et al., 2006; Tschacher & Kupper, 2006). 따라서 조현병 환자를 위한 심리사회적 개입이 통합적인 개입 프로그램에 있어서 중요한 역할을 할 수 있으며, 만일 치료가 조현병 환자 기능의 전반적인 수준, 삶의 질 그리고 처방된 치료를 준수하는 맥락에서 본다면 필수 요소가 될 수 있다(Bellack, 2022).

한편, 리더 등(Reeder et al., 2006)은 조현병 환자들이 약물 복용만을 계속할 경우 1년 내 재발할 확률이 0~40%나 되지만 심리사회적 치료를 병행했을 경우에 재발병률이 10% 이내까지 감소할 수 있다고 하였다. 조현병의 경과와 예후에 영향을 미치는 중요한 요인인 의사소통능력, 사회기술, 스트레스 대처능력, 가족관계 및 가족들의 환자에 대한 태도 등은 약물로 변화될 수 없다. 따라서 조현병 환자의 증상 제거 후에 수반되어야 할 치료 목표가 사회 적응이라는 측면에 볼 때 심리사회적 치료가 조현병 환자의 사회복귀와 적응에 유용하다(박진영, 2011; 이훈진, 이준득, 2016). 다음은 조현병 환자를 위한 개인심리치료로서 정신역동적(심리분석적) 치료와 인지행동치료, 가족치료이론으로서 MRI 의사소통이론과 보웬의 가족체계이론에 대하여 살펴보겠다.

1) 개인심리치료

(1) 정신역동적(심리분석적) 치료

프로이트(Freud)는 조현병을 통합된 자아가 발달하기 이전 단계인 오이디푸스 단계 이전의 심리적 갈등과 결손에 의해 발생하는 장애로 보았다. 그에 의하면 조현병은 신경증과 마찬가지로 갈등과 방어에 의해 형성되는데, 신경증과의 차이는 양적인 것으로 조현병에서의 갈등이 훨씬 더 강력한 부정, 투사와 같은 방어기제가 사용된다고 하였다(권석만, 2013). 또한 프로이트(2005)는 조현병이 부모와 성공적인 애착을 형성할 수 없는 자녀들의 무능력 때문에 야기된 어린 시절 트라우마로 인하여 발생한다고 하였으며, 부모와의 애착관계 형성의 실패가 자녀의 뇌와 신경체계의 손상을 야기시킨다고 보았다.

조현병 정신치료기법의 원칙을 살펴보면 다음과 같다(최정윤. 박경, 서혜희, 2000). 첫째, 치료의 주된 초점은 관계를 재형성하는 데 둔다. 둘째, 치료의 방법과 내용상 치료사는 환자와 유동적이며 유연하게 거리를 유지한다. 셋째, 치료사는 수용적인 분위기를 만들도록 노력해야 한다. 넷째, 치료사는 환자에 대한 보조자 역할을 한다. 다섯째, 치료자는 환자에게 진실하고 개방적이어야 한다. 여섯째, 치료사는 환자와 치료적 동맹관계가 견고해질 때까지는 해석을 미루어야 한다.

조현병에 관한 연구들은 비록 심리분석치료가 감소되었다고는 하지만 조현병 환자에게 여전히 도움이 된다는 것을 보여 준다(Curry, 2022). 로젠바움 등(Rosenbaum et al., 2012)은 조현병 환자 296명에게 전통적인 심리분석치료를 실시하였는데, 이 연구에서 심리분석치료가 조현병 환자들의 사회적 기능을 향상시켰고 비적응적 행동을 감소시켰다는 것을 확인하였다. 맥글래산(McGlashan, 1984)은 퇴원 후 평균 15년간 정신분석적 치료를 받은 조현병 환자 163명 중 1/3은 중등도 이상의 호전을 보였다고 하였다.

(2) 인지행동치료

예전에는 조현병에 대한 심리치료가 효과적이지 않다는 견해가 지배적이었으나 최근 10여 년간의 연구 결과에서는 심리치료, 특히 인지행동치료가 효과적이라는 것이 입증되고 있다(Bellack, 2022; Lencer et al., 2011; Steel & Smith, 2013; Tsuang, Farone, & Glatt, 2011). 조현병 환자에 대한 인지행동치료는 인지적 과정을 목표로 하는 행동훈련에 입각한 개입이며, 인지행동치료는 조현병 환자의 증상 완화와 재발 방지에 효과적인 것으로 알려져 있다(Wykes et al., 2011).

국외 선행연구에서는 인지행동치료가 조현병 환자의 인지적 변화를 야기시켜 역기능적인 사고를 수정하고 특정 상황에 대한 지각을 변화시킴으로써 망상과 환각의 강도뿐만 아니라 양성 증상과 음성 증상을 모두 완화시킨다고 하였다(Beck, 2020; Bustillo, Lauriello, Horan, & Keith, 2001; Sarin, Wallin, & Widerlöv, 2011). 인지행동치료는 조현병 환자가 특정 문제 상황에 대처할 수 있는 기술을 습득하게 함으로써 일상생활에서 환자의 적응능력을 향상시킬 수 있는 것으로 나타났다(Beck, 2020; Dobson & Dobson, 2010).

조현병 환자를 대상으로 한 인지행동치료 프로그램의 효과성에 관한 국내연구에 따르면, 인지행동 치료 프로그램이 조현병 환자의 인지기능 향상(김명식, 임영란, 2000; 김신정, 2013; 이원혜, 황태연,이우경, 2001; 이혜연, 김양태, 2014; 황희수, 이성규, 성혜연, 2022), 우울과 불안 감소(현미열, 유숙자, 이종은, 2004), 사회기술 향상과 대인관계 기능에 긍정적인 영향을 미쳤다(현미열, 2017)고 하였다. 이 외에도 인지행동치료가 조현병 환자의 행복감(김보미, 조옥귀, 2018)과 조현병 환자의 삶의 질과 심리적 안녕감(김미영, 전성숙, 2016; 이재운, 박현숙, 2018; 현미열, 유숙자, 이종은, 2004), 자존감과 자기효능감(정수지, 오승진, 2015; 현미열, 2017)의 증진에 영향을 미친 것으로 나타났다. 따라서 인지행동치료는 조현병 환자의 정신병적 증상을 감소시키고 심리사회적 기능 향상을 통해 재발 위험을 감소시키는 근거 기반에 입각한 치료 방법이라고 볼 수 있다(김보미, 조옥귀, 2018; 황희수, 이성규, 성혜연, 2022).

인지행동치료는 조현병 환자들의 인지기능뿐만 아니라 실생활에서 사회적 기능에도 긍정적인 도움을 준다(Kambeitz-Ilankovic et al., 2019; Lejeune, Northrop, & Kurtz, 2021; Vita et al., 2021). 따라서 인지치료가 조현병 환자들의 회복을 위해서 매우 중요한 치료임에는 분명하다(Vita et al., 2022). 그렇지만 호프만 등(Hofmann et al., 2012)은 인지행동치료가 특히 양성 증상과 정신장애의 이차적인 결과에는 특히 효과성이 있으나, 만성 증상 혹은 재발 예방에 대해서는 가족 개입 혹은 정신약리학 치료보다는 덜 효과적이라고 하였다. 따라서 인지행동치료의 일차적인 사용은 많은 조현병 환자가 경험하는 인지적인 왜곡과 비합리적 신념을 변화시키는 데 도움이 된다(Hofmann et al., 2012). 특히 조현병, 우울증을 위한 최고의 치료는 항정신병 약물과 인지행동치료를 함께 사용하는 것이다. 한편, 치료사들은 인지행동치료를 조현병 환자들에게 약물복용의 중요성을 격려하는 차원에서 사용할 수 있다(Warriach, Sanchez-Gonzalez, & Ferrer, 2021).

2000년대 초반에 조현병의 양성 증상에 대해 영향력 있는 두 인지행동치료(Garety et al., 2001; Morrison, 2001)가 제안되었다. 이 두 모형 모두 부정적 핵심 신념, 위협에 대한 과도한 경계, 확증 편향, 안전행동을 강조하였고, 정신병과 관련된 광범위한 심리과정을 통합하였다는 점과 정신병의 이질성을 포함할 정도의 유연성이 있다는 강점을 가졌다(Steel & Smith, 2013). 최근에는 전통적인 인지치료에 초점을 두었던 인지 내용과 빈도 변화보다 개인의 역사적 · 상황적 맥락을 강조하고 체험의 맥락을 변화시킴으로써 행동의 유연성을 증가시키기 위해 수용 및 마음챙김 절차를 도입한 맥락적 인지행동치료(Contextual CBT)가 주류를 형성하고 있다. 대표적인 치료적 접근으로 수용전념치료(Acceptance and Commitment Therapy; Hayes, Strosahl, & Wilson, 1999), 마음챙김 기반

인지치료(Mindfulness Based Cognitive Therapy; Wells, 2002), 인간 기반 인지치료(Person Based Cognitive Therapy; Chadwick, 2006)가 있다. 이러한 접근법들은 조현병 환자의 망상과 환각뿐만 아니라 심리적 고통 수준 감소, 분노와 공격성 및 폭력성에 대한 개입, 재발 방지 및 사회기술 훈련, 정신병 고위험 개인을 위한 치료, 입원 환자의 급성기치료 등 다양한 영역에서 특화된 치료법들을 소개하였다(이훈진, 이준득, 2016).

2) 가족치료이론

(1) MRI 의사소통이론

MRI(Mental Research Institute) 집단의 연구 결과인 이중구속(double bind)은 역설적 의사소통의 대표적 유형이다. 이중구속이란 한 사람이 다른 사람에게 논리적으로 상호 모순되고 일치하지 않는 두 가지 메시지를 동시에 전달하는 것을 의미한다. 초기의 의사소통 이론가들은 조현병을 가진 내담자의 가족에게서 이러한 상호 모순된 의사소통이 매우 빈번히 일어나는 것을 발견하였다. 즉, 가족들의 상호 모순된 메시지는 아동을 어떠한 메시지에도 반응할 수 없는 혼란된 상황에 놓이게 함으로써 결국 조현병으로 반응할 수밖에 없게 만든다. 주로 이중구속 상황은 개인(주로 아동)이 중요한 관계를 맺고 있는 인물(주로 성인)로부터 반복된 모순적 메시지를 받을 때 생긴다(Goldenberg, Stanton, & Goldenberg, 2017). 이중구속 메시지는 특히 더 권위적인 위치에 있는 사람이 금지명령을 독특하고 파괴적인 형태로 다른 이에게 내용이 다른 논리적으로 모순되는 두 가지의 메시지를 동시에 줌으로써 수신자가 모순적인 상황에 처하게 하는 것이다(Bateson, 1976). 역설적인 메시지의 수신자는 어떠한 메시지에도 반응할 수 없음을 알게 됨으로써 어쩔 수 없이 혼란을 겪는다(Goldenberg, Stanton, & Goldenberg, 2017). 역설적인 의사소통 방식은 혼란을 겪고 있는 가족구성원들에게 당사자가 조현병이 있다는 것을 인식하지 못하게 할 수 있다(Bateson, 1976). 이중구속 메시지를 조현병의 원인으로 보고 있지는 않지만 복잡한 가족 의사소통 방식과 증상에 영향을 미치는 관계를 이해하는 데에 유용하다.

와츨라윅, 위클랜드와 피쉬(Watzlawick, Weakland, & Fisch, 1974)는 해결하려 시도했던 방안들이 오히려 가족 문제를 유지하거나 심지어 악화시키는 데에 기여한다고 하였다. 즉, 사람들은 어려움을 경험하거나 변화에 저항하는 것이 아니라 오히려 해결할 수 없는 반복적인 부적절한 해결 방식들에 갇혀 있는 것이다(Goldenberg, Stanton, & Goldenberg, 2017). 따라서 MRI 치료사는 문제를 일으키는 과거의 경험이나 가족이 어떤 통찰력과 구조조정이 필요한지에 대하여 찾기보다 내담자의 행동을 지속시키는 것과 내담자를 변화시키기 위해 그들이 무엇을 해야 하는지를 발견하고자 한다(Goldenberg, Stanton, & Goldenberg, 2017).

MRI 단기가족치료는 일반적으로 10회기를 초과하지 않아 단기적이며 실용적이고, 비역사적이며, 대부분의 인간의 문제는 삶 속에서 정상적인 어려움을 잘못 다루는 것에 의하여 발전된다는 생각에 입각한 단계적이고 전략적인 접근 방법이다. MRI 관점에서 볼 때 가족들이 시도해 온 '해결책'이 문제가 되며, 따라서 이 해결책은 사람들이 문제를 해결하기 위하여 거의 똑같은 시도를 유지하는 방법이다. MRI의 행동적인 관점은 장애 증상을 내담자의 문제라고 보지 않고 내담자의 불평으로 본다(Goldenberg, Stanton, & Goldenberg, 2017).

치료사는 제시된 문제를 신속하고 구체적으로 해결하는 데 초점을 두며, 가족내력이나 개인적인 진단은 무시하고 증상에 초점을 맞추며 행동 지향적이다(Snider, 1992; Wylie, 1990). 치료사는 적극적이며 유연성이 있고 가족 문제를 해결하기 위한 전략을 고안하며(Gladding, 2018), 가족구성원들이 경쟁적인 자세(승리자와 패배자가 존재하는)에서 협력하는 자세(모두 다 승리하는)로 가족역동성을 바꾸는 변화를 이루도록 돕는다(Weakland, 1993). 치료사는 내담자와 내담자의 가족구성원들에게 과제를 부여함으로써 변화를 가져오도록 돕는다(Gladding, 2018). MRI 가족치료사들은 모든 가족구성원이 상담에 참여해야 한다고 주장하지는 않는다. 그들은 단지 동기화된 가족구성원들과 상담하는 것에 만족한다. 그들의 중요한 작업은 위기 이전에 실패한 해결책에 대한 정보를 수집함으로써 실패한 해결책을 반복하지 않게 하는 것이다. 그다음 사례 계획을 세우고 문제를 영속화하는 데 영향을 미치는 초기의 반복적으로 시도된 해결책을 변화시키기 위하여 기회가 될 때마다 시도된 해결책에 개입을 하는 특별한 치료 목표를 세운다(Segal, 1991). 한편, 치료사는 가족의 문제를 그들의 변화를 가져오기 위하여 이용하며, 이를 위해서 보통 치료 회기 사이에 실행될 수 있는 과제를 내준다(Snider, 1992).

MRI 치료는 팀접근 방식을 취하는데, 비록 가족이 주 치료사에게 할당이 되긴 하지만 다른 팀원들도 일방경 뒤에서 상담을 관찰하고 상담 과정에서 조언과 피드백을 제공한다. 그리고 치료사가 직접 전화를 걸어 제안을 한다. 이와 같은 모든 노력은 가족의 상호작용패턴에 대한 변화를 가속화하기 위한 것이다. 특별한 경우(예: 치료사와 가족이 교착상태에 빠졌을 때)에 팀원 중 한 명이 방에 들어가서 주 치료사나 혹은 내담자들에게 관찰자로부터 지시사항이 곧 나올 가능성이 높다고 언급할 수도 있다. 팀 토론은 첫 번째 가족을 만나고 나서 각각의 상담 회기 전후에 이루어진다. 주 치료사가 아닌 한 명의 팀원이 추후 상담센터에서 치료를 받고 있는 가족구성원에게 전화를 하여 현재 문제의 변화를 평가한다(Goldenberg, Stanton, & Goldenberg, 2017).

MRI 집단에서는 문제란 가족생활주기를 통하여 개인이나 가족이 접하는 기회 혹은 변하는 환경으로 인해 형성되는 것이라고 본다. MRI 집단은 문제 발달에 필요한 것으로 두 가지 조건을 제시하였는데, 첫째는 어려움을 잘못 다루는 것이고, 둘째는 문제를 해결하려는 시도의 실패와 결국에는 악순환을 유발할 똑같은 문제해결 방식의 계속적인 적용이라고 하였다(Watzlawick et al., 1974). 즉, MRI 집단은 '문제'를 오랫동안 그 문제를 변화시키려고 지속해 온 바람직하지 못한 행동들로 이루어진 것으로 본다. 그러한 문제행동들이 지속되는 것은 일차적으로 사람들이 그 문제행동들을 변화시키려고 했던 방법, 즉 사람들의 '시도된 해결책'에 있다고 본다. 내담자는 효과가 없는 방법으로 문제를 해결하려는 시도 속에서 곤경에 처하게 된다는 것이다. 이와 같은 결실 없는 노력이 오히려 내담자의 삶을 진척시키는 것을 막을 수 있다. 따라서 치료사의 일차적인 임무는 기존의 행동을 다른 새로운 행동으로 대체하거나 본래의 문제행동을 '하찮은 문제'로 재평가함으로써 내담자에게 지금까지 시도해 온 해결책이 어떤 것인지 알려 주는 것이다(Weakland, 1993). 한편, 앤거-디아즈(Anger-Diaz, 2003)는 MRI 모델이 행동주의적이면서도 인지주의적인 모델이라고 보고 있으며, 위클랜드(Weakland) 역시 MRI 모델이 질문을 통하여 내담자의 사고(인지)의 변화를 추구하였다고 하였다(Anger-Diaz, 2003). MRI 치료에서 내담자의 8단계는 문제 정의하기, 시도된 해결책 확인하기, 내담자 위치 결정하기, 개입 방법 구상하기, 내담자에게 개입 방법 설명하기, 과제 부여하기, 과제 추후 수행하기, 종결(박태영, 김현경, 2011)이다. MRI 모델에 대한 자세한 내용은 『가족치료 이론과 실천』(학지사, 2022)을 참조하기 바란다.

(2) 보웬의 가족체계이론

보웬의 가족체계이론은 가족을 정서적 단위로 보고 단위 내의 복잡한 상호 작용을 기술하기 위해 체계 기반의 사고를 사용한다(Kerr & Bowen, 1988). 보웬은 조현병 환자의 증상이 개인의 문제로 인하여 발병하기보다는 어머니와의 관계로 인하여 발생한다는 것을 이해하게 되면서 조현병 환자뿐만 아니라 환자와 어머니의 관계로 관심을 확장하였다. 그는 메닝거클리닉에서 1954년까지 모자공생관계에 대한 연구를 하였는데, 이 연구에서 그는 반복적인 관계 유형을 관찰하게 되었다. 즉, 그는 조현병 환자인 자녀와 어머니의 관계가 가까워졌다가 멀어지는 주기가 반복되면서 어머니와 자녀의 관계에서 정서적 긴장의 변화가 발생되고 있음을 발견하였다. 그는 이와 같은 모자녀관계에서 격리불안이 그 저변에 있다는 것을 이해하게 되었고, 이러한 관찰을 통하여 '불안애착'이라는 개념에 초점을 두었다. 이 '불안애착'은 이성과 자기통제가 불가능하다고 보는 불안에서 발생하는 것으로 일종의 병리적 애착이다. '불안애착'은 분화의 주요한 측면으로 볼 수 있는 '기능적 애착'과는 정반대의 개념이다(Nichols, 2014). 정서적인 연계는 부모-자녀 및 다른 가족 관계의 맥락에서 젊은 사람이 분화되는 것에 영향을 미칠 수 있다. 자아분화는 관계 체계 내에 개별성과 연합성에 대한 개인의 절충을 기술하며 경험에 기여하는 지적 과정과 정서적 과정 사이를 구분한다(Bowen, 1978). 보웬은 자아분화가 더 낮은 수준에 있는 융합된 가족구성원들이 다른 가족구성원들을 개별적으로 보기보다 자신들의 연장선에 바라보는 경향이 있어 자기 정의를 내리는 것과 개인의 성장 가능성에도 영향을 받는다고 하였다. 개별성과 연합성의 경험은 문화적인 맥락에서도 영향을 받는다.

보웬의 가족체계이론은 제시되고 있는 임상적 문제에 상관없이 다음과 같은 두 가지 기본 목표를 가진다. 첫째, 체계 내의 만성적인 불안에 대한 감정적인 반사행동 줄인다. 둘째, 적응력을 증진시키기 위한 각 개인의 분화 수준을 높인다(Kerr & Bowen, 1988). 일반적으로 두 번째 목표가 성취되기 위해서는 첫 번째 목표가 성취될 필요가 있다. 궁극적으로 확대가족에 대한 과도한 감정적인 상호작용이 변화되어야만 하며, 이로 인하여 핵가족구성원들에 대한 더 높은 자아 분화가 이루어진다.

먼저, 체계 내의 만성적 불안에 대한 감정적인 반사행동을 줄이는 것은 분화를 높이는 것과 밀접한 관련이 있다. 분화가 높아질수록 불안은 감소된다. 불안 감소가 일반적으로 분화 수준을 높이는 것보다 선행되어야 하므로, 치료의 최종 목표라기보다는 치료 과정에 포함될 수 있다. 불안 감소라는 일반적인 목표는 불안장애를 다룰 때와 혼동이 될 수 있기 때문에 좀 더 실제적인 임상적 목표는 내담자의 구체적인 역동을 반영하는 것이 좋다. 예를 들면, 자녀의 폭력적인 행동에 부모의 감정적인 반사행동을 줄이거나 자녀 양육 또는 가사분담에 있어서 배우자에 대한 감정적 반사행동을 줄이는 것이다.

분화 수준을 높이는 것은 각 내담자에 따라 다르게 정의될 필요가 있다. 예를 들어, 부부관계에서 친밀감을 향상시키면서 서로의 차이에 대한 포용심을 높여 분화 수준을 높이는 것은 단순히 분화 수준 높이기라는 목표를 정의하는 것보다 더 잘 정의된 것이라고 볼 수 있다(Gehart, 2016).

보웬 가족체계 치료사들은 정신분석에서와 같이 증상 또는 문제를 해결하려 하거나 사람을 변화시키려고 시도하지 않는다. 왜냐하면 문제는 개인이 아니라 바로 체계에 있다고 생각하기 때문이다. 그들은 치료를 내담자들이 자신의 문제들에 대한 책임감을 질 수 있도록 하기 위하여 자신들과 타인들과의 관계에 대하여 배울 수 있는 기회를 제공하는 것으로 보았다. 보웬의 가족체계 치료사들은 가족구성원들이 가족 문제에서 자신들의 역할을 탐색하기 위하여 적극적인 질문을 통하여 과거를 비난하는 것을 이해할 수 있도록 돕는다. 가족 문제들의 패턴을 추적한다는 것은 과정과 구조에 초점을 두는 것을 의미한다. 여기서 과정이란 정서적인 반응의 패턴을, 구조는 연결된 삼각관계망을 의미한다. 체계를 변화시키기 위해서는 부부가 연루되어 있는 가족 내에서의 가장 중요한 삼각관계 안에서 수정이 일어나야만 한다. 만약 치료사가 부부와 상담하면서 정서적으로 중립 상태에 있다면, 그들은 전체 가족체계에 심오하게 영향을 미칠 수 있는 탈삼각화와 분화의 과정을 시작할 수 있다(Nichols, 2014).

보웬의 가족체계이론에서 치료사의 분화는 매우 중요하며, 보웬은 치료사의 자아분화 수준이 항상 내담자의 자아분화 수준보다 높아야 한다고 하였다. 치료사는 반드시 침착함을 유지해야 하며 자신의 원가족으로부터 분화되어야만 한다(Friedman, 1991). 또한 치료사는 내담자와 상담을 할 때 반드시 객관성과 중립성을 유지해야만 한다. 가족들과 상담을 할 수 있으려면 치료사가 먼저 감정의 변화를 경험해야만 한다(Kerr, 1981). 보웬은 가족체계이론의 치료 목표가 자아분화의 향상이기 때문에 자아분화는 개인 스스로 동기를 부여하여 이루어져야 하며, 치료사에 의해서 시작되어서는 안 된다고 하였다. 보웬 치료사는 보통 코치, 교사, 중립적 관찰자로서 분위기를 조성한다(Kerr, 1981). 이 활동은 처음에는 주로 가족, 개인 혹은 부부와 인지적인 차원에서 이루어지며, 가족구성원들은 자신의 감정적인 문제로 인해 상대방과 의사소통이 모호하게 되지 않도록 치료사에게 이야기하거나 혹은 치료사의 도움을 받아 서로 이야기한다(Gladding, 2018). 특히 치료사는 내담자가 가지고 온 특정 문제에 초점을 두기보다는 체계적인 관점에서 생각하고 패턴을 살피는 것이 무엇보다 중요하다.

치료사는 내담자에게 체계와 다세대 전수 과정에 관한 것을 가르쳐야 하며, 내담자를 이성적인 차원으로 끌어올리는 데 도움이 될 수 있는 가계도, 질문 또는 기타 다른 도구(예: 피규어 등)를 이용할 수 있다. 무엇보다 중요한 것은 치료사가 내담자에게 이야기를 하게 함으로써 생각을 유도하고 격한 감정을 감소시키는 것이다. 치료사는 가족이 경험하고 있는 여러 가지 부담이 어떻게 표현되어 왔으며, 가족구성원들이 스트레스를 받기 시작했을 때부터 어떻게 대처해 왔는지에 대한 단서를 찾는 작업을 할 것임을 내담자에게 고지한다. 이 정보를 얻는 한 가지 방법은 가족에게 가계도를 그리게 하거나 혹은 그들의 원가족을 방문하는 것이다. 이 과정에서 나타나는 가족의 역동을 탐색함으로써 치료사는 내담자와 함께 다세대적인 융합과 단절의 패턴을 평가하고 작업하는 해석자가 된다(Gladding, 2018). 치료사는 치료 과정 내내 내담자와 정서적 거리감을 유지해야 한다. 치료사가 가족투사 과정과 삼각관계에 대한 지식을 가지고 있고 동시에 감정적인 표현보다는 인지적 통찰에 초점을 두는 것이 정서적 거리감을 유지하는 데 도움이 된다(Becvar & Becvar, 2013). 한편, 보웬은 가족치료가 종종 5회기 혹은 10회기의 정도로 좋은 결과를 얻을 수 있을지 모르지만, 일반적으로 가족들은 20회기에서 40회기 정도가 필요하다고 보았다(Bowen, 1975).

한국문화에서 효와 가족응집력의 강조는 자녀들에게 스트레스를 야기시킬 뿐만 아니라 성인 단계에서 부모로부터 정서적으로 분화가 안 되어 결혼 후의 부부관계에 치명적인 영향을 미친다. 그리고 부부의 불안한 관계로 인하여 자녀들은 삼각관계에 연루되면서 긴장과 불안을 경험하게 된다. 또한 자녀들은 미성숙하고 지나치게 통제하는 부모로 인하여 정신적인 어려움을 겪으며, 이와 같은 가족관계와 함께 앞에서 설명한 MRI 모델에 있어서 이중속박 또는 이중구속 메시지를 사용하는 부모들로 인하여 자녀들은 조현병에 걸릴 확률은 더욱 높아진다.

5. 사례*

1) 사례 개요

이 사례는 고등학생 당시에 조현병 진단을 받아 현재는 치료를 위해 입원한 내담자(33세)의 가족치료 사례로서, 내담자는 환청, 자해, 사회불안의 증상을 가지고 있었다. 내담자 아버지는 내담자를 비롯한 가족구성원에게 '이중구속 메시지'를 사용하였다. 예를 들면, 아버지는 내담자와 다른 가족구성원들에게 늘 '그것'을 가져오라고 하는데, 그것을 가져다주었을 때 아버지는 늘 구박하였다. 또한 내담자뿐만 아니라 모든 가족구성원이 아버지의 독특한 표현 방식으로 인하여 그를 회피하였다. 예를 들어, 어머니가 "식사하세요."라고 이야기했을 때 아버지는 "밥 먹을 시간이 없어, 돈 벌어야 해!"라고 말하였다. 또한 아버지는 지속적으로 아들과 부인의 잘못을 지적하며 꾸짖었다. 내담자 어머니는 남편과 소통할 때 종종 분노를 참지 못하고 폭발하였다. 내담자는 어머니와 유사한 성향을 가지고 있었다. 예를 들어, 어머니가 담배를 피우는 것을 목격한 뒤부터 담배를 피우고 자신과 어머니의 핸드폰 번호 뒷자리를 똑같이 만들었다. 그러나 내담자는

* 이 사례의 가족치료 과정을 알고 싶다면 Park, J. Y., Park, Y. J., & Park, T. Y. (2017). Family Therapy for a Korean Son with Schizophrenia. *Australian and New Zealand Journal of Family Therapy*, *38*(3), 529-539를 참고하기 바란다.

어머니가 아직도 자신을 아이처럼 취급하는 것에 스트레스를 받는다고 하였다.

내담자는 자신이 아동기부터 불안이 높았으며 부모와 소통이 안 되었다고 하였다. 아버지는 내담자를 13세 때부터 억압하였고 어머니는 지나치게 자녀의 삶에 간섭하며 잔소리를 하였다. 내담자는 15세 때 부모를 무시하기 시작하였다. 내담자는 고등학교에서 왕따를 당한 후에 물건을 파손하고 공격적인 행동을 보이는 사회공포증을 경험하며 17세에 환청이 있어 두 달 동안 병원에 입원하였고, 조현병을 진단받은 후 약물을 복용하기 시작하였다. 이 상황에서 부모의 갈등은 증가하였다.

치료 과정은 개별상담, 2인상담, 3인상담, 가족상담 회기로 구성되었다. 순환 질문을 통하여 각 가족구성원의 관계적인 관점을 살펴보고자 개별상담이 실시되었다. 더 나아가 인지와 소통의 변화를 촉진하기 위해 2인상담, 3인상담, 가족상담 회기로 넘어갔다. 내담자(1~6, 8, 10, 17회기), 부모(7, 9회기), 아버지와 여동생(11회기), 아버지와 내담자(12회기), 어머니와 내담자(13~14회기), 여동생과 내담자(15회기), 부모와 내담자(16회기), 아버지, 여동생과 내담자(18회기), 어머니, 여동생과 내담자(19회기), 전체 가족(20회기)을 대상으로 상담이 진행되었다.

2) 치료 과정

가족치료 과정은 문제 확인 단계, 인지와 통찰력 발달 단계, 기존의 옛 의사소통 방식 다루기 단계, 변화 시도 및 유지 단계의 네 단계를 포함하였다.

(1) 문제 확인 단계(1~6회기)

치료사는 초기 단계에서 상담 목표와 동기를 확인하고, 각 가족구성원들의 내담자 문제에 대한 인식과 어떻게 가족을 바라보고 있는지를 확인하였다. 이 단계에서 치료사는 내담자의 증상과 증상에 영향을 미치는 가족 상호작용의 상황을 파악하였고, 내담자의 조현병 증상에 부모의 갈등적인 부부생활, 혼란스러운 의사소통 방식, 정기적으로 화가 나며 해결되지 않는 갈등과 같은 요인들이 기여하는 것을 확인하였다.

① 1회기: 내담자의 여동생은 가족을 어떻게 바라보는가

여동생은 내담자의 상황을 설명하기 위해 먼저 개인적으로 방문하였다. 첫 방문 이후에 여동생의 가족구성들에게 가족치료에 참여하기를 제안하였다. 내담자가 증상(조현병)을 보이긴 했으나, 여동생은 부모의 잦은 갈등으로 내담자가 스트레스를 받고 불안을 느끼는 것을 알고 부모의 변화에 초점을 두었다. 그녀는 아버지의 의사소통 방식이 모두를 화나게 만들어 다른 가족구성원들이 아버지를 배제한다고 설명하였다.

② 2회기: 내담자의 어머니는 가족을 어떻게 바라보는가

치료사는 어머니에게 아버지의 의사소통 방식과 원가족에서의 과거 경험들에 대하여 질문하였다. 어머니는 아버지의 의사소통 방식과 원가족에서의 과거 경험이 내담자의 조현병 증상에 영향을 미치는 것을 인식하지 못하였으나 의사소통 방식과 과거 경험들을 연결하면서 내담자의 증상에 아버지가 어떻게 영향을 주었는지를 인식하게 되었다. 내담자 어머니는 아들에 대한 아버지의 부적절한 의사소통 방식, 즉 내담자가 어릴 때부터 아버지가 아들을 간섭하며 독설을 퍼붓고 심지어 내담자와의 관계뿐만 아니라 내담자와 다른 가족구성원들의 관계까지도 악화시켰다는 것을 파악하게 되었다. 내담자 아버지는 자립하기 위해 열일곱 살에 집을 떠났고 가족구성원들은 아버지의 어린 시절 경험이 사람들과의 관계에 영향을 미쳤다고 믿었다. 아버지의 역기능적인 의사소통 방식으로 인하여 다른 가족구성원들은 감정을 표현하는 데 어려움이 많았다. 한편, 내담자 어머니 또한 아버지를 자극하는 방식으로 말하였다. 예를 들면, 어머니의 반복적이고 잔소리하는 의사소통 방식은 아버지의 비판적이고 잔소리하는 의사소통 방식에 기여하여 부부관계를 악화시켰다.

③ 3~5회기: 내담자의 아버지는 가족을 어떻게 바라보는가

치료사는 내담자의 여동생과 어머니와 상담을 한 후에 아버지가 내담자의 증상에 상당한 영향을 미쳤을 수도 있다고 보았다. 치료사는 아버지와 세 번 상담하여 내담자의 증상과 가족관계에 대한 의견을 들으면서 내담자의 조현병 증상에 대한 인식과 행동을 변화시키려는 시도를 하였다. 치료사는 결혼생활과 가족관계에 대한 아버지의 생각을 살펴보았다. 아버지는 감정 표현을 거의 하지 않고 가족구성원들 또는 다른 사람들과 상의를 하지 않았으며 스스로 결정을 내리거나 판단하였다. 아버지는 의사소통에서 제한된 경험들이 많았으며 "어차피 현실을 바꿀 수 없는데 내면의 감정을 얘기해 봤자 소용이 없어!" "사람들에게 꼭 내 감정을 표현할 필요가 있어?"와 같은 말을 하였다. 그 결과로 아버지는 다른 사람들과의 관계에서 그가 독단적이고 타인을 고려하지 않는다는 오해가 생겼다. 반면에 이와 같은 의사소통 방식과 대인관계 방식으로 인하여 아버지의 장점이 베일에 가려졌다. 어머니 또한 공격적이고 강한 표현을 사용하며 습관적으로 아버지와 싸웠다. 그녀의 의사소통 방식은 아버지를 지속적으로 자극하여 부부갈등을 악화시켰다. 한편, 아버지의 자극적인 의사소통이 어머니를 자극하였던 것처럼 어머니의 의사소통 방식 또한 아버지를 자극하여 부부의 역기능적인 의사소통 방식이 부정적인 상승 작용을 하여 부부관계뿐만 아니라 자녀와의 관계에까지 영향을 미치고 있었다.

④ 6회기: 내담자는 가족을 어떻게 바라보는가

치료자는 내담자에게 가족을 어떻게 생각하는지 물었다. 그는 부모가 자신의 삶에 지나치게 간섭하고 아버지가 자신을 자주 무시하거나 공격적인 표현을 쓴다고 하였다. 그러나 모든 가족구성원이 분노를 억압하는 것이 익숙하다며 가족관계를 변화시키기 위한 자신의 생각과 감정을 표현하지 않았다. 한편, 내담자는 자신을 향한 부모의 사랑을 느끼고(비록 이는 명료하게 표현되지는 않았다), 아버지의 장점(검소하고 믿음직하며 가족 중심적이고 부지런함)을 알았다. 반면, 내담자는 부모의 갈등이 자신에게 극심한 스트레스와 압박으로 다가왔기 때문에 부모갈등이 완화되고 관계가 개선되기를 바라고 있었다. 따라서 치료사는 내담자의 증상을 완화시키기 위하여 부부관계 개선에 초점을 두었다.

내담자는 갈등관계에 있는 어머니와 아버지 사이의 삼각관계에 있는 것으로 나타났다. 여동생이 더 순종적이고 똑똑하였고, 내담자보다 학력이 높아 부모와의 관계가 더 좋았다. 내담자는 편애받는 여동생과 반대되는 자신의 모습에 더욱 스트레스를 받았다. 가정에서 특정 아이가 증상을 보일 수 있는 것에 대한 설명을 돕는 스트레스 취약성 모델은 유사한 스트레스 요인이 명백히 있음에도 불구하고, 개별적인 유전 취약성은 질병의 발병에 영향을 미치는 것을 보여 준다(Yu et al,, 2010). 이 사례는 내담자가 여동생보다 더 취약했기 때문에 증상을 보인다고 볼 수도 있다. 순환 질문은 가족구성원들이 다른 문제들을 어떻게 경험했고 이해했는지에 대해여 인지하는 것을 도와주었다. 이 과정을 통해 가족구성원들은 내담자의 조현병이 개인의 문제가 아니라 가족 전체에 관련된 문제라는 것을 인식하게 되었다.

(2) 인지와 통찰력 발달 단계(7~9회기)

이 단계에서 내담자와 부모는 부부상담(7~9회기)과 내담자상담(8회기)을 통하여 내담자 조현병 증상과 가족 문제에 대한 새로운 관점을 갖게 되었다. 예를 들면, 가족구성원들은 내담자의 증상이 어떻게 가족 구조와 연결이 되었는지 이해하게 되었다(내담자가 부모갈등으로 인한 삼각관계에 속한 것). 7회기에서 어머니는 "제 아들은 제 부부관계에 너무 민감해요. 제 표정을 읽으면서 그의 기분이 좌지우지돼요. 그래서 제 남편이 저의 기분을 상하게 하면 그것이 아들에게로 가서 다시 저에게 고통이 와요."라고 말하였다. 따라서 부모가 자신의 반복적인 역기능적 의사소통 방식이 부부문제와 자녀문제를 악화시켰다는 것을 인식하게 되었다. 특히 9회기에서 부부는 자녀 문제를 해결하기 위해 부부의 노력이 필요하다는 것을 통찰하게 되었다.

① 가족 내에 삼각관계 이해하기

어머니는 부부와 부자관계에서 내담자와 지나치게 밀착관계를 유지하며 부자갈등 상황에서 내담자의 편을 들었다. 역으로 아버지는 내담자에 대한 어머니의 과잉보호와 잔소리로 인하여 내담자가 스트레스를 경험하고 있을 때 개입함으로써 결국 부부싸움으로 이어지곤 하였다. 이와 같은 부모갈등을 목격한 내담자는 죄책감을 느끼며 자신 때문에 부모관계가 더 악화된다고 믿었다. 이러한 내담자의 죄책감은 불안을 야기시키면서 내담자의 환청이나 자해, 사회불안과 같은 증상을 촉발시켰다.

② 반복적이고 역기능적인 의사소통 방식 조명

부부간, 부자간의 의사소통 방식을 살펴보면 아버지는 내담자를 늘 야단치듯이 말하는 것(특히, 다른 사람들 앞에서 내담자를 부하 취급함), 직접적으로 짜증을 표현하기보다 간접적으로 기분을 상하게 하는 것(불만족스러운 상황에 분노를 억누르고 이를 완전히 다른 상황에서 과도하게 비난함), 과거의 실수를 반복적으로 들추어내는 것과 같은 세 가지의 의사소통 방식을 사용하였다. 어머니는 아버지를 무시하는 것, 자신의 수고를 과장하는 것, 아버지 의견에 늘 반대하는 것, 아버지를 향한 짜증을 누르다가 터뜨리는 것과 같은 네 가지의 역기능적인 방식을 사용하였다. 부부는 서로를 탓하며 타협이나 협상이 불가능한 의사소통 방식을 사용하였다.

③ 아버지와 어머니의 의사소통 방식과 부부관계의 변화에 대한 필요성 인지

치료 과정을 통해 아버지와 어머니는 자신들의 역기능적인 의사소통 방식이 효과가 없었다는 것과 아들의 조현병 증상을 감소시키기 위해서는 부부관계의 변화가 필요하다는 것을 인식하게 되었다. 아버지는 치료사에게 "아들의 정서적 안정을 위해서 부부관계를 개선해야 할 필요가 있겠군요. 의사소통 방식을 바꾸는 것이 노력을 해도 쉽지 않아요. 그래도 애써 노력하고 있어요!"라고 말하였다.

(3) 기존의 옛 의사소통 방식 다루기 단계(10~11회기)

치료 과정을 통해서 가족구성원들은 문제들을 해결하는 새로운 의사소통 방식과 내담자의 조현병 증상을 바라보는 새로운 관점을 얻었다. 그러나 이 과정 이후에도 아버지는 과거의 의사소통 방식을 반복하며 "나는 문제없어!"라고 얘기하였다. 어머니와 여동생이 치료사에게 아버지의 문제를 짚어 달라고 요청하였다. 치료사는 아버지를 변화시키기 위한 방편으로 아버지와 관계가 좋은 딸을 활용하여 부녀상담을 진행하였다. 이 상담 과정을 통하여 여동생이 아버지의 표현 방식이 자신뿐만 아니라 가족구성원들에게 효과적이지 않고 대화를 차단시키게 한다는 점을 완곡하게 표현하여 아버지는 방어적이지 않은 가운데 경청할 수 있었다. 특히 치료사는 타인에 대한 불신과 저항을 하는 아버지를 상담할 때 아버지와 관계가 좋은 여동생을 활용하여 치료사와의 저항을 줄이면서 아버지 자신을 통찰하도록 하였다.

(4) 변화 시도 및 유지 단계(12~20회기)

치료사는 가족구성원 간의 지금까지 문제를 해결하려고 시도했던 역기능적인 의사소통 방식 대신에 새로운 의사소통 방식을 통하여 갈등을 성공적으로 해결하는 것에 초점을 두었다. 치료사는 상담 회기 중 가족구성원들이 마음속의 상처를 솔직하게 얘기하며 감정을 표현할 때 다른 이들은 정중히 경청하는 것을 독려하였다. 이 과정을 통하여 가족구성원들은 새로운 상호작용 방식을 시도하였고, 긍정적인 변화를 경험하였으며, 이 방식을 유지하려고 노력하였다.

① 기존의 역기능적인 의사소통 방식을 대체할 새로운 의사소통 방식

치료사는 가족에게 도움이 되지 않은 의사소통 방식을 대신할 새로운 의사소통 기술들을 설명하였다. 예를 들어, 치료사는 아버지가 불만족함을 느낀 상황에서 침착히 얘기할 수 있도록 지도하였다. 또한 치료사는 어머니에게 아버지를 자극하지 말고 아들의 감정을 무시하기보다는 수용하고 그녀의 생각을 명확하게 얘기하도록 코칭하였다.

② 가족 변화 확인

치료사가 새로운 의사소통 방식을 소개한 후에 가족의 변화가 관찰되었다. 아버지는 어머니에게 더 부드럽게 말했고 어머니는 더 이상 남편을 자극하지 않았다. 게다가 아버지는 지속적으로 과거를 언급하지 않았고 아내와 더욱 안정적인 관계를 유지하였다. 부모관계가 안정되니 내담자에 대한 어머니의 개입은 감소하였고, 아버지 또한 모자관계에 더 이상 관여하지 않았으며 어머니와 내담자를 더 이상 비난하거나 공격하지 않았다. 이와 같은 가족관계의 변화로 내담자의 조현병 증상은 상당히 감소하였다. 내담자 증상 감소와 어머니의 불안 감소로 인하여 어머니는 내담자와의 밀착관계에서 벗어나서 집에만 있지 않고 자신의 사회생활을 시작하였다. 한편, 내담자는 부모의 갈등과 자신과 부모의 갈등이 감소하면서 자기 생활에 집중할 수 있게 되었다.

참고문헌

강복인(2015). 집단미술치료가 입원한 조현병 환자의 정서표현, 정서행동, 대인관계 및 삶의 질에 미치는 영향. 임상예술치료연구, 4(1), 27-51.

권석만(2013). 현대 이상심리학. 학지사.

권준수, 이영문, 김윤, 김재진, 박정근, 백종우, 신권철, 이동우, 이충원, 최명민, 최준호, 문선영(2020). 국내 조현병 환자의 현황과 적정 치료를 위한 제언. 한국과학기술한림원. 한림연구보고서.

김경화, 김태완(2017). 만선 조현병 환자의 삶의 질에 관한 미술치료 사례연구. 美術治療研究, 24(6), 1531-1555.

김명식, 임영란(2000). 정신분열병 환자를 위한 인지행동재활 프로그램의 효과에 관한 일 연구. Korean Journal of Clinical Psychology, 19(2), 219-229.

김미경(2020). 〈괜찮아 사랑이야〉를 통해 본 조현병에 대한 인식과 회복의 내러티브 탐구. 사회과학연구, 36(2), 145-168.

김미영, 전성숙(2016). 조현병 환자의 내재화된 낙인 감소를 위한 인지행동 프로그램 개발 및 효과검증. 한국간호학회지, 46(3), 349-363.

김보미, 조옥귀(2018). 인지행동 프로그램이 지역사회 조현병 회원의 심리사회적 기능에 미치는 효과. 복지상담교육연구, 7(2), 311-330.

김성완, 장지은, 김재민, 신일선, 반다혜, 최봉실, 정순아, 윤진상(2012). '조현병-정신분열병'병명에 따른 낙인 비교. 신경정신의학, 51(4), 210-217.

김성희, 이연희, 오욱찬, 황주희, 오미애, 이민영, 이난희, 오다은, 강동욱, 권선진, 오혜경, 윤상용, 이선우(2017). 2017년 장애인 실태조사. 한국보건사회연구원.

김신정(2013). 조현병 환자를 위한 인지재활 프로그램에 대한 고찰. 한국정신보건작업치료학회지, 3(1), 27-33.

김윤희, 임나영(2019). 조현병 환우 가족의 미술치료 적용을 위한 현상학적 탐구. 한국예술치료학회지, 19(1), 1-23.

김혜상, 유용권(2005). 압화를 이용한 원예치료가 여성 정신분열증 환자의 무력감 감소와 인간관계에 미치는 영향. 인간식물환경학회지, 8(1), 32-47.

대한조현병학회(2013). 조현병, 마음의 줄을 고르다. 군자출판사.

민성길(2015). 최신정신의학. 일조각.

박미원, 엄태완(2018). 조현병을 가진 사람의 삶에 대한 현상학적 연구. 디지털융복합연구, 16(11), 521-533.

박미원, 엄태완(2022). 조현병을 지닌 사람의 아비투스: 평생 '환자다움'에 이르는 과정. 정신건강과 사회복지, 50(2), 199-227.

박선영, 박경화(2022). 만다라 집단미술치료가 여성 조현병 환자의 자기표현, 자아존중감, 회복탄력성에 미치는 영향. 예술심리치료연구, 18(3), 1-28.

박선환, 박숙희, 신은영, 이주희, 정미경, 김혜숙(2001). 정신건강론. 양서원.

박순아, 박근우(2018). 조현병 환자의 입원스트레스 경험에 대한 융합연구. 한국융합학회논문지, 9(4), 397-408.

박순주(2022). 조현병 진단 후 1년 이내 자살 관련 요인: 국민건강보험공단 자료를 이용한 후향적 코호트 연구. 한국융합학회논문지, 13(2), 349-356.

박진영(2011). 정신분열병 환자와 가족을 위한 가족치료 다중사례연구: MRI의 상호작용적 가족치료 모델과 Bowen의 가족체계이론의 적용을 통한 가족치료. 숭실대학교 박사학위논문.

박태영(2022). 가족치료이론과 실천. 학지사.

박태영, 김현경 역(2011). 가족치료사례집. 센게이지러닝.

배성우(2002). 정신분열병환자를 위한 가족개입치료: 문헌연구와 한국사회에의 시사점. 정신건강과 사회복지, 14, 164-190.

손기철, 정희진, 배혜진, 송종은(2004). 만성정신분열증 환자를 대상으로 한 원예치료의 프로그램별 효과성 비교. 원예과학기술지, 22(1), 135-142.

송승권, 황정하(2021). 조현병 대상자를 위한 그룹 행동활성화 프로그램의 효과. 보건사회연구, 41(1), 193-211.

안희자(2020). 집단통합예술치료가 여성 조현병 환자의 정서표현, 자기효능감 및 대인관계에 미치는 영향. 국제신학대학교 대학원 박사학위논문.

양승희, 전경선(2015). 스트레스관리 프로그램이 조현병 환자의 스트레스 지각, 대처방식, 자아존중감에 미치는 효과. 스트레스硏究, 23(4), 205-214.

오미영(2014). 조현병 환자의 정서경험과 삶의 만족도간 관계. 고려대학교 대학원 박사학위논문.

유수현, 천덕희, 이효순, 성준모, 이종하, 박귀서(2010). 정신건강론. 양서원.

유은혜, 한경아(2019). 조현병을 진단 받은 환자의 사회성 향상을 위한 집단미술치료 질적 사례연구. 조형교육, (70), 49-80.

유인철, 배진아(2008). 영화치료가 정신분열증 환자의 불안감 감소와 대인관계성 향상에 미치는 효과. 한국콘텐츠학회논문지, 8(8), 103-110.

원호택, 이훈진(2009). 정신분열증. 학지사.

이인수(2003). 형제자매 갈등이 심한 정신분열증 환자 가족상담 사례연구. 가족과 가족치료, 11, 107-126.

이원혜, 황태연, 이우경(2001). 인지행동재활치료가 정신분열병 환자들의 인지 기능에 미치는 영향. 사회정신의학, 6(2), 139-147.

이재운, 박현숙(2018). 조현병 환자를 위한 수용전념기반 인지행동 프로그램 개발 및 효과. 정신간호학회지, 27(4), 342-354.

이춘희, 우국희(2012). 조현병 환자 가족치료의 사례연구-MRI 가족치료이론과 스트레스 취약성 보호인자이론을 기반으로. 가족과 가족치료, 20(3), 329-355.

이혜연, 김양태(2014). 조현병 환자에서 감정자각의 결함. 생물치료정신의학, 20(1), 87-95.

이혜진, 안창연, 심우경(2000). 원예치료를 통한 정신분열증 환자와 일반인들의 우울성 비교. 한국식물 · 인간 · 환경학회지, 3(4), 25-30.

이훈진, 이준득(2016). 정신분열증. 학지사.

임희수, 한금선(2013). 만성조현병 환자 가족의 극복력 증진 프로그램의 개발 및 효과. Journal of Korean Academy of Nursing, 43(1), 133-142.

장선덕(2007). 원예치료프로그램이 만성정신분열증 환자의 증상 완화에 미치는 영향. 경상대학교 대학원 박사학위논문.

정수지, 오승진(2015). 인지행동 집단미술치료 프로그램이 만성 조현병 환자의 자아존중감과 공감에 미치는 효과. 예술심리치료연구, 11(2), 159-178.

정재원, 김성재(2017). 조현병 재발예방 프로그램이 퇴원전 환자의 병식, 임파워먼트 및 치료준수에 미치는 효과. Journal of Korean Academy of Nursing, 47(2), 188-198.

조영탁(2021). 정신질환의 진단 및 통계 편람(DSM) 조현병 진단 개념의 변천: 1980년에서 2013년까지. Journal of Korean Neuropsychiatric Association, 60(4), 241-252.

진명자, 장혜란, 최대정, 강길원, 이영성(2014). 정서관리훈련 프로그램이 만성 조현병 환자의정서행동, 정서표현, 자기효능감, 대인관계변화 및 정신병리에 미치는 효과. 정신건강과 사회복지, 42(1), 144-170.

최연자(1987). 가족치료가 정실분열증 환자의 상호작용 증진에 미치는 효과 분석-의사소통 강화를 통한 가족치료. Journal of Korean Academy of Nursing, 17(3), 177-183.

최정윤, 박경, 서혜희(2000). 이상심리학. 학지사.

현미열(2017). 사회인지증진을 위한 인지행동집단치료가 만성조현병 환자의 자기효능감, 대인관계기능, 사회생활기술에 미치는 효과. 정신간호학회지, 26(2), 186-195.

현미열, 유숙자, 이종은(2004). 인지행동 프로그램이 정신분열병 환자의 불안과 삶의 질에 미치는 효과. 정신간호학회지, 13(3), 315-322.

홍순원, 이병욱, 이수일(1994). 정신병환자 가족의 심리적 반응과 대응전략에 관한 연구. 신경정신의학, 33, 117-129.

황희수, 이성규, 성혜연(2022). 조현병 환자의 인지행동치료 프로그램 효과성에 관한 메타분석. **사회과학연구**, 33(2), 233-256.

American Psychiatric Association (2013). *Diagnostic and statistical manual of mental disorders* (5th ed.). Arlington, VA: American Psychiatric Publishing.

Anger-Diaz, B. (2003). The Mental Research Institute 3-Day Brief Therapy Intensive Training Program. Palo Alto, CA.

Bateson, G. (1976). Toward a theory of schizophrenia. In E. C. Sluzki, & D. C. Ransom (Eds.), *Double bind: The foundation of the communicational approach to the family* (pp. 3-32). New York: Grune and Stratton.

Beck, J. S. (2020). Cognitive behavior therapy: Basics and beyond. New York: Guilford.

Becvar, D. S., & Becvar, R. J. (2013). *Family therapy: A systemic integration.* Boston, MA: Pearson Education.

Bellack, A. S. (2022). Psychosocial treatment in schizophrenia. *Dialogues in Clinical Neuroscience, 3*(2), 136-137.

Ben-Zur, H., Duvdevany, I., & Issa, D. S. (2014). Ethnicity moderates the effects of resources on quality of life for persons with mental illness living in community settings. *Psychiatric Rehabilitation Journal,* 37(4), 309-315.

Bosanac, P., & Castle, D. J. (2013). Schizophrenia and depression. *The Medical Journal of Australia, 199*(6), S36-S39.

Bowen, M. (1978). *Family therapy in clinical practice.* New York: Jason Aronson.

Bowen, M., & Kerr, M. E. (2009). *Family evaluation.* New York: WW Norton.

Bremner, J. D. (2002). Neuroimaging studies in post-traumatic stress disorder. *Current Psychiatry Reports, 4*(4), 254-263.

Buchanan, R. W., Javitt, D. C., Marder, S. R., Schooler, N. R., Gold, J. M., McMahon, R. P., …… & Carpenter, W. T. (2007). The cognitive and negative symptoms in schizophrenia trial: The efficacy of glutamatergic agents for negative symptoms and cognitive impairments. *American Journal of Psychiatry, 164*(10), 1593-1602.

Bustillo, J. R., Lauriello, J., Horan, W. P., & Keith, S. J. (2001). The psychosocial treatment of schizophrenia: an update. *American Journal of Psychiatry, 158*(2), 163-175.

Cassidy, R. M., Yang, F., Kapczinski, F., & Passos, I. C. (2018). Risk factors for suicidality in patients with schizophrenia: A systematic review, meta-analysis, and meta-regression of 96 studies. *Schizophrenia Bulletin, 44*(4), 787-797.

Chadwick, P. (2006). Person-based cognitive therapy for distressing psychosis. Chichester:

John Wiley & Sons.

Chien, W. T. & Chan, S. W. C. (2004). One-year follow-up of a multiple-family-group intervention for Chinese families of patients with schizophrenia. *Psychiatric Services, 55*, 1276 -1284.

Curry, C. A. (2022). The handbook for successful schizophrenia. Doctoral dissertation, Alliant International University.

Dixon, L., Adams, C., & Lucksted, A. (2000). Update on family psychoeducation for schizophrenia. *Schizophrenia Bulletin, 26*(1), 5-20.

Dixon, L. B., Dickerson, F., Bellack, A. S., Bennett, M., Dickinson, D., Goldberg, R. W., Kreyenbuhl, J. (2010). The 2009 schizophrenia PORT psychosocial treatment recommendations and summary statements. *Schizophrenia Bulletin, 36*, 48-70.

Dobson, K. S., & Dobson, B. (2010). *Handbook of cognitive behavioral therapy*. New York: Guiolford.

Farmer, R. L., Walsh, J., & Bentley, K. J. (1998). Schizophrenia. In B. A. Thyer, & J. S. Wodarski (Eds.), *Handbook of empirical social work practice, mental disorders* (Vol. 1, pp. 245-270). New York: John Wiley & Sons.

Freud, S. (2005). Unconscious. New York: Penguin Books.

Friedman, E. H. (1991). Bowen theory and therapy. In A. S. Gurman, & D. P. Kniskern (Eds.), Handbook of family therapy (Vol. 2, pp. 134-170). New York: Brunner/Mazel.

Frosh, S. (2012). A brief introduction to psychoanalytic theory. London: Bloomsbury.

Galletly, C., Castle, D., Dark, F., Humberstone, V., Jablensky, A., Killackey, E., …… & Tran, N. (2016). Royal Australian and New Zealand College of Psychiatrists clinical practice guidelines for the management of schizophrenia and related disorders. *Australian & New Zealand Journal of Psychiatry, 50*(5), 410-472.

Garety, P. A., Kuipers, E., Fowler, D., Freeman, D., & Bebbington, P. E. (2001). A cognitive model of the positive symptoms of psychosis. *Psychological Medicine, 31*(2), 189-195.

Gehart, D. R. (2016). *Theory and treatment planning in family therapy: A competency-based approach*. New York: Cengage Learning.

Geriani, D., Savithry, K. S. B., Shivakumar, S., & Kanchan, T. (2015). Burden of care on caregivers of schizophrenia patients: A correlation to personality and coping. *Journal of Clinical and Diagnostic Research, 9*(3), 1-4.

Gladding, S. T. (2018). *Family therapy: History, theory, and practice* (7th ed.). New York: Pearson.

Glick, I. D., Zamora, D., Davis, J. M., Suryadevara, U., Goldenson, A., & Kamis, D. (2020).

Are patients with schizophrenia better off with lifetime antipsychotic medication?: Replication of a naturalistic, long-term, follow-up study of antipsychotic treatment. *Journal of Clinical Psychopharmacology, 40*(2), 145–148.

Glynn, S. (2019). Schizophrenia in couple and family therapy. In J. L. Lebow, A. L. Chambers, & D. C. Breulin (Eds.), *Encyclopedia of couple and family therapy* (pp. 2572–2576). New York: Springer.

Goldenberg, I., Stanton, M., & Goldenberg, H. (2017). *Family therapy: An overview* (11th ed.). Boston, MA: Cengage.

Gómez-Durán, E. L., Martin-Fumadó, C., & Hurtado-Ruíz, G. (2012). Clinical and epidemiological aspects of suicide in patients with schizophrenia. *Actas Espanolas de Psiquiatria, 40*(6), 333–345.

Harvey, P. D., & Strassnig, M. (2012). Predicting the severity of everyday functional disability in people with schizophrenia: Cognitive deficits, functional capacity, symptoms, and health status. *World Psychiatry, 11,* 73–79.

Hayes, S. C., Strosahl, K. D., & Wilson, K. G. (1999). *Acceptance and commitment therapy: An experimental approach to behavior change*. New York: Guilford.

Hofmann, S. G., Asnaani, A., Vonk, I. J., Sawyer, A. T., & Fang, A. (2012). The efficacy ofcognitive behavioral therapy: A review of meta-analyses. *Cognitive Therapy and Research, 36*(5), 427–440.

Hooker, C., & Park, S. (2002). Emotion processing and its relationship to social functioning in schizophrenia patients. *Psychiatry Research, 112*(1), 41–50.

Kambeitz-Ilankovic, L., Betz, L. T., Dominke, C., Haas, S. S., Subramaniam, K., Fisher, M., …… & Kambeitz, J. (2019). Multi-outcome meta-analysis (MOMA) of cognitive remediation in schizophrenia: Revisiting the relevance of human coaching and elucidating interplay between multiple outcomes. *Neuroscience & Biobehavioral Reviews, 107*, 828–845.

Kazadi, N. J. B., Moosa, M. Y. H., & Jeenah, F. Y. (2008). Factors associated with relapse in schizophrenia. *South African Journal of Psychiatry, 14*(2), 52–62.

Keefe, R. S., Sweeney, J. A., Gu, H., Hamer, R. M., Perkins, D. O., McEvoy, J. P., & Lieberman, J. A. (2007). Effects of olanzapine, quetiapine, and risperidone on neurocognitive function in early psychosis: a randomized, double-blind 52-week comparison. *American Journal of Psychiatry, 164*(7), 1061–1071.

Kerr, M. E. (1981). Family systems theory and therapy. In A. S. Gurman & D. P. Kniskern (Eds.), *Handbook of family therapy* (Vol. 1, pp. 225–264). New York: Brunner/Mazel.

Kerr, M., & Bowen, M. (1988). *Family evaluation: An approach based on Bowen theory*. New York: Norton.

Kirkpatrick, B., Fenton, W. S., Carpenter Jr, W. T., & Marder, S. R. (2006). The NIMH-MATRICS consensus statement on negative symptoms. *Schizophrenia bulletin, 32*(2), 214-219.

Kopelowicz, A., Liberman, R. P., & Zarate, R. (2006). Recent advances in social skills training for schizophrenia. *Schizophrenia Bulletin, 32*(1), 12-23.

Kraemer, S., Bäuml, J., Froböse, T., Rentrop, M., & Pitschel-Walz, G. (2006). Psychoeducation: A basic psychotherapeutic intervention for patients with schizophrenia and their families. *Schizophrenia Bulletin, 32*(1), 1-9.

Lencer, R., Harris, M. S., Weiden, P. J., Stieglitz, R. D., & Vauth, R. (2011). *When Psychopharmacology is not enough*. Cambridge: Hogrefe Publishing.

Lee, H. J., Ahn, C. Y., & Sim, W. K. (2000). Comparison of melancholia between schizophrenia patient and people through horticultural therapy. *Journal of People Plant Environment, 3*(4), 25-30.

Lee, H., Lee, K., Koo, J. W., & Park, S. C. (2015). Suicide in patients with schizophrenia: a review on the findings of recent studies. *Korean Journal of Schizophrenia Research, 18*(1), 5-9.

Lehman, A., Lieberman, J., Dixon, L., McGlashan, T., Miller, A., Perkins, D., & Kreyenbuhl, J. (2004). Practice guideline for the treatment of patients with schizophrenia, second edition. *American Journal of Psychiatry, 161*(2), 1-56.

Lejeune, J. A., Northrop, A., & Kurtz, M. M. (2021). A meta-analysis of cognitive remediation for schizophrenia: efficacy and the role of participant and treatment factors. *Schizophrenia Bulletin, 47*(4), 997-1006.

Luo, X., Zhang, Z., Zheng, Z., Ye, Q., Wang, J., Wu, Q., & Huang, G. (2022). Art therapy as an adjuvant treatment for schizophrenia: A protocol for an updated systematic review and subgroup meta-analysis of randomized clinical trials following the PRISMA guidelines. *Medicine, 101*(40), e30935.

Maatz, A., Hoff, P., & Angst, J. (2022). Eugen Bleuler's schizophrenia-a modern perspective. *Dialogues in Clinical Neuroscience, 17*(1), 43-49.

Mamani, A. W., Weintraub, M. J., Gurak, K., & Maura, J. (2014). A randomized clinical trial to test the efficacy of a family-focused, culturally informed therapy for schizophrenia. *Journal of Family Psychology, 28*(6), 800-810.

McFarlane, W. R., Dixon, L., Lukens, E., & Lucksted, A. (2003). Family psychoeducation and schizophrenia: A review of the literature. *Journal of Marital and Family Therapy, 29*, 223–245.

McGlashan, T. H. (1984). The Chestnut Lodge follow-up study: II. Long-term outcome of schizophrenia and the affective disorders. *Archives of General Psychiatry, 41*(6), 586–601.

Mitsonis, C., Voussoura, E., Dimopoulos, N., Psarra, V., Kararizou, E., Latzouraki, E., …… Kstasnou, M. (2012). Factors associated with caregiver psychological distress in chronic schizophrenia. *Social Psychiatric and Psychiatric Epidemiology, 47*, 331–337.

Morrison, A. P. (2001). The interpretation of intrusions in psychosis: an integrative cognitive approach to hallucinations and delusions. *Behavioural and Cognitive Psychotherapy, 29*(3), 257–276.

Mueser, K. T., & Jeste, D. V. (2008). *Clinical handbook of schizophrenia*. New York, NY: Guilford Press.

Nichols, M. P. (2014). *Family therapy: Concepts and methods*. New York: Pearson.

Palmer, B. A., Pankratz, V. S., & Bostwick, J. M. (2005). The lifetime risk of suicide in schizophrenia: A reexamination. *Archives of General Psychiatry, 62*(3), 247–253.

Park, J. Y., Park, Y. J., & Park, T. Y. (2017). Family Therapy for a Korean Son with Schizophrenia. *Australian and New Zealand Journal of Family Therapy*, 38(3), 529–539.

Pilling, S., Bebbington, P., Kuipers, E., Garety, P., Geddes, J., Orbach, G., & Morgan, C. (2002). Psychological treatments in schizophrenia: I. Meta-analysis of family intervention and cognitive behavior therapy. *Psychological Medicine*, *32*(5), 763–782.

Pine, F. (2004). Mahler's concepts of "symbiosis" and separation-individuation: revisited, reevaluated, refined. *Journal of the American Psychoanalytic Association, 52*(2), 511–533.

Pinkham, A. E., Mueser, K. T., Penn, D. L., Glynn, S., McGurk, S. R., & Addington, J. (2012). Social and functional impairments. In J. A. Lieberman, T. Stroup, & D. O. Perkins (Eds.), *Essentials of schizophrenia* (pp. 93–130). Arlington, VA: American Psychiatric Publishing, Inc.

Pitschel-Walz, G., Leucht, S., Bäuml, J., Kissling,W., & Engel, R. R. (2001). The effect of family interventions on relapse and rehospitalization in schizophrenia—a meta-analysis. *Schizophrenia Bulletin*, *27*, 73–92.

Popovic, D., Schmitt, A., Kaurani, L., Senner, F., Papiol, S., Malchow, B., …… & Falkai, P. (2019). Childhood trauma in schizophrenia: Current findings and research perspectives. *Frontiers in Neuroscience, 13*, 274.

Reeder, C., Smedley, N., Butt, K., Bogner, D., & Wykes, T. (2006). Cognitive predictors of social functioning improvements following cognitive remediation for schizophrenia. *Schizophrenia Bulletin, 32*, 123–131.

Roder, V., Mueller, D. R., Mueser, K. T., & Brenner, H. D. (2006). Integrated psychological therapy (IPT) for schizophrenia: is it effective?. *Schizophrenia Bulletin, 32*(1), 81–93.

Rosenbaum, B., Harder, S., Knudsen, P., Køster, A., Lindhardt, A., Lajer, M., Valbak, K., & Winther, G. (2012). Supportive psychodynamic psychotherapy versus treatment as usual for first-episode psychosis: two-year outcome. *Psychiatry, 75*(4), 331–341.

Sarin, F., Wallin, L., & Widerlöv, B. (2011). Cognitive behavior therapy for schizophrenia: A meta-analytical review of randomized controlled trials. *Nordic Journal of Psychiatry, 65*(3), 162–174.

Schenkel, L. S., Spaulding, W. D., DiLillo, D., & Silverstein, S. M. (2005). Histories of childhood maltreatment in schizophrenia: relationships with premorbid functioning, symptomatology, and cognitive deficits. *Schizophrenia Research, 76*(2–3), 273–286.

Segal, L. (1991). Brief therapy: The MRI approach. In A. S. Gurman, & D. P. Kniskern (Eds.), *Handbook of family therapy* (Vol. 2, pp. 171–199). New York: Brunner/Mazel.

Shivashankar, S., Telfer, S., Arunagiriraj, J., McKinnon, M., Jauhar, S., Krishnadas, R., & McCreadie, R. (2013). Has the prevalence, clinical presentation and social functioning of schizophrenia changed over the last 25 years? Nithsdale Schizophrenia Survey revisited. *Schizophrenia Research, 146*, 349–356.

Snider, M. (1992). *Process family therapy: An eclectic approach to family therapy*. New York: Allyn and Bacon.

Sota, S., Shimodera, S., Kii, M., Okamura, K., Suto, Kl, Suwaki, M., & Inoue, S. (2008). Effect of a family psychoeducational program on relatives of schizophrenia patients. Survey revisited. *Schizophrenia Research, 146*, 349–356.

Steel, C., & Smith, B. (2013). CBT for psychosis: An introduction. In C. Steel (Ed.), *CBT for schizophrenia: Evidence-based interventions and future directions* (pp. 1–12). Chichester: Wiley-Blackwell.

Sullivan, H. S. (2014). The interpersonal theory of psychiatry. In R. B. Ewen (Ed.), *An introduction to theories of personality* (pp. 137–156). New York: Psychology Press.

Tschacher, W., & Kupper, Z. (2006). Perception of causality in schizophrenia spectrum disorder. *Schizophrenia Bulletin, 32*(1), 106–112.

Tsuang, M. T., Farone, S. V., & Glatt, S. J. (2011). *Schizophrenia* (3rd ed.), Oxford: Oxofrd University Press.

Vita, A., Barlati, S., Ceraso, A., Deste, G., Nibbio, G., & Wykes, T. (2022). Acceptability of cognitive remediation for schizophrenia: a systematic review and meta-analysis of randomized controlled trials. *Psychological Medicine*, 1–11. https://doi.org/10.1017/

S0033291722000319.

Warriach, Z. I., Sanchez-Gonzalez, M. A., & Ferrer, G. F. (2021). Suicidal Behavior and Medication Adherence in Schizophrenic Patients. *Cureus, 13*(1): e12473. doi:10.7759/cureus.12473.

Watzlawick, P., Weakland, J., & Fisch, R. (1974). *Change: Principles of problems formation and problem resolution*. New York: Norton.

Weakland, J. H. (1993). Conversation-but what kind? In S. Gilligan & R. Price (Eds.), *Therapeutic conversations*. New York: Norton.

Wells, A. (2002). Emotional disorders and metacognition: Innovative cognitive therapy. Chichester: John Wiley & Sons.

Wykes, T., Huddy, V., Cellard, C., McGurk, S. R., & Czobor, P. (2011). A meta-analysis of cognitive remediation for schizophrenia: methodology and effect sizes. *American Journal of Psychiatry, 168*(5), 472-485.

Wylie, M. S. (1990). Brief therapy on the couch. *Family Therapy Networker, 14*(2), 26-35.

Yu, K., Cheung, C., Leung, M., Li, Q., Chua, S., & McAlonan, G. (2010). Are bipolar disorder and schizophrenia neuroanatomically distinct? An anatomical likelihood meta-analysis. *Frontiers in Human Neuroscience, 4*, 189.

Zubin, J., & Spring, B. (1977). Vulnerability: A new view of schizophrenia. *Journal of Abnormal Psychology, 86*(2), 103-126.

제 14 장
공황장애

1. 서론

공황장애는 일생에서 성인 중 3.6%(Carta et al., 2015)에서 4.7%(Kessler et al., 2006)가 경험하는 가장 흔한 불안장애 중 하나이다(Kessler et al., 2006; Rabasco et al., 2022). 공황장애는 일반 불안장애와 사회불안장애(사회공포증)에 이어 세 번째의 유병률을 보이는 불안장애로서(Bandelow, Michaelis, & Wedekind, 2022), 여성이 남성보다 1.5배 또는 2배의 불안장애를 가지고 있다(Bandelow & Michaelis, 2015).

최근 한국사회에서도 공황장애는 흔한 질병이 되어가고 있는데, 대중으로부터 부정적인 인식을 받는 것을 꺼려하는 유명인까지도 유병 사실을 공개적으로 증언하는 사례가 증가하며, 공황장애는 현대 한국사회에서 중요한 부분을 차지하는 정신질환으로 자리 잡고 있다(김류원, 윤영민, 2018). 국내 공황장애 진료 환자는 2010년 5만여 명에서 2015년 10만여 명으로 5년 사이에 두 배 가량 늘어났으며, 공황장애로 인한 진료비 역시 2010년 190억 원에서 2015년 357억 원으로 연평균 13.3%씩 증가한 것으로 나타났다(건강보험심사평가원, 2018).

DSM-5(American Psychiatric Association, 2013)에 의하면, 공황장애란 불안장애의 일종으로, 갑자기 엄습하는 강렬한 불안인 공황발작을 반복적으로 경험하는 장애를 말한다. 발작이 발생하는 동안에는 숨이 가쁘고, 심장이 마구 뛰며, 가슴이 아프거나 답답하게 조이는 느낌 및 질식할 것 같은 느낌, 자제력을 상실해 버릴 것 같은 두려움 및 죽음에 대한 공포가 나타난다. 환자들은 공황발작이 발생하는 동안 심장 두근거림, 호흡곤란, 메스꺼움, 비현실감, 통제력 잃을 것 같은 두려움 등의 공포를 경험하게 된다. 공황장애의 핵심 감정인 불안은 전 생애에 걸쳐 수많은 사건의 영향으로 인해 형성되고 증폭되는데(Miloyan, Bienvenu, Brilot, & Eaton, 2018), 특히 어린 시절 가족 내에서의 경험은 개인의 인지와 정서적 특징을 만들고, 자신과 세상을 인식하는 틀을 형성하게 되기 때문에 매우 중요한 영향을 미친다(Wallin, 2007).

위너, 펄로에, 휘트턴과 핑커스(Wiener, Perloe, Whitton, & Pincus, 2012)는 주의력 편중과 더불어 불안 민감성이 공황장애의 주요 특징이라고 하였다. 불안 민감성이란 불안과 관련된 생리적인 단서, 예를 들어 심장이 쿵쾅거리는 것 또는 숨 가쁨과 같은 신체적인 느낌이 해롭고 위협적이라고 인식하는 것을 의미한다(McNally, 2002). 따라서 주의력 편중과 불안 민감성이 공황장애의 기원과 유지에 중요한 역할을 한다고 볼 수 있다(Wiener et al., 2012). 특히 공황장애에 있어서 주의력 편중과 불안 민감성이 서로 관련되고, 공황장애를 가진 개인들은 내적 생리적인 느낌에 과도하게 주의력을 집중하며 이러한 느낌을 비극적인 것으로 잘못 해석한다(Lang & Sarmiento, 2004).

공황장애는 광장공포증이 없는 공황장애와 광장공포증이 있는 공황장애로 나뉘며, 공황장애와 광장공포증은 단순한 공포증 혹은 사회공포증과 같은 다른 불안장애와 함께 공존한다(Himle & Fischer, 1998). 공황장애는 사회적 · 직업적 · 신체적 장애와 상당한 경제적 부담과 많은 연관성이 있으며, 신체적 · 심리적 건강, 사회적 관계 등에 관련하여 전반적으로 삶의 질을 떨어뜨린다(손상준, 김세주, 김찬형, 2006; Hohls et al., 2019; Meuret, Kroll, & Ritz, 2017; Zilcha-Mano et al., 2015). 공황장애 환자들은 다시 공황발작이 나타날까 두려워 직장을 그만두거나 심한 운동을 피하며, 죽음에 대한 공포로 병원을 자주 찾게 돼 직장이나 학교를 빈번하게 빠지는 등 적응에 어려움을 경험한다(American Psychiatric Association, 2013). 또한 공황장애를 가진 사람들은 공황장애가 없는 사람보다 자살을 4배 많이 시도하며, 이 외에도 다양한 신체적 · 정신적 질환을 동반할 수 있다(Chang et al., 2019; Tietbohl-Santos et al., 2019). 그런데 불안장애 관련 유럽 연구에서 불안장애를 가진 환자 중 20.6%만이 전문적인 도움을 받은 것으로 나타났으며, 그중에서 건강보호서비스를 신청한 참가자 중 23.2%은 전혀 치료를 받지 않았고, 19.6%는 심리치료, 30.8%는 약물치료, 26.5%는 약물과 심리치료를 모두 받은 것으로 나타났다(Alonso & Lépine, 2007). 마찬가지로, 네덜란드 연구에서도 불안장애 환자 중 27%만이 지침서적인 돌봄을 받은 것으로 나타났다(Smolders et al., 2009).

이처럼 심각한 문제를 야기할 수 있는 공황장애의 발생 원인이 무엇인지 아직까지 뚜렷하게 밝혀진 바가 없으나 대체로 생물학적 · 심리적 · 환경적 요인이 복합적으로 상호작용하여 유발된다고 본다(Klauke, Deckert, Reif, Pauli, & Domschke, 2010). 생물학적 관점에서는 호흡 기능 관련 자율신경계의 생물학적 결함으로 인해 과잉호흡이 나타나 공황발작이 발생한다고 보고, 인지적 접근에서는 신체감각을 위험한 것으로 잘못 해석하는 파국적 오해석으로 인해 공황발작이 나타난다고 본다(권석만, 2013). 이와 같이 생물학적 접근과 인지적인 접근은 현재 공황장애를 바라보는 주된 시각이며, 이러한 병인론으로 인하여 약물치료나 인지행동적인 치료가 공황장애에 대한 주요한 개입으로 이루어지고 있다(Haug et al., 2015; Quagliato et al., 2019; Shinfuku et al., 2019; Stech, Lim, Upton, & Newby, 2020).

한편, Shim, Lee와 Park(2016)은 공황장애 증상이 원가족에서 형성된 불안 등의 부정적인 감정에서 시작되며, 가족문화적인 배경으로 인한 강한 스트레스가 공황발작으로 이어질 수 있다고 하였다. 또 다른 선행연구에 따르면, 공황장애를 가진 사람들은 그렇지 않은 이들에 비해 아동기에 신체적 · 정서적 혹은 성적 학대나 방임을 더 많이 경험해 왔으며(안현아, 문정화, 박태영, 2019; Cougle, Timpano, Sachs-Ericsson, Keough, & Riccardi, 2010; Klauke et al., 2010; Shim, Lee, & Park, 2016; Zou et al., 2016), 부모의 죽음이나 상실 등을 더 많이 경험하였다(Bandelow et al., 2002; Newman, Shin, & Zuellig, 2016). 이와 함께 부모의 거부적 양육태도 역시 자녀의 공황장애와 밀접한 관련성을 보인다(안현아 외, 2019; Asselmann, Wittchen, Lieb, & Beesdo-Baum, 2016; Shim et al., 2016).

그런데 일반적으로 공황장애와 관련된 연구 중 치료에 관련된 임상연구들은 극히 찾아보기 어려우며 공황장애 내담자들에 대한 가족치료 사례연구는 더군다나 발견하기가 쉽지 않다. 공황장애와 관련된 대부분의 연구는 양적 연구에 한정되어 있고 질적 연구는 몇 편 되지 않는다. 다음에서는 가족치료 사례들을 중심으로 '공황장애의 치료 접근법'을 살펴보겠다.

문혜린 등(Moon et al., 2022)은 공황장애를 가진 부인(37세)에 대한 가족치료 사례를 통하여 공황장애의 발생 과정에서 나타난 심리적 역동을 살펴보았다. 이 연구에서 공황장애의 발생 과정은 불안의 형성 단계, 온실 속 화초 단계, 위기 발생 단계, 안전지대의 상실 단계, 내면의 붕괴 단계로 나타났다. 각 단계에서 발생한 외적 상황에 대한 가족역동이 형성되었으며, 가족역동의 결과로 내담자의 심리적 경험이 발생하여 공황장애로 이어졌다. 이 연구는 가족의 역동과 심리적 경험의 연관성을 경험적으로 제시하였으며, 외적 상황에 대한 기능적인 가족 대처의 중요성을 제안하였다. 문혜린 등(2023)은 공황장애를 겪고 있는 중학교 3학년 여학생의 가족치료를 통하여, 공황장애 발생 단계를 살펴보았다. 공황장애의 발생 단계로는 유기불안의 형성 단계, 감정의 억압 단계, 상실에 대한 두려움 단계, 유기불안의 재경험 단계가 나타났다. 공황장애 단계에 따라 위기 상황에 대한 가족의 역동, 그로 인한 내담자 개인의 핵심 정서가 공황 증상을 발현시켰다.

2. 공황장애의 원인

공황장애의 원인에 대해서는 촉발 요인과 잠재 요인으로 나눠 설명할 수가 있다.

1) 촉발 요인

공황장애를 가진 사람 중 약 70%가 공황발작이 시작되기 전에 이미 범불안장애를 지니고 있었으며, 첫 공황발작은 대인관계 갈등, 질병, 이별, 경제적 파산, 상실 위협, 부부관계 또는 고부관계, 대인관계에서의 스트레스와 밀접한 관련이 있다(박현순, 2016; 안현아 외, 2019; Kim et al., 2002; Moon, Bae, Chui, & Park, 2022; Shim et al., 2016). 첫 공황발작이 발생하기 1년 이내의 스트레스 경험에 관한 연구 결과에 따르면, 공황장애를 가진 사람의 64%, 정상인의 35%가 견딜 수 없을 정도로 심한 스트레스를 겪은 것으로 나타났다(Roy-Byrne, Geraci, & Uhde, 1986). 따라서 부정적인 스트레스 사건과 공황발작 간에는 밀접한 관련이 있다(박현순, 2016; 안현아 외, 2019; Shim et al., 2016).

2) 잠재 요인

(1) 생물학적 원인

공황장애는 매우 극심한 불안 증상과 다양한 신체적 증상을 동반하는 불안장애이기 때문에 생물학적 원인이 깊이 관련된다(권석만, 2013). 공황장애는 불안장애와는 달리 정신사회적 원인보다 생물학적 원인에 대한 연구가 많다(민성길 외, 2015). 특히 공황장애에 대한 생물학적 결함이나 취약성에 관한 이론 중 하나인 과잉호흡이론에 따르면, 공황장애 환자들은 호흡 기능과 관련된 자율신경계의 생물학적 결함으로 인해 혈액 속의 CO_2 수준을 낮게 유지하며 그 결과 깊은 호흡을 빨리하는 경향이 있는데 이러한 과잉호흡이 공황발작을 유발시키는 데 영향을 미친다는 것이다(민성길 외, 2015). 클라인(Klein, 1993)은 공황발작이 특정한 생화학적 물질에 의해 유발된다는 질식오경보이론(suffocation false alarm theory)을 주장하였다. 그에 따르면 공황장애 환자는 혈액 속의 CO_2 수준에 과도하게 예민한 생화학적 취약성을 지니고 있으며, 카페인, 이산화탄소의 흡입, 과잉호흡 등과 같은 생화학적 변화가 공황장애를 일으킬 수 있다는 것이다. 그 외에도 뇌의 청반(locus ceruleus)과 세라토닉과 같은 신경전달물질, 혈당 저하, 갑상선 기능 이상, 혹은 귓속에 있는 평형기관인 전정기관의 기능장애 등이 다양하게 공황발작의 원인을 설명하고 있다(민성길 외, 2015; 박현순, 2016).

또한 공황장애 환자의 가족 중에 공황장애가 있을 확률이 다른 정신장애에 비해 4~8배가 크며 일란성 쌍둥이의 발병 일치율이 이란성 쌍둥이에 비해 훨씬 높은 것으로 나타났다(민성길 외, 2015). 일란성 쌍둥이 중 어느 한 쪽이 공황장애일 경우 다른 쪽도 공황장애에 걸릴 가능성은 31%이다. 반면, 이란성 쌍둥이의 경우 어느 한 사람이 공황장애일 경우 다른 쪽이 공황장애에 걸릴 확률은 거의 없는 것으로 나타났다(McNally, 1994). 이 외에도 공황장애를 가진 사람의 직계가족이 공황장애에 걸릴 가능성은 22%로, 일반인의 직계가족이 공황장애에 걸릴 가능성 2%보다 10배 이상 높은 것으로 나타났다(McNally, 1994).

그렇지만 공황장애의 원인을 생물학적 이상으로 보는 입장에서는 공황장애의 치료 과정에서 밝혀진 약물 효과, 인위적으로 공황발작을 유도하는 생물학적 도전검사에서 사용하는 물질들이 일반인에게는 별다른 영향을 주지는 않지만 공황장애가 있는 사람에게는 공황발작을 일으킨다는 점, 유전연구 그리고 전혀 예기치 못하게 발생하는 자연발생적 공황발작이 있다는 점을 근거로 하고 있다(박현순, 2016).

(2) 심리학적 원인

심리학적 요인을 설명하는 이론에는 정신분석적(역동적) 이론과 인지행동이론을 들 수 있다. 정신분석적 이론에서는 공황발작이 스트레스가 많은 시점에서 발생한다고 보고 그 원인으로 다음의 세 가지를 제시하고 있다(민성길 외, 2015). 첫째, 공황발작은 불안을 야기하는 충동에 대한 방어기제가 성공하지 못하였기 때문에 발생한다는 것이다. 따라서 억압되어 있던 두려운 충동이 방출될 것에 대한 극도의 불안을 경험하게 된다는 것이다. 둘째, 공황발작 증상을 어린아이가 어머니와 이별할 때 나타나는 분리불안과 관련된 것으로 본다. 광장공포증과 함께 나타나는 공황장애는 사람이 많은 넓은 장소에 혼자 있는 상황이 부모로부터 버림받았다는 유아기의 분리불안을 재현하는 것이라고 본다. 셋째, 공황발작이 무의식적인 상실 경험과 관련이 있다는 것이다. 부쉬 등(Busch et al., 1991)은 공황장애 환자가 공황발작을 경험하기 전에 '상실'과 관련된 심한 사회적 스트레스를 겪는다고 하였다. 이 연구에 참여한 32명의 공황장애 환자 중 50%가 의미 있는 타인을 상실한 후에 공황발작을 경험하였으며, 특히 17세 이전에 부모를 상실한 경우 공황장애가 발생할 가능성이 높은 것으로 나타났다(권석만, 2013), 이처럼 과도한 스트레스가 공황발작의 신경생리적 변화를 야기시키기 쉬운 과민성을 발달시킨다(민성길 외, 2015).

클락(Clark, 1986)의 인지이론에서는 공황발작이 신체감각을 위험한 것으로 잘못 해석하는 파국적 오해(catastrophic misinterpretation)로 인해 발생한다고 보았다. 공황장애 환자들은 평소보다 강하거나 불규칙한 심장박동이나 흉부 통증을 심장마비의 전조로 보거나 호흡곤란을 질식에 의한 죽음으로 생각하고, 현기증과 몸 떨림을 자신이 미쳐 버리거나 통제불능 상태가 되었다고 파국적으로 해석하는 경향이 있다(권석만, 2013). 인지적 이론에서 강조하는 것은 바로 이 잘못된 해석으로 인하여 근본적으로 공황발작의 불안과 범불안장애의 불안은 양적인 차이가 있을 뿐이라는 점이다(민성길 외, 2015). 행동이론에서는 공황 상태를 학습된 반응, 부모행동을 닮는 것 또는 고전적인 조건화이론으로 설명한다. 즉, 보통 자극이 공황을 야기하는 자극과 동반되면 이후에 보통 자극에도 공황을 느끼고 피하게 된다는 것이다(민성길 외, 2015).

(3) 가족 원인

공황장애의 원인에 대한 심리학적 원인은 가족 원인과 상당한 관련이 있으며, 정확히 구분할 수는 없다. 공황장애와 관련된 가족 원인으로 부모의 학대 및 방임, 부모의 상실, 부모의 거부적인 양육태도 그리고 가족의 불안 등이 나타났다(안현아 외, 2019; Klauke et al., 2010; Moitra et al., 2011; Shim et al., 2016). 공황장애를 가진 사람들은 그렇지 않은 사람들에 비해 아동기에 학대 및 방임 경험을 상대적으로 많이 경험한 것으로 나타났다. 공황장애 집단과 통제집단의 비교 연구(Zou et al., 2016)에서는 공황장애 집단이 통제집단보다 신체적 · 정서적 학대와 신체적 · 정서적 방임이 더 높게 나타났다. 또한 공황장애를 가진 사람들은 상대적으로 성적 학대의 경험을 더 많이 가지고 있었다(Bandelow etl al., 2002; Cougle et al., 2010). 이러한 선행연구와 유사한 맥락에서 진행된 연구들은 아동기의 학대 및 방임이 성인기 공황장애와 밀접한 관련성을 보였다(안현아 외, 2019; Klauke et al., 2010; Lochner et al., 2010; Seganfredo et al, 2009; Shim et al., 2016). 또한 구드윈, 퍼거슨과 허우드(Goodwin, Fergusson, & Horwood, 2005)는 아동기의 신체학대 및 유년기의 성적 학대가 공황발작 및 공황장애 위험을 상당히 증가시킨다고 하였다. 앞의 연구는 단순히 집단 비교를 통해 가족 원인을 살펴본 연구들과는 다르게 아동기의 학대와 시간이 흐른 뒤의 공황장애와의 실질적인 관련성을 입증한 연구이다. 이와 같이 아동기에 경험한 신체적 · 정서적 학대 및 방임, 성적 학대 등 외상적인 사건들은 성인기 공황장애를 예측하는 위험 요인으로 작용한다.

또한 공황장애 환자들에게서는 아동기에 경험한 부모의 상실이 공통적으로 나타났다(Horesh et al., 1997; Ogliari et al., 2010). 서번트와 파큐(Servant & Parquet, 1994)는 공황장애 환자들 중 33.7%가 15세 이전 상실이나 분리의 아픔을 경험하였다고 하였다. 뉴만, 신과 쥴릭(Newman, Shin, & Zuellig, 2016)도 부모의 부재가 통제집단에 비해 공황장애 집단에서 유의미하게 높게 나타났다고 하였다. 밴들로 등(Bandelow et al., 2002)도 공황장애 환자 집단이 통제 집단보다 아버지의 죽음이나 어머니와의 분리를 더 많이 경험하였다고 하였다.

공황장애 관련 14세에서 24세의 연구 대상을 10년 간 추적 조사한 아셀만, 윗천, 리브와 비스도-바움(Asselmann, Wittchen, Lieb, & Beesdo-Baum, 2016)의 연구에서는 공황장애 및 공황발작의 위험 요인으로서 부모의 거부적인 양육태도가 나타났다. 뉴만 등(Newman, Shin, & Zuellig, 2016)은 통제집단에 비하여 공황장애 집단에서 아버지의 거부적인 태도가 더 높게 나타났다. 라라이아 등(Laraia et al., 1994)의 연구에서는 통제 집단에 비하여 공황장애 여성 집단이 부모의 따뜻함과 지지가 더 부족한 것으로 나타났다.

공황장애는 부모의 정신질환과도 밀접한 관련이 있다(Moreno-Peral et al., 2014). 특히 부모의 공황발작과 공황장애 병력은 자녀의 공황발작과 광장공포증을 포함한 공황장애 발병의 위험 요인으로 나타났다(Hayward et al., 2004; Nocon et al., 2008). 또한 부모의 알코올중독과 약물남용과 같은 중독 증상 역시 자녀의 공황발작에 영향을 미치는 요인으로 작용한다(Bandelow et al., 2002; Laraia, Stuart, Frye, Lydiard, & Ballenger, 1994).

3. 공황장애치료 접근법

공황장애치료에 관한 근래의 연구는 약물치료에 대한 연구와 심리치료(인지행동치료, 심리역동적 치료, 가족치료)에 대한 연구가 주를 이루는 것으로 보인다. 우선 약물치료에 관한 연구로 공황장애에 약물치료가 어떤 효과가 있는지 밝히는 연구(Andrisano, Chiesa, & Serretti, 2013; Banov, Young, Dunn, & Szabo, 2019)와 특정 약물의 부작용이나 약물의 안전성에 관련된 연구(Quagliato et al., 2019; Shinfuku et al., 2019)가 있다. 이 외에도 공황장애의 치료로서 운동(예: 일주일에 3번 5km를 조깅하는 것과 같은 에어로빅 훈련)이 있으나, 클로미프라민(항우울증 약)보다는 효과가 덜 하고(Broocks et al., 1998) 통제조건과 완화치료보다 더 효과적이지 않다(Wedekind et al., 2010)는 것이 확인되었다. 따라서 운동은 단지 일반적인 치료의 부수적인 치료로서 권유될 수 있으며, 이 외에도 최면치료, 자율훈련법, 생체 자기제어 침술, 정골요법, 동종요법, 유산소운동, 에어로빅 등 신체적인 관점으로 접근하는 치료(김종환, 조희근, 신현권 2018; Bartley, Hay, & Bloch, 2013;

Sabourin, Stewart, Watt, & Krigolson, 2015) 등이 있다. 최근 치료사를 만나지 않거나 치료사와 최소한의 만남을 통한 인터넷 심리치료를 조사한 연구에 따르면, 인터넷 심리치료가 대면 접촉을 가진 개인 인지행동치료만큼 효과적이라는 증거가 부족하다고 하였다(Bandelow et al., 2015). 한편, 많은 연구에서 약물치료와 인지행동치료의 병행이 구체적으로 공황장애 또는 불안장애 환자들의 삶을 향상시킬 수 있다는 것을 보여 준다(Bandelow, Michaelis, & Wedekind, 2022; Ham, Waters, & Oliver, 2005).

1) 약물치료

공황장애에 대한 약물로서 벤조디아제핀(정신 안정제용 화합물) 계열의 약물, 삼환계 항우울제, 세로토닌 재흡수 억제제 등이 사용되며 그 치료효과는 비슷한 것으로 알려져 있다. 벤조디아제핀 계열의 약물은 치료 효과가 빨리 나타나지만 신체적 · 심리적 의존이 나타나서 약물을 중단하기 어려우며, 삼환계 항우울제는 어지러움, 입 마름, 성기능 저하 등의 부작용이 나타난다. 세로토닌 재흡수 억제제는 공황장애 치료를 위해 가장 선호되는 약물이지만 약 75% 이상의 경우 성기능장애를 초래한다(권석만, 2013). 한편, 햄, 워터와 올리버(Ham, Waters, & Oliver, 2005)는 인지행동치료를 훈련받지 않은 가정의들은 공황장애 환자들을 인지행동치료사들에게 의뢰할 필요가 있다고 하였다.

2) 인지행동치료

일반적으로 인지행동치료는 심리교육, 불안을 조절하는 복식호흡과 긴장이완훈련, 신체적 감각에 대한 파국적 오해석의 인지적 수정, 광장공포증과 관련된 공포상황에서의 점진적 노출 등과 같은 치료적 요소로 구성된다(권석만, 2013; Olatunji & Wolitzky-Taylor, 2009). 최근에는 인터넷을 통한 인지행동치료의 기술이 엄청 발달되었고, 대면인지 행동치료와 비교하여 공황장애 증상을 감소시키는 데 있어서 유사한 효과성을 보여 주었다(Domhardt et al., 2020).

인지행동치료에 대한 연구를 살펴보면, 메타분석을 통해 인지행동치료의 효과성에 관한 연구들이 있다(Bandelow et al., 2015; Hofmann et al., 2012; Schwartze et al., 2017). 호프만 등(Hofmann et al., 2012)은 인지행동치료가 공황장애 및 다른 심리적 문제에 효과적인 치료 접근법으로 검증되었다고 하였다. 밴들로 등(Bandelow et al., 2015)은 메타분석을 통해 공황장애의 치료법을 비교한 결과, 인지행동치료가 다른 심리치료 및 약물치료를 받은 대상에 비해 더 효과적이며 인지행동치료와 약물치료를 병행했을 때 가장 큰 효과가 나타났다고 하였다. 반면, 쉬와르츠 등(Schwartze et al., 2017)은 인지행동치료를 받은 집단이 치료를 받지 않은 집단에 비해서는 효과가 크게 나타났으나, 다른 처치를 받은 대인적 치료 집단과는 유의미한 차이가 나타나지 않았다고 하였다.

한편, 인지행동치료의 세부적인 치료 방법에 따라 공황장애의 치료 효과를 검증한 연구들도 존재한다(Barlow & Craske, 2016; Haug et al., 2015; van Dis et al., 2020). 발로우와 크라스케(Barlow & Craske, 2016)는 공황장애의 발현과 유지에 결정적인 영향을 미치는 요인으로서 개인의 신체 증상에 대한 주관적인 지각과 상황에 대한 통제력 결핍으로 보고, 인지행동이론에 근거하여 공황통제치료(Panic Control Treatment: PCT) 프로그램을 구성하였다.

공황통제치료는 공황장애 환자에게 과잉호흡을 하게 하거나 회전의자를 빨리 돌려서 어지러움을 유발하는 방식으로 '작은 공황발작'을 경험하게 함으로써 고양된 신체감각에 노출시켜 익숙해지도록 하고 다양한 불안통제기술을 적용시켜 파국적 오해석을 방지하는 훈련을 시킨다. 이 방법은 공황장애의 치료에 매우 효과적인 것으로 나타났으며 그 효과가 2년 후에도 지속되었다고 하였다(Barlow & Craske, 2016; Barlow & Lehmn, 1996). 따라서 공황통제치료는 성인과 청소년 대상에 대한 효과가 검증된 근거기반치료가 되었다(Craske & Barlow, 2007; Pincus, Ehrenreich, & Mattis, 2008).

또한 호그 등(Haug et al., 2015)은 대면인지행동치료(FtF-CBT)가 공황장애 치료에 효과적이라고 하였다. 인지행동치료 중 자극감응 훈련 역시 인지행동치료의 효과적인 요인으로 알려져 있으며, 공황증상을 감소시키는 데 효과적이었다(Arntz, 2002; Lee et al., 2006). 인지행동치료는 단 하나의 치료 방법으로 사용될 수 있거나 공황장애 환자를 치료하기 위하여 항우울제 복용과 함께 사용될 수 있다(Ham, Waters, & Oliver, 2015).

인지행동치료 외에도 공황장애치료를 위하여 사용된 다른 치료 접근에는 공황에 초점을 둔 심리역동적 치료가 있는데, 이 접근법은 구체적으로 공황 증상만을 목표로 한 시간 제한적이고 매뉴얼화된 심리역동적 치료이다(Milrod, Busch, Cooper, & Shapiro, 1997). 심리역동적 치료의 초기 시도는 특히 인지행동치료와 비교하여 효과성에 있어서 상반된 결과를 보였다. 특히 반델로우 등(Bandelow et al., 2014)은 불안장애 치료와 관련된 연구에서 인지행동치료와 비교해서 심리역동적 치료가 덜 효과적이라고 하였다. 또 다른 연구(Chambless et al., 2017; Milrod et al., 2016)에서도 인지행동치료가 심리역동적 심리치료와 비교하여 공황장애치료에 더 일관적으로 효과적이라는 결과를 보여 주었다. 한편, 인지행동치료를 좀 더 폭넓게 적용한 심리사회적 개입의 또 다른 형태인 수용과 헌신치료(Acceptance and Commitment Therapy) 또한 공황장애 증상을 감소시키는 데 있어서 효과적인 것으로 나타났다(Hayes, Strosahl, & Wilson, 2016).

3) 가족치료

앞에서도 설명하였다시피 공황장애 원인에 대한 심리적 원인이 가족적 원인과 연결되어 있다는 것을 알 수 있다. 한편, 공황장애치료를 위한 특정한 가족치료이론은 아직까지 밝혀진 바는 없다. 따라서 여기서는 공황장애 내담자에 대한 가족치료 사례연구를 살펴보겠다.

공황장애 내담자에 대한 심리치료 및 가족치료 사례연구들을 살펴보면 다음과 같다.

김종만(1995)은 공황장애를 앓고 있는 30대 부인에 대한 사례연구에서 결혼생활의 잘못된 기능, 즉 남편의 잘못된 인식 및 부부의 잘못된 생활태도를 서로 묵인, 동조, 비난하는 패턴들이 부인의 공황장애를 유발시켰다고 보았다. 발타스(Baltas, 2013)는 공황장애를 가진 내담자에게 약물치료와 심리치료를 병행하여 실시하였는데, 심리치료의 실시 과정에서 내담자가 청소년기에 친척으로부터 들었던 부정적인 언어가 저주와 같이 작용하여 공황장애를 유발하였다고 보았고, 이를 내담자에게 인식시켜 내담자가 공황발작을 멈추고 약물복용을 중단하였다고 하였다.

심다연 등(Shim et al., 2016)은 공황장애를 가진 부인(34세)에 대한 가족치료 사례를 통하여 공황장애의 발생 원인과 증상을 유지시키는 요인으로 남아선호사상, 학벌 중심 문화, 집단주의 등의 한국의 문화적 배경과 가족관계를 살펴봄으로써 공황장애에 대한 새로운 시각을 제시하였다. 이화자(2016)는 공황장애를 가진 아내(36세)의 부부치료 사례연구에서 공황장애 발생 과정을 심리사회적으로 이해하기 위하여 취약성-스트레스 모델을, 부부관계의 문제해결 및 관계 증진, 증상 완화를 위하여 구조적 가족치료이론을 적용하였다.

한편, 안현아, 문정화 그리고 박태영(2019)은 공황장애를 가진 남자 대학생에 대한 대상관계 가족치료이론, 보웬의 가족체계이론, MRI의 의사소통이론을 적용한 사례연구에서 내담자의 생애주기별 심리적 어려움과 부모의 역기능적인 양육 방식 그리고 가족치료의 효과성을 탐색하였다. 문혜린과 박태영(2019)은 자매가 각각 범불안장애와 공황장애를 경험한 사례를 중심으로 불안장애가 발생하는 과정 단계와 가족 내 역동을 탐색하였다. 이 연구에서 불안장애의 발생 과정은 잠재적 불안 단계, 불안의 시작 단계, 불안의 증폭 단계, 불안의 확산 단계, 증상의 발현 단계로 나타났다.

문혜린 등(2021)은 공황장애를 가진 여자 대학생(22세)의 가족치료 사례에서 개인 발달 단계를 출생전기, 영유아기, 학령기, 청소년기를 중심으로 가족 내에서 발생한 사건과 경험을 중심으로 공황장애의 발생 과정에서 나타난 가족역동을 네트워크를 통하여 살펴보았다.

4. 사례

1) 공황장애를 가진 한국인 아내와 미국인 남편의 가족치료 사례*

(1) 사례 개요

이 사례는 내담자인 부인(34세), 미국인 남편(34세), 친정어머니(62세), 친정아버지(63세)로 구성되었으며, 상담은 총 9회기에 걸쳐 이루어졌다(1~2회기: 내담자, 3~4회기: 남편, 5회기: 부부, 6~7회기: 친정어머니, 8회기: 친정아버지, 9회기: 부인). 내담자가 호소한 문제는 심장이 두근거리고 항상 불안하다는 것이었다. 내담자는 2년 전에 신경정신과에서 한국의 고유 정신질환인 화병과 공황장애 진단을 받았고 현재는 증상이 더 심해져서 하루에 4번 약을 복용하고 있었다.

(2) 내담자의 불안에 영향을 미친 요인

① 가족문화

내담자의 가족문화는 강한 어머니와 예민한 아버지의 불균형적인 부부관계에서 형성되었다. 어머니는 완벽주의 성향을 가지고 있어 아버지에게 완벽한 남편의 모습을 기대했지만 아버지는 심약하고 감성적이어서 그러한 어머니의 욕구를 채워 주지 못하였다. 내담자는 부모가 이혼하게 될까 봐 늘 불안하였다. 또한 내담자는 아버지를 닮아 성격이 예민하고 감성적이었고, 어머니는 아버지를 닮은 내담자를 강압적인 방식으로 양육하였다. 그러나 어머니는 자신을 닮은 내담자의 남동생과는 관계가 좋았다.

* 이 사례의 가족치료 과정을 알고 싶다면 Shim, D. Y., Lee, D. B., & Park, T. Y. (2016). Familial, social and cultural factors influencing panic disorder: Family therapy case of Korean wife and American husband. *The American Journal of Family Therapy, 44*(3), 129-142를 참고하기 바란다.

■ 어머니의 완벽주의와 과도한 역할

어머니는 친정어머니와 갈등이 심하였다. 친정어머니가 아들을 편애하였으므로 내담자 어머니는 오빠와 남동생을 이기기 위해 스스로 완벽해져야 한다고 생각하였다. 그러나 어머니는 한국 사회에서 여자가 성공하기 어려웠기 때문에 남편과 자녀들을 성공하게 만드는 방법밖에 없다고 생각하였다. 따라서 어머니는 집안에서 과도한 역할을 하였다.

■ 아버지의 예민한 감성과 미흡한 역할

아버지는 학창시절 어머니가 암으로 일찍 사망하였다. 막내아들로서 어머니와 관계가 각별했던 아버지는 어머니가 일찍 사망하자 학창시절을 외롭게 지냈다. 아버지는 따뜻한 아내(어머니)의 품을 늘 그리워했지만 내담자 어머니는 남편의 정서적 욕구를 채워줄 수 없었다. 아버지는 아내에게 짜증을 내거나 투정을 부렸다. 어머니가 가정 내에 모든 일을 결정하고 주도했기 때문에 아버지는 가정 일에 관심을 두지 않게 되었다. 또한 아버지도 내담자와 마찬가지로 30대에 공황장애를 경험하였다.

■ 부모의 심각한 갈등

강한 어머니와 예민한 아버지는 처음부터 서로의 욕구를 채워 주지 못하였다. 어머니는 남편에게 완벽하고 강한 모습을 원했고 아버지는 아내에게 따뜻하고 자상한 모습을 원했지만 부부는 상대방의 욕구를 충족시키지 못하였다. 부모는 신혼 초부터 갈등이 시작되었고 시간이 지나면서 갈등은 더욱 심각해졌다. 부모의 심각한 갈등을 보고 자란 내담자는 부모가 싸울 때마다 부모가 이혼하게 될까 봐 불안감을 느끼게 되었다.

■ 아버지와 유사한 딸에 대한 전이: 내담자를 아버지의 연장으로 봄

어머니는 남편이 자신보다 똑똑하지 못하고 다혈질적이며 미성숙하여 남편을 신뢰하지 못하였는데, 내담자 또한 아버지와 유사한 성향을 가지고 있었고 외모도 아버지와 똑같았다. 어머니는 아버지에게 걸려 있던 해결되지 못한 감정을 내담자에게도 경험하였다. 따라서 어머니는 아버지로부터 받은 스트레스를 내담자에게 풀었다.

■ 버림받을 것 같은 불안감

어머니는 내담자에게 완벽한 모습을 기대하였다. 내담자는 자신이 완벽하지 못하면 어머니에게 버림받을지도 모른다는 불안감을 가지고 있었다.

■ 내담자와 어머니의 관계

어머니는 내담자가 중3 때 강제로 스파르타식의 학원에 보내 공부를 시켰으나 그때부터 공부를 전혀 안 하게 되었다. 내담자는 어머니로부터 한 번도 칭찬을 받아 본 적이 없었다.

■ 어머니의 폭력성

아버지는 분노조절이 안 되는데도 불구하고 내담자를 폭행한 적이 없었으나 어머니는 어려서부터 내담자를 폭행하였다.

■ 정서적 소통의 부재

내담자는 어머니 앞에서는 불안하고 나약했고 내담자가 그럴수록 어머니는 내담자를 더욱 강하게 대하였다. 내담자는 직설적인 어머니와 정서적인 의사소통을 할 수 없었다.

② 한국의 사회문화

최근에는 많이 달라졌지만, 한국사회에서는 딸보다 아들을 선호하는 경향이 있다. 어머니도 역시 남자형제들을 편애했던 외할머니와 갈등관계를 가지고 있었다. 어머니 역시 남동생이 내담자에 비하여 공부도 잘하였고 완벽주의적인 성향을 가진 남동생을 편애하였다. 내담자의 남동생은 엄마가 졸업한 좋은 대학에 입학하였고, 내담자는 아버지가 나온 수준의 대학을 나왔다.

■ 어머니의 남동생 편애

어머니는 남편을 닮은 딸보다 자신을 닮아 똑똑하고 완벽한 모습을 가진 아들이 더 만족스러웠다. 내담자는 어머니의 마음에 들기 위해 많은 노력을 했지만 늘 남동생을 편애하는 어머니에 대한 서운함이 컸다.

■ 학력 위주의 한국문화

한국의 부모는 공부를 잘하고 좋은 대학에 진학하는 자녀들에 대한 편애가 심하다. 내담자의 경우도 어머니가 일류대학을 나왔고 남동생 또한 어머니가 나온 대학을 나왔다. 그에 비해 내담자는 아버지가 졸업한 대학과 비슷한 수준의 대학을 나왔기 때문에 내담자는 어머니로부터 학력으로 인한 차별대우를 경험하였다.

■ 집단따돌림 문화

내담자는 중2 때 따돌림을 당하였고 그 당시 죽고 싶었으나 부모에게 말할 수가 없었다.

(3) 내담자의 공황장애 발작을 촉발시킨 요인

내담자는 결혼을 앞두고 아버지의 복역과 외도 그리고 국제결혼에 대한 부담감을 겪으면서 불안감이 고조되었다.

① 가족 내 사건

■ 아버지의 복역

내담자의 아버지는 회사 내 비리 사건과 연루되어 2개월간 복역하였다. 이 사건은 가족구성원들에게도 엄청난 충격을 주었다. 가족구성원들은 경제적인 어려움뿐만 아니라 지인들의 시선에 대한 심리적인 고통을 경험하였다. 한국문화는 개인보다 집단이 중요하며, 개인과 가족의 경계가 명확하지 않고 가족의 범죄 행위는 개인의 수치심과도 직결된다. 또한 내담자는 매일 술을 마시며 짜증을 내는 아버지로 인하여 스트레스를 경험하였다.

■ 아버지의 외도

내담자는 아버지의 핸드폰에서 외도 사실을 발견하게 되었다. 내담자는 아버지의 외도 사실을 어머니에게 폭로하였다는 것이 매우 부담스러웠다. 내담자는 외도를 폭로한 사실에 대한 아버지의 분노를 의식하게 되었고, 자신의 폭로로 인하여 가정의 평화가 깨졌다고 생각하였다.

② 국제결혼 사건

■ 국제결혼에 대한 부정적 인식

최근에 국제결혼이 크게 증가하고 있지만, 한국인들은 국제결혼에 전혀 수용적이지 않다. 특히 내담자의 부모 세대에서는 외국인 사위를 가족구성원으로 받아들이는 것에 대한 거부감이 컸다. 내담자는 외국인 사위에 대한 부모의 거부감과 주변의 시선으로 인해 엄청난 스트레스와 불안을 경험하였다.

(4) 내담자의 공황장애 증상을 유지시키고 있는 요인

결혼식 이후에도 내담자의 공황장애 증상은 지속되고 있었다. 내담자는 문화적 차이, 내담자와 남편의 유사한 가족구조, 해결되지 못한 원가족과의 부부간의 경험 그리고 역기능적인 의사소통 방식으로 인하여 엄청난 스트레스를 받았다.

① 내담자와 남편의 문화적 차이(한국문화와 미국문화의 차이)

한국문화와 미국문화의 차이점은 집단주의와 개인주의로 구분될 수 있다. 내담자가 원가족과 정서적으로 융합되어 있는 것은 내담자의 원가족의 정서적 특징이기도 하지만 한국의 집단주의의 특성으로 볼 수 있다. 또한 미국인 남편이 이성적으로 대처하는 모습은 남편의 개별화된 가족문화와 미국의 개인주의 문화에서 영향받은 것으로 볼 수 있다.

② 내담자와 남편의 유사한 가족구조

내담자와 남편의 사회문화적 차이에도 불구하고 두 사람의 원가족은 유사한 가족구조를 가지고 있었다. 내담자의 아버지가 예민하고 가정 내에서 미흡한 역할을 했듯이 남편의 아버지도 유하면서도 가정 내에서 미흡한 역할을 하였다. 또한 내담자의 어머니가 완벽주의 성향에 과도한 역할을 했던 것과 유사하게 남편의 어머니 역시 과도한 역할을 하였다. 공통적으로 내담자와 남편의 부모관계는 스트레스를 받는 관계였으며, 내담자와 남편은 어려서부터 불안하였다. 내담자 역시 강한 어머니를 닮은 똑똑하고 냉정한 남동생이 있었고 남편에게도 어머니를 닮은 강하고 똑똑한 누나가 있었다.

③ 해결되지 못한 원가족과 부부간의 경험: 전이

내담자 부부는 친정(처가)에서 함께 지내고 있었다. 내담자는 부모와 동거하면서 부모와 여전히 삼각관계에 있었고 어렸을 때 경험하였던 불안이 지속되고 있었다. 남편 역시 원가족에서 내담자와 유사한 불안을 경험하였다. 그러나 남편은 내담자의 정서에 융합되지 않았다. 내담자는 남편의 이성적인 모습에서 어머니와 남동생의 이성적이고 냉정한 모습을 연상하였다. 한편, 남편은 내담자의 모습에서 자신의 어머니와 누나의 다혈질적이고 분노조절이 안 되는 모습을 연상하였다.

④ 내담자와 남편의 역기능적인 의사소통 방식

집단주의 성향에서 집단 내 의사소통은 함축적이고 정서적인 반면에, 개인주의 성향에서는 사실적이고 논리적이다. 내담자 부부의 의사소통 방식은 이러한 집단주의 성향과 개인주의 성향의 의사소통 방식의 차이로 설명할 수 있다. 내담자는 정서적으로 불안정했기 때문에 감정조절이 어려웠고, 자신의 정서를 함축적으로 표현하였다. 반면, 남편은 화난 내담자에게 이성적 · 논리적으로 대응하였다. 남편은 내담자가 자신의 어머니와 누나처럼 이중속박 메시지를 사용한다고 생각하였다. 이러한 내담자 부부의 의사소통 방식은 문제를 해결하지 못하고 두 사람의 관계를 악화시키고 있었다.

■ 내담자 및 원가족의 역기능적인 의사소통 방식

내담자는 소리를 지르고 위협하는 어머니와 유사한 표현 방식과 감정 기복이 심하고 짜증이 많은 아버지와 유사한 표현 방식을 모두 사용하고 있었다. 또한 내담자 부모는 모두 내담자를 통해 우회적으로 의사소통을 하고 있었고, 내담자는 남편보다 어머니와 상의하고 결정하여 남편을 의사결정에서 배제하고 있었다.

⑤ 남편 및 원가족의 역기능적인 의사소통 방식

남편은 내담자가 화를 낼 때 이성적이고 논리적으로 대처하곤 했고 이러한 방식에 내담자는 오히려 더욱 화가 났다. 남편이 내담자를 가르치려는 방식 역시 내담자로 하여금 자신의 어머니의 방식과 유사하다고 느껴 더욱 폭발하게 만들었다.

2) 공황장애를 가진 대학생의 가족치료 사례*

(1) 사례 개요

이 사례의 내담자는 군복무 시절 처음으로 공황발작 증상을 경험하였으며 그 이후 신경정신과에서 공황장애 진단을 받아 약물치료를 받으며 공황발작 증상이 다소 완화되었다. 그러나 내담자는 연애 과정에서 여자 친구가 자신을 버릴지 모른다는 극심한 불안을 겪게 되면서 공황발작 증상이 재발되었고 점차 악화되었다. 내담자는 자신의 공황발작 증상과 과도한 불안 증세가 과거 가족 경험 및 현재의 가족관계와 관련이 있을 것으로 생각하여 가족치료를 의뢰하였다. 가족치료의 과정은 총 16회기 동안 개인상담(내담자, 아버지, 어머니, 여동생, 여자 친구), 남매상담, 어머니-남매상담, 아버지-남매상담, 부모-남매상담, 커플상담(내담자, 여자 친구)으로 진행되었다.

---

* 이 사례의 가족치료 과정을 알고 싶다면 안현아, 문정화, 박태영(2019). 공황장애 대학생의 가족치료 사례연구: 생애주기별 심리적 어려움과 양육태도를 중심으로. 정신보건과 사회사업, 47(1), 29-59를 참고하기 바란다.

(2) 생애주기별 심리적 어려움

내담자가 겪어 온 생애주기별 심리적 어려움은 아동기 때의 부모로부터 버려진 심정, 청소년기 때의 고립과 소외, 청년기 때의 대인불안 고조, 억압과 위축, 전이와 불안 증폭으로 나타났다.

① 아동기: 버려진 심정

내담자는 아동기 때 부모와 떨어져 조부에게 맡겨졌을 때 시골의 적막한 환경으로 인한 무서움을 달래기 위해 어머니에게 전화했지만 어머니는 무조건 참으라고 강요하였다. 내담자는 어머니에게 야단맞을 때마다 버려진 듯한 감정을 경험하였다. 내담자는 아버지와도 정서적 교류가 전혀 없었고 마음의 벽을 쌓고 지내 왔다. 이렇듯 내담자는 어릴 때부터 부모와 불안정한 애착관계를 형성하였다.

② 청소년기: 고립과 소외

내담자는 청소년기 때 아버지의 사업 실패로 경제적 어려움을 겪게 되면서 부모와의 관계가 더욱 악화되었다. 내담자는 부유한 학군의 중학교를 다니면서 상대적 박탈감을 느끼게 되었고 점차 위축감이 높아졌으며 부모를 원망하게 되었다. 반면, 부모는 내담자의 입장을 이해하지 못하고 아들의 학업 성취에 대한 높은 기대감을 가지고 내담자를 압박하였다. 내담자는 원만하지 못한 성격으로 청소년 시기 때 사회 적응에 가장 중요한 요소인 또래관계에서 친밀한 관계를 형성하지 못하였다. 결국 내담자는 학교와 가정생활에 적응하지 못하고 인터넷 게임에 몰입하였다. 내담자는 유학을 통하여 심리적인 위기를 극복하고자 했으나 경제적 형편이 어려워져 유학 생활을 포기하고 귀국하여 검정고시를 준비하였다. 내담자는 그 과정에서 또래 및 부모와 심리적 갈등을 심하게 겪게 되었다. 특히 내담자는 어머니의 심한 체벌에 불만을 표출하였지만 전혀 수용하지 못하는 어머니로 인하여 무력감을 느꼈다. 이로 인해 내담자는 결국 부모와 단절된 느낌을 갖게 되었다.

③ 청년기

■ **대인불안 고조**

내담자는 군 복무 시절 선임들이 자신을 혼내지 않을까 늘 불안감을 느끼며 지내던 중 첫 번째 공황발작 증상이 나타났다. 첫 번째 발작 이후 내담자는 발작에 대한 예기불안으로 인하여 사람들을 회피하였다. 특히 내담자는 전역 후에도 대인관계 상황에서 지속되는 발작과 더불어 자다가 갑자기 분노감이 치밀어 오르는 등 심리적 어려움을 경험하였다. 내담자는 대인관계로 인한 심리적 갈등 시 관계를 단절하는 방식을 취하였다. 이처럼 내담자는 대인관계 부적응의 악화로 인한 심리적 불안을 해소하기 위해 재학 중인 대학 내 상담실에서 상담을 받던 중 신경정신과 진료를 권유받게 되었다.

■ 억압과 위축

내담자는 여자 친구가 자신을 떠날지도 모른다는 과도한 불안을 느낄 때마다 자신의 감정을 지나치게 억압하였다. 내담자는 여자 친구에 대한 서운한 감정을 표현하지 못하고 스트레스 상황에서 폭발하였다. 이와 같이 내담자는 여자 친구에게 지나치게 민감하였고 여자 친구의 부정적 태도에 대해서 자신을 탓하였다.

■ 전이와 불안 증폭

내담자는 공황장애 진단을 받고 약물치료를 받게 되어 증상이 완화되었으나 여자 친구와의 연애 과정에서 극심한 불안 증세가 재발되었다. 여자 친구에게 거부당할 것에 대한 비현실적 불안감을 가지고 있었는데, 특히 내담자는 여자 친구가 다른 남자에게 친절하게 잘 대해 주면서 자신의 호의적인 태도(애교)를 수용해 주지 않는 상황에서 불안감이 증폭되었다. 이러한 내담자의 불안은 내담자의 원가족 경험과 연관되었다. 내담자는 여자 친구가 화내는 모습이나 진정성 없이 사과하는 태도를 경험할 때 어린 시절의 어머니의 모습과 동일시하였다. 따라서 내담자는 여자 친구와의 관계에서 어머니에 대한 부정적 감정의 전이로 인한 불안을 경험하였다. 특히 내담자는 여자 친구가 과거에 사귄 남자 친구와 키스했던 사실을 알게 되었을 때 자신을 버릴 수 있다는 극심한 공포심을 느끼게 되면서 공황발작 증상이 재발되었다.

이와 같은 결과를 볼 때 내담자의 공황장애 증상은 아동기부터 청년기까지의 생애 과정을 거치며 내면화되었던 불안에 기인된 결과로 볼 수 있다.

내담자는 어린 시절 부모와의 관계에서 경험했던 분리불안으로 인해 여자 친구와 원만한 관계를 유지하지 못하였다. 내담자는 불안을 해소하기 위해 여자 친구에 대한 부정적인 감정을 과도하게 통제하고 회피하거나 여자 친구와 밀착된 관계를 추구하였다. 이와 같은 내담자의 인간관계 추구 방식은 부정적인 감정을 표출했을 때 공감하고 수용하기보다 참기를 강요하며 긍정적인 태도를 강요했던 어머니의 양육 태도에 영향을 받은 것으로 나타났다.

(3) 부모의 양육 방식의 특성

① 독재와 권력의 남용

내담자 어머니는 내담자가 네 살 때 할아버지에 대한 내담자의 버릇없는 행동을 고치기 위해 체벌을 하였고, 나중에는 내담자의 사소한 잘못에 대해서도 피멍이 들 정도로 때렸다. 아동기의 내담자는 부모가 자신을 지나치게 억압했던 것으로 기억하였다. 어머니는 내담자와 타협이 불가능할 만큼 엄격한 태도를 취하였다. 아버지 또한 내담자의 실수를 용납하지 않았고 극단적이었으며 사업 실패 이후 경제적 어려움으로 인한 스트레스를 내담자에게 풀었다. 이로 인해 내담자는 부모가 자신을 양육할 때 공정하지 않고 부모의 감정을 투사하여 부당한 권력을 행사했던 것으로 인해 부정적인 감정을 가지고 있었다.

② 정서적 돌봄 부재

내담자 부모는 자신들이 내담자에게 헌신해 왔다고 생각하고 있었던 반면에, 내담자는 부모에게 매우 부정적인 태도를 가지고 있었다. 어머니는 내담자가 부정적인 감정을 표출했을 때 수용해 주기보다는 긍정적으로 생각하라고 하거나 내담자에게 지나치게 객관적인 입장을 취해 왔다. 또한 어머니는 부자간의 갈등 상황에서 항상 내담자보다 남편의 편을 들었다. 내담자가 부모의 편애에 대하여 불평했을 때 아버지는 내담자를 전혀 공감해 주지 않았다.

③ 성취 압력 행사

어머니는 내담자의 심리적 어려움을 이해하지 못하였고, 내담자가 자신의 기대를 충족시키지 못하면 잔소리와 비난을 하였다. 또한 내담자의 청소년기에 어머니는 내담자의 의지가 부족하다고 탓하였고, 성인기에는 내담자가 정이 없다고 비난하였다.

④ 자기방어적 태도

부모는 상담 과정에서 자신들의 과거 양육 태도에 대한 내담자의 불만에 방어적이었다. 어머니는 내담자가 인식하는 과도한 체벌을 합리화하였고 오히려 이해받기를 바라며 다른 부모에 비해 못해 준 것이 없다는 것을 강조하였다. 아버지 또한 언어폭력에 대한 내담자의 입장을 수용하지 않고 부인하였다. 내담자는 부모의 방어적인 태도로 인하여 좌절감을 느꼈다.

⑤ 심리적 소외감 조장

아버지는 내담자를 여동생과 비교하였고, 내담자가 어머니에게 학대를 당하는 상황에서도 상황을 잘 알아보거나 객관적으로 판단하기보다 일방적으로 어머니를 두둔하였다. 이러한 아버지의 대응 방식으로 인하여 내담자는 가족 안에서 늘 소외감을 경험한 것으로 나타났다. 부모는 내담자를 물질적으로는 잘 양육하였으나 정서적으로 돌보는 방법에 있어서는 미숙하였는데, 이는 따뜻한 보살핌을 받지 못했던 원가족 경험에 기인하였다. 내담자는 또한 부모와의 관계에서 자신의 감정을 표출하는 방법을 경험하지 못하였기 때문에 스트레스 상황에서 자신의 부정적인 감정을 억누르는 방식을 사용하였다. 특히, 부모의 양육 방식과 역기능적인 의사소통 방식으로 인하여 내담자는 아동기에서 청년기에 이르기까지 겪은 불안을 부모에게 표출할 수 없었고 심리적 상처를 받고 내재화한 것으로 보인다. 이러한 결과는 공황장애 증상이 원가족으로부터 형성된 불안에서 시작되며, 가족문화적인 요인으로 인한 스트레스가 공황발작을 유발할 수도 있다는 것을 보여 주고 있다.

(4) 가족치료 개입 전략 및 효과성

이 사례의 가족치료 과정에서는 공황장애를 앓고 있는 내담자의 생애주기별 심리적 어려움과 이에 영향을 미친 부모의 역기능적인 대처 방식이 두드러지게 나타났다. 이에 대한 가족치료의 개입 전략 및 효과성에 대한 내용은 〈표 14-1〉과 같다.

〈표 14-1〉 가족치료 개입 전략 및 효과성

회기	참여자	개입 전략	개입 효과
1	내담자	• 담아내는 구조 제공 • 미해결과제 탐색	• 라포 형성 • 안전하게 미해결된 감정을 표현함
2	내담자	• 가계도 탐색	• 문제에 대한 가족체계론적 인식
3	어머니	• 담아내는 구조 제공 • 치료사의 자기개방	• 라포 형성 • 내담자의 미해결과제 인식
4	어머니	• 가계도 탐색	• 문제에 대한 가족체계론적 인식
5	어머니	• 의사소통 방식 탐색	• 어머니의 역기능적 의사소통 방식 자각
6	여동생	• 담아내는 구조 제공 • 미해결과제 탐색	• 라포 형성 • 안전하게 미해결된 감정을 표현함
7	아버지	• 담아내는 구조 제공 • 치료사의 자기개방	• 라포 형성 • 내담자의 미해결과제 인식

8	아버지	• 가계도 탐색 • 의사소통 방식 탐색	• 문제에 대한 가족체계론적 인식 • 아버지의 역기능적 의사소통 방식 자각
9	내담자, 여동생	• 보듬어 주는 환경 제공 • 남매간 대화 촉진	• 내담자가 동생에게 속마음을 표현함 • 어머니와 내담자의 대화가 증가함 • 여자 친구에 대한 집착이 감소됨
10	내담자, 어머니 여동생	• 보듬어 주는 환경 제공 • 미해결과제 대화 유도 • 생략된 언어 찾아 주기	• 어머니의 여동생에 대한 잔소리가 감소됨 • 어머니가 자녀와의 관계에 미친 자신의 부정적 영향을 자각함
11	내담자, 아버지, 여동생	• 보듬어 주는 환경 제공 • 미해결과제 대화 유도 • 생략된 언어 찾아 주기	• 아버지와 자녀 간 상호 이해가 증가함 • 여자 친구에 대한 불안감 완화됨 • 분열된 대상관계 통합이 시작됨
12	가족 전체	• 보듬어 주는 환경 제공 • 미해결과제 대화 유도 • 기능적인 의사소통 방식 제시와 대화 연습	• 아버지가 감정을 솔직하게 표현함 • 아버지의 잔소리가 감소함 • 자녀와 어머니의 공감적 대화가 증가함 • 어머니가 자녀의 편에 섬
13	내담자	• 변화된 점 진술 촉진 • 커플 간 미해결과제 탐색	• 변화에 대한 자기인식이 강화됨 • 가족 문제의 연애관계로 전이 인식
14	여자 친구	• 담아내는 구조 제공 • 가계도 탐색	• 라포 형성 • 문제에 대한 가족체계론적 인식
15	여자 친구	• 커플 간 미해결과제 탐색	• 내담자의 행동에 대한 이해가 증가함
16	내담자, 여자 친구	• 미해결과제 대화 유도 • 기능적인 대화 연습 • 변화된 점 진술 촉진	• 커플 간 미해결된 감정이 해소됨 • 상대방의 욕구를 인식하게 됨 • 커플 간 대화 방식이 변화됨 • 약물복용량이 감소함 • 공황발작 소거됨

참고문헌

건강보험심사평가원(2018). 보건의료빅데이터개방시스템, 질병/행위별 의료 통계_질병 세분류(4단 상병)통계, http://opendata.hira.or.kr/op/opc/olap4thDsInfo.do#none

권석만(2013). 현대 이상심리학. 학지사.

김류원, 윤영민(2018). 공황장애에 대한 언론보도 내용분석: 유명인 정보원의 역할에 대한 재조명. 한국언론학보, 62(5), 37-71.

김종만(1995). 역설지향적 방법을 이용한 불안장애 환자의 부부치료 사례 연구. 가족과 가족치료,

3, 85-118.

김종환, 조희근, 신현권(2018). 공황장애 환자에 대한 복합한의진료 및 M&L 심리치료 적용경과: 증례보고. **동의신경정신과학회지**, 29(4), 305-315.

문혜린, 박태영(2019). 불안장애의 발생 과정과 가족 내 역동에 관한 연구: 공황장애와 범불안장애를 가진 두 자매의 가족치료 사례를 중심으로. **한국가족복지학**, 63, 5-33.

문혜린, 박태영, 김경욱, 현일송, 서민순(2023). 공황장애 발생과정에서 나타난 청소년 내담자의 가족역동과 심리적 경험에 관한 단일사례연구. **복지상담교육연구**, 12(1), 83-110.

문혜린, 최춘화, 배영윤, 박태영(2021). 개인발달단계에 따른 공황장애 발생과정에서 나타난 가족 역동에 관한 연구. **한국가족관계학지**, 25(4), 21-40.

민성길 외(2015). **최신정신의학(6판)**. 일조각.

박현순(2016). **공황장애: 공황, 그 숨 막히는 공포**. 학지사.

손상준, 김세주, 김찬형(2006). 강박장애와 공황장애 환자의 삶의 질. Journal of Korean Neuropsychiatric Association, 45(5), 438-443.

안현아, 문정화, 박태영(2019). 공황장애 대학생의 가족치료 사례연구: 생애주기별 심리적 어려움과 양육태도를 중심으로. **정신보건과 사회사업**, 47(1), 29-59.

이화자(2016). 공황장애 아내의 부부치료 사례연구: 구조적 가족치료이론 및 취약성-스트레스 모델을 기반으로. **가족과 가족치료**, 24(4), 573-598.

Alonso, J., & Lépine, J. P. (2007). Overview of key data from the European Study of the Epidemiology of Mental Disorders (ESEMeD). *Journal of Clinical Psychiatry, 68*(Suppl 2), 3-9.

American Psychiatric Association (2013). *Diagnostic and statistical manual of mental disorders* (5th ed.), Washington, DC: American Psychiatric Publishing, Inc.

Andrisano, C., Chiesa, A., & Serretti, A. (2013). Newer antidepressants and panic disorder: a meta-analysis. *International Clinical Psychopharmacology, 28*(1), 33-45.

Asselmann, E., Wittchen, H. U., Lieb, R., & Beesdo-Baum, K. (2016). Risk factors for fearful spells, panic attacks and panic disorder in a community cohort of adolescents and young adults. *Journal of Affective Disorders, 193,* 305-308.

Arntz, A. (2002). Cognitive therapy versus interoceptive exposure as treatment of panic disorder without agoraphobia. *Behaviour Research and Therapy, 40*(3), 325-341.

Baltas, P. (2013). Family malediction in the background of panic disorder-Case report. *Psychiatry Hungarica, 28*(4), 393-398.

Bandelow, B., Lichte, T., Rudolf, S., Wiltink, J., & Beutel, E. M. (2014). The diagnosis of and treatment recommendations for anxiety disorders. *Deutsches Ärzteblatt International, 111*(27-28), 473-480.

Bandelow, B., & Michaelis, S. (2015). Epidemiology of anxiety disorders in the 21st century. *Dialogues in Clinical Neuroscience, 17*(3), 327–335.

Bandelow, B., Michaelis, S., & Wedekind, D. (2022). Treatment of anxiety disorders. *Dialogues in Clinical Neuroscience. 19*(2), 93–107.

Bandelow, B., Reitt, M., Rover, C., Michaelis, S., Gorlich, Y., & Wedekind, D. (2015). Efficacy of treatments for anxiety disorders: A meta-analysis. *International Clinical Psychopharmacology, 30*, 183–192.

Bandelow, B., Späth, C., Tichauer, G. Á., Broocks, A., Hajak, G., Rüther, E. (2002). Early traumatic life events, parental attitudes, family history, and birth risk factors in patients with panic disorder. *Comprehensive Psychiatry, 43*(4), 269–278.

Banov, M. D., Young, J. R., Dunn, T., & Szabo, S. T. (2019). Efficacy and safety of ketamine in the management of anxiety and anxiety spectrum disorders: A review of the literature. *CNS Spectrums, 25*(3), 331–342. https://journals.lww.com/intclinpsychopharm/Abstract/2019/09000/Effectiveness_and_safety_of_long_term.1.aspx

Barlow, D. H., & Craske, M. (2016). *Mastery of your anxiety and panic: Workbook*(B. H. Choi, Trans.). Seoul: Sigma Press.

Barlow, D. H., & Lehman, C. L. (1996). Advances in the psychosocial treatment of anxiety disorders: Implications for national health care. *Archives of General Psychiatry, 53*(8), 727–735.

Bartley, C. A., Hay, M., & Bloch, M. H. (2013). Meta-analysis: Aerobic exercise for the treatment of anxiety disorders. *Progress in Neuro-Psychopharmacology and Biological Psychiatry, 45*, 34–39

Battaglia, M., Bertella, S., Politi, E., & Bernardeschi, L. (1995). Age at onset of panic disorder: influence of familial liability to the disease and of childhood separation anxiety disorder. *The American Journal of Psychiatry, 152*(9), 1362–1364.

Biederman, J., Petty, C. R., Hirshfeld-Becker, D. R., Henin, A., Faraone, S. V., Fraire, M., …… & Rosenbaum, J. F. (2007). Developmental trajectories of anxiety disorders in offspring at high risk for panic disorder and major depression. *Psychiatry Research, 153*(3), 245–252.

Bion, W. R. (1961). *Learning from experiences*. London: Heinemann.

Broocks, A., Bandelow, B., Pekrun, G., George, A., Meyer, T., Bartmann, U., …… & Rüther, E. (1998). Comparison of aerobic exercise, clomipramine, and placebo in the treatment of panic disorder. *American Journal of Psychiatry, 155*(5), 603–609.

Busch, F. N., Cooper, A. M., Klerman, G. L., Penzer, R. J., Shapiro, T., & Shear, M. K. (1991). Neurophysiological, cognitive-behavioral, and psychoanalytic approaches to panic disorder: Toward an integration. *Psychoanalytic Inquiry, 11*(3), 316–332.

Carta, M. G., Moro, M. F., Aguglia, E., Balestrieri, M., Caraci, F., Dell'Osso, L., …… Faravelli, C. (2015). The attributable burden of panic disorder in the impairment of quality of life in a national survey in Italy. International *Journal of Social Psychiatry, 61*(7), 693–699.

Chambless, D. L., Milrod, B., Porter, E., Gallop, R., McCarthy, K. S., Graf, E., …… & Barber, J. P. (2017). Prediction and moderation of improvement in cognitive behavioral and psychodynamic psychotherapy for panic disorder. *Journal of Consulting and Clinical Psychology, 85*(8), 803–813.

Chang, H. M., Pan, C. H., Chen, P. H., Chen, Y. L., Su, S. S., Tsai, S. Y., …… & Kuo, C. J. (2019). Identification and medical utilization of newly diagnosed panic disorder: A Nationwide case–control study. *Journal of Psychosomatic Research, 125*, 109815.

Clark, D. M. (1986). A cognitive approach to panic. *Behaviour Research and Therapy, 24*(4), 461–470.

Cougle, J. R., Timpano, K. R., Sachs–Ericsson, N., Keough, M. E., & Riccardi, C. J. (2010). Examining the unique relationships between anxiety disorders and childhood physical and sexual abuse in the National Comorbidity Survey–Replication. *Psychiatry Research, 177*(1–2), 150–155.

Craske, M. G., & Barlow, D. H. (2007). *Mastery of your anxiety and panic: Therapist guide* (Vol. 2). Oxford: Oxford University Press.

Domhardt, M., Letsch, J., Kybelka, J., Koenigbauer, J., Doebler, P., & Baumeister, H. (2020). Are Internet–and mobile–based interventions effective in adults with diagnosed panic disorder and/or agoraphobia? A systematic review and met analysis *Journal of Affective Disorders, 276*, 169–182.

Goodwin R. D., Fergusson D. M., Horwood L. J. (2005). Childhood abuse and familial violence and the risk of panic attacks and panic disorder in young adulthood. *Psychological Medicine, 35*(6), 881–890.

Ham, P., Waters, D. B., & Oliver, M. N. (2005). Treatment of panic disorder. *American Family Physician, 71*(4), 733–739.

Haug, T., Nordgreen, T., Öst, L. G., Kvale, G., Tangen, T., Andersson, G., …… & Havik, O. E. (2015). Stepped care versus face–to–face cognitive behavior therapy for panic disorder and social anxiety disorder: Predictors and moderators of outcome. *Behaviour Research and Therapy, 71*, 76–89.

Hayes, S. C., Strosahl, K. D., & Wilson, K. G. (2016). *Acceptance and commitment therapy: The process and practice of mindful change* (2nd ed.). New York: Guilford.

Hayward, C., Wilson, K. A., Lagle, K., Killen, J. D., Taylor, C. B. (2004). Parent-reported predictors of adolescent panic attacks. *Journal of the American Academy of Child & Adolescent Psychiatry, 43*(5), 613-620.

Himle, J. A. & Fischer, D. J. (1998). Panic disorder and agoraphobia. In B. A. Thyer, & J. S. Wodarski (Eds.), *Handbook of empirical social work practice* (pp. 311-326). New York: Jonh Wiley & Sons.

Hofmann, S. G., Asnaani, A., Vonk, I. J., Sawyer, A. T., & Fang, A. (2012). The efficacy of cognitive behavioral therapy: A review of meta-analyses. *Cognitive Therapy and Research, 36*(5), 427-440.

Hohls, J. K., Konig, H. H., Heider, D., Brenner, H., Bohlen, F., Matschinger, H., Saum, K. U., Schöttker, B., Haefeli, W. E., Jajeck, A., & Wild, B. (2019). Longitudinal association between panic disorder and health care costs in older adults. *Depression and Anxiety, 36*(12), 1135-1142.

Horesh, N., Amir, M., Kedem, P., Goldberger, Y., & Kotler, M. (1997). Life events in childhood, adolescence and adulthood and the relationship to panic disorder. *Acta Psychiatrica Scandinavica, 96*(5), 373-378.

Kessler, R. C., Chiu, W. T., Jin, R., Ruscio, A. M., Shear, K., & Walters, E. E. (2006). The epidemiology of panic attacks, panic disorder, and agoraphobia in the National Comorbidity Survey Replication. *Archives of General Psychiatry, 63*(4), 415-424.

Kim, B. L., & Ryu, E. J. (2005). Korean families. In M. McGoldrick, J. Giordano, & N. Garcia-Preto (Eds.), *Ethnicity and family therapy* (pp. 349-362). New York: Guilford.

Klauke, B., Deckert, J., Reif, A., Pauli, P., & Domschke, K. (2010). Life events in panic disorder? an update on candidate stressors. *Depression and Anxiety, 27*(8), 716-730.

Klein, D. F. (1993). False suffocation alarms, spontaneous panics, and related conditions: An integrative hypothesis. *Archives of General Psychiatry, 50*(4), 306-317.

Lang, A. J., & Sarmiento, J. (2004). Relationship of attentional bias to anxiety sensitivity and panic. *Depression and anxiety, 20*(4), 190-194.

Laraia, M. T., Stuart, G. W., Frye, L. H., Lydiard, R. B., & Ballenger, J. C. (1994). Childhood environment of women having panic disorder with agoraphobia. *Journal of Anxiety Disorders, 8*(1), 1-17.

Lee, K., Noda, Y., Nakano, Y., Ogawa, S., Kinoshita, Y., Funayama, T., & Furukawa, T. A. (2006). Interoceptive hypersensitivity and interoceptive exposure in patients with panic disorder: Specificity and effectiveness. *BMC Psychiatry, 6*(1), 1-9.

Lochner, C., Seedat, S., Allgulander, C., Kidd, M., Stein, D., & Gerdner, A. (2010). Childhood trauma in adults with social anxiety disorder and panic disorder: A cross-national study. *African Journal of Psychiatry, 13*(5).

McNally, R. J. (1994). *Panic disorder: A critical analysis*. New York: Guilford.

McNally, R. J. (2002). Anxiety sensitivity and panic disorder. *Biological Psychiatry, 52*(10), 938-946.

Meuret, A. E., Kroll, J., & Ritz, T. (2017). Panic disorder comorbidity with medical conditions and treatment implications. *Annual Review of Clinical Psychology, 13*, 209-240.

Miloyan, B., Bienvenu, O. J., Brilot, B., & Eaton, W. W. (2018). Adverse life events and the onset of anxiety disorders. *Psychiatry Research, 259*(1), 488-492.

Milrod, B., Busch, F., Cooper, A., & Shapiro, T. (1997). *Manual of panic-focused psychodynamic psychotherapy*. New York: American Psychiatric Press.

Milrod, B., Chambless, D. L., Gallop, R., Busch, F. N., Schwalberg, M., McCarthy, K. S., …… & Barber, J. P. (2016). Psychotherapies for panic disorder: A tale of two sites. *Journal of Clinical Psychiatry, 77*(7), 927-935.

Moon, H. R., Bae, Y. Y., Chui, C. H., & Park, T. Y. (2022). Psychological dynamics in the developmental process of panic disorder: Focusing on a family therapy case. The Joint World Conference on Social Work, Education and Social Development 2022.

Moreno-Peral, P., Conejo-Cerón, S., Motrico, E., Rodríguez-Morejón, A., Fernández, A., García-Campayo, Roca, M., Serrano-Blanco, A., Rubio-Valera, M., Bellón, J. Á. (2014). Risk factors for the onset of panic and generalised anxiety disorders in the general adult population: A systematic review of cohort studies. *Journal of Affective Disorders, 168*, 337-348.

Moitra, E., Dyck, I., Beard, C., Bjornsson, A. S., Sibrava, N. J., Weisberg, R. B., & Keller, M. B. (2011). Impact of stressful life events on the course of panic disorder in adults. *Journal of Affective Disorders, 134*(1-3), 373-376.

Newman, M. G., Shin, K. E., & Zuellig, A. R., (2016). Developmental risk factors in generalized anxiety disorder and panic disorder. *Journal of Affective Disorders, 206*, 94-102.

Nocon, A., Wittchen, H. U., Beesdo, K., Brückl, T., Hofler, M., Pfister, H., …… & Lieb, R. (2008). Differential familial liability of panic disorder and agoraphobia. *Depression and Anxiety, 25*(5), 422-434.

Ogliari, A., Tambs, K., Harris, J. R., Scaini, S., Maffei, C., Reichborn-Kjennerud, T., & Battaglia, M. (2010). The relationships between adverse events, early antecedents, and carbon dioxide reactivity as an intermediate phenotype of panic disorder. *Psychotherapy and Psychosomatics, 79*(1), 48-55.

Olatunji, B. O., & Wolitzky-Taylor, K. B. (2009). Anxiety sensitivity and the anxiety disorders: A meta-analytic review and synthesis. *Psychological Bulletin, 135*, 974-999.

Pincus, D. B., Ehrenreich, J. T., & Mattis, S. G. (2008). *Mastery of Anxiety and Panic for Adolescents Riding the Wave, Therapist Guide*. Oxford: Oxford University Press.

Quagliato, L. A., Cosci, F., Shader, R. I., Silberman, E. K., Starcevic, V., Balon, R., …… & International Task Force on Benzodiazepines. (2019). Selective serotonin reuptake inhibitors and benzodiazepines in panic disorder: a meta-analysis of common side effects in acute treatment. *Journal of Psychopharmacology, 33*(11), 1340-1351.

Rabasco, A., McKay, D., Smits, J. A., Powers, M. B., Meuret, A. E., & McGrath, P. B. (2022). Psychosocial treatment for panic disorder: An umbrella review of systematic reviews and meta-analyses. *Journal of Anxiety Disorders, 86*, 102528.

Roy-Byrne, P. P., Geraci, M., & Uhde, T. W. (1986). Life events and the onset of panic disorder. *The American Journal of Psychiatry, 143*, 1424-1427.

Sabourin, B. C., Stewart, S. H., Watt, M. C., & Krigolson, O. E. (2015). Running as interoceptive exposure for decreasing anxiety sensitivity: Replication and extension. *Cognitive Behaviour Therapy, 44*(4), 264-274.

Schwartze, D., Barkowski, S., Strauss, B., Burlingame, G. M., Barth, J., & Rosendahl, J. (2017). Efficacy of group psychotherapy for panic disorder: Meta-analysis of randomized, controlled trials. Group Dynamics: Theory, *Research, and Practice, 21*, 77-93.

Seganfredo, A. C. G., Torres, M., Salum, G. A., Blaya, C., Acosta, J., Eizirik, C., & Manfro, G. G. (2009). Gender differences in the associations between childhood trauma and parental bonding in panic disorder. *Brazilian Journal of Psychiatry, 31*(4), 314-321.

Servant, D., & Parquet, P. J. (1994). Early life events and panic disorder: course of illness and comorbidity. *Progress in Neuro-Psychopharmacology and Biological Psychiatry, 18*(2), 373-379.

Shim, D. Y., Lee, D. B., & Park, T. Y. (2016). Familial, social and cultural factors influencing panic disorder: Family therapy case of Korean wife and American husband. *The American Journal of Family Therapy, 44*(3), 129-142.

Shinfuku, M., Kishimoto, T., Uchida, H., Suzuki, T., Mimura, M., & Kikuchi, T. (2019). Effectiveness and safety of long-term benzodiazepine use in anxiety disorders: A systematic review and meta-analysis. *International Clinical Psychopharmacology, 34*(5), 211-221.

Smolders, M., Laurant, M., Verhaak, P., Prins, M., van Marwijk, H., Penninx, B., …… & Grol, R. (2009). Adherence to evidence-based guidelines for depression and anxiety disorders is associated with recording of the diagnosis. *General Hospital Psychiatry, 31*(5), 460–469.

Stech, E. P., Lim, J., Upton, E. L., & Newby, J. M. (2020). Internet–delivered cognitive behavioral therapy for panic disorder with or without agoraphobia: a systematic review and meta–analysis. *Cognitive Behaviour Therapy, 49*(4), 270–293.

Tietbohl–Santos, B., Chiamenti, P., Librenza–Garcia, D., Cassidy, R., Zimerman, A., Manfro, G. G., …… & Passos, I. C. (2019). Risk factors for suicidality in patients with panic disorder: a systematic review and meta–analysis. *Neuroscience & Biobehavioral Reviews, 105*, 34–38.

Quagliato, L. A., Cosci, F., Shader, R. I., Silberman, E. K., Starcevic, V., Balon, R., …… & Freire, R. C. (2019). Selective serotonin reuptake inhibitors and benzodiazepines in panic disorder: A meta–analysis of common side effects in acute treatment. *Journal of Psychopharmacology, 33*(11), 1340–1351.

van Dis, E. A. M., van Veen, S. C., Hagenaars, M. A., Batelaan, N. M., Bockting, C. L. H., van den Heuvel, R. M., … & Engelhard, I. M. (2020). Long–term outcomes of cognitive behavioral therapy for anxiety–related disorders: A systematic review and meta analysis. *JAMA Psychiatry, 77*(3), 265–273.

Wallin, D. J. (2007). *Attachment in psychotherapy*. New York: Guilford.

Wedekind, D., Broocks, A., Weiss, N., Engel, K., Neubert, K., & Bandelow, B. (2010). A randomized, controlled trial of aerobic exercise in combination with paroxetine in the treatment of panic disorder. *The World Journal of Biological Psychiatry, 11*(7), 904–913.

Wiener, C., Perloe, A., Whitton, S. W., & Pincus, D. B. (2012). Attentional bias in adolescents with panic disorder: Changes over an 8–day intensive treatment program. *Behavioral and Cognitive Psychotherapy, 40*(2), 193–204.

Zilcha–Mano, S., McCarthy, K. S., Chambless, D. L., Milrod, B. L., Kunik, L., & Barber, J. P. (2015). Are there subtypes of panic disorder? An interpersonal perspective. *Journal of Consulting and Clinical Psychology, 83*(5), 938–950.

Zou, Z., Huang, Y., Wang, J., He, Y., Min, W., Chen, X., …… & Zhou, B. (2016). Association of childhood trauma and panic symptom severity in panic disorder: Exploring the mediating role of alexithymia. *Journal of Affective Disorders, 206*, 133–139.

제 15 장
성기능장애

1. 서론

성(sexuality)은 부부가 서로에 대한 사랑을 표현하고 교감하는 신체언어로서 부부는 성관계를 통해 육체적 욕구와 정서적 욕구를 충족하면서 서로 간에 유대감을 느낄 수 있다. 부부 성관계의 질은 결혼생활 전반에 걸친 친밀감에 영향을 준다(Feldman, 2014). 또한 성생활의 만족은 결혼생활의 만족과 부부문제와 연결된다(Morokoff et al., 1997). 그런데 어떤 사람들에게 성관계는 즐거움이지만(Hall & Graham, 2012), 어떤 이에게는 압박으로 다가온다. 많은 사람이 성관계에 대한 부담감과 성적 문제로 인한 악순환으로 고통을 호소한다(Rowland & Kolba, 2018). 성관계에 관한 부담감이나 다른 성적인 문제들이 개인의 심리적인 문제, 즉 스트레스나 불안과 관련될 수 있다(Bodenmann, Atkins, Schar, & Poffet, 2010).

성적 어려움은 부부관계를 침식시키는 문제로부터 오는 경우가 대부분이며, 결혼생활에서 스트레스가 커질 때 성관계는 자연스럽게 시들해진다(Scharff & Scharff, 2000). 보덴만, 레더먼, 블래트먼과 갤루초(Bodenmann, Ledermann, Blattner, & Galluzzo, 2006)에 의하면 부부 사이의 일반적인 어려움, 예컨대 생애 발달주기에서 오는 긴장, 의사소통 유형의 차이, 상호 이해 수준 등을 밝히기 전에는 성기능 문제에 대한 어떠한 접근도 별 도움이 안 된다고 하였다. 따라서 부부간의 성 문제는 결혼생활 전반에 걸쳐 스트레스를 야기하는 요인을 찾아 이를 해소하는 작업이 함께 진행되어야 한다.

또한 급격하게 변해 가는 현대사회의 구조적 문제와 일상생활에서 발생하는 다양한 스트레스로 인해 섹스리스 부부가 증가하고 있지만 사회 문제로 인식되지 못하였다. 이것은 한국인 부부의 성생활이 개인적인 사생활로 치부되고 유교문화로 인해 부부간에도 솔직하게 성 욕구를 표현하기가 어렵기 때문이다(김효숙, 이인수, 2015). 특히 한국의 보수적인 성에 대한 인식으로 부인이 남편에게 적극적으로 성욕을 표현하는 것은 부정적으로 여겨지는 것도 원인이 된다(강말숙, 전영주, 2003). 그러나 현대사회에서 부부는 결혼생활의 안정성을 추구하기보다는 배우자와의 사랑과 신뢰 그리고 자아 성장과 같은 부부간의 관계적인 측면을 더 중요하게 여기면서 섹스리스가 부부 문제로 새롭게 조명되고 있다(권정혜, 채규만, 2000).

EBS 다큐프라임과 강동우 성의학연구소에서 2012년 전국의 성인 1,246명을 대상으로 조사한 한국인 성생활 실태조사에 따르면 기혼 남성 92%, 기혼 여성 85%가 성생활이 중요하다고 답변했고, 성관계의 목적은 친밀감을 확인하는 것이라고 응답했지만 기혼 남성 305명(25%), 기혼 여성 536명(38%)이 월 1회 이하인 섹스리스로 나타났다. 섹스리스는 '1년에 10회 이하, 혹은 한 달에 한 번 이하의 성관계를 갖는 경우'를 말한다(강동우, 백혜경, 2012). 과거에는 부부의 섹스리스가 노화에 따른 자연스러운 현상으로 인식되는 경향이 있었으나, 현대사회에서 성은 배우자에 대한 사랑을 가장 자연스럽게 표현하는 정서적인 언어로 인식되면서 섹스리스가 새롭게 조명되고 있다.

전국 성인 남녀 천 명을 대상으로 섹스리스 실태를 파악한 결과 응답자의 10명 중 4명이 섹스리스라고 응답하였다(동아일보, 2017). 한국가정법률상담소(2014)에 의하면 면접상담 중 이혼상담과 부부갈등이 56%라는 높은 수치를 보였는데, 이혼상담 사유를 분석한 결과 남녀 모두에게서 외도 문제가 나타났다. 다양한 요인이 외도에 영향을 미치지만 불만족스러운 성생활이 혼외관계에 영향을 미쳤다(이성은, 2006; Glass & Marano, 1998). 또한 섹스리스는 부부관계를 악화시키고 결혼생활의 행복감과 안정감 그리고 별거와 이혼에 영향을 미칠 수도 있다(Donnelly, 1993). 물론 부부의 섹스리스가 반드시 부부갈등의 원인이 되는 것은 아니지만 부부관계의 문제를 의미하는 단초가 될 수 있다.

부부의 성 문제를 해결하기 위해 의학적인 측면에서는 약물치료(류동수, 서준규, 1998; 정우식, 2008)와 남성의 음경에 인공 보형물을 삽입하는 치료적 시술(배장호 외, 2009; 양광모, 2009)로 접근했지만 성기능이 향상되는 경우는 드물었다(권석만, 김지훈, 2000). 이러한 원인은 부부의 성 문제가 심리적인 문제로 발생하는 경향이 있기 때문에 무엇보다도 부부의 관계적인 측면을 고려해야만 한다(권정혜, 채규만, 2000; 김영기, 한성열, 한민, 2011)는 것을 보여 준다.

그런데 남성의 성기능장애에는 사정 지연, 발기장애, 삽입장애, 남성 성욕감퇴장애, 조기사정, 물질/약물치료로 유발된 성기능장애 등이 포함된다(American Psychiatric Association, 2013). 남성의 성기능장애는 성 욕구와 성적 반응과 관련되는 심리적·생리적 변화에 있어서 성 욕구를 느끼고 성적인 흥분 상태가 되면서 발기가 된 후에 극치감과 사정을 하는 과정에서 어려움을 경험하는 현상을 의미한다(박현준, 2019; Heiman, 2002;

Rosing et al., 2009). 미국 정신과협회(American Psychiatric Association, 2013)에 따르면, 특히 50세 이후에 나이와 함께 발기부전의 유병률과 발병률이 증가하며, 40~80세 사이의 남성 약 13~21%에서 때때로 발기부전을 경험하고 있다고 한다. 이 중 40~50대 이하의 남성은 약 2% 정도 잦은 발기부전을 경험하였고, 60~70대 남성 중 40~50%, 80대 이상에서는 80% 이상의 심각한 발기부전을 경험하였다(American Psychiatric Association, 2013; Schmidt, Munder, Gerger, Frühauf, & Barth, 2014).

한국의 경우 노인의 증가, 산업화에 따른 각종 사고와 성인병의 증가, 정신신경계 질환의 증가 그리고 성에 대한 사회적 인식 전환으로 발기부전과 같은 성기능 장애를 겪는 환자들이 증가하고 있다(박동수, 박선영, 신선미, 2013). 발기부전은 전 세계적으로 1억명(Cuenca et al., 2015), 미국은 약 1,000만 명, 한국은 약 200만 명 이상인 것으로 예상되며, 연령별로 40대에서 10%, 50대에서 20%, 60대에서 30%, 70대에서 50%, 80대에서 90%로 빈도가 증가되고 있다(한국생명공학연구원, 2006). 2006년 6월 인터넷 설문조사에서 월 1회 이상 정기적으로 성관계를 가지고 있는 남성 중에서 자신이 발기부전이 있다고 응답한 20~40대 남성의 발기부전 유병률은 6.7%로 나타났으며, 발기부전을 평가하기 위한 국제발기능지수(International Index of Erectile Funtion: IIEF)의 응답에서 경증에 해당하는 20~40대의 발기부전 유병률은 41.0%로 나타났다(김미진 외, 2006).

성기능장애는 일반인들에게 매우 높게 나타나고 있으며, 심리적인 스트레스와 관련되어 있고 성적 만족도를 악화시킨다(Frühauf et al., 2013). 부정적인 심리적 상태는 남성의 성적 문제를 야기할 수 있다(McCabe & Connaughton, 2014). 불안은 남성의 성적 욕구를 감소시키는 가장 대표적인 요인이며(Randall & Bodenmann, 2009), 낮은 성적 욕구는 불안장애를 가진 남성에게서 흔히 발견 된다(Johnson, Phelps, & Cottler, 2004; Kotler et al., 2000). 특히 성적 수행에 대한 불안은 조루와 발기부전의 위험을 증가시키는 중요한 원인으로 작용한다(김현주, 박태영, 2019; Rajkumar & Kumaran, 2014). 켐페니어스 등(Kempeneers et al., 2013)은 일반적인 조루나 선천적 조루를 가진 남성들이 높은 수준의 고통과 사회적 불안을 호소한다고 하였다. 또한 배우자나 가사노동과 관련한 일상의 스트레스는 성적 문제에 상당한 영향을 미칠 수 있다(Bodenmann, Atkins, Schar, & Poffet, 2010). 브로토 등(Brotto et al., 2016)은 치료사들이 내담자의 성적 기능을 평가할 때 평범한 일상 스트레스를 질병, 실직, 장애 혹은 죽음과 같은 중요한 사건들만큼 비중 있게 다루어야 한다고 주장하였다.

발기부전은 생명을 위협하는 질환은 아니지만 심리적 좌절감과 무력감, 수치심 등으로 인해 자신감을 저하시켜 부부간의 친밀감과 원만한 성생활에 영향을 미치며, 불임의 원인 중 하나이다(김세철, 2009). 발기부전에 영향을 미치는 요인으로 동반자 요인(예: 동반자의 성적 문제, 동반자의 건강 상태 등), 관계 요인(예: 부정적 의사소통, 성적 활동의 욕구에 대한 차이 등), 개인의 취약성 요인(예: 부정적인 신체상, 성적 또는 정서적 학대의 과거력), 정신과적 동반이환(예: 우울증, 불안 등) 또는 스트레스 요인(예: 실직, 애도 반응 등), 문화적 또는 종교적 요인(예: 성적 활동에 대한 금기로 인한 억제, 성에 대한 태도 등) 그리고 예후, 경과, 치료와 관련된 의학적 요인들이 있다(American Psychiatric Association, 2013).

남성의 발기부전은 나이와 관련되어 있으며 다양한 의학적 · 정신적, 그리고 생활스타일 요인들과 관련이 있다(Ducharme, 2004). 의학적으로 발기부전은 내피기능장애 때문이고, 심장질환의 조짐이라고 보인다(Levine, 2010). 그렇지만 의학과 관련된 문헌에서도 발기부전이 분노와 좌절감, 실직 및 감소된 가계소득과 연관성이 있다는 것을 보여준다(Laumann, Paik, & Rosen, 1999; Pierce, Dahl, & Nielsen, 2013). 그 외에도 우울감, 당뇨, 비만, 신체활동 부족, 흡연이 발기부전에 영향을 미치는 것으로 나타났다(Jannini et al., 2014). 이와 같은 결과는 발기부전 문제는 '심리-유기적(organic)'이라는 것을 의미한다. 발기부전 문제에는 배우자와 부부관계뿐만 아니라 신체적 · 심리적 모두 전체적으로 남성에게 영향을 미치기 때문이다(Borras-Valls & Gonzalez-Correales, 2004).

2. 성기능장애 환자의 유형

성기능장애를 가진 환자는 성기능 문제의 시점에 따라 다음과 같이 나눌 수 있다(American Psychiatric Association, 2013).

- 평생형(lifelong): 성 문제가 첫 번째 성 경험 때부터 존재한 것을 말한다.
- 후천형(acquired): 성적 장애가 상대적으로 정상적인 성기능 시기 이후에 발생되는 것을 말한다.
- 전반형(generalized): 성적 어려움이 특정한 종류의 자극이나 상황 또는 동반자에 상관없이 발생되는 것을 말한다.
- 상황형(situational): 성적 어려움이 특정한 종류의 자극, 상황 또는 동반자와 상관이 있을 때 발생되는 것을 말한다.

3. 성기능장애의 종류

1) 사정 지연

사정 지연(Delayed Ejaculation)은 사정에 도달하지 못하거나, 사정에 도달하는 시간이 지연되는 것을 말하는 것으로 75%의 남성이 성적 활동 중에 사정을 하고, 오직 1% 미만의 남성만이 6개월 이상 지속되는 사정 지연 문제를 가진다. 노화에 따른 성적 활동 전도성의 말초감각 신경의 상실과 노화에 따른 성 스테로이드 분비의 감소는 50대 이상의 남성에서의 사정 지연과 관련된 것으로 보인다(American Psychiatric Association, 2013).

2) 발기장애

발기장애(Erectile Disorder)는 동반자와의 성행위에서 반복적으로 발기가 되지 않거나 발기를 유지하는 데 실패하는 것을 말하며, 발기장애를 경험하는 많은 남성은 낮은 자존감 및 자신감과 남성성의 감소를 보이며 우울감을 경험하기도 한다. 이후의 성적 접촉에 대한 두려움이나 회피가 발생할 수도 있으며, 성 만족과 성욕구의 감소가 성적 동반자들에게도 흔히 나타난다. 발기장애는 특히 50세 이후 발기장애의 유병률과 발병률이 나이와 함께 증가한다. 자는 동안 음경 발기를 검사하고 발기 정도를 측정하는 것이 발기부전이 기질적 문제인지, 아니면 심리적 문제인지를 구분하는 데 도움이 되며, 잠자는 동안에 적절한 발기가 된다면 이는 발기 문제가 심인성이라는 것을 말한다. 발기장애는 조기 사정과 남성 성욕감퇴장애뿐만 아니라 성과 관련된 진단들과 함께 나타날 수 있다. 발기장애는 전립선비대와 관련된 하부 비뇨기 증상을 가진 남성에게 흔히 나타난다(American Psychiatric Association, 2013).

3) 여성 극치감장애

여성 극치감장애(Female Orgasmic Disorder)는 극치감을 경험하기 어려우며, 극치감의 강도가 뚜렷이 감소되는 것을 말한다. 극치감장애를 가진 여성들은 임상적으로 심각한 고통이 동반된다(American Psychiatric Association, 2013).

4) 여성 성적 관심/흥분장애

여성 성적 관심/흥분장애(Female Sexual Interest/Arousal Disorder)는 종종 극치감 문제, 성 고통, 드문 성적 활동 그리고 연인 간의 성욕 불일치와 관련이 된다. 관계의 어려움이나 기분장애 역시 여성 성적 관심/흥분장애와 관련되어 있다. 미숙한 성적 기술과 성에 대한 정보 부족과 함께 적절한 수준의 성적 관심과 성에 대한 비현실적인 기대와 기준들이 여성 성적 관심/흥분장애 환자들에게서 나타난다. 그런데 여성 성적 관심/흥분장애를 평가하기 위해서는 대인관계 상황이 반드시 고려되어야 한다(American Psychiatric Association, 2013).

5) 성기-골반통증/삽입장애

성기-골반통증/삽입장애(Genetal-Pelvic Pain/Penetration Disorder)는 성교의 어려움, 성기-골반 통증, 질 내 삽입이나 통증에 대한 두려움, 골반저근 긴장의 4개 증상 중 어느 하나의 증상으로 현저한 고통을 겪는 경우를 말한다. 그렇지만 단지 1개의 증상으로 진단을 내리게 된다 하더라도 네 종류의 증상 내용 모두에 대해서 평가해야 한다(American Psychiatric Association, 2013).

6) 남성 성욕감퇴장애

남성이 상대방보다 성적 활동에 대한 욕구가 더 낮은 '욕구의 불일치'는 남성 성욕감퇴장애(Male Hypoactive Sexual Desire Disorder)를 진단하는 데 충분하지 않다. 성행위에 대해 낮거나 결핍된 욕구, 성적인 생각이나 환상의 결여 혹은 결핍 모두가 이 장애를 진단하는 데 필요하다. 왜냐하면 성적 욕구를 표현하는 방법은 남성마다 다양할 수 있기 때문이다. 성행위에 대한 욕구의 부족과 성적인 생각이나 환상의 결여 또는 결핍은 지속되거나 반복적이여야 하며, 최소 6개월간 나타나야만 한다. 이 기간을 포함시킨 이유는 삶의 부정적인 상태(예: 남성이 헤어지기를 원할 때, 상대방의 임신에 대한 걱정)에 대한 적응적인 반응으로, 남성의 성욕이 낮을 때 이 진단을 막기 위해서이다(American Psychiatric Association, 2013).

7) 조기사정

조기사정[Premature(Early) Ejaculation]은 질 내 삽입 이전 또는 직후에 개인이 추정한 사정대기(즉, 사정하기까지의 경과 시간) 이전에 사정이 일어나는 것이다. 이성애자인 남성에서 평생형 조기사정을 진단할 때 질 내 사정 지연 시간을 60초로 정한다(American Psychiatric Association, 2013).

4. 발기부전과 섹스리스에 영향을 미치는 요인

1) 발기부전

(1) 개인적 요인

개인의 심리적 원인에 의한 발기부전은 스트레스나 불안과 밀접한 관계가 있다(김철민, 2006). 보덴만, 앳킨스, 샤르와 포페트(Bodenmann, Atkins, Schar, & Poffet, 2010)는 개인의 심리적인 문제가 남성의 성 문제의 가장 큰 요인이라고 하였다. 특히 불안은 남성의 성적 욕구를 감소시키는 가장 중요한 심리적 요인이다(McCabe & Connaughton, 2014; Randall & Bodenmann, 2009). 불안은 불안한 감정과 주의력 통제에 대한 반응으로 나타나는 인지적 변화로 이어지고(Berggren & Drakshan, 2013), 결국에는 성적 욕구를 방해하게 된다(Carvalho & Nobre, 2011). 우울한 정서가 성적 흥분을 감소시키며, 자신감을 손상시켜서 발기부전의 원인이 된다(Meisler & Carey, 1991; Symonds, Roblin, Hart, & Althof, 2003). 따라서 불안장애가 있는 남성은 흔히 성적 욕구가 낮고(Johnson, Phelps, & Cottler, 2004; Kotler et al., 2000), 성적 수행에 대한 불안은 발기부전을 일으키는 중요한 원인이 된다(Rajkumar & Kumaran, 2014; Sugimori et al., 2005).

심리적 요인 외에도 남성의 성적 어려움을 일으키는 데에는 다양한 외적 요인이 작용한다(Nimbi, Tripodi, Rossi, & Simonelli, 2018). 김영애와 박태영(2018)은 가임 기간 중 발기부전을 겪는 남성에 대한 가족치료 사례연구에서 발기부전에 영향을 미친 요인으로 개인적 요인, 가족 요인과 문화적 요인을 제시하였다.

(2) 가족 요인

발기부전은 성교가 혼자보다는 상호간에 이루어지기 때문에 파트너와의 관계와 관련된다. 수행불안, 죄책감을 수반한 혼외정사, 파트너와의 성적 역기능, 다양한 성적 신념, 과장된 기대감, 예기치 못한 실패 그리고 부부문제가 심인성 특징들과 함께 발기부전을 유발할 수 있다(Apay et al., 2015; Metz & Epstein, 2002). 한편, 가족 요인(예: 문제 가족환경, 친밀감에 대한 두려움, 과중하게 요구하는 배우자, 불합리한 기대감, 성관계에 대한 두려움, 성교를 하는 것과 실제 성교에 대한 불안, 파트너와의 부족한 의사소통)이 발기부전을 야기시키거나 영속화시킨다(Borras-Valls & Gonzalez-Correales, 2004). 부부갈등, 가족과 충분한 시간을 보내지 못하는 것, 배우자의 버릇이 남성의 발기부전에 대한 예측 요인이었고, 재정적인 스트레스, 취업 스트레스, 사회적인 스트레스와 같은 외적 스트레스보다 배우자와의 갈등, 부부간의 서로 다른 욕구와 원함과 같은 내적 스트레스가 발기부전에 더 중요한 역할을 하는 것으로 나타났다(Bodenmann, Ledermann, Blattner, & Galluzzo, 2006). 또한 확대가족과의 갈등, 자녀 중심의 가족문화, 역기능적 의사소통 방식, 스트레스, 친밀감 부재, 노화에 따른 성욕 감퇴, 잘못된 성교육, 배우자의 성관계 거부, 부정적인 성적 가치관(정선이, 김현주, 2017), 남성의 낮은 권위 수준과 부양자로서의 역할 부재(Nicolini, Tramacere, Parmigiani, & Dadomo, 2019) 등이 부부의 성적 역기능에 영향을 미치는 것으로 나타났다. 한편, 발기부전에 대한 위험 요소가 남성의 지배 수준과 관련이 있는 것으로 나타났다. 즉, 여성에 대한 지배성이 낮은 남성들이 지배성이 높은 남성들보다 발기부전을 경험할 확률이 두 배나 높았다(Araujo et al., 2000; Nicolini et al., 2019). 남성의 성적 욕구와 행동은 가부장제, 금전, 사회적 네트워크와 관련되며(Cornwell & Laumann, 2011), 잠재적으로 남성이 자신의 전통적인 부양자로서의 역할을 잃어버릴 때 성적 욕구가 줄어들거나 성적 역기능이 발생된다(Pierce et al., 2013).

2) 섹스리스

부부의 섹스리스는 다양한 요인으로 나타나는데, 주로 신체적 요인, 심리적 요인, 신경전달물질, 신경정신과적 요인, 성기능장애, 신체질환 관련 요인, 일상생활 관련 요인 등이 영향을 미쳤다(권석만, 김지훈, 2000; 김효숙, 이인수, 2015). 미국정신의학협회(American Psychiatric Association, 2013)는 섹스리스에 영향을 미치는 요인으로 배우자 요인, 관계 요인, 개인적 요인, 스트레스 요인, 문화적 요인, 종교적 요인이 존재한다고 하였다.

부부의 섹스리스에 대한 구체적인 내용은 다음과 같다.

첫째, 신체적 요인으로는 성호르몬과 뇌의 신경전달물질이 섹스리스에 영향을 미칠 수 있는데 특히 부부가 중년기에 접어들면서 나타나는 성호르몬의 감소가 섹스리스에 영향을 미칠 수 있다(정선이, 김현주, 2017). 둘째, 심리적 요인으로 부부갈등, 경제적 문제, 고부갈등, 배우자를 배려하지 않는 성행위, 왜곡된 성 가치관, 성폭력 후유증 등과 같은 다양한 요인들이 섹스리스에 영향을 미친다(권석만, 김지훈, 2000). 셋째, 신경정신과적 요인으로 우울증이나 불안장애가 성욕에 영향을 미칠 수 있다(김명애, 1998; 배정이, 민권식, 안숙희; 2007). 넷째, 성기능장애가 부부의 성생활에 영향을 미칠 수도 있는데 정상적인 성반응 주기인 '성욕기, 흥분기, 절정기, 해소기에 문제가 생겼을 때' 성기능장애가 나타날 수 있다(이숙형, 2015; 장환일, 1995). 다섯째, 신체질환 관련 요인으로 만성질환이나 암과 같은 질환과 관련된 약을 복용할 경우 일부 약들이 성욕 저하에 영향을 미치기도 한다(김혜영, 이은숙, 2010). 여섯째, 일상생활 관련 요인으로 과도한 업무와 자녀 양육 그리고 바쁜 일상생활로 인한 신체적 · 정신적 피로와 스트레스가 부부의 섹스리스에 영향을 줄 수 있다(이성은, 2006).

이처럼 섹스리스는 여러 가지 요인이 서로 맞물려서 나타나는데, 주로 부부의 섹스리스는 심리적 요인과 관련이 있다(권석만, 김지훈, 2000; 권정혜, 채규만, 2000; 김영기, 한성열, 한민, 2011). 특히 부인의 심리적 상태가 섹스리스에 영향을 미칠 수 있다. 남성의 성욕이 쾌락과 연관이 있고 여성은 친밀감과 같은 감정적 요인에 민감하므로 배우자와의 관계가 성관계에 영향을 미칠 수 있다(Regan & Berscheid, 1995). 이처럼 다양한 요인으로 섹스리스가 나타나지만 선행연구를 살펴보면 섹스리스가 주로 배우자와의 갈등에서 발생하였다(김영애, 1996; 박태영, 김선희, 유진희, 안현아, 2012; 이현주, 엄명용, 2012).

(1) 섹스리스 요인

① 부부갈등

부부갈등은 배우자의 심리적 불안과 부부적응 그리고 환경 적응에 어려움을 유발하여 결혼생활에 부정적인 영향을 미친다. 우리나라 이혼당사자의 동거 기간은 20년 이상(29.9%)이 가장 높고, 그다음 4년 이하(22.6%)로 이혼 사유는 성격 차이, 배우자 부정, 가족 간 불화, 경제적 문제 등으로 부부의 내적 문제와 가족 간의 갈등이 이혼에 영향을 미치는 주요 변수로 나타났다(대한민국 법원, 2016). 부부는 만족스러운 결혼생활을 유지하기 위해 배우자와 삶을 공유하면서 서로의 욕구에 민감하게 반응해야 한다. 특히 부부의 성생활은 배우자의 정서적인 영역과 관련이 있기 때문에 섹스리스로 갈등을 가진 배우자는 사랑이 부재한 채 공허한 결혼생활을 유지하면서 갈등을 겪는다(서선영, 2006;

성한기, 손영화, 2007; 이경옥, 김영희, 2003; 장순복, 강희선, 김숙남, 1998).

일반적으로 섹스리스는 성관계의 횟수가 적거나 부재한 경우를 칭하고 부부는 다양한 요인들로 섹스리스를 경험하지만 어떠한 원인으로 섹스리스가 나타나든지 간에 성적으로 거부당한 배우자는 '비참함'과 '성적 수치감'으로 부부관계에서 정서적인 거리감을 느끼면서 외도관계를 형성하기도 하였다(김효숙, 이인수, 2015). 그렇지만 결혼생활에서 섹스리스가 하나의 하위 영역으로 분류될 수 있기 때문에 단순히 성관계의 횟수가 적다고 부부 문제가 되는 것은 아니다. 결혼생활이 유지되면서 부부의 성관계는 자연스럽게 감소될 수 있지만 만약 부부갈등의 대처 방식으로 나타난다면 그 문제는 심각하게 고려해 볼 필요가 있다. 왜냐하면 성 욕구는 단순히 생리적인 욕구를 넘어서 인간의 존재적 영역을 자극하는 감성과 연결되어 개인의 삶의 질에 영향을 미치기 때문이다. 또한 부부갈등으로 인한 성 문제는 배우자와 정서적인 고립감을 형성하면서 타인과의 외도 및 이혼을 고려하게 될 수도 있기 때문이다(김효숙, 이인수, 2015; 이성은, 2006).

한편, 부부갈등과 성 문제에 의사소통 방식이 유의미한 관계가 있다고 나타났다. 특히 부부가 개방적인 의사소통 방식을 사용할수록, 감정과 언어적 표현이 높을수록, 배우자의 감정과 행동에 민감하게 반응할수록 성만족도가 높게 나타났다(김영기, 한성열, 한민, 2011; 김요완, 2000). 실제로 가족치료 과정에서 부부가 유사하게 겪는 문제로 역기능적 의사소통 방식을 호소하는 경향이 많았다(최혜숙, 권현용, 2015). 베토니와 보덴만(Bertoni & Bodenmann, 2010)은 결혼생활에 만족하는 부부는 불만족하는 부부와 비교했을 때 폭력성과 회피성 그리고 공격성이 낮고 좀 더 타협적인 것으로 나타났다. 이처럼 의사소통 방식은 부부관계에 중요한 요인으로 작용했는데, 특히 성생활과 관련된 부부간의 의사소통이 성생활에 영향을 미쳤다. 따라서 부부의 섹스리스는 배우자 개인의 문제가 아니라 부부의 상호작용과 연관이 있으므로 무엇보다도 의사소통을 통해 부부갈등을 해결하는 것이 중요하다(Byers & Demmons, 1999).

② 전이

대상관계 가족치료이론에서는 부부 문제 이면에 있는 원가족구성원들과 걸려 있는 문제에 대해 전이의 탐색 과정을 통하여 부부관계의 변화가 촉진될 수 있다고 본다. 심리분석이론에 따르면 정신내적 과정은 무의식에서 이루어진다. 무의식 안에는 해결되지 못한 슬픔, 억압, 투사적 동일시 그리고 전이가 포함된다(Broderick, Weston, & Gillig, 2009). 정신내적 과정들에 속한 중요한 개념이 '정신적 결정주의'이다. 정신적 결정주의는 모든 행동은 원인을 가지고 있거나 혹은 개인적 역사를 가지고 있다는 것을 말한다

(Broderick, Weston, & Gillig, 2009). 특히 프로이트는 정신분석의 핵심적인 요소를 전이와 저항이라고 보았다(Wallerstein, 1992). 그는 전이란 내담자가 어린 시절 부모와의 관계에서 발생한 미해결된 갈등을 재경험하고 있는 것으로 이것이 환자가 경험하는 감정의 강도와 비합리성의 원인이라고 하였다(Gomez, 1997). 헤루(Heru, 1980)는 전이가 한 사람의 생각, 감정, 소망이 과거의 한 사람을 연상할 수 있는 또 다른 사람에게 투사될 때 발생한다고 하였다.

고은국 등(Koh, Park, & Park, 2023)의 섹스리스 부부치료사례에서 남편의 섹스리스에 영향을 미친 요인으로 배우자에게 전이된 감정, 가장으로써 권위가 없는 남편, 남편과 시어머니와의 밀착된 관계, 원가족에서 전수된 역기능적인 의사표현 방식이 나타났다.

③ 한국의 시집살이 문화

한국의 유교적인 가족문화 특성상 자녀가 결혼을 한 후에도 부모가 정서적으로 많은 영향을 미치며 자녀의 독립을 지연시킨다(박경열, 2011). '시집살이'란 한 여성이 결혼을 통해 새로운 가정에 영입되고 며느리와 아내라는 역할을 부여받음으로써 발생하는 기존의 가족구성원들과의 갈등을 나타내는 말이며, 유교문화가 지배하던 한국에서 기혼 여성의 가족관계는 '시집살이'가 핵심이었다(김귀옥, 2012). 물론 급격하게 핵가족화가 진행되어 시집살이와 고부관계 중심의 가족관계는 부부 중심의 관계로 바뀌었고 오늘날 한국의 젊은 여성들이 시집살이를 경험하는 정도는 예전보다 덜하다.

그러나 이러한 대부분의 젊은 여성은 극심한 시집살이를 경험한 어머니 밑에서 성장하였으며, 이는 정서적으로 불안정한 양육자와 취약한 대상관계를 형성하였을 가능성이 높음을 의미한다. 시집살이를 경험한 여성은 대부분 시부모와의 관계에서 시집을 원망하면서도 원인과 책임을 자신에게서 찾는 심리를 보이는가 하면, 부부관계에서는 남편을 갈등의 주체로 인식하여 남편에 대하여 분노에서부터 무관심에 이르는 감정을 보인다(박경열, 2011). 시집살이를 하는 여성들은 가족 일원으로 정당한 대접을 받지 못하고 자신의 욕구나 욕망은 시집식구에 의해 좌절돼 억누르는 경우가 많다(이정아, 2017).

특히 시집살이라는 문화는 시부모가 아들에 대해 정서적 · 물리적으로 지나치게 밀착되어 아들의 부부관계에 부정적인 영향을 미치고 며느리에게 일방적인 인내와 순종을 요구함으로써 고부갈등, 우울증, 불안을 유발한다. 시집살이를 경험하는 여성들의 부정적인 정서는 자녀에게 영향을 미치는데, 시집살이를 하는 여성들이 스트레스와 불안을 해소하는 방식으로 자신의 부부관계에 자녀를 끌어들이면서 남편, 아내, 자녀가 삼각관계를 이루고 어머니-자녀의 공생관계를 형성하는 경향이 있다(이정아, 2017). 어머니는 공생관계를 통하여 자녀에게 안정적인 양육자가 되지 못할 뿐만 아니라 자신의 불안을 전가해 자녀들의 행동적 · 정서적 문제를 일으키는 위험 요인이 된다.

대상관계이론은 어머니와 유아 관계에서 오는 경험을 토대로 하며, 건강한 대상관계 기능은 엄마가 '충분히 좋은 돌봄'을 제공했을 때 얻어지는 것으로 본다. 발달 과정에서 어머니가 자녀의 욕구를 민감하게 알아차리고, 이를 충분히 수용해 줄 때 아이는 정신적으로 깨어나게 되며, 공생관계에서 벗어나 적절한 분리 및 개별화를 이루게 되는 것이다(Winnicott, 2021). 혹독한 시집살이를 경험한 어머니 밑에서 자란 현대의 젊은 부부들이 어린 시절 자신의 어머니와 긍정적인 대상관계를 형성하기에 취약했을 가능성을 배제할 수 없는 이유는 시집살이라는 문화적 가족구조가 주양육자인 어머니를 정서적으로 불안정한 상태에 놓이게 하여 어머니의 양육태도에 영향을 주기 때문이다. 이것은 훗날 자녀의 성격과 자녀의 부부관계의 틀을 이루는 데 중요한 역할을 한다.

자녀는 아동기에 양육자의 일관성 있는 반응을 바탕으로 신뢰감을 형성하면서 자아개념을 구축할 뿐만 아니라 자신의 정서를 이해하고 수용하는 양육자를 통해 사랑, 공포 등의 감정을 배운다(Winnicott, 2021). 그런데 이처럼 '불행한 어머니' 밑에서 성장하는 자녀는 자신의 감정을 공감, 수용받는 일에 실패할 확률이 높고, 욕구 충족에 실패한 사람으로 성장하여 새로운 자기 대상 및 타인과 미숙한 관계를 형성할 수 있다(Framo, 1981). 또한 이러한 자녀들이 결합하여 결혼생활을 할 경우 과거 개인사에서 손상되었거나 상처받은 대상관계를 복구하고자 하는 무의식적인 소망이 부부관계에서 충족되기를 기대한다(Kernberg, 1995). 한편, 이러한 자녀들은 자신을 어머니와 동일시하거나 거부하는 과정을 통해 부모 또는 배우자에 대한 이상화, 투사적 동일시와 같은 방어기제를 사용하면서 원가족의 정서와 의사소통 패턴을 반복하며 부부갈등을 증폭시키게 된다. 그러므로 한국의 대가족 제도의 뿌리와 효사상, 고부갈등이 부부갈등이나 기혼 여성의 우울증에 영향을 미치고 있다고 볼 수 있다. 따라서 치료사는 한국인 부부의 초기 대상관계를 통찰함에 있어서 어머니의 시집살이로 인한 불안과 역기능적인 원가족 배경까지를 하나의 역동체계로 보아 부부의 성 문제를 접근하는 것이 필요하다.

(2) 섹스리스의 진행 과정

섹스리스의 진행 과정을 살펴보면 성 문제가 부부관계에 영향을 미치는 범위는 다르지만 섹스리스 진행과정이 지속될수록 성욕이 강한 사람은 결혼생활에서 배우자와 정서적인 교감을 느끼지 못해서 배우자를 인생의 반려자가 아니라 단지 동거인으로 생각한다(김효숙, 이인수, 2015). 김효숙과 이인수(2015)에 따르면, 섹스리스가 지속되면서 부부

유형이 두 분류로 구분되었는데, 한 부류는 가정을 유지하고 싶어서 성 문제를 해결하기 위해 전문기관을 방문하거나 다양한 활동으로 스스로 성적 욕구를 다스린다. 또 다른 한 부류는 이혼을 섹스리스의 해결 방법으로 고려하였다. 따라서 부부의 섹스리스는 결혼유지와 결혼만족도에 영향을 미치기 때문에 무엇보다도 근본적인 원인을 파악해서 치료하는 것이 중요하다.

5. 성치료와 부부치료의 통합

역사적으로 성치료와 부부치료는 독립적인 훈련 프로그램과 전문협회 그리고 회원을 가진 별개의 분야였다. 오늘날 성치료를 실천하는 부부치료사는 종종 최소한 두 개의 전문가 협회에 속한다. 미국결혼가족치료협회(American Association for Marriage and Family Therapy: AAMFT)에서 승인된 임상훈련 프로그램이 전형적으로 성과학(sexology)에 있어서 제한된 훈련을 제공한다. 전문적인 성치료사가 되기 위한 임상가는 미국성교육자, 상담 · 치료사협회(American Association of Sexuality Educators, Counselors and Therapist: AASECT)의 훈련 기준을 충족해야만 한다.

6. 성기능장애와 섹스리스 커플을 위한 치료이론

부부갈등을 해결하기 위한 접근에 있어서 각 배우자의 성격과 관련된 부부의 가족발달에 따른 경험을 이해하는 것이 선행되어야 할 과제이다. 이는 부부뿐만 아니라 각 개인을 대상으로 한 정신역동과 일반 집단상담의 분야에서도 이해를 같이 하고 있다(Brown & Yalom, 1995; Roghani et al., 2021). 그럼에도 불구하고, 대부분의 부부갈등을 해결하고 관계를 향상시키기 위한 프로그램은 의사소통 기술의 습득과 행동 수정을 위한 인지적 재구조화에 초점을 맞춘 교육적인 성격을 띠고 있다(Burr & Hubler, 2021). 이 프로그램은 부부간 대화의 필요성을 인식시키고 대화 기술을 습득하게 하는데 기여하지만 실생활에서 적용하는 데 복잡하고, 친밀성과 정서적 영역과 같은 전반적인 부부 관계에서의 변화를 가져오기에는 제한적이라고 할 수 있다. 여기서는 성 문제와 섹스리스 커플을 위한 모델로서 도노반(Donovan)의 단기 대상관계 부부치료 모델(Short-Term Object Relation Couples Therapy)과 윅스와 감베시아(Weeks & Gambescia, 2015)의 체계

간 접근법(The Intersystem Approach)을 살펴보겠다.

1) 도노반의 단기 대상관계 부부치료 모델

부부의 성 문제는 개인적 요인이 아니라 주로 부부 상호작용으로 발생하기 때문에 부부 관계적 측면에 초점을 둔 가족치료가 효과적이다. 먼저 대상관계 가족치료에서는 치료사가 전이와 역전이를 통해서 내담자의 과거에 내면화된 대상이 현재의 부부관계에 영향을 미치는 것을 내담자가 인식하도록 개입한다(Goldenberg, Stanton, & Goldenberg, 2017). 내담자의 과거는 그의 기억에 머무르면서 무의식적이지만 강력하게 영향을 미치므로 내담자는 자신의 내면화된 대상에 근거하여 타인에게 반응한다. 이러한 점에서 치료사는 내담자의 내면화된 대상관계에 초점을 두고 개입해야 한다(Goldenberg, Stanton, & Goldenberg, 2017). 따라서 치료사가 내담자의 역기능적 상호작용을 추동시키는 무의식적 요인을 탐색하여 근본 문제를 해결하는 것이 무엇보다도 중요하다(Scharff & Scharff, 2000).

대상관계이론은 배우자들이 성장 과정에서 양육자와의 관계에서 형성된 대상관계가 부부갈등에 어떤 영향을 미쳤는지를 설명할 수 있다는 점에서 차별화된 치료적 효과가 있다(Donovan, 2013; Scharff & Scharff, 2000). 그런데 대상관계 부부치료는 주로 비구조화 형태를 띤 장기적 접근이 주를 이루고 있어(Gurman, 2010), 부부갈등의 시급성을 고려할 때 보다 단기적이고 일반화된 구조로 접근할 수 있는 치료적 방법이 필요하다. 도노반(Donovan, 2013)의 단기 부부치료 모델은 5단계에 걸쳐 내담자 성격의 정서적 통찰과 그와 관련된 부부의 내적 대상관계의 통찰을 우선적으로 이루고 나서, 이를 토대로 부부관계-행동의 변화로 구체화하는 방법을 비교적 단기간에 걸쳐 모색한다.

정신역동의 주요 개념과 대상관계이론을 개념적 토대로 하는 도노반의 부부치료 모델은 페어베언(Fairbairn, 1952)의 대상관계이론을 부부치료에 처음으로 적용한 딕스(Dicks, 1963)와 장기 대상관계 부부치료를 진행한 샤프 부부(Scharff & Scharff, 2000)의 임상적 전통을 따른다. 이 모델은 과거 내재화의 관점에서 현재의 상호작용을 설명하기 때문에 과거와 현재 두 개의 시점을 결합시키면서 개인과 관계 문제를 다룬다.

그러면서도 대상관계 부부치료는 일반적으로 정신분석적 부부치료 모델이 해석 및 정서의 재경험을 중시하면서 간과하기 쉬운 행동 변화의 측면을 통합하였다는 관점에서 치료적 효과를 높여 준다(Donovan, 2013). 도노반이 개발한 5단계 모델은 프로하스카와 레베스크(Prochaska & Levesque, 2002)의 변화 모델을 적용하여 대상관계이론의 관점으로 재정리한 것이다. 5단계 모델은 싸움과 초점 삼각형과 갈등 삼각형을 탐색한 후 갈등 삼각형을 변화시키고 싸움을 극복하는 단계로 구성되어 있다. 이 모델에서는 '초점 삼각형'과 '갈등 삼각형'을 통하여 부부갈등의 요인을 파악한다. 초점 삼각형은 '싸움의 형태' '개개인의 성격' '원가족'으로 구성된 개념적 도식으로 원가족 대상관계가 현재의 성격과 부부싸움 형태에 미친 영향을 탐색한다. 갈등 삼각형은 부부 각 개인의 정신 내부 과정을 나타내는 것으로 '불안' '방어' '숨겨진 감정'으로 이루어졌으며 이 요소들은 투사적 동일시에 의하여 유지된다.

치료사는 초점 삼각형을 염두에 두면서 갈등 삼각형의 요소들을 탐색한다. 즉, 치료사는 현재의 부부갈등에 잠재되어 있는 정서의 뿌리와 연결된 원가족 경험을 발견하여 부부갈등을 반복하게 하는 무의식적인 갈망과 불안을 다루는 치료적 개입을 하는 것이다. 도노반은 부부의 성 문제를 자신의 대상관계 모델로 직접 다루지는 않았으나, 일찍이 커플의 성관계에 작용하는 대상관계 능력을 고찰한 컨버그(Kernberg, 1995)나 샤프 부부(Scharff & Scharff, 2000)에 비추어 볼 때, 도노반의 부부치료 모델로 성기능장애의 요인을 탐색할 수 있을 것이다. 이 모델의 치료 목표는 부부가 상처를 자극하며 서로를 반복적으로 공격하는 것을 멈추고 부부 각자 자신의 선택과 갈등을 이해하여 취약성을 견디고 표현하도록 돕는 데 있다.

도노반의 모델을 적용하여 부부치료를 진행한 호세이니(Hosseini et al., 2021)는 이 모델로 치료적 개입을 한 10쌍의 실험군 커플과 아무런 개입을 하지 않은 10쌍의 대조군 커플을 비교하여, 이 치료 모델이 부부갈등을 가진 부부의 부정적인 감정 표현을 감소시키고 긍정적인 정서적 표현력과 친밀감을 높이기에 적절하다고 하였다. 림(Lim, 2006)은 이 모델을 토대로 개발한 부부상담 프로그램으로 세 커플에 대한 집단치료 효과를 분석한 결과, 치료 후의 부부 만족도가 의미 있는 변화를 보인 것에 비하여 부부의 성적 만족도는 크게 증가하지 않은 것으로 나타났다고 하였다. 이와 같은 결과를 근거로 림(Lim, 2006)은 부부의 성관계 회복을 위한 과정도 내적 대상관계의 통찰을 통한 상담 및 연구가 필요함을 제언하였다. 도노반은 이 모델을 사용하여 성 관계의 영역으로 확장하였다. 고은국, 박양진, 박태영(Koh, Park, & Park, 2023)은 성기능 문제가 있는 한국인 남편에 대하여 도노반의 대상관계 부부치료를 적용하여 부부의 초점 삼각형(갈등 스타일, 부부 특성, 원가족)과 갈등 삼각형(불안, 방어기제, 숨겨진 정서)을 탐색하였다. 그들은 남편의 성적 역기능이 부부의 성적 관계에서 아내의 일방적인 강요에 대한 정서적인 저항과 부부의 상호작용 패턴이 관련되었다고 하였다(Koh, Park, & Park, 2023).

2) 체계 간 접근법

체계 간 접근법(The Intersystem Approach)은 윅스와 감베시아(Weeks & Gambescia, 2015)가 성치료를 위하여 개발한 접근법으로서 성적 장애 혹은 성적 어려움의 문제를 가진 부부에 대한 체계적인 준거틀을 제공하기 위하여 개발된 것이다. 이 접근법은 성치료를 위한 복잡하고 포괄적인 패러다임을 제공할 뿐만 아니라 성적 · 관계적 문제에 적용할 수 있다. 그렇지만 체계 간 접근법은 성치료를 부부치료의 하위 전문 분야라고 본다. 결론적으로 성치료는 성 문제를 부부와 가족의 더 큰 맥락 안에서 체계적으로 보아야 한다는 것이다.

성치료에 대한 체계 간 접근법은 지난 30년 동안 발전해 왔다. 이 접근법의 처음 통합적 구성은 스턴버그(Sternberg, 1986)의 삼각이론(Triangular Theory), 스트롱과 클레이본(Strong & Claiborn, 1982)의 상호이론(Theory of Interaction)이었으며, 최근에는 애착이론으로부터 발전되었다. 이 체계 간 접근법은 성적 장애의 평가와 치료를 위한 통합적인 준거틀을 제공한다. 이 접근법은 성적 어려움을 경험하고 있는 내담자(개인 혹은 부부) 체계를 위하여 다섯 가지 영역인 개인의 생물학적 문제, 개인의 심리학적 요인, 부부관계적 역동성, 세대간(원가족) 영향력, 환경(예: 사회, 문화, 역사, 종교)을 고려한다(Weeks & Gambescia, 2015).

(1) 치료 구조

① 제기되는 문제에 대한 파악

치료사의 첫 번째 임무는 성적 문제에 대한 각각의 배우자의 관점을 파악하는 것이다.

② 평가

평가의 중요한 부분으로서 성 역사는 개인적 배경, 정신 상태, 각각의 배우자의 의료기록으로부터 시작한다.

③ 치료 계획

치료 구조의 마지막 단계는 치료 계획이 평가에 따라 중복되고 계속해서 수정된다.

(2) 치료 목표

치료 목표는 철저한 평가 후에 토의되고 치료의 과정을 통하여 재편성된다. 체계 간 접근법은 문제에 대한 인지적 · 행동적 · 정서적 요소를 고려한다. 성치료에 있어서 중요한 치료 요인은 성적 문제를 가진 부부에게 단선적이 아니라 체계적으로 생각하도록 가르치는 것이다.

(3) 치료 과정

성치료의 체계 간 접근법에서는 많은 관계적 역동성을 포함하는 다면적 요인 장애(성적 욕구의 부족)를 언급할 수 있다.

성치료를 시작하기 전에 다음과 같은 다섯 가지 사용 금지 사항이 있다.

- 치료 혹은 관계에 대한 헌신의 부족
- 문제를 단지 배우자에게 속하는 것으로만 보거나 문제 속에서의 자신의 부분을 보지 않으려고 하거나 과제를 하지 않으려는 배우자의 관점
- 치료되지 않았거나 혹은 치료의 진전을 방해할 수 있는 배우자의 중요한 정신병
- 해결되지 않았거나 진행되고 있는 불륜, 심각한 갈등, 의사소통의 문제를 포함한 구체적 관계 문제
- 부정적 결과를 가진 통제 불능의 성적 행동과 고통스러운 욕구를 포함하는 성적 강박성과 같은 중독 행동

(4) 치료사 역할

치료사는 다양한 치료 협약과 기술을 알아야 하고, 이러한 절차를 수행하는 데 있어서 훈련과 경험을 가지고 있어야 한다. 또한 치료사는 치료 결과가 내담자 커플의 헌신과 관련된다는 것을 설명하면서 상대방에 대한 파트너의 헌신에 대한 역할을 논의한다. 성적 문제를 해결하는 데 있어서 관계적 헌신은 기본이다.

(5) 치료 기술적 특징

치료 기술에는 재구조화, 친밀감에 대한 두려움을 다루는 것, 불안 감소시키기, 명확한 의사소통 촉진시키기('나' 진술법, 반영적 경청, 확인하기)가 포함된다.

(6) 행동적 과제

과제 할당은 성치료에 있어서 중요한 특징이다. 양쪽 배우자가 감각적인 환경을 만드는 것과 과제 계획에 대한 책임을 지는 것이 중요하다.

(7) 관능감 촉진시키기

부부들은 종종 관능적 경험과 성적 경험을 구별하지 못한다. 남성들은 성행위를 하기 전에 필요로 하는 관능적 경험을 원한다.

(8) 인지 변화시키기

성적 불안은 종종 실제적인 사건보다는 개인들이 사건에 주는 의미에 의하여 유지되고 악화된다. 이와 같은 의미들은 핵심적 신념, 가정, 기대감과 연관된다. 따라서 치료사는 내담자들이 비합리적인 신념을 확인하고 그 신념들을 멈추고, 사실에 기반을 둔 인지(자신들과 타인 그리고 성에 대한)로 대체할 수 있도록 도와야 한다.

(9) 심리교육

심리교육은 성적 신화를 교정하고 성적 자료와 모델에 대한 토론을 허용하고 성에 대한 소통을 격려하는 방법이다. 성적 신화를 교정하는 것은 불안과 인지적 왜곡을 줄일 수 있고 성적 만족을 장려할 수 있는 심리교육의 한 가지 형태이다(Weeks & Gambescia, 2015).

국내 문헌의 성기능장애 가족치료 사례연구로는 김현주와 박태영(2019)의 「가임기간 중 발기부전에 영향을 미친 요인: 가족치료 사례를 중심으로」, 김영애와 박태영(2018)의 「가족치료 과정에서 나타난 부부의 섹스리스 인식변화 과정에 대한 질적 연구」, 문혜린, 박태영, 김경욱, 김형범, 서민순, 현일송(2023)의 「재혼을 앞둔 중년 남성의 섹스리스에 영향을 미치는 가족 역동에 관한 사례연구」, 이은형, 박태영, 윤영희, 문혜린(2023)의 「섹스리스 부부치료에서 나타난 신혼초기 부부의 변화 과정」 등의 연구가 있다. 국외 문헌의 성기능장애 가족치료 사례연구로는 박태영 등(Park, Koh, & Park, 2022)의 「부담스러운 섹스: 한국인 성기능장애 남편에 대한 가족치료 다중사례 연구」, 이은형 등(Lee, Yoon, Choi, Moon, & Park, 2022)의 「섹스리스 부부치료에서 나타난 변화과정에 대한 사례연구」, 문혜린 등(Moon, Bae, Chui, & Park, 2022)의 「남성내담자의 성적 역기능의 발달과정에 대한 다중사례연구」, 고은국 등(Ko, Park, & Park, 2023)의 「성역기능 문제를 가진 한국남편에 대한 대상관계 부부치료가 있다.

7. 사례

1) 가임 기간 중 발기부전 문제가 있는 남편에 대한 부부치료 사례*

(1) 사례 개요

이 사례의 대상은 내담자인 남편(41세), 아내(39세)으로 구성되었다. 치료사는 1~3회기에 남편(내담자), 4~5회기에 아내, 6회기에 부부 상담을 진행하였다. 이 사례는 결혼한 지 2년이 된 부부사례로서 남편은 7~8개월 전부터 가임 기간 중에만 발기가 되지 않았고, 비뇨기과에서 성 기능적인 문제는 없는 것으로 나타났다. 부모로부터 지속적으로 임신을 요구받았던 남편은 아내의 생리주기를 알게 되자 가임 기간에 발기부전 현상이 나타났다. 남편은 자신의 성기능장애가 아버지와의 관계에 있다고 생각하였다. 내담자의 아버지(77세)는 원가족에서 일찍 돌아가신 할아버지를 대신하여 과도한 역할을 하였다. 내담자 아버지는 교사로서 사법고시를 준비하였으나 결혼 후 자녀가 생기면서 사법고시를 포기하였다. 내담자 아버지는 자신의 못다 이룬 꿈을 장남인 내담자를 통해 이루고자 10년 간 경제적 지원을 하였으나 내담자는 사법고시를 실패하고 현재 학원을 운영하고 있다. 차남인 동생(39세)은 대학을 자퇴하고 1년 동안 사법고시를 준비하여 변호사가 되었다. 내담자 아버지는 내담자의 결혼을 반대하였고, 내담자의 동생 부인에 비하여 내담자의 부인을 무시하였다. 한편, 아버지는 내담자보다 변호사가 된 내담자 동생의 권위를 인정하였다. 내담자는 동생부부가 자신과 자신의 아내를 무시한다고 생각하였다.

(2) 발기부전에 영향을 미친 요인

이 사례에서 아내의 가임 기간 중 남편의 발기부전에 영향을 미친 요인으로는 개인·가족·문화 요인이 나타났으며 그에 대한 구체적인 내용은 다음과 같다.

첫째, 개인 요인으로는 아버지의 높은 기대 수준에 반응하여 생긴 부적응적 완벽주의 태도와 아버지와의 동일시가 포함되었다. 내담자는 자신이 수행해야 하는 과제에 대한 압박과 부정적 평가에 대한 두려움이 과제에 대한 불안을 일으키고 과제 지연행동을 통해 부정적 평가를 미루거나 거짓말 또는 말을 하지 않았다. 반면에 내담자는 아내에게 아버지처럼 권위적이었고 자신의 기준으로 아내를 평가하였으며 아내가 마음에 들지 않

* 이 사례의 가족치료 과정을 알고 싶다면 김현주와 박태영(2019)의 가임기간 중 발기부전에 영향을 미친 요인: 가족치료 사례를 중심으로. 가족과 가족치료, 27(4), 775-791을 참고하기 바란다.

았을 때 아버지처럼 빈정거리는 말투를 사용함으로써 아내와의 관계를 악화시켰다.

둘째, 가족 요인으로는 아버지의 양육 방식과 어머니의 양육 방식이 포함되었다. 아버지는 내담자와 동생 간, 며느리 간에 차별 대우를 하였고, 아버지는 자녀와 며느리가 자신의 기준에 도달하지 못했을 경우에 비난을 하였다. 어머니는 내담자가 아버지를 힘들어했을 때 내담자를 수용해 주기보다는 아버지를 이해하라고 하였다. 이와 같은 어머니의 비공감적인 의사소통 방식으로 인하여 내담자는 어려서부터 자신의 감정을 표현하는 방식을 학습하지 못하였다.

셋째, 문화 요인으로는 아버지의 한(恨)과 체면 의식이 나타났다. 아버지는 가족 내 과도한 역할을 감당하면서 자신의 꿈인 사법고시를 포기할 수밖에 없었다. 아버지는 더 이상 자녀들에게 가난을 물려주지 않겠다는 신념과 사법고시에 대한 한을 장남을 통해 이루고자 하였다. 그런데 차남이 사법고시를 합격하면서 형제간의 위계질서가 무너졌다. 차남이 아버지의 한을 풀어주었고 자녀를 먼저 출산하자 아버지는 내담자를 무시하였다. 심지어 아버지는 내담자와 며느리에게 자녀 출산에 대한 압박감을 주었다. 이와 같은 결과로 인해 내담자는 어려서부터 경험한 아버지에 대한 압박감과 두려움에서 자유롭지 못한 가운데 동생의 출세로 인한 차별대우, 심지어 동생 부부까지 내담자 부부를 무시하는 것을 경험하였다. 내담자는 이와 같은 내용을 어머니뿐만 아니라 아내에게도 털어 놓을 수가 없게 됨으로써 가임 기간 중에 발기부전 현상이 나타나는 것으로 보였다.

2) 섹스리스인 중년 남성 가족치료 사례*

(1) 사례 개요

이 사례의 참여자는 내담자인 아내(42세) 그리고 남편(43세), 딸(12세)로 구성되었다. 가족상담은 1~2회기는 부인, 3회기는 딸, 4~5회기는 남편, 6~8회기는 부부 그리고 9회기는 가족상담이 진행되었다. 상담 시간은 첫 회기만 120분이고 나머지 회기는 60분씩 진행되었다.

내담자는 신혼 초부터 남편이 성관계를 회피하여 심한 스트레스를 받았다. 남편은 성욕구를 표현한 적이 없었고 내담자가 성관계를 원하면 짜증을 내거나 "주말에 하자." 혹은 "내일 하자."라며 회피하였다. 아내가 남편의 회피하는 행동에 대해 참다가 화를 내면 남편은 잠자리를 가졌지만 일시적일 뿐이었다. 반복되는 남편의 성관계 거부로 인해

---

* 이 사례의 가족치료 과정을 알고 싶다면 김영애와 박태영(2018)의 가족치료 과정에서 나타난 부부의 섹스리스 인식변화 과정에 대한 질적 연구. 가족과 가족치료, 26(3), 379-401을 참고하기 바란다.

남편이 자신을 아내는 여기지 않는다고 생각하면서 수치심을 느꼈다.

한편, 내담자는 시집 식구들의 과도한 간섭으로 스트레스를 받았고 시집과 관련된 일에서 남편이 방임만 하자 극단적인 방법으로 문제 상황을 해결하면서 고부갈등은 악화되었다. 내담자는 섹스리스와 고부갈등에 대해 전문적인 치료를 받자고 남편에게 권유했지만 남편은 문제의식을 느끼지 못했다. 그러나 내담자가 이혼을 언급하자 위기감을 느낀 남편은 어쩔 수 없이 상담을 받았었지만 중도에 포기했고 점차 부부는 소원해졌다. 이러한 과정에서 내담자는 아들을 임신했고 시집에서 첫 손주에 대한 관심으로 잦은 시집 방문을 요구할 것 같아 불안하였다. 또한 첫째를 출산한 후에도 남편은 성관계를 거의 하지 않았는데 이번에도 이러한 패턴이 반복될까 봐 내담자는 걱정을 하였다. 이러한 스트레스 요인으로 부부가 각방생활을 하던 중에 지인의 권유로 치료사에게 상담을 요청하였다.

(2) 부부의 섹시리스 인식 변화 과정

부부의 섹스리스 인식변화 과정은 전인식 단계, 인식 단계, 준비 단계, 행동 단계, 유지 단계가 나타났으며, 이에 대한 구체적인 내용은 다음과 같다.

첫째, 전인식 단계에서 부부가 부부 문제를 인식하는 데 차이가 있었다. 내담자는 남편 때문에 성 문제가 발생하였다고 보았고, 남편은 부부갈등을 막연하게 느끼고 있었다. 특히 이 단계에서 부부는 배우자에게 문제의 원인이 있다고 생각하였고, 자신의 문제는 깨닫지 못하였다.

둘째, 인식 단계에서 부부는 섹스리스에 영향을 미친 요인으로 배우자에게 전이된 감정, 가장으로써 권위가 없는 남편, 남편과 시어머니와의 밀착된 관계, 원가족에서 전수된 역기능적인 의사소통 방식이 관련이 있다는 것을 알게 되었다. 내담자는 무능력한 친정아버지로 인해 과도한 역할을 하였는데 친정아버지와 정반대로 보였던 남편을 만났다. 그러나 내담자는 친정아버지처럼 회피하고 보호해 주지 못하는 남편에게서 친정아버지에게서 느꼈던 부정적인 감정을 경험하였다. 남편은 어린 시절부터 분노조절이 안 되었던 아버지에 대한 상처가 있었는데, 불같이 화를 내는 아내로 인해 전이 감정을 경험하였다. 또한 이처럼 부부의 전이 감정이 성 문제에 영향을 미치는 것으로 나타났다. 내담자 부부는 배우자에게 역기능적인 의사소통 방식으로 부정적인 감정을 표현하면서 부부갈등이 악화되었다. 내담자는 남편이 시어머니와의 관계에서 자신의 편을 들어 주지 않거나 자신의 요청을 들어 주지 않았을 때 분노조절이 안 되었고 이러한 내담자의 방식으로 남편은 아내를 회피하였다. 이러한 남편의 회피하는 방식은 성 문제와도 연관된 것으로 보인다.

셋째, 준비 단계에서 남편은 의식적으로는 긍정적인 갈등대처 방식을 알고 있었지만 일상생활에서 효과적인 대처 방식을 사용하는 것에 어려움을 느꼈다.

넷째, 행동 단계에서 부부는 섹스리스 문제를 배우자가 아닌 부부관계 문제라고 깨닫고 배우자에 대한 인식이 전환되었다. 내담자가 남편의 삶을 이해하게 되면서 남편을 공감하고 수용하게 되었다. 또한 남편은 부인의 입장에서 시어머니를 볼 수 있는 인식 변화가 나타나면서 시어머니와 분화를 시도하였다. 특히 부부는 섹스리스 발생의 핵심 요인 중 하나인 의사소통 방식에서 현저한 변화가 나타났다. 부부는 기존의 역기능적인 의사소통 방식을 효과적인 의사소통 방식으로 대체함으로써 새로운 부부관계를 형성하게 되었다.

다섯째, 부부는 섹스리스 문제가 자신들의 아버지와의 관계에서 오는 부부간의 전이, 남편의 시어머니와의 미분화, 문제를 해결하려고 시도했던 의사소통 방식으로 발생하였다는 것을 이해하면서 유지 단계에 도달하게 되었다. 이 단계에서 내담자는 남편을 이해하게 되면서 남편을 배려하게 되었고 이러한 내담자의 배려로 인하여 남편 또한 내담자에 대한 감정의 변화와 함께 자신의 감정을 솔직하게 표현하였다.

이와 같은 결과는 섹스리스 문제가 부모와의 관계에서 기인된 미해결된 감정이 부부관계에 투사되어 부부갈등을 야기한다는 점을 보여 주었다. 따라서 치료사는 섹스리스 문제를 가진 부부를 상담할 때 가족생활주기를 중심으로 원가족 경험과 부부관계를 연결하여 탐색할 필요가 있다.

3) 조루와 발기부전 문제를 가진 남편에 대한 부부치료 사례*

(1) 사례 개요

이 사례의 내담자(아내)은 남편과 중학교 동창으로 20대 중반까지 친구 관계를 유지하다가 연인이 되었다. 연애 초반에는 성관계에 문제가 없었으나 남편이 대기업에 취직한 연애 3년 차부터 성관계 횟수가 줄어들었으며, 결혼 초부터 현재까지 약 3년 간 성관계가 거의 이루어지지 않았다. 부인은 남편이 휴대전화로 성매매를 시도한 것을 발견하게 되면서 부부치료를 의뢰하였다. 상담은 아내상담(1~4회기)과 남편상담(5~7회기), 부부상담(8회기)이 진행되었다.

* 이 사례의 가족치료 과정을 알고 싶다면 이은형, 박태영, 윤영희, 문혜린(2023). 섹스리스 부부치료에서 나타난 신혼초지 부부의 변화 과정. 정신건강과 사회복지, 51(2), 82-114를 참고하기 바란다.

(2) 치료적 개입에 따른 섹스리스 부부의 변화 과정

부부의 변화 과정은 문제의 표면화 단계, 변화의 움직임 단계, 대처 방식의 변화 단계, 변화된 부부 단계로 이루어졌다.

① 문제의 표면화 단계

문제의 표면화 단계는 내담자가 부부관계에 문제가 있다고 인식하는 단계를 의미한다. 내담자는 부부관계에 문제가 있다는 것을 느꼈으나, 구체적인 실체는 모르고 있었다. 내담자는 연애 초반까지는 남편과의 성관계에 대한 불만을 느끼지 못하였으나, 연애 4년 차부터 신혼 초인 현재까지 성관계가 거의 이루어지지 않자 부부 문제가 있다는 것을 인식하였다. 남편은 성관계를 원하지 않을 뿐만 아니라, 아내의 요구를 회피하였다.

부부는 신혼 초 33세 동갑인 부부로 건강상 문제가 없음에도 월 1회 이하로 성관계를 맺음으로써 섹스리스 부부라는 것이 확인된다. 남편은 퇴근 후 게임에 몰두하며 아내와 대화를 회피하였다. 아내는 남편의 휴대전화에서 성매매를 시도한 것을 발견하면서 분노가 폭발했고, 남편은 회피하였다. 남편은 분노하는 아내에게 장난을 치며 화를 풀려고 시도하였으나, 아내가 받아주지 않자 자리를 피하였다. 내담자는 부부관계가 심각하다고 생각한 반면, 남편은 부부관계에 큰 문제가 없다고 생각하였다.

■ 부부체계 이해시키기

치료사는 내담자 부부에게 질문을 통하여 원가족과의 관계 및 해결되지 못한 감정이 어떻게 부부의 섹스리스 문제와 연결되고 있는 지를 탐색하였다. 치료사는 부부에게 남편이 어려서부터 강하고 통제적인 어머니를 회피하였는데, 아내에게서도 유사한 모습을 보면서 회피하였다는 점을 설명하였다. 또한 치료사는 남편에게 어머니와 아내의 의사소통 방식의 유사성을 질문하여 남편이 전이 감정을 인식할 수 있도록 도왔다.

치료사는 남편에게 성관계를 회피하는 모습 속에서 무의식적인 억압이 있을 수 있다고 설명하였다. 어머니는 자신의 지시를 따르지 않으면 아들의 생활비를 끊어 버렸다. 남편은 어머니가 몹시 싫었으나 경제적으로 독립하기 전까지 참고 살다가 현재 어머니와 단절하고 지낸다. 남편은 여전히 자신을 억압하는 것이 내면화되었다. 아내는 성관계에서까지 자신의 방식대로 맞춰 주기를 원했다. 아내는 성관계를 하기 전에 최소 1시간 이상의 준비 과정(샤워, 양치, 대화, 애무 등)을 요구하였다. 남편은 성관계에서 아내에게 일방적으로 맞춰야 한다는 사실이 피곤하여 성행위 자체를 회피하였다.

② 변화의 움직임 단계

부부는 치료사의 부부체계론적 설명을 통하여 섹스리스 문제가 남편과 원가족과 연결된 문제라는 점을 통찰하게 되었다. 내담자는 자신의 방식이 남편에게 강압적으로 받아들여질 수 있다는 것을 인식하게 되었다. 남편 또한 아내가 자신이 싫어했던 어머니와 닮았다는 사실을 받아들였다. 이것은 남편에게 매우 중요한 작업이었다. 남편은 "아내는 어머니와는 다르다."라며 몇 차례 부인하였으나, 나중에 어머니의 모습을 아내에게서 보고 있다는 점을 시인하였다.

내담자는 스스로 과도한 역할을 하고 있음을 인식하게 되었다. 내담자는 원가족에서 미흡한 역할을 하는 아버지로 인해 본인이 과도한 역할을 하였고, 결혼 후에도 역할은 지속되었다. 특히 아내는 시어머니와 3~4시간씩 통화하며 시어머니의 하소연을 들어주면서 과도한 역할을 하였다. 남편은 어머니와 거리를 두고 싶어 했고, 아내가 부부관계에만 집중하기를 원했다. 그러나 내담자는 시어머니와 밀착 관계를 유지하였다. 내담자는 자신의 과도한 역할로 인해 남편이 피곤함을 느낀다는 사실을 깨닫게 되었다. 내담자는 무능하고 회피하며 알코올 문제를 가진 아버지로 인해 어머니가 통제적이었고 과도한 역할을 하였다는 것과 자신 또한 어머니처럼 과도한 역할을 하고 있음을 인식하였다. 예를 들어, 어머니는 내담자가 어렸을 때 자신이 원하는 헤어스타일과 의상을 강요하였으며, 내담자가 성인이 되어서도 어머니에게 복종하였음을 인식하게 되었다. 또한 아버지를 닮은 남동생을 보호 및 통제하고 있다는 사실 또한 인식하게 되었다. 부부가 원가족과 연결된 자신들의 모습을 인지하면서 변화 의지를 가지게 되었다.

■ 변화를 위한 실천적인 개입

치료사는 부부에게 기존의 대처 방식이 일으키는 문제를 탐색할 수 있도록 하였으며, 동시에 새로운 대처 방식을 제시하였다. 내담자는 남편에게 시어머니이자 친정어머니처럼 잔소리를 하였고 남편은 아버지와 장인처럼 회피하는 방식으로 서로를 자극하였다. 따라서 치료사는 부부에게 현재의 의사소통 방식이 섹스리스에 부정적인 영향을 주고 있다는 것을 인식시키고 기능적이고 효과적인 의사소통 방식을 제안하였다.

부부는 이전 단계에서 원가족과 자신의 내면 역동에 대하여 충분히 인지하고 통찰하였기 때문에, 자신의 대처 방식이 배우자에게 어떻게 받아들여질 수 있는지를 비교적 쉽게 이해하였다. 부인은 자신이 밀착된 관계를 추구하려는 방식이 남편에게는 강요적이고 통제적으로 느껴질 수 있다는 것을 이해하였다. 남편 또한 자신의 회피하는 방식으로 인해 부인이 대화가 안 되는 느낌을 받을 수 있다는 것을 통찰하였다.

③ 대처 방식의 변화 단계

부부는 기존의 대처 방식이 부부관계를 악화시키고 있다는 사실을 이해하게 되면서 새로운 의사소통 방식을 시도하였다. 부인은 자신의 의견을 남편에게 강요하지 않으려 노력하였다. 남편은 부인이 강요한다고 느낄 때마다 회피하였는데, 이제는 그 상황을 직면하려고 노력하였다. 남편이 성관계를 회피했던 이유 중 하나는 부인이 성관계 이전에 요구하는 과정이 너무 복잡하고 길다는 점이었는데, 지금은 부부가 합의하여 성관계 전 과정을 생략하고 성관계를 편안하게 가지게 되었다. 이와 같이 관계가 원활히 이루어지게 된 것은 부인 역시 강요하지 않고 남편에게 맞춰 주려 노력했기 때문이며, 부인이 강요하지 않음으로써 남편의 억압된 내면이 자극되지 않았기 때문으로 보인다.

④ 변화된 부부 단계

부부치료를 통해 남편과 아내는 섹스리스의 원인이 자신들에게만 있는 것이 아니라 과거의 원가족과 연결되어 있다는 것을 이해하였으며, 사용하고 있던 대처 방식이 부정적인 결과를 유발하였다는 것을 통찰하고 새로운 방식으로 부부관계를 형성하려고 노력하였다. 이와 같은 과정을 통해 부부는 이전보다 건강한 부부관계를 형성하게 되었다. 부부는 이전에는 이야기하지 않고 속으로만 삭히던 것들을 솔직하게 대화하게 되었으며, 이로 인해 부부 간 갈등도 거의 사라졌다고 하였다. 내담자는 이전에는 남편이 공감을 하지 못하고 대화가 부족하다고 느끼고 있었는데, 부부치료가 끝난 이후에는 대화도 많이 하고 애정 표현도 잦아졌다고 하며 만족감을 표현하였다. 내담자는 성관계에 대한 불만은 성관계의 횟수에 대한 문제가 아니라 부부관계 자체에 대한 문제였던 것 같다고 하였다. 내담자는 성관계의 횟수가 급격하게 증가한 것은 아니나 질적인 부분에서 큰 차이가 있으며, 정서적으로 교감이 되면서 성관계의 질이 향상되었다고 말하였다.

4) 성기능장애를 가진 세 명의 남편에 대한 가족치료 사례*

이 연구는 세 개의 사례를 가지고 부담스러운 성관계에 영향을 미친 공통적인 원인을 살펴보았다.

* 이 사례의 가족치료 과정을 알고 싶다면 Park, T. Y., Koh, E. K., & Park, Y. H. (2022)의 Sex is burdensome: multiple case study on family therapy for Korean husbands with sexual disorders. *The American Journal of Family Therapy*, *50*(4), 348-367을 참고하기 바란다.

(1) 사례 개요

첫 번째 사례에서 태호(41세)는 결혼 2년 차이며 자녀는 없다. 태호는 강박적이며 부인을 통제하였으나, 부부관계는 전반적으로 괜찮다고 하였다. 태호는 7~8개월 전부터 가임 기간 중에만 발기가 되지 않는 증상을 경험했지만, 비뇨기과 진료에서는 문제가 없다고 하였다. 태호는 아버지로부터 임신을 하라는 요구를 받게 되면서 아내(38세)의 생리주기를 알게 된 후 가임 기간에만 발기부전 증상이 나타나고 있었다.

두 번째 사례에서 도진(32세)은 결혼 2년 차이며 자녀는 없다. 도진은 부부싸움이 일어나면 침묵과 거짓말로 아내와의 갈등을 피한다. 도진은 평소의 부부관계가 괜찮다고 생각했는데, 그럼에도 왜 자신에게 성욕이 없어졌으며 성기능장애가 발생했는지 이해할 수 없었다. 도진은 연애 시절에는 성 기능에 문제가 없었으나 결혼 후 발기부전과 조루, 성욕 감퇴가 나타났다. 도진의 아내(32세)는 남편이 성관계를 2~3개월에 한 번 하는 것에 대하여 남편이 자신을 사랑하지 않기 때문이라고 생각하였다. 반면, 도진은 아내가 자신을 늘 지적하고 가르치려고 한다고 생각하였다.

세 번째 사례에서 지우(43세)는 결혼 13년 차이고 딸(12세)이 있으며, 상담 중에 아내(42세)가 임신 중이었다. 지우는 아내와 진솔한 대화를 거의 나누지 않지만, 부부관계는 나쁘지 않다고 생각하였다. 부부는 신혼기에는 3개월에 한 번씩 성관계를 했으나 첫 딸이 태어난 후에는 성관계를 거의 하지 않았고, 각방을 쓰고 있었다. 지우의 아내는 남편이 신혼 때부터 성관계를 회피하여 심한 스트레스를 받고 있었다. 지우는 성적인 욕구를 거의 표현한 적이 없었고, 아내가 성관계를 요구하면 회피하였다. 지우의 반복적인 성관계의 거절은 아내로 하여금 수치심을 느끼게 하였다.

(2) 결론

이 세 개의 사례에서 부담스러운 성관계(성기능장애)에 영향을 미친 요인들로 심리적 요인, 시집 요인, 성관계 시 부부의 의사소통 방식, 원가족 요인 및 전이가 나타났으며, 이를 [그림 15-1]로 정리하였다.

내담자들의 부담스러운 성관계에 영향을 미친 요인은 다음과 같다.

첫째, 심리적 요인으로는 아동기부터 지속된 부모의 억압, 무기력, 불안, 우울이 포함되었으며, 이러한 요인은 아내와의 관계로 확장되어 나타났다. 이와 같은 결과는 일반적인 불안, 수행불안과 우울증(McCabe & Connaughton, 2014) 및 과제 수행에 대한 두려움과 불안(김영애, 박태영, 2018)이 남성의 성적 어려움과 발기부전을 유발하고 지속시킨다는 선행연구 결과와 일치한다(American Psychiatric Association, 2013; Bodenmann et

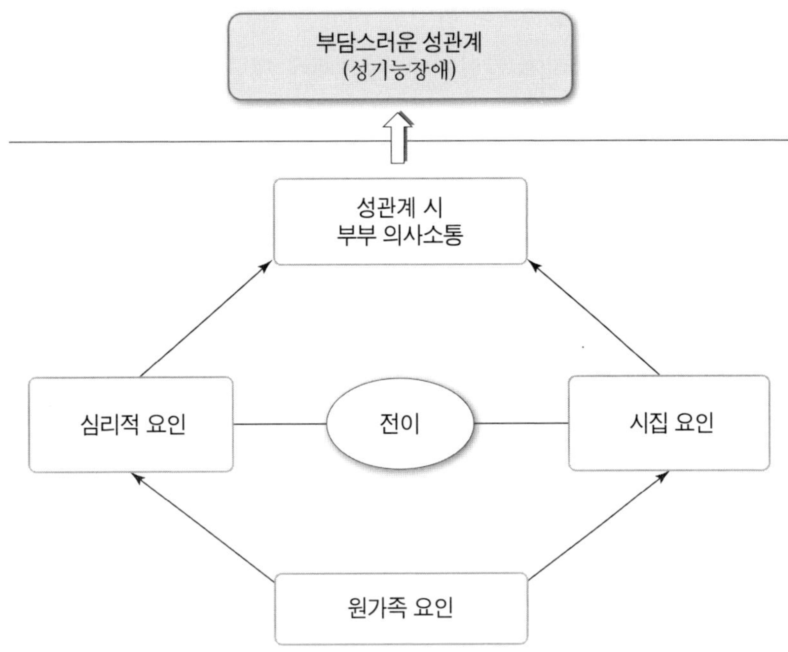

[그림 15-1] 내담자의 부담스러운 성관계에 영향을 미친 요인에 대한 네트워크

al., 2010; Frühauf et al., 2013; Nimbi et al., 2018; Rajkumar & Kumaran, 2014). 내담자들의 심리적 요인은 어린 시절 부모와의 관계에서 형성되었으며, 이와 같은 증상들은 결혼 후 아내와의 관계에서도 지속되었다.

둘째, 아내들의 시집 요인은 내담자들의 부부관계에 부정적인 영향을 미쳤다. 결혼 전부터 세 내담자는 모두 부모의 강력한 반대가 있었음에도 불구하고 아내와 결혼했으며, 결혼 후에는 내담자들뿐만 아니라 아내들도 시부모의 눈치를 보게 되었다. 아내들은 원치 않았지만 어쩔 수 없이 자주 시집에 방문하였으며, 시집에서 과도한 역할을 수행하였다. 태호는 심지어 아버지를 위해 임신을 시도하였다. 이와 같은 사례들은 한국 부부 사이에서 효사상이 얼마나 중요한 역할을 하는지를 보여 준다. 한국은 고도의 집단주의 문화를 가지고 있으며, 한국인들은 자아 개념 안에 부모와 형제를 포함시키는 경향이 있다. 따라서 이 결과는 한국인들이 자기중심적이라기보다는 가족중심적이라는 점을 보여 준다. 한국에는 대가족문화가 남아 있기 때문에 부부 갈등이 종종 시집 문제와 연결된다(Kim & Ryu, 2005). 한국문화의 고유한 특성인 '한(恨)'과 '화병'을 고려해 볼 때, 이 결과는 시부모의 과도한 역할이 부부의 결혼생활에 스트레스로 작용할 수 있으며 그들의 성생활에 피해를 줄 수 있다는 것을 보여 준다(박태영, 박소영, 2019).

셋째, 성관계 시 부부들의 의사소통 방식을 살펴보면 남편들은 자신들이 원하는 바를 제대로 표현할 수 없었으며 성관계에 관련한 대화를 피하였다. 아내들은 성관계 시 남편에게 비판적이거나 지지적이지 않았는데, 성관계에 대한 부정적인 반응은 남성의 발기부전을 증가시키고 성적 흥분을 감소시킬 수 있다(Stone et al., 2009). '관망하는 상황'(파트너의 평가를 의식하는 상황)은 성적으로 건강한 남성에게는 자극이 되지만, 성적으로 건강하지 않은 남성에게는 성적 문제를 일으킬 수 있다(Heiman & Rowland, 1983). 이러한 연구 결과는 성관계 상황에서의 부정적인 감정과 사고가 일차적으로 부부의 성생활에 부정적인 문제를 일으킨다는 것을 보여 준다.

건설적인 성적 대화는 성관계에 대한 부담감을 완화시킨다(Litzinger & Gordon, 2005). 성적 자기주장은 성적 쾌락과 자존감을 증가시켜 더 나은 성적 기능과 성적 만족으로 이어진다(Ménard & Offman, 2009). 또한 정상적인 성적 표현은 정신건강의 긍정적인 지표로 알려져 있다(Laurent & Simons, 2009). 그러나 세 명의 내담자 모두 성적 자기주장 수준이 낮았다. 이와 같은 연구 결과는 남성이 여성보다 성적으로 더욱 적극적이며(Simon & Gagnon, 2003), 성관계를 주도한다는 선행연구의 결과와는 대조적이다(del Mar Sánchez-Fuentes, Santos-Iglesias, & Sierra, 2014). 이와 같은 차이는 성적 자기주장이 일상적인 의사소통 방식과 밀접한 관련이 있다(Litzinger & Gordon, 2005)는 것을 보여 준다. 이에 따라 의사소통 방식을 형성하는 원가족 배경을 탐색하는 것이 중요할 것으로 보인다. 앞의 사례들에서 성관계에 대한 부담과 불만이 있으면서도 아내에게 자기주장을 못하는 내담자들은 공통적인 원가족 경험을 갖고 있었다. 세 내담자 모두 효과적인 의사소통 방식을 습득하지 못했으며, 지배적 성향을 가진 부모와 오랫동안 스트레스 관계를 유지하였다.

넷째, 원가족 요인을 살펴보면 내담자들은 어려서부터 아버지와 갈등관계를 경험하였다. 내담자들의 어머니는 시집으로부터 홀대를 당하였고, 그 상황에서 남편이 자신을 보호해 주지 못하였다는 것으로 인해 '한(恨)'과 '화병'을 가지고 있었다. 이러한 연구 결과는 원가족과 미해결된 감정을 경험한 부모는 다시 성인 자녀의 결혼생활에 부정적인 관계적 · 정서적 영향을 미칠 수 있다는 것을 보여 준다. 내담자들의 원가족 요인은 아내의 원가족 및 부부의 의사소통 방식과 연관되었다. 내담자들은 강압적이고 강한 아내로 인해 자신의 부모를 떠올렸으며, 이와 같은 전이가 성적 문제로 연결되었다.

이와 같은 연구 결과는 기혼 자녀들이 원가족에서 해결되지 않은 감정으로 인해 부부갈등을 겪으면서 성적 문제를 경험할 수 있다(김영애, 박태영, 2018; 김현주, 박태영, 2019)는 내용을 보여 준다. 많은 한국인 부부가 원가족과 해결되지 않은 감정이 배우자에게 전이됨으로써 부부갈등을 경험한다(한국가정법률상담소, 2014). 이 연구 결과는 역기능적인 원가족 역동이 부부관계에 전이되며, 부부갈등으로 나타난다(박태영, 박소영, 2019)는 내용과도 일치한다.

참고문헌

강동우, 백혜경(2012). 발칙한 동상이몽. 동양북스.

강말숙, 전영주(2003). 인지-행동적 성 상담 프로그램이 신혼기 여성의 성생활 적응에 미치는 효과. 한국가족치료학회지, 11(1), 1-39.

권석만, 김지훈(2000). 성기능 장애: 침실 속의 남 모르는 고민. 학지사.

권정혜, 채규만(2000). 부부적응프로그램의 개발과 그 효과에 관한 연구. 한국심리학회지, 19(2), 207-218.

김귀옥(2012). 한국전쟁기 남성 부재와 시집살이 여성. 역사비평, 402-433.

김명애(1998). 노인의 성과 성기능장애에 대한 고찰. 계명간호과학지, 2(1), 47-57.

김미진, 신건희, 류석태, 고성민, 김희진, 송상훈, 성수정, 주관중, 김수웅, 백재승, 손환철(2006). 한국 젊은 남성 발기부전 유병률과 위험요인에 대한 인터넷 조사연구. 대한남성과학회 24(2), 76-83.

김세철(2009). 발기부전 환자와 배우자의 성 태도와 치료에 대한 인식. 대한남성과학회지 27(1), 1-9.

김영기, 한성열, 한민(2011). 부부 의사소통 유형과 부부 성만족도의 관계. 한국심리학회지: 사회문제, 17(2), 199-218.

김영애(1996). 통합적 가족치료 접근에 의한 부부갈등 사례연구. 한국가족치료학회지, 4(1), 25-46.

김영애, 박태영(2018). 가족치료 과정에서 나타난 부부의 섹스리스 인식변화 과정에 대한 질적 연구. 가족과 가족치료, 26(3), 379-401.

김요완(2000). 부부의사소통유형, 성 지식수준과 성 만족도의 관계연구. 학생생활연구, 5, 63-87.

김철민(2006). 스트레스와 발기부전 그리고 새로운 PDE5I. 스트레스硏究, 14(2), 91-98.

김현주, 박태영(2019). 가임기간 중 발기부전에 영향을 미친 요인: 가족치료 사례를 중심으로. 가족과 가족치료, 27(4), 775-791.

김혜영, 이은숙(2010). 기혼여성의 성기능장애와 관련요인. 정신간호학회지, 19(3), 329- 338.

김효숙, 이인수(2015). 섹스리스 부부의 결혼유지 과정: 중년 여성을 중심으로. 가족치료학회, 23(3), 579-604.

대한민국 법원(2016). 사법연감http://www.scourt.go.kr.

동아일보(2017). 잦은 야근에… 성인 10명중 4명 섹스리스. http://news.donga.com

류동수, 서준규(1998). 남성 발기부전의 약물학적 치료. 대한내분비학회지, 13(2), 137- 144.

문혜린, 박태영, 김경욱, 김형범, 서민순, 현일송(2023). 재혼을 앞둔 중년 남성의 섹스리스에 영향을 미치는 가족 역동에 관한 사례연구. 한국가족복지학, 70(2), 211-247.

박경열(2011). 시집살이담의 갈등양상과 갈등의 수용방식을 통해 본 시집살이의 의미. 구비문학연구, 32, 105-144.

박동수, 박선영, 신선미(2013). 남성 성기능장애 관련 한의학 및 전통의학 임상 연구 동향 분석과 프로토콜. 동의생리병리학회지, 27(5), 530-539.

박소영, 박태영(2019). 여성 가정폭력 행위자 가족상담 사례 연구: Bowen 가족치료 모델의 관점을 중심으로. 복지상담교육연구, 8(1), 183-209.

박태영, 김선희, 유진희, 안현아(2012). 이혼위기에 있는 부부에 대한 가족치료 다중사례연구. 한국가족치료학회지, 201(1), 23- 56.

박현준(2019). 노인 남성의 성기능장애 진단과 치료. Korean Journal of Medical Association, 62(6), 308-314.

배장호, 문기학, 김현태, 신홍석, 현창호(2009). 타다라필 복용 후 발생한 음경지속발기증 1 례. 대한남성과학회지, 27(1), 59-62.

배정이, 민권식, 안숙희(2007). 여성 성기능장애의 예측 모형. 대한간호학회지, 37(7), 1080-1090.

서선영(2006). 한국 부부들의 성이야기. 이화여자대학교 대학원 박사학위논문.

성한기, 손영화(2007). 기혼여성의 성가치관이 결혼만족, 혼외관계 의도 및 이혼 의도에 미치는 효과. 한국심리학회, 12(2), 175- 196.

양광모(2009). 당뇨성 발기부전 환자에 있어 팽창형 음경 보형물 장기 추적 관찰 결과. 연세대학교 박사학위논문.

이경옥, 김영희(2003). 기혼여성의 성과 결혼만족도. 대한가정학회지, 41(7), 39-58.

이성은(2006) 한국 기혼 남녀의 섹슈얼리티와 친밀성의 개념화. 가족과 문화, 18(2), 1-36.

이숙형(2015). 기혼남녀의 성기능장애가 성만족에 미치는 영향: 성태도의 조절효과. 대구가톨릭대학교 대학원 박사학위논문.

이은형, 박태영, 윤영희, 문혜린(2023). 섹스리스 부부치료에서 나타난 신혼초지 부부의 변화 과정. 정신건강과 사회복지, 51(2), 82-114.

이정아(2017). 시집살이 노래의 노랫말에 나타나는 정서적 동요와 변화. 국제어문, 73, 389-414.

이현주, 엄명용(2012). 이혼위기 부부의 통합적 부부치료 사례연구. 한국가족치료학회지, 20(2), 201-224.

장순복, 강희선, 김숙남(1998). 기혼여성의 성만족. 대한간호학회지, 28(1), 201-209.

장환일(1995). 성기능장애의 최신지견. 대한폐경학회, 45-50.

정선이, 김현주(2017). 섹스리스 부부의 결혼유지 과정: 중년남성의 경험을 중심으로. 가족과 가족치료, 25(1), 89-113.

정우리(2017). 30~40대 섹스리스 부부의 결혼생활 경험 한양대학교 박사학위논문.

정우식(2008). 노인 성기능장애의 평가 및 치료. 대한임상노인의학회, 9(3), 342-353.

최혜숙, 권현용(2015). 소통단절 부부의 통합적 접근 부부상담 사례연구. 동서정신과학, 18(1), 83-100.

한국가정법률상담소(2014). 상담 통계. http://www.lawhome.or.kr

한국생명공학연구원(2006). 자생오갈피를 이용한 성기능장애 및 간질환식품의약개발 과학기술부 보고서.

American Psychiatric Association. (2013). *Diagnostic and statistical manual of mental disorders*(5th ed.). Washington, DC: American Psychiatric Publishing, Inc.

Apay, E. S., Özorhan, E. Y., Arslan, S., Özkan, H., Koc, E., & Özbey, I. (2015). The sexual beliefs of Turkish men: comparing the beliefs of men with and without erectile dysfunction. *Journal of Sex & Marital Therapy, 41*(6), 661-671.

Araujo, A. B., Johannes, C. B., Feldman, H. A., Derby, C. A., & McKinlay, J. B. (2000). Relation between psychosocial risk factors and incident erectile dysfunction: Prospective results from the Massachusetts male aging study. *American Journal of Epidemiology, 152*(6), 533-541.

Berggren, N., & Derekshan, N. (2013). The role of consciousness in attentional control differences in trait anxiety, *Cognition & Emotion, 27*(5), 923-931.

Bertoni, A., & Bodenmann, G. (2010). Satisfied and dissatisfied couples: Positive and negative dimensions, conflict styles, and relationships with family of origin. *European Psychologist, 15*(3), 175-184.

Bodenmann, G., Atkins, D. C., Schar, M., & Poffet, V. (2010). The association between daily stress and sexual activity. *Journal of Family Psychology, 24(3),* 271-279.

Bodenmann, G., Ledermann, T., Blattner, D., & Galluzzo, C. (2006). Associations among everyday stress, critical life events, and sexual problems. *Journal of Nervous & Mental Disease, 194*(7), 494-501.

Borras-Valls, J. J., & Gonzalez-Correales, R. (2004). Specific aspects of erectile dysfunction in sexology. *International Journal of Impotence Research, 16*(S2), S3-S6.

Broderick, P., Weston, C., & Gillig, P. M. (2009). Family therapy with a depressed adolescent. *Psychiatry, 6*(1), 32-37.

Brotto, L., Atallah, S., Johnson-Agbakwu, C., Rosenbaum, T., Abdo, C., Byers, E. S., …… & Wylie, K. (2016). Psychological and interpersonal dimensions of sexual function and dysfunction. *The Journal of Sexual Medicine, 13*(4), 538-571.

Brown, S. E., & Yalom, I. D. (1995). *Treating alcoholism*. New York: Jossey-Bass.

Burr, B. K., & Hubler, D. S. (2021). Which relationship service fits best? Teaching the difference between relationship education and couples therapy. *Family Relations, 70*(1), 297–304.

Byers, E. S., & Demmons, S. (1999). Sexual satisfaction and sexual self-disclosure within dating relationships. *The Journal of Sex Research, 36*(2), 180–189.

Carvalho, J., & Nobre, P. (2011). Preictors of men's sexual desire: The role of psychological, cognitive-emotional, relational, and medical factors. *Journal of Sex Research, 48*(2-3), 254- 262.

Cornwell, B., & Laumann, E. O. (2011). Network position and sexual dysfunction: Implications of partner betweenness for men. *American Journal of Sociology, 117*(1), 172–208.

Cuenca, A. I. C., Sampietro-Crespo, A., Virseda-Chamorro, M., & Martín-Espinosa, N. (2015). Psychological impact and sexual dysfunction in men with and without spinal cord injury. *The Journal of Sexual Medicine, 12*(2), 436–444.

del Mar Sánchez-Fuentes, M., Santos-Iglesias, P., & Sierra, J. C. (2014). A systematic review of sexual satisfaction. *International Journal of Clinical and Health Psychology, 14*(1), 67–75.

Dicks, H. V. (1963). Object relations theory and marital studies. Psychology and Psychotherapy: *Theory, Research and Practice, 36*(2), 125–129.

Donnelly, D. (1993). Sexually inactive marriages. *The Journal of Sex Research, 30*, 171–179.

Donovan, J. M. (2013). *Short-term object relations couple therapy the five-step model.* New York, NY: Brunner-Routledge.

Ducharme, S. H. (2004). Psychologic factors modulating erectile function. *Sexuality and Disability, 22*(2), 171–175.

Fairbairn, W. R. D. (1952). *Psychoanalytic Studies of the Personality.* London: Tavistock/Routledge.

Feldman, T. (2014). From container to claustrum: Projective identification in couples. *Couple and Family Psychoanalysis, 4*(2), 136–154.

Framo, J. L. (1981). The integration of marital therapy with sessions with family of origin. In A. S. Gurman, & D. P. Kniskern (Eds.). *Handbook of family therapy.* (pp. 133–158). New York: Brunner/Mazel.

Frühauf, S., Gerger, H., Schmidt, H. M., Munder, T., & Barth, J. (2013). Efficacy of psychological interventions for sexual dysfunction: A systematic review and meta-analysis. *Archives of Sexual Behavior, 42*(6), 915–933.

Glass, S., & Marano, H. (1998). Shattered vows. *Psychology Today, 31*(4), 34–52.

Goldenberg, I., Stanton, M., & Goldenberg, H. (2017). *Family therapy: An overview* 11th ed.). Boston, MA: Cengage.

Gomez, L. (1997). *An introduction to object relations.* London: Free Association Books.

Gurman, A. S. (Ed.). (2010). *Clinical casebook of couple therapy*. New York: Guilford.

Hall, K. S., & Graham, C. A. (2012). The cultural context of sexual pleasure and problems: Psychotherapy with diverse clients. *Sexual and Relationship Therapy, 28*(3), 300–301.

Heiman, J. R. (2002). Sexual dysfunction: Overview of prevalence, etiological factors, and treatments. *Journal of Sex Research, 39*(1), 73–78.

Heiman, J. R., & Rowland, D. L. (1983). Affective and physiological sexual response patterns: The effects of instructions on sexually functional and dysfunctional men. *Journal of Psychosomatic Research, 27*(2), 105–116.

Heru, A. M. (1980). *Family therapy: A comparison of approaches.* Bowie, MD: Prentice-Hall.

Hosseini, F., P. Vakili, & Alhosseini Kh Abolmaali. (2021). The effect of object relations couple therapy on the emotional expressiveness of couples with marital conflict. 13–23. DC: American Psychological Association

Jannini, E. A., Sternbach, N., Limoncin, E., Ciocca, G., Gravina, G. L., Tripodi, F. …… & Simonelli, C. (2014). Health-related characteristics and unmet needs of men with erectile dysfunction: A survey in five European countries. *The Journal of Sexual Medicine, 11*(1), 40–50.

Johnson, S. D., Phelps, D. L., & Cottler, L. B. (2004). The association of sexual dysfucntion and substance use among a community epidemiological sample. *Archives of Sexual Behavior, 33*(1), 55–63.

Kempeneers, P., Andrianne, R., Bauwens, S., Georis, I., Pairoux, J. F., & Blairy, S. (2013). Functional and psychological characteristics of Belgian men with premature ejaculation and their partners. *Archives of Sexual Behavior, 42*(1), 51–66.

Kernberg, O. F. (1995). *Object relations theory and clinical psychoanalysis*. Northvale, NJ: Jason Aronson.

Kim, B. L., & Ryu, E. J. (2005). Korean families. In M. McGoldrick, J. Giordano, & N. Garcia-Preto (Eds.), *Ethnicity and family therapy* (pp. 349–362). New York: Guilford.

Koh, E. K., Park, Y. J., & Park, T. Y. (2023). Object relations couple therapy for a married Korean man with sexual dysfunction. *Australian & New Zealand Journal of Family Therapy*, doi:10.1002/anzf.1546.

Kotler, M., Cohen, H., Aizenberge, D., Matar, M., Loewenthal, U., Kaplan, Z., Miodownik, H., Zemishlany, Z. (2000). Sexual dysfunction in male posttraumatic stress disorder patients.

Psychotherapy and Psychosomatics, 69(6), 309–315.

Laumann, E. O., Paik, A., & Rosen, R. C. (1999). Sexual dysfunction in the United States: Prevalence and predictors. *Journal of American Medical Association, 281*(6), 537–544.

Laurent, S. M., & Simons, A. D. (2009). Sexual dysfunction in depression and anxiety: conceptualizing sexual dysfunction as part of an internalizing dimension. *Clinical Psychology Review, 29*(7), 573–585.

Lee, E. H., Yoon, Y. H., Choi, D. J., Moon, H. R., & Park. T. Y. (2022). A case study on the process of change revealed in family therapy for a sexless couple. The Joint World Conference on Social Work, Education and Social Development 2022.

Levine, S. B. (2010). Commentary on consideration of diagnostic criteria for erectile dysfunction in DSM-V. *The Journal of Sexual Medicine*, *7*(7), 2388–2390.

Lim, Y. C. (2006). Development of group counselling program for conflict management of couples with character difference and analysis of its effect: Focused on James M. Donovan's object relations couples therapy model. Hanyang University.

Litzinger, S., & Gordon, K. C. (2005). Exploring relationships among communication, sexual satisfaction, and marital satisfaction. *Journal of Sex & Marital Therapy, 31*(5), 409–424.

McCabe, M. P., & Connaughton, C. (2014). Psychosocial factors associated with male sexual difficulties. *Journal of Sex Research, 51*(1), 31–42.

Meisler, A. W., & Carey, M. P. (1991). Depressed affect and male sexual arousal. *Archives of Sexual Behavior, 20*(6), 541–554.

Ménard, A. D., & Offman, A. (2009). The interrelationships between sexual self-esteem, sexual assertiveness and sexual satisfaction. *Canadian Journal of Human Sexuality*, 18.

Metz, M. E., & Epstein, N. (2002). Assessing the role of relationship conflict in sexual dysfunction. *Journal of Sex &Marital Therapy*, *28*(2), 139–164.

Moon, H. R., Bae, Y. Y., Chui, C. H., & Park, T. Y. (2022). Multiple case study on the developmental process of sexual dysfunction of male clients of family therapy. The Joint World Conference on Social Work, Education and Social Development 2022.

Nicolini, Y., Tramacere, A., Parmigiani, S., & Dadomo, H. (2019). Back to stir it up: Erectile dysfunction in an evolutionary, developmental, and clinical perspective. *The Journal of Sex Research*, 56(3), 1–13.

Nimbi, F. M., Tripodi, F., Rossi, R., & Simonelli, C. (2018). Expanding the analysis of psychosocial factors of sexual desire in men. *The Journal of Sexual Medicine, 15*(2), 230–244.

Park, T. Y., Koh, E. K., & Park, Y. H. (2022). Sex is Burdensome: Multiple Case Study on

Family Therapy for Korean Husbands with Sexual Disorders. *The American Journal of Family Therapy, 50*(4), 348–367.

Pierce, L., Dahl, M. S., & Nielsen, J. (2013). In sickness and in wealth: Psychological and sexual costs of income comparison in marriage. *Personality and Social Psychology Bulletin, 39*(3), 359–374.

Prochaska, J. O., & Levesque, D. A. (2002). Enhancing motivation of offenders at each stage of change and phase of therapy. In M. McMurran (Ed.), *Motivating offenders to change: A guide to enhancing engagement in therapy* (pp. 57–73). New York: John Wiley & Sons.

Rajkumar, R. P., & Kumaran, A. K. (2014). Depression and anxiety in men with sexual dysfunction: a retrospective study. *Comprehensive Psychiatry, 60*, 114–118.

Randall, A. K., & Bodenmann, G. (2009). The role of stress on close relationships and marital satisfaction. *Clinical Psychology Review, 29*(2), 105–115.

Regan, P. C., & Berscheid, E. (1995). Gender differences in beliefs about the causes of male and female sexual desire. *Personal Relationships, 2,* 345–358.

Roghani, A. (2021). The influence of Covid-19 vaccine on daily cases, hospitalization, and death rate in Tennessee: a case study in the United States. medRxiv. doi: https://doi.org/10.1101/2021.03.16.21253767

Rosing, D., Klebingat, K. J., Berberich, H. J., Bosinski, H. A., Loewit, K., & Beier K. M. (2009). Male sexual dysfunction: Diagnosis and treatment from a sexological and interdisciplinary perspective. *Deutsches Arzteblatt International, 106*(50), 821–828.

Rowland, D. L., & Kolba, T. N. (2018). The burden of sexual problems: Perceived effects on men's and women's sexual partners. *The Journal of Sex Research, 55(2),* 226–235.

Scharff, D. E., & Scharff, J. S. (2000). Object relations couple therapy. Northvale, NJ: Aronson

Schmidt, H. M., Munder, T., Gerger, H., Frühauf, S., & Barth, J. (2014). Combination of psychological intervention and phosphodiesterase-5 inhibitors for erectile dysfunction: A narrative review and meta-analysis. *The Journal of Sexual Medicine, 11*(6), 1376–1391.

Simon, W., & Gagnon, J. H. (2003). Sexual scripts: Origins, influences and changes. *Qualitative Sociology, 26*(4), 491–497.

Sternberg, R. J. (1986). A triangular theory of love. *Psychological Review, 93*(2), 119–135.

Strong, S. R., & Claiborn, C. D. (1982). *Change through interaction: Social psychological processes of counseling and psychotherapy*. John Wiley & Sons Incorporated.

Sugimori, H., Yoshida, K., Tanaka, T., Baba, K., Nishida, T., Nakazawa, R., & Iwamoto, T. (2005). Relationships between erectile dysfunction, depression, and anxiety in Japanese subjects. *The Journal of Sexual Medicine, 2*(3), 390-396.

Symonds, T., Roblin, D., Hart, K., & Althof, S. (2003). How does premature ejaculation impact a man's life?. *Journal of Sex & Marital Therapy, 29*(5), 361-370.

Wallerstein, R. S. (1992). *The common ground of psychoanalysis.* Northvale, NJ: Jason Aronson.

Weeks, J. R., & Gambescia, N. (2015). Couple therapy and sexual problems. In A. S. Gurman, J. L., Lebow, & D. K., Snyder (Eds.), *Clinical handbook of couple therapy* (pp. 635-656). New York: Guilford.

Winnicott, D. W. (2021). *The child, the family, and the outside world.* Penguin UK.

제 16 장
섭식장애

1. 서론

섭식장애란 먹는 행동에 문제가 지속되어 음식물 섭취로 인하여 신체적 혹은 정신사회적 건강이 현저히 손상되거나 심지어는 죽음을 초래할 수 있어 치료하기 어려울 뿐만 아니라 재발율이 높고 치료 비용이 많이 들며, 모든 정신질환 중 가장 높은 치사율을 보이는 질병이다(American Psychiatric Association, 2013; Mitchell, 2016; Mitchison et al., 2015; Pehlivan et al., 2022; Westmoreland, Krantz, & Mehler, 2016). 또한 섭식장애는 현대사회에 광범위하게 펴져 있는 만성화되기 쉬운 질병으로, 마른 몸매를 이상적인 신체 이미지로 여기는 사회적 분위기로 인해 자신의 체형에 민감해지고, 마른 체형에 대한 관심이 다양한 종류의 체중조절 방법 시도로 이어지면서 이상섭식행동을 증가시키고 있다(Guertin, Barbeau, Pelletier, & Martinelli, 2017). 이상섭식행동이란 정상적인 섭식행동의 수준을 벗어나는 행동을 말하며, 자신의 의지로 먹는 양을 극단적으로 제한하거나 폭식을 하며 체중조절행위에 집착하는 것을 의미한다(Greenleaf, Petrie, Carter, & Reel, 2009). 거식과 폭식을 반복하는 이상섭식행동은 추후에 신경성 식욕부진증(anorexia nervosa), 신경성 폭식증(bulimia nervosa), 폭식장애(binge eating disorder)로 이환될 위험성이 1.6~3.6배로 증가될 수 있다(Liechty & Lee, 2013).

DSM-5(American Psychiatric Association, 2013)에 의하면, 신경성 식욕부진증이란 저체중에 이를 만큼 과도하게 음식 섭취를 제한하고 몸(체중과 체형)에 대한 인식을 왜곡시켜 자신이 저체중이라는 사실을 인정하지 못하게 하는 질병이다. 반면, 신경성 폭식증은 음식에 대한 통제력을 잃고 일정 기간 동안 많은 양의 음식을 폭식하며, 이를 상쇄하기 위하여 체중 증가 억제 행동을 보인다. 이러한 행동은 조절하지 못한 폭식에 대한 보상으로 이해되며, 주로 구토, 하제 및 관장약 등의 사용, 금식 및 과도한 운동 등의 형태로 나타난다. 두 장애는 음식에 대한 거부와 폭식이라는 차이를 보이면서도 체중 증가에 대한 과도한 공포가 있고, 체중과 체형이 자기평가에 과도한 영향을 미친다는 공통점을 가지고 있다(Comer, 2016).

섭식장애는 성인 초기 여성에게서 주로 발병하고 미국의 경우 여성의 신경성 폭식증의 유병률이 1~1.5%로 나타났다(American Psychiatric Association, 2013). 또 다른 연구에서는 섭식장애의 평생유병률이 여성은 8.4%, 남성은 2.2%로 보고되었고(Galmiche, Déchelotte, P., Lambert, G., & Tavolacci, 2019), 10년마다 섭식장애 환자의 사망률은 5.6%에 달한다(Arcelus, Mitchell, Wales, & Nielsen, 2011; Franko et al., 2013). 그러나 섭식장애 환자 중 25% 미만만이 치료를 받으며(Hart, Granillo, Jorm, & Paxton, 2011), 섭식장애 환자의 75% 이상이 신경성 폭식장애로 10년 이상을, 신경성 거식증장애로 15년 이상을 지낸 후 치료받는다(Oakley Browne et al., 2006). 섭식장애 환자들을 치료한 연구에 따르면, 많은 섭식장애 환자가 충분한 차도를 보이지 못하며(Couturier, Kimber, & Szatmari, 2013; Linardon, Wade, de la Piedad Garcia, & Brennan, 2017), 만성질환의 과정을 밟게 된다(Keel & Brown, 2010; Kroenke, Spitzer, & Williams, 2001).

한국의 정신질환실태 역학조사에서 신경성 폭식증의 유병률은 0.1%로 미국보다는 다소 낮은 편이다(보건복지부, 2011). 건강보험심사평가원(Health Insurance Review and Assessment Service, 2018)에 의하면, 섭식장애 환자는 8,316명으로 매년 2~3%씩 증가하고 있다. 연령별로는 20~30대가 전체 진료 환자의 43%로 가장 많은 비율을 차지하고 있으며, 섭식장애의 전단계인 이상섭식장애행동에 취약한 연령대는 20세 이상 39세 이하의 성인임을 알 수 있다. 2020년 국민건강보험공단 국정감사 자료를 보면 최근 5년간 국내에서 4만 59명이 섭식장애로 진료받았으며, 전체 진단 환자 중 81.8%가 여성이었다(주현정, 고주미, 황순찬, 이명수, 2022). 피줄리(Pizzulli, 2003)는 섭식장애 환자의 90% 이상이 여성이고 거식증 유병률이 전체 여성의 1%, 폭식증은 5%라고 하였다. 또한 신경성 폭식증은 치료가 어려운 신경정신과적 문제로 악화될 수 있는데, 특히 신경성 폭식증 환자의 자살위험이 증가하는 추세이므로 문제의 심각성을 예측할 수 있다(권석만, 2013; 민성길, 2015; American Psychiatric Association, 2013). 그럼에도 불구하고 국내에서 섭식장애는 여전히 '음지의 질환'으로 여겨진다(김소울, 최혜윤, 오정연, 김태연, 2020).

점차적으로 심각해지는 섭식장애의 발병 원인은 현재까지 정확하게 밝혀지지 않았지만 개인적 요인, 생물학적 요인, 사회문화적 요인, 가족 요인이 영향을 미친다고 하였다(김인혜, 이영호, 2014; 안미경, 최승원, 2012; 정지혜, 장혜영, 2022; Laliberte, Boland, & Leichner, 1999; Polivy & Herman, 2002; Treasure et al., 2008; Treasure, Claudino, & Zucker, 2010; Tylka & Subich, 2004). 섭식장애에 관한 초기 연구는 체중과 체형에 대한 왜곡된 평가 등 주로 인지적 요인에 초점을 두었다. 그러나 최근 섭식장애의 연구는 정서적 요인, 예를 들어 감정표현 불능, 우울 등 부정적 정서와 위험 요인에 초점을 맞추고 있다(백수연, 박지영, 김희순, 김태형, 2012; 정지혜, 장혜영, 2022; 최윤정, 김석선, 2017; Berger at al., 2014; Speranza, Loas, Wallier, & Corcos, 2007).

섭식장애에 대한 우세한 이론은 섭식장애의 초월진단적(transdiagnostic) 인지행동이론(Fairburn, Cooper, & Shafran, 2003)인데, 이 이론의 전제 중의 하나는 신경성 거식증, 신경성 폭식증, 폭식장애는 모든 똑같은 독특한 정신병리를 공유한다는 것이다. 식사 습관, 신체 혹은 몸무게에 대한 자아존중감을 평가하는 역기능적인 체계가 섭식장애를 유지시키는 주요 요인이라고 간주한다. 극단적인 다이어트, 보상적인 구토, 완화제 사용 혹은 과도한 운동과 같은 다른 요인들은 이 주요 특징에 대한 직접적인 결과를 일으키는 것으로 보인다(Mares et al., 2022). 인지행동이론이 섭식장애에 효과가 있다는 것이 입증되었으며, 섭식장애를 위한 초월진단적 치료인 증진된 인지행동치료(Enhanced Cognitive Behaviour Therapy)를 발전시켰다(Byrne, Fursland, Allen, & Watson, 2011; Fairburn et al., 2015; Hay, 2013; Linardon, Wade, de la Piedad Garcia, & Brennan, 2017). 또한 섭식장애에 대한 가족치료이론을 적용한 연구에 따르면, 섭식장애를 지닌 여자 고등학생과 여대생의 치료에 MRI 의사소통이론과 가족체계이론, 대상관계 가족치료이론이 효과적이라고 하였다(김영애, 문정화, 박태영; 2017, 박태영, 2006, 2014; 박태영, 조성희, 2005).

2. 섭식장애의 유형

1) 신경성 식욕부진증

미(美)의 기준이 단지 몸이 날씬한 것으로 묘사되는 시대인 오늘날 중증의 섭식장애의 발병률이 빠르게 증가하고 있다(Cassell & Gleaves, 2000). 특히 신경성 식욕부진증의 발병은 서양(Krch, 1997)과 빠르게 서양화되어 가고 있는 홍콩(Lai, 2000)과 같은 국가들에서 증가하고 있다(Fishman, 2006). 한국을 포함한 22개국의 대학생을 대상으로 한 조사에 따르면, 한국 여학생은 신체비만지수(Body Mass Index)의 평균이 가장 낮았음에도 불구하고 체중 감량을 위해 노력한다는 응답율이 77%로 조사 대상국 중 1위로 나타났다(Wardle, Haase, & Steptoe, 2006), 특히 여학생들은 자신의 신체상에 대하여 예민하여 만성적이고 강박적인 다이어트를 함으로써 섭식장애가 발생한다. 그런데 신경성 식욕부진증(거식증)은 정신질환 중에 치사율이 가장 높고, 신경성 식욕부진증의 끔찍한 결과는 고통을 받고 있는 사람이나 가족에게 심각한 손상을 줄 수 있다(Fishman, 2006). 따라서 과거 20년 동안 섭식장애(신경성 식욕부진증과 신경성 폭식증)의 발달에 기여하는 요인들에 관한 연구들이 증가하고 있다(김영애, 문정화, 박태영, 2017; 박태영, 2006, 2014; Burnette, Luzier, Weisenmuller, & Boutté, 2022; Goode, Webser, & Gwira, 2022; Haworth-Hoeppner, 2000; Leon, Fulkerson, Perry, Keel, & Klump, 1999; Narduzzi & Jackson, 2000).

일반적으로 섭식장애는 전형적으로 초기 사춘기와 늦은 청소년기 동안에 시작한다(Attia & Walsh, 2007; Van Son et al., 2006). 특히 신경성 식욕부진증은 부적절하게 저체중을 유지하고 무모한 날씬함에 대한 추구 그리고 체형과 몸무게에 대한 왜곡된 인지가 특징인 심각한 정신질환이다(American Psychiatric Association, 2013; Attia & Walsh, 2007; Gardner & Wilkinson, 2011). 왜곡된 인지와 행동의 정서적 · 신체적 결과들이 신경성 식욕부진증을 유지하고 영양실조, 자살, 의료문제뿐만 아니라 장기적이고 반복적인 입원의 위험을 증가시킨다(박태영, 2014; Smink, van Hoeken & Hoek, 2012; Terache et al., 2022). 이러한 섭식장애는 종종 뼈 손상, 저칼륨혈증 그리고 사망을 포함하는 신체적인 건강 문제에 이르게 한다(Golden et al., 2003; Rome & Ammerman, 2003). 신경성 식욕부진증에 대한 치사율은 환자의 평균 8~12%에 이르는 어떤 정신과장애 중에서도 가장 높고, 심장마비와 자살 때문에 사망이 매우 빈번하게 발생된다(Attia & Walsh, 2007; Berkman, Lohr, & Bulik, 2007; Herzog et al., 2000). 또한 섭식장애 중 특히 신경성 식욕부진증은 잦은 입원으로 인하여 치료하는 데 비용이 많이 든다(Lock, Couturier, & Agras, 2006a; Striegel-Moore et al., 2000).

(1) 신경성 식욕부진증에 영향을 미치는 요인과 특성

신경성 식욕부진증에 영향을 미치는 다양한 위험 요인에는 초기 섭식의 어려움, 불안증상, 완벽주의적 습성 그리고 부모화 스타일, 문화적 요인, 유전적 요인이 포함되나 이와 같은 어떤 요인들도 신경성 식욕부진증에 영향을 미치는 결정적인 요인이라는 것을 보여 주지는 못하였다(Attia & Walsh, 2007; Bennett, Sharpe, Freeman, & Carson, 2004; Bulik, 2005; Hoek et al., 2005; Jacobi, Hayward, de Zwaan, Kraemer, & Agras, 2004; Lee, Lee, Pathy, & Chan, 2005; Striegel-Moore & Bulik, 2007). 또한 신경성 식욕부진증을 유지시키는 요인들로 신체와 뇌에 대한 부정적인 영향의 의학적인 충격, 회피하는 대처방식과 함께 제한된 정서적 규제, 강박적인 습성(엄격성과 사소한 것에 대한 초점을 두는 것) 그리고 질병에 대한 대인 간의 영향을 들고 있다(Schmidt & Treasure, 2006; Treasure, Whitaker, Todd, & Whitney, 2012).

카슨, 부처와 미네카(Carson, Butcher, & Mineka, 2000)는 섭식장애로 진단받은 환자들의 성격 특성으로 높은 순응성을 들고 있다. 섭식장애 환자들은 보통 삶에 있어서 커다란 변화를 회피하고 자신들이 주목받는 것을 원치 않는다. 또한 그들은 위험 부담을 피하고 종종 내부의 스트레스에 강하게 영향을 받는다. 그들은 일반적으로 완벽주의자이며, 양자택일식의 사고 패턴을 가지고 있다(Carson, Butcher, & Mineka, 2000). 특히 신경성 식욕부진증으로 진단을 받은 사람들은 종종 일상생활에서 매우 엄격하게 자신을 통제하며 강박적이다. 그들은 강박적이고 충동적인 행동의 증상을 보일 수 있으며 매우 내성적이며 어색해한다. 반면, 신경성 폭식증으로 진단을 받은 사람들은 동료들을 대할 때 훨씬 덜 어색해할 수도 있으나 여전히 그들도 종종 충동적인 행동과 함께 다양한 어려움을 가지고 있다(Carson, Butcher, & Mineka, 2000).

(2) 신경성 식욕부진증과 가족 요인

비록 많은 연구에서 일반적으로 특별한 개인적 특성들이 섭식장애를 겪고 있는 사람들의 삶 속에 나타난다고 하지만 대부분의 연구는 섭식장애에 수반되는 가족환경에 초점을 맞춰 왔다(Bailey, 1991; Haworth-Hoeppner, 2000; Lilenfeld et al., 2000; Minuchin, Rosman, & Baker, 1978; Reeves & Johnson, 1992). 개인들의 가족환경은 종종 신경성 식욕부진과 신경성 대식증적 행동과 성격특성 발달에 주요한 요소 중의 하나로 간주된다(Gillett, Harper, Larson, Berrett, & Hardman, 2009). 예를 들어, 섭식장애 증상이 그 질병에 대한 가족의 반응에 의하여 유지될 수도 있다(Treasure, Whitaker, Todd, & Whitney, 2012). 임상과학자들은 가족기능 그 자체가 섭식장애의 요인은 아니라는 데 동의를 할지라도, 많은 연구는 신경성 식욕부진증과 가족기능 사이의 양방향의 관계가 있다는 것을 보여 준다(Giel et al., 2022). 즉, 가족기능이 신경성 식욕부진증의 유지에 역할을 하는 것으로 보이며, 신경성 식욕부진증 그 자체가 가족 내의 문제가 있는 역동과 함께 부정적인 가족기능의 유지에 기여한다(Eisler, 2005). 비록 부정적인 가족 상호작용이 신경성 식욕부진증을 야기시킨다는 결정적인 증거는 없다 할지라도, 가족의 역기능이 증상이 없는 가족에 비하여 증상이 있는 가족에게 더 공통적이다(Holtom-Viesel & Allan, 2014). 데어와 아이슬러(Dare & Eisler, 1995)는 신경성 식욕부진증이 자녀를 과잉보호하는 어머니의 양육태도와 자녀와의 분리를 두려워하는 어머니의 심리적 특성과 관련이 있다고 하였다.

르 그레인지, 호스테, 로크와 브라이슨(Le Grange, Hoste, Lock, & Bryson, 2011)은 부모의 극적으로 표현된 감정이 신경성 식욕부진증을 가지고 있는 청소년들의 치료 중단과 저조한 치료 결과와 관련이 있다고 하면서 가족 상호작용의 특성이 신경성 식욕부진증 환자들에게 주요한 치료적인 의미를 지니고 있다고 하였다. 하워스-호프너(Haworth-Hoeppner, 2000)는 비록 외적 영향들이 신경성 식욕부진증 행동에 기여할 수 있을지라도, 그러한 외적 메시지에 대한 가족의 해석이 개인의 신경성 식욕부진증 행동에 직접적으로 영향을 미치는 요인이라고 하였다. 한편, 신경성 식욕부진증을 가진 고등학생 딸에 대한 박태영(2014)의 가족치료 사례연구에서 신경성 식욕부진증에 영향을 미친 요인으로 내담자의 왜곡된 인지구조, 핵가족구성원 간의 역기능적인 의사소통 방식, 부모 원가족의 경험과 전수된 표현 방식, 전이(transference), 내담자의 대응 방식 그리고 내담자의 대화 상대자 부재가 나타났다.

2) 신경성 폭식증

신경성 폭식증은 다량의 음식을 빠르게 먹는 반복적인 폭식과 그 뒤의 자기유발 구토, 하제 또는 이뇨제 남용 등 제거행동이라는 부적절한 보상행동이 특징이다. 신경성 폭식증을 가진 사람들은 자기평가에서 체형과 체중을 지나치게 강조하며, 따라서 이와 같은 요소들이 특징적으로 자존심을 결정하는 데 가장 중요한 요소가 된다. 그들은 신경성 거식증과 매우 유사하게 체중 증가를 두려워하고 체중 감소를 원하며, 자신들의 신체에 만족하지 못한다(민성길, 2015).

개인적 측면에서 폭식증 환자들이 폭식과 관련된 일련의 행위를 하는 것은 충동성, 우울, 불안 등과 관련이 있는 것으로 나타났다. 폭식증과 관련된 인지행동적 측면을 강조한 연구에서는 체형과 체중에 대한 왜곡된 인식이 폭식증을 발생시키는 핵심 요인이고 완벽주의와 이분법적 사고 방식이 증상을 지속시키거나 악화시킨다고 하였다(임소영, 오수성, 2008; Hamamoto, Suzuki, & Sugiura, 2022; Sherry, Hewit, Beser, & Flet, 2004). 생물학적 측면에서는 신경전달물질과 뇌와 관련된 문제로 폭식증이 발병한다고 보았다(민성길, 2015). 사회문화적 측면에서는 대중매체에서 비정상적으로 마른 몸매를 이상적인 체형으로 제시하고 외모지상주의를 지칭하는 루키즘(lookism) 현상이 나타나면서 청소년과 젊은 여성들이 극단적인 다이어트를 시도한다고 보았다(Silverstein, Perdue, Peterson, & Kelly, 1986).

한편, 가족 요인과 관련해서는 가족력에 근거를 둔 유전적인 문제와 개인이 성장과정에서 경험한 부정적인 경험들이 신경성 폭식증에 영향을 미친다고 하였다(민성길, 2015). 가족 요인에서는 가족 간의 갈등과 비응집성 등이 섭식장애의 발병과 지속에 영향을 미치는 것으로 나타났다(Grissette & Norvell, 1992; Kog & Vandereycken, 1989). 특히 폭식행동은 부모와 자녀 간의 정서적인 융합과 역기능적인 의사소통 방식과 관련이 있다(김영애, 문정화, 박태영, 2017; 박태영, 2006; 안미경, 최승원, 2012; Felker & Stivers, 1994; Massing, Reich, & Sperling, 1994; Schwartz, Reich, & Sperling, 1985; Wagener & Much, 2010). 따라서 신경성 폭식증이 외관상으로는 개인적인 특성으로 발병하는 것 같지만 개인의 성격을 형성하는 그 기저에는 가정환경과 가족관계적 요인이 중요한 변수로 영향을 미치기 때문에 증상 발병의 원인을 개인적인 요인에 초점을 두는 것은 단선적인 접근일 수 있다.

(1) 신경성 폭식증의 특성과 진행 단계

신경성 폭식증은 비정상적인 음식 섭취와 관련된 정신질환으로써 청소년기와 성인 초기의 여성에게서 발병되는 경향이 높다. 신경성 폭식증 환자는 과도하게 음식을 섭취한 후에 체중 증가에 대한 심리적인 불안을 해소하기 위해 금식, 이뇨제 투여, 관장약 복용, 과도한 운동 등과 같은 행위를 하는데, 대부분의 환자는 폭식 후에 자기유도로 인한 구토행동을 한다(김율리, 2013). 구토는 폭식으로 인한 불쾌감을 해소하고 체중 증가에 대한 두려움을 감소시키는 효과가 있어서 신경성 폭식증 환자들이 빈번하게 사용하는 보상행동이다(이삼연, 2004). 이로 인해 신경성 폭식증 환자는 다른 섭식장애 환자와는 달리 정상 체중을 유지하면서 개인적인 공간에서 폭식 제거행동을 하기 때문에 주위 사람들에게 쉽게 발견되지 않아서 증상이 지속되거나 악화될 가능성이 높다(이삼연, 2004; Thompson, Berg, & Shatford, 1987).

신경성 폭식증 환자의 개인적인 특성은 낮은 자아존중감, 높은 자기기대감, 스트레스 그리고 대인관계의 어려움을 겪는 것으로 나타났다(김하영, 박기환, 2009; 이현지, 하은혜, 2014; Fairburn, 2008; Fairburn, Cooper, & Shafran, 2003; Grissette & Norvell, 1992; Katzman & Wolchik, 1984; Lilenfeld et al., 2006; Wolff, Crosby, Roberts, & Wittrocks, 2000). 이러한 연구 결과를 통해 일상생활에서 받는 스트레스와 심리적인 문제는 폭식행동과 상호관련성이 높다는 것을 알 수 있다(Wiederman & Pryor, 2000). 즉, 신경성 폭식증은 일상생활에서 발생하는 스트레스와 부정적 정서를 초래하는 문제 상황을 회피하기 위한 비효율적인 대처기제의 결과라고 볼 수 있다. 그러나 이러한 문제 상황에서 사용하는 대처 방식은 오히려 부정적인 자기인식을 강화시켜 폭식행위를 지속시키는 악순환을 반복하는 데 영향을 준다(김영애, 문정화, 박태영, 2017; 박태영, 2005, 2006; 이지영, 권석만, 2006).

한편, 신경성 폭식증이 주로 청소년기에 발병된다고 하지만(American Psychiatric Association, 2013), 또 다른 연구에서는 신경성 폭식증을 치료하는 데 있어서 발달 단계적 진행 과정을 고려해야 한다고 하였다(Kotler et al., 2001). 선행연구에서 섭식장애는 불안정한 애착관계와 관련이 있다고 하였다(김정내, 임성문, 2007). 암스트롱과 로스(Armstrong & Roth, 1989)는 섭식장애 환자의 96%가 주 양육자와 불안정한 애착관계를 가지고 있다고 하였다. 유아는 병리적인 애착관계에서 불안을 느끼고 이것은 개인의 성장 과정에 지속적으로 부정적인 영향을 미쳐 스트레스 상황에서 심리적인 안정을 위해 폭식행동을 유발한다. 이처럼 신경성 폭식증은 특정한 시점에서 우연히 발병되는 것이 아니라 일련의 과정을 통해 발현되는 경향이 있다. 예를 들어, 김영애 등(2017)의 신경성 폭식증을 가진 여성 내담자에 대한 가족치료 사례연구에서 생애주기별 신경성 폭식증의 진행 단계가 영유아기 애착불안 형성 단계, 아동기 자아의 억압에 따른 심리적 허기 단계, 청소년기 스트레스와 심리적 갈등의 증폭 단계, 성인 초기 부정적 감정 해소를 위한 보상적 행위 단계로 나타났다.

(2) 신경성 폭식증 요인

신경성 폭식증에 영향을 미치는 요인으로 유전적 및 생물학적 요인, 심리적 · 성격적 요인, 가족 요인, 사회문화적인 요인으로 설명할 수 있다.

① 유전적 및 생물학적 요인

섭식증에 영향을 미치는 생물학적 원인으로는 유전적 원인과 신경전달물질의 변화, 식욕 및 포만감에 관여하는 물질의 변화, 에너지 대사 과정의 변화 등이 있다(김은영, 2018). 휴스(Hus, 1990)는 섭식장애를 가진 가족을 둔 사람이 일반 가족을 둔 사람보다 섭식장애에 걸린 확률이 4~5배 정도 높다고 하였으며, 섭식장애인들의 친척들은 다른 사람들보다 섭식장애에 걸릴 확률이 6배 높은 것으로 나타났다(Thornton, Mazzeo, & Bulik, 2011). 이 위험은 폭식증을 가진 사람의 여성 친척에서는 4배 더 높은 것으로 나타났다(Strober et al., 2000). 폭식증 연구에서 일란성 쌍생아의 경우 8~47%, 이란성 쌍생아의 경우 0~9%의 일치율이 나타났다(Bulik, Sullivan, & Kendler, 2002). 이와 같은 연구 결과는 유전적 요인이 폭식장애의 발생에 중요한 영향을 미친다는 것을 보여 주고는 있지만 실제로 무엇이 유전되는가에 대해 밝혀진 바는 없다(김은영, 2018).

② 심리적 · 성격적 요인

심리적 · 성격적 요인으로는 개인적인 기질, 성격, 인식 방식 등을 중심으로 개인의 충동성, 우울, 불안, 자기비난, 낮은 자존감 등을 들 수 있다. 리브스와 존슨(Reeves & Johnson, 1992)은 신경성 폭식증 환자를 둔 가족들에게 원가족척도를 실시하였는데, 그 결과 갈등해결능력, 책임감, 감정이입, 타인에 대한 존중, 개방성 그리고 신뢰성과 같은 특성에서 낮은 수준의 점수가 나타났으며, 이와 같은 요인들이 신경성 폭식증을 야기시킬 수 있다고 하였다. 릴렌펠드 등(Lilenfeld et al., 2000)은 이와 같은 요인들 외에 가족 목표를 성취하는 데 있어서 비효율성과 완벽주의를 첨가하였다. 예를 들어, 체형과 체중에 대한 왜곡된 개인적 인식이 신경성 폭식증을 유발시키는 핵심적인 요인이고, 완벽주의와 이분법적 사고방식이 증상을 지속시키거나 악화시킨다는 것이다(Hamamoto, Suzuki, & Sugiura, 2022; Sherry, Hewit, Beser, & Flet, 2004). 섭식장애는 부모의 별거, 객지로 나감, 개인적 실패와 같은 스트레스와 부정적 생활사건 뒤에 갑자기 발달하게 된다(Wilson, Becker, & Heffernan, 2003). 섭식장애의 67%가 발병 전에 가까운 사람들과 분리를 겪거나 상실을 경험한 것으로 나타났다(Pyle, Mitchell, & Elke, 1981). 신경성 폭식증을 가진 여성은 증상이 시작되기 6개월 전부터 심각한 스트레스를 겪었고(Raffi, Rondimi, Grandi, & Fava, 2000), 아동기 때 가족갈등과 학대가 심하였다(Webster & Palmer, 2000). 이처럼 심리적 · 성격적 요인은 가족 요인과 연관되어 있다.

③ 가족 요인

섭식장애는 심각한 수준의 혼란된 섭식행동을 주된 특징으로 보이는 심리적 장애로, 초기 연구들에서는 모녀관계에 초점을 두고 연구가 진행되었지만(Ogden & Steward, 2000) 점차 가족 요인과 관련된 다양한 연구들이 나타났다. 폭식증 환자의 가족특성은 부모-자녀, 부부 그리고 부모와 조부모와의 관계에서 갈등이 심각했고, 가족 간에 공격적인 감정 표현, 다툼과 불화, 관계 단절, 별거와 이혼 등이 잦았다(Diebel-Braune, 1991). 가족 내에서 폭식증 환자는 부모에게서 충분한 관심과 신뢰를 받지 못하였고 인정 욕구가 무시되었고(Reich, 2001), 부모에 의해 사생활과 정서가 무례하게 침해당한 것으로 나타났다(Schwartz, Barrett, & Saba, 1985). 장미경(2022)의 연구에서도 부모의 정서학대와 부모방임이 신경성 폭식증 발병의 위험을 증가시킨 것으로 나타나 아동기 학대 경험이 신경성 폭식증과 관련된 것으로 나타났다. 또 다른 연구에서도 신경성 폭식증을 가진 아동(Wonderlich et al., 2001)과 성인(Webster & Palmer, 2000)은 성적 · 정서적 학대 경험이 있었다(Kent & Waller, 2000). 웰러, 슬레이드와 클람(Waller, Slade, & Calam, 1990)

은 섭식장애를 가진 대상자들과 섭식장애가 없는 대상자들을 비교하였는데, 그 결과 섭식장애를 가진 대상자들이 섭식장애가 없는 대상자들에 비하여 가족과 적응하지 못하고, 의사소통이 서투르며, 응집력이 낮았다. 또 다른 연구들에서도 가족의 역기능이 증가할수록 섭식 병리가 더욱 심해졌다(Lilenfeld et al., 2000; Wisotsky et al., 2003).

또한 많은 연구에서 일차 양육자와 건강한 관계를 형성하지 못하면 성인이 되어서도 불안정애착을 형성하게 되고, 이에 따라 불안과 집착이 높아지면서 신경성 폭식증에 걸릴 위험성이 높아진다고 하였다(김영애, 문정화, 박태영, 2017; 박태영, 2006, 2014; 박태영, 조성희, 2005; 주현정, 고주미, 황순찬, 이명수, 2022; Kholmogorova, 2018; Tasca. 2019; Ty & Francis, 2013). 티와 프란시스(Ty & Francis, 2013)의 연구에서는 섭식장애 여성의 83~100%가 불안정애착을 보여서 자신의 결핍된 애착 욕구를 타인의 인정으로 채우고자 한다고 하였다. 따라서 불안정애착을 가진 여성들은 끊임없이 타인과 자신을 비교하게 되면서 이 과정에서 감정조절장애가 발생한다고 하였다(Ty & Francis, 2013).

김영애 등(2017)의 신경성 폭식증을 가진 내담자의 가족치료 사례연구에서 신경성 폭식증에 영향을 미친 가족 요인으로 만성적 부부갈등과 불안한 분위기, 정서적 미분화와 희생양 역할, 정서적 불안과 불만을 야기하는 어머니의 독단적 의사소통 방식으로 나타났다. 박태영(2006)의 성폭행으로 인하여 불면증, 우울증과 폭식장애 및 자해 행위를 하는 여대생에 대한 가족치료 사례연구에서 폭식장애에 영향을 미친 요인들로 친오빠의 성폭행, 성폭행 사실을 폭로하지 못한 것, 오빠 및 부모와의 역기능적인 의사소통 방식, 부모의 부부관계 및 의사소통 방식, 부모의 원가족문화가 나타났다. 한편, 내담자의 우울증과 폭식장애 소거에 영향을 미친 요인으로 내담자와 오빠와의 공간적인 분리, 가족관계의 변화, 가족 간의 의사소통 방식의 변화, 가족구성원 간의 인식 변화가 나타났다.

박태영과 조성희(2005)의 폭식장애 여대생(내담자)에 대한 가족치료 사례연구에서는 내담자의 폭식장애에 영향을 미친 요인으로 부모 불신, 부모 이혼 문제, 대인관계 어려움, 성적 두려움(가족 내 성적 문제와 성추행), 예민한 성격이 나타났다. 한편, 이와 같은 요인이 내담자의 불안을 야기시켰고, 내담자는 불안을 해소하기 위하여 폭식을 한 것으로 나타났다. 즉, 부모불신과 대인관계의 어려움이 내담자의 폭식을 야기했다는 결과는 사회적 지지, 가족 지지, 대인관계의 부족이 폭식장애와 밀접한 관련이 있다는 것을 보여 준다. 한편, 내담자의 가족 내 성적 문제와 성추행 피해 경험이 내담자의 불안을 야기시켰고 이러한 불안이 폭식장애에 영향을 미친 것으로 볼 때, 어린 시절의 성적 학대 경험이 폭식장애를 발생시킬 수 있다는 결과를 보여 준다. 또한 부모의 이혼 문제와 부모의 예민함이 내담자의 불안에 영향을 미쳤고 이와 같은 불안이 폭식장애에 영향을 미친 것으로 나타났다.

이처럼 가족 요인은 신경성 폭식증에 영향을 미치는 중요한 변인으로써 특히 가족구성원 간의 역기능적인 의사소통 방식은 섭식행동과 깊은 관련이 있다(김영애, 문정화, 박태영, 2017; 박태영, 2006; Larson, 1991). 즉, 신경성 폭식증 환자가 있는 가족은 감정표현에서 역기능적인 특성을 보이는데, 특히 정서적인 관여와 원만한 감정표현의 어려움이 나타났다(Felker & Stivers, 1994). 또한 크리스쿠로, 키아라와 일레니아(Criscuolo, Chiara, & Ilenia, 2020)는 부부간의 부정적인 갈등해결 양상이 자녀의 섭식장애를 지속시키는 데 직접적인 영향을 미친다고 하였다. 이처럼 가족 요인은 신경성 폭식증에 직접적인 영향을 미친다는 것을 알 수 있다.

④ 사회문화적 요인

한국 여성들은 타 문화권과 비교했을 때 신체 및 외모에 대한 이상적 기준이 매우 높은 편이다(Jung & Forbes, 2006). 버마와 아브굴라스(Verma & Avgoulas, 2015)는 섭식장애에 가장 많은 영향을 미치는 것은 '날씬한 몸'에 대한 미디어의 우상화라고 하였다. 이와 같은 기준을 충족하기 위해 여성들은 굶거나 지나치게 과한 운동으로 인해 섭식장애를 겪을 수 있는 가능성이 높다(권호인, 권정혜, 2003). 한편, 마른 체형을 선호하고 이상화하는 사회적 분위기나 대중매체의 흐름이 여성들이 자신을 평가하고 타인의 시선을 신경 쓰며, 이러한 압력이 신체적 수치심과 섭식장애와 같은 심리적 어려움에 영향을 미치는 것으로 나타났다(Fredrickson & Roberts, 1997).

국내 연구에서도 대인관계에서 경험하는 대상화 경험이 외모를 기준으로 사람을 평가하는 타인의 관점을 내면화하도록 하고, 이는 계속해서 자신의 신체와 외모를 의식하고 감시하는 현상으로 이어진다고 하였다(김시연, 백근영, 서영석, 2010). 또 다른 연구들에서도 외모에 대한 사회문화적 압력과 내면화가 신체에 대한 불만족과 폭식행동에 직접적인 영향을 미치는 것으로 나타났다(김미애, 이지연, 2014; 이진술, 김영근, 2022; 임숙희, 김교헌, 2009; 조성실, 박기환, 2013; Hoque, 2011; Levinson & Brosof, 2016; Smink, Daphne, & Hans, 2012). 이처럼 선행 연구들에서는 섭식장애가 사회문화적 요인에 의하여 촉발되며, 미디어의 영향과 미의 기준이 전 세계적으로 섭식장애에 영향을 미친다는 것을 보여 주고 있다.

(3) 신경성 폭식증과 가족체계론적 관점

신경성 폭식증의 발병에 영향을 미치는 다양한 원인 중에서 특히 가족체계의 특성은 신경성 폭식증의 생성과 발달에 직접적인 영향을 미치는 주된 요인이라는 것을 알 수 있다. 이는 신경성 폭식증을 개인적 특성에 의한 병리적 증상으로 국한시킬 수 없으며, 가족환경적 요인이 신경성 폭식증의 근본적인 원인이 될 수 있다는 것을 보여 준다.

이와 같은 내용은 신경성 폭식증의 치료적 개입에 있어서 가족 요인을 심도 있게 고려해야 할 필요성을 시사한다. 미누친(Minuchin)의 구조적 가족치료 모델을 적용한 사례에서도 참여자의 85%가 섭식장애에서 회복되는 긍정적인 결과를 보여 주었다(Minuchin et al., 1975; Minuchin, Rosman, & Baker, 1978). 이 외에도 많은 연구을 통해 섭식장애를 치료하는 데 있어서 가족치료적 개입이 효과적이고(Eisler et al., 2000; Russell, Szmukler, & Dare, 1987), 가족치료의 성공률이 평균 60% 이상이라고 보고하였다(Treasure, Ulrike, & Eric, 2003).

로데스, 브라운와 메이든(Rhodes, Brown, & Madden, 2009)은 섭식장애 환자가 있는 부모를 대상으로 모즐리(Maudsley) 모델을 적용하였다. 이 모델은 이야기치료에서 파생되었고 치료사는 섭식장애아를 둔 재혼부모와 친부모를 공동으로 면담하면서 가족 문제를 탐색하거나 해결하기보다 두 부모 간에 연대감이 형성되도록 돕는 가족치료적 접근 방법이 섭식장애 환자들에게 효과적이라고 보았다(Lock, Le Grange, Agras, & Dare, 2001; Rhodes, Brown, & Madden, 2009).

가족치료사는 체계적인 관점에 입각하여 섭식장애 환자와 가족 그리고 주변 환경에 대한 정보를 수집하여 내담자의 증상에 대한 맥락을 다루고 가족구성원들에게 섭식장애와 관련된 교육과 정보를 제공한다. 이처럼 가족치료는 체계적인 관점에 초점을 두고 치료를 진행하여 섭식장애를 완화시키면서 효과성이 높은 것으로 나타났다. 따라서 가족체계의 특성이 단지 신경성 폭식증뿐만 아니라 식욕 부진증을 포함하는 섭식장애의 생성과 발달에 직접적인 영향을 미치는 주된 요인이라고 볼 수 있다.

3) 폭식장애

폭식장애(binge eating disorder)의 특징은 반복되는 폭식 삽화이며, 자신의 폭식에 대한 고통을 경험하지만 음식을 토하는 등의 보상행동이 없다는 점에서 신경성 폭식증 혹은 신경성 식욕부진증과 구별된다(권석만, 2013). 폭식장애 환자들은 자신들의 식사 문제를 창피하게 생각하여 증상을 감추려고 하며, 폭식 후에는 자기 혐오나 우울한 기분이 뒤따르는 경우가 흔하다(민성길, 2015; Heal & Smith, 2022). 폭식장애는 과도한 음식 섭취를 만회하기 위한 보상행동(구토, 운동, 하제 사용)이 없고, 체중 증가 억제 행동도 잘 나타나지 않는다(주현정, 고주미, 황순찬, 이명수, 2022; Giel et al., 2022). 충동적인 폭식을 하는 사람 중에 하제를 사용하거나 굶은 행동과 같은 보상행동을 하는 사람들은 신경성 폭식증에 해당하며, 이와 같은 보상행동을 하지 않는 사람들은 폭식장애에 해당된다. 따라서 폭식장애를 지닌 사람들은 과체중이거나 비만인 경우가 많다(권석만, 2013).

그런데 폭식장애는 신경성 폭식증과 달리 성비 차이가 덜 편향되어 있다. 치료를 받고자 하는 폭식장애 환자들은 대부분 치료를 받고자 하는 신경성 폭식증이나 신경성 식욕부진증 환자들보다 나이가 많으며, 폭식장애의 유병률은 일반 인구에 비해 체중 감량 치료를 원하는 사람들에서 더욱 흔하게 나타난다(민성길, 2015). 폭식장애는 미국 내 인종과 민족을 넘어서 가장 흔한 섭식장애이며(Hudson, Hiripi, Pope Jr, & Kessler, 2007; Udo & Grilo, 2018), 미국 인구의 0.9~3%에게 영향을 미치는 것으로 추산된다(Kessler et al., 2013; Udo & Grilo, 2018). 2018~2020년 전 세계 폭식장애 유병률은 성인 여성은 0.6~1.8%, 성인 남성은 0.3~0.7%로 나타났다(Giel et al., 2022). 또 다른 연구에 따르면, 폭식장애는 신경성 식욕부진증의 유병률 0.3%, 신경성 폭식증의 유병률 1%와 비교하여 젊은 사람들에게 있어서 1% 이상의 평생유병률을 가진 가장 공통적인 섭식장애이다(Cossrow et al., 2016; Hoek & Van Hoeken, 2003). 14개국에 대한 폭식장애와 신경성 폭식증 유병률에 대한 연구에 의하면, 폭식장애 유병률이 1.9%, 신경성 폭식증 유병률은 1.0%로 나타났다(Kellser et al., 2013). 특히 청소년의 폭식장애 유병률은 여성은 2.3%, 남성은 2.6%에 달하고(Swanson et al., 2011), 초기 어린 시절 폭식장애 유병률은 거의 7.2~17.4%에 이르며(Thomas, Wons, & Eddy, 2018), 폭식장애의 발병 연령은 다양하지만 평균적으로 30~40대에서 가장 많이 나타난다(Fairburn, 2013).

신경성 폭식증의 경우 여성이 대부분인 반면, 폭식장애의 경우는 남성과 여성이 1:1.5 정도이며, 폭식장애는 신경성 폭식증이나 신경성 식욕부진증에 비해서 치료에 대한 반응이 빠르고 예후가 좋은 것으로 알려져 있다(Crow et al., 2002). 또한 폭식장애 환자들은 이 장애와 관련하여 다양한 기능 제한을 보이는데, 사회적응 문제, 건강 관련 삶의 질 저하, 삶의 만족도 저하, 내과적 합병증과 치사율의 증가 그리고 건강 관련 시설 이용 증가와 체중 증가를 보인다(민성길, 2015).

폭식장애는 공통적으로 비만과 신체 · 정신건강 동반질환(예: 불안장애 혹은 물질사용장애)(Wonderlich et al, 2009)과 관련되며, 폭식장애를 가진 사람들은 상당한 부담, 삶의 질에서 손상을 경험하고, 동시에 폭식장애가 감지되지 않아 치료를 받지도 않는다(Giel et al., 2022; Heal & Smith, 2022). 그럼에도 불구하고 심리치료는 폭식장애에 대한 초기치료 방법이다(Giel et al., 2022).

(1) 원인

폭식장애의 병인론은 신경내분학적 요인, 신경생물학적 요인뿐만 아니라 유전학적 · 환경적 요인을 포함하며 복잡하다(Giel et al., 2022). 폭식장애는 가족으로부터 유전되는 것으로 보아 유전적 요인이 있는 것으로 보인다. 폭식의 가장 흔한 유발 요인은 부정적인 감정 상태인데, 대인관계에서의 스트레스, 다이어트, 체중, 체형 및 음식과 관련된 부정적인 감정, 허무감과 지루함 등이 있다. 폭식은 일시적으로 이러한 유발 요인들의 효과를 감소시킬 수는 있으나 폭식 이후 종종 부정적인 자기상과 우울한 기분이 뒤따른다(민성길, 2015). 신경생물학적 발견은 폭식장애를 가진 사람들에게서 보상 과정과 억제조절 능력, 정서 규제에 있어서의 손상을 강조하고 있으며, 이와 같은 신경생물학적 영역은 부상하고 있는 치료 접근법의 목표가 된다(Giel et al., 2022). 이외에도 폭식장애에 영향을 미치는 환경적 요인으로 음식에 대한 불안정, 스트레스, 차별에서 오는 스트레스, 트라우마, 우울 증상, 신체 이미지에 대한 관점 등이 있다(Goode, Webster, & Gwira, 2022).

한편, 폭식행동은 엄격한 절식으로 인한 반작용으로 나타날 수 있다(Polivy & Herman, 1985). 엄격한 절식은 기아 상태와 비슷하기 때문에 신체는 짧은 시간 내에 많은 양의 음식을 섭취하는 새로운 형태의 섭식행동을 준비하게 된다(Telch & Agras, 1996). 비만인 사람들은 엄격한 절식과 폭식행동의 악순환에 빠져 있는 경우가 많다. 절식은 폭식을 유발하고 또한 폭식했기 때문에 절식을 하게 되는데, 이러한 절식과 폭식이 반복되면서 점진적으로 체중이 증가하게 된다(권석만, 2013).

(2) 진단 기준

폭식장애에 대한 DSM-5(American Psychiatric Association, 2013)의 진단 기준은 다음과 같다. 첫째, 반복적인 폭식행동이 나타나야 한다. 이러한 폭식행동은 일정한 시간 동안(예: 2시간 이내) 대부분의 사람이 유사한 상황에서 동일한 시간 동안 먹는 것보다 분명하게 많은 양의 음식을 먹으며, 폭식행위 동안 먹는 것에 대한 조절 능력의 상실감을 느낀다. 둘째, 폭식행동이 나타날 때, ① 정상보다 더 빨리 먹음, ② 불편할 정도로 포만감을 느낄 때까지 먹음, ③ 신체적으로 배고픔을 느끼지 않을 때에도 많은 양의 음식을 먹음, ④ 너무 많은 양을 먹음으로 인한 당혹감 때문에 혼자 먹음, ⑤ 먹고 나서 자신에 대한 혐오감, 우울감 또는 심한 죄책감을 느낀다. 이 중에서 세 가지 이상 관련되어야 한다. 셋째, 폭식행동에 현저한 고통을 느낀다. 넷째, 폭식행동이 평균적으로 일주일에 1회 이상 3개월 동안 나타나야 한다. 다섯째, 폭식행동이 신경성 폭식증의 경우처럼 부적절한 보상행동과 함께 나타나지 않아야 한다. 또한 폭식행동이 신경성 식욕부진증 또는 신경성 폭식증 상태에서 나타나는 것이 아니어야만 한다. 이러한 다섯 가지 진단 조건을 충족시키면 폭식장애로 진단된다(권석만, 2013; 민성길, 2015).

3. 섭식장애치료 접근법

한편, 섭식장애를 위한 개인적인 심리치료에는 심리역동적 심리치료, 개인 간 심리치료, 발달적으로 향해진 개별치료, 인지행동치료, 변증법적 행동치료, 영양치료 그리고 가장 최근에 나온 인지적 교정치료가 있다(Levenkron, 2001; Mcintosh et al., 2005; Pike, Walsh, Vitousek, Wilson, & Bauer, 2004; Robin et al., 1999; Tchanturia, Whitney & Treasure, 2006). 그 외에도 신경성 식욕부진증 치료를 위한 치료에는 애착 이야기치료(Dallos, 2001), 최면치료(Barabasz, 2000; Nash & Baker, 1993), 다학제적 치료(Pomeroy, 2001), 더 최근에는 가상의 혹은 원격치료가 있다(Datta et al., 2022).

약리학치료(Crow & Mitchell, 2001), 인지행동치료(Pike, Loeb, & Vitousek, 2001)는 신경성 식욕부진증의 치료에 공통적으로 사용되며 최근의 치료 프로그램에서 가장 경험적 지지를 받아왔다(Thompson, 2001). 또한 섭식장애와 관련된 가족치료 접근에는 구조적 가족치료, 체계적 가족치료, 가족에 기반을 둔 치료, 복합가족 집단치료 그리고 이야기 가족치료(Le Grange & Lock, 2007; Lock, Le Grange, Agras, & Dare, 2001; Minuchin, Rosman, & Baker, 1978; Sullivan, 1995)가 있다. 최근에는 인터넷 인지행동치료와 가족치료가 폭식장애에 효과적일 수 있다는 것이 밝혀졌다(Datta et al., 2022).

특히 가족치료는 신경성 식욕부진증 치료에 매우 효과적인 것으로 나타났다(Dallos, 2001; Le Grange & Schwartz, 2003; Rhodes, Brown, & Madden, 2009; Robin, 2003). 가족치료는 신경성 식욕부진증을 가진 어린이와 청소년들에게 특히 좋은 치료 접근법이다(National Institute for Health and Care Excellence: NICE, 2017). 더군다나 복합가족치료(Multi-Family Therapy)는 신경성 식욕부진증을 치료하는 데 있어서 효과적이라는 것을 보여 주었는데, 복합가족치료는 신경성 식욕부진증 환자와 부모들에게 다른 가족구성원들의 경험을 배우고, 결속과 희망을 촉진시키며, 사회적인 소외와 낙인을 예방하고, 환자와 가족의 회복을 돕는 데 도움이 된다(Eisler, Le Grange, & Lock, 2016; Gelin, Cook-Darzens, Simon, & Hendrick, 2016). 물론 아직까지는 복합가족치료의 경험적인 이해가 제한적이지만, 복합가족치료의 목적은 가족들에게 섭식장애에 대한 정서적 · 행동적으로 반응하는 방법을 수정하는 것을 돕는 데 있다(Gelin et al., 2016).

그런데 섭식장애에 대한 개인심리치료와 가족치료를 비교함에 있어서, 청소년 신경성 폭식증을 위한 가족치료가 개인심리치료보다 우세할 수 있다(Dare, Eisler, Russell, & Szmukler, 1990; Dodge, Hodes, Eisler, & Dare, 1995; Le Grange, Crosby, Rathouz, & Leventhal, 2007; Le Grange, Lock, & Dymek, 2003; Schmidt et al., 2007). 그리고 신경성 식욕부진증을 가진 청소년들에게 가족치료가 효과적이라고 밝힌 연구가 증가하고 있다(Smith & Cook-Cottone, 2011). 특히 미누친의 구조적 가족치료(Minuchin, Rosman, & Baker, 1978; Minuchin et al., 1975), 밀란(Milan)학파의 체계적인 접근법(Selvini-Palazzoli, & Viaro, 1988) 그리고 더 최근에 나온 이야기치료 모델(Epston, Morris, & Maisel, 1995)까지, 가족치료는 신경성 식욕부진증 치료에 대한 긴 역사를 가지고 있다(Rhodes, Brown, & Madden, 2009).

르 그레인지 등(Le Grange et al., 2012)은 신경성 식욕부진증을 가지고 있는 청소년들에 대하여 치료를 마친 시점에서 신경성 식욕부진증의 차도에 관한 치료 중재 요인을 확인하기 위하여 신경성 식욕부진증을 가진 청소년들에 대한 가족치료와 개별적인 치료를 비교하였다. 그러나 이 연구에서 치료 결과의 어떠한 중재 요인도 확인하지 못하였고, 나이와 질병 기간이 예측 요인로서 확인되었다. 더 심각한 섭식장애 환자들에게 개별적인 치료보다 행동주의적 가족치료가 더 좋은 결과를 보였다(Le Grange, Lock, Agras, Moye, Bryson, & Kraemer, 2012).

또한 로크, 아그라스, 브라이슨과 크레머(Lock, Agras, Bryson, & Kraemer, 2005)는 단기간과 장기간의 가족치료 과정을 비교하였는데, 그들은 신경성 식욕부진증의 결과 측정에 있어서 두 집단 모두가 향상되었다고 하였다. 로데스 등(Rhodes et al., 2009)은 신경성 식욕부진증을 위한 가족에 근거를 둔 치료로서 모즐리 모델을 적용하였는데, 그들은 표준치료를 받은 10명의 부모집단과 부가적인 부모 대 부모 상담을 받은 10명의 집단을 비교하였다. 앞의 연구에서 부모 대 부모 상담을 받은 집단이 표준상담을 받은 집단보다 덜 외롭게 느꼈으며, 더 진전이 있었고, 더 많은 가족 상호작용의 변화를 경험하였다(Rhodes, Brown, & Madden, 2009). 따라서 그들은 가족에 근거를 둔 치료로서 모즐리 모델이 신경성 식욕부진증을 가진 젊은 환자들을 위한 유용한 모델이라고 하였다(Lock, Le Grange, Agras, & Dare, 2001; Rhodes, Brown, & Madden, 2009). 이 접근법은 신경성 식욕부진증이 있는 환자의 부모들에게 자녀가 다시 먹을 수 있게 하는 데 권한을 부여하며, 식사 외의 다른 문제를 포함하여 자녀와 부모 간 관계를 재협상하게 하며, 섭식장애 없이 자녀들이 정상적인 청소년 발달을 회복하는 데 도움을 준다(Lock, Agras, Bryson, & Kraemer, 2005; Lock, Le Grange, Forsberg, & Hewell, 2006b). 비록 신경성 식욕부진증에 대한 치료연구가 제한되어 있을 지라도, 모즐리 병원에서 발달한 가족에 근거를 둔 치료의 특별한 방식이 청소년 신경성 식욕부진증을 위한 효과적인 치료로 보이며 그 뒤에 보급을 위한 매뉴얼로 출판되었다(Le Grange & Lock, 2005; Lock, Le Grange, Agras, & Dare 2001; Pereira, Lock, & Oggins, 2006).

그렇지만 로크, 쿠튀리에와 아그라스(Lock, Couturier, & Agras, 2006a)는 신경성 식욕부진에 대한 차도가 있는 환자들에게 조차 많은 환자가 신경성 식욕부진증보다도 다른 오랫동안 지속되어 온 정신질환이 있고, 이러한 다른 정신질환이 전반적인 정신건강에 있어서 장기간의 진전을 복잡하게 할 것이라고 말하였다(Bergh et al., 2006). 아이슬러 등(Eisler, Simic, Russell, & Dare, 2007)은 40명의 신경성 식욕부진증을 가진 청소년들에게 공동가족치료와 분리된 가족치료를 실시한 뒤 40명의 집단에게 5년간의 추후조사를 통하여 대상자들의 75% 이상이 섭식장애증상이 사라졌으며, 두 집단 간의 차이가 없었다고 밝혔다. 따라서 신경성 식욕부진증을 가진 청소년들에게 가족치료의 효과성이 확인되었다(Eisler, Simic, Russell, & Dare, 2007; Fishman, 2006).

신경성 식욕부진증을 가진 젊은 성인들에게 가족에 근거한 치료를 11~20회기 실시한 결과 상담 후 그리고 추후조사에서 참가자의 3/4이 정상적인 몸무게를 가졌으며, 3/4이 섭식장애검사에서 비임상적인 범주에 있었고 우울감이 전혀 없거나 아주 약하게 있었다고 응답하였다. 치료 후에 참가자의 2/4가 좋은 심리사회적 기능 범주에 있었고, 추후조사에서 3/4이 이 범주에 속하였다. 이러한 결과는 신경성 식욕부진증을 가진 젊은 성인들에게 가족에 근거한 치료가 매우 효과가 있다는 것을 보여 준다(Chen et al., 2010). 14명의 신경성 식욕부진증을 가진 청소년들에 대한 가족에 근거한 치료가 몸무게 회복뿐만 아니라 음식물 규제, 수용의 부족 그리고 성숙에 대한 두려움을 포함한 심리적 증상들을 향상시키는 데 있어서 효과적이었다(Couturier, Isserlin, & Lock, 2010). 32명의 신경성 식욕부진증을 가진 스웨덴의 여자 청소년들을 대상으로 한 가족에 근거한 치료연구에서도 3년 후의 추후조사에서 환자들의 75%가 섭식장애 증상과 내재화 문제의 감소와 함께 충분한 차이를 보여 주었다. 또한 참여자들은 가족구성원들과 거리감을 덜 두게 되었으며, 가족 안에서 혼란스러운 분위기를 더 적게 경험하였다. 이러한 결과들은 가족에 근거한 치료가 신경성 식욕부진증을 가진 청소년들에게 효과가 있다는 것을 보여 준다(Paulson-Karisson, Engstram, & Nevonen, 2009). 고다트 등(Godart et al., 2012)은 섭식 징후보다는 가족 내 역동성에 초점을 둔 가족치료 회기를 부가한 다면적인 프로그램이 심각한 신경성 식욕부진증을 가진 소녀들에게 치료효과를 향상시켰다고 하였다. 또한 로크, 그리프와 르 그레인지(Lock, Grief, & Le Grange, 2012)는 가족에 근거한 치료가 신경성 식욕부진증을 가진 아동과 청소년들을 위한 효과적인 외래치료라고 하였다.

가족을 근거로 한 치료는 섭식장애를 가지고 있는 청소년의 치료를 위하여 10~20회기 동안 진행되는 단기 외래접근법이며, 이 치료에서는 비밀, 비난, 질병의 내재화 그리고 섭식장애에 대한 지나친 적극적 혹은 소극적인 부모의 대응 방식을 포함하는 가족 수준의 변수들을 목표로 하고 이러한 점을 해결하는 데 목적이 있다(Lock et al., 2012). 로크(Lock, 2011)는 가족개입은 신경성 식욕부진증을 가진 청소년들에게 제 일선의 치료 방법이며, 가족 개입이 다양한 임상 현장에서 실시될 필요가 있다고 하였다.

질렛, 하퍼, 라슨, 베레트와 하드먼(Gillett, Harper, Larson, Berrett, & Hardman, 2009)의 연구에서는 섭식장애(신경성 식욕부진증과 신경성 대식증)를 진단받은 젊은 성인 여성들이 속한 51개 가족과 섭식장애의 진단이 없는 젊은 성인 여성들이 속한 51개 가족의 암묵적인 가족 과정 규칙들(친절성, 표현성과 연결성, 구속하는 생각, 감정, 자아, 부적절한 양육, 모니터링과 관련한 규칙들)을 비교하였다. 그 결과, 섭식장애를 가진 여성이 있는 가족들은 섭식장애를 가지지 않은 여성의 가족들보다 더 많은 구속적인 가족 규칙에 지배되고 있었다. 게다가 섭식장애를 가진 청소년들은 부모와 형제들이 응답한 것보다 가족의 촉진시키는 부분이 더 낮았고 구속하는 부분은 더 높았다(Gillett, Harper, Larson, Berrett, & Hardman, 2009). 복합적 가족치료와 관련된 많은 연구는 38%의 평균 치료 관해율과 약 75%의 몸무게와 섭식 관련한 증상의 평균적인 향상(Lock & Le Grange, 2019)과 함께 효과성(Downs & Blow, 2013; Lock, 2015)과 일상적인 실천에 있어서 수행될 수 있는 역량에 대한 증거를 보여 주었다(Lock & Le Grange, 2019).

이와 같은 연구들에서 신경성 식욕부진증을 가진 청소년들에게 개인심리치료보다 가족치료가 더욱 효과적일 수 있다는 점을 다시 한 번 볼 수 있다. 지금까지의 선행연구를 근거로 하여 볼 때, 비록 섭식장애를 가진 아동과 청소년에 대한 특별한 치료개입을 지지하는 체계적인 증거가 여전히 제한적이라 할지라도, 지난 10년 동안 섭식장애에 대한 치료에 상당한 진전이 있어 왔다. 특히 신경성 식욕부진증을 위한 가족에 근거한 치료는 현재 가족들에게 가장 좋은 접근법으로 보인다(Lock & Fitzpatrick, 2009).

4. 섭식장애를 위한 복합가족치료

아이슬러(Eisler, 2005)가 섭식장애 가족구성원들이 의사소통하고 정서적인 주제에 반응하는 방법이 섭식장애에 중요한 역할을 할 수도 있다고 제안하였을지라도, 섭식장애 가족기능이 일반가족들과 어떻게 다른가에 대한 경험적인 증거는 여전히 부족하다(Terache et al., 2022). 전문가들은 가족 내의 문제가 신경성 식욕부진증에 특정한 가족치료(Anorexia Nervosa-specific Family Therapy: FT-AN)와 청소년의 회복을 위한 부모기술에 초점을 둔 개입을 통하여 가장 잘 볼 수 있다고 말한다(Golden et al., 2003). 신경성 식욕부진증에 특정한 가족치료(Anorexia Nervosa-specific Family Therapy: FT-AN)는 여러 가지 모델로부터 아이디어를 가져온 통합적인 치료이며, 이 치료에는 다음과 같은 네 가지 개념을 포함한다. 첫째, 관계 준거틀, 둘째, 유지 준거틀과 변화에 대한 제약, 셋째, 신념과 의미에 대한 변화에 초점을 둔 준거틀, 넷째, 영향을 미치는 준거틀이 그것이다(Eisler, Le Grange, & Lock, 2016).

한편, 신경성 식욕부진증에 특정한 가족치료의 주요 특징은 다음과 같다. 첫째, 가족이 문제의 원인이 아니라는 강한 메시지와 함께 자녀 회복을 위하여 가족과 함께 작업하는 것에 명확한 초점을 둔다. 둘째, 치료 초기 단계에서 자녀의 식사를 다루는 데 있어서 부모가 리더의 역할을 할 수 있도록 한다. 셋째, 환자와 질병을 분리시키기 위하여 섭식장애를 외재화시킨다. 넷째, 치료 후반 단계에 있어서 청소년과 가족생활발달주기 문제에 초점을 둔다(Jewell et al., 2016; Lock & Nicholls, 2020).

또한 신경성 식욕부진증을 위한 가족치료와 신경성 폭식장애를 위한 가족치료는 작업하는 방식에 있어서 매우 많은 부분이 중첩되는 반면에 상당한 차이가 있다. 이러한 차이는 다음과 같은 요인, 즉, 발단 단계, 청소년에게 섭식증상에 의하여 야기된 스트레스 수준, 동반이환, 폭식장애가 있는 가족 내에서 충격 등에 의하여 결정된다. 신경성 식욕부진증과 신경성 폭식증은 동반이환이 모두 높으나, 그들의 패턴은 신경성 폭식증에 있어서 다소 다르며, 일반적으로 신경성 폭식증이 일반적으로 더 다차원적이다(Fischer & Grange, 2007). 이 두 가지에 있어서의 주요 차이점은 신경성 식욕부진증에는 급성의 자살경향성, 혹독한 절식을 거의 이겨 낼 수 없는 동반이환의 문제가 포함된다(Eisler, Le Grange, & Lock, 2016).

치료는 처음부터 청소년에게 부모와 작업하도록 용기를 주면서 더 협력할 수 있도록 하며, 청소년이 폭식과 토하는 것을 삼갈 수 있도록 지지를 받게 하며 대신에 건강한 섭식을 회복하게 한다. 치료의 특별한 초점은 섭식증상과 함께 언급될 필요가 있는 다른 문제에 초점을 둔다. 또한 청소년이 치료의 목적에 동의하는 데 협상될 필요가 있다. 복합가족치료(Multifamily Therapy: MFT)는 거식장애 가족치료와 같은 원리로서, 특히 입원 환자들을 위하여 발전되었다. 이 치료는 런던에 있는 모즐리 병원에서 실시한 오전 10시부터 오후 4시까지 운영하는 4일간 프로그램에서 시작하였다. 이 치료에는 가족치료뿐만 아니라 개인치료기술, 개인과 가족발달생활주기에 대한 지식, 섭식장애 지식, 영양과 단식의 영향, 섭식장애와 관련된 의학적 위험에 관한 지식뿐만 아니라 우울증 혹은 강박장애와 같은 동반이환 문제에 대한 관리를 포함한다(Eisler, Le Grange, & Lock, 2016).

섭식장애인들에게 초점화된 가족치료는 오랫동안 발전해 온 통합적인 치료이며, 섭식장애에 대한 가족치료의 효과성에 대한 증거가 나타나고 있다. 그럼에도 불구하고, 알려진 것보다 알려지지 않은 것들이 압도적으로 많다. 따라서 섭식장애에 대한 가족치료의 효과를 증거 기반 중심의 연구로 계속 입증해 나갈 필요가 있다.

5. 사례

1) 신경성 식욕부진증을 가진 고등학생 자녀에 대한 가족치료 사례*

(1) 사례 개요

이 사례의 가족은 아버지(53세), 어머니(51세), 첫째(24세), 둘째(내담자, 18세)로 구성되었고, 큰딸은 유학 중이어서 상담에 참여를 못하였으며, 부모 모두 전문직종에 종사하였다. 아버지는 8남매 중 다섯 번째이자 장남이었고, 어머니는 4남매 중 장녀였다. 시부모의 부부관계는 매우 안 좋았으며, 시아버지는 무뚝뚝한 성격에 일방적인 의사소통 방식과 고집이 매우 강하였다. 친정부모의 부부관계 또한 갈등관계를 가지고 있었다. 친정아버지는 매우 가부장적이고 남존여비사상을 가지고 있었으며 우회적인 의사소통 방식을 사용하였다. 이러한 친정아버지의 남존여비사상으로 인하여 어머니는 여성으로서 불평등한 대우를 받으면 참지 못하였고, 이러한 면이 부부관계에도 영향을 미치고 있었다. 또한 친정아버지의 우회적인 의사소통 방식이 남편과 자녀들에게도 나타나고 있었다. 한편, 친정어머니는 막내로서 매우 미성숙하였으며 남동생을 편애하였다. 어머니는 장녀로서 친정어머니를 오히려 돌봐야 하는 입장이었고 친정어머니로부터 많은 스트레스를 받았다. 상담은 총 6회기를 하였으며, 1회기는 모녀상담, 2~3회기는 어머니상담, 4회기는 아버지상담, 5회기는 모녀상담, 6회기는 부모상담을 실시하였다.

---

* 이 사례의 가족치료 과정을 알고 싶다면 박태영(2014). 신경성 식욕부진증(anorexia nervosa)을 가진 딸에 대한 가족치료 사례연구. 한국가족치료학회지, 22(2), 131-171을 참고하기 바란다.

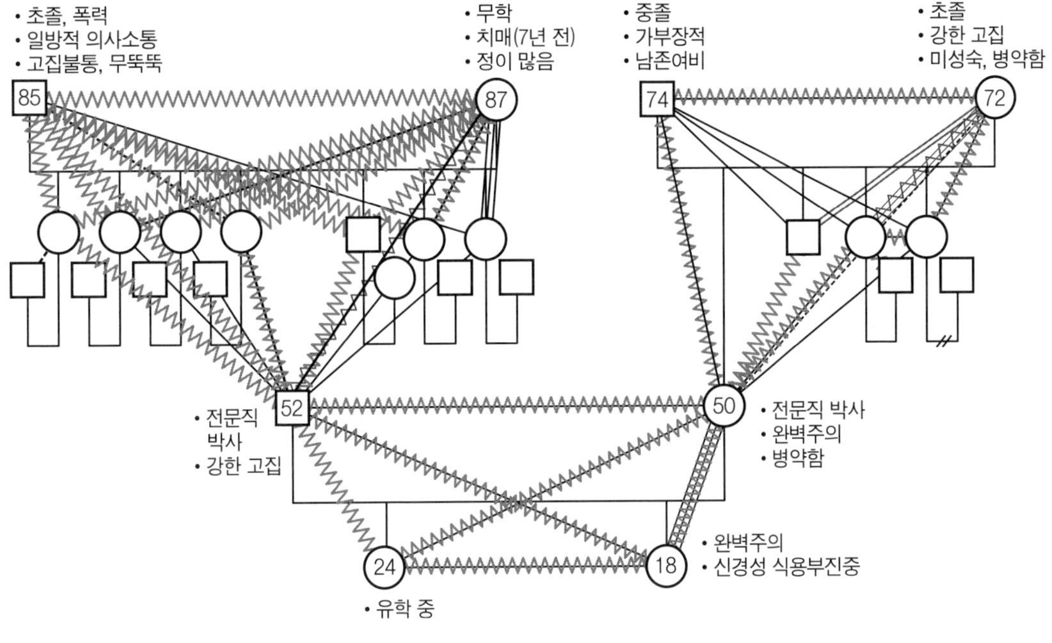

[그림 16-1] 가계도

(2) 신경성 식욕부진증에 영향을 미친 요인

내담자의 신경성 식욕부진증에 영향을 미친 요인으로 내담자의 왜곡된 인지구조, 가족의 역기능적인 의사소통 방식, 부모 원가족의 경험과 전수된 표현 방식, 전이(transference), 내담자의 대처방식과 의사소통 방식이 나타났다.

① 내담자의 왜곡된 인지구조

내담자의 왜곡된 인지구조로 자신이 뚱뚱하다고 느끼고 있었고, 말라야 예쁘다는 잘못된 인식을 가지고 있었다. 이와 같은 결과는 신경성 식욕부진증이 부적절하게 저체중을 유지하고 날씬한 것에 대한 지나친 추구와 몸무게와 체형에 대한 왜곡된 인지와 같은 특징이 있다(Attia & Walsh, 2007; Gardner & Wilkinson, 2011)는 내용을 보여 준다.

② 핵가족구성원 간의 역기능적인 의사소통 방식

■ 부녀간의 역기능적인 의사소통 방식

부녀간의 역기능적인 의사소통 방식으로 아버지의 잔소리, 지나치게 길게 설명하거나 화를 내는 아버지의 의사소통 방식이 나타났다. 이와 같은 아버지의 의사소통 방식으로 인해 내담자는 아버지와 관계 맺기가 힘들었다.

■ **모녀간의 역기능적인 의사소통 방식**

모녀간의 역기능적인 의사소통 방식으로는 어머니가 내담자에게 강요를 하고 차가운 표정으로 화를 내고, 자매간 경쟁을 시켰으며, 내담자의 감정을 풀어 주지 못하였고, 내담자가 빠져나갈 수 없게 하는 표현 방식과 빠져서 말을 안 하고 삐지면서 일방적으로 야단을 치는 의사소통 방식을 사용하였다.

■ **부모 간의 역기능적인 의사소통 방식**

부부(부모) 간의 역기능적인 의사소통 방식으로 남편은 아내에게 빈정되며 아내 탓을 하였고, 부인은 남편을 지적하고 화가 날 때 우회적이며, 맞장구를 칠 줄 몰랐다. 부인은 남편에게 잔소리, 짜증, 농담을 사용하는 반면, 남편은 부인에게 무반응 또는 회피, 비웃음 그리고 냉소적인 의사소통 방식을 사용하였다. 이러한 부모의 의사소통 방식으로 인하여 내담자는 솔직하게 대화할 수 있는 방법을 습득할 수가 없었다. 이와 같은 결과는 부모화 스타일(Attia & Walsh, 2007; Striegel-Moore & Bulik, 2007), 의사소통(Waller, Shade, & Calam, 1990), 역기능적인 가족관계(Lundholm et al., 2000; Wisotsky et al., 2003)가 신경성 식욕부진증에 영향을 미치는 요인이라는 것을 보여 준다. 한편, 이 내용은 부모의 극적으로 표현된 감정과 가족 상호작용 특성이 신경성 식욕부진증을 가진 청소년들에게 중요한 영향을 미치는 요인(Le Grange, Hoste, Lock, & Bryson, 2011)이라는 점을 보여 주고 있다.

■ **불편한 자매관계**

내담자와 언니는 경쟁적인 관계였으며, 내담자는 언니한테 일방적으로 당하였다.

③ 부모 원가족의 경험과 전수된 표현 방식

■ **아버지의 원가족 경험**

아버지는 자신의 아버지의 일방적인 의사소통 방식을 사용하였고, 부모는 사이가 안 좋았으며, 아버지는 부모와 대화가 안 되었다.

■ 어머니의 원가족 경험

어머니 또한 친정어머니의 표현 방식을 사용하였다. 친정어머니는 비난하는 의사소통 방식과 체벌을 사용하였고, 어머니는 친정어머니를 의지할 수 없었다. 한편, 친정어머니는 매우 미성숙하였고, 딸(어머니)을 남동생과 차별하였다. 어머니는 친정부모를 무서워했으며, 친정아버지는 딸(어머니)이 공부하는 것을 못마땅하게 생각하였다.

④ 전이

어머니는 친정부모가 남동생과 차별 대우했던 것(남아선호사상)에 대한 피해의식이 있었는데, 반대로 남편은 시집에서 남아선호사상으로 인하여 대우를 받았다. 또한 어머니는 친정아버지의 우회적인 의사소통 방식을 사용하는 남편에게 전이를 느꼈다.

⑤ 내담자의 대응 방식

내담자의 언니는 중학생 때부터 부모와 많은 갈등을 보였고, 내담자는 병약한 엄마에게 순종하면서 자신의 속마음을 솔직하게 표현할 수 없었다. 또한 내담자는 완벽주의자였고 과도한 역할을 하였다. 내담자는 어머니가 권유하는 표현을 하더라도 명령으로 받아 들였다. 내담자는 어머니의 의도에 대해 지나치게 해석을 하였으며 어머니와 협상을 할 수 없었다. 내담자는 착한 심성을 지녔으며, 부모의 불안정한 부부관계와 언니와 부모의 불편한 관계로 인해 자기주장을 할 수 없었다. 이와 같은 결과는 신경성 식욕부진증 환자가 완벽주의적 습성(Bulik, 2005; Hoek et al., 2005; Lee, Lee, Pathy, & Chan, 2005, 2005; Lilenfeld, 2000)과 높은 순응성 그리고 자신에게 매우 엄격하여 스스로를 통제하고 강박적(Carson, Butcher, & Mineka, 2000)이라는 것을 보여 준다.

(3) 신경성 식욕부진증을 감소시키기 위한 개입 기법

치료사는 내담자의 신경성 식욕부진증의 원인을 설명하기 위하여 내담자에게 부모와 부모-언니 사이의 삼각관계에 연루되었다는 것을 설명하였다. 또한 치료사는 내담자를 이해시키기 위해 자신의 예를 활용하였으며, 부모의 원가족 문제를 설명하였다. 한편, 치료사는 어머니에게 유사 사례를 들어 내담자 증상의 원인을 설명하였다. 치료사는 부부에게 시아버지와 남편의 의사소통 방식의 유사성을 설명하였다. 또한 치료사는 어머니에게 친정어머니와 어머니 그리고 내담자의 의사소통 방식을 설명하였다. 치료사는 어머니에게 남아선호사상에 대한 피해의식과 이로 인한 남편에 대한 과민한 대응 방식과 친정부모와의 삼각관계를 설명하였다. 치료사는 아버지에게도 내담자 증상에 대한 원인을 설명하였고 딸의 신경성 식욕부진증을 이해할 수 있는 유사한 예를 들었다. 치료사는 아버지에게 현재 부인과 충돌하는 저변에 장남을 대우해 주는 원가족문화와 처가의 문화가 유사하다는 점을 인식시켰다. 또한 치료사는 어머니가 친정어머니를 이해할 수 있도록 하기 위하여 어머니의 행동에 대하여 재명명 기법을 사용하였다.

(4) 신경성 식욕부진증 감소에 영향을 미친 요인

내담자 어머니는 상담을 통하여 원가족에서의 경험과 자신의 의사소통 방식을 통찰하게 되었다. 어머니는 원가족과의 경험과 의사소통 방식으로 인하여 남편과 자녀와의 관계가 걸려 있다는 것을 이해하게 되면서 내담자의 신경성 식욕부진증에 대한 관점이 달라지고 인식의 변화와 의사소통 방식의 변화가 나타났다. 어머니는 자신과 남편의 원가족 배경과 의사소통 방식을 이해하게 되면서 남편에 대한 수용도가 높아졌다. 아버지는 자신의 원가족에서 부모관계로 인하여 자신과 부인과의 관계 및 자녀관계를 이해할 수 있었으며, 특히 자신이 사용하고 있는 의사소통 방식을 통찰하게 되었다.

아버지는 내담자의 신경성 식욕부진증에 대한 원인을 파악하게 되면서 내담자의 의견을 경청하게 되었고 내담자와 타협할 수 있는 의사소통 방식을 사용하게 되면서 부녀관계의 변화가 나타났다. 내담자는 어머니의 요구를 거절하고 자기주장을 하게 되었다. 한편, 내담자는 아버지에 대한 인식의 변화와 함께 아버지에게 자신의 의견을 표현하게 되었고 심지어 아버지에게 대들기도 하였다. 이와 같은 과정을 거치면서 내담자는 식사량과 몸무게가 증가하였고, 식성도 다양해졌으며, 자신의 몸에 대한 왜곡된 인지구조에 변화가 일어나면서 신경성 식욕부진증이 사라졌다. 〈표 16-1〉에서 상담회기에 따른 내담자의 표현 방식과 신경성 식욕부진증 발생 및 변화 과정을 보여 준다.

〈표 16-1〉 상담회기에 따른 내담자의 표현 방식과 신경성 식욕부진증 발생 및 변화 과정

회기	내담자의 표현 방식과 변화 과정	신경성 식욕부진증 발생과 변화 과정
1 (모녀상담)	언니로 인한 순종, 엄마의 야단으로 인한 순종, 완벽주의적인 방식, 마지못해 순종하는 방식과 짜증 내는 방식	2007년 여름에 신경성 식욕부진증 발병, 왜곡된 인지구조
2 (어머니상담)	참는 방식과 순종, 어머니의 권유형 표현을 명령으로 받아들임, 거절하지 못했던 방식, 어머니와 통화를 길게 하고 싶어 함, 어머니에게 거절할 수 있음	변화 없음

3 (어머니상담)	내담자의 이중적인 표현 방식	식사량의 증가
4 (아버지상담)	아이스크림을 먹자고 제안	식사량의 증가
5 (모녀상담)	자기주장을 시작함	몸무게 증가, 다양해진 식성, 왜곡된 인지 구조에서의 변화
6 (부모상담)	어머니에게 속에 있는 말을 할 수 있음, 아버지에게 대드는 내담자	신경성 식욕부진증이 사라짐

2) 신경성 폭식증을 가진 성인 여성에 대한 가족치료 사례*

(1) 사례 개요

이 사례는 신경성 폭식증(bulimia nervosa)으로 힘들었던 내담자가 상담을 요청하여 총 11회기 상담이 진행되었다. 상담회기는 내담자(1~3회기), 첫째 언니(4회기), 둘째 언니(5회기), 어머니(6회기, 8회기, 9회기), 어머니와 내담자(7회기), 부모와 내담자(10회기), 아버지와 내담자(11회기)로 구성되었다.

내담자의 가정은 종교 단체의 지인들과 주변 사람들에게 롤 모델로 여겨질 만큼 행복한 가정으로 평가되었다. 아버지는 전문직에 종사하면서 인자한 성품을 지녔고 어머니는 주위 사람들로부터 천사라고 인식될 만큼 종교생활에 헌신적이었다. 자녀들도 공부를 잘 하는 편이어서 남들이 보기에는 부족함이 없는 모범적인 가정으로 여겨졌으나 가정적으로는 아버지의 외도로 부모갈등이 잦았고 어머니는 시집과의 갈등으로 어려움을 겪고 있었다. 이러한 상황들로 인해 어머니는 심각한 스트레스를 받았지만 주변 사람들에게 표현을 하지 못하고 오로지 종교생활에 몰입하면서 스트레스를 해소하였다. 어머니는 시집과의 갈등으로 항상 불안했던 친정어머니와 어린 시절부터 밀착된 관계였다. 이러한 원가족 경험으로 어머니는 내담자와 정서적인 융합관계를 형성했고 내담자를 자신의 분신처럼 여기면서 지나치게 간섭하였다.

(2) 생애주기별 신경성 폭식증의 진행 단계

내담자의 신경성 폭식증은 애착불안 형성 단계, 자아의 억압에 따른 심리적 허기 단계, 스트레스와 심리적 갈등의 증폭 단계, 부정적 감정 해소를 위한 보상적 행위 단계를

* 이 사례의 가족치료 과정을 알고 싶다면 김영애, 문정화, 박태영(2017). 가족치료사례에서 나타난 생애주기별 신경성 폭식증의 진행단계와 가족 요인에 관한 질적연구. **정신보건과 사회사업**, 45(3), 35-63을 참고하기 바란다.

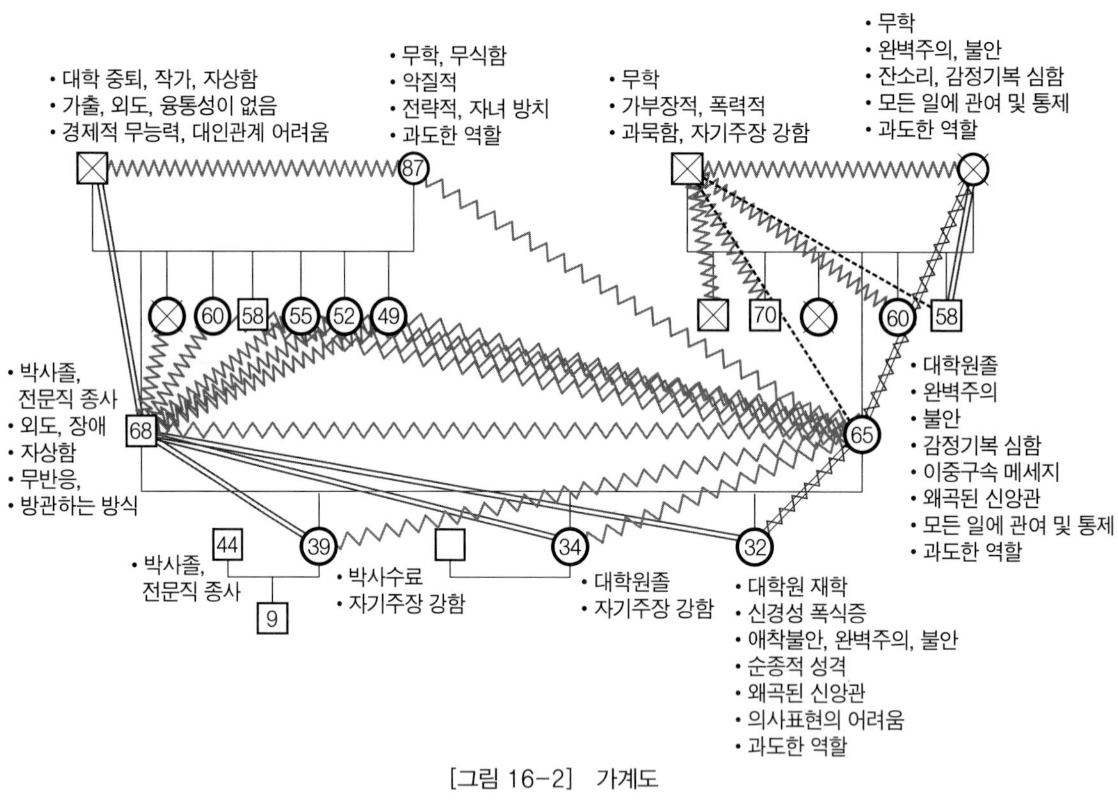

[그림 16-2] 가계도

거쳐 진행한 것으로 나타났다.

① 애착불안 형성 단계: 영유아기

■ 불안정한 애착 관계

어머니는 내담자가 생후 12개월이 될 때까지 모유수유를 하며 양육하다가 아버지가 미국으로 유학을 가게 되자 자녀들은 비자 문제로 어쩔 수 없이 부모와 분리되어 보모에게 양육되었다. 그러나 보모는 유독 내담자를 미워하여 언니들과 차별하였고 정서적으로 학대하였다. 내담자는 3세 때 부모와 재회했지만 부모를 낯선 사람으로 인식해서 부모와의 접촉을 피하였다. 이처럼 내담자는 영아기 때부터 주 양육자와 안정적인 애착관계를 형성하지 못하였다.

■ 분리불안의 표출

내담자는 부모와의 불안정한 애착관계로 인해 어머니와의 분리 상황에서 과도한 불안이 표출되는 증상이 나타났다. 내담자는 어머니의 늦은 귀가로 인하여 어머니를 찾으러

다니다가 길을 잃어버린 적도 많았다. 그리고 내담자는 어머니가 외출할 때마다 어머니와 떨어지기 싫어서 울었다. 내담자는 아버지의 외도로 우울증을 앓게 된 어머니가 무기력하게 누워 있는 모습을 볼 때마다 어머니가 죽을지도 모른다고 생각했고 이러한 어머니의 죽음에 대한 불안은 꿈을 통해 표출되었다.

② 자아의 억압에 따른 심리적 허기 단계: 아동기

■ 자아 상실과 타인지향적 태도 형성

어머니는 자녀들을 엄격하게 통제하였지만 언니들은 어머니의 양육 방식을 맹목적으로 받아들이지 않고 자신들의 의사를 분명하게 표현하였다. 그러나 내담자는 언니들과 달리 시집 식구들로 인해 힘들어하는 어머니에게 순종하면서 자신보다는 어머니를 먼저 배려하였다. 또한 내담자는 대인관계에서도 타인의 과도한 요구를 거절하지 못하고 자신의 주체성을 상실한 채 타인의 욕구를 우선시하는 타인지향적인 삶을 살았고 이러한 삶이 바람직한 신앙인의 삶이라고 여겼다.

■ 정서적 억압과 스트레스

내담자는 어린 시절부터 어머니에게 "너처럼 이렇게 완벽한 가정에서 자라온 애가 없다"라는 말을 듣고 자라면서 완벽한 가정의 자녀답게 행동하기 위해 자신의 감정과 욕구를 억제하였다. 게다가 어머니는 내담자에게 부정적인 감정이나 경험을 내담자에게만 털어놓고 타인에게는 절대로 표출해서는 안 된다고 하였다. 이와 같은 어머니의 통제적인 양육 방식으로 인하여 내담자는 자신의 솔직한 감정을 타인에게 표현할 수가 없었다. 특히 내담자는 완벽한 딸이 되어야만 했기 때문에 어머니에게 부정적인 감정을 절대로 표현할 수가 없었다. 예를 들어, 어머니가 내담자를 야단치는 상황에서 내담자는 감정을 표현하지 못한 채 동물 울음소리를 내기도 했고, 심지어는 성추행을 당한 사실을 가족에게 발설할 수도 없었다.

③ 스트레스와 심리적 갈등의 증폭 단계: 청소년기

■ 비합리적 신념 형성과 내적 갈등

내담자는 어머니의 말이 절대적으로 옳다는 신념이 있어서 어머니의 말을 법처럼 지켜야 된다는 강박관념으로 항상 불안하였다. 심지어 어머니가 늘 강조한대로, 자신은 완벽해야 하므로 부정적인 감정을 용납하지 못해서 불안하거나 외롭고 슬픈 감정이 들면 귀신이 들린 것으로 생각하였다.

■ **누적된 스트레스와 불안**

내담자는 어릴 때부터 교인들로부터 하나님이 내담자의 직업을 정해 놓았다는 말을 들어서 무슨 일이 있어도 하나님의 뜻에 순종해야 된다고 생각해 왔다. 그래서 내담자는 고등학교 3학년 때 특별전형으로 대학교에 합격하자 곧바로 사촌오빠의 권유로 하나님이 지정해 준 직업을 갖기 위해 공부를 시작하였다. 내담자는 공부를 하면서 교재내용을 제대로 이해하지 못해서 스트레스를 받았지만 맹목적으로 공부에만 전념하였다.

한편, 내담자는 청소년기부터 정서적으로 힘들면 자신의 감정을 솔직하게 표현하지 못한 채 폭식행동으로 스트레스를 해소했는데, 이것은 그동안 누적되어 왔던 스트레스와 심리적인 불안이 표출된 결과로 볼 수 있다.

④ 부정적 감정 해소를 위한 보상적 행위 단계: 성인 초기

■ **왜곡된 종교적 신념과 심리적 갈등의 증폭**

내담자는 대인관계에서 갈등이 있거나 억울한 일을 당하면 어릴 때부터 어머니로부터 받아 온 신앙교육으로 인해 속상한 감정을 표현하는 것은 잘못된 것이므로 상대방에 대한 부정적인 감정을 억압하였다. 또한 내담자는 평안한 삶을 추구하는 것은 잘못된 것이고 고달픈 삶이 종교적인 삶이라고 여겼다. 이처럼 왜곡된 종교적인 신념은 내담자의 삶을 규제하고 억압하여 심리적인 갈등을 증폭시키는 결과를 초래하였다.

■ **신경성 폭식증 발병**

내담자는 지방에서 가족과 함께 살다가 대학시절에는 서울에서 혼자 살면서 지역문화의 차이로 또래관계에서 이질적이고 낯선 경험을 하면서 외로운 시간을 보냈다. 내담자는 공부에 대한 압박감으로 심각한 스트레스를 받으면서도 공부에만 몰두했지만, 많은 노력에도 불구하고 취업을 하지 못하자 신경성 폭식증이 발병되었다. 내담자는 하나님의 뜻에 순종하기 위해 10년 동안 신경성 폭식증으로 힘들었지만 자신의 어려움을 가족에게 표현할 수 없었다. 내담자는 몸이 만신창이가 되자 공부를 포기하고 하나님의 뜻을 어긴 자신을 자책하면서 자살을 계획하였다.

(3) 신경성 폭식증에 영향을 미친 가족 요인의 특성

① 만성적 부부갈등과 불안한 분위기

■ 불안정한 가족 분위기

내담자의 가정은 독실한 기독교 집안으로 외관상으로는 남들이 부러워할 만큼 완벽하게 보이는 가정이었다. 그러나 외적으로 보이는 모습과는 달리 아버지의 외도 문제로 어머니가 우울증을 겪으면서 무기력하게 누워만 있었기에 내담자는 어머니를 기쁘게 해드리려고 노력하였다.

■ 부모의 만성적인 부부갈등의 표출

어머니는 아버지에게 비상식적인 시집식구들에 대해 하소연했지만 아버지는 방관만 하였다. 이러한 아버지의 대처 방식으로 인해 어머니는 남편을 무시하고 비난하고 지나치게 통제함으로써 부부갈등이 심각해졌다. 부부관계가 점차 악화되면서 어머니는 아버지에게 이혼을 요구했고 내담자도 만성적인 부모의 갈등으로 인해 부모가 이혼하기를 바랐다. 이렇듯 내담자는 부모의 만성적인 부부갈등으로 불안정한 가정환경에서 부모와 분리되지 못한 삶을 살아왔다.

② 정서적 미분화와 희생양 역할

■ 모녀간 공생관계를 통한 불안 해소

어머니는 모든 가족구성원과 갈등관계였으나 오직 자신을 닮은 내담자와 밀착된 관계를 유지하였다. 내담자도 어머니에게 위로자의 역할을 하면서 어머니의 분신이라고 할 만큼 정서적으로 융합된 관계를 유지해 왔다. 이러한 모녀관계는 어머니와 친정어머니와의 정서적인 융합관계가 전수된 것으로 여겨진다. 한편, 어머니는 아버지와의 갈등상황에서 자신의 불안을 해소하기 위해 내담자와 삼각관계를 형성하였고, 이러한 과정에서 내담자는 어머니와 정서적으로 미분화된 것으로 보인다.

■ 어머니의 왜곡된 종교적 신념

어머니는 모든 것을 신앙적으로 해석했고, 근본적으로 모든 문제는 악한 행위 때문에 발생하므로 하나님께 기도만 하면 문제가 해결된다고 보았다. 따라서 어머니는 내담자의 신경성 폭식증도 완치가 되었다고 믿기만 하면 기적처럼 치료가 된다고 생각하였다. 그래서 어머니는 10년 동안 지속된 위장장애로 겨우 죽만 먹을 수 있는 내담자에게 병이 다 나았다고 믿고 음식을 먹으라고 강요하였다. 이렇듯 어머니의 왜곡된 신앙관은 내담자의 신경성 폭식증에 영향을 미친 것으로 볼 수 있다.

③ 정서적 불안과 불만을 야기하는 어머니의 독단적 의사소통

■ 정서적 혼란을 야기하는 어머니의 불일치적 표현 방식

내담자는 어머니의 변덕스러운 감정과 비일치적인 의사표현 방식으로 인하여 정서적인 어려움을 겪었다.

■ 타인지향성을 부추기는 어머니의 자기중심적 태도

어머니는 가족구성원들에게 일방적으로 자신의 방식을 강요하였다. 이러한 어머니의 지나친 통제와 간섭은 가족구성원들과 갈등을 야기시켰다.

■ 어머니의 공감 부재와 비교하기

어머니는 불만을 표출하는 자녀들의 입장을 전혀 공감하지 못했고, 어머니의 높은 기대치에 자녀들이 부합하기를 원하였다. 또한 어머니는 자녀들을 다른 가정의 자녀들과 비교하면서 자신에게 순응하라고 하였다.

참고문헌

권석만(2013). 현대이상심리학. 학지사.

권호인, 권정혜(2003). 폭식 행동을 보이는 여대생의 인지행동 집단치료 효과. 인지행동치료, 3, 27-42.

김미애, 이지연(2014). 폭식행동에 대한 이중경로 모형의 검증: 내적 자각, 정서적 섭식의 매개효과와 BMI 수준에 따른 다집단 분석. 상담학연구. 15(6), 2165-2189.

김소울, 최혜윤, 오정연, 김태연(2020). 한국형 섭식장애를 말하다. 학지사.

김시연, 백근영, 서영석(2010). 대인 성적 대상화 경험과 외모에 대한 사회문화적 기준의 내면화가 섭식장애 증상에 미치는 영향: 무용 전공 여대생과 일반 여대생 비교. 한국심리학회지: 여성, 15(4), 613-634.

김영애, 문정화, 박태영(2017). 가족치료 사례에서 나타난 생애주기별 신경성 폭식증의 진행단계와 가족 요인에 관한 질적 연구. 정신보건과 사회사업. 45(3), 35-63.

김은영(2018). 상담으로 극복하는 섭식장애. 내하출판사.

김인혜, 이영호(2014). 사회 문화적 영향, 신체불만족, 대처방식 및 이분법적 사고가 폭식행동과 절식행동에 미치는 영향. 한국심리학회지: 임상, 33(2), 315-339.

김율리(2013). 섭식장애의 생물학적 및 정서적 병인기전에 대한 새로운 지견. 생물정신의학, 20, 74-79.

김정내, 임성문(2007). 부모 및 또래애착과 대학생의 섭식장애행동과의 관계: 자의식의 매개효과. 청소년학연구, 14(5), 315-344.

김하영, 박기환(2009). 완벽주의, 충동성, 섭식절제와 폭식행동의 연관성. 한국심리학회지: 건강, 14(1), 73-88.

민성길(2015). 최신정신의학. 일조각.

박태영(2006). 성폭행으로 인하여 우울증과 폭식장애를 경험하고 있는 여대생에 대한 가족치료 사례연구. 임상사회사업연구, 3(3), 69-108.

박태영(2014). 신경성 식욕부진증(anorexia nervosa)을 가진 딸에 대한 가족치료 사례연구. 한국가족치료학회지, 22(2), 131-171.

박태영, 조성희(2005). 근거이론을 활용한 폭식장애 여대생의 경험에 대한 사례분석. 상담학연구 6(1), 93-107.

백수연, 박지영, 김희순, 김태형(2012). 여고생의 섭식태도와 우울, 부모-자녀 상호작용, 가족기능. 정신간호학회지, 21(3), 176-187.

보건복지부(2011). 정신질환실태 역학조사. 보건복지부.

안미경, 최승원(2012). 섭식장애 발생에 영향을 미치는 가족적 요인 분석: 남녀고교생 섭식장애 가족치료 사례연구를 통해. 사회과학연구, 18, 45-76.

이삼연(2004). 신경성 폭식증 치료를 위한 심리치료 접근법. 인문논총, 18, 193-213.

이지영, 권석만(2006). 정서조절과 정신병리의 관계: 연구현황과 과제. 한국심리학회지: 상담 및 심리치료, 18(3), 461-493.

이진숱, 김영근(2022). 섭식장애 환자들의 삶에 관한 내러티브 탐구: 게워내고 토해내는 삶. 교육인류학연구, 25(2), 29-74.

이현지, 하은혜(2014). 여고생의 정서조절곤란이 폭식행동에 미치는 영향에서 우울증상의 매개효과. 청소년상담연구, 22(1), 227-246.

임소영, 오수성(2008). 폭식행동 경향이 있는 미혼 여성의 사회향성과 사회적 불안. 한국심리학회지: 일반, 27(2), 569-587.

임숙희, 김교헌(2009). 날씬함에 대한 사회문화적 압력이 여대생들의 섭식행동에 미치는 영향. 한국심리학회지: 건강, 14(4), 853-869.

장미경(2022). 대학생의 아동기 부모로부터의 학대경험과 이상섭식행동의 관계에서 사회불안의 매개효과. 한국산학기술학회 논문지, 23(8), 182-189.

정지혜, 장혜영(2022). 비만클리닉을 내원한 성인의 이상섭식행동 영향요인. 정신간호학회지, 31(1), 70-79.

조성실, 박기환(2013). 사회지향성과 사회문화적 압력이 폭식행동에 미치는 영향. 한국심리학회지: 사회 및 성격, 27(1), 17-32.

주현정, 고주미, 황순찬, 이명수(2022). 신경성 폭식증 여성의 내적 성찰 과정 연구-거부당한 몸과 마음에 대한 자기위로, 그리고 자기수용. 사회복지 실천과 연구, 19(2), 47-82.

최윤정, 김석선(2017). 여대생의 이상섭식행동에 미치는 영향요인. 정신간호학회지, 26(2), 134-142.

American Psychiatric Association(2013). *Diagnostic and Statistical Manual of Mental Disorders* (5th ed.). Washington. DC: American Psychiatric Publishing.

Arcelus, J., Mitchell, A. J., Wales, J., & Nielsen, S. (2011). Mortality rates in patients with anorexia nervosa and other eating disorders a meta-analysis of 36 studies. *Archives of General Psychiatry, 68*(7), 724-731.

Armstrong, J., & Roth, D. M. (1989). Attachment and separation difficulties in eating disorders: A preliminary investigation. *International Journal of Eating Disorders, 8*(2), 141-155.

Attia, E., & Walsh, B. T. (2007). Anorexia nervosa. *The American Journal of Psychiatry, 164*(12), 1805-1810.

Bailey, C. A. (1991). Family structure and eating disorders: The family environment scale and bulimic-like symptoms. *Youth and Society, 23*(2), 251-272.

Barabasz, M. (2000). Hypnosis in the treatment of eating disorders. In L. M. Hornyak & J. P. Green (Eds.), *Healing from within: The use of hypnosis in women's health care. Dissociation, trauma, memory, and hypnosis book series* (pp.233-253). Washington, DC: American Psychological Association.

Bennett, D., Sharpe, M., Freeman, C., & Carson, A. (2004). Anorexia nervosa among female secondary school students in Ghana. *British Journal of Psychiatry, 185*, 312-317.

Berger, S. S., Elliott. C., Ranzenhofer, L. M., Shomaker, L. B., Hannallah, L., Field, S.E, & Tanofsky-Kraff, M. (2014) Interpersonal problem areas and alexithy mia in adolescent girls with loss of control eating. *Comprehensive Psychiatry*, *55*(1), 170-178.

Bergh, C., Osgood, M., Alters, D., Maletz, L., Leon, M., & Sodersten, P. (2006). How effective is family therapy for the treatment of anorexia nervosa? *European Eating Disorders Review, 14*, 371-376.

Berkman, N. D., Lohr, K. N., & Bulik, C. M. (2007). Outcomes of eating disorders: A systematic review of the literature. *International Journal of Eating Disorders, 40,* 293–309.

Bulik, C. M. (2005). Exploring the gene-environment nexus in eating disorders. *Journal of Psychiatry & Neuroscience, 30,* 335–339.

Bulik, C. M., Sullivan, P. F., & Kendler, K. S. (2002). Medical and psychiatric morbidity in obese women with and without binge eating. *International Journal of Eating Disorders, 32*(1), 72–78.

Burnette, C. B., Luzier, J. L., Weisenmuller, C. M., & Boutté, R. L. (2022). A systematic review of sociodemographic reporting and representation in eating disorder psychotherapy treatment trials in the United States. *International Journal of Eating Disorders, 55*(4), 423–454.

Byrne, S. M., Fursland, A., Allen, K. L., & Watson, H. (2011). The effectiveness of enhanced cognitive behavioural therapy for eating disorders: An open trial. *Behaviour Research and Therapy, 49*(4), 219–226.

Carson, R. C., Butcher, J. N., & Mineka, S. (2000). *Abnormal psychology and modern life* (11th ed.). Neddham Heights, MA: Allyn & Bacon.

Cassell, D. K., & Gleaves, D. H. (2000). *The encyclopedia of obesity and eating disorders*(2nd ed.). New York: Facts On File.

Chen, E. Y., le Grange, D., Doyle, A. C., Zaitsoff, S., Doyle, P., Roehrig, J. P., & Washington, B. (2010). A case series of family-based therapy for weight restoration in young adults with anorexia nervosa. *Journal of Contemporary Psychotherapy, 40*(4), 219–224.

Comer, R. J. (2016). *Fundamentals of abnormal psychology*. New York: Worth.

Cossrow, N., Pawaskar, M., Witt, E. A., Ming, E. E., Victor, T. W., Herman, B. K., …… & Erder, M. H. (2016). Estimating the prevalence of binge eating disorder in a community sample from the United States: comparing DSM-IV-TR and DSM-5 criteria. *The Journal of Clinical Psychiatry, 77*(8), e968–e974.

Couturier, J., Isserlin, L., & Lock, J. (2010). Family-based treatment for adolescents with anorexia nervosa: A dissemination study. *Eating Disorders: The Journal of Treatment & Prevention, 18*(3), 199–209.

Couturier, J., Kimber, M., & Szatmari, P. (2013). Efficacy of family-based treatment for adolescents with eating disorders: A systematic review and meta-analysis. *International Journal of Eating Disorders, 46*(1), 3–11.

Criscuolo, M. Chiara, M & Ilenia, C. (2020). Family functioning, coparenting, and parents' abiilty to manage conflict in adolescent anorexia nervosa subtypes. *Familes, Systems, & Health, 8*(2), 151–161.

Crow, S., & Mitchell, J. E. (2001). Pharmacologic treatments for eating disorders. In J. K. Thompson (Ed.), *Body image, eating disorders, and obesity: An integrative guide for assessment and treatment* (pp. 345–360). Washington, DC: American Psychological Association.

Crow, S. J., Stewart Agras, W., Halmi, K., Mitchell, J. E., & Kraemer, H. C. (2002). Full syndromal versus subthreshold anorexia nervosa, bulimia nervosa, and binge eating disorder: A multicenter study. *International Journal of Eating Disorders, 32*(3), 309–318.

Dallos, R. (2001). ANT–attachment narrative therapy: Narrative and attachment theory approaches in systemic family therapy with eating disorders. *Journal of Family Psychotherapy, 12*(2), 43–72.

Dare, C., & Eisler, I. (1995). *Family therapy and eating disorder: Eating disorder and obesity*. New York: Guilford Press.

Dare, C., Eisler, I., Russell, G., & Szmukler, G. I. (1990). The clinical and theoretical impact of a control trial of family therapy in anorexia nervosa. *Journal of Marital and Family Therapy, 16*, 39–57.

Datta, N., Matheson, B. E., Citron, K., Van Wye, E. M., & Lock, J. D. (2022). Evidence based update on psychosocial treatments for eating disorders in children and adolescents. *Journal of Clinical Child & Adolescent Psychology*, 1–12.

Diebel–Braune, E. (1991). Einige kritische ueberlegungen zum stand der psycho–anaytischen bulimiel diskussion. *Zeitschrift Fuer Psychosomatische Medizin, 37*, 292–304.

Dodge, E., Hodes, M., Eisler, I., & Dare, C. (1995). Family therapy for bulimia nervosa in adolescents: An exploratory study. *Journal of Family Therapy, 17*, 59–77.

Downs, K. J., & Blow, A. J. (2013). A substantive and methodological review of family–based treatment for eating disorders: The last 25 years of research. *Journal of Family Therapy, 35*, 3–28.

Eisler, I. (2005). The empirical and theoretical base of family therapy and multiple family day therapy for adolescent anorexia nervosa. *Journal of Family therapy, 27*(2), 104–131.

Eisler, I., Dare, C., Hodes, M., Russell, G., Dodge, E., & Le Grange, D. (2000). Family therapy for adolescent anorexia nervosa: The results of a controlled comparison of two family interventions. *Journal of child Psychology and Psychiatry, 41*(6), 727–736.

Eisler, I., Le Grange, D., & Lock, J. (2016). Treating adolescents with eating disorders. In T. L. Sexton & J. Lebow (Eds.), *Handbook of family therapy* (pp. 387–406). Routledge.

Eisler, I., Simic, M., Hodsoll, J., Asen, E., Berelowitz, M., Connan, F., Eliss, G., Hugo, P., Schmidt, U., Treasure, J., Yi, I., & Landau, S. (2016). A pragmatic randomised multi–

centre trial of multifamily and single family therapy for adolescent anorexia nervosa. *BMC Psychiatry, 16*(1), 1–14.

Eisler, I., Simic, M., Russell, G., & Dare, C. (2007). A randomized controlled treatment trial of two forms of family therapy in adolescent anorexia nervosa: A five-year follow-up. *Journal of Child Psychology and Psychiatry, 48*, 552–560.

Fairburn, C. G. (2013). *Overcoming binge eating: The proven program to learn why you binge and how you can stop*. New York: Guilford.

Fairburn, C. G., Bailey-Straebler, S., Basden, S., Doll, H. A., Jones, R., Murphy, R., …… & Cooper, Z. (2015). A transdiagnostic comparison of enhanced cognitive behaviour therapy (CBT-E) and interpersonal psychotherapy in the treatment of eating disorders. *Behaviour Research and Therapy, 70,* 64–71.

Fairburn, C. G., Cooper, Z., & Shafran, R. (2003). Gognitive behaviour therapy for eating disorders: A transdiagnostic theory and treatment. *Behaviour Research and Therapy, 41,* 509–528.

Fairburn, C. G. (2008). Cognitive behavior therapy and eating disorders, New York: Guilford.

Felker, K. R., & Stivers, C. (1994). The relationship of gender and family environment to eating disorder risk in adolescents. *Adolescence, 29*, 821–834.

Fischer, S., & Grange, D. L. (2007). Comorbidity and high-risk behaviors in treatment-seeking adolescents with bulimia nervosa. *International Journal of Eating Disorders, 40*(8), 751–753.

Fishman, H. C. (2006). Juvenile anorexia nervosa: Family therapy's natural niche. *Journal of Marital and Family Therapy, 32*(4), 505–514.

Franko, D. L., Keshaviah, A., Eddy, K. T., Krishna, M., Davis, M. C., Keel, P. K., & Herzog, D. B. (2013). A longitudinal investigation of mortality in anorexia nervosa and bulimia nervosa. *American Journal of Psychiatry, 170*(8), 917–925.

Fredrickson, B. L., & Roberts, T. A. (1997). Objectification theory: Toward understanding women's lived experiences and mental health risks. *Psychology of Women Quarterly, 21*(2), 173–206.

Galmiche, M., Déchelotte, P., Lambert, G., & Tavolacci, M. P. (2019). Prevalence of eating disorders over the 2000–2018 period: A systematic literature review. *The American Journal of Clinical Nutrition, 109*(5), 1402–1413.

Gardner, J., & Wilkinson, P. (2011). Is family therapy the most effective treatment for anorexia nervosa? *Psychiatria Danubina, 23*(1), 175–177.

Gelin, Z., Cook-Darzens, S., Simon, Y., & Hendrick, S. (2016). Two models of multiple family therapy in the treatment of adolescent anorexia nervosa: A systematic review. *Eating and Weight Disorders-Studies on Anorexia, Bulimia and Obesity, 21*(1), 19-30.

Giel, K. E., Bulik, C. M., Fernandez-Aranda, F., Hay, P., Keski-Rahkonen, A., Schag, K., …… & Zipfel, S. (2022). Binge eating disorder. *Nature Reviews Disease Primers, 8*(1), 1-19.

Gillett, K. S., Harper, J. M., Larson, J. H., Berrett, M. E., & Hardman, R. K. (2009). Implicit family process rules in eating- disordered and non-eating disordered families. *Journal of Marital and Family Therapy, 35*(2), 159-174.

Godart, N., Berthoz, S., Curt, F., Perdereau, F., Rein, Z., Wallier, J., Horreard, A. (2012). *A randomized controlled trial of adjunctive family therapy and treatment as usual following inpatient treatment for anorexia nervosa adolescents.* PLos One/www.plosone.org. 7(1): e28249. doi: 10.1371/journal.pone.0028249.

Golden, N. H., Katzman, D. K., Kreipe. R. E., Stevens, S. L., S., Sawyer S. M., Rees, J. Nichols, D., & Rome, E. S. (2003). Eating disorders in adolescents: Position paper of the Society for Adolescent Medicine: Medical indications for hospitalization in an adolescent with an eating disorders. *Journal of Adolescent Health, 33*(6), 496-503.

Goode, R. W., Webster, C. K., & Gwira, R. E. (2022). A review of binge-eating disorder in black women: Treatment recommendations and implications for healthcare providers. *Current Psychiatry Reports,* 1-10. doi.org/10.1007/s11920-022-01383-8

Greenleaf, C., Petrie, T. A., Carter, J., & Reel, J. J. (2009). Female collegiate athletes: Prevalence of eating disorders and disordered eating behaviors. *Journal of American College Health, 57*(5), 489-496.

Grissette, N. I., & Norvell, N. K. (1992). Perceived social support, social skills and quality of relationships in bulimic women. *Journal of Consulting and Clinical Psychology, 60*(2), 293-299.

Guertin, C., Barbeau, K., Pelletier, L., & Martinelli, G. (2017). Why do women engage in fat talk? Examining fat talk using Self-Determination Theory as an explanatory framework. *Body Image, 20*, 7-15.

Hamamoto, Y., Suzuki, S., & Sugiura, M. (2022). Two components of body-image disturbance are diferentialy asociated with distinct eating disorder characteristics in healthy young women. *PLoS ONE, 17*(1), 1-16.

Hart, L. M., Granillo, M. T., Jorm, A. F., & Paxton, S. J. (2011). Unmet need for treatment in the eating disorders: a systematic review of eating disorder specific treatment seeking among community cases. *Clinical Psychology Review, 31*(5), 727-735.

Haworth-Hoeppner, S. (2000). The critical shapes of body image: The role of culture and family in the production of eating disorders. *Journal of Marriage and the Family, 62,* 212–227.

Hay, P. (2013). A systematic review of evidence for psychological treatments in eating disorders: 2005–2012. *International Journal of Eating Disorders, 46*(5), 462–469.

Heal, D. J., & Smith, S. L. (2022). Prospects for new drugs to treat binge-eating disorder: Insights from psychopathology and neuropharmacology. *Journal of Psychopharmacology, 36*(6), 680–703.

Health Insurance Review and Assessment Service (2018). 100 Disease statistics in living [internet]. Wonju: Health Insurance Review & Assessment Service; 2018 [cited 2018 March 5]. Available from: https://repository.hira.or.kr/handle/2019.oak/1273.

Herzog, D. B., Greenwood, D. N., Dorer, D., J., Flores, A. T., Ekeblad, E. R., Richards, A., et al. (2000). Mortality in eating disorders: A descriptive study. *International Journal of Eating Disorders, 28,* 20–26.

Hoek, H. W., Van Harten, P. N., Hermans, K. M. E., Katzman, M. A., Matrros, G. E., & Susser, E. S. (2005). The incidence of anorexia nervosa on Curacao. *American Journal of Psychiatry, 162,* 748–752.

Hoek, H. W., & Van Hoeken, D. (2003). Review of the prevalence and incidence of eating disorders. *International Journal of Eating Disorders, 34*(4), 383–396.

Holtom-Viesel, A., & Allan, S. (2014). A systematic review of the literature on family functioning across all eating disorder diagnoses in comparison to control families. *Clinical Psychology Review, 34*(1), 29–43.

Hoque, S. (2011). An exploration into the experience of an eating disorder and journey into treatment for Britsh South-Asian women: What can we learn? Doctoral dissertation, University of Leicester.

Hudson, J. I., Hiripi, E., Pope Jr, H. G., & Kessler, R. C. (2007). The prevalence and correlates of eating disorders in the National Comorbidity Survey Replication. *Biological Psychiatry, 61*(3), 348–358.

Hus, L. K. F. (1990). Eating disorders. New York: Guiford.

Jacob, T., & Tennenbaum, D. L. (1988). Family assessment, rational methods and future directions. New York: Plenum.

Jacobi, C., Hayward, C., de Zwaan, M., Kraemer, H. C., & Agras, W. C. (2004). Coming to terms with risk factors for eating disorders: Application of risk terminology and suggestions for a general taxonomy. *Psychological Bulletin, 130,* 19–65.

Jewell, T., Blessitt, E., Stewart, C., Simic, M., & Eisler, I. (2016). Family therapy for child and adolescent eating disorders: A critical review. *Family Process, 55*(3), 577–594.

Jung, J., & Forbes, G. B. (2006). Multidimensional assessment of body dissatisfaction and disordered eating in Korean and US college women: A comparative study. *Sex Roles, 55*(1), 39–50.

Katzman, M. A., & Wolchik, S. A. (1984). Bulimia and binge eating in college women: A comparison of personality and behavioral characteristics. *Journal of Consulting and Clinical Psychology*, *52*(3), 423–428.

Keel, P. K., & Brown, T. A. (2010). Update on course and outcome in eating disorders. *International Journal of Eating Disorders, 43*(3), 195–204.

Kent, A., & Waller, G. (2000). Childhood emotional abuse and eating psychopathology. *Clinical Psychology Review, 20*(7), 887–903.

Kessler, R. C., Berglund, P. A., Chiu, W. T., Deitz, A. C., Hudson, J. I., Shahly, V., …… & Xavier, M. (2013). The prevalence and correlates of binge eating disorder in the World Health Organization World Mental Health Surveys. *Biological Psychiatry, 73*(9), 904–914.

Kholmogorova, A. (2018). Standards of physical beauty and mental health in children and young people in the era of the information revolution. *International Journal of Culture and Mental Health 1*(1), 87–98.

Kog, E., & Vandereycken, W. (1989). Family interaction in eating disorder patients and normal controls. *International Journal of Eating Disorders, 8*(1), 11–23.

Kotler, L. A., Cohen, P., Davies, M., Pine, D. S., & Walsh, B. T. (2001). Longitudinal relationships between childhood, adolescent, and adult eating disorders. *Journal of the American Academy of Child and Adolesent Psychiartry*, *40*(12), 1434–1440.

Kraemer, H. C. (2012). Moderators and mediators of remission in family-based treatment and adolescent focused therapy for anorexia nervosa. *Behaviour Research and Therapy, 50,* 85–92.

Krch, F. D. (1997). Eating disorders: Development of the syndrome: Implications for practical application. *Ceska a Slovenska Psychiatric, 93,* 386–396.

Kroenke, K., Spitzer, R. L., & Williams, J. B. (2001). The PHQ-9: validity of a brief depression severity measure. *Journal of General Internal Medicine, 16*(9), 606–613.

Lai, K. Y. C. (2000). Anorexia nervosa in Chinese adolescents: Does culture make a difference? *Journal of Adolescence, 23*, 561–568.

Laliberte, M., Boland, F. J., & Leichner, P. (1999). Family climates: Family factors specific to disordered eating and bulimia nervosa. *Journal of Clinical Psychology*, *55*(9), 1021–1040.

Larson, B. J. (1991). Relationship of family communication pattern to eating disorder inventory scores in adolescent girl. *Journal of American Diet Association, 91*, 1065–1040.

Le Grange, D., Crosby, R., Rathouz, P., & Leventhal, B. (2007). A randomized controlled comparison of family-based treatment and supportive psychotherapy for adolescent bulimia nervosa. *Archives of General Psychiatry, 64,* 1049–1056.

Le Grange, D., Hoste, R. R., Lock, J., & Bryson, S. W. (2011). Parental expressed emotion of adolescents with anorexia nervosa: Outcome in family based treatment. *International Journal of Eating Disorders, 44*(8), 731–734.

Le Grange, D., & Lock, J. (2005). The dearth of psychological treatment studies for anorexia nervosa. *International Journal of Eating Disorders, 37*, 79–81.

Le Grange, D., & Lock, J. (2007). *Treating bulimia in adolescence.* New York: Guilford Press.

Le Grange, D., & Lock, J., Agras, W. S., Moye, A., Bryson, S. W., Jo, B., & Kraemer, H. C. (2012). Moderators and mediators of remission in family-based treatment and adolescent focused therapy for anorexia nervosa. *Behaviour Research and Therapy, 50*(2), 85–92.

Le Grange, D., Lock, J., & Dymek, M. (2003). Family-based therapy for adolescent with bulimia nervosa. *American Journal of Psychotherapy, 67*, 237–251.

Le Grange, D., & Schwartz, S. (2003). Family therapy for identical twins with anorexia nervosa. *Eating and Weight Disorders, 8*(1), 84–87.

Lee, H. Y., Lee, E. L., Pathy, P., & Chan, Y. H. (2005). Anorexia nervosa in Singapore: An eight-year retrospective study. *Singapore Medical Journal, 46,* 275–281.

Leon, G. R., Fulkerson, J. A., Perry, C. L., Keel, P. K., & Klump, K. L. (1999). Three to four year prospective evaluation of personality and behavioral risk factors for later disordered eating in adolescent girls and boys. *Journal of Youth and Adolescence, 28*(2), 181–196.

Levenkron. S. (2001). Anatomy of anorexia. New York: Guilford Press.

Levinson, C. A., & Brosof, L. C. (2016). Cultural and ethnic diferences in eating disorders and disordered eating behaviors. *Curent Psychiatry Reviews 12*(2), 163–174.

Liechty, J. M., & Lee, M. J. (2013). Longitudinal predictors of dieting and disordered eating among young adults in the US. *International Journal of Eating Disorders, 46*(8), 790–800.

Lilenfeld, L. R., Stein, D., Bulik, C. M., Strober, M., Plotnicov, K., Police, C., et al. (2000). Personality traits among current eating disordered, recovered and never ill first-degree female relatives of bulimic and control women. *Psychological Medicine, 30,* 1399–1410.

Lilenfeld, L. R., Wonderlich, R. S., Riso, L. P., Crosby, R., & Mitchell, J. (2006). Eating disorders and personality: A methodological and empirical review. *Clinical Psychology Review, 26*(3), 299–320.

Linardon, J., Wade, T. D., de la Piedad Garcia, X., & Brennan, L. (2017). The efficacy of cognitive-behavioral therapy for eating disorders: A systematic review and meta analysis. *Journal of Consulting and Clinical Psychology, 85*(11), 1080.

Lock, J. (2015). An update on evidence-based psychosocial treatments for eating disorders in children and adolescents. *Journal of Clinical Child & Adolescent Psychology, 44*(5), 707-721.

Lock, J. (2011). Evaluation of family treatment models for eating disorders. *Current Opinion in Psychiatry, 24*(4), 274-279.

Lock, J., Agras, W. S., Bryson, S., & Kraemer, H. (2005). A comparison of short-and long-term family therapy for adolescent anorexia nervosa. *Journal of the American Academy of Child and Adolescent Psychiatry, 44,* 632-639.

Lock, J., Couturier, J., & Agras, W. S. (2006a). Comparison of long term outcomes in adolescents with anorexia nervosa treated with family therapy. *American Journal of Child and Adolescent Psychiatry, 45,* 666-672.

Lock, J., & Fitzpatrick, K. K. (2009). Advances in psychotherapy for children and adolescents with eating disorders. *Advances in Psychotherapy for Children and Adolescents with Eating Disorders, 63*(4), 287-303.

Lock, J., Grief, R., & Le Grange, D. (2012). Transdiagnostic theory and application of family-based treatment for youth with eating disorders. *Cognitive and Behavioral Practice, 19,* 17-30.

Lock, J., & Le Grange, D. (2019). Family-based treatment: Where are we and where should we be going to improve recovery in child and adolescent eating disorders. *International Journal of Eating Disorders, 52*(4), 481-487.

Lock, J., Le Grange, D., Agras, W. S., & Dare, C. (2001). *Treatment manual for anorexia nervosa: A family-based approach*. Guilford.

Lock, J., Le Grange, D., Forsberg, S., & Hewell, K. (2006b). Is family therapy useful for treating children with anorexia nervosa? Results of a case series. Journal of the *American Academy of Child and Adolescent Psychiatry, 45,* 1323-1328.

Lock, J., & Nicholls, D. (2020). Toward a greater understanding of the ways family-based treatment addresses the full range of psychopathology of adolescent anorexia nervosa. *Frontiers in Psychiatry, 10,* 968.

Lundholm, L. R., Stein, D., Bulik, C. M., Strober, M., Plotnicov, K., …… & Police, C. (2000). Personality traits among current eating disordered, recovered and never ill first-degree female relatives of bulimic and control women. *Psychological Medicine, 30,* 1399-1410.

Mares, S. H., Burger, J., Lemmens, L. H., van Elburg, A. A., & Vroling, M. S. (2022).

Evaluation of the cognitive behavioural theory of eating disorders: A network analysis investigation. *Eating Behaviors, 44*, 101590.

Massing, A., Reich, G., & Sperling, E. (1994). *Die mebrgenerationen familient therapie* (3.Aufl). Goettingen: Vandenhoeck and Ruprecht.

Mcintosh, V. W., Jordan, J., Carter, F. A., Luty, S. E. McKenzie, J. M., Bulik, C. M. et al. (2005). Three psychotherapies for anorexia nervosa: A randomized controlled trial. *American Journal of Psychiatry, 162,* 741-747.

Mitchell, J. E. (2016). Medical comorbidity and medical complications associated with binge-eating disorder. *International Journal of Eating Disorders, 49*(3), 319-323.

Minuchin, S., Baker, L., Rosman, B. L., Liebman, R., Milman, L., & Todd, T. C. (1975). A conceptual model of psychosomatic illness in children: Family organization and family therapy. *Archives of general psychiatry, 32*(8), 1031-1038.

Minuchin, S., Rosman, B. L., & Baker, L. (1978). *Psychosomatic families: Anorexia nervosa in context*. Harvard University Press.

Mitchison, D., Morin, A., Mond, J., Slewa-Younan, S., & Hay, P. (2015). The bidirectional relationship between quality of life and eating disorder symptoms: A 9-year community-based study of Australian women. *PLOS One, 10*(3), e0120591.

National Institute for Health and Care Excellence (Great Britain). (2017). Eating disorders: Recognition and treatment. National Institute for Health and Care Excellence (NICE).

Narduzzi, K. J., & Jackson, T. (2000). Personality differences between eating-disordered women and a nonclinical comparison sample: A discriminant classification analysis. *Journal of Clinical Psychology, 56*, 699-710.

Nash, M. R., Baker, E. L. (1993). Hypnosis in the treatment of anorexia nervosa. In J. W. Rhud, S. J. Lynn, & I. Kirsch (Eds.), *Handbook of clinical hypnosis* (pp. 383-394). Washington, DC: American Psychological Association.

Ogden, J., & Steward, J. (2000). The role of the mother-daughter relationship in explaining weight concern. *Journal of Eating Disorders*, *28*(1), 78-83.

Oakley Browne, M. A., Elisabeth Wells, J., Mcgee, M. A., & New Zealand Mental Health Survey Research Team. (2006). Twelve-month and lifetime health service use in te Rau Hinengaro: the New Zealand mental health survey. *Australian & New Zealand Journal of Psychiatry, 40*(10), 855-864.

Paulson-Karisson, G., Engstram, I., & Nevonen, L. (2009). A pilot study of family-based treatment for adolescent anorexia nervosa: 18-and 36-month follow-ups. *Eating Disorders, 17*(1), 72-88.

Pehlivan, M. J., Miskovic-Wheatley, J., Le, A., Maloney, D., Touyz, S., Maguire, S., & Research Consortium. (2022). Models of care for eating disorders: Findings from a rapid review. *Journal of Eating Disorders, 10*(1), 1–14.

Pereira, T., Lock, J., & Oggins, J. (2006). Role of therapeutic alliance in family therapy for adolescent anorexia nervosa. *International Journal of Eating Disorders, 39,* 677–684.

Pike, K., M., Loeb, K., & Vitousek, K. (2001). Cognitive-behavioral therapy for anorexia nervosa and bulimia nervosa. In J. K. Thompson (Ed.), *Body image, eating disorders, and obesity: An integrative guide for assessment and treatment* (pp. 253–302). Washington, DC: American Psychological Association.

Pike, K. M., Walsh, B. T., Vitousek, K., Wilson, G. T., & Bauer, J. (2004). Cognitive-behavioral therapy in the posthospitalization treatment of anorexia nervorsa. *American Journal of Psychiatry*, 160, 2046–2049.

Pizzulli, C. G. (2003). *The relationship between eating disorders and separation-individuation problems among high school females*. University of New York doctoral dissertation. New York.

Polivy, J., & Herman, C. P. (1985). Dieting and binging: A causal analysis. *American psychologist, 40*(2), 193.

Polivy, J., & Herman, C. P. (2002). Causes of eating disorders. *Annual Review of Psychology, 53,* 187–213.

Pomeroy, C. (2001). *Anorexia nervosa, bulimia nervosa, and binge eating disorder: An integrative guide for assessment and treatment* (pp.177–203). Washington, DC: American Psychological Association.

Pyle, R. L., Mitchell, J. E., & Eckert, E. D. (1981). Bulimia: A report of 34 cases. *The Journal of Clinical Psychiatry, 42*, 60–64.

Raffi, A. R., Rondini, M., Grandi, S., & Fava, G. A. (2000). Life events and prodromal symptoms in bulimia nervosa. *Psychological Medicine, 30*(3), 727–731.

Reeves, P. C., & Johnson, M. E. (1992). Relationship between family-of-origin functioning and self-perceived correlates of eating disorders among female college students. *Journal of College Student Development, 33,* 44–49.

Reich, G. (2001). *Psychodynamische aspeckte der bulimie und anorexie*. In G. Reich, & M. Cierpka (Hrsg.), Psychotherapie der essstorungen (pp. 51–67). Stuttgart: Thieme.

Rhodes, P., Brown, J., & Madden, S. (2009). The maudsley model of family-based treatment for anorexia nervosa: A qualitative evaluation of parent-to-parent consultation. *Journal of Marital and Family Therapy*, *35*(2), 181–192.

Robin, A. L., (2003). *Behavioral family systems therapy for adolescents with anorexia nervosa*. In A. E. Kazkin, & J. R., Weisz (Eds.), *Evidence-based psychotherapies for children and ddolescents* (pp. 358–373). New York: Guilford.

Robin, A., Siegal, P., Moye, A., Gilroy, M., Dennis, A., & Sikand, A. (1999). A controlled comparison of family versus individual therapy for adolescents with anorexia nervosa. *Journal of the American Academy of Child and Adolescent Psychiatry, 38*(12), 1482–1489.

Rome, E., & Ammerman, S. (2003). Medical complications of eating disorders: An update. *Journal of Adolescent Psychiatry, 38*(12), 1482– 1489.

Russell, G. F., Szmukler, M. G., & Dare, C. (1987). An evaluation of family therapy in anorexia nervosa and bulimia nervosa. *Archives of General Psychiatry, 44*(12), 1047–1056.

Schmidt, U., Lee, S., Beecham, J., Perkins, S., Treasure, J. L., Yi, I., et al. (2007). A randomized controlled trial of family therapy and cognitive behavior therapy guided self-care for adolescents with bulimia nervosa and related disorders. *American Journal of Psychiatry, 164*(4), 591–598.

Schmidt, U., & Treasure, J. (2006). Anorexia nervosa: Valued and visible. A cognitive-interpersonal maintenance model and its implications for research and practice. *British Journal of Clinical Psychology, 45,* 1–25.

Schwartz, R. C., Barrett, M. J., & Saba, G. (1985). *Family therapy for bulimia*. In D. M., Garner, & P. E., Garfinkel (Eds.), Handbook for anorexia nervosa and bulimia (pp. 280–307). New York: Guilford.

Selvini-Palazzoli, M., & Viaro, M. (1988). The anorectic process in the family: A six-stage model as a guide for individual therapy. *Family process, 27*(2), 129–148.

Sherry, S. B., Hewit, P. Beser, L & Flet, L. (2004). Self-oriented and socialy prescribed perfectionism in the eating disorder inventory perfectionism subscale. *International Journal of Eating Disorders 35*(1), 69–79.

Silverstein, B, L., Perdue, B., Peterson, & Kelly E. (1986). The role of the mass media in promoting a thin standard of bodily attractiveness for women. *Sex Roles, 14*(9/10), 519–532.

Smink, F., Daphne, H. & Hans, H. (2012). Epidemiology of eating disorders: Incidence, prevalence and mortality rates. *Curent Psychiatry Reports, 14*(4), 406–414.

Smink, F. R. E., van Hoeken, D., & Hoek, H. W. (2012). Epidemiology, course, and outcome of eating disorders. *Current Opinion in Psychiatry, 26*(6), 543–548.

Smith, A., & Cook-Cottone, C. (2011). A review of family therapy as an effective intervention for anorexia nervosa in adolescents. *Journal of Clinical Psychology in Medical Settings, 18*(4), 323–334.

Speranza, M., Loas, G., Wallier, J., & Corcos, M. (2007). Predictive value of alexithymia in patients with eating disorders: A 3-year pro spective study. *Journal of Psychosomatic Research. 63*(4), 365-371.

Striegel-Moore, R. H., & Bulik, C. M. (2007). Risk factors for eating disorders. *American psychologist, 62*(3), 181.

Striegel-Moore, R. H., Leslie, D., Petrill, S. A., Garvin, V., & Rosenheck, R. A. (2000). One -year use and cost of inpatient and outpatient services among female and male patients with an eating disorder: Evidence from a national database of health insurance claims. *International Journal of Eating Disorders, 27*(4), 381-389.

Strober, M., Freeman, R., Lampert, C., Diamond, J., & Kaye, W. (2000). Controlled family study of anorexia nervosa and bulimia nervosa: evidence of shared liability and transmission of partial syndromes. *American Journal of Psychiatry, 157*(3), 393-401.

Sullivan, P. F. (1995). Mortality in anorexia nervosa. *American Journal of Psychiatry, 152*(7), 1073-1074.

Swanson, S. A., Crow, S. J., Le Grange, D., Swendsen, J., & Merikangas, K. R. (2011). Prevalence and correlates of eating disorders in adolescents: Results from the national comorbidity survey replication adolescent supplement. *Archives of General Psychiatry, 68*(7), 714-723.

Tasca, G. A. (2019). Attachment and eating disorders: A research update. *Current Opinion in Psychology, 25*, 59-64.

Tchanturia, K., Whitney, J., & Treasure, J. L. (2006). Can cognitive exercises help treat anorexia nervosa? *Eat Weight Disorder, 11,* 112-117.

Telch, C. F., & Agras, W. S. (1996). Do emotional states influence binge eating in the obese?. *International Journal of Eating Disorders, 20*(3), 271-279.

Terache, J., Wollast, R., Simon, Y., Marot, M., Van der Linden, N., Franzen, A., & Klein, O. (2022). Promising effect of multi-family therapy on BMI, eating disorders and perceived family functioning in adolescent anorexia nervosa: an uncontrolled longitudinal study. *Eating Disorders*, 1-21. doi.org/10.1080/10640266.2022.2069315

Thomas, J. J., Wons, O., & Eddy, K. (2018). Cognitive-behavioral treatment of avoidant/restrictive food intake disorder. *Current Opinion in Psychiatry, 31*(6), 425-430.

Thompson, J. K. (2001). *Body image, eating disorders, and obesity: An integrative guide for assessment and treatment.* Washington, DC: American Psychological Association.

Thompson, D. A., Berg, K. M., & Shatford, L. A. (1987). The heterogeneity of bulimic symptomatology: Cognitive and behavioral dimensions, *International Journal of Eating*

Disorders, 6(2), 215–234.

Thornton, L. M., Mazzeo, S. E., & Bulik, C. M. (2011). *The heritability of eating disorders: methods and current findings*. In R. A. H. Adan & W. H. Kaye (Eds.), *Behavioral neurobiology of eating disorders* (pp. 141–156).

Treasure, J., Claudino, A. M., & Zucker, N. (2010). Eating disorders. *The Lancet, 375*, 583–593.

Treasure, J., Sepulveda, A. R., MacDonald, P., Whitaker, W., Lopez, C., Zabala, M., Kyriacou, O., & Todd, G. (2008). The assessment of the family of people with eating disorders. *European Eating Disorders Review, 16*, 247–255.

Treasure, J., Ulrike, S., & Eric, V. F. (2003). *Handbook of eating disorders* (2nd ed.), New Jersey: John Wiley and Sons.

Treasure, J., Whitaker, W., Todd, G., & Whitney, J. (2012). A description of multiple family workshops for carers of people with anorexia nervosa. *European Eating Disorders Review, 20*(1), e17–e22.

Ty, M., & Francis, A. (2013). Insecure attachment and disordered eating in women: The mediating process of social comparison and emotion dysregulation. *Eating Disorders, 21*, 154–174.

Tylka, T. L., & Subich, L. M. (2004). Examining a multidimensional model of eating disorder symptomatology among college women. *Journal of Counseling Psychology, 51*(3), 314–328.

Udo, T., & Grilo, C. M. (2018). Prevalence and correlates of DSM-5-defined eating disorders in a nationally representative sample of US adults. *Biological Psychiatry, 84*(5), 345–354.

Van Son, G. E., Van, Hoeken, D., Bartelds, A. I. M., Van Furth, E. F., & Hoek, H. W. (2006). Time trends in the incidence of eating disorders: A primary care study in the Netherlands. *International Journal of Eating Disorders, 39*(7), 565–569.

Verma, A., & Avgoulas, M. (2015). Eating disorders: Perceptions of young women and social media portayal. *International Journal of Health, Welnes & Society, 5*(4), 97–105.

Wagener, A. M., & Much, K. (2010). Eating disorders as coping mechanism. *Journal of College Student Psychotherapy, 24*, 203–212.

Waller, G., Slade, P., & Calam, R. (1990). Family adaptability and cohesion: Relation to eating attitudes and disorders. *International Journal of Eating Disorders, 9*, 225–228.

Wardle, J., Haase, A. M., & Steptoe, A. (2006). Body image and weight control in young adults: international comparisons in university students from 22 countries. *International Journal of Obesity, 30*(4), 644–651.

Watson, H. J., Jangmo, A., Smith, T., Thornton, L. M., von Hausswolff-Juhlin, Y., Madhoo, M., …… & Bulik, C. M. (2018). A register-based case-control study of health care utilization and costs in binge-eating disorder. *Journal of Psychosomatic Research, 108,* 47-53.

Webster, J. J., & Palmer, R. L. (2000). The childhood and family background of women with clinical eating disorders: A comparison with women with major depression and women without psychiatric disorder. *Psychological Medicine, 30*(1), 53-60.

Westmoreland, P., Krantz, M. J., & Mehler, P. S. (2016). Medical complications of anorexia nervosa and bulimia. *The American Journal of Medicine, 129*(1), 30-37.

Wiederman, M., & Pryor, T. (2000). Body dissatisfaction, bulimia, and depression among woman: The mediating role of drive for thinness. *International Journal of Eating Disorders, 27,* 90-95.

Wilson, G. T., Becker, C. B., & Heffeman, K. (2003). *Eadting disorders.* In E. J. Mash, , & R. A. Barkley, (2003). *Child psychopathology* (pp. 687-715). New York: Guilford.

Wisotsky, W., Dancyger, I., Fornari, V., Katz, J., Wisotsky, W. I., & Swencionis, C. (2003). The relationship between eating pathology and perceived family functioning in eating disorder patients in a day treatment program. *Eating Disorders, 11,* 89-99.

Wolff, G. E., Crosby, R. D., Roberts, J. A., & Wittrocks, D. A. (2000). Differences in daily stress, mood, coping, and eating behavior in binge eating and nonbinge eating college women. *Addictive Behavior, 25*(2), 205-216.

Wonderlich, S., Crosby, R., Mitchell, J., Thompson, K., Redlin, J., Demuth, G., & Smyth, J. (2001). Pathways mediating sexual abuse and eating disturbance in children. *International Journal of Eating Disorders, 29*(3), 270-279.

Wonderlich, S. A., Gordon, K. H., Mitchell, J. E., Crosby, R. D., & Engel, S. G. (2009). The validity and clinical utility of binge eating disorder. *International Journal of Eating Disorders, 42*(8), 687-705.

제 17 장
틱장애

1. 서론

아동기는 정서적으로 급격한 성장을 하는 시기로 부모와 원만한 관계를 맺지 못하면 다양한 문제행동이 표출되는데, 이러한 문제행동 중 하나가 틱이다. 틱이란 목적 없이 갑작스럽게 반복적이고 비율동적인 동작이나 음성을 지칭한다(American Psychiatric Association, 2013). DSM-5(American Psychiatric Association, 2013)에 의하면, 틱장애는 뚜렛장애, 만성운동 또는 음성 틱장애, 일과성 틱장애, 달리 분류되지 않는 틱장애가 있으며, 이는 발병 시기와 증상의 지속기간, 음성적인 틱 증상의 유무나 침범근육의 범위가 넓어짐에 따라 차츰 만성 운동 틱장애, 혹은 뚜렛장애로 그 진단명이 바뀔 수 있다. 또한 틱은 스트레스에 의해 악화되기도 하고 차분하게 활동하는 동안이나 수면 중에 현저히 감소되기도 한다(American Psychiatric Association, 2013).

틱장애는 경계가 모호하여 잘 구분되지 않지만 단순형 또는 복합형으로 구분된다. 흔한 단순 운동틱은 눈 깜빡거리기, 목을 경련하듯이 갑자기 움직이기, 어깨 움츠리기, 얼굴 찡그리기, 헛기침하기, 꿀꿀거리기, 킁킁거리기, 콧바람 불기, 짖기를 포함한다. 흔한 복합 운동틱은 얼굴 표정 짓기, 손짓하는 행동, 뛰어오르기, 만지기, 발 구르기, 대상의 냄새 맡기를 포함한다. 흔한 복합 음성틱은 관계없는 단어나 구절을 반복하기, 외설증(사회적으로 용납되지 않는, 흔히 외설적인 단어 사용하기), 동어 반복증(자기 자신만의 소리나 단어를 반복하기), 반향언어증(마지막에 들은 소리, 단어 또는 구절을 반복하기)을 포함한다. 다른 복합 틱은 반향운동증(어떤 사람의 움직임을 모방하기)을 포함한다(American Psychiatric Association, 2013). 틱은 처음에 얼굴 주위부터 시작하여 나중에는 팔로 확장되고(Leckman, King, & Bloch, 2014), 종종 정신과적 동반질병 중 특히 ADHD, 파괴적 행동 문제, 강박장애, 불안장애와 함께 나타난다(Anderson, 2022; Hirschtritt et al., 2015). 틱장애는 직장, 학교 그리고 가족관계와 사회관계를 포함한 모든 삶의 영역에서 손상을 야기한다(Conelea et al., 2011; Edwards et al., 2017).

대부분의 연구에 따르면, 틱장애의 발생은 유전, 신경전달물질 불균형, 신경발달 결함, 비정상적 뇌구조 또는 기능, 감염면역력, 정신적 · 심리적 환경과 관련 있다(이근매, 2002; 이주리, 1995; Kong, Zhang, & Ma, 2022). 그렇지만 현재까지 틱장애에 대한 완벽한 치료는 존재하지 않으며, 임상적 치료 방법은 주로 약물에 초점을 두고 있다. 비록 약물로 임상적인 증상들이 일시적으로 통제는 된다고 할지라도 많은 부작용이 있고 약물을 복용하지 않으면 재발되기가 쉽다(Kong, Zhang, & Ma, 2022).

틱장애의 유병률은 인구 만 명당 420명이며, 전체 아동의 10~20%가 일시적으로 경험하는 흔한 질병이다(조수철, 2005). 또 다른 연구에 의하면, 아동기의 뚜렛장애의 유병률은 약 0.5%로 추정되며, 대부분의 환자에게 있어서 틱 증상은 비록 매우 낮은 강도를 가지고 있다할지라도 성인기까지 지속되기도 한다(Black, Kim, Yang, & Greene, 2021; Pappert et al., 2003). 틱장애 유병률은 전체 인구의 약 1%이며(Robertson, Eapen, & Cavanna, 2009), 틱장애는 연령으로 볼 때 주로 4세에서 10세 사이의 아동에게 시작되고, 10대 때에는 새로운 틱장애의 발생 빈도가 줄어든다. 성인기에 새로운 틱 증상이 나타나는 것은 극히 드물며, 이러한 경우는 대개 약물에 노출된 것과 관련이 있다(American Psychiatric Association, 2013). 비록 10대와 성인에게 틱이 시작되는 경우는 드물지만 청소년이나 성인에게서 틱이 시작되는 경우도 있는데, 이를 면밀히 평가하면 아동기 때부터 경미한 증상이 지속되어 왔음을 알 수 있다. 틱이 늦은 아동기에 절정을 이루고 청소년기에 감소한다(Ricketts et al., 2022)고 하지만, 뚜렛장애를 가진 어떤 사람들은 틱이 성인기에도 지속되거나 악화된다(Byler et al., 2015; Groth et al., 2017; Lowe, Capriotti, & McBurnett, 2019; Thériault et al., 2018).

틱장애는 주로 남성에게서 많이 나타나며(Hirschtritt et al., 2015), 특히 아동의 유병률에 있어서는 남아가 여아보다 2~4배 정도 더 높다(Kong, Zhang, & Ma, 2022). 미국에서 시행한 국가적 연구에 따르면, 임상적으로 확인된 사례에서 유병률은 1,000명당 3명으로 측정되었다(American Psychiatric Association, 2013). 틱장애를 가진 성인 환자 중 일부는 삶의 질이 손상되며(Black, Kim, Yang, & Greene, 2021; Evans, Seri, & Cavanna, 2016), 게다가 틱 증상으로 인해 많은 비용이 발생한다(Dodel et al., 2010). 출생순위 별로는 맏이가 많은 경향을 보이는데, 이는 부모의 기대나 부부 간의 갈등 등 환경적인 스트레스가 맏이에게 더 많은 것과 연관이 있다(김자성, 홍강의, 1993).

그런데 틱장애 증상이 복합적으로 나타나면 자녀가 일상생활을 하고 사회에 적응할 때 장애 요소가 될 수 있다. 또한 틱장애 아동은 일반 아동에 비해 자신의 가족 분위기를 불안한 것으로 지각하고 가정환경 속에서 부모는 자신을 통제하고 억압하는 이미지로 느끼며, 가족환경에 대한 불만감으로 인해 내재된 불안과 긴장감이 높다(김영희, 2004). 그리고 틱장애 증상이 있는 아동의 가정환경은 일반 아동의 가정환경보다 아동의 욕구를 만족시켜 주는 정서적 분위기 자극이 부족한 것으로 나타났다(이영나, 2005).

또한 틱장애는 유전적 · 기질적 요인보다 심리적 · 환경적 요인에 의해 발생되는 경우가 많은 것으로 나타났다(이근매, 2002). 가족 내에서 다양한 상호작용을 하며 성장하는 자녀에게 가장 많은 영향을 미치는 부모의 갈등은 자녀에게 극심한 불안감을 발생시키고 이에 따라 틱장애를 유발시킨다(조희정, 공마리아, 2005). 뿐만 아니라 자녀가 부모 갈등의 정도를 높게 지각할수록 스트레스와 문제행동이 높게 나타났다(장영애, 이영자, 2011). 아동들에게 나타나는 여러 가지 문제행동 중 틱장애는 부모의 양육 태도와 높은 상관관계가 있는 것으로 나타났다(이주리, 1995). 김자성과 홍강의(1993)는 틱을 유발하는 원인으로 아동과 어머니와의 관계가 중요 변인이라고 하였고, 이근후와 김임(1973)은 아동이 어머니에 대해 분노와 적개심을 가지고 있으나 죄책감으로 인해 감정이 억압되어 내적 갈등이 심화되면서 틱이 유발된다고 하였다. 이주리(1995)는 틱장애를 가진 아동의 어머니는 양육태도가 대체로 과잉보호적이며 매우 통제적이어서 아동에게 긴장감을 유발시키고 축적된 내적 갈등의 심리적 문제가 신체적으로 틱이라는 증상을 유발시킨다고 하였다.

틱장애가 가족 분위기 혹은 가족 내 상호작용의 영향으로 인해 유발된 것이라고 보는 연구도 많다. 김영희(2004)는 동적 가족화 분석을 통해 틱장애 아동이 가지고 있는 가족지각의 특성을 연구한 결과, 틱장애 아동들은 가족의 분위기를 긴장되고 불안한 것으로 지각하고 있었으며 부모에 대한 이미지 역시 따뜻하고 친밀하다기보다는 과잉통제한다고 느낀다고 하였다. 또는 부부간 갈등으로 인해 아동의 정서적 · 행동적 긴장감이 높아지고 이에 대한 생각이나 감정을 표현하는 데 어려움을 느끼게 되어 틱장애가 유발될 수도 있다(공마리아, 1995). 그리고 부부가 갈등관계를 유지하면서 불안정해지고 이러한 부모의 불안이 자녀에게 전수되어 틱장애가 유발될 수도 있다(박태영, 2002).

여러 가족치료 사례연구에서도 부부갈등이 아동 발달에 부정적인 영향을 미치고, 아동의 외현화 · 내현화 등 다양한 문제행동(박태영, 문정화, 2010a; 박태영, 문정화, 2010b: 박태영, 유진희, 2012a; 박태영, 유진희, 2012b)뿐만 아니라 틱장애에 영향을 미치는 것으로 나타났다(박태영, 2002; 박태영, 박진영, 2010; 박태영, 유진희, 2013). 아동은 가족환경을 주도하는 부모의 영향을 받으며 정서적 · 사회적으로 성장하기 때문에 가족환경 체계는 아동의 문제행동뿐만 아니라 틱장애에 영향을 미치는 중요한 변인임을 알 수 있다.

그럼에도 불구하고 지금까지 자녀의 틱장애 증상을 가족환경 내에서 원가족 경험과 역기능적인 상호작용으로 인해 나타나는 증상으로 보고 개입하는 연구는 많지 않다. 특히 복합 틱장애 증상은 조기개입과 치료가 중요한데, 일반적으로 의학적인 진단과 진료를 통해 약물로 치료해야 효과적이라고 본다(심민 외, 2007). 그러나 약물치료로 인한 우울, 불안 및 신경학적 행동 등 부작용의 위험성(송정림 외, 2011)과 약물을 복용하면서도 증상을 반복적으로 나타내는 경우가 대부분이다(이은혜, 2009). 따라서 틱장애의 치료는 약물치료, 행동치료, 정신치료, 가족치료 등 다각적 접근이 사용되고 있다(오은영, 이명수, 이정은, 2000).

2. 틱장애 발달과 경과

틱은 전형적으로 4~6세 사이에 시작되며, 증상은 10~12세 사이에서 가장 심하고, 청소년기에 약해진다. 틱장애를 가진 성인 중 다수가 증상의 경감을 경험하며 성인기에도 증상이 지속적으로 심해지거나 악화되는 확률은 낮다(American Psychiatric Association, 2013). 틱 증상은 모든 연령군과 전 생애에 걸쳐 비슷하게 발현된다. 틱은 악화와 완화를 반복하며, 영향을 받는 근육군이나 음성이 시간에 따라 변화하기도 한다. 아동이 성장함에 따라 틱이 나타나기 전에 전조 충동(틱이 발생하기 전의 체성 감각)을 느끼며, 틱이 나타난 후에는 긴장이 완화되는 것을 느낀다. 다양한 동반이환 질환의 위험성이 연령에 따라 달라진다. 예를 들어, 틱장애가 있는 사춘기 이전의 아동들은 ADHD, 강박장애, 분리불안장애를 경험할 가능성이 10대와 성인보다 높고, 10대와 성인의 경우에는 새롭게 발병하는 주요우울장애, 물질사용장애 또는 양극성장애를 겪을 가능성이 높다(American Psychiatric Association, 2013).

대부분의 전문가는 비록 평생유병률이 거의 75%에 가까울지라도 모든 어린이 중 최소한 20%가 어느 순간에 틱이 나타날 수 있다는 데 동의한다(Black, Kim, Yang, & Greene, 2016). 틱이 1년 미만 동안 지속될 때 일시적인 틱장애로 진단될 수 있지만, 첫 번째 틱 이후에 최소한 1년 이상 지속되는 틱은 일반적으로 만성적 동작 혹은 음성틱장애 혹은 뚜렛 증상으로 진단되며(American Psychiatric Association, 2013), 이와 같은 모든 진단은 틱이 18세 이전에 시작됨을 전제로 한다(Black, Kim, Yang, & Greene, 2021).

틱장애는 현재 단지 틱 하나의 증상으로만 정의되고 진단되지만, 대부분의 틱장애 환자는 다른 증상을 가지고 있다. 예를 들어, 전구 증상의 특징 혹은 나중에 틱을 일으킬 수 있는 뇌기능장애의 초기 증거와 같은 증상들이 틱이 발생하기 전에 먼저 나타난다(Black, Kim, Yang, & Greene, 2021). 히르쉬트리트 등(Hirschtritt et al., 2015)은 뚜렛증상을 가진 많은 환자가 다양한 정신질환을 가지고 있다고 하였다. 틱장애가 발생하기 전에 ADHD, 파괴적 행동장애, 배설장애, 불안장애, 강박장애 등이 발생하였으며, 500명이 넘는 성인을 대상으로 한 연구에서 ADHD가 뚜렛장애보다 평균 6.3년 앞서서 발생하였다(Spencer et al., 2001).

일반적으로 틱은 5세부터 9세 정도에서 나타나는데, 한 유행병 연구는 궁극적으로 지속적인 동작틱장애로 진단받을 사람들 혹은 틱 발병 후 첫 1년 내에 사라질 사람들과 비교하여 뚜렛 증상으로 진단받을 아동들이 틱 발병 나이가 더 어리다고 하였으나(Khalifa, & von Knorring, 2005), 뚜렛증후 전문병원의 환자 기록에서는 이와 같은 관련성이 없는 것으로 나타났다(Sambrani, Jakubovski, & Müller-Vahl, 2016). 또 다른 연구에 따르면, 최근에 발병한 틱장애가 일반적으로 수개월 내에 사라진다는 이전의 견해는 잘못되었고, 개인들에 따라 증상 진행이 다르며(Bloch & Leckman, 2009; Groth et al., 2017), 일반적으로 틱은 성인기까지 지속된다고 하였다(Black, Kim, Yang, & Greene, 2021). 한 임상연구 응답자의 97%가 시간에 따라 틱의 강도에 있어서 상당한 변동이 있었다고 응답하였고(Shapiro, Shapiro, Young, & Feinberg, 1988), 다른 연구들에서도 이와 같은 연구 결과를 확인하였다(Black, Kim, Schlaggar, & Greene, 2020; Snider et al., 2002). 한편, 브룬과 버드만(Bruun & Budman, 1997)은 틱장애의 일반적인 과정은 성인의 삶을 통하여 때때로 가벼운 틱의 재발이 발생한다고 하였다. 또한 비록 오랫동안(수년에서 수십 년) 틱이 발병하지 않은 환자들조차 재발을 경험할 수 있으며, 1년 이상 틱 증상이 나타나지 않았던 틱장애 환자들이 성인이 되면서 틱이 재발되어 다시 치료를 받았다(Schaefer, Chow, Louis, & Robakis, 2017). 평균적으로 '틱의 잠재기'(틱의 부재 혹은 상당한 감소)는 16년인데 많은 틱장애 환자가 틱 증상이 재발하였고, 어떤 환자들은 아동기 때의 틱 증상이 60세 이후에 재발하기도 하였다(Klawans & Barr, 1985; Sandyk & Awerbuch, 1989).

DSM-5(American Psychiatric Association, 2013)에 의하면 틱장애는 18세 이전에 시작한다고 하지만, 때때로 어떤 성인들은 최근에 틱장애가 발생하였고, 이와 같은 환자 중 많은 사람은 이전의 틱을 기억하지 못할 수도 있다. 그렇지만 철저한 질문을 통하여 일시적으로 발생하였던 어린 시절의 틱이 발견된다(Chouinard & Ford, 2000). 때때로 틱장애가 21세 이후에 발생하거나(Hebebrand et al., 1997), 인생 후반기에 발생하기도 한다(Tijssen, Brown, Morris, & Lees, 1999). 이와 같은 틱장애는 틱을 발생시키는 신경질환 혹은 체계적 질환을 조사해야만 한다(Mejia & Jankovic, 2005). 어린 시절에 틱이 없었던 성인 환자들은 이차적인 원인(예: 감염, 트라우마, 코카인 남용)을 가질 가능성이 많다(Chouinard, & Ford, 2000). 드물게 성인기에 틱장애가 시작될 수 있다는 사실이 2017년에 실시한 의학적 문헌에 대한 체계적인 문헌고찰을 통하여 확인되었다(Robakis, 2017).

3. 틱장애의 요인

틱장애에 대한 원인으로 유전적 · 생물학적 · 심리사회적 · 환경적 요인들이 있으나 아직까지 뚜렷한 발병 요인은 확인되지 않았으며, 이와 같은 요인이 함께 작용하는 것으로 나타났다.

1) 유전적 요인

쌍둥이 연구에 따르면, 이란성 쌍둥이에 비해 일란성 쌍둥이에서 틱장애의 일치율이 훨씬 높았으며, 뚜렛장애 환자의 가족 내에서 뚜렛장애나 만성운동 틱장애, 강박장애가 많았다. 가족 내에서 발병할 경우 남성은 틱장애, 여성은 강박장애로 나타나는 경우가 많아서 두 장애가 유전자에 의해 발병될 가능성을 보여 주었다(이정균, 김용식, 2008). 일부 가계에서는 상염색체 우성 양식이 유전되는 것으로 알려졌으며, 자폐장애나 주의력결핍 과잉행동장애처럼 성별 역치효과(gender threshold effects)가 있어서 발병은 남아에게서 더 많으나 여성 뚜렛장애 환자의 가족에서 유전성이 더 높다(이정균, 김용식, 2008). 유전적 요인은 틱 증상의 표현과 강도에 영향을 주며, 뚜렛장애의 중요한 위험대립 유전자와 틱장애 가족 내의 드문 유전자 변이가 발견되었다(American Psychiatric Association, 2013).

2) 생물학적 요인

뚜렛장애의 과반수에서 각종 연성 신경학적 증후들이 나타나며, 일부 환자에게 뇌파검사상 이상 소견이 보고된다. 각종 신경심리학적 검사상에도 수행능력의 저하가 관찰되며, 주산기 합병증이나 저체중 출산, 임신 중 스트레스도 일반 인구에 비해 많이 보고된다(이정균, 김용식, 2008). 한편, 뚜렛장애는 기저핵(basal ganglia)의 기능부전과 관련이 있다. 기저핵이란 운동기능 조절 역할을 하는 뇌 부위로, 기저핵 및 이와 관련된 시상과 피질 영역이 뚜렛장애의 병소로 보인다. 이 경로에서의 도파민 신경전달계의 기능 이상으로 인해 뚜렛장애가 발병하는 것으로 추정된다. 또한 도파민 길항제인 항정신병약물들이 틱 증상을 억제하며, 정신자극제는 이를 악화시킨다는 점에서 도파민계의 과잉활성이 뚜렛장애와 관련될 수도 있다(이정균, 김용식, 2008).

3) 심리사회적 요인

틱장애가 스트레스나 불안에 의해 악화된다는 점을 볼 때, 정신역동적으로 억제하기 힘든 적개심, 공격적 충동 등이 내적 긴장을 증진시키며, 이에 대한 반동 형성으로 강박적인 행동인 틱이 나타난다. 한국의 경우 공부를 강요하거나 기타 부모로부터 오는 압박감, 긴장, 불안, 자존심 손상, 분노, 적개심 등이 증상 발현의 배경이 될 수 있다. 이러한 정신역동적 요인은 뚜렛장애보다 일과성 틱장애에서 더 뚜렷이 나타난다(이정균, 김용식, 2008). 또한 틱장애는 미숙한 사회기술, 낮은 자존감, 기분불안장애 그리고 학교에서의 낮은 성취를 포함한 사회적 · 정서적 문제, 학교 성적 문제와 관련이 있다(Robertson et al., 2017; Singer, 2005; Walkup et al., 1999). 가족기능과 어린 시절의 틱 강도가 성인기의 틱장애와 관련이 있는 것으로 나타났으며(Ricketts et al., 2022), 아동기의 학교성적이 안 좋을수록 틱 강도가 더 높은 것으로 나타났다(Lowe, Capriotti, & McBurnett, 2019).

4) 환경적 요인

틱장애 환자들은 다른 사람의 행동이나 소리를 관찰하고 이와 비슷하게 행동하거나 소리를 낼 수 있는데, 이로 인하여 다른 사람들로부터 의도적으로 따라 한다는 오해를 살 수도 있다. 특히 권위적인 인물(예: 교사, 감독관, 경찰)을 대할 때 복잡한 문제가 발생될 수 있다(American Psychiatric Association, 2013).

4. 틱장애치료

일반적으로 틱장애는 약물치료가 치료의 주류가 되어왔지만, 아동들에게 상당한 부작용을 낳았고 모든 환자에게 효과가 있지 않는 것으로 나타났다(Bachmann, Roessner,

Glaeske, & Hoffmann, 2015; Badenoch & Cavanna, 2020; Du et al., 2010; Quezada & Coffman, 2018). 최근에 침술, 한약, 심리치료 개입을 포함하는 복합적인 치료가 제안되었는데(Liu, Cui et al., 2020; Liu, Li, & Cui, 2020), 그중 약물치료를 사용하지 않는 심리치료는 주로 인지, 행동, 가족개입을 포함하고 있으며, 심리치료가 정서를 완화시켜 틱 증상을 감소시킬 수 있다(Zhang et al., 2017). 한편, 약물을 포함한 심리치료도 틱장애치료에 효과적이고 틱장애를 가진 아동의 증상을 향상시킬 수 있다고 하였으나 이에 대한 증거는 제한적이며 부작용에 대한 관찰이 필요하다(Kong, Zhang, & Ma, 2022).

1980년대 이전 한국 틱장애에 대한 연구들은 정신과 의사를 중심으로 진행되어 왔으며(장순아, 2000; 정유숙, 2001) 약물치료에 관한 연구가 주류를 이루었다(이근매, 2002). 1980년이 지나면서 약물치료에 의존적이었던 틱장애의 치료 영역이 확대되기 시작하였다. 예를 들면, 이혜련과 민성길(1989)은 틱장애와 가족력과 관련된 연구를 하였다. 이주리(1995)는 틱장애 아동의 부모 양육태도에 관한 연구를 통해서 부모의 부정적 양육태도가 틱장애 발생에 영향을 주었다는 점을 밝혔다. 따라서 이주리는 틱장애 아동을 치료하기 위해서는 부모상담을 통해 아동에 대한 바람직한 양육태도를 형성하게 하는 것이 중요하다는 것과 동시에 아동의 심리적 갈등을 해소시켜 주고 감정을 자유롭게 표현할 수 있도록 도와주어야 한다고 강조하였다. 또한 이근매(2002)는 틱장애 아동에게 미술치료를 실시하여 틱행동의 감소와 다양한 문제행동의 소거가 있었다고 하였다. 커밍스 등(Cummings, Zahn-Waxler, & Radlke-Yarrow, 1981)은 아동이 부모나 주 양육자의 부정적 감정이나 가정 내 긴장되고 불안한 분위기에 매우 민감하게 반응하기 쉽기 때문에 가족 안에서 이루어지는 상호작용이 불안정할 때 자신의 의도와는 상관없이 틱 증상을 보이는 경우가 종종 발생한다고 하였다.

이와 같은 연구들은 틱장애에 가족력 혹은 부모의 양육 태도가 많은 영향력을 가지고 있다는 것과 이로 인해 발생된 아동의 내적 스트레스를 해소시키기 위해 억압된 감정을 다루는 심리치료가 중요하다는 것을 보여 준다. 그렇지만 틱장애를 부부갈등에 따른 불안으로 인해 나타나는 증상으로 보고 아동의 틱장애를 치료하기 위하여 부부를 중심으로 상담하는 가족치료의 효과성에 관한 연구는 그리 많지 않다. 다음에는 틱장애치료를 위한 행동 개입과 가족치료를 살펴보겠다.

1) 틱장애치료를 위한 종합적 행동 개입

틱을 통제할 수 있는 접근법 중에서 습관전환훈련(Habit Reversal Training: HRT) 혹은 종합적 행동 개입(Comprehensive Behavioural Intervention for Tics: CBIT)이 틱장애를 가진 아동과 성인의 치료에 심리교육과 지지적 치료보다 더 효과적이고 안전하다는 것을 보여 주었다(Piacentini et al., 2010; Wilhelm et al., 2012). 이 치료에는 습관전환훈련, 이완훈련과 기능에 근거한 개입이 포함된다. 틱장애치료를 위한 종합적 행동 개입은 뚜렛증후군(Tourette Sympton)을 다루는 임상심리사에게 제공되는 접근 방법으로서, 틱 충동 주기를 막고 대립되는 반응을 사용하여 예감에 대한 습관을 향상시키는 틱 습관전환훈련(Habit Reversal Training: HRT)(Eapen et al., 2022; Himle, Woods, Piacentini, & Walkup, 2006; Specht et al., 2013; Woods et al., 2008)이 제일선의 틱치료를 위한 접근법으로 간주된다(Haas et al., 2022). 이 틱 습관전환훈련은 전보상반응(frontal compensatory responses)이 틱의 강도를 줄이는 데 있어서 전환훈련의 기저기제와 연결될 수 있다고 본다(Eapen & Črnčec, 2009). 종합적 행동 개입은 심리교육, 습관전환훈련, 기능적 분석 그리고 이완훈련을 포함한 8회기(필요에 따라서는 더 많은 선택적인 회기가 포함된다)로 구성된 10주 동안 진행되는 매뉴얼화된 행동치료이다(Woods et al., 2008). 이 접근법은 행동치료가 틱 습관을 전환시켜 신경가소성(neuroplasticity)을 변화시킬 수 있다고 보는데, 틱치료를 위한 종합적 행동 개입은 실제로 틱장애를 가진 젊은 사람들에게 틱 강도를 효과적으로 감소시킨 것으로 나타났다(Eapen et al., 2022). 그렇지만 훈련받은 심리치료사들이 상당히 부족하기 때문에 대부분의 국가에서 틱장애 환자들에게 이 개입을 제공할 수 없는 상황이다(Bhikram, Elmaghraby, Abi-Jaoude, & Sandor, 2021; Haas et al., 2022; Müller-Vahl et al., 2022). 최근에 이와 같은 한계점을 극복하기 위하여 섭식장애를 가진 성인들을 위한 인터넷 프로그램이 개발되었는데(Woods et al., 2008), 치료사로부터 독립적인 이 인터넷 프로그램에 대한 개입이 틱 환자들의 치료와 비용면에서 효과가 있다고 나타났다(Haas et al., 2022). 또한 블랙 등(Black, Kim, Yang, & Greene, 2021)은 최근에 발병한 심각한 틱장애 환자들에게도 행동치료 개입이 틱을 없애거나 개선할 수 있다고 하였다.

2) 가족치료

틱장애치료를 위한 가족치료이론은 국내외에서 아직까지 찾을 수 없다. 하지만 틱장애 내담자에 대한 가족치료연구는 몇 편 존재하며, 국내에서 출판된 저자의 논문 3편을 중심으로 틱장애 아동에 대한 가족치료 사례연구를 살펴보겠다.

틱장애에 대한 가족치료 사례연구(박태영, 2002)에서 치료사는 배의 근육, 어깨와 구강 근육, 마지막에는 입과 눈까지 실룩거리는 아들(내담자, 6세)에 대한 가족치료를 실시하였다. 내담자는 갈비뼈가 보일 정도로 배 근육이 올라갔다 내려갔다 하여 내과와 소화아동병원에 내원하여 내장에는 이상이 없고 틱 증상 같다는 이야기를 듣고, 모 아동신경정신과에 의뢰되었다. 아동신경정신과 의사는 내담자에게 틱장애, 부모-자녀관계 문제, 심리 · 신체적 장애, ADHD의 증상이 있다고 진단하였고, 내담자의 어머니에게는 신체화를 가진 우울증, 가족력이 있는 성격장애가 있다고 진단을 내렸다. 결론적으로 정신과 의사는 내담자에게 부모-자녀관계와 부부갈등에 따른 불안장애가 있다고 진단하여 가족치료와 심리치료가 필요하다고 하여 치료사인 저자에게 의뢰하였다.

내담자의 틱 증상에 대한 구체적인 내용을 살펴보면, 내담자는 밤에 자기 전에 손가락을 많이 빨고, 몸이 가만히 있지 못하며 안절부절못하였다. 부모가 싸움을 할 때 내담자의 틱 증상이 더욱 심각해졌고, 그전에는 내담자의 건강이 괜찮았지만 부모관계가 안 좋아지면서 내담자가 많이 아프기 시작하였다. 부인은 임신한 상태에서 남편으로부터 구타를 당하였고, 남편의 구타로 인하여 부인은 태아와 공생관계를 느끼기 시작하였다. 부모의 역기능적인 의사소통 방식으로 인하여 내담자는 불안을 느끼게 되었고 이러한 불안이 틱장애로 나타났다고 볼 수 있다.

치료사는 내담자의 틱장애를 치료하기 위하여 MRI의 상호작용적 가족치료 모델과 구조적 가족치료 모델을 적용하여 총 9회기의 개인상담과 부부상담을 실시하였다. 치료사는 치료 목표를, 첫째, 내담자와 아버지와의 관계를 증진시키고, 둘째, 내담자와 어머니와의 밀착된 관계를 분리시키면서, 셋째, 궁극적으로 부부간의 의사소통을 향상시키는 데 두었다. 이와 같은 치료 목표를 달성하기 위하여 치료사는 부부가 문제를 해결하려고 시도했던 의사소통 방식을 찾고, 새로운 의사소통 방식을 시도하였다. 또한 치료사는 내담자와 어머니의 밀착된 관계를 분리하기 위하여 내담자와 아버지와의 관계 개선을 시도하였다. 치료사는 부부간 그리고 부모와 자녀 간 의사소통 방식의 변화, 부부하위체계와 부모-자녀하위체계를 강화시키고 명확한 경계선을 두는 데 초점을 두었다. 결과적으로 부모가 내담자의 틱장애에 대한 문제점을 인식하고 실제적인 의사소통 방식과 행동이 변화하면서 내담자는 부모와의 삼각관계에서 벗어나났고, 부모와의 관계에서 자유롭게 되었다. 이후 내담자는 친구와의 관계에 관심을 가지게 되었고 이러한 과정에서 내담자의 틱장애가 자연스럽게 사라졌다.

복합 틱장애 증상이 있는 딸(내담자, 9세)에 대한 가족치료 사례연구(박태영, 유진희, 2013)에서 치료사는 내담자의 복합 틱장애를 부부와 시집 문제, 고부간의 갈등의 문제로 보았다. 이 연구에 참여한 가족은 부모, 내담자, 여동생으로 구성된 4명의 핵가족과 할머니를 포함하여 총 5명으로, 상담은 총 24회기가 진행되었다. 이 사례연구에서 원가족과 미분화된 남편으로 인해 아내는 스트레스를 받았고, 역기능적인 의사소통 방식, 가치관의 상충, 성생활의 불만족, 대화단절로 부부는 잦은 싸움을 하였으며, 이로 인한 부부갈등은 자녀의 복합 틱 증상에 영향을 미치는 것으로 파악되었다. 치료사는 복합 틱장애 증상이 있는 자녀의 문제를 해결하기 위해 보웬의 가족체계이론과 MRI의 상호작용적 의사소통이론을 중심으로 치료 목표를 설정하고 원가족 경험 탐색, 다세대 전수 과정 조명, 역기능적으로 시도된 해결책 설명, 상담자의 자기개방, 유사 사례 들기, 내담자 아버지의 저항 다루기, 새로운 의사소통 방식 제안 등의 개입 기법을 사용하였다. 내담자 부모는 자녀의 문제해결을 위해 원가족과 분리를 하고 새로운 의사소통 방식을 사용함으로써 가족구성원 간의 관계를 개선하기 위하여 노력하였다. 이와 같은 치료 과정을 통하여 가족관계가 개선됨으로써 자녀의 복합 틱장애 증상은 점차 호전되었다.

박태영과 박진영(2010)의 틱장애 아동의 가족치료 다중 사례연구에서 치료사는 3명의 틱장애를 가진 아동들의 가족에게 MRI 이론과 보웬의 가족체계이론 및 미누친(Minuchin)의 구조적 가족치료이론을 적용하였다. 이 사례연구에서 아동의 틱장애에 영향을 미친 요인으로 가족 간 잦은 다툼으로 인한 불안감, 가족들의 역기능적 의사소통 방식, 부부의 원가족 경험이 나타났다. 틱장애 증상 완화에 기여한 치료사의 개입 방법으로는 치료적 동맹 관계 형성, 내담자의 통찰 돕기, 가족의 재구조화 시도를 사용하였다. 가족치료 후 가족의 변화된 모습으로는 의사소통 방식의 변화, 원가족과의 분화, 자녀 양육 방식의 변화, 자녀의 문제행동(틱장애) 소거가 나타났다. 이 연구에서는 앞에서 언급한 세 가지 가족치료이론의 적용을 통한 부부관계 개선으로 인하여 자녀의 틱 행동이 소거되었음을 보여 주었다.

5. 사례

1) 복합 틱장애 증상이 있는 딸에 대한 가족치료 사례*

(1) 사례 개요

이 사례는 가만히 앉아서 공부를 하다가 책상을 심하게 치고, 눈을 깜박거리고, 몸을

* 이 사례의 가족치료 과정을 알고 싶다면 박태영, 유진희(2013). 복합 틱장애 증상이 있는 딸을 둔 부부에 대한 가족치료 사례연구. 한국가정관리학회지, 31(5), 47-63을 참고하기 바란다.

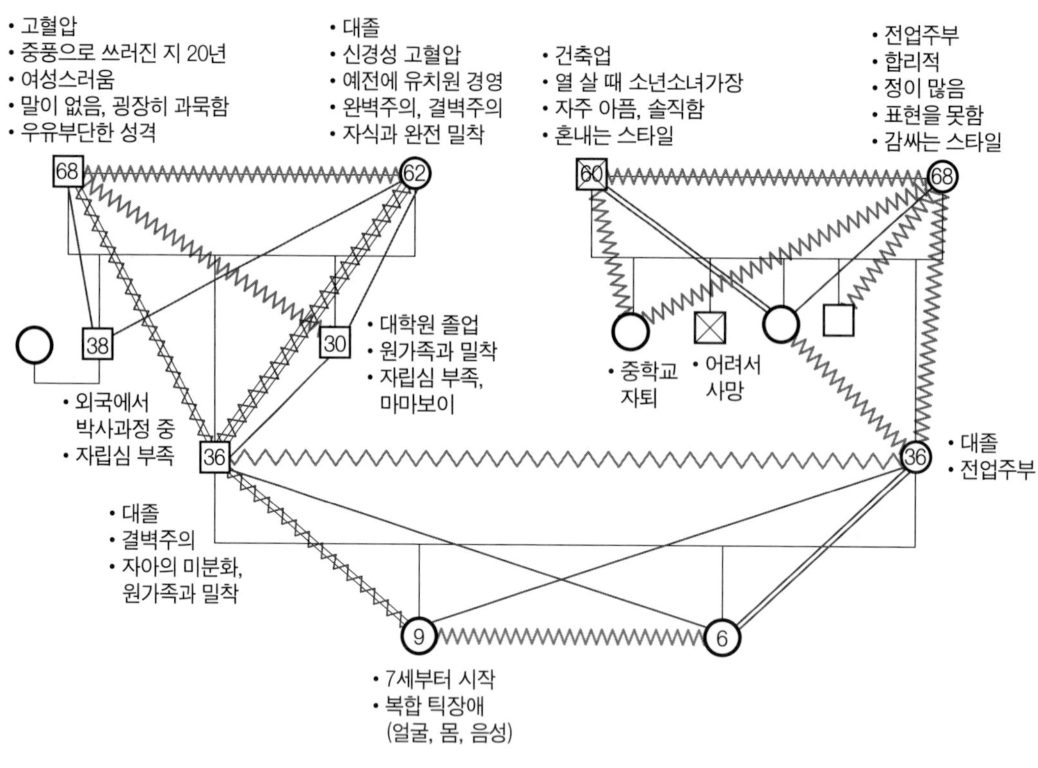

[그림 17-1] 가계도

꼬고, 소리를 지르는 등 7세 때부터 복합 틱장애 증상을 보이는 딸(9세)의 문제로 어머니(36세)가 상담을 의뢰한 사례이다. 내담자는 초등학교 1, 2학년 때 선생님으로부터 지적을 많이 당해 스트레스를 받았으며, 이러한 상황을 가족들에게 말해도 아무도 공감해 주지 않았다. 아버지는 거의 매일 늦은 귀가로 자녀와 대화할 시간이 없었고, 아버지와 삼촌(동생)은 밀착되어 있었다. 아버지는 원가족과 분리되지 못하였으며, 할머니는 아들 가정 내에서 일어나는 모든 일을 간섭하였다. 내담자의 할아버지는 중풍으로 쓰러진지 20년이 되었고, 할머니는 여장부 스타일로 과도한 역할을 수행하고 있었으며 모든 일에 있어서 완벽을 추구하였다. 과도한 역할을 하는 아버지(남편)와 사사건건 간섭을 하는 할머니로 인해 어머니는 많은 스트레스를 받았고, 내담자 부모의 역기능적인 의사소통 방식으로 인해 부부관계는 더욱 악화되었다([그림 17-1] 참조).

이 연구에 참여한 가족은 부모, 딸 2명으로 구성된 4명의 핵가족과 할머니를 포함하여 총 5명으로 상담은 23회기 실시하였고, 추후상담을 1회기 실시하여 총 24회기로 개별상담, 부부상담, 부모와 자녀를 포함한 가족상담으로 진행되었다(1회기: 부모와 내담자, 2~3회기: 어머니, 4~5회기: 아버지, 6~7회기: 부부, 8회기: 할머니, 9회기: 내담자, 10회기: 할머니, 11회기: 아버지, 12~13회기: 어머니, 14~16회기: 부부, 17~18회기: 어머니와 내담자, 19회기: 아버지, 20~21회기: 어머니, 22회기: 아버지, 23~24회기: 부부).

(2) 내담자의 복합 틱장애에 영향을 미친 요인

내담자의 복합 틱장애에 영향을 미친 요인은 아버지의 원가족 경험, 부모의 역기능적인 의사소통 방식, 잦은 부부싸움으로 나타났다.

① 아버지의 원가족 경험

내담자 아버지의 원가족은 매우 밀착된 관계로 가족 내에서 일어나는 모든 일을 할머니가 좌지우지하였다. 특히 할머니가 서울로 올라와 같은 아파트 아래층에 거주하면서 공간적으로도 분리되지 못하였고 아버지는 원가족과 더욱더 밀착되었다.

■ 분화되지 않은 남편

내담자 아버지는 할머니에게 의지하였고, 할머니의 간섭을 당연한 것으로 받아들이고 있었다. 또한 아버지는 원가족 내에서 과도한 역할을 수행하고 있었으며, 어머니의 입장을 이해하기보다는 할머니와 삼촌의 입장에 동조하였다.

부인: 결혼해서 이런 사람의 유형을 만나는 게 너무 이해가 안 갔어요. (할머니가) 결혼해서도 수시로 전화하시는 거예요. 그야말로 하루에도 몇 번씩. 첫 아이를 가질 때는 하루에 열 번씩 전화하시고. 불안하셔서 "괜찮니?" 하고 물어보고 그런 게 처음에는 힘들었고, 이제 십 년이 지나 어머니에 대해서 잘 아니까 불편하기보다는 과연 이 문제를 어떻게 풀어 가야 하나 하는 문제가 있죠. (2회기)

■ 할머니의 심한 간섭

내담자 가족은 매주 조부모와 함께 시간을 보내야 했으며, 특히 할머니는 자식들의 모든 일을 일일이 보고받아야 하였고, 사사건건 간섭을 하는 할머니로 인해 심한 스트레스를 받고 있었다. 아버지는 이러한 상황으로 인해 상처를 받은 어머니를 이해하기보다는 오히려 무시하고 비판하였다.

■ 할머니의 역기능적인 의사소통 방식

할머니는 모든 일에 있어서 완벽을 추구하고 남의 이목을 중시하였다. 특히 할머니는 밖에서는 화를 참고 모든 사람에게 친절했지만 집에서는 가족들에게 화풀이를 하며, 비난, 지적을 하는 등 역기능적인 표현 방식을 사용하였다.

■ 아버지와 삼촌의 밀착관계

아버지는 삼촌과 밀착된 관계로 자녀들과 놀아 주는 시간보다 더 많은 시간을 삼촌과 보냈다. 이로 인해 어머니는 아버지에게 불만을 가지고 있었으며, 자녀들 역시 아버지와 관계가 소원하였다. 이렇듯 아버지는 원가족과 정서적 분화가 이루어지지 않았으며 이러한 아버지를 어머니는 이해하지 못하고 서운한 감정으로 받아들이고 있었다.

■ 과도한 신앙생활

할머니는 자식들에게 강압적으로 기독교를 믿을 것을 강요하였고 자식들이 교회에 가지 않으면 큰 벌을 받을 것처럼 항상 감시하듯이 교회에 데리고 다녔다. 이렇듯 할머니의 과도한 신앙생활은 오히려 자식들이 종교에 반항심을 갖게 하였으며 이러한 아버지의 원가족 경험은 결국 부부간의 갈등으로 이어졌다.

② 부모의 역기능적인 의사소통 방식

■ 아버지의 역기능적인 의사소통 방식

아버지의 역기능적인 의사소통 방식은 윽박지르기, 감정적이고 즉흥적인 표현, 우유부단한 표현, 지적하기, 무시하기로 분석되었다. 이와 같은 아버지의 방식으로 인하여 부부는 자주 싸웠고 부부갈등은 더욱 증폭되었다.

• 윽박지르기

아버지는 주변은 전혀 의식하지 않고 많은 사람 앞에서도 화가 나면 큰 소리를 지르며 윽박지르는 표현 방식을 사용하였다.

• 감정적이고 즉흥적인 표현

아버지는 항상 본인의 기분이 내키는 대로 감정적이고 즉흥적이었다. 어떤 일을 할 때도 기분에 따라 진행을 하고 이에 부인이 맞춰 주지 못하면 화를 내고 감정을 다스리지 못하였다.

• 우유부단한 표현

체면을 중요시 생각하는 아버지는 남의 부탁을 거절하지 못하는 우유부단한 성격의 소유자였다. 아버지는 어떤 일이든 남이 하는 부탁은 거절하지 못하고 스스로 결정을 못하여 많은 스트레스를 받았는데, 이는 고스란히 가족들에게 전과되었다.

• 지적하기

아버지는 어머니의 모든 것이 맘에 들지 않아서 어머니가 하는 모든 행동을 사사건건 지적하였다.

• 무시하기

아버지는 어머니의 행동을 이해할 수 없었고 어머니를 무시하는 표현 방식을 사용하였다. 이로 인해 어머니는 상처를 받았으며 아버지에 대한 불만이 많았다.

■ 어머니의 역기능적인 의사소통 방식

어머니의 역기능적인 의사소통 방식은 침묵하기, 소리 지르기, 수용하지 않고 맞받아치기, 애교가 없고 무뚝뚝한 표현, 융통성이 없고 답답한 표현으로 분석되었다. 어머니는 분화가 잘 된 원가족에서 성장하였지만, 결혼을 하면서 밀착된 아버지의 원가족과 출산 후 건강 악화로 인해 심한 스트레스를 받았으며, 이는 역기능적인 의사소통 방식으로 표출되었다.

• 침묵하기

아버지에 대한 불만은 잦은 싸움으로 이어졌고 어머니는 한 번 화가 나면 일주일이 지나도 말을 하지 않고 그 상황을 회피하며 입을 닫아 버렸다. 이러한 표현 방식은 아버지에게도 부정적인 영향을 미쳐 아버지 역시 침묵으로 일관하였다.

• 소리 지르기

어머니는 한 번 화가 나면 주변 사람들을 전혀 의식하지 않고 큰 소리를 지르며 갑자기 폭발하는 표현 방식을 사용하였다. 자주 반복되는 어머니의 이러한 표현 방식은 아버지를 자극하였고 화나게 만들었다.

• 수용하지 않고 맞받아치기

어머니는 아버지와 대화를 할 때 본인의 생각과 맞지 않는다고 생각하면 아버지를 자극하였다. 부부는 서로의 의견을 수용하지 못하고 맞대응함으로써 서로의 생각의 차이를 좁히는 데 어려움이 많았다. 단 한 번도 아버지의 의견을 받아 주지 않는 어머니의 표현 방식으로 인하여 부부는 잦은 싸움을 하였다.

• 애교 없이 무뚝뚝한 표현

아버지는 어머니가 여성스럽고 애교가 있기를 바랐지만 어머니는 아버지에게 살갑게 대하지 않았으며 애교가 전혀 없었다. 또한 아버지가 어떤 이야기를 해도 어머니는 반응하지 않고 관심이 없었으며 무뚝뚝하게 반응하여 아버지를 더욱 자극하였다.

• 융통성이 없고 답답한 표현

어머니는 고집이 세고, 한 번 아니라고 생각한 것은 절대로 받아들이지 않았다. 이러한 어머니의 표현 방식으로 인해 아버지는 어머니를 답답하게 생각했으며 무시하였다.

③ 잦은 부부싸움

부부간의 가치관과 기준의 차이로 인해 부부는 서로를 이해하고 받아들이는 데 어려움이 있었으며, 이는 곧 잦은 부부싸움으로 이어졌다.

■ 가치관의 상충

아버지는 미대 출신으로 화려하고 꾸미는 것을 좋아하는 성격이었다. 또한 아버지는 체면을 중시하고 외모와 겉치레에 관심이 많은 반면, 어머니는 체면에는 전혀 신경 쓰지 않는 털털한 성격이었다. 더불어 어머니는 경제적 개념이 없는 아버지의 뒷감당을 늘 해야 했고 이러한 아버지에게 항상 불만을 가지고 있었다. 이렇듯 부부는 가치관과 기준이 너무나 상반되어 항상 갈등이 생겼다.

■ 성생활의 불만족

어머니는 털털한 성격을 가졌으며, 첫째 딸인 내담자를 출산할 때 난산을 해 건강이 악화되어 조금만 움직여도 피곤함을 느꼈다. 어머니는 초저녁잠이 많은 반면, 아버지는 늦은 귀가를 하여 두 사람 간의 성생활에도 문제가 생겼다. 아버지는 성생활에 대한 불만이 많았고 이로 인하여 부부갈등으로 이어졌다.

■ 대화 단절

신혼 초 부부는 함께 있는 시간이 많아 대화도 자주 하였으며 원만한 관계를 유지하였다. 그러나 아버지의 바쁜 직장생활로 인해 부부는 대화할 시간이 없었다. 또한 아버지는 집에 일찍 귀가해도 항상 자고 있는 부인을 보면 화가 났고 대화가 전혀 되지 않는다고 생각하였다.

(3) 복합 틱장애 증상을 가진 내담자 가족에 대한 치료사의 개입 방법

부부갈등으로 인해 나타나는 딸의 복합 틱장애 증상을 완화하기 위해 치료사는 보웬의 가족체계이론을 적용하여 아버지의 원가족과의 분화, 특히 할머니와 아버지의 자아분화 수준을 높이기 위해 가계도 작성을 통한 원가족 탐색, 다세대 전수 과정 설명, 자아분화 강조, 내담자의 통찰을 돕기 위해 치료사의 자기개방, 유사 사례 들기를 사용하였다. 또한 치료사는 내담자의 원가족과의 분화에 대한 저항을 다루었으며, MRI의 상호작용 의사소통 모델을 적용하여 부모로 하여금 지금까지 사용하였던 역기능적인 의사소통 방식을 인식할 수 있게 하였다. 한편, 치료사는 문제해결을 위한 새로운 의사소통 방식과 행동 방식을 제안하였다.

① 치료 목표 설정

치료사는 내담자의 복합 틱장애 증상에 영향을 미치는 요인이 부모의 갈등 배경에 있다는 것을 파악하였고 부부관계 개선을 통한 내담자의 복합 틱장애 증상을 완화시키는 것에 목표를 두었다. 치료사는 상담 초기에 내담자 부모가 호소하는 주요 문제를 파악하였고 내담자 부모가 원하는 치료 목표를 중심으로 상담을 진행하였다.

② 원가족 경험 탐색

치료사는 가계도 작성을 통해 부모의 자아분화 수준, 의사소통 패턴 등에 대하여 부모로부터 정보를 수집하고, 부모의 원가족 경험을 파악하여 내담자의 복합 틱장애 증상에 영향을 미친 요인을 파악하였다.

③ 내담자의 통찰력 강화

치료사는 내담자의 상황에 맞는 자기개방하기와 유사 사례 들기를 통해 내담자 부모의 통찰력을 강화시켰으며, 내담자 부모의 이해를 촉진시키고 변화를 유도하고자 하였다. 또한 치료사는 아버지에게 틱장애 사례에 대한 논문을 읽게 함으로써 아버지의 저항을 줄이고 가족체계 안에서 문제를 인식하고 해결해 나갈 수 있도록 유도하였다.

④ 다세대 전수 과정 조명

치료사는 아버지에게 원가족과 밀착되었고, 특히 할머니의 역기능적인 의사소통 방식이 아버지에게 전수되어 자녀들에게 사용하고 있음을 인식시켜서 이로 인해 어머니와 자녀들이 스트레스를 받고 있음을 다세대 전수 과정 조명을 통해 설명하였다.

⑤ 자아분화 강조

치료사는 보웬의 가족체계이론에 근거하여 아버지를 원가족과 분리시켜 자아분화를 시도하도록 하였다. 치료사는 아버지가 원가족과 분리되기 힘든 상황이라는 것을 알고 있지만, 자아분화를 통해 부부관계가 개선되고 자녀의 복합 틱장애 증상도 완화된다는 것을 설명하였다. 또한 치료사는 부모에게 자녀 역시 핵가족 내에서 부모와 공간적인 분리를 통해 자녀가 스스로 성장할 수 있도록 하였으며, 원가족 내에서 과도한 역할을 수행하고 있는 아버지의 역할을 줄이도록 제안하였다.

⑥ 역기능적으로 시도된 해결책 설명

치료사는 부모에게 지금까지 문제를 해결하려고 시도했던 역기능적인 의사소통 방식이 반복을 통해 악순환되고 있다는 것과 이러한 방식들이 오히려 서로에게 더 상처가 되었으며, 갈등을 야기하였다고 설명하였다.

⑦ 새로운 의사소통 방식 제안

치료사는 MRI의 상호작용적 의사소통 이론에 근거하여 지금까지 문제를 해결하기 위해 시도해 왔던 의사소통 방식과 전혀 다른 새로운 의사소통 방식을 제안하였다. 치료사는 새로운 의사소통 방식을 통해 가족구성원들이 서로의 생각을 내놓고 대화할 수 있도록 하였다.

⑧ 새로운 행동 방식 제안

치료사는 아버지에게 자녀와의 관계 개선을 위해 일찍 귀가하여 자녀와 함께하는 시간을 가질 수 있도록 새로운 행동 방식을 제안하였다.

(4) 복합 틱장애 증상을 가진 내담자 가족에 대한 개입의 효과성

가족치료 개입 후 부모는 복합 틱장애 증상을 가진 내담자의 문제가 단순히 개인의 문제가 아니라 가족체계 내에 일어나고 있으며 아버지의 원가족 경험과 역기능적인 의사소통 방식, 잦은 부부싸움으로 인해 내담자의 복합 틱 증상이 나타났다는 것을 인식하게 되었다. 부모는 자녀의 문제를 해결하기 위해 새로운 의사소통 방식을 사용하였고 행동을 변화하기 위하여 노력하였다. 그 결과 내담자의 복합 틱장애 증상이 완화되었고, 부부관계, 부모-자녀 간의 관계가 개선되었다.

① 내담자(딸)의 변화

내담자는 치료사의 개입 후 부모에게 마음속에 있는 이야기를 솔직하게 내놓고 표현할 수 있게 되었으며, 복합 틱장애 증상 중 한 가지만 보이고 심한 틱 증상은 사라졌다.

② 아버지의 변화

아버지는 자신의 밀착된 원가족 경험으로 인해 딸의 복합 틱장애 증상이 나타났다는 것을 인식하였다. 또한 아버지는 사사건건 모든 일에 간섭하는 할머니로 인해 어머니(아내)가 스트레스를 받고 있음을 인식하여 같은 아파트에 살고 있는 할머니와 공간적으로 분리하였고 정서적으로도 분리하기 위해 노력하였다. 아버지는 원가족 내에서 과도한 역할을 최소한으로 줄이면서 원가족과 거리를 유지하고 핵가족 내에서 어머니를 배려하고 대화가 이루어짐으로써 가족구성원들은 기능적으로 상호작용하게 되었다.

③ 어머니의 변화

개입 후 어머니는 아버지의 원가족 경험을 이해하고 아버지가 요구하는 사항이 있으면 받아들이고 아버지에게 맞추려고 노력하였다. 이러한 노력으로 서로 간의 대화가 이루어지고 서로를 배려할 수 있게 되었다.

④ 부부관계 개선

어머니는 과거에 아버지가 늦게 들어오면 항상 자고 있었는데 이제는 자지 않고 아버지를 기다렸으며, 부부간에 싸우지도 않고, 성관계도 원만하게 변화되었다.

⑤ 부모-자녀관계 개선

아버지는 일찍 귀가하여 자녀들과 함께 놀아 주었으며, 어머니도 자녀의 입장에서 생각하고 행동하는 변화가 나타났다. 또한 부모는 잠을 잘 때 자녀와 공간적으로 분리를 하였다. 지금까지 앞에서 언급한 내담자의 복합 틱장애 증상을 해결하기 위해 치료사가 개입한 치료 과정의 전체적인 분석의 네트워크는 [그림 17-2]와 같다.

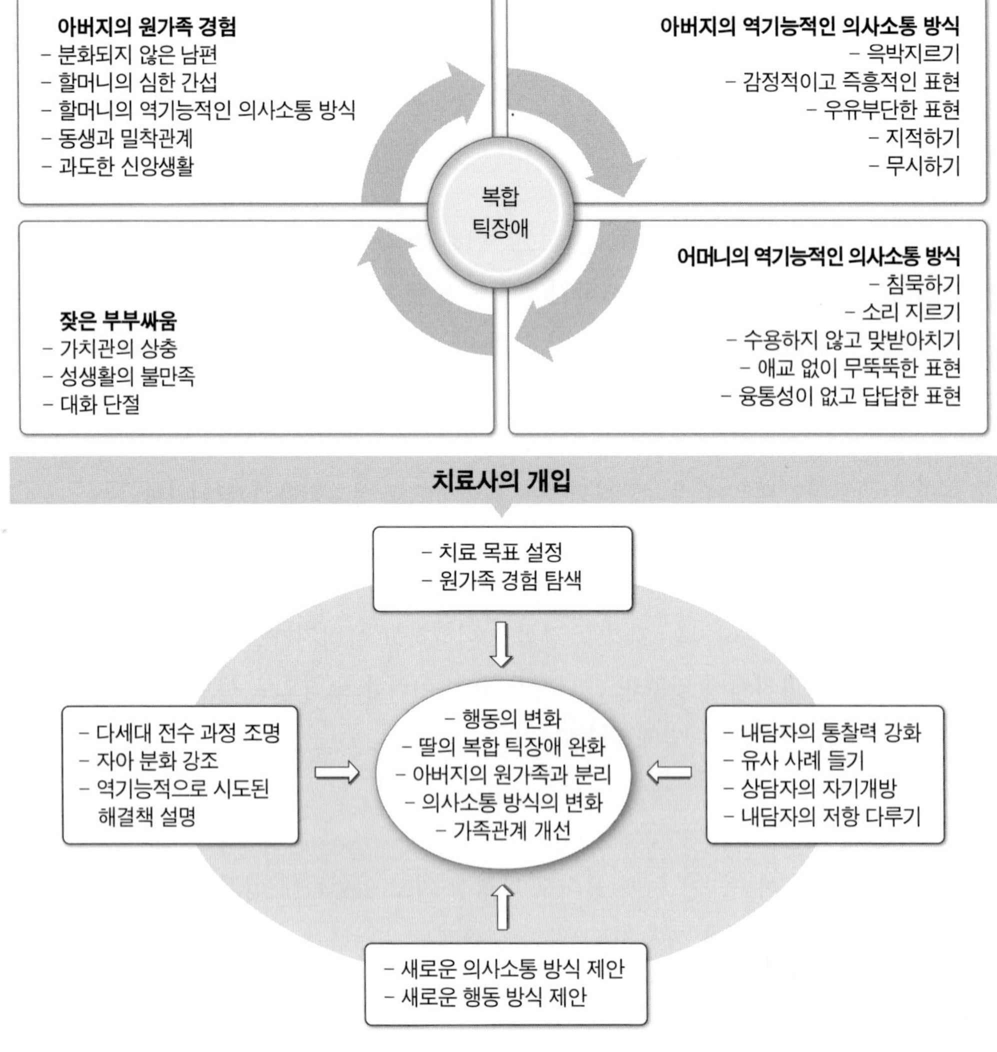

[그림 17-2] 전체적인 분석의 네트워크

2) 틱장애 아동에 대한 가족치료 사례*

(1) 사례 개요

내담자는 동생이 태어난 4세 때부터 눈 깜빡임으로 틱 증상이 시작되었고, 부모는 내담자의 눈에 문제가 있다고 생각하여 안과 치료를 받게 하였다. 이후 아버지의 직업 전

* 이 사례의 가족치료 과정을 알고 싶다면 Yoon, Y. H., & Park, T. Y. (2023). A case study of cognitive-behavioral family therapy for s son with tic disorder. 10th World Congress of Cognitive and Behavioral Therapis를 참고하길 바란다.

환과 어머니의 직장 복귀 및 경제적인 이유로 내담자 가족은 조부모와 합가하였다. 합가로 인해 내담자의 아버지는 조부모와 충돌이 잦았으며, 이 과정에서 내담자는 많은 불안을 경험하면서 틱 증상이 점차 심해졌다. 내담자 아버지는 생활 방식의 차이로 인한 다툼도 있었지만, 내담자의 아버지가 어린 시절부터 원가족 내에서 쌓여 있던 문제가 갈등에 영향을 미쳤다. 내담자 할아버지는 결혼 전에 전처와의 사이에서 낳은 아들이 있었는데, 할머니는 이 사실을 알고도 모른 척하고 결혼을 하였으며 의붓자식을 양육하였다. 할머니는 의붓자식을 양육하는 과정에서 받는 스트레스를 자신의 자녀들에게 풀었다. 아버지는 집안의 분위기가 늘 불안하여 가족구성원들과 원활한 대화를 할 수 없었다.

한편, 내담자의 아버지는 조부모와 함께 살게 되면서 자녀 양육과 관련하여 조부모와 지속적으로 충돌하였다. 특히 아버지는 내담자의 틱 증상의 원인이 컴퓨터 때문이라고 생각하는 할머니와 잦은 충돌이 있었다. 내담자는 아버지와 할머니의 갈등으로 인하여 불안이 더 높아 지면서 틱 증상은 더 심해졌다. 내담자 부모는 내담자의 심각한 틱 증상을 걱정하던 중 지인의 권유로 치료사에게 상담을 요청하였다.

이 사례에는 아버지(42세), 어머니(38세), 내담자(10세), 여동생(7세)과 조부모가 참여하였다. 가족상담은 총 7회기로 실시되었고 1회기는 부모, 2회기는 어머니, 3회기는 내담자, 4회기는 아버지, 5회기는 조부모, 6회기는 부모 그리고 7회기는 가족상담으로 진행되었다.

(2) 틱 증상의 발현 과정과 주요 특징

내담자는 4세 때 눈 깜빡이는 증상을 시작으로 이후 코를 '킁킁'거리는 것과 목으로 '킁킁' 소리를 내는 행동, 음성틱, 몸을 떠는 증상 등 10세에 이르기까지 다양한 증상이 나타났다. 내담자는 4세 되던 해 동생의 출생과 어린이집을 다니기 시작하면서 틱 증상이 처음 나타났고, 당시는 눈에 알레르기가 있어서 그런 것으로 생각하고, 안과 치료를 받았었다. 5세 때는 비디오 시청 시 틱 증상이 나타났고, 6세 때부터 부모의 맞벌이로 인해 친할머니가 내담자를 주로 양육하였다. 친조부모와 부모는 내담자에 대한 양육관의 차이로 인하여 잦은 충돌이 발생하였고, 할머니는 내담자에게 컴퓨터를 사용하지 말라고 잔소리를 하였다. 내담자는 컴퓨터 사용을 금하는 할머니와 이를 허용하는 아버지 그리고 절충형 입장을 취하는 어머니 사이에서 몹시 혼란스러웠다.

한편, 내담자의 어머니와 할머니는 내담자보다 여동생을 더 편애하였다. 내담자가 초등학교에 입학한 8세 때는 음성틱과 주의가 산만하여 소아정신과에 내원하였으나 내담자의 부모가 약에 대한 거부감이 있어 치료를 받지 않았고, 이후 9세 때는 팔, 몸, 어깨 등 틱 증상이 심해졌다. 내담자는 틱 증상의 증가와 감소를 반복하다가 10세 때 음성틱과 온몸을 떠는 증상이 나타나 가족치료를 받게 되었다.

이와 같은 내용을 중심으로 한 내담자의 틱 증상 발현과정과 주요 특징은 그림 [17-2]과 같다.

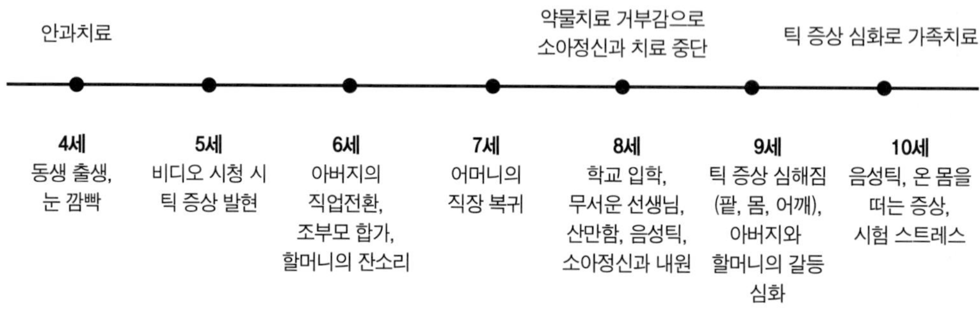

[그림 17-3] 틱 증상 발현과정 및 주요 특징

(3) 틱장애에 영향을 미친 요인

내담자의 틱장애에 영향을 미친 요인은 비일치적인 양육 방식, 융합된 가족구조, 역기능적 의사소통 방식으로 나타났다.

① 비일치적인 양육 방식

모든 내담자 가족구성원은 내담자가 컴퓨터를 많이 해서 틱장애가 발생하였다고 보았다. 그렇지만, 가족치료사는 내담자의 틱장애에 영향을 미친 요인으로 부모와 조부모 간의 컴퓨터 사용에 대한 의견 불일치로 인한 스트레스로 파악하였다. 즉, 내담자 할머니는 컴퓨터가 내담자의 틱장애를 일으키는 근본적인 원인이라 여겨 컴퓨터를 완전히 차단해야 한다고 하였다. 할아버지는 마음속으로는 전기 배선을 끊어 놓고 싶을 정도로 못 하게 하고 싶었지만, 겉으로는 내색하지 않았다. 반면에 내담자의 아버지는 컴퓨터가 틱장애의 원인이 될 수도 있다는 것은 인정하나 완전히 못 하게 했을 때는 오히려 부작용이 발생할 수 있기 때문에 매일 일정한 시간을 정해서 하도록 하였다. 내담자 어머니는 내담자 아버지와 할머니 사이에서 갈팡질팡하며 중립적인 태도를 보였다. 이 외에도 내담자 아버지는 내담자를 통제하지 않고, 자유롭게 양육하고자 하였지만, 어머니와 할머니는 내담자를 통제하였다. 이처럼 부모와 조부모 사이에서 발생한 컴퓨터 사용과 양육 방식에 대한 의견 불일치로 인한 갈등은 내담자에게 혼란과 불안을 야기했다. 결과적으로 내담자에 대한 양육 방식이 일치하지 않아서 내담자는 누구의 의견을 따라야 할지 혼동하여 불안과 함께 틱 증상이 발생되었다.

② 융합된 가족구조

내담자는 부모와 동생 모두 같은 방에 거주함으로써 부모와 자녀 간 공간적인 경계선이 부재하였고, 이로 인하여 부부 하위체계가 약화되었다. 한편, 가정 내에서도 할머니가 내담자뿐만 아니라 부모까지 지나치게 간섭함으로써 조부모, 부모, 내담자 간에 경계선이 모호해졌다.

③ 역기능적 의사소통 방식

내담자의 할아버지와 아버지의 단절하는 의사소통 방식, 할머니의 지나치게 통제하는 방식, 아버지의 폭발하는 의사소통 방식이 내담자의 틱장애에 영향을 미친 것으로 나타났다. 내담자 아버지는 어려서부터 가족구성원들과 의사소통을 할 수가 없었다. 내담자 아버지의 가정은 의붓형으로 인하여 늘 불안하여 아버지는 대화할 수 있는 대상이 없었다. 내담자의 할아버지 또한 아들(아버지)과 대화할 수 없었고, 아버지는 할아버지와 대화가 불가능하다고 판단하여 대화 자체를 시도하지 않았다. 내담자의 할머니는 아들(아버지)과 손자(내담자)에게 끊임없이 잔소리하여 두 사람 모두를 질리게 하였다. 한편, 내담자 아버지가 할머니에게 화를 내면 할머니는 분가하겠다고 하면서 가족구성원들을 통제하였다. 또한 내담자의 아버지는 평소에는 내담자에게 잘해 주다가 갑자기 폭발하여 내담자를 불안하게 하였다.

(4) 치료 개입방법

① 원가족 배경 탐색 및 인식

■ 부모의 원가족 탐색

치료사는 내담자의 틱장애에 영향을 미친 요인을 찾기 위해 가족구성원 간의 관계, 가족구조와 의사소통 방식을 탐색하였다. 내담자 부모의 관계는 대체로 건강하였으나, 조부모와 아버지의 관계로 인해 잦은 갈등이 발생하였다. 어머니는 갈등관계 사이에서 이러지도 저러지도 못하였다. 따라서 치료사는 내담자를 비롯한 부모와 조부모에게 틱장애에 관련된 상황과 틱장애를 해결하기 위하여 시도했던 의사소통 방식을 통찰하도록 설명하였다.

■ 원가족 전수 방식 인식

치료사는 부모에게 과거 원가족에서의 경험이 현재에도 미치는 영향을 인식시켰다. 즉, 치료사는 의붓자식으로 조부모의 인해 부부관계가 안 좋아서 가정은 늘 불안하였으며, 이와 같은 불안은 내담자의 아버지에게도 많은 부정적인 영향을 미쳤다는 것을 인식시켰다. 또한 내담자의 아버지는 자신의 아버지와 의붓형으로부터 많은 스트레스를 받았고 그 스트레스를 어머니에게도 털어놓지 못하였다. 할머니는 아들(내담자의 아버지)에게 스트레스를 풀었고, 두 사람 간에 이견을 조율할 방법을 모르고 있었다. 내담자의 아버지는 원가족에서 대화를 하지 않고, 회피하는 방식을 주로 사용하였고, 현재의 핵가족에서도 여전히 회피하는 의사소통 방식을 사용하거나 항상 어두운 표정을 하고 있어서 어린 시절의 침체된 가정 분위기가 재현되었다. 치료사는 아버지에게 과거 원가족에서의 모습이 핵가족에서도 전수되고 있다는 것을 인식시켰다.

② 가족 재구조화

■ 가족구조 변경 제안

치료사는 내담자의 틱장애 요인 중의 하나인 할머니의 지나친 간섭과 잔소리로 인한 스트레스를 해결하고자 하였다. 치료사는 내담자 가족 내에서 일어나는 역동을 설명하고, 유사 사례를 예시로 하여 조부모와의 분가를 제안하였다. 치료사는 부모와 조부모에게 이와 같은 공간적 분리가 내담자의 틱 증상을 완화해 줄 수 있고, 부부체계를 강화시켜 줄 수 있다는 점을 설명하였다. 또한 치료사는 가족구성원들에게 틱장애의 원인이라 보는 컴퓨터 게임과 TV 시청에 대한 서로 다른 의견이 내담자를 혼동시킨다고 설명하였다. 또한 치료사는 부모와 할머니에게 내담자의 양육에서 부모의 의견을 우선시해야 하며 부모에게 자녀양육에 대한 권한이 주어져야 한다는 것을 강조하였다. 따라서 치료사는 부모에게 내담자의 틱 증상뿐만 아니라 양육 방식에 있어서 부부의 의견 일치가 매우 중요하다는 점을 강조하였다. 한편, 치료사는 부모에게 부모와 내담자의 분리 수면을 통해 내담자와 부모의 공간적 경계선을 설정할 필요가 있다고 설득하였다.

③ 가족의 기능적 의사소통 방식 모색

■ 역기능적 의사소통 방식 인식

할머니는 아들(내담자 아버지)에게 일방적인 잔소리를 하였고, 이러한 방식은 내담자 아버지를 침묵하게 하였다. 또한 조부모의 잔소리하는 방식이 내담자 아버지와 내담자와 갈등을 일으킬 뿐 아니라, 내담자의 행동을 변화시킬 수 없고, 오히려 내담자 아버지와 내담자에게 스트레스를 가중시켰다. 치료사는 가족구성원들에게 이와 같은 의사소통 방식이 비효과적이라는 것을 인식시키고 새로운 의사소통방식을 탐색하였다.

■ 새로운 의사소통 방식 탐색

내담자는 틱 증상이 나타날 때마다 즉각 반응하고 잔소리하는 할머니로 인해 스트레스를 받았다. 어머니가 직장에 가 있는 동안 할머니의 보살핌을 받는 내담자는 할머니의 과도한 통제와 컴퓨터 사용에 대한 잔소리로 힘들어하였다. 치료사는 할머니에게 컴퓨터 자체가 틱 증상의 원인이기보다는 할머니의 잔소리가 내담자를 더 힘들게 하여 증상이 나타나고 있다는 것을 인식시켰다. 한편, 아버지는 원가족 내에서 편하게 마음을 내놓고 이야기할 수 있는 경험을 하지 못하였다. 이와 같은 원가족에서의 경험으로 인해 아버지는 자녀 양육에서도 말없이 있다가 갑자기 큰소리로 야단을 쳐서 내담자와 가족구성원들을 당황하게 하였다. 치료사는 아버지가 자신의 상황과 감정을 솔직하게 내놓는 것을 통해 이전과는 다른 표현 방식을 사용하도록 코칭하였다.

(5) 가족치료 개입의 효과성

가족치료 개입으로 인하여 부모는 내담자의 틱장애 관련 요인들을 인식하게 되었다. 따라서 부모가 내담자에 대한 일치된 양육 방식, 가족 간의 명확한 경계선, 기능적인 의사소통 방식을 형성함으로써, 내담자의 틱 증상에 변화가 나타났다. 일치된 양육 방식에는 어머니의 양육주도권 전담, 내담자의 틱 증상에 대한 할머니와 어머니의 반응 줄이기가 포함되었다. 가족 간의 명확한 경계선에는 조부모와의 분가, 부모와의 방 분리가 포함되었다. 기능적인 의사소통 방식에는 할머니의 잔소리 감소, 가족 간 솔직한 의사소통 방식이 포함되었다. 이와 같은 요인들의 변화로 인하여 내담자의 틱 증상이 감소하였다.

① 일치된 양육 방식

어머니가 내담자의 양육을 전담하면서 혼란스러웠던 양육 방식이 일치하게 되었다. 특히 컴퓨터 사용에 대하여 내담자의 어머니가 홀로 통제함으로써, 내담자는 어머니의 권위를 따르게 되었다. 또한 어머니와 할머니가 내담자의 틱 증상에 대해서 이전보다 덜 민감하게 반응을 하면서 내담자는 편안하게 되었고 이로 인해 틱 증상이 감소하였다.

② 가족 간의 명확한 경계선

내담자의 부모는 경제적인 문제로 조부모와 합가를 하였다. 조부모와 함께 살면서 가족 간의 명확한 경계선이 없었고, 내담자 아버지는 할머니의 과도한 간섭으로 인하여 충돌하였다. 이와 같은 상황들은 특히 내담자에게 더욱더 스트레스를 가중시켜 틱 증상을 유발한 것으로 보인다. 따라서 상담을 통하여 부모와 조부모는 경제적인 어려움이 있으나 분가를 결심하게 되었다. 또한, 내담자의 부모는 내담자와 공간 분리를 하였다. 자녀들과의 공간 분리로 인하여 부부가 함께 대화할 수 있는 시간이 증가하면서 부부관계가 개선되었다.

③ 기능적인 의사소통 방식

할머니가 내담자의 틱장애에 대해 인식을 하고, 과도한 간섭을 줄이기 시작하였다. 이로 인해 내담자는 편안함을 느끼고 틱 증상도 점차 완화된 것으로 나타났다. 또한 상담을 통해 할머니와 어머니, 부부, 어머니와 내담자는 속마음을 솔직하게 이야기할 수 있었다. 어머니는 시어머니와 솔직하게 이야기를 함으로써 서로를 이해하게 되었다. 부부는 솔직한 감정 표현을 하여 서로를 인정하고 공감을 하게 되었다. 내담자는 학교와 친구 관계에서 있었던 일들을 어머니에게 솔직하게 이야기함으로써 스트레스와 불안을 해소하게 되었다.

④ 틱 증상의 감소

일치된 양육 방식의 변화, 가족 간의 명확한 경계선, 가족의 의사소통 방식의 변화로 인해 내담자의 틱 증상이 확연히 감소하였다. 또한 할머니의 잔소리가 줄어듦에 따라 내담자가 받는 스트레스가 줄었고, 이는 다시 틱 증상의 감소로 이어졌다. 어머니가 양육의 주도권을 전담하게 되면서 내담자는 심리적으로 안정되었고, 가족구성원들 모두 내담자의 틱 증상에 덜 민감하게 되면서 내담자의 틱 증상이 감소하였다.

참고문헌

공마리아(1995). 난화상호이야기법을 통한 미술치료가 아동의 부적응 행동에 미치는 효과. 미술치료연구, 2(1), 111-142.

김영희(2004). 일반아동과 틱장애 아동의 가족 지각 비교. 놀이치료연구, 7(1-2), 1-12.

김자성, 홍강의(1993). 뚜렛 및 만성 틱아동의 출생 순위에 따른 특성 비교. 소아청소년 정신의학, 4(1), 124-131.

박태영(2002). 틱장애 아동의 가족치료. 숭실대학교 대학원 논문집, 20, 141-170.

박태영, 문정화(2010a). 이혼위기로 인한 부인의 우울증과 아들의 학습문제 해결을 위한 가족치료 사례연구. 한국가족치료학회지, 18(1), 27-62.

박태영, 문정화(2010b). 부모의 이혼진행과정에서 내면화 · 외현화 문제를 보이는 아동의 가족치료 사례연구. 한국가족치료학회지, 18(1), 107-130.

박태영, 박진영(2010). 틱장애아동의 가족치료 다중사례 내용분석연구. 한국가족치료학회지, 18(2), 1-30.

박태영, 유진희(2012a). 분노조절문제를 가진 아동에 대한 가족치료 사례연구. 한국가정관리학회지, 30(3), 119-133.

박태영, 유진희(2012b), 자해행동을 하는 자녀에 대한 가족치료 사례연구. 한국가족치료학회지, 20(2), 225-251.

박태영, 유진희(2013). 복합 틱장애 증상이 있는 딸을 둔 부부에 대한 가족치료 사례연구. 한국가정관리학회지, 31(5), 47-63.

송정림, 홍종우, 도진아, 김현우, 임명호(2011). 틱장애 아동의 인지행동치료 증례: 5회기 습관뒤집기 훈련과 호흡훈련을 중심으로. 소아청소년정신의학, 22(1), 38-43.

심민, 이종화, 김태헌, 류영수, 강형원(2007). 틱장애의 한의학적 이해에 관한 문헌적 고찰. 동의신경과학회지, 18(2), 91-114.

오은영, 이명수, 이정은(2000). 만성 틱 장애와 뚜렛 증후군 아동과 청소년에 있어서의 리스 페리돈 치료 효과 및 안정성에 관한 연구. 임상개방연구: 생물치료 정신의학, 6(2), 172-177.

이근매(2002). 모-자 가족미술치료가 틱장애아동의 문제행동 및 정서에 미치는 효과. 미술치료연구, 9(2), 111-138.

이근후, 김임(1973). Gilles de la Touletter 씨증후군의 정신역동적 고찰. 신경정신의학, 12, 214-220.

이영나(2005). 틱장애 아동의 가정 환경 및 어머니 양육 관련 변인에 관한 연구. 놀이치료연구, 8(1), 37-48.

이은혜(2009). 틱장애와 미술치료. 한국재활심리학회 연수회, 14, 387-390.

이정균, 김용식(2008). 정신의학(제4판). 일조각.

이주리(1995). Tic 장애 아동과 정상 아동의 어머니 양육태도의 비교 연구. 대한가정학회지,

33(5), 177-186.

이혜련, 민성길(1989). 뚜렛장애 환자의 가족력에 관한 연구. 신경정신의학, 28(5), 849-857.

장순아(2000). 뚜렛장애 환자에서 틱증상 및 강박증상과 혈장 homovanillic acid 농도 5-hydroxyindoleacetic acid 농도와의 상관관계. 연세대학교 대학원 박사학위논문.

장영애, 이영자(2011). 아동이 지각한 부부갈등 및 부모-자녀간 의사소통이 아동의 스트레스와 문제행동에 미치는 영향. 한국가족치료학회지, 19(3), 183-205.

정유숙(2001). 연구균 감염에 의한 면역 반응 정도가 틱 증상에 미치는 영향 및 치료효과 비교. 아주대학교 대학원 박사학위논문.

조수철(2005). 틱장애. 서울대학교출판부.

조희정, 공마리아(2005). 난화상호이야기법을 활용한 부모 갈등으로 인한 틱장애 아동의 가족치료 사례. 놀이치료연구, 9(2), 31-45.

American Psychiatric Association. (2013). *Diagnostic and statistical manual of mental disorders* (5th ed), Washington. DC: American Psychiatric Publishing.

Anderson, S. M. (2022). European clinical guidelines for Tourette Syndrome and other tic disorders: Patients' perspectives on research and treatment. *European Child & Adolescent Psychiatry, 31*(3), 463-469.

Bachmann, C. J., Roessner, V., Glaeske, G., & Hoffmann, F. (2015). Trends in psychopharmacologic treatment of tic disorders in children and adolescents in Germany. *European Child & Adolescent Psychiatry, 24*(2), 199-207.

Badenoch, J., & Cavanna, A. E. (2020). Pharmacotherapy for tics in adult patients with Tourette syndrome and other tic disorders. *Neurological Sciences, 41*(7), 1923-1926.

Bhikram, T., Elmaghraby, R., Abi-Jaoude, E., & Sandor, P. (2021). An International survey of health care services available to patients with Tourette syndrome. *Frontiers in Psychiatry, 12*, 621874.

Black, K. J., Black, E. R., Greene, D. J., & Schlaggar, B. L. (2016). Provisional Tic Disorder: What to tell parents when their child first starts ticcing. *F1000Research, 5*, 696.

Black, K. J., Kim, S., Schlaggar, B. L., & Greene, D. J. (2020). The New Tics study: A novel approach to pathophysiology and cause of tic disorders. *Journal of Psychiatry and Brain Science, 5*(3):e200012.

Black, K. J., Kim, S., Yang, N. Y., & Greene, D. J. (2021). Course of tic disorders over the lifespan. *Current Developmental Disorders Reports, 8*(2), 121-132.

Bloch, M. H., & Leckman, J. F. (2009). Clinical course of Tourette syndrome. *Journal of Psychosomatic Research, 67*(6), 497-501.

Bruun, R. D., & Budman, C. L. (1997). The course and prognosis of Tourette syndrome. *Neurologic Clinics, 15*(2), 291-298.

Byler, D. L., Chan, L., Lehman, E., Brown, A. D., Ahmad, S., & Berlin, C. (2015). Tourette Syndrome: A general pediatrician's 35-year experience at a single center with follow-up in adulthood. *Clinical Pediatrics, 54*(2), 138-144.

Chouinard, S., & Ford, B. (2000). Adult onset tic disorders. *Journal of Neurology, Neurosurgery & Psychiatry, 68*(6), 738-743.

Conelea, C. A., Woods, D. W., Zinner, S. H., Budman, C., Murphy, T., Scahill, L. D., …… & Walkup, J. (2011). Exploring the impact of chronic tic disorders on youth: results from the Tourette Syndrome Impact Survey. *Child Psychiatry & Human Development, 42*(2), 219-242.

Cummings, E. M., Zahn-Waxler, C., & Radlke- Yarrow, M. (1981). Young children' s responses to expressions of anger and affection by others in the family. *Child Development, 52*, 1274-1282.

Dodel, I., Reese, J. P., Müller, N., Münchau, A., Balzer-Geldsetzer, M., Wasem, J., …… & Müller-Vahl, K. (2010). Cost of illness in patients with Gilles de la Tourette's syndrome. *Journal of neurology, 257*(7), 1055-1061.

Du, J. C., Chiu, T. F., Lee, K. M., Wu, H. L., Yang, Y. C., Hsu, S. Y., …… & Leckman, J. F. (2010). Tourette syndrome in children: an updated review. *Pediatrics & Neonatology, 51*(5), 255-264.

Eapen, V., & Črnčec, R. (2009). Tourette syndrome in children and adolescents: special considerations. *Journal of Psychosomatic Research, 67*(6), 525-532.

Eapen, V., Črnčec, R., Pick, A. X., Tsao, O., Lai, R., Lee, J., & Sowman, P. F. (2022). Comprehensive behavioural intervention for tics: A neurophysiological intervention. *Journal of Integrative Neuroscience, 21*(3), 1-8.

Edwards, K. R., Mendlowitz, S., Jackson, E., Champigny, C., Specht, M., Arnold, P., …… & Dimitropoulos, G. (2017). A qualitative exploration of the experiences of children and adolescents with Tourette syndrome. *Journal of the Canadian Academy of Child and Adolescent Psychiatry, 26*(1), 39-44.

Evans, J., Seri, S., & Cavanna, A. E. (2016). The effects of Gilles de la Tourette syndrome and other chronic tic disorders on quality of life across the lifespan: a systematic review. *European Child & Adolescent Psychiatry, 25*(9), 939-948.

Groth, C., Debes, N. M., Rask, C. U., Lange, T., & Skov, L. (2017). Course of Tourette syndrome and comorbidities in a large prospective clinical study. *Journal of the*

American Academy of Child & Adolescent Psychiatry, 56(4), 304–312.

Haas, M., Jakubovski, E., Kunert, K., Fremer, C., Buddensiek, N., Häckl, S., …… & Müller-Vahl, K. (2022). ONLINE-TICS: Internet-delivered behavioral treatment for patients with chronic tic disorders. *Journal of Clinical Medicine, 11*(1), 1–15.

Hebebrand, J., Klug, B., Fimmers, R., Seuchter, S. A., Wettke-Schäfer, R., Deget, F., … & Remschmidt, H. (1997). Rates for tic disorders and obsessive compulsive symptomatology in families of children and adolescents with Gilles de la Tourette syndrome. *Journal of Psychiatric Research, 31*(5), 519–530.

Himle, M. B., Woods, D. W., Piacentini, J. C., & Walkup, J. T. (2006). Brief review of habit reversal training for Tourette syndrome. *Journal of Child Neurology, 21*(8), 719–725.

Hirschtritt, M. E., Lee, P. C., Pauls, D. L., Dion, Y., Grados, M. A., Illmann, C., …… & Tourette Syndrome Association International Consortium for Genetics. (2015). Lifetime prevalence, age of risk, and genetic relationships of comorbid psychiatric disorders in Tourette syndrome. *JAMA Psychiatry, 72*(4), 325–333.

Khalifa, N., & von Knorring, A. L. (2005). Tourette syndrome and other tic disorders in a total population of children: Clinical assessment and background. *Acta paediatrica, 94*(11), 1608–1614.

Klawans, H. L., & Barr, A. (1985). Recurrence of childhood multiple tic in late adult life. *Archives of Neurology, 42*(11), 1079–1080.

Kong, Y., Zhang, X., & Ma, B. (2022). Psychotherapy combined with Western medicine in the treatment of children with tic disorder: Systematic review and meta-analysis. *Computational and Mathematical Methods in Medicine,* doi.org/10.1155/2022/2365210.

Leckman, J. F., King, R. A., & Bloch, M. H. (2014). Clinical features of Tourette syndrome and tic disorders. *Journal of Obsessive-Compulsive and Related Disorders, 3*(4), 372–379.

Liu, S., Li, Y., & Cui, Y. (2020). Review of habit reversal training for tic disorders. *Pediatric Investigation, 4*(2), 127–132.

Liu, Z. S., Cui, Y. H., Sun, D., Lu, Q., Jiang, Y. W., Jiang, L., …… & Qin, J. (2020). Current status, diagnosis, and treatment recommendation for tic disorders in China. *Frontiers in Psychiatry, 11*, 774.

Lowe, T. L., Capriotti, M. R., & McBurnett, K. (2019). Long-term follow-up of patients with Tourette's Syndrome. *Movement Disorders Clinical Practice, 6*(1), 40–45.

Mejia, N. I., & Jankovic, J. (2005). Secondary tics and tourettism. *Brazilian Journal of Psychiatry, 27*(1), 11–17.

Müller-Vahl, K. R., Szejko, N., Verdellen, C., Roessner, V., Hoekstra, P. J., Hartmann, A.,

& Cath, D. C. (2022). European clinical guidelines for Tourette syndrome and other tic disorders: Summary statement. *European Child & Adolescent Psychiatry, 31,* 377–381.

Pappert, E. J., Goetz, C. G., Louis, E. D., Blasucci, L., & Leurgans, S. (2003). Objective assessments of longitudinal outcome in Gilles de la Tourette's syndrome. *Neurology, 61*(7), 936–940.

Piacentini, J., Woods, D. W., Scahill, L., Wilhelm, S., Peterson, A. L., Chang, S., …… & Walkup, J. T. (2010). Behavior therapy for children with Tourette disorder: a randomized controlled trial. *Journal of the American Medical Association, 303*(19), 1929–1937.

Quezada, J., & Coffman, K. A. (2018). Current approaches and new developments in the pharmacological management of Tourette syndrome. *CNS Drugs, 32*(1), 33–45.

Ricketts, E. J., Woods, D. W., Espil, F. M., McGuire, J. F., Stiede, J. T., Schild, J., …… & Piacentini, J. (2022). Childhood predictors of long-term tic severity and tic impairment in Tourette's Disorder. *Behavior Therapy, 53*(6), 1250–1264.

Robakis, D. (2017). How much do we know about adult-onset primary tics? Prevalence, epidemiology, and clinical features. *Tremor and Other Hyperkinetic Movements, 7,* 441.

Robertson, M. M., Eapen, V., & Cavanna, A. E. (2009). The international prevalence, epidemiology, and clinical phenomenology of Tourette Syndrome: A cross-cultural perspective. *Journal of Psychosomatic Research, 67,* 475–483.

Robertson, M. M., Eapen, V., Singer, H. S., Martino, D., Scharf, J. M., Paschou, P., …… & Leckman, J. F. (2017). Gilles de la Tourette syndrome. *Nature reviews Disease primers, 3*(1), 1–20.

Sambrani, T., Jakubovski, E., & Müller-Vahl, K. R. (2016). New insights into clinical characteristics of Gilles de la Tourette syndrome: Findings in 1032 patients from a single German center. *Frontiers in Neuroscience, 10,* 415–428.

Sandyk, R., & Awerbuch, G. (1989). Recurrence of complex motor and vocal tics in an elderly woman responsive to opiates. *International Journal of Neuroscience, 44*(3–4), 317–320.

Schaefer, S. M., Chow, C. A., Louis, E. D., & Robakis, D. (2017). Tic exacerbation in adults with Tourette syndrome: A case series. *Tremor and Other Hyperkinetic Movements,* 7, 450.

Shapiro, A. K., Shapiro, E. S., Young, J. G., & Feinberg, T. E. (1988). *Gilles de la Tourette syndrome.* New York: Raven Press.

Singer, H. S. (2005). Tourette's syndrome: from behaviour to biology. *The Lancet Neurology, 4*(3), 149–159.

Snider, L. A., Seligman, L. D., Ketchen, B. R., Levitt, S. J., Bates, L. R., Garvey, M. A.,

& Swedo, S. E. (2002). Tics and problem behaviors in schoolchildren: prevalence, characterization, and associations. *Pediatrics, 110*(2), 331–336.

Specht, M. W., Woods, D. W., Nicotra, C. M., Kelly, L. M., Ricketts, E. J., Conelea, C. A., …… & Walkup, J. T. (2013). Effects of tic suppression: ability to suppress, rebound, negative reinforcement, and habituation to the premonitory urge. *Behaviour Research and Therapy, 51*(1), 24–30.

Spencer, T. J., Biederman, J., Faraone, S., Mick, E., Coffey, B., Geller, D., …… & Wilens, T. (2001). Impact of tic disorders on ADHD outcome across the life cycle: findings from a large group of adults with and without ADHD. *American Journal of Psychiatry, 158*(4), 611–617.

Thériault, M. C. G., Bécue, J. C., Lespérance, P., Chouinard, S., Rouleau, G. A., & Richer, F. (2018). Oppositional behavior and longitudinal predictions of early adulthood mental health problems in chronic tic disorders. *Psychiatry Research, 266*, 301–308.

Tijssen, M. A. J., Brown, P., Morris, H. R., & Lees, A. (1999). Late onset startle induced tics. *Journal of Neurology, Neurosurgery & Psychiatry, 67*(6), 782–784.

Walkup, J. T., Khan, S., Schuerholz, L., Paik, Y., Leckman, J. F., & Schultz, R. T. (1999). Phenomenology and natural history of tic-related ADHD and learning disabilities. In J. F. Leckman, & D. J. Cohen (Eds.), Tourette's syndrome-tics, obsessions, compulsions: Developmental psychopathology and clinical care (pp. 63–79). New York: John Wiley and Sons, .

Wilhelm, S., Peterson, A. L., Piacentini, J., Woods, D. W., Deckersbach, T., Sukhodolsky, D. G., …… & Scahill, L. (2012). Randomized trial of behavior therapy for adults with Tourette syndrome. *Archives of General Psychiatry, 69*(8), 795–803.

Woods, D. W., Piacentini, J., Chang, S., Deckersbach, T., Ginsburg, G., Peterson, A., …… & Wilhelm, S. (2008). Managing Tourette syndrome: A behavioral intervention for children and adults therapist guide. New York: Oxford University Press.

Zhang, H., Zhang, Y., Yang, L., Yuan, S., Zhou, X., Pu, J., …… & Xie, P. (2017). Efficacy and acceptability of psychotherapy for anxious young children: a meta-analysis of randomized controlled trials. *The Journal of Nervous and Mental Disease, 205*(12), 931–941.

찾아보기

인명

A

B

C

D

E

내용

ㅊ

ㅋ

ㅌ

저자 소개

박태영(Park Tai Young)

미국 Florida State University 사회복지학 박사
숭실대학교 사회복지대학원장 역임
숭실대학교 학생상담센터장 역임
한국상담학회 부부, 가족상담학회 부회장 역임
한국가족치료학회 부회장 역임
현 Australian & New Zealand Journal of Family Therapy 심사위원
숭실대학교 사회복지학부 교수
숭실대학교 사회복지대학원 상담복지 주임교수

〈주요 저서 및 역서〉
가족치료 사례집: 부부갈등, 가정폭력, 성기능장애, 불안 · 공황 장애, 다문화가족, 집단따돌림(공저, 학지사, 2022)
가족치료 이론과 실천(학지사, 2022)
사회복지학개론(공저, 학지사, 2022)
한국 가족을 중심으로 한 부부 · 가족상담 핸드북(공저, 학지사, 2020)
가족복지학의 이해(공저, 학지사, 2019)
가족치료 사례연구(공저, 학지사, 2019)
가정이 웃어야 나라가 웃는다(공저, 연인M&B, 2015)
질적 자료 분석론: 방법론 자료집(3판, 공역, 학지사, 2019)
가족치료와 영성(공역, 학지사, 2015) 외 다수

〈주요 논문〉
재혼을 앞둔 중년 남성의 섹스리스에 영향을 미치는 가족 역동에 관한 사례연구(공동, 2023)
섹스리스 부부치료에서 나타난 신혼초지 부부의 변화 과정(공동, 2023)
공황장애 발생과정에서 나타난 청소년 내담자의 가족역동과 심리적 경험에 관한 단일사례연구(공동, 2023)
호스트바 청년의 자살사고 발생과정과 가족 내 역동에 관한 연구: 가족치료 사례를 중심으로(공동, 2023)
도박중독 발생에 영향을 미친 가족 역동에 관한 연구: 가족치료 사례를 중심으로(공동, 2022)
가족치료 사례로 탐색한 부자갈등에 관한 연구(공동, 2022)
가족생활주기에 따른 가족체계의 해체와 재결합 과정에 대한 연구: 이혼과 재결합을 경험한 부부의 가족치료 사례를 중심으로(공동, 2021)
이혼 부부의 재결합을 위한 가족치료 사례연구(공동, 2021)
개인발달단계에 따른 공황장애 발생과정에서 나타난 가족 역동에 관한 연구(공동, 2021)

중년남성의 분노조절문제 해결을 위한 가족치료 사례연구(공동, 2020)

Object Relations Couple Therapy for a Married Korean Man with Sexual Dysfunction(공동, 2023)

Multiple Case Study on Family Therapy for Middle School Bullying Victims in South Korea(공동, 2023)

Intimate Partner Violence in a Heterosexual Marriage: Case Study of a Korean Couple(공동, 2022)

Sex is Burdensome: Multiple Case Study on Family Therapy for Korean Husbands with Sexual Disorders(공동, 2022)

Attachment and Romantic Relationships Dissolution: A Case Study of Family Therapy(공동, 2020)

Contributors Influencing Marital Conflicts Between a Korean Husband and Japanese Wife(공동, 2019)

Family Therapy for a Korean Son with Schizophrenia(공동, 2017)

Familial, Social and Cultural Factors Influencing Panic Disorder: Family Therapy Case of Korean Wife and American Husband(공동, 2016)

Family Therapy for an Adult Child Experiencing Bullying and Game Addiction: An Application of Bowenian and MRI Theories(공동, 2016)

Family Therapy for an Internet Addicted Adult-Child with Interpersonal Problems(공동, 2014) 외 다수

가족상담 임상핸드북

Clinical Handbook of Family Counseling

2023년 8월 20일 1판 1쇄 인쇄
2023년 8월 30일 1판 1쇄 발행

지은이 • 박태영
펴낸이 • 김진환
펴낸곳 • (주) 학지사
04031 서울특별시 마포구 양화로 15길 20 마인드월드빌딩
대표전화 • 02)330-5114 팩스 • 02)324-2345
등록번호 • 제313-2006-000265호

홈페이지 • http://www.hakjisa.co.kr
인스타그램 • https://www.instagram.com/hakjisabook/

ISBN 978-89-997-2964-5 93180

정가 26,000원